新思

新一代人的思想

文明

文化、野心
以及人与自然的
伟大博弈

CIVILIZATIONS

Culture, Ambition,
and
the Transformation
of
Nature

[英] 菲利普·费尔南多-阿梅斯托——著
薛绚——译

Felipe
Fernández-Armesto

中信出版集团 | 北京

图书在版编目（CIP）数据

文明：文化、野心，以及人与自然的伟大博弈 /
（英）菲利普·费尔南多-阿梅斯托著；薛绚译．-- 北京：
中信出版社，2020.8（2024.4 重印）
书名原文：Civilizations: Culture, Ambition,
and the Transformation of Nature
ISBN 978-7-5217-1483-8

Ⅰ.①文… Ⅱ.①菲… ②薛… Ⅲ.①文化史—世界
Ⅳ.① K103

中国版本图书馆 CIP 数据核字 (2020) 第 048489 号

文明：文化、野心，以及人与自然的伟大博弈

著　　者：［英］菲利普·费尔南多-阿梅斯托
译　　者：薛绚
出版发行：中信出版集团股份有限公司
（北京市朝阳区东三环北路 27 号嘉铭中心　邮编　100020）
承 印 者：河北鹏润印刷有限公司

开　　本：880mm × 1230mm　1/32　　印　　张：22.5
字　　数：502千字　　插　　页：16
版　　次：2020年8月第1版　　印　　次：2024年4月第4次印刷
京权图字：01-2020-1155
书　　号：ISBN 978-7-5217-1483-8
定　　价：128.00元

万物无奇不有，人是奇中之奇。
此物于冬日风暴中渡海，
破怒吼狂浪而行，
诸神之至大者——大地，
她乃恒久不衰不竭——却遭他的磨蚀，
用犁耕刨，年复一年，
又用骡翻土。
他诱捕欢乐的鸟族，
用收紧的罗网降服
成群的猛兽与海里游鱼，
这聪明的人啊。
他凭巧技制服空旷中的飞禽，
山野里的走兽。鬃毛蓬乱的马儿
他勒住套住，从脖子上扣住，
还有山上的蛮牛。

言语，风一般的思想
以及造就城镇的情感，
他无师自通，还有避寒，
躲雨。他总有办法。
未来没有什么他应对不了。
只有死亡
他无可逃遁。

——

索福克勒斯（Sophocles），
《安提戈涅》（*Antigone*）

啊，废墟！我向你们寻求教诲！

——

沃尔内（C. F. Volney），
《废墟》（*Les Ruines*）

目　录

第二卷
草叶集：不可耕作的草原

第三卷
在雨中：热带低地与后冰河期森林的文明

第五卷
天空之镜：高地的文明化

第六卷
水域边缘：海洋塑造的文明

第七卷
破浪：驯服大洋

自 序

其实只是图书馆的一个小隔间，我却想象自己身处阿马利娅的房间。壁纸嵌有厚丝绒，窗户挂着双层窗帘，床的四周也围着帷幕。19 世纪中叶的阿根廷人大多居住在泥土地板的房子里，阿马利娅的房间里却铺着厚厚的意大利地毯，脚一踩就陷了下去。空气中有浓郁的芳香。每一面来的光线都被遮住，冷热天气都被挡在室外，自然被隔绝，除了壁纸上凸起来的浅金色设计，这是要“呈现光在薄云之间的明暗变幻”。[1]

阿马利娅的房间如此令人着迷，想必它是文学作品中最频繁被光顾的房间之一了，即便住在里面的是一位贞洁女子。要想象这房间的样子是很容易的，因为豪尔赫 · 马莫尔（Jorge Mármol）在他 1851 年的伟大小说里描写得很明确。许多人公认这部作品是开创阿根廷小说传统的代表。我今天早上动笔工作之前还在读它。

阿马利娅就像那个时代布宜诺斯艾利斯的所有市民一样，想要证明些什么。当时的阿根廷是一片河口地，而大草原是王爵的封地。环境中的一切都令人却步，放眼四方皆一望无际——辽阔得和视线茫茫相差无几，沿着海一般宽广的河，越过大洋一般宽广的海，进入似乎没有尽头的大平原，都是这样。布宜诺斯艾利斯一段路程之外就是市民所谓的野蛮人生活的地区。在这种地方，文明必须夸张才能被人看见。

追求文明的人并不都是这样把自己层层裹住，给窗户挂上厚帘，把自己居住的地方与大自然彻底一刀两断。不过，我现在喜欢这么想：文明是“阿马利娅效应”的产物。文明会制造自己的栖居地。其栖居地与未经改变的自然环境之间的距离和差异大小，直接反映了文明的程度。阿马利娅效应是什么力量激发的？不是本能，因为某些个人、某些社会整体是没有这种本能的。但应该是一种几乎普遍存在的冲动或刺激物，如我在下文中所说的，这股冲动是任何人类可在其中栖居的环境都无法完全抗拒的。

历史属于人文研究，而非传统意义上的“科学”研究，因为过往的事并不在我们的观察范围内：我们能知道的只是别人对于过往事物的观感与认知。然而，人是自然界浩大无比的连续体的一部分，除非是在人类与环境和生态系统结成的网里，否则不可能与他们相遇。这本书是一部自然界的故事，人类包含在其中。不同于以前的比较文明史写法，这本书是按一个个环境写的，不是按一个个时代或一个个社会来写的。这也突显了我关注的重点。我想要变换一下思考文明的方式：把文明描写成一个物种与自然界的关系，是人类为了加以利用而改造的环境，而不是社会发展的一个阶段，也不是集体自我改进的某种过程，既不是进步故事的高潮，也不只是大规模文化的代名词，更不是精英立场上卓越境界的同义词。我不是在为一个古老名词强加一种新定义。相反，我是在重新阐明它的传统用法。每当“文明”（civilization）这个词被恰当使用时，它都意味着某种类型的环境，但这层意思已经被大量误用所埋没，有待重新挖掘出来。

用任何方法来划分这世界的环境，都不可能面面俱到。地理学家喜欢把环境构思成未经人类改动的模样，把它们按自然生态系统而分。按这样划分，结果多半是分出 30 ~ 40 个主要类型。可是人原本是自然界的一分子，在他自己所属的那个生态系统里大都居于称霸地位。我在本书中试用了一套以环境特征为依据的方法。环境特征都清楚地反映在文明之中人们实际的生活经验上。分类方法不论多么详细，每种环境还是会包含各种不同的栖息地和生态环境。不同的类型会有交叉重叠。例如，有些沙漠地区的降雨量和许多森林区差不多，几乎每个纬度里都有冲积平原。气温、土壤、降雨、海拔、与大小水域的关系、距离山岳的远近、风、洋流，这些都是变量，可能会使同一类别里的各种环境彼此显得很不相同，某些情况下甚至变得与其他类别里的环境更为近似。与世隔绝的程度或交通的便利度，又会翻山越海地造成超越范畴的影响。

此外，只凭环境的分类法也不能把该说的都交代清楚。本书要点出的重点之一就是环境的边界至关重要：跨越不同环境的文明，或境内有微气候与多变的土壤、地形、资源的文明，都是最有机会兴旺的。更有甚者，文化可以完全不受环境影响。移民往往能在与故乡截然不同的环境里固守原有的文化。人群与毗邻的文化有近距离互动，能使社会生活转型或是被外来影响渗透。人类传播文明的力量不畏环境阻碍，也挑战环境阻碍。

总而言之，环境分类不是一门精确科学。我经一番试验之后选定了一些自认为最实用的类型。读者会立刻看出来，构成本书基本章节构架的那些环境并不是互不相关的，也不是彼此排斥或分属不同源头的。许多文明可以归入不止一个环境。有些文明始于甲环境，最终却因为迁徙、流离或扩张而大部分或整个处于乙环境之中。

我的分类虽然大致参照地理学家划分生物圈的方法，但是我也自创了一些环境标签。例如，地理学家不会把小岛屿当成内在统一、自成一格的环境来看。但是从文明史的角度而言，这样的归类不无道理，因为在有些案例中，靠海是对社会形态影响最大的一个环境条件。把威尼斯和复活节岛并列来看，很有益于历史研究。高地也是一个很难确定的类型。怎样是高，只能看相对判断，并没有客观准则。由于中国西藏的高地势，使得研究者把西藏文明视为与伊朗文明不同的世界，但如果将两者并列讨论，将会有一番不同的见解。我把斯堪的纳维亚与古代腓尼基相提并论，把斯基泰人与苏族印第安人相提并论，并不表示这是唯一合理的分类。但我的确认为，这样组合自有其独特的长处。如果用别的方式挑选与划分材料，不会获得同样的洞察，无法突显同样的类比，也难形成同样的推断。

本书的每一卷都以一种环境为主题。一开始是讲冰原与干旱地区、冻原与针叶林区、沙漠与干燥灌木丛地区，因为这些地方在多数人印象中是不利于文明演进的。第二卷讲抗拒或阻挠农业的草原，这些地区土壤干燥，或是表土布满顽固的草根。第三卷谈沼泽、热带低地、后冰河期森林等含水丰沛的环境。看过这些不利的环境之后，我再详谈作为多数传统文明史起点的冲积平原。接着就是我称之为“高地”的环境，这是一个相对的用词，没有绝对的意思。然后要讲到因为靠海而形成的各种环境：小岛屿与狭长海岸地形是航海文明的摇篮。在文明史中，凡是我认为以海洋为支配要素的环境，都被汇总在这一类型之下，无论它们有着怎样的气候特征，除洋流与风要另作考虑。最后的一个环境是深海——这个环境尚未孕育出任何文明，却是各个文明努力要渡越的。迁徙、扩张、适应或穿越新环境，是本书几乎每个阶段都要提到的主题，因为每一种文明都源起于特定的环境，但有些文明成功超越了发源的环境，因迁徙或扩张而占据了其他环境。

我旨在说明，文明是可能在任何地方产生的。若说只有某些环境特别有利于文明的形成，乃是一种偏见，如同说某些人的生产力优于他人或某些种族更有从事生产的倾向，都是欠缺根据的。文明在某些环境之中比较难以永续，这是事实。但是，没有一个可居住的环境能完全阻挡人类为遂其心愿而进行的改造。如果从一个个环境看去，文明化的才能在全世界的分布是杂乱无章的，而且可能在传统文明史惯常轻忽的地方集中得最明显。前工业化时期最有野心的草原改造出现在非洲（见第三章）。沼泽地区最有创意的建筑者出现在“白人”足迹到来以前的美洲（见第六章）。欧洲人擅长的是在温带森林地区发展文明——其实也就是把森林砍光或烧掉，但换到别的环境类型里，与别的人们相比较，他们的表现并不特别亮眼。

相似的环境在世界上不同的地区会启发不一样的回应与对策，可见文明受环境制约，却不是由环境“决定”的，即便环境的影响无所不在，而且倾向于促成某些特定的结果。但是我并未发现有任何证据可以确定，我们胡乱堆在“历史”这个标题之下的人类经验，有哪一个是由什么因素决定的。几近一辈子的钻研使我深信那是随机偶发的，在条件许可下，受人类意志与物质需求的共同驱动。否则便是混乱发生的，原因与影响都无迹可寻。认为类似的环境之中却出现各地差异是由文化所致，这么说也许在大体上是公允而有用的。但如果说世界上某些地方或某些特殊基因遗传模式培养的文化更有追求文明的素质，就是绝对错误的，这样的说法不但毫无根据，而且与事实证据相抵触。

我动笔时没有预设要规避什么：没有刻意把某些读者对象或讨论范围排除在外。这是一次实验之作，不应该被误认为是一个所谓的成就。我理解它是一部随笔，因为篇幅虽然长，但比起其他尝试涵盖整个文明史（有些作者更偏爱用单数形式的“文明”一词）的著作，还是短的。这是试探性质的作品，注定很冒险，粗枝大叶，部分内容没有前例可循，是为了招惹异议而写，不是为了争取赞同。我写作时带着某种急切与冲动，要抢在自己把想说的话忘记之前赶快写下来。这不是深思熟虑后的成果（虽然这个主题我已经思考了许多年）。没有研究助理帮我搜集资料，也鲜有专家帮我审稿，纠正我的判断。所以，我要仰仗读者来告诉我错在什么地方，不过这样也不无优点：全书统一在一个构想之下，一以贯之。

这一点很有帮助，因为主题太大，很难控制。我本来的意思是要做个比较研究，但是我也试着谈了很多不同文明的一些明显有别而互不相连之处。如果要把每种文明都一一讲到，会太唠叨乏味；要从每种文明中都挑出普遍被认可的事实来详述，也是不可能的任务。关键的事实通常已耳熟能详，所以也不必再重述。因此，我倾向于从偏僻的角度找出话题，不大用宽泛的概观。但是，只要讲到一般人不谈的或不知道的文明，例如阿留申人或非洲巴塔马利巴文明，或是讲到容易被轻忽或未得到正确评价的文明，例如中国福建或西非富拉尼人的文明，我就会叙述其基本事实。已经知道这些文明的读者就担待一下吧。读者也该料到，我去过的所有地方、见到的所有人群，在书中不可能都说得巨细无遗。我引用的证据、明确参考的数据，都超出一般同样篇幅的书，这不是在炫耀我多么有学问，而是为了便于读者发现我的准备工作与现有知识是否仍然不够。我会时而“密集描述”，时而做笼统冒险的概括，就像在雪堆与薄冰之间晃荡，但总比躲在屋里闭门造车强些。

我不按惯常理解文明的角度看，不想根据一般假定的“文明应有的特征一览表”来评判各种社会。我也不会按照我对于各种文明中的艺术品与思维模式的好恶来评定其高下。由于我把文明视为人类社会与自然世界的一种互动关系，所以社会的文明程度是按社会本身的条件衡量的。

我自己对于文明是亦爱亦恨的。我就像阿马利娅。虽然一生在英国度过，我始终没学会喜爱自然甚于文化。按说英国人偏爱乡间生活、乡村休闲活动、兽医、不忌晴雨的远足、以天然风景为模仿范本的花园，他们应该是喜爱自然甚于文化的。我喜欢走在石头整整齐齐铺好的路面和柏油路面上，以免踩到泥土。对我而言，就算欣赏乡村风景，也不必身临其境，应该是从书房窗户望出去的，或是画框装裱好了挂在墙上的。我躲在上浆后硬挺的衣服和四四方方的房间里，远离自然，令我的家人和朋友又好气又好笑。古代废墟令我感动，因为我当它们是文明经历不敌自然的战斗后所留下的伤痕。但是我也对原野的智慧充满尊重甚至敬畏，人类加诸自然的创伤也同样令我不忍。

我的这本书虽然是在自我孤立中完成的，仍旧得到不少我该致谢的帮忙（但没有把我自己犯的错赖给别人的意思）。好心检查我英文的人帮了我很大的忙，但是他们的忠告有一点我没有接受。我力有未逮的时候总是抬出典故名言来帮忙，忠告者劝我加一点说明，以免没见过这些典故的读者看不懂。我却认为，什么都讲得一清二楚的文章读来是无趣的：读人家文章的趣味之一就在于拆穿某些典故的含义，却在某些典故上俯首认输。引经据典的目的是要激起读者思维与感受深处的联想，不完全是为了交代明白。因此，我奉上的菜有些直接从炉子上端下来，有些得从酱汁里捞出来。而且，典故的扩张本身就是一种帝国主义，也像电视上的《竞赛无国界》（*Jeu Sans Frontières*）节目。世上已经没有所谓尽人皆知的事，我们每个人都会对他人的无知感到不可思议。今天早上我在教堂里听神父布道，听见他说“前瞻自由的伟人，南非的马丁·路德·金与史蒂夫·比罗”。*我向邻座的年轻朋友低声说：“这是笔误。”现在想起此事，倒是怀疑她知不知道马丁·路德·金是何许人也。夙昔典范尚在否？

因为应邀演讲，我有机会测试本书末两卷的内容。为此我要向邀约单位致谢（依发表演说的顺序）：吉隆坡政策研究中心、普林斯顿大学历史系与西葡拉美学系、拉特罗布大学、拉特罗布大学与科廷大学的达·伽马五百周年纪念会、哈佛大学历史系、得克萨斯大学奥斯汀分校的人文研究中心与英国研究项目、莱顿大学的克雷恩堡学院、伦敦国立航海博物馆、约翰·卡特·布朗图书馆的诸位会员、明尼苏达大学詹姆斯·福特·贝尔图书馆的会员们。本书导论的主要内容曾作为明尼苏达大学早期近代史研究中心的研讨会论文和荷兰人文社会科学高等研究院的讲座发表（感谢该院令人愉悦的环境、不辞辛苦的职员、慷慨相助的同事，以及研究院礼遇埋头

* 马丁·路德·金为美国人，另外，不是史蒂夫·比罗（Steve Biro），而是史蒂夫·比科（Steve Biko）。——编注

写稿者的文化，使我得以在那里完成原稿修订）。我在以上各院校都蒙东道主与参与研讨者的帮忙，恕我不能备列诸位大名致谢了。本书大部分是在布朗大学历史系里我可以望见校舍古老砖墙与草坪的地方写成，我庆幸有这么宜人的环境和这么有活力的氛围，校园里彬彬有礼而关心他人的氛围令人如沐春风。内人莱斯莉帮我校读了手稿。包乐史、威廉·布特、乔伊丝·查普林、约翰·古德斯布洛姆诸位教授，以及塞巴斯蒂安·费尔南多-阿梅斯托、费德里科·费尔南多-阿梅斯托也都校读了一部分，谢谢他们的耐心帮忙。两位编辑高手比尔·罗森与塔尼娅·斯托布斯都提供了宝贵的意见。我要向约翰·卡特·布朗图书馆的馆长诺曼·菲林博士、董事会、诸位会员、研究员与职员们致上诚挚谢意，这里实在是再理想不过的研读环境，比较殖民史方面的资料尤其丰富。我原本是为了参考殖民史资料而来，这本书也正是殖民历史延伸出的一条厚重的、悬荡的、绵长的线。我越来越觉得，所有的历史都是殖民史，因为我们所有人都是从别的地方走到了如今的所在。

1998 年 5 月 3 日

于罗得岛普罗维登斯

1999 年 6 月至 11 月

修订于牛津及瓦瑟纳尔

导论

文明欲

多种文明与单一文明

于贝尔：这个状况是要个别而论的。

摩尔科：我只晓得个别状况，先生。

——

凯诺（R. Queneau），

《伊卡洛斯之翼》（*Le vol d'Icare*）

“哟！”鲍勃压低了声音道，我也皱起鼻子。扑鼻而来的气味奇臭无比。但是我随即想到，我们自己的文明气味也不是多么好闻的。我们的一些工业城市弥漫的气味——烟雾、工厂恶臭、上百万辆喧嚣汽车排放的废气、陋巷飘出来的垃圾味，这些又好到哪里去？我泛起笑意。也许阿留申人闻到那些也会皱起鼻子。我想臭不臭只看你是不是闻得习惯。

——

班克（Ted Bank II），

《风的故乡》（*Birthplace of the Winds*）

“你有没有想到过，”他说，“文明极度险恶？”

——

克里斯蒂（Agatha Christie），《玻璃上的影子》，

《神秘的奎因先生》（*The Mysterious Mr. Quin*）

文明要素

普罗维登斯闹市区有一个暗淡冷清的广场，距离我写作此书的地方有几条街，一群人正在那儿施工盖一座溜冰场。工地左右是整排办公大楼，尴尬的是，都空着无人进驻。据我猜想，该市的大佬们希望在这儿定格一幅活络的、多彩的、稳重的画面。溜冰场盖好之后，带来了嬉戏趣味，但是冷清依旧。与此同时，打着乐观算盘的人正在拉普兰（在芬兰与瑞典北方交界处）铺设起草坪。

有些读者会说，盖溜冰场或铺草坪对文明算不上建树。因为，即便世界一流的冰上舞蹈也难脱俗艳：不外乎亮片服饰、后外钩点冰一周跳、轻音乐。草坪是英国市郊千篇一律的夏季活动场地：人们在这里闲谈，玩无聊的游戏。哪一片原野乐意涂上这么一层“资产阶级油漆”？

不过我们也该为在水泥丛林里盖溜冰场、在冰天雪地里铺草坪的英勇表现喝彩。两者都流露了文明传统之始的建设与破坏之间的可怕矛盾：既有想要运用荒谬的方式扭曲冥顽环境的一股冲动，也有忍不住要冒险改善自然的一种欲愿。文明之后的结果是颇为可疑的：有时候环境变得焕然一新，有时候变成四不像或完全毁掉。通常的情况是介于两种极端之间，就像这本书一开始索福克勒斯的那一段话说到的：磨蚀大地，乘风破浪，制服禽兽，带着“情感”造起城镇，建造御寒避雨的房屋。

一如多数刻意要博得赞许的名词——民主、平等、自由、和平，“文明”也经常被滥用。文明是一种社会类型，这是当然的。[1]但是，当我们问“是哪种类型”，或是要求对文明的特征加以形容或说明，或是追问究竟该怎么区分“文明”与“文化”、“文明的”与“不文明的”时，麻烦就多了。在对文明的要素——能使区区一个社会质变而成为文明的那股魔力——的传统讨论中，用词不一而足，有的说是一种过程，有的说是一种系统，或是一种状态、一种心灵的或遗传的癖性、社会变迁的机制，但是都不尽如人意。已经有很多人把“文明”当作太多不同的意思来讲，如今很难摆脱这词的滥用，还给它一个有用的意思。[2]也许可以从一般人所理解的意思着手，再讲我打算采用的意思。

用“文明”指某个区域或人群、时代，大多是因为它在生活方式、思考模式、观感上有显著的一贯性，与以外的区域、人群、时代不相同。所以我们可以说“西方文明”，或是中国的、伊斯兰教的文明，或是“犹太文明”“古典文明”“文艺复兴文明”，读者和听者也大概知道我们所指的是什么。这样用的理由是方便，而且大家都普遍认可了。但这是不确切的，也没有实质意义，充斥着主观判断。把“文明”换成“社会”或“文化”，意思其实一样。所谓一贯性的分野，也是见仁见智。甲所见的一贯性，乙完全看不见，或是乙所观察到的一贯性与甲不同。

克服这个问题的方法是，认定的确存在某些一贯性，可以用来区分文明：例如相同的宗教信仰，相同的意识形态，认为同属某种

“世界秩序”，或是语言文字相同，或是技术上、农艺上、饮食上有共同特性，或对艺术的好恶相同，或同时具有一种以上的相同条件。这些评定准则却都是武断的（下文会证明武断之所在）。而且，某些社会因为有这些条件便可以符合文明的标准，但有些文化特征却不一定被视为文明要素，这似乎说不过去，如舞蹈、占卜术、睡眠习惯、两性关系。

还有一个层面，是用“文明”指一种集体的自我区隔，脱离具有“野蛮”“原始”“未开化”特征的世界。照这个意思，被认为达成这种自我区隔的社会就算是“文明的”。这种用法显而易见是欠妥当的，因为“野蛮”“原始”“未开化”都是不明确的用语，带着很浓的偏袒与价值认定。这种用法始于18世纪的欧洲。当时的精英阶层急于否定人性中“低等的”“粗糙的”“俗鄙的”部分，便竭力鼓吹烦琐的礼节、精细的品味、优雅的价值。进步就等于弃绝自然，回返野性是一种堕落。创建罗马的两兄弟虽然是母狼喂大的，终究要完成创建罗马的大业。野蛮人可能是“高贵的”，其英勇气魄与高尚道德可以做文明人的榜样；然而，一旦被拯救脱离野性生活，就应该彻底弃绝野性。[3] 所谓的“阿韦龙的野孩子”，是婴儿期被丢在塔恩森林里的一个男孩，靠自己活了下来，1798年被猎人捉住以后，接受了文明的实验，他的监护人并没有把实验结果做到让他们自己心满意足。按这男孩老师的描述，他可悲的一生之中最辛酸的时刻，也许就是追忆自己独自生活的时候：

> 他用毕午餐后，即便不再觉得口渴了，别人总会看见他以美食家似的神态端起本应盛着佳酿的玻璃杯，注满净水，小口

小口地啜饮咽下。这个景象之所以引人关注是因为它发生的位置。他靠窗站着，两眼望向原野，好似这大自然的孩子在这一刻里试图融合他丧失自由后仅有的两件好东西——喝清澈的水与看着日光和原野。[4]

实验失败后，他再度遭到抛弃，被交给巴黎中下层街区一名善良的老妇人照顾，留下科学界难以接受的失望经验。

还有一种常见的用法，是指一个社会的发展史中假定都要经历的阶段或达到的巅峰。这是我更不能苟同的用法。因为这个用法意味着一种发展模式，而我既不相信模式之说，也怀疑发展之论。社会是一直在变的，而且是以不同方式改变。社会并不会发展、演化、进步，虽然按不同的标准衡量不同的时代，会看得出变好或变坏。社会不会遵循范本，不会朝着某种目的进展。历史不会照原样再来过，社会不会互相复制，但是不同的社会可能表现出雷同之处，可以按这些相同点来归类。下文会讲到许多社会发展论的例子，都是以先入为主的成见为依据，证明某些结论有理，而把其他的全盘否定。凡是在这种理论架构里把文明当作某种阶段来看的观念，都是充满价值评断的：不是顶峰就是危机，可能是灿烂发光也可能是阴霾一片，可能代表进步也可能代表颓废，不论是什么样子，都必然是发展程序中的一个阶段，被褒与贬的判断歪曲了。

17 世纪末 18 世纪初，在法兰西帝国中部和边缘之间，有位年轻人穷困潦倒，却似乎有启人省思的灵感。他的背景高贵却又可悲，他既难以捉摸又武断自信。他的家族把贵族名位卖了，换来现款，他却一直自称“拉翁唐男爵”。1702 年他置身巴黎，不久之后，“文明”这个名词的现代用法就在这个城市问世。[5]

这位身无分文的前贵族当时正在追怀他钟爱的加拿大。他年少时期曾在那儿寻觅致富的捷径，并且渐渐对法国人口中的“野蛮人”的天生贵族气产生了仰慕（见第五章）。他想知道，如果把一名休伦族印第安人搬到巴黎，这人对巴黎的壮丽华美会有什么反应。拉翁唐口中的休伦人来自未被文明扰乱的世界，头脑不曾被文明的价值成见左右，他欣赏赞叹的是巴黎的石头，但没想到这些石头是人砌起来的，他以为都是天然的岩石群，恰好适合人住在里面。这样的误会显然向来都是文学的好话题。一名 18 世纪初期来自圣基尔达岛的“野蛮人”见到格拉斯哥的建筑时，“他说教堂的柱子和拱门是他所见过的最漂亮的洞穴”。[6]“野蛮人”的惊叹道出了人力塑造的环境与自然塑造的环境之间的差异有多么微妙，它逾越了已达文明的状态和一种不同社会类型之间的鸿沟，也弥合了自然环境被改造多少的区别。

这些故事点到了“文明是什么”的问题核心。我建议把它界定为一种互动关系：是人对自然环境的关系，[7]出于人类想使自然符合自己需求的冲动，而改造自然环境。我所说的“文明”就是指在这种关系之中的社会。我并不是说所有的文明都一定是好的或坏的，虽然我觉得某些文明颇佳，却也看出某些文明是有害的。本书的要旨之一是，各种文明通常都过度利用其环境，往往到了自我毁灭的地步。基于某些目的——包括为了在环境中求生——的文明行为是冒险的谋略，甚至是非理性的。

有黏着性的环境

有些社会凭大自然供给的环境凑合着过。人们吃大自然给的产物，住大自然给的空间，或者照着那些空间的样子造起居住的地方，用的建材是大自然供给的。许多这种社会跟着季节变化而迁徙生活。也有许多社会把环境略做改变后定居下来：例如挖洞穴为栖身之所，或是在洞穴外做些修饰；把需要的禽畜围起来或放牧；为了便利，耕作时把需要的植物重新组合。也有许多社会冒险干预环境，为的是保住环境既有的条件，或是为自己的生存着想，但并没有要使环境永久改变的意思。这些社会都踏出了改造环境起码的第一步：使用火来熟食御寒，用火烧掉植物或是使植物再生。[8] 我说这些文化是“文明的”，是因为它们具有改造自然环境的企图。

因为文明的标准是其他社会所定的，那些社会一心要向自然挑战，存心要冒险，要把世界变得合乎自身意愿。他们重塑地貌，或是用他们自己建造的环境把原有的地貌湮没，他们拼命要把自己的那种秩序施加在周遭的世界上。有时候他们试图彻底脱离自然，佯装人不是生态系统的一部分，声称人类界与动物界没有重叠。他们试图“消灭人的自然属性”：把内在的野蛮人切除，用精致的衣服和礼节驯化内在的野蛮人。

我们看得出他们努力的痕迹，文明便是在那些深刻鲜明的线条上竖立起建筑物、规划定居的蓝图、设计花园、整理田亩。他们对规则几何图形的酷爱（把几何图形盖在自然的荆棘和崎岖之上）在文明史中处处可见。文明最强势的时候，要把自然变成先知预言时间终止时的样子，把山谷填高，把山丘掘低，把崎岖的地方铺平：

用水平仪和量尺把世界规整起来，形状都遵循几何学家脑中的模式。

为了写这本书，我假定所谓专门只写人类的历史（human history）是不可能的。历史是一门“有人情味”（humane）的学科，因为其中充满了太多的血泪、情感与仇恨。如果把它当作一种“科学”，即按旧式定义，是可以推出结果的一种学问，我会觉得无趣。人类研究的题材就是人，而对于学历史的人而言，凡是人类之事都不是题外话。要想清楚了解人，就必须把人放在自然界其他事物的背景里来看。我们不可能脱离与我们联结的生态系统，生态系统是将我们与所有动植物缠在一起的“生命锁链”。我们这个物种属于动物世界这个浩大的统一体。我们塑造的环境还是用大自然给的东西凿补拼凑出来的呢！

因此，一切历史都可以说是历史的生态学。这样说的意思并不是指历史必须是唯物史观的，因为在我们与环境的互动中，很多是从心智活动开始的。就像许多文明之中的几何图形，都是先想象或发明，之后才形之于外的。传统文明要素一览表上的所有项目，都是从心念开始：例如，都市的缘起是向往秩序，农业的缘起是憧憬丰饶，法律的缘起是希望建立乌托邦，书写的缘起是对符号的想象。

然而，包围着社会的具有黏着性的自然环境，的确意味着文明史不可能完全按心念或想象力运作的观点来写。文明史不是，也不可能成为一个只讲艺术史或知识史的话题。文明史要放在土壤、种子、胃里来讲，必须涵盖技术史的事件，因为人类用工具面对自然时表现得最有效力。文明史必须讲到食物，因为人类依赖环境最甚、破坏环境最甚都是在从环境中取得食物的时候。（其他历史学家曾经批评我写经济史多从食物着眼，可是，大部分人在多数时候最在乎的本来就是吃。）文明史必须谈到德文“Kultur”与“Zivilisation”涵盖的意思。[9]探讨文明必须先充实许多其他学科门类的知识，尤其需要读过考古学、人类学、地理学、美术史的文献。研究文明必须超越历史学家划定的局限。肯耐下性子看完本书的读者将会发现，我不讲包豪斯的建材，反而讲巴塔马利巴的；我谈阿兹特克人的篇幅比谈雅典的多；讲高棉也比讲15世纪意大利大师们的时候多。文明史必然是整体历史：是从往昔的偏僻角落筛出来、翻出来、扫出来的史料，不是只在档案馆和图书馆里蛀书就能获取的。这样的历史也许很难写，却也令人跃跃欲试。

非洲面具与阿波罗雕像：近来的定义与视角

美术史泰斗肯尼思·克拉克毕生最重要的成果就是专门研究文明的作品，结果他却说他仍然不知道什么是文明，但是他认为自己看到文明的时候可以认出来。他提出过一个驰名世界——也有一些批评者认为是声名狼藉——的观点，是将一只非洲面具与梵蒂冈的阿波罗雕像相比较。阿波罗雕像是一尊时代与由来均不明的古希腊大理石雕像，被一代代的美术评论家推崇为理想美感的呈现。[10]克拉克说：“这座阿波罗像体现的文明状态是高于这面具的，我想这是毋庸置疑的。”并且他解释道，阿波罗雕像代表了文明的一个不可或缺的要素——有信心为未来的世界而打造；至于这面具，按其含义来看，是来自人类恐惧自然威力并受到自然力量抑制的世界。他的好恶是品味的问题——是个人判断的品味。克拉克认为的文明社会是会重视并且创造不朽艺术的社会，文明的社会会为了未来而大规模打造事物。[11]

如今，自认文明的人可能也希望自己所属的这个社会有足够财力为大家买到创意的休闲，能提供多数人为彼此的福祉一同生活工作的方法，懂得记录与传递从祖上继承来的智慧，能努力为大家的需求而改变却不毁坏自然环境。我们不妨让这些准则帮助我们"看到文明的时候可以认出它来"。但是如果要定义文明，这些准则帮不了什么忙。它们清楚反映了如今普遍的努力目标：我们心目中自己应该达到的理想。这些准则不是规定处方，在其他文化、其他时代里未必能博得赞同或举足轻重。但文明的各种定义似乎都被这种偏见搞得没了说服力。各种定义都离不开一个意思："我是文明的，你属于某种文化，他是个野蛮人。"我不敢奢望人人对于文明的概念都不带一丝价值判断，但是至少可以躲开粗糙扭曲的偏见，抛下克拉克承认是"个人所见"的那些偏执视角。

曾有人说，大多数的书都是在引用别的书。我不想再写一本这样的书了。读者若要接着看下去，也许会想知道它与既有的探讨文明的著作有什么异同之处。觉得理论多余或无趣的读者，可以跳过以下的一些篇幅不看。我提出这个省事的办法，表示我觉得这个部分一般都是多余的，而且大多没什么趣味。但是因为我写的主题与这个领域以往的论述大不相同，已经熟悉这方面著作的读者会要求在继续看下去之前，先确定我的理论要旨是什么。我们一方面基于对经验事实的爱好，想把预备功课都省略，直接讲正题；另一方面，我们正置身其间或正在走进的知识世界是凡事没有定论、定义看来都靠不住的：这个"进展的"世界里没有一个过程是完全结束的，意义从来不会绑死，区分也会消失。在文字游戏里绕来绕去令我不耐烦，我希望至少每个问题都为确定的目标而发。不过，多数传统的文明定义都是定义过度了，都太死板、太严苛、太造作，不是按证据得来的，反而是硬套在证据上的。回头把它们审视一遍，看看该避免哪些毛病，对我们有益无害。以下就要回顾一下第一次世界大战以来的所谓“文明之研究”。

如果说文明史是个被忽视的学科门类，好像不大合理，因为凡是人写出来的东西几乎无一不属于这个学科门类。话虽如此，近年来的文明史论著的确一直比较不受注目。两次世界大战之间，这个主题曾是巨擘们的竞技场，斯宾格勒、汤因比、蔡尔德、芒福德、埃尔斯沃思·亨廷顿都下场较量过。探讨文明几乎自成一个学科。第一次世界大战被说成是一场“拯救文明”的战争，因此尽管战争过去了，确定什么是文明，文明该怎样被维护、为什么应该被保护，都成了重要的课题。[12]

那个时代的所有探讨都没有结果。斯宾格勒是个不按常理出牌的天才，用恐怖预言和拐弯抹角的散文恶整读者。他有种天赋，能把不同文明用不同的象征知觉表示，例如，将西方文明用哥特式大教堂里演奏巴赫赋格的声音表达。[13]但是，支配他的理解的那些隐喻都是既幼稚又欠缺说服力的：文明都像活的有机体，终将因衰老而腐朽。他定义的文明是文化的“命运”，是文化的巅峰阶段，是“有机逻辑的结局、完成、终曲”，这可不是恭维的话。他认为，文化必然是已经在走下坡了才可能变成一种文明。他说：“它突然僵硬，它变成坏疽，它的血凝了，它的力气散了，它就变成了文明。”[14]他声称知道什么解药能逆转衰势，但是，犀利批评他的人士之一说：“那些能预知未来而且自觉未来多亏他们导引的人，他们的行动之中有一清二楚的黑暗绝望成分。”[15]斯宾格勒否认自己是悲观主义者，不过这是悲观预言家唯恐自己的预言还不够悲惨时的一种自我放纵。

下场较劲的其他重量级人物的表现都不比他好多少。蔡尔德不喜欢“文明”这个字眼，想避而不用，结果却把它的意思说成是定居生活：两种“革命”之后出现的社会状态，第一种是农业革命（人类“能掌控自己的食物来源”），第二种是“都市”革命。[16]农耕与城市生活已经是文明审核表上惯常有的要素，之后蔡尔德又加了一项也是惯常有的要素——书写。[17]芒福德与埃尔斯沃思·亨廷顿的著作中，都毫不掩饰地把文明说成价值判断极浓厚的名词，分别用来指他们痛恨或欣赏的事物。这并不表示他们的作品是没有价值的。亨廷顿的才气，在他数量庞大的作品里，几乎每一页都跃然纸上，但是也都被两大缺点拖累。一是他难舍偏爱的理论，尤其是他深信，长期的天气趋势是被他所谓的“脉动”机制所改变的。他能凭此种“脉动”而把他确认是文明的每一种发展，套用到一个有着有利气候条件的时代与地区。[18]第二大缺点是他偏爱自己的同类，他会抗拒这样的偏见，但照例都会屈服。他承认每个民族都有自己的文明标准，但忍不住要独钟于信奉基督教新教的西北欧与美国的新英格兰地区的文明，他认为这些环境结合了“最适宜”的条件。如果往其他方向走，离耶鲁大学越远的地方越糟。这可能是“世纪病”的一个症状：汤因比也认为波士顿以北太远的地方不大可能有文明。

汤因比对文明之比较研究的提倡是不遗余力的。他为此写了一部宏大无比的作品：有十二大册，每册都至少有我这本书这么厚。

这头巨怪后来却施展不了威力。汤因比在这部著作开头就向读者保证，文明与所谓的原始社会有“一种真实明确的差别”，并且谈到一个会“突变”成为另一个。[19]读者把随后的十一又三分之二册翻遍了也找不到他说的是什么差别。他讲到的最能具体说明的一段话如下：

> 如我们所知，原始社会里的模拟学习是以老一代为对象，以死去的祖先为对象，巩固着长者们的权势，并且提升着他们的威信……风俗统理一切，社会保持静止。反观正在文明过程中的社会，模拟学习的对象是有创造力而能号召追随者的人物，因为他们是人类努力的共同目标之路上的先驱。在朝向未来模拟学习的社会里，“风俗的大饼”剖开了，社会走上变革成长之路。[20]

严格地说，没有所谓的“原始人”：我们同样是长久进化过程中的产物。把文明与变革混为一谈，把变革与“成长”混为一谈，显然根本没有道理：所有的社会都会变，而每个社会都渴望安定；各种社会都曾塑造世事不会变的假象，要是把这一点排除在文明之外，乃是脑筋有问题。现在回顾汤因比那种热衷“先驱”领袖带领文明走向集体目标的思想，正是在希特勒刚刚得势之后发表的，倒叫人不寒而栗。“风俗的大饼”是汤因比从白哲特那儿借来的，英格兰的法律和大英帝国宪法都属于揉在大饼里的制度。所谓只有不文明的社会遵从“老一辈”与祖先智慧，这种论点如果有理，那么几乎所有可以称作“文明”的社会都要被除名了。因为，如果真有进步这一回事，进步的基础就是传统。从来没有一个社会是凭着漠视先人累积的知识而兴盛的。

然而，文明是朝向未来开创的想法具有很强的暗示力量，而且产生了很多未被公开承认的影响。有历史观的人类学家会把文明看作诗意的描绘，成为“为我们的终极目的而进行的耕耘”，成为只以未来定位，而不以过去定位的社会自觉改造。[21] 我猜想，克拉克定义文明时，认为文明是社会有信心为未来的世代而打造，其灵感也来自这种想法。这个想法既呼应斯宾格勒的悲观主义，也呼应现代那种充满末日毁灭论调的氛围。保罗·瓦莱里所谓的“精神危机”，是来自认定文明“终有一死”的信念（因为文明如同活的有机体，所以会死）。[22] 曾有一位评论家说过：“一个文明若知道自己是会死的，就不能充分体现‘文明’这个名词的完整意义。”[23] 末日意识——与悲观主义搏斗之必要——又因为20世纪恐怖灾难频发而越来越明显，但是早在两次世界大战之间的时期，人们就已经被这个阴影所深深笼罩。

那个时候，可见的未来似乎掌握在发誓弃绝文明的新野蛮人——纳粹党——手里，他们急于消灭整个民族，所以驳斥一切人性价值。他们对古代民间宗教信仰心怀幻想，并且把“Heimschutz”* 变成在石堆圆圈和草地条痕中的神秘追寻。[24] 其政治极端的艺术与文学崇尚未来主义：战争、混沌、毁灭受到颂扬，传统被诋毁，机械的美感、强势者的道德、喋喋不休的胡言才是得宠的。[25] 大约也是在这个时期——至少是在玛格丽特·米德发表论述萨摩亚群岛性

* 该词意指保存日耳曼传统之纯正。——编注

成熟的著作之后——文明似乎遭到更进一步的威胁，那就是对原始状态的浪漫崇尚。米德勾勒的景象大多出于她的幻想，而不是基于田野调查。她描写的萨摩亚是性方面自由开放的社会，没有心理学所发现的文明中存在的“不满分子”的压抑。不穿衣服的萨摩亚青春期少男少女可以自在地嬉戏，没有任何焦虑和压抑。[26]

第二次世界大战并没有驱散这些威胁，却显然把文明弄得更不值得研究了。自从纳粹屠杀犹太民族与广岛遭遇原子弹以后，系统化研究文明的爱好始终没有恢复。偶尔会有批评者冒出来痛斥战前大师们的错误或臆断。我在童年晚期读了汤因比前六册的节录版，之后读了彼得·海尔毫不客气的驳斥，就决定再也不看汤因比了。[27]（我从那时直到这本书快要写完之前，一直都固守这个决定，后来发现汤因比的书也不无道理才改观。）菲利普·巴格比擅长拆人家的针脚甚于自己缝一个，结果只做到把文明等同于城市，这不过是把定义问题转移到另一个同样令人头痛的用词。[28]与此同时，汤因比的仰慕者和以为能改进汤氏遗教的追随者们安排了各种讨论会，也创立了类似某种运动的东西，都没有多大起色。[29]也是在此期间，社会学家们（他们往往想象文明是可以用来将社会分类的一个项目）不时催促历史学家重操旧业，找出文明的特征，历史学家一般都不理会。社会学家也曾提出精细规划的“阶段”说、“时期”说、“周期”说，但多属于社会学家这个行业的产物，来自文明的事实成分比较少，而且都是错综复杂捉摸不定，必须先破译说明才能加以归类。[30]冷战时期问世的论“西方文明”的美国教科书多得数不清，我只略翻过少数几本，说这些作者是不得不旧调重弹应该并不为过。这几十年中最叫人耳目一新的见识来自克拉克与诺贝特·埃利亚斯。

当时克拉克要为电视节目写稿，觉得文明这个概念非写不可，也许是因为这是无法定义的。[31] 埃利亚斯巧妙地避开了通常不得不把文明当作世界共同历史的模式。他指出（他具有把别人看不出来的明显事实一语道破的奇才），文明是一种自我指涉的西方概念，“表达西方社会的自我意识……西方社会近两三百年自认优于以往社会或优于同时代‘较原始的’其他社会的每一件事”。[32] 他从过去惯称的“礼貌”“礼节”的角度谈文明的故事——文明是西方社会符合近代或现代中产阶级与贵族价值的行为标准的变革：是“克制冲动与言行举止上的改变”，[33] 或是18世纪所谓的人的“抛光与修饰”。[34] 这是有根据的探讨，也带来发人深省的结果；但这其实不是一篇文明史的论说——只说到了文明史的一小部分。虽然“文明”是个西方名词，本书要讲的这个概念的意思却是相当于——或可以转换成——普世用语。

冷战期间，另有两群人一直相信文明是个值得研究的概念：一群是古代史研究者与考古学家（但是他们习惯用“文明”指他们研究的社会，而不用理论多加说明）；[35] 另一群是一些还相信进步的人。第二类之中的费尔南·布罗代尔是最具影响力也最受景仰的一位。他在著述中随处使用“文明”这个词，以鼓励学生与学者放宽视野。他于1963年所撰的专供中学使用的书中，详细说明了他那很有用的定义。有时候他把“文明”当作文化的同义词，有时候则把在认同与意识形态上有连贯性的社会称为文明。[36] 他也把“真文明”与“原创文化”画上等号，指的是创新的或明确有别于他者的文化。[37] 他明白至少某些文明是可以按环境分类的，并且提出一个这样的类项，称之为“海权文明，海的女儿”：举的例子有腓尼基、希腊、罗马，以及以“波罗的海和北海为中心的强劲的北欧文明，还有大西洋本身以及海岸上的诸文明”，这些都将在本书第七卷谈到。[38]但“海权的”不是有多大帮助的形容词，因为其实这些社会多数是由军人和地主统治的，但我们却可以因为海洋在其中占举足轻重的地位而将它们全部归纳到一个标题之下。

在此期间，百折不挠的进步教育论者、英格兰末代辉格党人杰克·普拉姆爵士主编了一大套书，旨在把“人类社会史”全部囊括。因为普拉姆深信这是进步的故事，理当成为探讨的主题，“文明”这个词也不断出现在这个系列书籍的标题中。比普拉姆编书早几年，另有一套以“文明史”为题的书问世，这套书由约翰·帕里主编，其中的第一本书也由他执笔。这本佳作没有讲理论，甚至不为立论做辩解，身为“大洋史学会”主席的帕里把重点放在受欧洲文化影响的海洋交流上。[39]这两套书的每一本都写得好，有些已经成为当之无愧的经典，但是没有一本重新审视文明这个主题。这些书都是历史，都是人类历史，虽然有几本的书名里就有“文明”一词，却看不见任何释义说明。

另外一位作者，和普拉姆一样，有着进步论热情与保守习惯的奇怪混合，那就是李约瑟。他的巨著《中国科学技术史》延续了汤因比式的文明比较研究传统。[40]他也与所有的天才一样，可能因为太聪明而反被聪明误。他有些深信不疑的想法十分奇怪，包括无实际根据就相信是中国探险家开创了中美洲的文明。[41]但是他的杰作表现出我所钦佩的许多治史风范，在我们这个时代是无出其右的：学识渊博，雄心勃勃，感觉敏锐，忠于证据，立论大胆，钻研甚深，范围不设限，以及成竹在胸，悠游于浩瀚素材之中十分自如。他未完成全作即辞世，但头几册已经改变了我的世界观。我想象，如果有“银河博物馆管理员们”站在宇宙边缘，以优势角度回顾我们的过去，他们将会把中国当作展示重点，却把西方文明挤在一只小玻璃柜的一角。

如今，文明的研究重新成为学术界议题，部分是拜冷战结束所赐。因为冷战结束而使研究“国家集团”的人变得多余，释出的人力可以投入其他话题的研究，此外还多亏塞缪尔·亨廷顿的功劳。他提出的警告是，继意识形态的差异之后，不同文明的差异可能成为未来冲突爆发的起因，并呼吁我们走向“多元文明的世界”。[42] 听见这呼声的世界才刚习惯马克思主义传统中的一种定义，也就是多少把文明等同于一种意识形态，文明是受居优势的“宇宙观”或受某种“世界运作模式”摆布的一个区域，这个模式当然总是为权势精英阶层着想而设计并加以实施的。[43] 亨廷顿虽然不是心甘情愿，但还是呼应了这个传统，把宗教信仰当成不同文明之间的黏着剂，[44] 但又不完全达到他认为定义或归类文明应有的要求。按他的世界地图，瑞典与西班牙属于同一个文明，希腊却不然。他把很大一个区域划为“佛教文明”，却又怀疑未必有这种文明存在。[45] 不过他允许其他学者来改进他的定义及归类。

我们很容易会认为不必把文明当作理论来说明：写历史的时候用它来指可以归入一类的人类社会，当作一个很大的单位——“人类的最大划分单位”[46]——岂不方便？为了说明基于立论需要而做的分组归类方式，总是会把归类说得乱了套，所以索性不用“文明”这个词，或是不用理论来说明“文明”的定义，是这样吗？有些历史学家可以畅谈文明之比较而完全不顾虑自己的归类是否连贯或前后一致，认为直接谈“伊斯兰世界”“西方”“中国”是当然可行的，[47]或者就用我以前提出的没有价值判断的、最简约的定义：文明是“一群自认属于同一群的群体”。[48]

这样做的结果是使文明与其他的社会形态没有实质差异。假如我们忘记文明的疆界和布局是随时在变的，或是想把文明的范围扩大到包括全世界，结果就会出现诸如以下的乱象：亨廷顿所说的“东正教文明”把俄罗斯和格鲁吉亚划在一起，他说的“中华”（Sinic）文明包括韩国和越南，却不包括日本和老挝；汤因比说的“古叙利亚文明”不知何故把亚美尼亚人和阿拉伯人一股脑儿都纳入。并不是每一个群体都必须属于某个“明白易懂的研究单元”，真正能够清清楚楚研究的单元往往是很小的。

当“文明”指多个社会的庞大汇集的意思时，是个实用的名词，也是思想家们认为自己在阐述理论时所指的意思。如果用令人肃然起敬的复杂语言来表达，照这个意思理解的文明就貌似或听似一种理论了。例如，涂尔干与莫斯提出的定义是：文明是“复杂性与团结性的系统，并不局限于特定的政治实体之内，却可以确定其时空上的起源……且具有统一性与自己的生活方式”。[49]克罗伯采用的名词是“文化整体”，他说文化整体有精神特性，是“自然的系统”，与活体生物相似，以“风格”彼此区别，而风格无所不包，饮食、裙子长度、纪念艺术、文学喜好都属于其中。[50]我们只要看到了“文明是有成因、有意义的整体，不同于邦国，也不同于民族或任何其他社会群体”，[51]就晓得将文明理论化的企图又失败了。我们又回到类似克拉克凭本能判定文明是什么的情况——看到了文明的时候就知道它是文明，但却说不出文明究竟是什么。[52]

不同文明之间的关系——以及文明统一性的达成

相较于定义“文明”，定义“一种文明”算是不复杂的话题——但也使许多人知难而退。也可以说定义“一种文明”以定义“文明”为基础：要先弄清楚如何认定一般的“文明”，才可能辨认特定的文明是不是文明。“一种文明”是很容易凭着经验性的仔细观察去求证的现象。文明有很多种，但是哪个社会可以算是一种文明，大家意见未必能一致。有些学者似乎犯了傻气，想把文明的数目算清楚。汤因比认为总共有21个。[53] 奎格利算出来的是“24个”，[54] 塞缪尔·亨廷顿说现今世界上有“7或8种”文明，也许有9种。[55] 他们所说的“文明”一词，照例都指一种普遍概念，其真实性还是可以质疑的；要不然就是意指我在上文说的，是所有适于称作文明的社会都该具备的——“文明的要素”。

我称之为文明的每个社会，的确都有一些共通之处：都有想要系统性地改造自然的计划。有共通处并不表示文明的多样性就受限了。我把书名定为复数名词的“Civilizations”，就表示我否认文明不可分之说。

这种不可分之说通常是在两种状况之下提出：第一种是，用文明指全体人类社会，而不是指某些社会或所有社会都有的某种属性或特征；第二种是，用文明指所有的社会因为进步而倾向于往某种状态发展，这个状态便是文明。这种说法认为所有的社会只有一个共同的倾向，即是群居，此外并没有证据可以指出什么其他倾向。朝向某种历史的巅峰而进步是痴人说梦，不论巅峰指的是没有阶级的社会，是“圣灵的时代”，是“千年帝国”，是自由民主，或是某种

"历史终结"，都是一样。所以，再深究这个说法显然无甚意义。我在本书中探讨的文明史是一个比较研究的领域，是有断裂性的。有时候我还会冷不防地突然转移阵地，让读者体验本书的不连续性。

读者会不时看见质疑文明可融合并终将融为一体的说法。除了讲述各种文明遭遇自然的故事，本书会逐步让另一个故事成形，即各种文明的互相沟通，最后就跟着这个故事走。彼此同化是这个故事的内容之一，而且是越来越重要的内容。一个个环境在故事中发生的典型事件，都反映重要的跨文化主题：迁徙、贸易、影响力交流、朝圣、传教、战争、建造帝国、大范围的社会运动，以及技术、地区特有动植物和理念的转移。本书讲到的某些环境，如沙漠、草原和海洋，很少作为文明的背景成分，而大部分或全部都是不同文明之间的互通要道。

这个主题需要包容，是因为文明是相互滋养的。也许是由于各种文明多少得以傲慢态度面对自然，它们通常都瞧不起自己的邻居。例如古希腊和古代中国，都认为自己以外的世界全是一无可取的蛮夷之邦。古埃及人甚至认为外邦的居民算不上是人类。我想这不仅仅显示各种社会里的人都不愿意把外人看成与自己一样；据说人类的大多数语言之中没有指"人类"的词汇，只有用来指"说某个语言的人"的名词，[56]说得更精确一点，用来指自己群体的那些词语只限于指他们自己。不过这并不表示指涉外人不能用表示尊重甚至恭敬的名称。鄙视非我族类是一种文明的恶行，不是所有的群体皆然。

文明人的这种自我区隔是很特别的，尤其因为这种区隔是选择性的。同属于某个文明的人会觉得自己凭着某些成就而与其他人群不一样。但不同的文明有时候即使彼此仇恨得难解难分，例如古罗马与古波斯帝国、中世纪的基督教世界和伊斯兰教世界，仍会形成相互承认的关系，甚至彼此维持不衰。他们就像在镜中相互看见的敌对双方。这些文明虽有一些让他们觉得彼此近似的邻居，他们却往往要向远处看，甚至往世界另一端去找，希望发现其他文明的存在，颇似一些畅销科幻小说里描述的外星人，在宇宙中寻觅和他们一样有智能的生命。除了少数例外（见第十章），任何文明都很难在不与其他文明接触的情况下有高度的物质成就，除非是非常庞大的文明。

多少因为这一点，文明的故事必须要包括不同的文明如何建立彼此的接触，且看，所有自古留存至今的文明之间都是有密切接触的。常有人说这些文明将要融合，成为单一的全球文明。本书近结尾的部分会谈到一个全球文明是否有可能。如果真有朝这个目标发展的趋势，结果也只会是在既存的众多文明上再加一种，而不是把所有的文明融入一个总括全体的统一体。

过程与进步

既有的论述之中，一些令人最感兴趣又引起最大反响的，都是最具个人特色的。王尔德认为文明是“中产阶级厌恶的那些东西”，怀特海说的文明是“表现真、美、冒险精神、艺术、和平特质的社会”。[57] 奥尔加特·伊·加塞特将其定义为“把武力推迟到最后手段的力量”。[58] 科林伍德是20世纪少数几位名副其实的形而上学教授之一，他认为文明不是一种社会类型，而是社会成形之前的一种态度：走向“有礼”的理想社会关系的一种心智过程。就实践层面而论，这是指逐渐变得较少诉诸暴力、更有科学精神、更能接纳外人。他在世界大战期间写过一篇以证实德国不文明为主旨的文章，其中勉强引申出，文明一词可以用于指朝这个方向改变程度不一的社会。[59] 汤因比可能是一时大意，也给了文明“向神圣进步”的特质。[60] 克莱夫 · 贝尔说文明是“被价值观软化的理智……被理智固化和指引的价值观”，这显然是代表“有闲阶级”私利而发的论点。[61] 批判文明的人士常会说文明是一种霸权，用暴力压服人，这往往有部分属实。类似这样一言以蔽之的判词，也许可以令人感到振奋或刺激，或是透露说话者的成见，但是对于划定一个可供研究的主题而言实在无甚帮助。

“过程”倒可能是派得上用场的概念。从词源学着眼而思考词义的人会说，按正确词义来讲，“文明”必然是一种过程，因为所有源自法文带着 -isation 词尾的词，指的都是过程。[62] 然而，这里说到的“过程”，都沾染了“进步”的意思。弗洛伊德提出的说法有他一贯的令人既难忘又不安的效果。他赞成把文明视为文化沉淀物的累积——是个人心理升华与压抑的集体效应。他称之为“服务于爱欲的过程，爱欲的目的是陆续把人类个体、家庭、种族、民族和国家都结合成一个大的统一体”。[63] 他想将人从文明极具侵蚀性的不满，即负罪感中解放出来。这个倡议带来的后果就是“感觉良好的社会”，这也是现代西方社会政治学与心理治疗的共同目标。显而易见，拿这个作为文明史写作的开端是无用的，不过无论如何我都讨厌它。这是滋生道德惰性的温床。我们如果想自求精进，就必须对自己有所不满。

更有害的是某些社会生物学家所谓的进步之说。他们认为文明是人们凭脑部特别快速的进化而获得的优越成就。按这派人士所说，文明是达到“一定的智能及教育水平……是大脑不间断的、活动中的、进化中的产物”。[64]这一观点可以表现为把特定的表述形式抬高到独具界定文明特征的关键地位，例如书写文字或是国家政府，也就是这派人士说的“以高度抽象的意义层次写成的人类象征符号”；但是，不论把话说得多么模糊，都掩盖不了问题的真正重点。他们说：“历史上的各种文明，不但证实了智能就是力量，而且呈现出多样的人类智能，它们皆以象征的古老形式表现出来。”[65]这种大量使用隐喻的思考方式，不大可能博得识货者的看重，却会唬住一些人。这等于是说，为了迫使进化的步调加快，暴政是有理的，不具备象征符号的那些社会，例如没有文字或没有政府组织的社会，就会被贬低为没有智能的、进化水平不够的次等类别。

相信进步说的人往往把文明摆在靠近进步终点的位置。按汤因比的另一句名言，“文明”永远是“终极的”。[66]文明照例被当作社会从原始状态成长的过程之中达到的一个阶段，是不可避免的模式之中的一个时期，是依照人类自然扩增的思维或是凭技术逐渐成熟完成的；要不然，他们会说，社会演化就是机动力量，力量的大小是由经济和生产手段决定的，或是由人口统计数字和消费需求决定的。有一种顺序是：狩猎、放牧、农耕、文明；另一种是：部落、图腾社会、“复杂社会”；又有一种是从部落头人制，经酋长制，到国家政府；再有一种是从迷信经魔法到宗教；还有一种是从营地开始，再进步到小村落、村庄、城市。这些顺序虽有一些可以用来形容某些社会的历史阶段，但没有一个是放之四海而皆准的。令人惊奇的是，仍有那么多人忍不住要把过去描述成逐渐进步的。芒福德是带着偏见来看待文明的，他依然把文明放在进步说的架构里，其中“分散的村庄”演化成有政府的国家和城市，古老风俗演化成书写成文的法律，“村庄仪式”演化成戏剧，魔法演化成“建立在开启对时空与权能的广阔视角的宇宙神话之上”的宗教。[67]

人们误以为，只因为文明发生在历史的后期，所以文明是优越的规划生命的方法，这是演化进步说难辞其咎的。社会不会演化，社会只会改变。如果“适者生存”是一个可信的评判准则，一些非文明在某些状况下存活得比文明的对手要好（见第一章），就反而应该算是演化水平比较高的了。

文明的核对表

只要有人画一条线用桩子标示这是文明的界线，就会有观察者来注意或想象它与别的线不同在哪里。几乎每一个立论的人都提出过“社会必须符合哪些准则才够资格算是文明”的一览表。但这些核对表全是没用的东西。

传统上用来辨识文明的所有特征，都将引起难以解决的问题，甚至是不可能解决的。例如，常见的说法声称游牧社会不可能变得文明，“文明始于农耕与明显有组织的村落生活之确立”。[68]但是，斯基泰人和亚洲大草原上的斯基泰人后继者都创造了灿烂而经久不衰的艺术品，修建了不凡的恒久建筑，起初是陵墓，后来是供行政、商业用的建筑，并且——以蒙古人为例——还创造了政治经济系统，其规模远远大于素来有定居传统的任何邻邦（见第四章）。

又如，常见的说法认为城市是文明生活必备的条件，却从未有一种说法能够清清楚楚区分城市与其他规划生活空间的方式。本书会谈到，像大津巴布韦或乌斯马尔之类的地方，虽然人口众多，建筑规模又大，有些评论者却说这些都算不上城市。中世纪的墨西哥和爪哇以及铜器时代的东南欧，都曾有人偏好组成较小的社群，居住建材简陋的房子，但这些人却照样能累积大量财富，创造巧妙艺术，而且大多留下书写的记录（或近似文字的记录），爪哇的建筑之庞大尤其令人惊叹（见第九章、第十二章、第十三章）。

有些一心要确立定义的人曾经强调，城市社群必须从经济层面来界定——算不算城市通常是用贸易或工业来衡量，而不是以食物生产为准。这样是行不通的，因为历史上多数社会里可以认定为城市的社群，都曾经是面积更广的乡村的一部分，而且其中的多数人口完全是靠农业维生的。如果把纯粹务农的社会列为不符合文明资格者，等于推翻了有关这个话题的大量研究，虽然这未尝不是好事，却有必要仔细解释这种主张的理由。但是至今没有人提出充分的解释。事实上，不论哪一种经济状况，都不足以造就城市：只有城市公民的心态可以造就城市。例如西班牙的桑蒂亚纳德玛尔的街道上有阻挡牲畜的沟栅，临街的建筑物上却都有极尽城市装潢之能事的石雕门面。20世纪早期美国中西部的每一个类似“戈弗草原”（辛克莱·刘易斯小说中的地名）的穷酸小聚居区，都有一伙力撑都市场面的人。以前边疆上的首都，无一不体现着拓荒者的憧憬。在壮大成形或是经济专门化之前，这些城市之中有些设计蓝图堂皇华丽得令人忍俊不禁。所谓城市必然是“后农业”的论点不只是错误，简直是罪恶，是如今工业化世界里的都市自负之罪，是认定我们的标准必定普世通用的大过。

定义文明的人往往把文字书写列为要素，但是许多有辉煌成就的社会是用其他方式传递记忆与记载数据的，包括用结绳、锲刻木棍、织布、手势。要说文字与其他符号表词达意的方式不能相提并论的话，必须拿出充分的理由来。[69] 除《圣经》之外，影响西方文学最深远的两部作品《伊利亚特》与《奥德赛》，很可能是从没有文字书写的创作而来，与所有社会的古老智能一样，是凭记忆口传的。几乎每个文学传统之中的史诗，都保有口传文学时代的影子。中国小说一直到 20 世纪仍依照说书人的传统分章回，并且在每回结尾卖个关子。本书下文将会讲到，许多社会都把值得记住的事，也就是有恒久价值的东西，交托给口述传递，却发明了书写系统来记录无聊的内容，例如只有短暂用处的账目、商人的进出货清单。

一些其他的衡量准则，例如劳动分工、按经济构成的阶级制度、国家政府或类似机构、制定与执行法律的机关，显然是提议者基于成见从自己的社会环境找出来的。多数社会有这些条件，因此混合了不同的准则来衡量，就会产生不同的赢家和输家。不过这些条件没有一个具有特别的文明地位。[70] 其他假定的要素都太含糊，或是太具有倾向性，或是太倚重先前提出的有关一般社会如何“演化”或“发展”的不完善论点，所以都无甚用处。这些零碎要点通常被杂糅在一起，以系统分析的模样呈现。1978 年的“沃尔夫森讲座”题目是“文明的起源”，拟定内容可能与灌溉、技术、人口压力、“演化的社会结构”、“财产概念”、意识形态、贸易有关。[71] 最后选出城市生活、宗教、文字为仅有的准则，而结果就是，讲座揭示了一些有关城市生活、宗教、文字之起源的东西，却完全没提文明的起源。

我主张把文明当作人类与自然之间的关系来看，并不只是在推开其他障碍之后，又在跑道上摆出一组栏架，我不是要提出另一套评量社会有没有资格算是文明的准则。我要提供一把量尺，可供社会按照其各自改变自然环境的程度，在量尺上找到自己的位置。我选为例子的一些文明是了解过文明比较研究的读者所熟悉的。这并没有为这个准则背书的意思，纯粹是为了实用，以便读者把比较不熟悉的、罕见的、出乎意料的例子与自己已经知道的关联起来。同时也要借此证明，许多被排除在传统意义上的文明之外的社会，其实符合了某些常规的准则，或具备了一般所说的界定或标志着文明的特征。

回到自然：按环境分类

把文明按环境分类的主要理由有四。

其一，这代表观察视角的改变，与通常的视角不同。这样的试验即便失败了，仍然值得一做，因为每种新的观点都可以扩大视野。历史要从书页之间窥见，越常改换观点，能看见的越多。

其二，环境虽然仍由主观判断出来的界线划分，但环境本身却是真实而客观的：雨和沙，热和冷，森林与冰层，都是看得见摸得着的，强度都是可以计量的。如果不按环境分类文明，而是按“发展”的程度分类，结果十有八九是依观察者的同情感而决定等次。这些模糊我们视线的准则要除掉。通常用来把不同的文明分成方便归类的那些时期或阶段、模板或类型，都是研究者建构的，而环境却是自然赋予的。

其三，我主张的方法有传统为后盾。“文明”是 18 世纪欧洲创造的一个用词，当时人们试图划清自己与自然界其他事物之间的界限。这么做也是一种自我驯化：借社会仪式、礼节、“优雅”言行的规则，把自己内在的野性剔除。再进一步，就是包括改造人性以外的自然：驯养动物，或是用科学方法配种而养出可供人类利用的动植物，或是打造人工化的景致花园，“改进”土地，把有形的环境全面改造成适合高雅活动的场景。“polite”（有教养的，高雅的）这个词，以及它在多数欧洲语言之中的同源词，都含有“擦亮，抛光”（polish）和“理想国”（politeia）的意思。如果风景地貌太过蛮荒而不能重新雕琢，就要加以探索、勘察、测量，甚至被风景画家重新想象，将其中的各部分调配安排，把不规则的地方弄平整。一位荷兰作家在1797年定义的文明，就是指改造自然的过程。[72]汤因比谈论文明的著述有一个优点，就是没有脱离这个传统。1919年——早在他变成生态先知和保护“生物圈”行动的发言人之前，他构想了一个定义，指出文明是“一种过程”中的一个阶段，“人类个体在这个过程里越来越不受其环境塑造……越来越使环境顺从自己的意志。我想，人们会觉察，到了某一个程度时，人类将相当突然地取代环境的机械律，成为这种关系之中的支配因子”。[73]幸好他忘记了或是抛弃了这个定义，因为根本就没有这种转折点，环境适应人类是连续而累进的。不过汤因比是历史生态学的先驱，从来不曾在描述文明的时候漏掉环境。他的“挑战与响应”原理（具挑战性的环境启发文明的回应），把衡量文明程度的方法描述得既有力又明白（见第十一章）。

最后，按环境分类文明可以揭示以下的真相：不能用直线的或渐进的故事把不同的文明历史说到一处；文明既不取决于环境，也并非不受环境影响；没有一个可居住的环境是绝对不能文明化的；环境的多样性有助于文明；文明始于特定的环境，但有时候可能征服、移居、跨入其他环境；来源各异的不同人群在不同的环境条件下会有突出的文明表现。世界上没有一个地区是得天独厚的，没有一个民族是独一无二适合文明的。

整个动物界之中，只有人类这个物种能在地球上的所有地方存活。另外还有寄生在人身体上的物种，因为人走到哪儿就跟到哪儿，所以也能跟着存活。按生态学家的说法，人这个物种的“耐性限度”很宽。[74] 人类攀山涉水，越过冰帽险恶的边缘，登上极高的高地，地球上几乎没有什么地方是人类不能建立社会的。以前曾有过的理念是，文明只可能在某些种类的环境里发生。不能是像沙漠、冰原那么严酷的环境，因为人在那种环境里不可能变得富有；也不能是像丰饶肥沃的森林那样安逸的环境，因为人在这里不需要努力、合作、分配食物。的确，就人类既有的成绩看来，有些环境是比较容易适应文明生活的。凡是拥有密集的可利用资源和便利的运输地点的环境，文明往往开始较早，也持续得比较久。然而，人们在看似无望的环境里实现文明生活的能力一直是惊人的。当今的一些最高价的房地产就坐落在沙漠荒原之中。有远见的人们已经在谈论建立海底小区和太空城市了。只要是人类能生存的地方，都可能发生文明。造访过小岛的人，或是阅读本书所描述小岛环境的读者会发现，那样贫乏、脆弱的边缘孤立之地竟也能建立起文明。居住在土壤贫瘠、空气稀薄的高原上的那些人的努力精神，也令人由衷赞叹。一般印象中极不友善的雨林环境，曾经存在人类最华丽壮观也最费力打造的区域。

细看之下，所谓最有利的环境未必如一般想象的那么有助于文明发生，一向被冠上文明“摇篮”的河谷地区，其实可能是艰难、严苛、难以驾驭的地方，面对严峻挑战的人类不得不英勇响应。我们会以为温带沿海地区是有心开创文明的人最理想的地方了，其实这种环境曾经迫使人们投注长期辛苦的努力，经常面临气候、天灾、他人的攻击。欧洲与北美洲有一些环境看来极优越，也是十分令埃尔斯沃思·亨廷顿着迷又满意的，纯粹是由于这些地方现存的文明还没有被消灭。但因为这些文明起步晚，没被消灭也就不足为奇，但也不能因此就说它们存留的时间会比已经从太热或太湿的环境中消失的那些文明更久。文明存活得晚，难道就表示其环境比起步早的文明的环境更有利吗？

姑且为文明喝彩

也许有读者觉得我太爱唱反调了，其实我是想把这个研究结果讲得明明白白，不留一点误解余地。埃尔斯沃思·亨廷顿是十足的新英格兰耶鲁人，他在 20 世纪 40 年代宣称，“如果有一类人一直对于可任由他们取用的机会与发明弃之不顾，不懂得利用”，就可以推断他们是“天生次等”的。他举的例子是澳大利亚土著不愿意用枪打猎，布须曼人不肯骑马，厄瓜多尔印第安人文化上故步自封。[75] 换成另一个人来看，也许就会觉得这些表现可能是睿智的不屑吧！

我们的亨廷顿教授从大部分角度看来是位开明的人，很严谨地要求自己不可以有偏见，而且对于“文明上的落后必然意味着遗传上的智力不足”是表示怀疑的。但是他代表的正是想要定义文明的人士不足的地方。他太爱自己身处的地方和时代，所以没办法用任何其他标准来评判世界上别的地方和时代。他就像萧伯纳的《恺撒和克莉奥佩特拉》中那位布里塔尼库斯，是个“以为自己岛上的法律就是自然律”的野蛮人。他拟了一份“世界文明分布”地图，是以平均每人拥有机动车辆的数目为依据。[76] 他通过比较纽芬兰与冰岛证实“固有智态”之重要：因为两地气候相似，冰岛的傲人财富、学识、创造力，必然是由于冰岛人本来就遗传了优越的智能。至于纽芬兰人，只有一个人有资格登上《大英百科全书》。[77] 他花了很多精力做这项比较，但是方向不对，都是徒劳。这两个社会相对的繁荣与学识差异，源于多个世纪以来悬殊的历史经验，不可以压缩成单一的因素。

读者在后文中会看到，有些非洲人把某些环境变成文明的本领特别高，欧洲人未进入美洲以前的有些美洲人，特别长于另一些环境的文明化，有些欧洲人和亚洲人特别擅长自己环境的文明化，这都可作为衡量事实的依据。各种肤色、各种文化的人群，都曾产生过在各自的环境中太骄人而不能按质量分等次的文明，因此很难有一概而论的通则。所谓哪种类型、哪种起源的人必然不会有文明，都是谬论。根据环境条件优劣这样讲，或是根据人种与文化如此推理，一样都是荒谬的。只有茹毛饮血的食人魔或是顾影自怜的文化自恋狂，才会提出这种概论。有些民族选择不要文明，也许其中的理性考虑并不输给其他选择要文明的民族。

这样说并不是赞成那种不敢做区分的、不用大脑的相对主义。文明本来就有程度差异。我们可以去衡量分辨这种差异，但不必因此去做比较价值的蠢事：克服自然困境越是费力，社会就越是文明。“更加文明”并不一定表示“更好”。就可计量的角度来看——例如按生活方式的持久性、摄食营养的水平或健康长寿的标准来计量——“更加文明”可能就是“比较糟糕”的意思。假如本书中谴责了某些文明滥用自然的作为，或认为这些文明自作孽，希望读者不要误以为我是一竿子打翻人类社会的所有文明。

这个世界是个实验场——是浩瀚宇宙之中一颗会被消耗的微粒。它的耐力很强，不会因为我们作孽而消灭。可是它终究是要消亡的。我们占用地球只是短期的租约。按埃利亚斯的期望，这段时间足够人类“糊里糊涂在几条死巷子里摸到出路，学会如何使共处的生活更愉快、更有意义、更值得活”。[78] 我们应该在占用地球的时候好好使用它。使用的方式应该是类似一场宇宙狂欢——大胆放任自己的文明冲动，而不是谨慎保守地只求延长自己的历史。就好像我宁愿奋发努力生活之后早死，也不愿意在迟钝自满中无限期地腐烂。我宁愿属于一个会改变世界的文明，哪怕可能把自己牺牲掉，也不要属于一个马马虎虎“撑得下去”的社会。就如同我宁愿投入战斗或某种异议运动，也不愿意顺从优势的强力。所以我希望成为热衷挑战自然的社会的一员，而不愿顺从地“融入”自然的静止平衡。炫目的野心比不好不坏的既有成绩要好。你如果只顾要倾听宇宙的和谐语言，就永远听不到爱人与诗人献给上帝的乐音了。

常有人说，社会不是一个有机的存在，拿社群的生命与动物的生命进行类比是不对的。这话说得对。但是社会和个人有一个方面是相像的。两者都是优缺点相混的，最伟大的圣徒和说话最在乎政治正确的公共空间，都是罪恶混合着美德。每个良好意图都伴有意志薄弱的行径，两者互为衡量对方的标准。与其他形态的社会相比较，文明当然不是独揽所有优点。真正的多元主义者必须能欣赏它们为生命增添的多样差异。真正懂得文化相对主义的人，必然会尊重每个社会的自我概念，不会予以谴责。

常见的一种错误陈述是把历史说成我们无法逃避的一个陷阱，或说成一个系统，在这个系统之中，长期趋势必然会无限期地拖延下去。因为，就既有的历史看来，文明是许多社会类型中的一个，我们很难不去假定这种趋势是不变的。一些呼声最大的预言，都是末世灾难预警者所发出的，他们认为历史会循各种不同路径倒退回野蛮状态：包括过度利用地球资源，从而养成奢侈超出负担能力的文明；包括因大众文化堕落，产生斩断与自然关联的城市；包括明知将要同归于尽的文明战争；包括大量迁徙，使发达地区被饥饿贫穷的人潮所淹没；包括根除精英、废弃传统、消灭一切精致品味的文化革命（见第十七章）。

如今这些振聋发聩而又骇人听闻的预言，也和古希腊的卡桑德拉、古希伯来的耶利米的预言一样，没有多少人会听。也许正是因为同样的话听多了，不再把它当回事。我不想推翻预言家所说的可能后果，但是我认为比较可能发生的是相反的情形：我们不但不会面对一个没有文明的未来，反而——有一阵子——要面对只有文明而别无其他的未来。我们生活在人类的实验室里，四周的人都以地球的有限条件所许可的方式过着各种不同的生活。遥远的冰封世界里、丛林内、沙漠中都有抗拒文明诱惑的人，在变迁缓慢、干扰稀少的地方用出奇巧妙的办法各行其是，保存着习惯和栖居地。当他们被飞机船只运来的“货物”所引诱而屈服，在传教士、矿工、伐木工人和律师的面前退缩不前时，他们的抗拒能不能继续下去，让人感到怀疑。

第
一
卷

荒原

荒漠、冻原和冰

THE WASTE LAND

Desert, Tundra, Ice

I

这片土地曾有巨人。

——

贝尔纳韦·科沃（Bernabé Cobo），

《新世界的历史》（*Historia del Nuevo Mundo*）

我追寻的地方
是风最凶猛的，我学会生活
在无人居住的地方，于野蛮的民族当中，
在冰冻的、没有上帝的、无声的冰的国度，
遭诅咒，像个活幽灵，在冰川上胡言乱语。
忘了我，朋友们！你的面容显露了你的爱与恐惧！
唯有在这里能存活——共享地极，
与刺目的冰和刺扎的岩石——猎人的欲望，鹿的疾奔。

——

尼采（Friedrich Nietzsche），

《来自高山》（*Aus hohen Bergen*）

第一章

冰的主宰

栖居于冰的世界与冻原

- 欧洲冰河时代
- 北斯堪的纳维亚
- 亚洲冻原
- 北极区美洲
- 格陵兰

……你曾问过我北方地区的事：那里有哪些繁多的稀奇事物和民族，以及外地人从未见过的奇景；北方的人和无数的生物，尽管被不断的无情严寒麻痹，却怎样承受着他们必须忍耐的苛刻环境与残酷气候；用什么办法延续生命，冰冻的大地如何产生有益于生命的东西。自那一天起，我就在往这方面想。

——

奥劳斯 · 芒努斯（Olaus Magnus），

《北方民族记述》（*Description of the Northern Peoples*）

总之，一切都不会在这里生根。我不说那儿没有城市了……连房子也没有……一个黑夜……会拖到两个月那么久……酷寒难耐，一年中有八个月被雪与冰覆盖所有的土地和水域……既然是这样，你当然以为这地方只会有野兽，必然没有人烟。但是的确有人居住着。

——

弗朗切斯科 · 内格里（Francesco Negri），

《北方之旅》（*Viaggio settentrionale*，1700）

歌革的大门之外*

冰冻荒原向来不被当作文明的发祥地。美国政府在1868年以大约每公顷五美分的价钱买下阿拉斯加，被国会批评为白费金银去买一片“终年积雪地区里的不毛荒地”，土壤是众所皆知的“冻结深及近两米”，并且“气候不适宜文明人居住”。[1]其实阿拉斯加大部分是在北极圈以外，有很大面积的地区因受日本暖流影响不冷不热，冬季气温比美国北达科他州和明尼苏达州还暖，但“不适宜文明人居住”的批评似乎是有理的。因为至少阿拉斯加的形象是终年冰封的，而冰冻荒原不像沙漠——沙漠还容许文明在自然环境上大肆修改，冰冻的荒原却不能。

我在准备本章资料期间，翻阅了19世纪探险家所写的书中隐约模糊而又色彩浓郁的北极冰封世界的版画地图。这些探险家迷上了宏伟的冰景和光线折射的奇异新世界。然而，一旦困在北极冬季里不得动弹，他们就不再抱有征服北极的希望，反而觉得受到环境压迫，精神因此畏缩，建设的欲望也冻结了。约翰·罗斯的感想就很典型：

---

* 在《圣经》中，歌革是在末日之时率众对抗上帝及其子民的人，从北方极地之处而来。——编注

这地方，这光辉的冰雪之地，从来就是，也永远将是无生气的、阴郁的、令人沮丧的、单调乏味的荒原，人心在其影响之下不再愿意思考，也不再觉得可能——哪怕这点可能只是一次，或只有一天之久——有什么新鲜事物刺激我们，因为视线内是一成不变的寂静和死亡。[2]

在这种环境里，没待习惯的人会想自杀。在19世纪一位探险家看来，欧洲和西亚的冻原里“最乐观的景色也许就是旅鼠了”。[3]19世纪20年代勘测澳大利亚西部殖民前景期间，探测者因为正好在短暂的雨季时到达，误以为荒漠是天堂。但是冰封冻原不会这样，即便是在最好的季节到来，也不会有这种误解。夏季的冻原也是一望即知毫不友善。一层又一层的永冻土极深，不但不可能耕耘，而且阻止融冰排出流动，形成的水塘在短暂却炎热的夏季里成了疫蚊的养育场。虽然早在旧石器时代中期，人类就开始懂得改变土地，在土地够软之处凿挖燧石和红赭石，但在冻原这样的环境，连采矿也是不可能的。

只有冰原这种环境似乎根本不可能出现文明。中世纪的奇闻贩子声称去过北极，撰写冒险传奇的人编造了亚瑟王“征服”北极的故事，这都是因为著述者不知道北极的真实状况：他们还以为暖流会使北极可以住人，能把冰化掉。[4]探险家和小说家想象中的“失落之城”有着各式各样的背景环境，独缺冰原（见第二、第六章）。我所知道的唯一例外是洛夫克拉夫特的一则恐怖故事，他是20世纪30年代的惊悚大师，住处距离我在普罗维登斯的公寓只有几条街。在写于1931年的《疯狂山脉》里，他描写“米斯卡托尼克大学”

的探险队误闯了百万年前妖魔在南极建立的城市废墟：

巨大的形状不一的几何形状石块，形成几乎无止境的迷阵……在一块冰山之上耸立起碎裂又坑坑洼洼的峰顶……在足足有六千米高的古老恐怖台地上，气候可致人死亡。只有这些巨大石塔和大得不可思议的堡垒，才免于毁灭。[5]

文明在冰原中不可能形成，就是透过恐怖故事的幽闭来表达的。

因此，有文字记载的历史中，文明的写作者大多觉得自己与沙漠人比较相近，与冰原人的关系很远。把冰原居民当作异类，总是比较简单的。在芬兰的北极学术研究传统中，这点尤其突出，甚至相当明显，因为芬兰人正是由于亲属关系而被吸引到北方世界的。卡斯特伦是语言学大师，也是19世纪中叶首位以科学方法探究萨莫耶德人所在冻原的人士。他觉得自己“有时候……仿佛置身于一些远亲之中”，他说：

我甚至想到，这些所谓的大自然孩子的单纯本能、无邪简朴、友善真诚，在许多方面是欧洲人的智慧所望尘莫及的。但总而言之，在跋涉荒原的旅程中，我遗憾地发现，除了这些优点，他们还有许多可厌的、粗鄙的、野兽般的表现，使我怜悯他们而不爱他们。[6]

以卡斯特伦后继者自居的芬兰语言学者凯·唐纳，于1911年从西伯利亚托木斯克乘雪橇出发，“从现实奔入奇妙的传说世界”，去研究萨莫耶德人。他抛弃了文明的标志——“我的好面料西服、上过浆的衬衫、床单、枕套、牙刷、剃须用具”，穿上传统“野人”的厚重皮草：双层麋鹿毛皮，以抵挡零下 40 摄氏度的低温。[7] 他决心要体验冬天的北极，于 1912 年 2 月到达波科尔基——“塔兹人的都会”，所有临河而居的萨莫耶德人的“首府”。他发现，萨莫耶德王的“宫”中聚会处是唯一像人住的建筑：“一个半埋在地下的、有木墙的棚屋”，上有泥土和树枝搭的烟囱。地板上满满睡了 30 个人。因为太冷，没有人会在睡觉时宽衣，所以有虱子跳蚤，臭气弥漫。每天虽有几分钟的日光，“里面却永远是一片黑暗，因为任何光线都穿不透厚厚的冰窗”。

他参加了一趟毛皮贸易旅行，领教了北极环境的严酷。可猎捕的动物太少。一行人为了有食物可吃，从雪中拖回腐烂的兽尸。妇女们把自己身上养肥的虱子“当作糖果一般”吃得津津有味。即便是守在火旁，温度也从未高过 0 摄氏度。驯鹿若困在雪堆里，人们得穿着雪鞋牵它们出来。这一行人山穷水尽到得用红越橘制茶，用桦树刨花当烟抽。他们扔下行李，像奥斯加克人一样在雪崩形成的墙后藏身。唐纳发生了幻视幻听，又长了冻疮。寒冷稍缓时的温度可以升到零下 4 摄氏度。这番经历却使他对“与野蛮人相处并学会爱与了解他们”的冰冻荒漠产生了浓浓的浪漫依恋。[8]

他的记述呼应了一个悠久的传统——从彼得大帝（1682—1725 年在位）时代就开始的人种研究。俄罗斯人却不像芬兰人那样对自己的“北方小民族们”自然而然有很深的同情。造访过这些民族的俄罗斯人痛斥他们容忍“猪一样的生活”——和狗一同睡觉，身上带着鱼腥味，彼此交谈时不先鞠躬脱帽。[9]但是，到了19世纪晚期，俄罗斯人批评自己的社会时却认识到——或认为——在自然法则下艰苦生活的“自然人”具有恰当的美德，体现了“原始的共产思想”，遵循的道德规范“完全没有都市文明带来的种种罪恶”。[10]英国探险家弗雷德里克·乔治·杰克逊曾经到过瓦伊加奇岛，这是基督教未传入时萨莫耶德人埋葬死者的“神圣岛”。相对于芬兰和俄罗斯探险家的观点，他于20世纪80年代发表的观点比较不那么绝对，也比较没有意识形态的色彩。他所见的萨莫耶德人是肮脏而懒惰的，但也是诚实又孩子气的：“他们简直浑身是虱子跳蚤，而且有一股不知什么发出的臭味”，但他们热情好客，“不会争吵，也不会在背后说别人坏话”。[11]

如果只是凭借传闻来认识冰雪世界，的确会以为他们就是那样。古代的人大多认为森林已是相当蛮荒的栖居处了。跑到森林线以上的地方居住，显然就是越过了野蛮的极限，在探讨文明的人士看来，他们如此选择受自然摆布是奇怪的。公元1世纪末的塔西佗有关这种人的记述，是现存这类著作中最古老的。他称他们“极端野性又非常贫穷”，是摆脱文明焦虑的乌托邦人：

> 这些人相信，他们在一定程度上比那些在田里流汗度日的人、辛勤建造的人、拿自己与他人财产做买卖的人要快乐。他们对于人与动物都不关心，他们已经做到了最难的一件事：不再受到人的欲望的折磨。[12]

16世纪的人文主义者在描述萨米人时，重振了这种蛮族思无邪的神话，称他们“不懂得狂怒吵闹……没有社会冲突，不猜忌地住在一起，分享一切，不知欺骗……不愿以尔虞我诈折磨自己……不可能偷窃他人财物”。[13] 不过，在高贵野蛮人的神话盛行的同时，相反的神话也一样盛传。15、16 世纪的俄罗斯故事把萨莫耶德人视为“兽人”，即中世纪传说中的“类人生物”（similitudines hominis）：他们为了防止皮肤开裂，夏天要到海里度过；每到冬天，水从他们的鼻子里流出来，把他们冻在地面上，他们就死了；他们的嘴长在头顶上，进食时要先把帽子拿起来才能放上食物；他们长着狗的脑袋，或是脑袋长在肩膀下面；他们生活在地底下，要喝人的血。[14]

即便如今为冰原居民和冻原猎人辩解的人士，仍会陶醉在赞许高贵野蛮人的矫揉造作里，而非正面挑战他们自己所谓的文明人观念。最不遗余力地为斯堪的纳维亚北方萨米人辩护的是尼尔斯·瓦尔凯亚帕，他以自己被归类为“原始人”为傲，且认为他颇负盛名的性魅力就由此而来。但是他却不带反讽意味地说，萨米是“遥远穹地”，在那儿生活的人“矮小而发育不良……住在草泥小屋里，仅能糊口……他们因佝偻病而有弓形腿，烟熏火燎使他们的眼睛总是眯着，并且挂着分泌物”。[15]

跟着冰走的人

有些人却是喜欢冰的。东半球的这类人，在上一次冰河期结束时跟着后退的冰川往北走。他们把现在的波罗的海海岸靠近冰川边缘的斯卡特霍尔姆作为墓地，把骸骨连同珠子、刀片、红赭石祭品一同葬在浅坑里。他们也会暴力相向，一些骸骨上仍留有作战受伤的痕迹。狗葬在与人毗连的墓里：魁梧如狼一般的猎犬与自己生涯的成果葬在一起，包括鹿角、野猪獠牙，陪葬物甚至比人的还丰富。这些狗都是社会的正规成员，资格是凭狩猎的本领获得的。狗是人的带领者，是真实生活中的英雄，在现代儿童文学作者眼中这成了奇幻故事。[16]狗在这个世界是猎人生活里的固定成员，甚至在神话中常有狗祖先的传说。例如埃农泰基厄流传的一个故事，说瑞典有位公主被放逐到拉普兰，唯一相随的就是她的爱犬。萨米人是她生下的孩子的后代，所以“像国王般英勇，穿着也像国王”。[17]

猎人往北走的路可以重建或想象出来，根据的是他们的祖先追踪后退冰川的路径。西班牙南部洞穴壁画就有1.4万年前猎人生活的实况：打猎、战斗、采蜂蜜。那时的大地倾斜，[18]阳光炽热。又一次的严寒（可能是由冰河融解的冰水所引起的）过后，约在1万年前的时候，气温开始一路持续上升。兽群开始往北移，[19]狗（以前是狼，后来被驯养帮人捕猎野马）[20]就跟着走，和狗一起的人也随行。[21]法国南部发现的古代堆积残丘里，有鹿骨、猪骨、麋鹿骨、野牛骨，因环境多样而各异。洞穴壁画中，参与仪式的舞者披上驯鹿皮的装扮。有些人在从南方逐渐往北扩大的森林里，或是在冰融后的温带气候区、肥沃土壤、可行船的河川、有矿采的山地，过起了安逸的生活。狗与跟着狗走的人却要追随驯鹿，往冰川后退的北方走。[22]

研究者出于罪恶感、同情心或是对于有人会向往北国生活的怀疑，往往声称北国的人跑进荒原是被迫的，而不是被吸引的。事实自然是两者皆有，或是介乎两者之间。不过萨米人对于史前祖先的迁徙却有很明确的说法：他们是被自己“对野驯鹿的渴望”召唤而去的。[23] 有一种起源神话是说，他们的祖先给自己选了世界上最冷的地方安身，舍下南方给自己的兄弟，因为这位兄弟太孱弱了，在暴风雪降临时还得躲起来。[24]

多瑙河铁门峡谷上的古村莱潘斯基维尔，代表了公元前第七个千年中期追踪冰川者北行旅程的中途停靠点。[25] 萨满巫师在这里立起有层层鳞片的鱼形石雕，庇佑着住房几乎一模一样的家庭，其中有一座屋子比其他的都大。有些人在这时候改行去捕鱼养鱼，有些狗转去放牧牲畜，但仍有人走在去往斯卡特霍尔姆这种地方的路上。我们如今所知的这个世界从冰川露出来以后，冻原民族仍固守着最北方可居住的边缘，以及他们确知可成为食物资源的那些物种。大迁徙到了冻原后，驯鹿吃的是森林线边缘和边缘以外的地衣苔藓。在这些地方的矮小桦树原始森林中或岩石崎岖的山坡上，雪掩盖了藓类，驯鹿得用蹄挖开近一米深的雪，才能吃到底下的食物。[26]

牧驯鹿的人

1884 年，瑞典最高法院审理了有关放牧驯鹿的法规。法学家乌利沃克鲁纳坚决表示，在北极圈靠牧鹿为生的萨米人乃是劣等文化的残余，注定将被自然法则消灭。以干预的方式拯救他们乃是违反自然界改进人类物种的机制：适者生存。这与立法机关讨论此议题的特别委员会成员看法不同。他们说，乌利沃克鲁纳和其他达尔文主义者忽视了一项事实：“拉普兰人的文化是唯一适合瑞典广阔地区的文化。”[27]

立法机关的说法虽然也有达尔文主义的味道，却显然是正确的。在冰上造建筑物是不务实的——虽然16世纪中叶的奥劳斯·芒努斯声称“北国人有先见之明，又伶俐”，才会建造雪城堡，并以外包冰层使之坚固耐久，借此练习围困战技。[28]在这种地方，地面覆着一层硬冰，环境随天气的激烈转换而变化，不考虑建造固定居所才是明智之举。顺从大自然施加的束缚是聪明的反应。最理解自然的人往往不会花太多力气去改变自然。

然而，东半球北极圈里最典型的生活方式，表现出的却是极大的野心：要使自然配合人的需求，要把季节的起伏考虑在可供利用的模式之内，要野兽为已所用。这种对自然界所做的改变，是自诩文明的人不容易察觉的，但在那样的环境里却显得很可观。我所指的是北斯堪的纳维亚中部或“山区”的萨米人，居住在北冰洋边缘附近、北德维纳河与叶尼塞河河口之间冻原的涅涅茨人，以及再往东的西伯利亚冻原的楚科奇人、鄂温人和科里亚克人。

放牧驯鹿的习俗在公元9世纪已经确立，当时挪威大使奥特勒曾向英国国王阿尔弗雷德自夸有600多头驯鹿。[29]牧养驯鹿的历史也可能更为悠久。驯鹿成为主要生存资源的考古记录可以上溯至3 000多年前。似乎在公元1世纪，人们就进入密集依赖驯鹿的生活形态了。[30]放牧的各种方法，包括在野外捕猎、驯服挑中的个别驯鹿、调节特定鹿群迁移，可能早在几世纪前就逐步形成。

所谓“节制的游牧”，渐渐成为共同遵循的方式。季节性地将鹿群迁移，但视情况需要进行野放。驯鹿与北美拓荒时代西部牛仔的牛群相似，有很强的群集本能，所以也可以在长时间野放之后再赶到一起，或赶至其他的吃草地点。欧洲驯鹿与美洲极地的大型四足哺乳动物不同，迁移距离比较短，通常不过300多千米，甚至冻原地区之内也是这样。被驯服的雄鹿可以当作诱饵，将整群鹿围赶在一起。鹿群与人类同行，有利于寻找新的吃草地点，人类的警戒也能帮鹿群抵御狼群与狼獾。牧鹿人生的火可以把夏季里猛叮驯鹿的蚊子熏离。据说，北冰洋沿岸的涅涅茨人捕到了鱼会分给驯鹿吃，那儿的驯鹿也很爱吃鱼。[31]比较不集中的牧鹿方式是，在未围赶期间，驯鹿可以自行走动到常去的地方，依赖它们维生的人和狗在后面跟着。

大规模放牧只限于冻原地带，因为驯鹿是这里人的生活必需品。居住在森林区的人养鹿不多，除了把驯鹿当作役畜，还当作食物补充品之一。他们移动的范围很小，一年之内不会超出80千米远，并且放任驯鹿自由觅食，只在需要的时候围赶。传统的冻原居民却不是这样，他们时时离不开驯鹿，除了驯鹿就没有别的生存资源了。

放牧驯鹿的生活节奏一成不变。每年春季进行第一次迁移，由驯服的雄鹿带队，狗群守卫监督。夏季在繁殖地点度过。秋季，包括10月份的发情期，是在夏季营地的中间营地度过。筛选剔除病弱的驯鹿之后，再移至过冬地点。[32]上千头驯鹿集成一群的情形是现代常见的。两三名牧人，加上狗群帮忙，就可以管理多达2 000头的鹿群。[33]只要驯鹿的数目够多，养鹿人生活所需的一切都不虞匮乏。涅涅茨语称驯鹿为"吉列普"，意思就是"生活"。[34]驯鹿能负重物，能拖雪橇。最上乘的领群雄鹿是阉割过的，按萨米传说，应该由一名男子把鹿睾丸咬下来。[35]牧人宰杀驯鹿，取肉与毛皮。喝鹿血、吸食鹿骨髓是即时补充能量的方法。春天生的鹿角鲜嫩而多软骨，是上好美食。鹿骨可以制成箭镞和缝衣针，鹿筋可以做带子和线。鹿毛有很宽的毛细管，可以保温，所以毛皮是极佳的御寒冬衣与冬季帐篷的覆盖物。驯鹿肉可借自然干燥冷冻保存，是牧鹿人的主食，如今也是斯堪的纳维亚地区都市餐馆里的佳肴，也是萨米人百万富翁的致富基础。在赫尔辛基和奥斯陆，这些萨米富豪的故事都是茶余饭后的聊天题材。

中世纪文献曾经零星谈到萨米人如何靠驯鹿维生。萨克索·格拉玛提库斯（1150—1220？）的史书中就曾赞许13世纪“游牧人”懂得使用滑雪板、箭（可能还有弩）、矛、帐篷、载重用的驯鹿。但是，冰原里的生活需要发挥的技能何止于此？400多年前一位最卓越的北极世界史学家是这样说的：

> 由于热带、温带的民族显然不必承受霜、寒、雪、冰、雾凇、狂号的冬季风暴，所以他们难以理解北国严寒之中的人要用如何多样的技能、方法、器具来自卫与应对那些艰苦……既然大自然已为野兽备齐了各式巧妙的肢腿关节，为了脆弱的人类能过得安适，她有什么不肯给予的呢？是大自然要人类赤裸地诞生，随即袒露在无数逆境中，以便他们能用智慧与才能克服这些困厄，那是他们只凭力气与工具克服不了的。大自然也决定了，要他们在遭遇许多障碍与难以超越的阻挠时，永远有可用的助力在旁。[36]

古代与中世纪文献（有些是断章取义）之中提到的应对办法，包括将房屋半埋在地下以便取暖，将储藏库用高架支起以防掠食动物，借助套索、雪橇、雪鞋，用拦水堤捕鱼，用刺桩陷阱捕狐，用奇妙的嘴套控制幼鹿的吸乳量，以确保能有盈余供应人类所需。但是要一直等到16世纪中叶，一对天主教徒兄弟约翰与奥劳斯·芒努斯由于希望能遏止宗教改革运动在北欧蔓延而开始收集相关数据时，北极生活的完整样貌才清楚呈现在世人眼前。

奥劳斯的《北方民族记述》是一部未获得应有推崇的佳作。他原是斯特兰奈斯大教堂的枢机主教长（后来成为名义上的乌普萨拉大主教），因为瑞典政府信奉新教，天主教会成了靶子，他被驱逐出境，怀着流放者的热情追忆家乡。他在罗马人之中以身为哥特人为荣，热爱北国的一切——除了宗教异端之外。他亲身经历过北极生活，1518年到1519年间曾经被派到这个地区去收教会的岁入。他自称到过北纬86度，向往萨米人的习俗和传说也许就是这时候开始的。他的哥哥曾于1526年游历拉普兰靠南的省份耶姆特兰，结果“把自己的收入用在接济穷人上，比留供自己所需的还多”。[37]

奥劳斯·芒努斯在威尼斯和罗马期间（那正是传播福音的时代），把故国想象成一个新世界——富饶而美妙，有无数未听过福音的灵魂等着认识基督。他发起了一场北国宣教运动，要借此弥补斯堪的纳维亚王室朝廷效忠路德派的损失。他奉行宣教教科书执笔者长久以来的原则：向人传教时，必须熟悉既有的文化。他也急于教导可能前往的传教士们，为进入这陌生的环境做好准备。他们到了那种地方，必须在大雪中前进，横越冰川，在风向不明的情况下航入罗盘无用武之地的领域。原本他打算实话实说，可是却禁不住被自己理想化的北极形象引诱，把那里说成“散发金色光辉”的北国，是冰封的富庶之邦，是英雄与德行典范之地，有中世纪游记传统常说的各种妙处，但是那种游记本来就是要糊弄读者的。

好在北极的奇景太多了，只有很少的地方才需要夸大描述。午夜时分的阳光带来没有星星的夏季。月光的照耀“好似燃烧的灌木丛，使人既惊又怕”。滑雪时不可思议的神奇速度，芬马克的酷寒能保存鱼肉十年不臭的奇迹，更是语不惊人死不休的人最爱的话题。和灿烂的北极光并行的是严寒“万钧之力”的威吓，它能使大自然歪曲反常：使舟船迸裂，使钉牢的钉子跳脱，冻死生灵，使嘴唇“如同用不可溶解的沥青”粘在铁器上，使鼬的毛色改变，使狼目盲，使妇女变成海盗和战士。奥劳斯绝不同意南方人到了北国什么也分辨不出的感觉。他陶醉在变异多样之中，认为连那儿的雾也不是暗淡无光的。他描述了各种不同的冰，以及雪的“二十种形状”。[38]

防御自然侵扰的最后一道工事是魔法。因为魔法是驾驭自然的方式之一，所以它堪称文明的一种替代品，甚至堪称文明冲动的终极形式，超越了城市、灌溉、放牧、农耕、滥伐森林、模造景观、采矿等平常的改变环境的需求。由于文明世界的人难以察觉北极居民改造自然的作为，所以容易受骗的观察者无不以为他们拥有各式各样强大的魔法力量。按奥劳斯·芒努斯记述，住在最北方的彼尔姆人是巫师族，他们“用魔法换取武器”，召唤雨引发战争。[39] 其实他提及的法术大多只是占卜预言的形式，不过是密切适应自然世界的人所具备的技巧，可用来解读自然变迁，包括预测天气、预知资源过剩或不足、追踪野兽和军队、凭观察鸟儿飞翔而知道方向。因文明生活而与自然隔离的人，会认为这些技巧神乎其神。

萨满的魔法能牵制事物的灵性，能招来亡魂为生者效劳。直到17 世纪晚期或 18 世纪，萨满魔法都是借击鼓传递，直到基督教福音传来了以后才销声匿迹。某些社会相信鼓是萨满的驯鹿，萨满乘着鼓进入鬼灵世界。[40]只有几只伴随萨米人猎熊者的魔法鼓保存至今。它们也与玛雅人的书籍一样，被传教士成百上千地销毁了。解读鼓上象形文字的技术已经失传了，但是，那些用桤木树皮汁画在鹿皮鼓面上的红色图像，可能曾经提示萨满巫师记起过往的故事或咒语。或者，按现代的译码研究，这些图像可能展示了某种宇宙图景或天界地图。

海豹膀胱之友：北极区美洲对自然的敬重

早期往美洲北极区探险的人都认为，唯有会施魔法的人才耐得住那里的严寒。马丁·弗罗比歇队伍中的一些人在1577年7月最后一次远征北极时遭遇大雪，他们抓来一名老妇人，“剥掉她的厚底靴，要看看她是否长着魔鬼的分趾蹄，又因为她相貌丑陋畸形而放了她”。约翰·戴维斯在10年后也来到这里，观察了萨满，把他们归类为“能施多种法术”的巫师。[41]美洲北极区和欧亚的北极区一样，与文明常态距离遥远，但似乎更不沾染文明，更缺乏按自己意愿改造环境的人。

欧亚的冰原居民跟着冰往北走，美洲的冰原居民似乎更可能是越过了冰原，沿着亚洲与美洲之间未冰冻的陆桥走，这里的海水因别处结了冰而被吸干了。他们进入美洲以后遇上了冰川，就紧靠着冰川边缘待下来。前不久的研究曾指出，一些遗迹或许可证明上次大冰河期以前美洲就有人居住了，这是不实的猜测。[42]总之，我们如今所说的因纽特人和尤皮克人，或笼统所说的爱斯基摩人，显然比较晚才来到这里。他们走冰桥而来，或是从亚洲渡海而来，在后退的冰河最后所覆盖的地带定居下来。[43]

起初他们必须紧守着树木生长的纬度上限，为的是有照明和取暖的资源，所以记录中早期美洲人烟最北的极限都是在森林环境或混合冻原，而不是在冰川。然而，真正的极地居民拥有的是无树木文化。约翰·罗斯于1818年见到西北格陵兰的“北极高地居民”时，他们自认为是世界上仅有的一群人。这些人在别人无法忍受的栖居地里与世隔绝。[44]他们使用的是独角鲸齿制成的鱼叉、鲸骨制成的雪橇、陨铁制成的工具。对于欧洲人通常为了与当地人建立友好关系而送上的礼物，他们反应冷淡。倒是木制物品会立刻激起他们要据为己有的欲望。

人能够在冰原安身（也许迟至公元前1000年）的关键，是油灯的发明。皂石凿刻的灯用海豹或海象的油脂作为燃料，这可能源自古人往石灶的火上添兽脂的习惯。[45]猎人有了油灯，想要随意走到离家多远的地方都没问题，可以追踪麝牛到它们在北冰洋沿岸的终老墓场，煮了它们的内脏蘸海豹油吃，也可以跟着迁徙的驯鹿走到它们舐盐的碱土地。因为美洲驯鹿不是猎人随时高兴就可以猎杀的，必须等到冬初鹿毛长得够厚，能制成温暖冬衣的时候。[46]在冬季气温常降至零下45摄氏度、夏季最热也只有10摄氏度的地方，就得靠它御寒。在这种地方也需要大型哺乳动物的肉与脂肪，因为从11月中到1月中，正午就已经日暮，即使在夏天，阳光也是斜射，热力很弱，没什么能量。

懂得使用油灯的人不需要依赖森林生活，可以到冰原去打猎，那儿的海生猎物多，又没有竞争者，气候可以保持大型哺乳动物的死尸不腐坏。海豹要潜到冰下的水中去饱餐鱼类，猎人就拿着矛，等在海豹深潜后浮出水面的冰上出入口旁。猎人乘着独木舟在海面上，可以用鱼叉捕猎海象和海豹。鱼叉上有特制的锯齿刃，能钩在猎物的肉里，待猎物挣扎得精疲力竭之后，再把它拖过来，宰杀后再用手工制成的装配海象牙冰刀的雪橇带回家。使用海豹油脂的人们也与其他社会一样，使用自己需要的技术之后，就把其余的抛弃不用。我们因为时刻被传统的技术发展模型所误导，所以无法想象弓箭这么了不起的技术竟被弃而不用，以为只有文明倒退的野蛮人才会这么愚蠢。其实，冰原上的生活得靠巧思，猎人也绝对不会放弃任何有用的东西。从他们一丝不苟的皂石雕工和海象牙雕工也可以看得出来，该想到的他们差不多全想到了。

弓是森林边缘地区狩猎小型猎物的有用工具，但在狩猎大型猎物的冰原——除了人与人互斗时用得着——却是无用之物。我们自己随时都在抛弃有用的工具，却不会因此说自己是野蛮人：要用其他东西取代衬衫硬领、传统自来水笔、有时针分针的手表、三轮脚踏车、扣裤裆的纽扣等东西，已经越来越难了——这些东西都或多或少比已经取代它们的那些华而不实的东西强些。澳大利亚原住民舍弃弓而不用，多半是因为发现比弓更简单的捕猪技术效率更高。塔斯马尼亚人发现不必费事去制作骨制工具照样可以正常生活，就不再使用骨制工具了。日本人在17世纪时放弃火枪不用，也许是基于贵族式的情感：武士们受不了战争有损人格的一面。西班牙人未踏上加那利群岛以前，岛上的人是弃绝航海的，他们也不是全世界唯一这样做的岛屿居民。技术发展走回头路乃是变迁中普遍存在的部分，通常人们都是有意这么做的，而且有很充分的理由。[47]

早期冰上狩猎者的建筑，几乎不会形成什么地上风景。夏季的居所是掘入地下的，用带草的泥造成墙，用毛皮覆在上面当作屋顶。到了冬季，他们移进冰原去猎海豹，用压紧的硬雪块砌成雪屋——也就是西方社会每个儿童想象的北极画面里必有的那种圆顶冰雪屋。但是他们也会用石头排列出大工程。例如，他们会建造石头巷道，猎人把美洲驯鹿赶进巷道后，就逼它们走上坠湖的死路。[48] 另外偶尔可见干石头堆遗迹，一般被认为是公元后第一个千年之内所造，用途不明，但有可能是举行仪式的地方。

在这种纬度的区域，气温上的几度差异就足以使生态系统变样：每当冬转夏、夏转冬的时节都是如此。阴郁黑暗与炽烈日光交替，生命从冰洞和缝隙钻出来，又在太阳消失、黑夜笼罩时缩回去。结构性的气候改变可能移动定居地点的界线，使某些物种绝迹，使延续数百年的文化消失。大约 1 000 年前发生过这种事，持续了一段时间的偏暖气候打乱了冰上猎人固有的生活方式。根据我们目前所知的综合研究，后继的那种文化乃是侵略者的遗留。这种文化由北冰洋南缘的滨海迁移者传播，从东往西，走的路线是我们现在所谓的“西北航道”。[49] 最起码，探险家约翰·博克斯托斯已经证实这样迁移是可能的，已知的事实也符合这个说法。

教他驾驶因纽特皮筏的那些因纽特人称他为“老肥”，因为他在艰苦处境中什么东西都愿意吃。因纽特皮筏不是等闲之物，博克斯托斯第一次看见的那一艘就搭载了八九名带了行李的乘客、一座帐篷、两个炉子、一个发动机、一些容量 500 升的木桶、两头大海豹、十来只鸭、一对鹅。[50] 博克斯托斯买下的一艘皮筏是 20 世纪 30 年代造的，并且用传统材料修缮过：木肋条用海豹皮做成的绳子捆紧，绷上五整张海象皮。海象皮很厚，用针缝时只扎穿一半，形成不透水的缝线针脚。他们虽然在皮筏上装了发动机行驶，却也体会了早期冰上航行者的艰辛：舟船紧挨水岸，隔着一两米距离，才可以躲开曾经阻塞欧洲轮船的浮冰，在紧密的冰块之间行进。乘筏人可以迅速将轻便的筏子从包围的浮冰中撬离，可以随时登岸扎营，把筏子倒过来当作营帐。[51]

专家们主张这些人属于图勒传统。虽然“图勒”是格陵兰的地名，却相当贴切。“终极图勒”是古典想象中的地理极限，指西方尽头之地。图勒人是猎鲸者，和阿留申人一样（见第十一章），能够驾着轻飘飘的筏子航向外海，用鱼叉捕杀巨鲸之后，把猎物放在充了气的海豹或海象膀胱制成的浮舟上拖回家。如今阿拉斯加西南部每年冬至举行的“纳卡修节”，显然就是从昔日制作海豹膀胱浮舟的仪式流传下来的。按传说，海豹被宰杀后灵魂住在膀胱里，所以在一连串盛宴、舞蹈、面具助兴、仪式熏香的过程中，这些膀胱都被尊为狩猎伙伴，最后再郑重地沉到冰下的水底。[52]

他们也带着狗在陆上狩猎。这种狗十分适合冰原打猎，以前在北美洲大陆上是没有的。猎人们捕猎大型动物，所以能够把猎来的肉分给大群随行的狗吃。猎鲸的技术也可以用于猎北极熊，存下的许多熊齿，都是做鱼钩的好材料。他们有一套方法特别适于捕猎北极熊或在浮冰上晒太阳的海象：捕到猎物之后，会把鱼叉固定在一块大浮冰上，把独木舟也抬上浮冰，让受伤的猎物拖着，待猎物停止挣扎，再拖它回家。[53]他们以鲸骨为构架来建造夏季的房屋。他们也重新采用了弓：用海象牙制弓，弓上雕刻了作战场景和乘船持矛者把驯鹿困在河中的画面。[54]后来，气温下降加上鲸鱼变少，他们不得不重拾祖先的一些适应策略，在房屋与冬季猎海豹方面的改变尤其大。如今自称因纽特与尤皮克的人，都是图勒人的后裔，混合了多种不同的传统和文化。

比文明更强：因纽特人与欧洲人的竞争

曾有人把冰原视为停止发展的民族的避难所，这些人的生活方式注定要被进步与文明的成就消灭，他们只是在未被消灭前，在文明根本不想竞争控制的令人厌弃的环境里，延续着古老的生活方式。约翰·罗斯向读者发问：

> 这世界上的未开化、不文明的人难道不是注定向更为精巧通达的人、向知识与文明屈服的吗？这是这个世界的法则，也是正道。感情用事的善心发出的一切哀叹——其中不乏荒谬或应予谴责之处——也丝毫不可能动摇如此明智且确凿的事物秩序。[55]

如今，造访因纽特人，我们也许会觉得他的预言正在实现。不是因为有他所谓的事物秩序存在，而是因为传统文化往往会被正在蔓延全球的商品崇拜淹没或引入歧途，因为冥顽的环境即便不被现代科技捣毁，也会被玷污。不过，如果确有某种“事物秩序”在起作用，它可能会更偏爱因纽特人，而不是文明世界面对自然的方式——至少以长远生存为目标时是这样。因纽特人能检验这个假说：他们的历史包含了一次类似实验室案例的竞争经验，对手是来自欧洲的一个文明、进取、对环境很有侵略性的文化，时间是在我们所认为的中世纪。

大约是在图勒人入驻的同时，斯堪的纳维亚人循相反方向来到亚北极区的格陵兰与北美洲。11 世纪的不来梅主教亚当描述格陵兰这座遥远之岛时，是幻想与事实参半的。他说："格陵兰远在瑞典山岳与里菲山脉对面的外洋之中……那里的人因为水中含盐而呈淡绿色，格陵兰的名称也由此而来。人们生活的方式与冰岛人一样，但比冰岛人凶猛……据说基督教最近也迅速地在那里传开。"[56]

传播基督教的人迁移之路走得艰辛，可以说不亚于图勒人。他们的技术，按我们的评断标准，要比图勒人的先进很多。他们面对大自然的强有力的态度——不适应自然，而要自然适应自己——按本书的观点而论是比图勒人文明的。他们巨大的木制船是用铁钉加固的，和因纽特人的兽皮独木舟比起来必然是铺张过度。他们的布拉塔利德是中世纪基督教世界最偏远的前哨，是花了心血建设的地方，修道院（最多的时候）共有 17 所，还有石材造的教室，钟是青铜制的。加达的十字形大教堂于 1189 年至 1200 年建造，建材用的是砂岩和模造皂石，有钟楼、玻璃窗和三个壁炉。储存纳税物的仓库有一条砂岩过梁，重达 3 吨。他们有最大的农庄供应贵族式生活所需，有巨大的宴会厅可以款待扈从。[57]

在他们安居的早期年月中，环境可供给这些初来乍到者的资源很多。最先鼓动斯堪的纳维亚人殖民格陵兰的人是"红发埃里克"。据说他用"绿色之地"这个名称是为了吸引人们前往，其实他所言不假。那时格陵兰虽没有森林，却有可利用的柳树丛和桦树与花楸的矮林。虽没有谷类，却有滨麦、蕎蓄、亚麻，以及多种可食用的草本和浆果类植物。鱼类和禽类都很多，还有大群的美洲驯鹿，这是冰岛没有的条件。有海象、独角鲸、狐、鼬、绒鸭、北极熊可以猎捕，还有毛皮、象牙、鸭绒、油脂可以外销。如果能活捉到游隼，卖到欧洲市场上可以当作贵重的礼品。格陵兰人将各式猎获物混合缴纳什一税给远在挪威的宗主国政府。为了日常生活中的交易，他们也很快就培养出优良的“格陵兰羊”，以获取羊毛。[58]

但是，凡是发生与因纽特人正面对峙的事，结果都是因纽特人胜利。斯堪的纳维亚的格陵兰人在他们比较靠近北边的“西部”殖民区里，被他们称为斯克拉林人的原住民打败了。卑尔根市主教派来的“巡查官”鲍扎尔松负责处理格陵兰教会的世俗事务。他于 14 世纪 40 年代晚期乘船来到殖民区，看到了实情。“他是执法官指派到西部殖民区去面对斯克拉林人的人士之一……当他抵达时，发现全无人影，基督徒与不信教者都不见了，只剩下一些野牛和羊，他们便将其宰杀作为食物，尽量装载上船，随即起航返回。”[59]这段叙述并没有考古记录可以证明属实，却如实表现了当时人们所认为的这片殖民地的下场。东部殖民区在 1405 年至 1409 年间仍在繁荣中。当时冰岛贵族出身的穷光蛋奥拉夫松和大队人马从挪威出发直航而来，是为迎娶一位贵族新娘。他受到丰盛款待，并且参与了对一名当地人的审判，此人借“妖法”诱拐了其中一位访客的新娘。但是当时东部殖民区较之以前与外界的隔绝程度更甚，前往的人也更少了。[60]

殖民地毁于因纽特人之手的说法，大多受到教皇尼古拉五世（1447—1455 年在位）一封信的影响，信中谈到“我们听说位于大洋最远端”的格陵兰的可怕消息。他说，30 年前，“野蛮的异教徒从邻邦渡海而来，用火与剑蹂躏这座岛（据说是很大面积的岛）。岛上除了9个教区因为山路陡峭阻断劫掠者之外，其他什么都不剩”。[61]这一事件如果确实曾经发生，显然也没有把殖民地整个消灭。虽然正史上对此事只字未提，但直到15世纪80年代，英国商船还到格陵兰来贸易。

殖民者生活越来越艰辛，这可以从他们消失时留下的骨头堆找到痕迹。他们持续食用海豹肉，但在殖民的最后阶段却没有捕食被夏季浮冰阻拦的斑海豹。他们努力继续畜养牛羊、放牧驯鹿，但是草地越来越难找。花粉研究证实，中世纪晚期的天气变得潮湿，这有可能导致生活更为不易。气候变冷的证据不够确定，但是当时有明确证据显示，欧洲相同纬度的地区正经历“小冰河期”。

最后一批殖民者无论是被消灭，或是逐渐衰亡，或是自己决定迁走，似乎都被气候变冷逼到山穷水尽的地步。[62]他们消失后到了哪里，是如何消失的，没有人能确知。反观因纽特人的生活方式，不曾毁于任何力量，唯一抵挡不住的是20世纪入侵的工业科技、消费主义、传教士、现代商业、流行文化。如今北极圈以北的纬度也有了“按定义来看对环境有危害”的城市。[63]诺里尔斯克有将近20万居民，房屋建在永久冻土上竖起的支柱上，一年288天用暖气，时时刻刻在扫雪，“路灯比位置较南的俄罗斯城市的路灯明亮四倍”。看起来，在某些环境之中施展文明是不合理的，与其按人的意愿歪曲自然，不如向自然低头。

第二章

土地之死

沙漠中的适应与反适应

| 北美洲西南部

| 秘鲁北部

| 撒哈拉

| 戈壁

| 卡拉哈里

这是死亡的土地
这是仙人掌的土地
石像在这里
竖起，他们在这里接受
死人之手的哀求……

——

艾略特（T. S. Eliot），
《空心人》（*The Hollow Men*）

以为被创造宇宙天地者赐予终年生机的大自然会如同患病般变得荒瘠，乃是一项罪恶；有正确判断力的人也不宜相信，大地已像凡人般变老，因为它曾获赐神圣而永恒的青春，被称为万物之母，注定要永续滋生万物。此外，我不也相信这种不幸临头是自然的暴怒所致，宁愿相信是由于我们自己的过错；因为农业原是我们所有最卓越的祖先最谨慎处理的事务，我们却将其交给我们所有最劣等的奴隶，如同交给了刽子手去处罚。

——

科卢梅拉（Columella），
《论农业》（*De Agricultura*）

向霍霍坎学习：如何在沙漠中建造文明

埃丽卡·瓦格纳的一则短篇小说里某个人物抱怨说：

> 这里没什么了不起。是啦，是有沙漠，还有像大峡谷这种地方，可是这对人有什么用？让人觉得渺小。你站在大峡谷边上想，哼，何必呢，有了这个几亿年老的、比我一辈子的努力都更宏大的东西，何苦再去做什么呢？人家说它能振奋人心，我倒觉得它令人垂头丧气。[1]

我想这个人说得没错。荒凉环境——沙漠或冰原——的抑制作用可能使文明根本无从发生。除了远洋外海之外，最难驾驭的材料就是荒原所提供的。你能雕刻冰，雕出来的成品却会回归大自然。你可以把沙子堆高，风却会把它刮平。在兽皮帐篷和冰雪屋没入背景环境的地方，大肆改造景观是难以想象的。荒原冰隙的壮观结构和岩石与冰块形成的巨塔，显然是人力无法逾越的。

瓦格纳的故事主角在亚利桑那州菲尼克斯城外的一处停车场里，试图重现英国巨石阵古迹的精神。他看了一个关于“古代世界未解之谜”的电视节目，并全凭自己的灵感发现，古代那些宏伟浩大的建筑工程其实是为了驾驭与产生能量——未必是靠捕捉星体引力、编排风水魔咒或酝酿神秘法力，而是靠激起人类的雄心。他凭着典型的美国式实用主义常识，致力于实践一个表面上看来很疯狂的想法：把破烂的旧汽车半埋入水泥场地，自己造一个巨阵。果然，每个被这项工程触动的人都变得热情或自负，都对这共同的事业有所贡献。

但是，这东西按未来的考古学家的判断标准看，显然全无用处：又是一件“古代世界未解之谜”。故事主角年幼的儿子为之叫绝：“了不起，爸爸！”这个旧车巨阵具备了主角所厌恶的后现代沙漠市镇大街的所有缺点——“形状像大热狗或像牛仔帽的餐馆，都是穷酸相的灰泥造的”。[2]不论形状多么不入流，它们都代表文明的传统：试图改造自然，方便人来使用。建筑理论家劝我们“向拉斯维加斯学习”，正是因为这个在沙漠中建起来的城市的俗艳与滑稽可以代表人类在本来不能居住的疆域所留下的印记：是自然被庸俗征服了。

如果与许多真正古老的翻修荒原的尝试相比，我们现在所做的努力有一大堆都会显得太弱了。典型美洲沙漠里那些还没有被后现代餐馆文化渗透的地方，高速公路疾驰过的荒原，显示大多数人多么不想把时间耗在这里。沿着公路是一小片一小片不起眼的没颜色的小房子——了无生气、灰不溜秋、带着沙土、做工粗劣、矮小得低调，好像不好意思或不敢在荒野里大大方方地挺立。只有它们的广告牌带着雄心冲入视线。巨大的广告板和告示牌瞪大了眼睛直视着过往车辆，比耀眼的天空还鲜亮，拂开了风与尘土。没有一样东西看来会长久存在。每个招牌都等着被拆掉，每个建筑都任凭大风的肆虐和尘土的掩盖。

拉斯维加斯要玩勇者的游戏，可惜没有一点冒险精神——只会往沙漠里蹩脚的小镇添油加醋。[3]它的最上乘建筑用的材料是电力照明，夜晚亮起来的时候，沙漠就消失在黑暗中。这时候，辽阔的荒凉就不再能把城市比下去，使下注赌客感到渺小了。电力一旦切断，似乎什么都不剩了：道路和停车场在黑暗中就像片片污斑；“婚礼教堂”的霓虹尖塔关灯之后又变回平房小屋。夜晚人声鼎沸的赌场，多数其实只是加了豪华装潢的棚屋，几小时前还很迷人，或至少是耀眼的，在白昼看来却好像衣冠不整，支柱和电缆露在外面，卷着垂着，好像拉链没拉好的裤裆和没拉直的袜子。建筑师文图里使拉斯维加斯出名的那个时候，你若往沙漠里走，再回头看看臭名昭著的“长街”，只有沙丘饭店从那堆残骸黑影之中露出，但看来也不可能耐久：不像一栋建筑，倒像被风吹翻了的瓦楞纸箱。现在最著名的赌场恺撒宫又有一项故作从容的改造环境行为，但其实它的所有“文明”配备都是拙劣的模仿，比如乳房大得夸张的仿“米罗的维纳斯”雕像。由于恺撒宫——以及整个拉斯维加斯城——的建筑比例全无数学概念，支撑希腊式廊顶三角墙的柱子看来营养不良，好像要撇成外八字。守卫的罗马百夫长们对着空荡的柏油碎石路怒目而视，只留下二流电影院门面的乡土气。建筑物形成的新天际线的主角，是由光柱打亮的一座“胡夫金字塔”冒牌货：要向文明传统——人类在沙漠中屹立最久的奋斗成绩——看齐。就文化意义而言，拉斯维加斯其实始终是一片沙漠。

至于瓦格纳小说主角所居住的菲尼克斯，情形就不同了。现代菲尼克斯的第一批定居者是 19 世纪 60 年代晚期到来的，他们曾经想利用残存的古代灌溉系统来耕作灌木丛生的沙漠地，“浴火凤凰”的名称也是因此而来。* 索尔特河的水加以适当导引，足够创造“亚利桑那花园”。后来的移民形成了兴旺的务农小区，也吸引着更多人试图在亚利桑那州别处把一片片土地文明化。如今的菲尼克斯城中有一些房地产是全世界价钱最昂贵的。它是全美第九大城市。五代以前的人如果说要到这里来住，别人会认为他们脑筋有问题。现在的菲尼克斯却把沙漠扼杀得太有效率，而且面积非常广，如果不是炎热高温与无云的天空，身在闹市区里的人根本浑然不觉外围的环境。笔直的棋盘式街道重复着文明向来要强加给自然的规则几何形状，荒野已经被织入这个网络。

有些早期的建设者偏爱西班牙教堂的建筑风格，采用仿土砖的建材，也有人喜好维多利亚时代的哥特式，但是多数巨型建筑是把棋盘格子的模式竖立起来，就好像要占用天空为殖民地。可是沙漠毕竟就在不远处，新的环境敏锐性使得郊区建房者渐渐调整了自己的价值观。建筑师赖特自 1938 年起就以菲尼克斯为冬季根据地了。他针对草原环境设计出来的住房式样——开阔、水平地伸展——在沙漠更显自在。到了 60 年代，人人都希望自己的家是与自然融为一体的，从那时候起，多数新的建筑都设计成躲在树丛与岩石之间，不管周围有没有可供融入的景致。最具代表性的建筑出自小爱德华·索耶之手，大多会用到喷沙，并且有扭成仙人掌形状的管料装潢。[4] 菲尼克斯在不同层次上对于沙漠既是反抗的也是顺从的。文明在不利环境中是存或亡，关键看怎样在两种态度间谋取平衡。

---

* “菲尼克斯”（Phoenix）又可意译为“凤凰城”。——编注

瓦格纳小说中的人物如果沿着圣佩德罗河走，可以把车开到更早以前人类反抗沙漠而留下痕迹的地方。那是距离菲尼克斯不远（按美国的标准计算）的卡萨格兰德古迹，用沙漠沉积黏土制成的土砖建成，有五层楼高。大约 600 年前建成的时候，周围有外墙和一栋栋小房子。它代表的是最后的边塞，也经历过建造巨大建筑、聚集繁密人口的漫长历史，如今成为荒漠。当时的建造方案（或一系列方案）范围遍及现今的亚利桑那州、科罗拉多州、新墨西哥州部分地区，位于圣胡安河与希拉河上游之间的高地。

大举建设的时代，也就是 11 世纪与 12 世纪早期，这个地方也许不像现在这么荒芜和贫瘠。索尔特河有时候会泛滥，但不是经常性的，因此不足以产生冲积土壤。降雨量可能比现在多，但是必须要靠灌溉帮助作物在几乎没有雨的夏季发芽生长。水如果能送到田里，栽种的玉米、棉花、豆类就可能按预期生长，不至于受高海拔气温起伏之害。灌溉渠道要开得很长才可达成任务，但是显而易见，12 世纪以降的逐渐干旱经常造成困境。起初，统治者的对策是往另外的地带扩张，进行雄心更大的建设，更大规模地招募劳工。然而，从文化区一连串的定期缩小，以及聚居地的重整，可以看得出来，是一次又一次的危机造成了衰退。

在分水岭西南边的希拉河谷之中，考古学家所说的“霍霍坎”文化区域，灌溉渠道所及的地方几乎都有很像球场的土墩和平台。这些都是环境不太艰苦的时期更古老文明的标志，证明这儿曾受到来自墨西哥的文化影响，统治阶级重视繁复的仪式。北美考古学时下流行的做法是，避免以与墨西哥古人的相似程度为依据来分类一切。但是我们确实有充分理由假定，影响从南方沿格兰德河而上，或是顺着穿过奇瓦瓦州的卡萨格兰德的路线传来。这里曾发现阿兹特克人的贸易商品（时间上比沙漠城市略晚），卡萨格兰德有为销往外地而制作的首饰，还饲养金刚鹦鹉，它的羽毛可在墨西哥高价售出。

这是玉米、棉花和一些用于栽培的种子所走的路径，它们所属的农艺技术可能也跟着走，它们所需的政治方案——社会合作、灌溉规划——很可能也一并跟随。当然，某些政治方案和灌溉技术在霍霍坎传统之中可能是独立发展的，完全避开南方来的影响。霍霍坎的球场状墩台也许和史料较多的墨西哥社会中的类似建筑一样，平台是供民众和统治者观看的地方，球场则是武术展演场。我们不宜贸然将西班牙到来以前的竞技一概而论，因为竞技规则和作用各地不同，形态非常多样。但是只要上场比赛，都与实际作战相似，[5] 从来不是为了参赛者消遣或观赛者取乐而设计的“体育运动”，而是借此界定战士等级的勇猛比试，更接近骑士之间的较量，而不是足球赛。

邻近霍霍坎区域的北边有一个文化规模更为可观，它带有国家政府体制的印记，涵盖的政治统一范围有 15 万平方千米以上，北起圣胡安流域高地，南至小科罗拉多河以南，西及科罗拉多河，东至格兰德河。证据就在其惊人的道路系统，最宽可达 9 米，从查科河源头附近大峡谷四周的一群遗址向外辐射。只有两种需求可能造就这么大的网络：可能有某种仪式在进行，要求并强化地方之间的紧密关系，或是为了移动军队。这些道路连接的遗址各有其原创性与昂贵的装饰加工。通常，道路都由不规则形状的广场围绕，广场再被圆形和蜂窝般的长方形小空间环绕，最后全都包在巨大的外墙之内。主体建筑用的是修整的石头，镶上细琢石。屋顶的巨大木材就近采自山坡上的松林，在没有树木的沙漠里是了不得的财富炫耀。政治一统性也借着大规模处决犯人来强化，遗址有一大堆吓人的死者骸骨，有压碎的、有敲裂的、有撬开的，像是进行过一场人肉盛宴。然而，查科峡谷的人也与许多在沙漠中野心过大的人一样，显然错估了自己的力量。积极建设的行动在12世纪中叶突然终止，因为长期干旱已使正常生活难以为继。[6]

查科峡谷的试验突然垮了。秩序无从施行，社群只好遁入山崖岩石间可以自卫的高处，远离了田野。霍霍坎文化则重新整顿，再熬了100多年。其实沙漠并不是这么轻易就能将文明扼杀的。只要安排得当，沙漠可以一再繁盛，即便只有前工业时代的技术也能如此。民族植物学家纳卜汉研究过世界上最干燥的沙漠，他发现，索诺拉的帕帕戈人会视天气条件调整务农生活，利用少量的地表水灌溉快速成熟的豆类作物。[7]按这样的试验看来，精密的定居式农业有可能发展得起来，这种农业历经反复试验，如今许多干燥不毛之地仍在运用，令人惊叹。

最惊人的遗迹可在秘鲁北方的沙漠看到，这片沙漠很窄，面向着海，背后是安第斯山。除了厄尔尼诺现象带来出乎预料的降水泛滥，平时几乎是没有雨的，只有差不多每晚都下的含沙的咸雨。除了仙人掌之外，几乎没有自然生长的植物，如今从土中掘出的古代陶器残片上仍可看出仙人掌的图案。这个沙漠却有与众不同之处。它的位置虽然只在赤道以南5度，却很凉爽，平均气温只有16摄氏度，而且有海洋来的雾造成的潮湿。平原浅滩上布满小河流，因而公元最初几世纪的海岸渔民可用其来灌溉。

这些文明在公元100年至750年兴盛。考古学称之为莫奇文化，仿佛他们有同属一个群体的意识。其实他们应该分属多个不同的小型政治群体。他们的注意力和想象力一直倾注在海上，即便从事耕作与灌溉，依旧指望着洪堡寒流（即秘鲁寒流）与太平洋寒潮形成的丰富捕捞水域。他们留下的陶器上生动地描绘了猎海豹的情景，有被捆住的掳获物和装满战利品的罐子，放在渔人拼命划行的干芦苇船上。

从多数残存的绘图可以看出，内陆腹地也尚未发展农耕，人们只是在仙人掌之间拖出猎物或是在山上猎鹿。甚至河岸上也不生植物，因为没有其他养分，只凭水不足以使沙子化为生命。倒是大海提供了使沙漠河畔变成菜园的最重要的用具：近海禽类繁殖地取来的鸟粪。有小片的人造绿洲形成，可以豢养驯化了的火鸡和天竺鼠，也可种植玉米、南瓜、辣椒、马铃薯、木薯、热带水果、花生。由于花生特别受人喜爱，有人还将金银制成花生的模样。[8]

从他们的墓葬可以窥见政治精英阶层的样貌。土砖造的平台（为了举行皇家仪式所打造的舞台，位于最肥沃的田中）底下，躺着戴镀金面具扮演神祇的死者，陪葬物显然都曾是珍宝：饰有鹿、鸭、战士（三者都是猎捕目标）的耳饰；有活人献祭场景装饰的令牌；金或铜制的微缩人头穿成的项链，眼睛是镶金的；刻有割下来的献祭人头以及接受献祭的神祇图案的钟，这些神祇形象也是许多艺术品上的装饰，他们挥舞着骨制的刀。圣何塞德莫罗墓地里，一名女子四肢包在贵金属板里入葬，以镀金的银流苏为冠饰。[9]

莫奇人的历史显示了沙漠的局限性与可能性。他们虽然展示了财富和武力，环境却变幻莫测，生态也经不起打击。6世纪多次发生干旱，这可从秘鲁南方高地的凯尔卡亚冰帽以及往北的瓦斯卡兰发现的果核推断出来。由于我们不甚理解莫奇人的符号语义，不可能正确地解读7世纪的传统图像记录，但是可以隐约看出有新的仪式，因此可能是面对自然荒芜时产生的政治响应。如果确是这样，这些对策达到了暂时延续文明的目的。8世纪中叶以后，不再有新建的土墩场子，制作的陶器也不如以前那么耀眼了。莫奇谷地南端堆起来的土丘和灌溉土地都缩小了。

建造昌昌这个首都大城，是北方的人又一次在沙漠中留下文明印记的作为。现在所见的昌昌城就像沙地上的一连串小圆丘和波纹，好似一座沙堡突然一抖就垮了下来的样子。建城用的沉积黏土制成的土砖，被厄尔尼诺现象带来的降雨冲刷得不成形了。但是仍可一眼就看出文明城市的精确几何结构。13、14世纪发展到巅峰的昌昌城，占地将近20平方千米，库藏大量财富，也正是财富助长了工匠技艺。金匠所用的黄金要由美洲驼队运来，驼队就安置在城中心的市场畜栏里。金匠们制作的产品把古墓装点得华丽无比，以至于殖民时代的西班牙人有到墓葬“挖宝”一说。

城中的生活得以维持，靠的是重启莫奇人的灌溉系统并且予以扩大，加上大量储存度过干旱与洪灾必需的资源。吃鱼对多数城中居民而言已经成为偶尔为之的享受。从考古采样可以看出，主要蛋白质来源是畜养供宰食的美洲驼。[10]遇上年头不好，厄尔尼诺现象毁了运河的时候，就得靠储存的资源恢复元气。[11]所以必须为了存活而实行苛政，城中的君主贵族时时不忘自保安全。他们的住处都建有高墙、碉楼、急转弯的走廊，以防百姓不轨。

向外扩张会增加子民，也会制造更多敌人。昌昌城其实是帝国的首都。以昌昌为中心的奇穆王国，统一了海岸平原的大部分地方——总长约有 1 280 千米。吊诡的是，扩张征战的程度正反映了帝国最终的致命弱点。征服掠夺的行动期间，也是奇穆王国的莫奇谷中心地带灌溉系统停止开发的时候，甚至昌昌城的王宫仓库也在 15 世纪初叶征服行动的最后阶段中萎缩了。因此，奇穆统治者似乎是在借征服外敌来攫取国内缺乏的资源。这种策略是很难无限期持续的，因为剥削关系使臣属的人们怨气冲天，但惩罚制裁却不能太严，否则贡赋会有折损。奇穆帝国维持了大约 500 年。印加人从高原进军消灭他们之后，没有重蹈覆辙，他们把这里的人赶到别处重新安顿，任由昌昌城没落消失。

不过，按沙漠文明的标准看，奇穆是一次维持时间较长的出色试验。通常这里的王国都不必等到被征服者消灭，大自然只凭自己的力量就可以打点了。例如，莫奇人遭遇的灾难，似乎也毁了这片沙漠南端的人另一桩傲视环境的壮举。纳斯卡人是探寻考古之谜者特别钟爱的话题，其实不无道理。他们改造的谷地比莫奇人踞有的地方更恶劣、更干燥，却在这里创造了独一无二、高深莫测的不朽艺术：那是画在沙漠表面上的图案，轮廓清晰，巨大无比——宽度几乎有 300 米，只有从制作它的人爬不到的高度才能够一览无遗。这些图案不仅仅是有如出于神祇之手的作品，而且永远令观者浮想联翩。

图案的画布是苍白光秃岩石表面的红黑色氧化物冲积层。几乎从不降雨的环境把它保存得完好如初。图案中有动作柔软的鱼、迅捷的蜂鸟、一只展翅待飞的鸬鹚、一只巨猴和一只十分写实的蜘蛛。此外还有条长直线，显然没有目标方向。其中还有令人费解的几何形状，包括螺线、不规则四边形、三角形，制作者全都测绘得毫无差错。离谱程度不一的解读包括：这些图案是泥土占卜术，是历法计算术，是“诸神的战车”的跑道。[12]

湖里捞虾：撒哈拉的文明极限

纳斯卡人的灌溉系统必然比莫奇人的更复杂、更具创造力，因为他们是借地下输水道取用地下水的。就我所知，唯一可以和他们相提并论的是如今撒哈拉沙漠最不宜居住地区的引水系统。利比亚内陆的费赞地区的地下有长达近 1 600 千米的灌溉通渠，都是凿开石灰岩引流地下泉水而成。这些水渠曾经供应一个古代文明所需，后世的人们虽想探索却苦无史料，只能从古希腊罗马的记述得知那是加拉曼特人统治的地方。费赞的各个城市四周都是沙漠。这与传统据绿洲而居的文明是不同的，因为它要用复杂的水利工程汲取撒哈拉的广大地下水。撒哈拉是三层结构的沙漠：沙土之下是石灰岩，石灰岩下面是水，水是从周围山脉流下的水所汇成的地下海而来。沙漠地区的主食一向是椰枣，但从加拉曼特人的废物堆遗迹看来，椰枣并不是这个地区的基本粮食之一，甚至小米也不是。加拉曼特人——或他们的奴隶和农民——在方便供水的地方栽种小麦，在条件略差的地方种植大麦（可销往罗马领土）。

加拉曼特人的起源不明，虽有许多关于其起源的理论，但都不足取信。他们的文明所仰仗的灌溉系统也不一定是自己发明的，有可能是被他们征服的民族所创。虽然他们生活的地区有自己的古老文字，他们也与四五种文字系统的使用者有 1 000 年的接触，却没有加拉曼特文字的任何记录留下来，甚至可以在沙漠环境中保存的碑铭镌刻也不曾留下。希罗多德（公元前 484？—公元前 430 或 420）最初提及的加拉曼特人是从事奴隶交易的掌权阶级——“驾着四匹马拉的战车捕猎”黑人。[13] 罗马人笔下的加拉曼特人带有野蛮异国风：脸上有仪式意义的刻痕和刺青，以饰有鸵鸟羽毛的头盔遮面。

他们统治的国家无疑是人口众多而历时长久的，他们的文明富饶而醒目。公元前 19 年，罗马对于加拉曼特人的劫掠行为忍无可忍，据说当时科尔内利乌斯·巴尔布斯攻下了加拉曼特人的 14 座城——不过这不免有征服者自夸的成分——还在他们的首都留下了一座纪念碑。纪念碑矗立在无人的废墟之中，以外便是一望无际的平坦沙漠。[14] 到了公元 569 年，加拉曼特人仍有在位的国王与拜占庭言和，并且接受了基督教。公元 668 年的记录（是很晚以后所记）中仍有国王，这位国王身患重病，向穆斯林入侵者投降的时候还略咯了血，之后被套上锁链押走。此后就再也没有关于加拉曼特人的记载，消失的加拉曼特人因而成为现代研究者好奇的话题。

加拉曼特人的文明成果究竟有多少，仍有待确认。不过他们在四周沙漠越来越干的时候仍维持长久不衰，是颇不平常的。在那样的环境条件下，文明未必是上策。费赞地区也有野心不如加拉曼特人的社群撑得比他们还久。詹姆斯·韦拉尔于 1967 年发表的作品中讲到，他曾走过以前被加拉曼特人统治的地区。他要去的地方是世界上仅余的几百个“食虫者”生活的区域。那些人是撒哈拉的达瓦达人，他们自称是“被神遗忘的人”。不知多少世纪以前，他们在一处偏僻的绿洲找到了避开侵略者和劫掠者的安全之地。这地方太贫瘠干旱，湖水含盐太重，别的社群无意前来。他们的食物以椰枣树的果实为主，饮用的是这无雨荒漠中的地下泉水。此外，他们在湖中捞取可以卖钱的碳酸钠沉淀物，以及一种特殊的咸水虾。费赞地区的人视之为上乘的催情食品，西方人尝过都说既黏又臭。在韦拉尔著书的时代，图阿雷格人有时候会拿香烟和油来换取这种“虫”。

达瓦达人的地盘是别人拿去也无甚大用的，而他们则彻底顺从自然而生活。他们住在湖畔，但是不到湖里航行。他们仅有的建材是棕榈叶和一块块泡碱——清真寺就是用泡碱建的。他们会编绳索，但是不会织布缝衣，也不会打毛线。他们没有黏土，所以不会制壶罐。韦拉尔在他们的村中没看见轮子。妇女们捞湖虾是用竿子挂着绳编的篮子，在水浅处采捞。没有人想过用养殖的方法增加捕获量。[15]

达瓦达人显然是一个被绝望之地吓得不敢妄动的民族。他们并不符合惯常描述的沙漠生活模样，因为他们的适应方式不是流浪。但是他们遵循游牧民族的一些经典方法：把生活需求降低到最基本的层次，不逞雄心去承担终使莫奇人和纳斯卡人灭亡、使奇穆与加拉曼特被征服的风险。撒哈拉会启发听天由命的意念。现在一片黄沙的地区，即使在以前肥沃富饶、有森林、到处是可猎动物的时候，也一样使人觉得渺小无用。一万年前留在岩石上的绘画与雕刻之中，猎人都畏惧地躲着，不让长着大角利牙的掠食动物看见，否则就会死在大型掠食动物的脚下。[16]

沙漠通常按降雨量界定，一般是指年降雨量不到300毫米的地区。但沙漠的本质指的却是欠缺维持生活的办法，而维生之道又有赖其他因素影响：土壤质量、气温、风吹日照的发生率。沙漠应该就是一种本来就无法提供足够食物的环境，人到了这里必须力求适应才能够存活。沙漠之中如果不可能灌溉，如果没有达瓦达人可以吃的那种现成食物，如果生活在沙漠里的人不喜欢固定在一个地方，人们就只得随着罕有的食物水源集中点而移动。自然而然发展出的就是像贝都因人那样的适应方式，依赖沙漠边缘上季节性的牲畜迁移，这些地方的山地和不同高度的野外草场，可以随季节提供放牧草地。如果是在沙漠最中心的荒原，就诉诸全面的流浪游牧。

如今世界上最力行流浪精神的，当然就是撒哈拉的图阿雷格人。每个西方人脑海中的沙漠居民形象，都来自他们创造的浪漫传说：他们是终极反抗者，因为他们生性不服输。他们遵循自然规则，不会向人低头。他们的文化中处处是积极养成的奇特个性，所以与四邻的其他文化都不同。男性包裹着厚面罩，大量使用十字形为标志和基本图案，这在伊斯兰世界是独一无二的。女性地位也独一无二，不戴面纱，自由社交，自选婚配对象，主动离婚，拥有财产，财产、地位、权利可以由母传女。

就流浪游牧者的标准而言，他们有自己的全套字母显得很不寻常。这是几乎完全没修改过的古利比亚书写系统，在公元前400年以前的碑铭中可以看到。图阿雷格人在这套字母的使用上是有严格规定的：字母由女性传承，写情书或写在居家用品上当咒语才可用。男性在帐篷外（帐篷里是女性的领域）营火边吟唱的史诗和歌谣，却是口传而不用文字记载的。总之，图阿雷格人因为有绝不妥协的贵族气质而与众不同。除了妇女和世袭的教长之外，所有人的理想志业都是上战场。他们维护家系纯正严格到了狂热的地步。英勇行为比财物的价值高。只有可当作战利品的货物，例如牲口和极便携的小饰物，才会受到重视。人生的目的是赢得威信声望，堕落贬损是最下等的败坏。

有人提出图阿雷格人是加拉曼特人后裔的说法，言之凿凿。[17]这也许有几分属实，但是从加拉曼特人的角度来说，在图阿雷格生态系统中最重要的环节——骆驼——实在太晚才出现在撒哈拉沙漠。唯有采用骆驼骑兵，才能进行作为图阿雷格人立身之本的那种战争。图阿雷格人的营地和部落之中，劫掠是有仪式意义的事，掠夺物几经易主，但是并不杀人。这些劫掠行动是生活正业的练习，而图阿雷格人的正业就是向商旅队伍强索过路费，夺取奴隶，恐吓沙漠边缘的市场，有时候会争抢市场的支配权。这些活动必须凭借长途跋涉的骑行，以及快速撤回沙漠栖身处的本事。骆驼驯养及广泛使用的确切年代，是个争议甚多的话题。可以确定的是，骆驼原产地不是撒哈拉沙漠，北非沿岸地区开始广泛使用骆驼的时候正值罗马帝国晚期，也许是公元 4 世纪或 5 世纪的事，在此之前只限于耕作的用途。

游牧成功的关键是不只牧养一种动物，因为不同畜种的供乳会因季节而各异。[18]但是，如果没有占很大比例的骆驼在内，图阿雷格社群会陷入轻易能被敌人接近或极易遭遇竞争对手的境地。图阿雷格人的自傲自负也包括不在人前吃不是游牧者所生产的食物。16 世纪初期，北非探险家利奥·阿弗里卡纳斯在图阿雷格人的营地接受款待，就有过一次典型的经验：他与同伴吃到了小米面饼，主人自己却只吃畜乳和肉——

肉是切片烤的，调味品有香草，以及来自黑种人地区的香料，加得很多……王子看出我们的惊讶之状，便和气地解释，说他生在不生长谷物的沙漠，族人们只吃自己土地出产的食物。他说，他们为招待来往的陌生人才去取得足够的谷物。[19]

利奥猜想这样“克己”的表现有做给人家看的意味，后世学者也这么认为。游牧者如果想要谷物，必须通过以物易物、劫掠或收取谷物纳贡，否则他们就必须自己去采野生谷类。图阿雷格人的价值体系不允许他们自己去采集、研磨谷物，所以他们必须从定居在沙漠边缘的人群中获取臣属者或奴隶。因此，战争是维系生态的必要经济活动。

不安宁之地：不同文化之间的沙漠高速通路

沙漠似乎迫使人向自然低头，会遏止文明的企图。但沙漠也在历史中扮演关键的角色，像海洋一样是必要的空间，不同的文明要经过它们传递。图阿雷格人的兴衰曾仰仗横穿撒哈拉的通路，这些路线衔接了地中海诸文明与萨赫勒*的诸文明。而穿越戈壁与塔克拉玛干的多条通路构成了“丝绸之路”网络的经纬，把欧亚大陆两端的文明连接起来，沙漠本身即便不能培育文明，也能灌输养分给它周遭的文明。伊斯兰教经过撒哈拉传至萨赫勒。中国的科学技术散播至欧亚大陆各地，部分是通过航海路线，但主要是借丝绸之路所穿越的沙漠（见第四章）。[20]

14 世纪中叶的伊本・巴图塔曾生动地记述穿越撒哈拉最干燥地

* 萨赫勒是撒哈拉南边的半沙漠地带，见第三章。——编注

区的经验。那时候撒哈拉的黄金交易将要达到高峰，在西非凸出部位的航行路线开通之前，通往黄金源头除了沙漠没有别的路可走。穿越从摩洛哥的斯基玛萨到马里帝国边疆的瓦拉塔之间的沙漠，需要整整两个月。道路根本不知在哪里，“只有风刮起的飞沙。你看见一个地方有沙丘，继而看见它们被移到另一个位置”。因此向导要价很高，伊本·巴图塔雇的这位要价 1 000 密斯卡尔黄金。据说盲人可以成为最上乘的向导，因为视力在沙漠里是会骗人的，魔鬼也会戏弄沙漠旅人，使他们迷路。走上 25 天就到了塔阿扎，马里最需要的输入品就是在这个到处是苍蝇的盐矿市镇生产的。这里的房子是用盐块造的，水是咸的，却很珍贵。接下去的一段旅程通常是 10 天滴水不沾，有时遇见在荒漠游荡的野牛，就可能从它的胃里取一点水。除此之外，唯一的生物只有虱子，唯一可摄食的其他东西就只有沙漠块菌。到达瓦拉塔之前的最后一处水井距离该镇有近 500 千米，位于“有魔鬼出没”的地域中，那儿“没有看得见的道路或行迹……除了被风刮来刮去的沙，什么也没有”。然而，伊本·巴图塔觉得沙漠“光辉灿烂”，而且能陶冶性情，直到队伍进入离瓦拉塔只有几天路程且更为酷热的地带，他们的观感才改变，这一段必须在夜晚行路。祖上数代都是知识分子和世故人士的伊本·巴图塔在抵达目的地时对黑种人之地感到失望。他刚一得知所谓慷慨的款待就是一杯加了少许蜂蜜的凝乳，就确定这里的人不会有可取之处。[21]

叙述穿越撒哈拉之路，照例都是满篇沙漠意象。丝绸之路却比穿越撒哈拉之路长得多，而且跨越的许多荒野环境都是游记作者舍不得不提的。沙漠的部分有一种令人安心的可预测性，所以游记故事大多会强调季节变化所造成的其他自然环境危险。马可·波罗在游记的开端就说："他们简直无法用三年半的时间走完全程，因为他们必经之地有雪、有雨、有洪水、有暴风，也因为他们冬天乘骑前进不似夏天那么顺利。"[22]但这是误导人的。他想说的险境非常之多，沙漠占的分量却最重。他从未埋怨遭遇盗匪、官吏敲诈、官僚办公耽搁，却因为担心塔克拉玛干沙漠之行而焦虑。

商旅队伍将要进入塔克拉玛干之前，会在沙漠边缘暂停一星期，吃饱歇足，带上够一个月用的补给。按照常规，队伍越大越安全，但是一队不能超过50人以上，因为难保接下来的30天里能找到稀少的水源供人畜饮用。水源可能是偶尔可遇的盐沼绿洲，或是水道变换不定的河，可能被沙漠严寒冻成冰，而且都藏在形状一模一样的沙丘之间。[23]最糟糕的状况就是迷路——"被鬼灵骗得离开正路"。马可·波罗曾说：

> 甚至白天也会听见这些幽灵的说话声，你时常有幻觉，以为听到了许多乐器的旋律，尤其觉得听到鼓声，以及兵器撞击声。因此，旅人队伍要谨守密集队形。就寝之前要竖立记号标明次日要行进的方向。他们还得在每头牲口颈上拴些小铃铛，听着铃声才不会走散了。[24]

鬼的说话声不会比中国史料所说的"神鹰号叫"更刺耳，大概也不会比龙吼更大声。斯坦因在20世纪初来中国探寻沙漠城市遗迹时，在敦煌发现近千年以前的古经卷，那时候中国人就说荒漠里有龙。[25]14世纪的画家把这些鬼想象成黑色的，它们健壮敏捷、凶狠无情，扬起截断的马腿跳着舞。[26]蒙古人认为，在马的颈部抹上血可以使鬼近不了身。沙暴是恶鬼使旅人迷失方向的伎俩，届时天色突然暗下来，空气含着沙，风刮起阵阵碎石，大石块会在空中互撞，并砸在人畜身上。

有一本写给意大利商人看的中国之行指南包含了一些有用的忠告。例如，“你应当让胡子长长，不要剃掉”。在亚速海的塔纳要雇上一个好向导，费用再贵也得雇。“假如经商者愿意在塔纳带一名女子同行，其实是可以的。”从塔纳出发时只需要带上 25 天所需的面粉和盐，“其他物品都甚充裕，尤其是肉类”。旅人必须偕同一名近亲上路，否则，一旦他在“昼夜都很安全”的路上死亡，他的财物就会被没收。[27]走这几条路多少天可以到哪个城镇，都有详细说明，一路上都有蒙古治安官保护。每一站的汇率都有清楚记载。哪一段路适于哪种交通工具也都有说明：前往阿斯特拉罕应乘牛车或马拉篷车，视个人要求的速度与付得起的费用而定；阿斯特拉罕以后到中国的河流系统，必须搭骆驼队或用驮骡。路上的通货是白银，但是到了中国必须向当局兑换成纸币。[28]

行程费用便宜，载货代价却高昂。去程估计只要所携白银现钱的八分之一。但是，回程所需的钱，包括所有开销和仆人费用在内，每一匹驮畜就要花掉相当于整趟去程的费用。乘马虽然是旅人的上选，运货却得靠骆驼。按 14 世纪晚期一位地图绘制者所画，前往中国的骆驼负着各式各样形状的包袱，每匹骆驼负重 180 ~ 225 千克，行路中不必像马喂食那么多次，而且骆驼蹄子踩在沙上不会陷下去。[29]

因为路程又遥远又辛苦，商队只能倾向于携带小件的高价值货物，固定走天山至昆仑山之间的路线。这个路线上有人群聚居处，有可以补给必需品的绿洲或水井，有时候还有生长沙葱的草地，这种草“一般被认为比青草好……而且……加重了骆驼平时已经很惊人的臭气”。[30] 沙漠走廊能不能开发，关键在于水的分布。沙漠的水来自四周山脉的内陆汇流，经地下渠道在沙漠底下分布各处。此外的唯一充沛水源——戈壁中心唯一留在地面上的水道——是额济纳河，发源于祁连山，注入沼泽地湖泊。这里的黑水城——马可·波罗称之为额济纳——筑有 21 米高的厚墙，城墙上有至少 70 处高塔，可保卫行路中的贸易者。这座城十有八九是靠贸易生存的，因为额济纳河能维持的那一点农业不敷这么大的城所需。[31] 黑水城也不是丝绸之路沙漠路段的唯一城市，唐代的丝绸之路上零星散落着驿站式的城市，还有许多洞穴供旅人歇脚，供僧人居住。自 1878 年起直到第一次世界大战期间，这些城市被发现、挖掘、绘入地图，数目多得出人意料。最初误打误撞发现遗迹的里格尔博士还以为在吐鲁番附近发现的是罗马人的古城。[32]

成绩最卓著的人是考古学家兼探险家斯坦因，他堪称英国爱德华时代的印第安纳·琼斯。他漫游中亚的古代遗迹，在荒凉的草原和矗立着的高山上都看到废弃的碉堡和驿站。他到敦煌去找异于常俗的宝藏，这里的山洞小室曾是 1 000 年前贸易商躲避炽热与严寒的地方，斯坦因到来时早已没有商旅停留，但是仍有僧人在这儿照顾光秃岩石和沙地之中的佛龛神洞，到处蒙着一层风沙。斯坦因走近时发现：

……一大堆黑暗的洞穴，多数很小……蜂窝般布满昏暗的岩石表面，从崖脚向上呈现不规则的多层次……岩面上仍看得见的洞口之间有阶梯相连……我立即注意到所有的岩洞里都画满了湿壁画，至少从洞口看来如此。“千佛洞”里的确住满了佛的尊容。[33]

洞窟内的一个封住的密室里，是他想要的宝藏：一大批古代文件，是上千卷的佛教经文和商业契约，都被僧人视为太神圣而不得取阅。

斯坦因费了很大周折，在一个炎热无云的下午，趁守卫“吃足了鸦片”睡着后，和一名愿意听从他的出家人商量。

这出家人此时鼓足了勇气，当着我的面打开了粗糙的门……进入岩石凿成的凹室……密室的景象使我目瞪口呆。在这出家人的一盏小灯发出的暗淡光亮下，是层层叠叠漫无秩序的一大堆手抄卷札……室内所剩的空间只能容下两个人站立。[34]

敦煌壁画描绘了商旅队伍的生活、商人们的虔诚，甚至也画出了行商们的面容和他们留在故乡的家小。手抄卷札是比较难解读的，斯坦因的汉学修养还不到能看得懂的程度。但是，内容逐渐解读出来之后，却证实敦煌洞窟毫无疑问有更重要的世界史价值。敦煌不但是欧亚文化交会的要冲，也是——如一间洞窟壁上所书——“汉胡互通之地”，是“亚洲的咽喉”，“往西方大洋”的道路像颈部血管般在这里交集。[35]岩壁面上的洞窟是供旅人歇息的豪华公寓。旅人们来自千里之外，把中国、印度、中亚和我们所谓的近东连成一串，注入其他通信系统，传至日本和欧洲，越过印度洋再到东南亚、近海的阿拉伯和东非。

从中国到那里的路是所谓的“迂回之路”，是最荒凉难走的一条路，因为远离山区水源渠道，通过沙漠中央，沿途只有沙丘或石头，如带过商旅队伍者常说：那儿“不见人影”，“只有苦水可喝”。[36]中国于17世纪向西扩张期间，戈壁成为前往新疆的军队和商旅的另一条大路，北方就又有了另一条通路。这条路从百灵庙起，由阴山与黄河河套隔开，“蒙古的所有道路似乎都在这里分开”，[37]紧贴着山边，以便汲取东阿尔泰山流入地下的泉水。

旅行以“站赤”分段，这是军方以每隔大约两天行程设置的小站，人员到此可换马，旅客可以睡在毛面衬里的羊皮筒里。各站之间的路可以循着骆驼粪的踪迹找出来。在没有柽柳生长的地方，骆驼粪也可以充当燃料。欧文·拉铁摩尔于1926年穿越戈壁之行的一位同伴曾说：“只要给我看骆驼粪在哪儿，什么路我都找得到。”[38]额济纳河以西有一段绝无人烟、覆满黑砾石的路，走这一段必须强制定量分配饮水。骆驼如果在滚烫的砾石路上失足绊倒，会起血疖和足垫肿起，所以死在这一段路上的骆驼为数不少，拉铁摩尔看见的骆驼尸体几乎一个接着一个。[39]

除了这段所谓的“黑戈壁”之外，即便在沙漠中也可以补给食物——向土尔扈特牧人买瘦羊：价码会很高，因为沙漠羊毛是高价商品。17世纪90年代至18世纪70年代间，由于土尔扈特人被迫流亡到遥远的伏尔加河，这段戈壁通路走起来就更加坎坷了。不过清政府知道必须维持沙漠有路可通，才可能有效地将新疆纳入版图，所以在把土尔扈特的宿敌几乎消灭殆尽之后，就让土尔扈特人重归了故乡。[40]

除了沙漠以外，最大的障碍就是沙漠边缘的山，往南有天山，北边往蒙古中心地带走的一条路上有阿尔泰山。天山山脉阻挡着塔克拉玛干沙漠，是全世界最难征服的山之一，长约 2 500 千米，宽约 350 千米，最高峰海拔 7 400 多米。其间又有盆地，使环境格外奇特——吐鲁番盆地竟低到海平面以下 150 多米。拉铁摩尔于 1926 年试图穿越，被“恶鬼般的”风逼退，这风“刮起雪如刮起沙子般刺耳”，一千匹骆驼在酷寒中“咬牙切齿，叽嘎声如钉子般刺耳”。[41] 北京主教曾在 1341 年说：“蒙古人未兴起以前，无人相信越过了这些山脉还有能居住的地方……但是，凭着上帝的恩准，也凭着惊人的努力，蒙古人确实越过了……我也越过了。”[42]

打滑山的鬼灵：布须曼人与文明

虽然不同的文明会越过沙漠而互通，而且有些沙漠可以通过智巧变得适应文明生活，但生存资源最为稀少的地方仍是大自然表现得最为专横之处，在可能存活与无法生存的边缘上生活的一个典型例子——有些研究者认为这是一个原型——是卡拉哈里的布须曼人。世人所知的这一群人，根本不试图改变环境，反而任由环境明显地改造他们的身体。可以与他们的情况相提并论的，只有他们的邻居科伊科伊人。他们的妇女臀部、髋部贮存脂肪，似乎是大自然为防饥馑与干旱而设计的。[43]

因为有这种彻底听命于自然的证据，也许还因为这种特殊的身材令人想起许多地区的古雕刻、古陶器呈现的臀脂过多的人像，许多人把布须曼人归类为“原始人”原型，说他们代表着保存下来的土著生活的罕见实例，这正是所谓的人类祖先在狩猎采集为生的时代所过的生活。布须曼人的居住地是南半球地图上一个孤立的小点，这与其他被假定为原始人原型的群族相同，例如曾经带给达尔文启示的火地岛人、被早期画家描绘为类人猿的塔斯马尼亚人，也都是生活在“地球上最偏远的地方”。[44] 1925年有一支美国探险队伍去寻找他们，当时公然声称是去探寻猴子与人类之间所谓的“过渡环节”，后来还宣称已经找到了。[45] 以讹传讹的卡拉哈里之谜，又因为有消失的古城之说而更加荒唐。“伟大的”法里尼这位说话不可靠的探险家自称找到了采石场里修整过的一些石材，“是某个远古时代的人类的双手搬运而来……等着用于建造某个壮观的公共建筑”。[46] 这么一说又增添了布须曼人的离奇色彩：他们在有可能产生文明的环境里似乎原始到了荒谬的地步。

我称他们“布须曼人”，这个称呼好像退回到了已经过时的用法，但这是因为现在流行的名称“桑人”其实一样值得反对：“桑人”是外界所强加的，用来指“游走觅食者”。它在最熟知这个名称的文化里含有贬义，意思不外乎以腐肉为食的、行乞的、依附的生活方式。[47] 布须曼人是我们这个时代的边缘“原始人”巨大变革的代表。他们以前被邻族辱骂，连科伊科伊牧民提到他们也会吐口水，[48] 班图人和布尔人（南非荷兰裔白种人）都拼命要追捕他们。不服统御的特性使他们没有利用价值——除非是童年期就抓来做奴隶。即便如此，小奴隶不惜冒生命危险一再设法逃回部落的故事越传越多。这种癖性使布须曼人被鄙视为无可救药的野蛮人，却也让一些人将布须曼人的生活浪漫化了，认为那象征着崇高的精神——不顺从是自由的核心价值。劳拉·马歇尔于20世纪50年代初开始在布须曼地区进行人类学田野调查，没人相信她的团队真的会对这群顺手牵羊的贼感兴趣，大家都认为她真正的目的是找钻石。[49]

劳伦斯·范德波斯特是修正布须曼人形象的功臣。他觉得自己与他们有某种神秘的亲近关系，这是他儿时从黑白混血的保姆眼中初次领会的。他会深入沙漠去“追寻”他们的栖居地，这既是与BBC（英国广播公司）电视工作组合作的一次商业行为，也是实践他在日本战俘营里面对死亡时发下的誓言。按他戏剧化的习惯，他认为布须曼人是“我的出生之地”的“原始”居民。在他看来，布须曼人可以说是这片土地的守护者，不允许他们的栖居地被近几世纪的南非恶行糟蹋。他们遵守完美的自然道德律，一切财产共享，对陌生人友善照顾，只在生存所迫的时候“无恶意地”杀人。搜寻几个月后，他终于找到了真正的“野性布须曼人”。范德波斯特对这个人的爱慕带有很明显的情色意味。这位样本“本身具有一种奇妙的野性之美。甚至他的辛辣气味也带着未驯化的大地与野生动物生命的精髓。那气味是古老原始的，有如蒙娜丽莎的微笑般撩人”。[50]

范德波斯特将自己当作布须曼人的荣誉成员，简直到了极致。一个典型的例子是，他本来期望拍摄布须曼人在措迪洛山（又称打滑山）神圣水域的季节性集会，结果摄影机失灵了，他便认定是山中鬼灵因为他触犯禁忌而愤怒，原因是同伴之中有人射杀了一头疣猪而“沾了血”。这所谓的禁忌显而易见是假的，是擅长操弄他的善感性情的向导编造出来的，其实布须曼人捕杀的大批猎物也都在附近。可是范德波斯特深信不疑，一定要同行人员全体签署一封向鬼灵道歉的信，再把信放进瓶子，埋在一处画着一只大角羚的古代岩画底下，“此乃鬼灵有能力使血肉之躯另创生命的铁证”。[51]

布须曼人目前的生存环境并没有向文明让步。卡拉哈里最令他们中意的地方是名副其实的“干渴草原”。[52]这里的大部分土地覆盖着厚达 3 ~ 30 米的沙。在卡拉哈里中部这片 1.1 万平方千米的地区之内，只有 9 处恒定的水源，4 处半恒定的水源。因为平均高度在海拔 1 100 米上下，沙漠高原的不良条件在这儿都有。夏季气温常在 35 至 45 摄氏度之间，冬季夜晚又会降至冰点。这片地的北边山丘是三条地下河流的发源地，三条河按当地两处恒定水塘取名为多布、杜、达（Dobe / Du / Da）。布须曼人取水的方式包括用芦苇钻入地下吸饮，或是从洼地或树根之间的暂时积水坑收集。[53]中部沙漠区里没有恒定的蓄水塘，洼地一年里仅仅 60 天有水，栖居在这里的人所需的水，只能仰赖有水分的瓜类、块茎、芦荟，或是在偶尔猎杀动物后从其胃部获取水分。[54]人人都在观望一朵朵云的动静，问道：“下了吗？”“……我们想象的却是一望无际、满是浆果的原野，以及满地的蒙刚果。”[55]

布须曼人的食物一半以上是从广大灌木丛地区采来的可食植物。蜂蜜是贵重的补充食品。范德波斯特童年时就学会了采蜂蜜——要用麻醉品把蜜蜂熏走。其余的副食品就是狩猎来的。因此，布须曼人的主要科学是植物学，他们的化学和技术主要都与狩猎配备相关。范德波斯特听从妻子建议，随身带了来复枪，在布须曼人之中享有伟大猎人的盛名，因而有机会观察他们的狩猎生活。他看见他们用野生剑麻做弓弦和捕猎网，[56]用蛆、植物根部、蛇的毒液调制毒药涂在箭镞上，使用的毒药视猎物体型大小、耐力不同而各异，[57]他看到他们的箭是有三节的，所以，箭头一旦射中目标，会留在猎物体内，即便没有流血，猎人也晓得自己没落空。范德波斯特也仔细观察了他们精细至极的追踪方法，他们竟能辨认某一只猎物在整群动物中的足迹。他跟着他们追踪受伤的猎物，一路追到毒药药性发作，猎人们才上前去用矛结束它的生命。有一次，他跟着猎人们跑了 20 千米路不曾停歇，追踪的是他们偏好的猎物—— 一头壮硕的大角羚，捕猎成功引得全营地的人禁不住欢唱，[58]这样的伙食是难得的盛宴。通常的菜单上只有豪猪和跳兔，而且有一系列禁忌显然是为了让婴儿和老年人优先吃肉而设计的。[59]

我们不可误以为布须曼人与自然和谐共处的画面就是全部的真相。一个布须曼人在自己所属的生态系统里，要与其他物种竞争稀少的资源，也与其他物种一样，竭尽所能向自然索取。但是，沙漠环境里能供其维生的东西太少，这迫使他不断游走搜寻，适应的上策是合作。布须曼人会没入灌木丛躲藏，不让他要捕食的动物和要捕食他的动物看见。他的临时居所看起来就像沙漠灌木丛。他也会在方便取得石头的时候用干石头筑起小巧的藏身处，爬进这里面睡觉是比较安全的。这就是他所能做的最接近改造栖居地或建造建筑物的表现了。他的音乐、歌唱、舞蹈等艺术刚刚创作便随风逝去。他的神圣仪式，例如前往恒定水源的朝圣或将死人暴露给吞噬之神的习俗，都不会留下持久的标记。

这是最接近无文明的生活方式了。但是这种生活方式并不是没有优点、没有学习、没有道德、没有爱心、没有小小的奢侈的。霍霍坎和查科峡谷的城市和道路现在是废墟——小圆丘和凹痕。黑水城被沙漠淹没在一片黄尘的天空下。莫奇人和奇穆人已经消失，要通过他们喜欢装饰在壶罐上的蹲坐着扮怪相的滑稽人像来追忆。在沙漠中建起文明都曾是了不起的壮举，但是，在菲尼克斯、拉斯维加斯之类能靠别处输送大量资源来维持生存的例子出现以前，沙漠中的文明都是保不住的。布须曼人虽然面临文明的诱惑、竞争对手的侵犯、仇敌的屠杀、环境持续不休的敌意，却依然故我。

第二卷

草叶集

不可耕作的草原

LEAVES OF GRASS

Barely Cultivable Grasslands

II

“你为什么冒险进到一个只有强人才该来的地方？”他问，“你难道不晓得，你渡河的时候就把一位朋友扔下了吗？”

“你说的是谁？”

“法律……”

——

詹姆斯·费尼莫尔·库珀（James Fenimore Cooper），

《大草原》（*The Prairie*）

至于世人，他的年日如草一样，他发旺如野地的花；

经风一吹，便归无有，它的原处，也不再认识它。

——

《圣经·诗篇》第 103 篇 15—16 节

（Psalm 103: 15-16）

第三章

刮风

北美草原与茂密的稀树草原

| 大平原

| 非洲稀树草原

| 萨赫勒地区

纳瓦卜·希尔瓦尔汗……善于务农胜过经商，有一则他以实际方法证明论点的逸事，兹录于下。他与一位罗汉闲谈这个他最喜欢的题材之时，命人取来一枝小麦穗子，并用双手搓这麦穗，然后数着搓下来的麦粒。他知道这位罗汉到过德里或乔恩普尔，经历过酷热灼烤和各种辛苦磨难，回来时若是把一个卢比的本钱变成两个卢比了，就在头巾上多打一个结，手揣在怀里，得意非凡。希尔瓦尔汗说："我静静待在故乡守着家人，往土里种一粒麦子，就能收四十粒——也就是我用一个卢比得回四十个卢比。这样说来，我们俩谁的交易比较划算？"

——

马森（C. Masson），

《俾路支、阿富汗、旁遮普旅程的故事》

（*Narrative of Various Journeys in Balochistan, Afghanistan and the Panjab*）

难以驾驭的草原

草原按理说是有利于文明发展的。早期定居的社群选择结子量较多的草本植物来种植，由于子里储存了油脂、淀粉、蛋白质，因而能创造出营养价值几乎比野外一切可食用物都高的食品。效果最好的有黑麦、小米、玉米（见第五、第六、第八、第九章），以及按现代多数评判标准看来最优秀的谷物——小麦。

小麦的适应力不如人类，因为人类凭独一无二的设计和运用技术的本领，能栖居而存活的环境之多，位列所有物种之首。但是小麦传遍全世界，入侵各式各样的栖居地，快速进化而不绝种，这却是其他生物都比不上的，如今全世界小麦生长的面积超过 2.4 亿公顷。我们认为小麦是文明传统的象征，因为它代表人类改造自然并为自己所用的成就——我们能把一种草变成人类的食物，凭科学将野外的无用之物改造为延续文明的元素。小麦证明人类无疑能够彻底控制自己所在的每一个生态系统。

我们看见的所有学院、博物馆的三角山墙上象征“进步之胜利”的浮雕，都少不了麦穗的图案。我却能想象，这种观念在某个世界里会变得很可笑。几年前我发明了一种幻想人物并称之为“银河博物馆管理员”。请读者想象，这些管理员从遥远的未来隔着浩瀚时空，用我们这些纠缠在历史中的人不可能有的客观眼光回顾我们的世界，他们所看到的我们的过往，将会与我们所见的大不相同。他们也许会把我们归类为弱小的寄生虫，自以为了不起，却不知自己已被精明的小麦利用，成为小麦散播到全世界的工具。或者会认为我们与可食用的草本植物之间存在着寄生关系，互相依赖并一同在地球上开拓殖民地。

小麦是影响我们现在与供给我们未来的不可或缺的资源，然而，从另一方面看，小麦并不足以代表我们的过去。少数几种草本植物虽然非常重要，而且越来越重要（小麦又是其中之最），但在人类历史上大部分时候，生活中的草本植物除了当装饰品以外并无耕种用途。读者如果乘飞机经过阿布扎比或巴林的上空，会看见人类在沙漠中煞费苦心培植的片片草地，或是看见拉普兰百万富翁的私人高尔夫球场，有如被宇宙珠宝匠嵌在光秃岩石上的一颗宝石。你也许会感慨，不可食用的草本植物也可以被种来与自然对抗。可是，这些人工草地和小麦田、玉米田一样，都是很晚近的、异想天开的产物。许久以前，草原上生长的多是人不能吃但却适合反刍动物与其他消化能力更好的动物食用的禾本科植物。因此，草原一直是牧人和猎人的家，只不过他们不能长久定居。“草总会枯萎”，世界上最广大的草原确实有这种好景不长的现象：雨季短暂，大地时而葱绿，时而一片尘土。动物群落一年中大部分的时候都在迁徙。

世界上最大的草原在冰河期冰川没有覆盖的地方，在土壤干燥贫瘠得长不出森林的地方，在赤道森林和沙漠之间的副热带地区。这三处典型的辽阔草原都位于北半球。欧亚大陆干草原从中国东北到黑海西岸，在中亚山脉与沙漠之北，呈圆弧状；北美大平原从落基山脉到密西西比河谷和大湖区，坡度往东北一路缓降；北非稀树草原和萨赫勒地区，是撒哈拉和雨带之间横贯非洲大陆的一块狭长地带。

历史上的大部分时期，欧亚大陆和美洲的环境有许多共通之处：都比非洲连贯一致，覆盖地面的草都比非洲的顽强，伴随着零星散布的林地，例外的只有连接到中亚的狭长“森林干草原”。两者几乎都没有可靠的冲积平原，草的种类也比非洲少，主要都是针茅草。非洲却不是这样，萨赫勒的真正草原与以南的稀树草原连成一体，稀树草原的形态就很多样了：间或有树荫，气候比较潮湿，可耕作的肥沃土壤很多，还有大量可猎食的大型动物。非洲平原上即便最类似欧亚干草原的地方，原生草种也比欧亚与美洲草原丰富，而且是多汁的。尼日尔和塞内加尔的冲积平原创造了相当适宜栽种小米的田地。这种环境给了非洲一个具有历史意义的优势。按传统的衡量标准而论——包括农耕与定居产业、城市生活、大型建筑、受教育的程度——非洲草原文明改造自然的作为，是比欧亚及美洲草原文明的作为还要明显的。

过去大部分时候，在北美洲大平原区生活的人对付自然的方式是最不专横积极的。甚至迟至1827年，詹姆斯·费尼莫尔·库珀在《大草原》中描写白人入侵者擅自占据土地的行动时，这儿似乎仍是一个没有前景的地方，“一片不能养活稠密人口的广阔地域”，[1]但后来却变成建立富庶农场和城市之地。大平原这个栖居地欠缺萨赫勒那样可助力文明的生态多样性，它能够像欧亚大陆干草原一样成为两旁不同文明的交流大道，也确实发挥了这种功能。但是，格兰德河与科罗拉多河之间的西南部诸城市，以及密西西比滩地筑墩者（见第五章）造的城市，即便是在富裕华丽的巅峰期，也都是相对较小规模的作为，始终没有产生如旧大陆不同文化间在干草原联系下源源不绝的文化、技术往返交流。

如今的北美大平原是“世界粮仓”，有一些人类有史以来设计过的最具生产力的农场。除了农业，大平原上的大牧场经营也有一段不算长的历史，如今在这里西部和南部区域的高地平原仍然十分兴隆。这样彻底被人们的需求改造的一片土地，以前竟然一直受着自然的主宰，只有小块贫瘠的地方有人耕作，只有稀疏的人口跟在美洲野牛身后，这似乎是不可思议的。只有旧大陆来的入侵者能做到这么不可思议的事：先来的是马和牛群，这些驯化的四足动物是新大陆自更新世以来不曾见过的。接着入侵的是人，有些人用强有力的钢铁硬把生满草根的表层土翻了起来，他们栽种了以科学农艺法培植的小麦品种，能在多变的气候与没有冰川作用的土壤之中茂盛生长。也有人带来了工业基础设施。他们建了铁路，这样才能够把收获的谷类运送到本来不划算的远距之外，他们用刨锯得精确的木条和廉价的钉子，草草建成如气球般轻巧的住房架构。[2] 建筑工人和城市居民创造了牧场牛肉的庞大需求量。携带连发步枪的人消灭了原来生态系统之中的两大重要环节：野牛群和捕野牛的猎人。

最先来到美洲的欧洲人以为会在这里看到文明，因为他们不知道大平原真实的样子。1539 年，一位传教士的黑人仆从在主人前面开路侦察，寻找墨西哥以北不为外界所知的民族，他临终神志不清时留下的胡言乱语被断章取义，听的人又根据自己的期望加以夸大。锡沃拉是北美洲内陆七大城之一，比特诺奇蒂特兰还大。按照越传越玄的谣言，锡沃拉城的神庙外墙铺着一层绿宝石。[3] 这种传闻造成的影响，可以从霍安·马丁内斯在加泰罗尼亚绘制的地图上看出来：有一只华美镀金的罗盘，从奇瓦瓦和锡那罗亚直指向一个色彩缤纷的区域，其中有圆顶、尖顶、角楼房屋的多座城市。而这个区域其实并不存在。[4]

弗朗西斯科·巴斯克斯·德·科罗纳多率领由 200 名骑手组成的精锐队伍去找这些城市，人马后面还跟着由 1 000 名奴仆组成的支援纵队，他们也赶着驮骡和供宰杀食用的牲口。据说锡沃拉位于"越过山脉"的地方，所以，他们于 1540 年 4 月走出熟悉的领域后，就姑且溯溪而上，到莫戈永火口沿的分水岭，再沿着河往下走。科罗纳多让支援纵队远远跟在后面，自己带着 200 名精锐走进高地，结果发生严重饥荒，有些人试着用有毒的绿叶植物充饥后死亡了。走了两个月，他们来到时有人迹的路上，第一次看到了城市：是普韦布洛族人的小镇哈维库。他们找到了定居社会的文化，却不是他们所追寻的遍地黄金之城。

寻找锡沃拉之旅起初只找到了"善良人"规模不大的聚居处，西班牙人认为他们"一心务农而不好战"，[5]只拥有少量的绿松石，没有宝石翡翠。不过，科罗纳多也是在这里第一次听说他所谓的"牛之乡"——美洲野牛栖息的平原区。[6]他第一次看见的野牛是普韦布洛一名使节身体上的彩绘或刺青图案，这个使节团来自靠近草原的小城齐基特，还带来了野牛皮制成的盾牌、袍子、头饰。他跟随使节团一行回城，并挑选了一名颇有超凡魅力的人当向导，此人有"与水罐里的魔鬼交谈"的本领。[7]据称他略通一点纳瓦特尔语，这也许只因为他是后来所确认的科曼奇人，而科曼奇语和阿兹特克语同源。科罗纳多听信了传闻——他听说有个城邦有 40 人划桨的独木舟，船首上镶着金[8]——所以采纳了这名向导的建议（无疑是个因层层翻译错误而歪曲的事实），决定转往北走，要前往一个被认为富裕并且有都市文化的社会——基维拉。他骑着马“走在辽阔无比的平原上，虽然走了 300 里格（约 1 500 千米）以上的路程，却没走到它的尽头”，一路上一直看到野牛。[9]

西班牙人对于大平原区居民的记述，呈现的是一种完全依赖美洲野牛的生活方式，同时也流露出记述者的偏见：不文明的生活既迷人又可恶，既高尚又龌龊。土著除了野牛肉，不吃别的东西，身披野牛毛皮，用野牛革带子系住，住的是野牛皮帐篷，足蹬野牛软皮鞋。他们无所畏惧地接近外来生人，对外来客自然而然的大方款待令人感动，但他们的餐桌礼仪在西班牙人眼里却是野蛮的：

> 他们会一手抓着一大块肉直接咬下去，然后用一把厚燧石刀割一大口的量，没嚼碎就吞下去，像鸟类吃东西一样。他们会生吃不加热的油脂，用清空了的牛肠胃去盛满血……待口渴时饮用。他们剖开牛腹之后，把胃里嚼过的草挤出来，再喝下残留在牛胃里的汁液，说是因为这含有胃的精华。[10]

这些习惯很容易被误认为不那么理性，并成为他们仍有兽性的证据，而按照那时候的法理观，比他们优越的人理当征服他们，或是把他们当作奴隶，但其实这些习惯都是因为受限于荒凉土地上稀少的食物资源而发展出来的典型适应方式（见第二章）。

科罗纳多在“平坦有如海面的土地”上寻找五个星期毫无收获后，认定是带路的人存心要害他迷路，可是，路上遇到的印第安人被问到基维拉在哪里时却又都挥手往北指。于是科罗纳多下了西班牙征服者的大胆决定，令大部分的人员返程，自己带着罗盘和 30 名骑马的精锐继续向北走。他们只以野牛为食物，并且模仿神话中走迷宫的妙计，沿路用野牛粪堆成归途的辨识标记。

科罗纳多终于找到了基维拉，它是现今堪萨斯州赖斯县的考溪，位于大平原上草长得相对长而密且高度渐降的边缘地带。被夸大了的“城市”是由铺了草皮的房子形成的村落，里面住着“眼睛像浣熊”、脸上刺青的基里基里人，这些人在沿着阿肯色河逐渐往西扩展的村庄里辛苦地耕种着小片田地，他们拥有的技术和资源很少，无论务农者或打猎者都不足以改造环境。但是，科罗纳多改变了他们的世界：他带来了马，因为有马和长矛，他能在两周内屠杀 500 头野牛。徒步的基里基里人虽然也能设陷阱捕杀多头野牛，马背上的猎人却有另一种层次的威力。这揭示了未来——尽管这个未来还很遥远，因为要再过 100 多年，马才成为大平原上人人必备的伙伴，但它们到来时仍发挥了脱胎换骨的作用。

骑马打猎使大平原区成为适宜生活的地方。甚至在白人还不曾认真地前来争夺这个区域的控制权以前，这里就成为越来越多移入者竞争的角力场，许多人都迫于白人建设帝国的压力从密苏里以东被驱赶而来，或是被吸引而来。素有农耕传统的人都向游牧生活靠拢，所有人都转向以牧马兼猎野牛为主的生活方式，这也使得彼此因共享道路和草场而动辄冲突。北美大平原变得很像一度是“多民族大熔炉”的欧亚大陆草原。到了 18 世纪晚期，苏族大有成为北美大平原上的蒙古人之势，他们弃农从牧，有潜力称霸，变成了让密苏里河上游仍维持定居生活的人们闻风丧胆的恶势力。[11]

即便苏族采用了马背上的生活方式，以及依赖屠宰野牛的经济形态，却依然不放弃传统的森林经济。他们的征服势力贯通大平原之后，又向新的森林区域扩张，势力西进到猎鹿仍受特别重视的地方。布莱克山是他们从基奥瓦族、夏安族、克劳族手中劫掠而来的“肉品仓库”。苏族还靠天花传染之助，征服了阿里卡拉族与奥马哈族，这也类似白人帝国主义对不曾免疫的民族的一种典型破坏力。[12]苏族人信奉帝国社会的价值：他们酬赏战功甚于其他社会成就，拥有战利品与分配战利品都可以使人的社会地位提高。并不是白人把帝国主义带进了大平原，白人其实只是以竞争者的姿态进入已经在这里形成的苏族帝国。这段时期里，大规模野牛猎杀创造了贸易盈余，因此，猎人的食物中多了玉米，仪式中有了威士忌，武器中增加了枪。马的数量大增以后，大平原成为这个地区之外各白人殖民区取得马匹的来源。频繁的贸易可能也使欧洲来的致命疾病传染概率提高。由血肉之躯的马匹所确立的文明传统的后继者之一是“铁马”——火车头。美国工业通过铁路入侵大平原，不过是一连串转变的最后一个破坏性最强的步骤。

按我们传统版本的草原历史，这种彻底转型按某种普遍的模式来进行，大多情况下会变得更进步。草原转型从附近农耕文化的影响开始。如果没有工业技术，草原虽然可能无法变得适宜农耕，但是草原民族可以向定居的邻近文化学习，或者可能不知不觉地在所谓不可避免的经济决定论过程中发生改变。按这种分析观点，战利品、贿赂、贸易所累积的财富将把部落社会转变成朝贡社会。长幼尊卑或亲属义务都不如战功重要，游牧结群会变成作战队伍，血亲关系会被经济等级取代，氏族关系会被阶级取代。政府（或领袖人物）会变成“颁授军阶者”与资源分配者，中央集权的强大权威系统会兴起，并且按照领导者累积财物的多寡而扩大规模。[13] 所以，草原会培育耀眼却寿命短暂的帝国主义，这种系统最终靠邻邦的繁荣而生存，却在对邻邦开战时自取灭亡。

苏族式的帝国主义有一长串的先例，或多或少都符合马克思主义者当初研究匈奴人时提出的草原社会模型。为了便于理解北美大平原，不妨把所有的亚非草原帝国主义做个比较，但是，最接近的类比应该是与条件最近似的环境中的历史相比：阿根廷的无树大草原在大致同一时期受到相似的影响，包括草原边缘的农人和城市居民的闯入，以及马、牛、羊群带来的经济机会。白人世界并不是这里唯一的财富和文化影响力的来源。在近代早期，大草原新型经济活动包括畜牧与采矿，大草原居民因而能另外开辟对智利的贸易，并且从阿劳卡尼亚人那里习得大规模酋长制。阿劳卡尼亚人是南美洲西南部了不起的战士，在西班牙帝国边疆以外保持着有效运作的独立性。到 18 世纪中叶，内格罗河畔与科罗拉多河畔的酋长们，例如卡卡波尔这位“南美大草原上的阿提拉”以及他的儿子“勇者”坎加波尔，已经把战争酋长的选任职务变成世袭统治。他们安排赚钱的羊驼毛皮交易，聚集象征地位的后宫妻妾群，以“其他各族之王”的姿态接见耶稣会传教士，招募上千名战士并对布宜诺斯艾利斯构成威胁。[14] 到了 1789 年，自封为西班牙启蒙运动倡导者的亚历山德罗·马拉斯皮纳走过南美大草原，对于牧民文化很不以为然，大叹“浑身沾满屠宰牲口之血的习俗”会“使人忘记每一条宗教和社会原则”。[15]

像这样的例子固然别有深意，但是必须放在两种背景里来看方可完全理解。第一种背景是欧亚大陆草原，也就是孕育草原帝国主义最频繁的地方。这种地区的本土文明不显著，或是被邻近的其他文明所鄙视或畏惧，却是文明史中关键的文化传递过程发生的地方。第二种背景是非洲萨赫勒地区的各个民族，这里的人们有改造自然的雄心，所以在草原里建起城市的世界。第一种是文明的通道，第二种是文明的摇篮。那么我们就从摇篮讲起吧。

稀树草原上的建筑师

现在的多哥与贝宁境内的巴塔马利巴人自称时使用的“巴塔马利巴”，意思是“世界上真正的建筑师”。[16]“建筑师”大约是巴塔马利巴名称中“马”这个音代表的意思，更贴切的意思也许是“建造者”。所有的巴塔马利巴住房都遵循一种模式，不会偏离：楼层平面图基本为圆形，其上是悬臂式平台；椭圆形角楼中央有门，两侧高耸的粮仓都是圆锥形、角状顶并铺有茅草。建材很普通：土砖、稻草、粗砍的木材。造法一成不变。不过我们不可能对他们争取建筑荣誉的表现无动于衷。一番努力的结果也极为美观：大片的角楼和高塔状的粮仓沿着主墙起伏，构成华丽的曲线，圆锥形的茅草塔顶也增添了气派和美感。每一座房子都是一个小世界。房子依照太阳的行进路线，与村子形成某种方位关系。房门对着日落方向，粮仓直向上伸，有如在向天界祈求，又好像在仿效树木生长，而树木也就画在角楼的土砖上，画好之后才盖上茅草顶。按巴塔马利巴的意象，天空是一棵树，星辰是树上的果实。每次建造都是造物主库伊叶当初创造大地的再现：竖立木头支柱，用富含铁的土当填料，用木炭标示界线，用一只鸡和一头母牛进行神圣的落成典礼。[17]

巴塔马利巴人虽有很顽固的建筑伦理，却对建城建国没兴趣。他们的文化有些许非群居甚至反社会的倾向。他们的村子小，各家住房间隔很远。每栋房子都是自给自足的，有自己的畜棚，以及制作与储藏食物的全套设备。另有一些供社群仪式用的房舍，但并不常见。巴塔马利巴社会不渴望团结。人们聚居在偏远的稀树草原里，这是几代下来逃避政府干预的结果。长久以来，他们尽可能让自己远离政府管束。这一切都显示他们选择生活在和群聚生活一样文明的环境里。巴塔马利巴人的生活是在有意识、有计划、有规律地重塑库伊叶的大地。他们的村子周围有着用犁在地表画下的整齐水平线装饰。

按许多稀树草原的标准看，巴塔马利巴的土地是很适宜农作的。地势高（但依旧炎热），气温在 18 ~ 45 摄氏度之间，有阿塔科拉山脉发源的溪流供给灌溉。夏季降雨量丰富，所以草原与矮丛的景观中间有片片树林点缀。这里一向有过剩的谷类收成可换取铁制品，以及不同功能的陶器、纺织品与贝类。

在纬度略往南、条件相似的尼日利亚，努佩人的传统生活（有些方面至今未改）又明显不同了。他们盖房子的本领不如巴塔马利巴人，但是房子外观富于装饰，而且他们喜爱城市生活与拥挤的环境，居住在户数上千的稠密都市区，与其他社会建立了紧密的商业联系，并造就了具备复杂政治结构与庞大骑兵的“黑色拜占庭”。在 19 世纪早期富拉尼人征服的时代，据说国王的御用马厩共有 5 555 匹骏马。[18] 这些差异很难以环境因素解释，也不能用化约论的招式带过：它们反映的是文化逐渐发展时所累积的好恶。

农业国家与农业社会在西非稀树草原兴起，程度远远超过欧亚大陆草原。乍看之下，这似乎很令人意外。非洲稀树草原面积比欧亚大陆草原小得多。这里因为地理位置较南，挤在极度干燥的沙漠和雨林之间，是有文明化的雄心也不易驾驭的环境。中亚大草原却可以衔接相同纬度上的不同文明，这些文明可以在互通中彼此影响。贾雷德·戴蒙德的大陆比较历史名著有十分精辟的见解。他指出，相似纬度地区的沟通交流能助长影响力的扩散，因为动植物适应起来会比迁入有明显差别的气候区时来得容易。[19]他认为，多少也是基于这个缘故，按照可粗略量化的指标，例如军事效率、技术本领、可衡量的物质繁荣、全球互动时代中对致命疾病的抵抗力等，欧亚大陆都算拥有世界上最强势的文化。而非洲、美洲、大洋洲的条件就较为逊色了，因为交流舞台比较小，也因为交流的通路必须跨越不同的气候带。

不过，萨赫勒地区也产生了与中亚草原基本特性差不多的情况，只是规模更小。这儿也曾是（至少有潜能成为）大陆上的大通道，也曾是不同骑兵势力竞争的地区，有时候也开创了易遭武力攻击的大帝国，虽然这种帝国不可能持久。萨赫勒从未出现过如中亚草原帝国主义者所建立的那么大范围的霸权，后者曾创建了囊括整个中亚大草原并连接起欧亚大陆尽头的政权（或至少是朝贡网络）；如果萨赫勒有过这种帝国霸权，我们的历史可能是另一番样貌了！尼日尔河河湾地区的文明会在古代就与信奉基督教的努比亚或埃塞俄比亚相连，非洲文化的“水平式”交流也会比伊斯兰教与萨赫勒贸易从北向南传播的交流更多姿多彩。文化上的互惠影响往往可以滋生技术创新：欧亚大陆的文化往来的确有这种效果，假使萨赫勒地区曾经被开辟成一条东西交流的走廊，非洲也许根本不会把庞大的技术优势拱手让给欧洲，也不会促成近代以后西方帝国主义横扫非洲的情况。

萨赫勒的帝国试验始终不曾传播到整条走廊，部分原因可能在于这个地区一直是势力均衡的状态：一个围绕乍得湖而跨越萨赫勒的王国久盛不衰，阻挡着在其以西先后兴起的帝国从这里打开通路。若与欧亚大陆的大草原相比，萨赫勒只是一条窄小的连接线，像博尔努王国这样的阻碍就使人难以越过此地从侧面包抄。欧亚大陆的骑士可以策马朝任何方向走出自家的栖居地，萨赫勒的骑士却不能硬闯大沙漠或是在稀树草原有瘴气的南缘停留太久。

阿拉伯文献最早述及乍得湖岸是在 9 世纪晚期。文中对于“芦苇茅屋”、没有市镇、人们只穿围腰布等简陋衣着都充满鄙夷。[20] 但是，当此地人们接受伊斯兰教以后便渐渐获得阿拉伯人的尊重，马格里布北方的人往这边移民，各国君王也把土地赐给穆斯林学者和有德行的教长。快要进入 15 世纪时，也许是因为撒哈拉沙漠的侵蚀，或是因为沙漠游牧民族的威胁，博尔努王国前身的重心从湖的北岸往西岸移了。这个王国能优先接触摩尔人的学术、官僚制度和技术，到了 16 世纪，它成为萨赫勒诸国中最先获得枪械火器的一个，这些枪械来自土耳其和西班牙。一旦最坏的情况发生，大湖是个可以退守的沼泽地据点。从博尔努收税官传统歌谣的刺耳吟唱声中，可以听出政府的苛刻效率：

> 穷人是芥草，
> 他们是马匹的饲料；

穷人啊，努力干，我们才有得吃。[21]

平稳的继承模式却产生了一个个专横的统治者，例如死于1497年的阿里·加吉，擅自僭用先知继承人的“哈里发”称号；又如1569年至1600年在位的阿洛马，曾经“发动330次战争，展开1 000次袭击”，为了毁掉椰枣，特意选在椰枣采收季节去侵略敌人。到处都有邦国兴起又衰亡，却没有一国有力量消灭博尔努，这要一直等到法兰西帝国主义来到乍得湖岸以后了。

如果我们按一般评估文明的标准看，萨赫勒地区最悠久、最不凡的成就应该在更西边，也就是尼日尔河带来贸易和洪水的地方。杰内的清真寺堪称全世界价值最被低估的伟大建筑：由貌似糖果的光滑土砖建起的巨大甜点，宛如一位大巨人撒下大把软糖叠成的一堆塔楼。因为伊斯兰教正统人士看不惯它诱人的美貌，13世纪的原始建筑已经毁于1830年；现有的建筑体是1907年之作，但是完全与传统古风一脉相承。[22]杰内大寺或是相距不远的旧寺前身，以及古今大寺所在的这片区域，自从公元前300年起就容纳了都市生活、商业贸易和工业。一开始是一些农民和铁器工人在现今的杰内—杰诺聚集安居。这里河水泛滥冲积的土壤可种植小米，到公元1世纪时又有稻米出产，供给十分稠密的人口所需，因此，王宫的宣示可以“从碉楼顶上高喊出来，再由传报者逐村通告”。[23]

尼日尔河中游是天然的集散中心，原产的金属与食物都不少，北来的盐、本地的铜、南来的奴隶，以及最重要的——从塞内冈比亚与沃尔特河中游的丰富矿藏中得来的黄金，都在这里聚集和再分配。借这种贸易致富、壮大、活跃并展露侵略性的国家很多，第一个就是在9世纪时兴起的加纳，位置距离现代的加纳很远，是在尼日尔河中游西部索宁克人居住的地区。古代加纳的首都是昆比萨利赫。据游记所载，这里有石头和刺槐木造的房屋，王宫建筑群里还有一座座圆顶的凉亭。据说国王是由一条圣蛇挑选的，这圣蛇的口鼻极为敏锐，能从竞争者之中嗅出谁具有君王气质。

> 国王之城的周围是一些圆顶小屋和树丛，里面住着术士，负责宗教事务。这里面也有国王的墓穴与偶像。树丛有人守卫，任何人都不准进入或打探情况。皇家监狱在这里，被监禁在内的人以后永无消息……他们的宗教是膜拜偶像的异教，国王逝世后，他们会在埋葬处建起巨大的木质穹顶……他们把以前侍候先王饮食的人带进来，然后把穹顶的门关闭，用草垫和其他材料掩盖。人们运了泥土来堆在其上，直到它变成一个大土丘为止……他们向死者献牲祭，并且奉上烈酒。[24]

昆比萨利赫于1076年被夷为平地，据说居室也被一扫而空，侵略者是骑着骆驼而来的狂热分子阿尔摩拉维德人。“阿尔摩拉维德”这一自称意指隐士兼戍卫者，既以遁世苦修为志，又投入新兵营似的严苛磨炼，成为维护正统的斗士和圣战的英雄。但是他们来自撒哈拉沙漠深处，那里尚未完全伊斯兰化，即便穆斯林宣传者大加鼓吹，他们和他们今日的邻居图阿雷格人显然是相似的。他们的伊斯兰信仰版本是适应沙漠的，衣着的细条布片来自异教文化背景：在他们所出身的文化之中，男人要以面纱罩住自己的脸，而且要听从女人支配。

阿尔摩拉维德世界里最杰出的女强人是了不起的扎娜卜·阿尔纳夫扎维亚，假如后来记载的传说确实无误的话。她在11世纪中叶的撒哈拉以美貌、财富、势力闻名。“有人说精灵会指点她，有人说她是女巫。”想掌握大权的人莫不向她求婚，她一概拒绝了。后来，按神灵启示，她选中了阿布·贝克尔·本·乌曼·阿尔拉姆图尼，他乃盖世无双的骆驼骑士。按传奇故事所述，她命令他蒙住眼睛由她带入满是黄金的地穴：她说这些黄金全部是神借她之手赐给他的。待她再领着他回到光天化日下，“他不知道自己是怎样进入金穴的，也不知道是怎样出来的”。[25]

阿布·贝克尔于1070年创建了马拉喀什，但他骨子里是个开疆辟土者。他动身往南去征服拜偶像的异教徒和黑种人，与扎娜卜离了婚，把她托付给他的亲戚优素福·伊本·塔什芬。他回来的时候告诉二人：“我来只是为了把权柄交给你们。”[26] 于是他再回去作战，后来死于沙场，据传是在所谓尼罗河源头的月亮山脉，但他的墓在现今毛里塔尼亚境内，据说受到圣人陵墓般的照顾。[27]

古加纳是各种传统世仇的受害者：沙漠游牧者仇恨它的定居者与贸易者，宗教激进主义者仇恨它随和的异教倾向，苦修者仇恨它安逸的生活，自以为是的穷苦者仇恨这个城市坐拥黄金。不过，它在受了阿尔摩拉维德人重挫之后又恢复了元气。按12世纪中叶的记述，他们是彻底的伊斯兰王国，国王尊敬真正的“哈里发”，以平易可亲的态度执行公义，堪称典范。他的华美宫殿、宫中的艺术珍品和玻璃窗户、象征他统治权的巨大铸金、他拴马的金环、他的丝织衣袍、他的大象和长颈鹿，都在伊斯兰世界其他人眼中呈现出一幅异国华丽的图像，也唤起穆斯林的认同感。但是好景不长，索宁克人的这个古国在经历很长一段时期的停滞或衰落之后被侵占，都城也被来路不明的异教侵略者彻底摧毁了。[28]

萨赫勒的帝国主义

古加纳的历史神秘莫测，而我们要谈的下一个大国既是历史话题也充满神话。马里帝国的创建者是孙迪亚塔，他的生平故事是典型的非洲君王传奇。他童年时跛了脚，被女人嘲笑，失去了应得的遗产而被放逐。凭着本领以及（按虔诚信仰原则）捍卫伊斯兰教的精神，他在 13 世纪中叶的某个时候打败了敌对者的法术，赢回自己本来应有的地位。他以自己所属的曼丁戈人为基础而壮大建国，还东征西讨纳入了以前加纳帝国的土地，加上尼日尔河河湾地区西边的各个主要贸易国的领土。这个故事内核有多少史实成分，14 世纪末期的马格里布史学家伊本·赫勒敦都考证过了。虽然如今马里的皇家史记已经亡佚，但伊本·赫勒敦在当时确实曾经翻阅过。

孙迪亚塔的帝国心脏在内陆，属于尼日尔河与塞内加尔河上游围绕的领域，位置大约在现今马里国境的西南端。说曼丁戈语的精英阶层统治着稀树草原的家乡，以及跨越萨赫勒的帝国，领土往北伸入沙漠，往南扩及雨林。黄金在马里境内由精明的专卖者经手，往北运到撒哈拉商人手中，再由他们的商队运至地中海的港口。黄金产地是众人严守的机密。[29] 按所有的记述（也许是根据传闻写的，未必是事实），黄金以“无声的”交易取得，交换的货物摊开放着，等候收取。关于黄金的来源有各种怪异的说法：黄金是像胡萝卜一样长出来的，或是从植物梗上割下来的，或是由蚂蚁从小颗粒养大的，或是由生活在洞里的裸体人采掘的。真正的产地有可能是布雷地区，在尼日尔河上游流域，以及冈比亚河与塞内加尔河的上游源头区。此外，有一部分可能来自沃尔特河谷。[30]

马里的中间商始终不能掌控黄金产量，这是因为每当君王试图直接对采矿地行使政治权威时，当地居民就采取一种“消极抵抗”或“劳工行动”的对策，暂停采矿工作。即便如此，马里帝国仍控制了从南方到撒哈拉边缘的瓦拉塔与廷巴克图的通道。因此，市场买卖仍是由统治者控制的，金块被统治者收为贡品，只留金沙交到买卖者手上。

14 世纪的一位统治者——曼丁戈语称号为“曼萨”——享有世上最富有君王的盛名。马里国力强大，所以输入的盐运达境内各地时，价格涨为原价的三四倍。统治者曼萨·穆萨于 14 世纪 20 年代组织的麦加朝圣之旅，有一支 500 匹载满黄金的骆驼的驼队；多种不同的记述都说，他献给埃及圣殿与馈赠权贵的黄金导致了通货膨胀，最严重的估计高达 20%。欧洲人的地图会在曼萨的领土之内点缀一个个染成金色的城市，这并不完全是空想。曼萨曾带了埃及的建筑师回国，在廷巴克图与加奥兴建清真寺与宫殿，其中仍有“米哈拉布”（指着麦加方向的拱门）的遗迹留存至今。另外，还有他的南都尼亚尼的一处觐见厅也留存下来，尼亚尼是孙迪亚塔帝国所建，位于森林区边缘，是交易可乐果与黄金的中心。按伊本·赫勒敦的记述，曼萨建了“一座美妙大厦”，有圆穹顶，外表涂了熟石膏，并“用斑斓多彩的雪花石装饰”。[31]

1352 年，遍游穆斯林世界的伊本·巴图塔从丹吉尔出发，踏上他的最后一次重要旅程，他要越过撒哈拉沙漠去亲眼看看马里帝国。

虽然人们说伊本·巴图塔仅仅“略通科学知识”，但其实他受过担任官职的马格里布贵族子弟按例应有的完整教育。他在一次麦加朝圣之旅中培养了“全地旅行”的热情。他的故事在赞助者所在的非斯宫廷里令闻者目瞪口呆，而且在反复传述中越说越奇。他自己所写的游记，从现存的部分可以看出几乎是完全可信的。他在穿越撒哈拉之旅以前，已经去过东非、印度、阿拉伯、波斯和“金帐汗国”的领域，而且据说正值他的观察力最精准入微的时候，他也去过中国。他在瓦拉塔遇到了第一个马里官员驻守的前哨基地。他不满地表示：“那时我才懊悔来到这个国家，因为他们的人言行无礼又痛恨白种人。”文化冲击随即带给他巨大震撼。他不明白从遥远外地运来小米的代价非常高，而抱怨这里的食物难吃。他到尼日尔河去方便的时候因为发现有人窥伺而非常愤怒，后来才知道人家是来保护他的，担心河中的鳄鱼咬伤他。妇女们不知羞耻、两性关系如此随便都令他震惊，不过他很赞同训练儿童背《古兰经》的方法——将儿童用链子拴住，直到会背了才放开，他也称赞黑种人“对不公义之深恶痛绝”。他到达曼萨的宫廷之后，觉得这位统治者卑劣的言行在大量黄金的衬托下显得很突兀。曼萨的遮阳伞上跨坐着一只金鸟，他的无檐小帽上插着晃动的金饰，然而必须用激将法才能够获得他的慷慨款待：“我见到其他君主时该怎么说起您呢？”有些宫廷礼仪很可笑，尤其是诗人们进宫的装扮：身披画眉羽毛，还要加上“木制的鸟头和红色的喙”。食人族的使节因为获得曼萨赏赐的一名女奴，就进宫来拜谢，身上还沾着刚被他们吃掉的女奴的血。伊本·巴图塔说，幸亏“他们说吃白种人有害，因为白种人的肉不熟”。[32]

即便有诸多反感，伊本·巴图塔仍禁不住赞叹马里宫廷的富丽堂皇。他发现曼萨受子民拥戴的程度超过世界上任何其他国君。黑人之邦通常不会受到阿拉伯作者的尊敬，所以，伊本·巴图塔以及另一位阿拉伯观察者伊本–阿米尔·哈吉卜会惊叹连连就显得格外不寻常了。这位曼萨处处展露着威仪：他的庄严步态、他的上百随员以及随员们的镀金警棍；有事求见者要先表现出谦恭的行为（匍匐拜倒、头上“沾尘”），再由一名中间人传话；曼萨在觐见中的每一次发言必有轻拨琴弦声与众人唯诺声相伴；还有谒见时穿露趾鞋的人、打喷嚏被曼萨听见的人都将处死等各种各样的禁忌。[33]

曼萨的军队主力是骑兵。从现存的古代马里骑兵陶俑可以看出端倪：垂着眼皮的贵族噘着嘴唇发出命令，昂扬的头上戴着冠饰的盔帽。他们僵挺地坐在配有华丽辔头的战马背上。有些人穿了胸甲，或背着盾牌，或套着围裙式的皮甲。战马配着有花环的笼头缰绳，体侧配有装饰。骑士掌握的缰绳很短，手臂绷紧。14世纪中叶，曼萨凭着这些骑兵的武力，统御了西起冈比亚河与塞内加尔河下游、东至加奥以南的尼日尔河谷、南起尼日尔河上游、北至撒哈拉沙漠的广大领土。贸易接踵而来，跨越了领土界线。商人阶级叫作“万加拉”或“底乌拉”，他们的根据地延伸到了曼萨直接统治的权威范围之外，例如在阿坎人的地域西北角上的贝格霍建立聚居地，并且从那儿向森林区的酋长收购黄金。14世纪的曼丁戈人是一支经营商业贸易也扩张帝国的民族，作战与做生意都擅长。然而，马里帝国也像中世纪晚期偏远世界的许多前途看好的帝国一样，因为与邻国相距太远而衰亡了。[34]

马里帝国边境有叛乱与外邦侵略，内部核心也有恶斗。从大约

1360年开始，曼萨·穆萨的后代就与他的兄弟——曼萨·苏莱曼的后代发生了权力斗争。大约到了14世纪末，尼日尔河下游的桑海人脱离了帝国统治，加奥也不再归马里管辖。这是一次重大打击，因为加奥是森林地区与沙漠地区之间的重要货物集散地，马里的垄断势力可能因此被包抄。15世纪30年代，沙漠来的图阿雷格人夺占了瓦拉塔和廷巴克图。又过了20年，葡萄牙探险队逆冈比亚河而上，留下马里边境前哨第一次直接与欧洲人接触的记录，这时候曼萨势力所及的范围只限于曼丁戈人旧有的中心地带了。

欧洲闯入者迟来一步，未能亲睹黑人帝国全盛时期的风貌，现在看来会觉得这是最可悲的历史反讽。欧洲人当时只从传闻知道马里帝国，把它想象得华丽无比。14世纪20年代马略卡人绘制的地图，以及1375—1385年绘制的《加泰罗尼亚地图册》，都把历代曼萨画成拉丁君主模样，不同的只是脸是黑色的。图中的曼萨蓄须，头戴王冠，坐在宝座上，手持宝球与权杖，完全是深谙世故的人，而不是未开化的蛮族，风度不输给基督教世界任何一位王者。先有了这样的期待，再目睹衰败中的马里，欧洲人自然大失所望。熟悉之后便产生轻蔑，曼萨的继位者就成了欧洲人眼中的怪物，就像15世纪晚期与16世纪的葡萄牙舞台上呈现的黑人丑角，都是粗糙的种族歧视之下的刻板人物，垂着猿猴般的生殖器。[35]

桑海人继起的帝国，始终不曾像马里帝国全盛时期那样广泛地统御关键的商业中心，因此国力也不像马里帝国那么雄厚，那么有久盛不衰的把握。建国君主索尼·阿里是个“术士国君”，因为喜欢炫耀多神信仰又在政策上模棱两可，受到伊斯兰学者教长们的鄙视。富拉尼人的最高教长阿尔马格里曾经抱怨：

他选出自己的顾问，每当他想要为一己之私做某件事，就召集顾问，对他们说："这么做难道不合法吗？"他们就答："是合法的，您可以这样做。"他们就这样附议他的自私行为。[36]

桑海帝国后来被索尼·阿里的继位者穆罕默德·图雷强行引入伊斯兰信仰主流。穆罕默德·图雷原是个狂妄的将军，篡得王位后为了表示自己是真命天子，就进行了一次场面浩大的麦加朝圣，效法 170 年前马里的曼萨·穆萨大肆慷慨施舍又炫耀黄金的朝圣之旅。他的登基与在位可以算是世界史上的重要事件，因为他赞助伊斯兰教，又有战功，对于伊斯兰教在萨赫勒的传播有极重要的影响。他使得伊斯兰信仰得以越过撒哈拉沙漠确立下来，成为日后西非的优势宗教。[37]

君权和穆斯林知识界的结盟，促使桑海成为"真主的恩宠之国"。这增加了商人的安全感，因而刺激了贸易。由于资源集中在具有经济效益的宗教机构手中，也促进了小规模的资本主义。[38]新的运河、水井、堤坝、蓄水库建好以后，耕地面积扩大了，在这个地区已有悠久栽种历史的稻米也发挥了更大的利用价值。

拿定主意的人不畏艰难，而桑海黄金的诱惑引来了决心一闯沙漠的潜在侵略者。16 世纪 80 年代，摩洛哥的苏丹艾哈迈德·阿尔曼苏尔决心一试。他告诉大臣：沙漠不是不可能穿越的。行商驼队能走过去的地方，组织良好的军队一定更没问题。他于 1588 年要求桑海依照高得过分的新价码支付托运撒哈拉的盐。这是故意的挑衅，桑海不甘示弱的回复就是送上标枪和一把剑为礼。摩洛哥便出动备有 9 000 匹骆驼的大军，还有由一名西班牙人带队的 2 500 名摩里斯科（被迫皈依了基督教的穆斯林）射手，以及一队用骆驼拉的大炮。在 135 天里走了 2 400 千米的路程（大部分为沙漠）后，这批部队大约折损了一半，但剩余的火力足以轻而易举击败只有长矛可用的桑海人。[39]

摩洛哥把萨赫勒划成一块殖民地，安置了 2 万人在此，却没办法让占领地维持原貌。阿尔曼苏尔死后，殖民者落脚的社群因为多与当地人通婚，创造了自己的黑白混血政府，自己掌控黄金流动，不再提交摩洛哥处理。两个世纪以来，萨赫勒地区的势力非常分散，不可能发展帝国主义。桑海帝国只保住了原先势力的残余，物质文化也已经衰落。海因里希·巴尔特于 1854 年来到一度是桑海国都的戈戈时，发现这所谓的“黑种人世界最光辉的城市”已经潦倒成了“一小群穷人的凄凉住所”。[40]

帝国发展似乎转向东边而去。加纳、马里、桑海先后兴起，帝国的中心地带也越来越往东移。最后一个萨赫勒帝国又在东边兴起，位置在桑海与博尔努之间，这个地区以前由多个豪萨人的政治体（可以算是城邦）分据。伊斯兰教在这个地区并不普遍，对于生活范围不出河畔小村的农民几乎无甚影响，只在统治者宫廷里获得支持，穆斯林教师和读写神职人员在宫廷受到欢迎，但大举传教的行动则不受欢迎。君王并不愿意把掌控人民的力量让给伊斯兰教长和圣人，也不愿意把立法权交给伊斯兰教法的解读者。伊斯兰教在游牧群体富拉尼人之中最为盛行，富拉尼人原是北方的畜牧者，历经数代才来到这里。有些人继续放牧生活，有些人改为定居生活但不放弃畜牧传统。由于富拉尼人自称是 15 世纪末就皈依的穆斯林，豪萨王国的官僚系统中就有很多人是富拉尼人，多数居住在市镇以外的学者亦然。

穆斯林与多神教信仰者之间、农民和牧民之间、王室和神职人员之间的关系，可想而知是紧张的，这种冲突随时可能引发战争与权力的重新分配。19世纪初期爆发了暴力冲突，随即兴起了一个富拉尼帝国。整个事件的核心是一位信仰虔诚的圣人——奥斯曼·丹·福迪奥。他凭一个微笑就能安抚暴众，凭一声高喊就能聚集大军。[41]他受到阿拉伯南方激烈的瓦哈比教派改革者的启发，既模仿他们，又与他们对抗。他与瓦哈比派的共同爱好是痛斥不纯正的信仰并迫害生活方式不纯净的人，但是他也崇敬被瓦哈比派打入地狱的那些圣徒和神秘主义者。他称自己是“贾布里勒的传人”，贾布里勒是一位有神秘主义倾向的教师，在麦加学会了崇尚瓦哈比派的狂热，但也恐惧他们的残暴。奥斯曼虽然遗憾自己未能去麦加朝圣，却凭贾布里勒的教诲而能跟上伊斯兰世界的大潮流。他因为具有群众魅力，自认是先知传统中所预言的“重振信仰者”，是救世主马赫迪的先驱，而马赫迪的降临将会开启与敌基督的世界末日之战。[42]

从生态的角度看，富拉尼帝国是畜牧者在萨赫勒地区进行季节性长途放牧的又一次尝试。从地缘政治的角度看，它是统一萨赫勒的又一次无功而返。然而，富拉尼君主的措辞却明显体现出一种清楚的宗教自觉。奥斯曼是直接由真主委派的，他借异象传递使命。他以和平倡导者的姿态开展使命，告诫拜偶像的多神教徒，并敦促信仰虔诚者精益求精。因为受民众爱戴，国君不得不亲近他，于是他与戈比尔的国王雍法建立了很好的交情。雍法也许真的认为自己的王位是靠魔法得来，因为通俗迷信的说法认为酋长拥有施法术的魔力。但奥斯曼所带来的讯息——“伊斯兰的信仰是绝不妥协”——并不受王室的欢迎，他在富拉尼人和学者之中的权力基础对王室来说是种威胁，而追随者又加大了这种威胁，他的讲道也使得惯受赋税压迫与无端奴役的农民燃起希望。

雍法和其他国君敷衍拖延奥斯曼的要求，奥斯曼的战斗性却越来越强。1794 年，他看见了异象，在真主与先知以及所有圣人面前，他佩上了“真理之剑，要对真主的敌人拔出鞘”。[43] 即便有此异象，他仍然迟疑了 10 年才发动圣战。按他的追随者所说，是因为雍法企图杀害他并奴役豪萨的穆斯林，他才愤而开战。不过他已经50岁了，也许是因为等不及要应验命运，才向不信真主者（按他的定义，凡是反对他的人就是不信真主）宣战。这在他一生所贯彻的不容异己、不肯妥协、诉诸恐怖手段的众多行为之中，是个决定性的时刻。

奥斯曼被推举为因受他鼓舞而集结的军队的领袖，不过他在战场上的角色很像摩西。他的儿子精通兵法知识，他在儿子负责后勤与战术时祷告。豪萨的各个政治体因为彼此交战而国力减弱。穆斯林大军熬过几次战役之后，产生了强大气势，因而逐渐成为豪萨地区大多数城市的主宰，到了 19 世纪 20 年代，进一步成为帝国的主宰，领土从博尔努的边界延伸越过尼日尔河，并在索科托建立了用日晒土坯筑造的都城。建造都城是沿袭文明传统的大功业，是刻意与荒野对抗的行为。据传，奥斯曼赞成用日晒土坯的理由是：腐化人心的财富绝不会传到这种多石头的不毛之地来。[44]

奥斯曼鼓励战士殉道而赐予的奖赏是什么呢？以下的概述衬托出为非世俗目标而战斗其实有多么不易：

这青年将可得到 7 座城镇，里面全是眼珠乌黑的少女。每位少女有 70 件美丽的袍子可穿，有 1 万名奴仆听她使唤。少女时时渴望拥抱她的丈夫，如此两人要拥抱整整 70 年。他们要一再相拥，直到他们都疲累了。他们除了欢愉的游戏，没有别的工作。[45]

富拉尼军队也会与所有因禁欲主义而打胜仗的军队一样向声色犬马低头，其实并不令人意外。战争尚未结束，奥斯曼的亲信阿卜杜拉·本·穆罕默德已经在谴责：

那些人的目的只在于统御国家及其百姓，为了享受逸乐与谋求官位……为了纳集姬妾与华美衣饰，以及在城镇中而不是在战场上疾驰的马匹，为了侵吞神圣的献礼，以及战利品与贿赂，为了弹琴、鸣笛和击鼓。[46]

虽然某些 19 世纪的欧洲人毫不犹豫地把索科托的帝国斥为偏僻、孤立、落后，它却是与萨赫勒文明传统一脉相承的文雅国度。一位与大探险家海因里希·巴尔特成为朋友的酋长就有一个测量天体的星盘和一本阿拉伯文的亚里士多德与柏拉图作品集，而且他熟读大部分伊斯兰世界的历史，尤其熟知西班牙历史。[47] 读书并不是神职人员的特权，城市居民普遍能识字，但农民和奴隶都是文盲。[48] 在 19 世纪中叶，帝国最大城市卡诺的居民有 3 万人，城墙长 18 千米，有 13 座城门。[49] 商人的家宅中央有敞亮的中庭，方形的清真寺体现着信仰基础之坚固，王公们的宫殿华丽而通风，觐见室有拱门，椽木是防白蚁的棕榈材质。巴尔特认为帝国整体而言非常繁荣，考虑到邻国的水平和恶劣气候的限制，尤其非比寻常。粮食供应很充裕，输出货物很多样。主要的制造业有软羊革、精染布与刺绣、原料棉花、靛蓝染料和烟草。索科托作为政治中心的时代，是豪萨地区少见的无饥馑时代。[50]

富拉尼帝国（或是统治者自称的“哈里发辖国”）延续了100年。按这个地区的标准，这算意料之中。桑海的帝国寿命是一个世纪，马里有两个世纪。索科托在开端的时期最强盛，过了奥斯曼继位者的统治期，在征服的势头结束以后，边境侵蚀与内部分裂就逐渐削弱了中央结构。在旧城邦的首府里掌握统御权的王公们，实际上和以前城邦的君主差不多独立。豪萨人虽然大都本着些许真诚接受了伊斯兰教，却始终没有真正安于富拉尼人的统治。欧洲帝国主义于20世纪初到来时，当新势力向富拉尼人发起挑战时，豪萨人大多表现得无动于衷。

富拉尼虽然国力蹒跚，但如果大英帝国没有介入，也许仍能继续维持原貌。这里发生的状况与19世纪末大英帝国势力所及的许多前线地区一样，入侵的武力引爆危机，紧逼着欠缺战斗力的当地政府立即摊牌。类似状况也在中国西藏和贝宁发生（见第六、第十章）。在尼日利亚北部，摊牌时刻的英方代表正是扩张大英帝国的最佳纪录保持人——卢格德爵士，他是为大英帝国的自我信念忘我奋斗的典型。由于富拉尼坚持教义并要求高标准的品行，诸如奴隶买卖、接待白人商人和传教士等俗事引起的边境紧张形势无从解除，而哈里发根本拒绝与不信真主者接触，甚至连外交使节也拒不接见，一旦冲突爆发，优势是一边倒的：一门重型野战炮和四挺机枪连击，使得这位哈里发和他的兵将在比尔马尸横遍野，萨赫勒传统的最后一个帝国于 1903 年 7 月 7 日灭亡。但是我们应该将萨赫勒的整体文明与工业化以前的欧亚大陆草原及美洲大草原相比较——相形之下，非洲的成绩几乎在每一方面都略胜一筹。

富拉尼的倒数第二位君王于 1902 年 5 月致函卢格德，当时他自己已经有些老糊涂了，国政也已经摇摇欲坠，这封颇有尊严又固守传统意识形态的信无异于宣判了自己的死刑：

> 朕谕示。谨记朕断不允许尔等任一人驻居我邦。朕绝不与尔交好，且严禁任何与尔等之过往情事。此后双方断绝一切交通，除非兵戎相见。穆斯林仅可以圣战应对不信者。此乃全能真主之叮嘱。真主尊大，无始无终。[51]

第四章

文明的康庄大道

欧亚大陆草原

| 中亚

| 蒙古

| 俄罗斯

此时它看来如同坟墓未修剪的美丽毛发。

——

惠特曼（Walt Whitman），

《我自己的歌》，《草叶集》（*Leaves of Grass*）

东离西有多远……

——

《圣经·诗篇》第 103 篇 12 节

（Psalms 103:12）

歌革的荒原：欧亚大陆草原

你在这里可以摸得到风。你会在风沿着中亚山坡刮下来的时候感觉到寒冷，大草原的温度会降到零下40摄氏度。你会在风沙刮进眼睛、头发、毛孔的时候感到刺痛。你会感觉它拍打着被夏日烤干的面颊，或是它在春季骤雨中的捉摸不定。部分的大草原在秋季里干枯，冬季里被雪覆盖，但是雪只有薄薄一层，牲口用蹄子就可以刨出雪下面的草茎。草原地貌通常是一片平坦，没有突出物，但是有些幽深隐秘处也会有出乎意料的发现。1856年，俄罗斯地理学家彼得·谢苗诺夫踏上了穿越大草原的旅程，决心“不成功便成仁”。他曾在莫斯科东南的梁赞黑土草原度过童年，想象不到再往东走会遇上吉尔吉斯“穹顶似的斑岩坡”和山脊，以及“森林草原”的零散林地。[1] 草原上的变化，一般而言都是极端的。草原的气候就像心情变化不定的人一样，能把严酷的部分藏在迷人魅力的背后，甚至只露出一片宁静安详。约恩·毕什曾于1962年驾车走过蒙古大草原。他见路旁有锥形的石堆（这是数百年来骑士路过留下的记号），便停下来，欣赏着风吹在草上形成的波浪，烈日与飘过的云使草的颜色从银色变成灰色。他走过整片怒放的野花，花儿开在从未有人理会过的土地上：有纯白透亮的火绒草、鲜红的剪秋罗、橙黄的柳穿鱼和野荨麻，以及一望无际的蓬子菜。[2] 比他早 200 年的一位到过顿河的旅行者对于草原也有类似的印象：

> 大地似乎铺满了最鲜艳、最美丽的花朵……即便在白天最热的时候，沁人心脾的微风送来上千种香气，空气也全是芬芳的。云雀唱个不停，各式各样色彩斑斓的昆虫或在空中飞舞，或伏于花心……如家鸽般温驯的斑鸠在我们的车子前后飞着。[3]

坐在马车或汽车里欣赏荒野是很容易的事。站在车外的人望见的大草原，却是毁灭力的来源——凶残怪物在这里孕育，野蛮的狗头人在这里居住，匈人的腹地也在此处。按传奇故事的说法，亚历山大在这里俘获了歌革和玛各两个邪恶民族，把他们锁在铜门里。可是，从长城到喀尔巴阡山脉的这一段，铜门没锁上，游牧民族可以从很多空隙进出，放牧，打仗，建立维持不久的帝国。感觉敏锐的或是怀有成见的旅行者，如今到这里仍可以想象有“隐约的肃杀”伺伏着。[4]

也许是因为环境严苛，生活中不时有竞争和暴力，所以这个地区的技术发展蓬勃而早熟。公元前第五个千年中期，第聂伯河中游往东流域的斯莱德涅斯多格文化中就有骑马的人，他们留下的废物堆里有很多马骨，是目前所知最早驯养马的人类。公元前第三个千年的墓地挖出来的篷车有拱形篷箍，设计成供牛拉的构造，巨大的轮子用实心木材制成，这是比西欧同类的成果都超前的。这些篷车都被闭锁在内衬石头的幽室里，好像是要供死后使用，墓穴在宽阔的石块堆下面，有坑柱支撑。世界上同一时期的其他社会都没有富裕到能埋葬这么庞大、精致、贵重的物品。这个使用有轮运输器的中央草原地区，可能就是替未来从大西洋到中国东海与南海的人们发明牵引技术所预备的温床。如今在乌拉尔山脉南部发现的最古老的战车，约是公元前第二个千年初期的产物。[5]公元前第一个千年时，制造篷车的技术已转移到铁器制造和首饰上了。按季节而移动的放牧生活——甚至游牧生活——总是能有闲暇发挥技术创意和艺术巧思，这些往往令邻近的定居者赞叹，也必然因此感到威胁。草原上的人也发明了马镫，这是游牧民族的骑兵令农耕民族丧胆的秘密武器。受害者百余年后才追赶上这门技术，在这段时期里，草原边缘的山脚和绿洲地区出现了都市生活。[6]

古希腊人有时候会认为草原居民——他们称之为斯基泰人与萨尔马提亚人——来自异种人的世界，既狂野又凶恶。希罗多德对他们很感兴趣。他记述了普罗科那苏斯的阿里斯提亚斯一次梦幻般的经历。阿里斯提亚斯在“被太阳神附身”的状况下，到顿河对岸的世界展开神秘之旅，前往“独眼族阿里玛斯波伊人的地域，过了这个地域便是守卫着黄金的狮鹫，再过去便是北国人，他们的领土伸向大海”。阿里斯提亚斯并没有活着回来讲述游历的故事，只有他的鬼魂回来了，而且故事是用诗体讲的，因为他原是位诗人。[7]

从另一种角度看，草原人是古希腊人的固定交易伙伴。希腊工匠把他们画在日常生活的场景里，例如挤着羊奶，或者缝着羊毛皮的斗篷。这些景象都发生在斯基泰君王统治下，也呈现在金匠制作的工艺品上。例如在亚速海与黑海之间的库尔-奥巴发现的王室古墓，有一只球形金杯，杯上有蓄须的战士，穿着及膝外袍，打着绑腿，他们不是在作战，就是在作战的空隙里，互相包扎、整治牙齿、修理弓弦、解开马腿捆缚、闲聊讲故事。他们以狩猎著称，第二专长才是作战，甚至在战场上看见奔逃的兔子也会分心。显然他们的自我形象也是这样，例如在克里米亚刻赤半岛发现的陶俑，是戴兜帽的猎人与狗一同追兔子，证实了猎兔是他们偏爱的美术题材。[8]

在伏尔加河谷发现的公元前500年的国君古墓里，有很多与希腊人、克里特人交易的货品。克里米亚地区与周围一带的斯基泰人曾经从博斯普鲁斯王国的希腊商贸中心受惠。这里是“斯基泰的那不勒斯”，是占地16公顷、有石筑城墙的气派重镇。这乃是斯基泰人最大的城镇，也可能是他们唯一的城镇，因为基于财政考虑，更加深入内陆的斯基泰领土可能容许其他民族占据，例如芬兰人。草原上也接受了大都会的时尚。在第聂伯河与顿河之间的霍赫拉-新切尔卡斯克发现的一个公元1世纪的珠宝王冠的中央，是萨尔马提亚的王后，她穿着希腊服饰，梳着希腊发型，看来似乎把自己当作雅典人了。她的头顶之上有精心制作的鹿，正在吃金质的无花果叶——按草原传统，这或许是装饰着鹿角的马。公元5世纪的西伯利亚古墓中也发现了用毛毡、黄铜、涂金的马毛做成的鹿角装饰。[9]

然而，并非所有的草原民族都长期安顿于一地，并与邻近他族变得熟悉友善。草原这条大通道有助于长途迁徙，而马是非常有力的运输工具。草原两端尽头的欧亚大陆文明一再发现新兴的草原势力堵在门口，或是长驱直入他们的家园。每一次有草原势力到来或入侵，就会再一次发生文化互渗或同化，再一次将草原势力驱退或是向草原势力归顺。例如，公元5—10世纪的基督教世界对一拨拨的草原入侵者或吸收、或消灭：阿提拉王在新婚之夜因血管爆裂骤逝之后，匈人的元气似乎也逐渐耗竭；查理曼最后围剿阿瓦尔人的时候发现，逸乐与战利品已经使他们松懈无力；保加利亚人兵临君士坦丁堡城下时，用人头骨做了圣杯，以供克鲁姆汗豪饮之用；马扎尔人在匈牙利草原落脚之后，变成了捍卫基督教的勇士，在拜占庭和罗马受到推崇与延揽。反观西欧，那时候还是个“受侵略之地”。[10]

同时期的中国也有一连串相似的经验。匈人于 5 世纪入侵罗马帝国的时候，鲜卑人侵入了中原。鲜卑人也许是因为草原发生大灾祸而受害，南下仿效文明化的活动：交易马匹、耕种庄稼，终至自己建立一个与“中华”分庭抗礼的帝国。此后，回纥人、黠戛斯人（各自号称拥有 10 万骑兵）以及其他突厥民族，都与唐朝缔结了层次不一的主从关系：有的被逐回草原，有的得了好处——接受以礼物为名的进贡，有的暂退到领土界线（如长城）之外窥伺着，使边疆军民时时处于不安状态。回纥人是汉化不完全的一个明显例子。他们建起一座“农业富庶”的城市，有 12 个铁城门，却依然持续越界的恐怖掳掠。公元 759 年，被迫和亲的宁国公主幸免回纥传统里夫死陪葬的要求，但是她仍“依回纥法，剺面大哭”。[11]

儒士所见

中原王朝面对始终存在的夷狄威胁，态度既恐惧不安，同时又相信文化接触可能促成游牧民族的文明化。这种心态可以从宋代欧阳修的生平与作品中看见，他在文坛和仕途的成就都极为卓著。我们应该先看看他充满悲剧波折的生平，也由此可见政治游戏之中有些事是千古不变的。他于 1007 年生于四川，父亲是个小官吏。欧阳家族那时刚有了出头的机会。他 4 岁时父亲便死了，他由湖北乡下的长辈抚养。他厌恶随州的穷乡僻壤，努力自我文明化。

> 予少家汉东，汉东僻陋无学者，吾家又贫无藏书。州南有大姓李氏者，其子尧辅颇好学。予为儿童时，多游其家。见其弊筐贮故书在壁间，发而视之，得唐《昌黎先生文集》六卷，脱落颠倒，无次序，因乞李氏以归。（《记旧本韩文后》）[12]

欧阳修因为文章风格不合乎当时的常规，两次科考不第。他以激进态度看待传统，想要摆脱传统，突显个人特色，他的一生成败都由此而起。虽然他终于成为著名的思想家和名臣，他最卓越的才能还是在写作上。也是基于文采，他的地位至今屹立不摇。他认为“筌者所以在鱼”，却不可“得鱼而忘筌”。[13]

第三度入科场，他听从一位赏识他才华的学者指点，考出了顶尖的成绩。但是例行的调派职务又令他感到无能为力与被边缘化：

> 今市之门旦而启，商者趋焉，贾者坐焉，持宝而欲价者之焉，赍金而求宝者亦之焉，闲民无资攘臂以游者亦之焉。洛阳，天下之大市也，来而欲价者有矣，坐而为之轻重者有矣。予居其间，其官位学行无动人也，是非可否不足取信也，其亦无资而攘臂以游者也。（《与张秀才棐第一书》）[14]

1034 年，欧阳修的官僚生涯向前跨了一大步，他被调进京城担任馆阁校勘职务。在朋党之争不断的朝廷里，他自然是不受欢迎的人。变法派的成员多数主张用人唯才，将此视为把当权派掌控的官职任命大权夺过来的方法。而欧阳修却相信变法是改进臣子事君之道的良方。后来他因为写文章为一位失势的变法派*辩护，被贬到了三峡口的夷陵。

强权政治的这一不测后果，把他带到中国的蛮荒之地。在契丹的威胁之下，这里把汉化和开发当作边疆策略。移民都往四川挤，图的是利用盐井发财，找机会种植茶树与桑树。政府对当地的少数民族部落采取“招安”政策。为了筑道路、建房屋，深山森林也被砍光了。渐渐地，四川的东西两半——多山的东边是有河川与岩洞的浪漫郊野，富庶的西边是天府粮仓——也成为华夏稳固的一部分。

欧阳修的诗既生动地描绘了他在边境的生活，也在字里行间道出了把蛮荒边境文明化的开拓精神：

春秋楚国西偏境，陆羽茶经第一州。
紫箨青林长蔽日，绿丛红橘最宜秋。
道涂处险人多负，邑屋临江俗善泅。
腊市渔盐朝暂合，淫祠箫鼓岁无休。
风鸣烧入空城响，雨恶江崩断岸流。
月出行歌闻调笑，花开啼鸟乱钩辀。
黄牛峡口经新岁，白玉京中梦旧游。
曾是洛阳花下客，欲夸风物向君羞。
（《夷陵书事寄谢三舍人》）[15]

---

* 此即范仲淹。——编注

在琴乐中也听得出这层意思：

> ……急者凄然以促，缓者舒然以和。如崩崖裂石、高山出泉，而风雨夜至也；如怨夫寡妇之叹息，雌雄雍雍之相鸣也。其忧深思远，则舜与文王、孔子之遗音也。（《送杨寘序》）[16]

他的为官生涯被朝廷里的党争拖累，到 11 世纪 40 年代才回京先后担任馆阁校勘、枢密副使、参知政事。他投入了古文复兴运动，主张"文从字顺"的简明流畅文风。他与同属古文派的人士也根据两大方针改革科举制度：一是提倡为社会服务的精神，二是尽量放宽国家招募人才的背景。旧制只重诗文技巧与经典记诵，新制转为偏重策论。

欧阳修自己的文章表明他希望退回古代，恢复上古"礼乐俱兴"的完美大同世界。他个人的教养则正合乎历代盛世朝廷人物的常见典型：温文儒雅、有厌世心理、感情进退合度。他的一些赞美歌妓与醉酒的诗作，使他成为同党道学先生和敌党监察官员攻击的目标。

在好说教、好争竞的大环境里，他这样放纵自己会遭遇什么后果，其实是可想而知的。低俗的指控对他如影随形。他触犯了自己说的"廉耻，立人之大节"，变成"不廉则无所不取，不耻则无所不为"。[17]

首先是 1045 年，他监护的一名晚辈女子指控婚前遭到他的强奸。他无罪开脱了这一严重指控，但却因为用这名晚辈的嫁妆买了地产并将其登记在欧阳家名下而丢了脸。他的为官生涯因被贬滁州而中断了3年，他自述在这3年里天天喝醉酒。古文派占上风的期间，他恢复了在朝廷中的重要地位。1067年他却再曝丑闻，有人称他与长媳乱伦，因为查无实据，显然是恶意造谣。他始终未能完全摆脱这一次的阴影，一直被调任外地官职，至1071年才获准退休。

在此期间，他不赞同的变法派占了优势。主导变法的王安石笃信佛教思想启发的神秘理想主义，欧阳修却敬谢不敏。王安石认为人生如梦幻，禅理入法与实际结果一样重要。他对政府的社会责任有极端的想法，主张听取“农夫仆妇”的意见。[18] 他的变法是从当前问题着眼，并不师法古代。欧阳修不愿与他为伍，退隐到自己的“醉翁亭”，“不畏先生嗔，却怕后生笑”。[19]

欧阳修的整个为官生涯中都主张以和顺的态度处理草原民族的敌意。他认为，文明迟早会在与野蛮的对峙中获得胜利；对蛮夷不能胁迫，只能感化；蛮夷不会顺从强力控制，却能受模范的影响；用拳头打不倒他们，却可以用手指轻轻拨开；战争不能使他们服输，“仁德”却可以使他们归顺。与他同属古文派的一位人士也说过：“偃革櫜弓，卑辞厚礼，降王姬而通其好，输国货以结其心，虽屈万乘之尊，暂息三边之戍……安肯耗竭中国，事无用之虏，伤害仁义，与蛇豕争锋乎？前代论夷狄之侵，譬犹蚊虻之螫……结好息民，正在今日。傥或上天悔祸，丑类怀仁，奉大国之欢盟，息边城之烽燧，诚宗社之福也。”[20]

这是宋朝迫不得已的政策。欧阳修因此喟叹汉朝王昭君和亲时的身不由己：“谁将汉女嫁胡儿，风沙无情貌如玉。”她只能借琵琶“自作思汉曲”，曲调传回汉地，汉宫女子“争按新声谱”，她们却“不识黄云出塞路，岂知此声能断肠”。[21]

蒙古帝国兴起

欧阳修的时代以及随后的200年中，北方草原群雄争霸，骚动从未停止，而且不时爆发过界。自认文明的邻域都敬而远之。到了13世纪，情况整个变了，有史以来第一次——就已知的史料而言——整个草原世界被统一在同一政权之下。

这一次与史上所有的大革命一样，以血腥开始，而后才走上建设轨道。蒙古诸部的联盟是这股势力的核心，起初是向邻邦挑战，屠杀定居民族、夷平城市、鄙视敌人的精致文化，似乎要把文明毁灭。结果它却成为欧亚大陆文明史上独一无二的改革力量。起先，草原世界以外的民族，从基督教世界到日本，都在恐惧欧亚内陆这股前所未有的毁灭力。然后，他们全都在草原征服者维持的和平局面下连成了一体。蒙古恐怖征服战争的100年以后，大草原变成快捷通道，将欧亚两个陆块连接起来，助长着两个大陆的文化传递。

蒙古人的武力征服比以往任何草原帝国范围都要大，而且持续时间比以往的草原帝国都更久。这主要归功于一位征战领袖的雄才与魅力。现在的人提到成吉思汗，会有两种不同的神话。蒙古以外的世界往往把他的名字当作残暴的代名词，而在蒙古人的心目中，他却是民族英雄。[22] 1219年，成吉思汗召见了长春真人丘处机，从这一则故事可以看出，成吉思汗对于当时欣赏未被腐化之质朴野性的人士来说，确实有很强的吸引力。“久栖岩谷”的丘处机是受人崇敬的贤者，他却在71岁高龄的时候以3年时间长途跋涉到兴都库什的山麓去见成吉思汗。他虽然“龙庭一呼即至”，却不肯为此而违背自己的一些原则：他不与新入选的后宫佳丽同行，也拒绝进入“桓抚之北”，也就是大草原。但是他穿越了戈壁，登上雪山，熬过艰苦的荒野行程。护送他的卫士都在马匹身上抹血以防恶魔侵袭。[23]长春真人的弟子曾经记下成吉思汗的一段话：

> 天厌中原，骄华太极之性。朕居北野，嗜欲莫生之情，反朴还淳，去奢从俭。每一衣一食，与牛竖马圉共弊同飧。视民如赤子，养士若兄弟。[24]

这正是丘处机所欣赏的特质。草原暴力向外伸展，挑战了邻居的文明。成吉思汗在草原世界强制进行或诱发了史无前例的政治一统，他所完成的部落联盟的确是草原居民对抗四周定居社会的一次大团结。联盟被一个单纯的想法鼓舞：上天赐给蒙古人以武力征服世界的大权。成吉思汗死后，征服战激发的巨大能量把大军带到易北河（1241年）与亚得里亚海（1258年）。1260年又远及非洲边缘。蒙古军灭南宋之战十分辛苦，因为步兵在稻田里无法施展，攻城时又必须使用一向不熟练的设备，战争至1276年才告一段落。

当时的南宋朝廷弥漫着绝望悲戚。1274年，太皇太后谢道清表示国家沦落至此乃是朝廷之过，天象本来已经现出警示征兆，朝廷却麻木不仁；洪灾是剧变的警讯，朝廷却不知反省；民间早已哀鸿遍野，朝廷却失察；三军在忍饥受冻，朝廷却未予安抚。[25]

最后一战是1275年的常州之役，当时正在常州的诗人尹廷高写道：

百万西来势莫撄，
孤危甘死战尘腥。
欲询往事无遗老，
日暮城头鬼火青。[26]

公元1276年，年幼的宋恭帝赵㬎在大臣逃遁四散、母后准备行装的时候，向元军送了降表：

宋国主臣㬎谨百拜奉表言：臣眇然幼冲，遭家多难，权奸似道背盟误国，至勤兴师问罪。臣非不能迁避，以求苟全，今天命有归，臣将焉往？谨奉太皇太后命，削去帝号，以两浙、福建、江东西、湖南、二广、两淮、四川见存州郡，悉上圣朝，为宗社生灵祈哀请命。伏望圣慈垂念，不忍臣三百余年宗社遽至陨绝，曲赐存全，则赵氏子孙，世世有赖，不敢弭忘。[27]

另一位诗人汪元量当时在南宋最后一个据点临安，投降协议就是在这里定案的。他写道：

殿上群臣默不言，
伯颜丞相趣降笺。
三宫共在珠帘下，
万骑虬须绕殿前。
（《湖州歌九十八首·其三》）[28]

这便是朝中当时的景象。人们的创痛从留传下来的文字记录可见一斑：自杀遗书以及为乱世杀戮造成妻离子散的哀哭，都是字字血泪。多年以后，在道观中司职的聂碧窗仍在追忆妻子："到底不知因色误，马前犹自买胭脂。"[29]

蒙古大军所到之处，人们莫不闻风丧胆。亚美尼亚的史料中就警告西方世界的人提防"反基督的先锋……他们相貌丑陋，没有悲悯心肠……把屠杀当作婚宴纵酒一般的乐事"。传闻不断涌入日耳曼、法兰西、勃艮第，甚至传到西班牙。这些地方的人从未听说过蒙古人，此时蒙古人却成了他们恐怖想象中的妖怪。有人说他们长得像猴子，像狗一般吠叫，吃生肉，喝马尿，没有法纪，残暴无情。[30]据可靠传说，成吉思汗曾说过："人生最大之乐，即在胜敌。逐敌，夺其所有，见其最亲之人以泪洗面，乘其马，纳其妻女也。"[31]蒙古军围城照例都以屠杀收场，在赫拉特城则是男女老少无一幸免的屠城。巴格达被攻陷后，末任的哈里发被蒙古军践踏而死，这是刻意的亵渎行为，借此表示对敌人的鄙夷。

蒙古人却不止于这一种形象。成吉思汗在大业发展中渐渐成为有远见的立法者、文化学问的赞助者、恒久帝国的擘画者。我们若要了解蒙古人的建设能力，就必须把关注焦点从他们表现毁坏力的战场挪开，看看他们在自己家里是什么样子。从如今草原游牧民族的帐篷和群体活动中，仍可看出他们当年的生活方式。我们也可以通过当年方济各会使节的记载重建生动的细节。这位修士于 1253 年被法国国王派来觐见成吉思汗的后人，目的是与蒙古人建立外交协议。他离开法国后于 5 月乘船渡了黑海，再乘篷车穿越大草原。

他写道："3 天后，我们看见了蒙古人，我实在觉得自己好像进入了另一个世界。”11 月，他走到了肯喀克，“又饿又渴，浑身冻僵，精疲力竭”。12 月间，他登上了令人生畏的阿尔泰山，“在可怕的险崖之中诵念信经，以驱离恶魔”。终于，他在 1254 年的圣枝主日（复活节前一个星期日）抵达蒙古帝国首都哈拉和林。那时的首都仍只有比营地略大的规模，如今则只剩下围墙遗迹。[32]

威廉·鲁不鲁乞修士一再说自己只是单纯的传教士，但他却接受了大使才有的礼遇，而且显示出情报专家的技能。他看出蒙古人随季节迁徙的生活是有科学根据的，而且其中有军事效率的盘算。他注意到：

> 他们把斯基泰——从多瑙河到太阳升起之处——瓜分了，每位指挥官因位阶不同而带领多寡不一的人群，他清楚自己放牧草场的界线，知道自己在春夏秋冬各季分别应到何处放牧。[33]

有用的情报信息一概逃不过威廉修士的眼睛。此外，他也具备修士对传教对象文化的典型关注。他的观察所见是以后几百年都无人能及的。走进现代的蒙古包，仍可看见威廉描述过的用物陈设、主从空间和生活模式。[34]

蒙古包的结构是用数十根木棍插在一个大圆箍上为顶，“大圆箍用木柱支起，包顶木棍一端粗一端细，细的一端朝上，会合于一个小圆箍，烟囱从小圆箍中央像颈项一般伸出”。支架结构外面覆盖着用白垩或骨粉涂成白色或染成黑色的毛毡，“在包顶装饰一圈各式精美图案”。蒙古包门上装饰着鸟禽、牲畜、树木、蔓藤的拼缀。

> 这种毡房有些大到直径 9 米。我有一次丈量的一辆篷车的轮辙宽达 6 米，蒙古包架在车上时，两边都突出到轮子以外 1.5 米有余。我数了一数，车共有 20 头牛拉着……车轴有船桅那么大，车上有一个车夫站在毡包的门口驾驭着牛。[35]

直至今日，蒙古包里的陈设情形还是一样。

> 他们卸下蒙古包后，门口必然朝向南……车子拉近，车身距蒙古包的两侧很短的距离，使蒙古包立于两列车中间，如同位于两面墙之间。[36]

一家之主的每位妻妾各有自己的蒙古包。主人的卧榻在包内的北端，面向门口。妇女的座席在东边，男子的座席在主人的右手边，与汉族的安排相反。代表祖先神灵的毡制图像“家堂神主”都挂在包壁上，男女主人头顶上方各有一位祖先神灵，中间还有一尊守护者的像。妇女与男子席位上分别有母牛与母马的乳房装饰。一家人会在主人当晚选定共寝妻妾的包内聚集饮酒，饮酒之前要祝奠天地。威廉在记述中说：“我若是能绘画，就会把这一切都画给读者看。”不过他的详尽描写已经弥补了无图的缺憾。[37]

威廉清楚地描绘出草原地形的特质——平坦得可以由一名妇人驾驭用绳索连起来的 30 辆车。“他们走到哪里都没有建立‘常存的城’，”他写道，“对于‘将来的城’——天上的新耶路撒冷——也一无所知。”

他也描写了反映草原生态的饮食习惯。蒙古人虽然畜养多种牲口，马却是他们的生态系统中最重要的一员，堪比北美大草原的人类生活离不开的美洲野牛。马乳是蒙古人的夏季食物。自然死亡或因年迈而被宰杀的马匹的内脏和肉，可制成冬季食用的肉干和香肠。“马后腿的皮可以制成很精致的鞋。”豪饮马奶酒具有庄严意义，因为可以伴随着不同的仪式：洒酒敬天地与家堂神主、音乐伴奏、酒量竞赛——败者会被拧耳朵而“痛得张开喉咙”，他人则鼓掌喝彩。[38]

威廉也生动地描写了大汗宫廷生活的例行座席，又详细记录了他与经常喝得醉醺醺的蒙哥汗的一次谈话。蒙哥汗虽然好说大话又自以为是，但也流露出那个时代的蒙古人之所以强大的一些特质：包容异己、入境随俗、尊重传统。如果威廉的理解无误，蒙哥汗说过：“我们蒙古人相信上帝只有一位，我们生与死都在他里面，我们也向他献出虔诚的心。”然后蒙哥汗张开手掌说：“可是，正如他给了手掌五根长短不一的指头，他也赐给人类不同的宗教。”[39]

在蒙古势力所维持的和平之下，草原生活方式没有改变。但是蒙古征服者面对其他文化时是很有弹性的，蒙哥汗的包容异己就是实证——忽必烈也对马可·波罗表达过差不多的意思。因此，蒙古人虽然在家乡维持着自己的传统，却愿意在家乡以外的地方有选择性地接受同化。例如在宋朝，蒙古人就采纳了被征服社会的做法。一位蒙古将领主张把 1 000 万汉人消灭，成吉思汗却下令拟定一套课税方法，向这些人征收 30 万两白银、8 万匹丝绸、40 万袋谷子。成吉思汗出征时用缀着黑牦牛尾的苏鲁锭战旗，他的后代改用遮阳的华盖。成吉思汗出行骑马，他的孙子要乘四头象拉的车。祖父住毡帐便很满意，忽必烈却在山东建了金碧辉煌的行乐宫。

有些汉人子民厌恶忽必烈的异族行径，包括用马奶酒祭天、大块吃肉，以及大量任用儒生精英阶级以外的人为官，而且很多官员根本是外国人。马可·波罗说：

> 汉人都厌恶大汗的统治，因为他把草原人的地位定在汉人之上，那些草原人大多是穆斯林，汉人无法忍受，因为这使他们觉得自己和奴隶差不多。此外，大汗统治中原是凭武力得天下，名不正言不顺。因此大汗不信赖汉人，把治国大任交给草原人、阿拉伯人、基督徒，这些人隶属王室家族，效忠他本人，他们都不是汉人。

忽必烈的确依旧是蒙古大汗，但是他也很明确地做着汉人的皇帝，主持应举行的仪式，穿着汉服，学习汉语，赞助文艺，维护传统，促进汉族子民的福祉。马可·波罗在他宫廷中的职位有点像《天方夜谭》中那位给国王说故事的山鲁佐德，把蒙古帝国各个偏远角落的奇闻逸事收集起来。他所见的忽必烈是“人类有史以来对人民、领土、财富统治力最强的人”。[40]

蒙古人征服全世界的大业，因为遭遇抵抗，也因为世界太大，触达了极限。1241 年，蒙古大军因为一场王位继承危机而折返，使西方基督教世界躲过一劫。1260 年，蒙古军因为遭到罕有的败绩而未能攻入非洲，对方是埃及国王的奴隶军队。这位国王精力过人，曾夸口会在有公文急件时从澡盆跳出来光着身子处理，再于 4 天内将回信从开罗送至大马士革。[41] 忽必烈征伐中国以南和以东的战事，都只有短暂的胜绩。例如爪哇，只是令一名当地王爷取代另一位王爷，并没有带给中国长久的利益。占婆和安南虽然得向中国纳贡，但是还不足以抵消征战的成本。远征每一个地方都因为距离、敌人与气候难测使原本的战绩化为乌有。爪哇本来可能成为世界上第一个远程海权帝国的第一个殖民地，季风却将元军挡在了门外。忽必烈的海军进攻日本时，被“神风”——使背风岸变成死亡陷阱的大台风——逐退了。[42] 西欧则是因为太遥远又欠缺吸引力而幸免于难。1296 年，蒙古军“像肆虐的暴风雨一般”[43] 试图入侵印度，逃难的人群涌入各个城市，蒙古人却在多次失败后撤退了。

历史上的征服者常后继无力，游牧民族战士会受被征服者逸乐生活的诱惑。蒙古人也被战争的成果驯化了。治理帝国的责任，以及与定居文化的接触，将他们文明化了。蒙古人制造的恐怖一旦达到极限并转为和平，蒙古帝国就爱上了艺术与和平。威廉·鲁不鲁乞如此描述哈拉和林宫殿的喷泉：有一个吹着号角的天使在一株银树的顶上，一条镀金的蛇盘绕住他，银质的狮子守卫着他；马奶从狮口冒出，银树的枝子喷出多种烈酒，是用大米、乳类、蜂蜜酿制的，供大汗饮宴之中使用。建造这新奇装置的那位巴黎建筑大师当时仍住在哈拉和林。[44] 这是蒙古人打通草原大道，使东西方相互影响的典型例子。

蒙古大路：文明的通道

蒙古人一旦明白道路可以带来文明的益处，就变成了维持道路畅通安稳的警察。例如，天主教教廷派来的使节若望·柏郎嘉宾，拜蒙古驿马队所赐，在1246年用106天的时间就走完了4 800千米的行程。我们也许很难想象那时道路上的例行工作，但这却是人类历史上关键的一环。如果没有蒙古人统御下的和平，我们很难想象西方历史会是怎样发展的：因为中国的思想和技术正是从这些通道传往西方，拓展了欧洲人的眼界。蒙古大路在历史上的重大影响并不仅限于蒙古帝国的边疆，而是远及这些通道所及之处。

独一无二的大探险家拉班·扫马便循着这些大路，从忽必烈的元大都来到了巴黎。

他走的不是中亚草原的路，而是蒙古人管理治安的南行之路，必须经过波斯。因为他是我们所知的唯一目睹过中世纪欧洲的中国人，我们忍不住要跟他一起走一遍这趟行程。他会往南走是出于启发他此行的动机。他是修道院派出的景教信徒，想要看看耶路撒冷，并且造访景教信徒的社群，也打算靠信徒们的布施提供他一路所需用度。因此，他必须走沿途有许多景教修道院的丝绸之路。他留下来的日记是经过后人多次编校的版本，其中到达伊儿汗国之前的记载里都是读者没听说过的地方。到了伊儿汗国之后，他在马拉盖见到了景教大牧首登哈。当时的马拉盖是蒙古帝国西境的知识重镇，城中的图书馆共有40万册书，新建的观象台是著名的科学技术中心，也是学者们聚会的地方。这里正是东方智慧西传之路上的理想小站。登哈刚开始预言拉班·扫马可以完成耶路撒冷之行，随后便尽可能阻止他再走下去。他先任命拉班·扫马代表他加入伊儿汗的随员队伍，之后又用拔擢晋升的机会引诱拉班·扫马——这是必须返回中国才能得到的机会。

后来登哈死了，拉班·扫马非但未能就此脱身，反而因此更加深陷波斯政治，因为与他结伴旅行的好友被推举继任了牧首的职位，成为后人所知的雅巴拉哈。拉班·扫马衷心希望能完成耶路撒冷朝圣，如果达不成这个愿望，就宁愿退隐修道院。但是两个希望都落空了。1286年，大约已是他离开中国10年以后了，伊儿汗又选中他代表其出使西方基督教各国，目的是与各国商议结盟，以抵抗共同的敌人：埃及的马穆鲁克（军人阶级）统治者。

他在前往罗马的途中看见了埃特纳火山爆发，目睹了安茹王朝与阿拉贡王朝的一次战役。到了罗马后，他又获得一项殊荣：被正在推选教皇的秘密会议接见。可是，未选出新教皇期间根本不能执行公务，他便决定踏上旅程前往巴黎。最近的许多次十字军出征都是从巴黎发起的。他在这里的记述也第一次透露他对于外交职责和信仰以外事物的关注。他在巴黎看到蓬勃的知识活动，这令他想起马拉盖的情形，这里有数学、天文、医药、哲学领域的学院，也有神学院。折返波斯之前，他为英格兰国王施行了圣餐礼，又在1288年圣枝主日接受了新任教皇尼古拉四世给的圣餐。圣周四这天的弥撒中，信众齐声道“阿门”时，他觉得脚下的地都震动了。不过，他携带回的长篇大论的信函里并没有与蒙古结盟的承诺，内容不过是劝伊儿汗受洗归主、劝景教徒改过自新、告诫伊儿汗宫廷中的天主教徒信心要坚贞。[45]

拉班·扫马的出使任务证实欧亚大陆实在太大了，蒙古帝国维持的和平虽然贯穿了通路，却还不能弥合文化的鸿沟。拉班·扫马与他的口译员共通的语言只有波斯语，从他记述的天主教行事细节与西方政治状态可以明显看出他把翻译的意思搞错了，可想而知他们之间还有更多的翻译误解。例如，他把外交上的迟疑表达误认为是充分赞同，把基督徒的团契关系误认为是教义上的一致。即便如此，在马可·波罗与其他西方人都是由西往东行的同时，他能完成西行之旅，证明“蒙古和平”维持欧亚道路畅通的效力不凡。拉班·扫马的日记虽然残缺不全，却仍是当时欧亚大陆两端可以互通的最鲜明证据。我们很难不下这样的结论：西方文明当时的革命性经历，包括技术进步、艺术创新、因新科学而调整的世界观，都可以部分归因于蒙古人开创或维持通路所带来的影响。

后来，蒙古人自己把城市生活惯有的文明传入了草原。在16世纪中叶，呼和浩特——蒙语意指“青色之城”——成为固定首府。建立这座城的俺答汗仍然保留了祖传的一些习俗，例如痛风发作时将两脚踩在劈开的人体里。但是他也在城外的山上建起一座座佛寺，派人到北京城去请回佛经，命令人将译成蒙文的佛经刻在磨光的苹果木上。[46]

然而，文明史中的草原并不是摇篮，而是催化剂。蒙古统御下的和平局面与欧亚大陆往来交通最密集的时期是同时发生的，欧洲的传统因此改道而行，或至少是在它可能已采取的方向上进行得更为平稳。中国人发明的纸原本已经由阿拉伯人传到了西方，据说制纸的秘诀是公元751年在宁远国的怛罗斯一役中，由被掳的中国工匠泄露给撒马尔罕的实业家的（见第十章）。欧洲人却迟至13世纪晚期才采用，把它视为我们如今所谓的信息科技的一大突破。火药和鼓风炉等造成了技术彻底革新的资源，也是在蒙古帝国时代传入欧洲的。西方的科学发展很像中国历史悠久的考证学：侧重经验，以感知的真实性为依据，要求先观察自然，而后才着手驾驭自然。[47]

令拉班·扫马称赞不已的巴黎大学里，师生们养成了用真正科学的方法理解宇宙构造的态度。其成果就是由13世纪的巴黎百科全书派发扬光大的综合治学方法，代表人物是那个时代最伟大的（也是任何时代首屈一指的）智者——阿奎那。他的视野无所不包，他的作品内容精确地分门别类，广纳一切得自经验与阅读的知识。在离巴黎不远的沙特尔大教堂玻璃窗上可以看到类似这样的景象，整个宇宙在其中以缩略图呈现：一个可以度量的宇宙，由一位法国艺术家绘制在宛如几何学家的耶稣手持的圆规中间，就像用镊子夹起绒球一样。[48]

13世纪40年代在巴黎担任教授的罗杰·培根认为，用科学方法观察可以确认《圣经》的内容，医学实验可以增加知识，用科学可以威吓不信上帝的人，使他们归主。他是位作风独特的人，因为努力钻研异教徒和穆斯林所写的书籍而被同时代的人猜疑，而他的光学研究则反映了那个时代的人相信可被观察的事物自有其真实性。他将自己塑造成一个凭经验学习的资深放鹰猎人，这使当时最不安分的一位实验家着迷。这位实验家就是神圣罗马帝国皇帝腓特烈二世，因为厌恶常规而有“惊世骇俗者”的称号。腓特烈是放鹰狩猎专家，因自己在这方面知道得比亚里士多德还多而十分自豪。据说他曾令人将两名男子开膛破肚，借此观察睡眠与运动对于消化有何影响。他将儿童放在无声的环境里养大，“以便证实他们是否能说初始的语言——希伯来语、希腊语或阿拉伯语，或至少是他们父母的语言。但是实验白忙一场，因为这些儿童都死了”。[49]

从某个角度来看，西方绘画当时逐渐偏好写实，乃是对于感官的一种礼赞：画家照自己看见的画，等于把以往人们认为不配入画的题材地位提高了。13 世纪初叶开始出现的玫瑰经祈祷，鼓励信徒用日常生活的场景想象神圣的奥秘，就好像亲眼看见奥秘一样。于是这个时代的科学与宗教便借着美术彼此联结了。方济各会修士们委托艺术家作画的教堂，把观看者带进了神圣空间，如同亲眼看见基督与圣徒们的生平事迹。教堂里的画作以前所未有的写实风格挑动着虔诚信徒的情感，他们也像当时新兴的科学思想家一样看得目不转睛。那些画以爱包含着整个大自然：有被圣方济各当作宣道对象的乌鸦，有被他称为兄弟姐妹的动物、风景、太阳和月亮。

这些实验法与想象法，都不能使西方的科学与中国并驾齐驱。在始于公元前第一个千年的中国科学传统中，观察与实验的方法一直持续存在。[50] 道家的寺院只有一个名称——观，意指观察自然世界并解释自然现象的地方。按儒家的观点，道士离不开怪力乱神。但是道家也认为，自然对于试图驾驭它的人而言就像普通牲畜一样可以驯化，像敌人一样可以被主宰，但是必须先认识理解自然。在这个意义上，道家超越了怪力乱神，并主张观察、实验、分类的科学方法。[51] 腓特烈二世的怪异行径在中国已有先例，传说商纣王曾经把大臣比干的心挖出来看，为的是求证圣人心有七窍之说。他看见农人在冰冷的水中走动，便下令将这些人的腿骨劈开，以便检验低温对骨髓有什么影响。[52] 西方社会当作新奇之物的纸、火药、罗盘，都是中国的古老发明。改变世界面貌的那些关键科技，大多数是中国先有，西方后来跟进，中西差距小则 1 个世纪，大则 13 个世纪。公元 13 世纪是中国科技西传的起点。而蒙古统治下的和平乃是促成科技西传不可或缺的条件。[53]

为什么其他的大草原没有发挥类似的影响？为什么北美大草原和南美大草原上的文化互动在19世纪以前只有很小的影响力？为什么欧亚大陆平原两端的文明互惠没有在非洲的萨赫勒地区发生？就美洲而言，发展受限于两个条件：一是起步太晚，再者就是草原为北南走向，若发生文化的南北传递就必须越过重重巨大的气候障碍。北南文化交流间或发生过（下章会谈到），但是规模小，影响不长远。至于非洲，前文说过，萨赫勒的政治历史从未嘉惠过长途的文化传输。西边的每一个扩张的帝国势力都遭遇博尔努人的阻挡，或是面临从沙漠来的侵略者的挑战，所以没有一个族群能够有蒙古人在欧亚大陆、苏族印第安人在北美草原那样举足轻重的分量。吊诡的是，非洲稀树草原要比欧亚大草原和北美草原富裕得太多了，不利于宏伟帝国的构建：这里孕育的当地文化，占据一小块领土就能很满足。有帝国主义野心的政府会沿着从北往南跨过全区的贸易路径而扩张，以统一沙漠边缘与森林边缘为目的。也就是说，萨赫勒地区之内，从东到西的扩张相对不那么有利可图。总之，这里虽然始终没有成为不同文明之间的高效沟通大路，却产生了更可观的影响：按文明生活的惯常标准来看，本土文明比世界上任何同等环境所产生的文明都更精彩、更值得称道。

第三卷

在雨中

热带低地与后冰河期森林的文明

UNDER THE RAIN

Civilization in Tropical Lowlands and Postglacial Forests

III

鸟儿们建造——我却不建造；不，但是拼搏，

时光的阉人，生不出一部唤醒人的作品。

我的生命之主啊，为我的根赐下雨水吧。

——

杰勒德·曼利·霍普金斯（Gerard Manley Hopkins），

《主，您实在是公义的》（“Thou Art Indeed Just, Lord”）

……俄国塔尔图附近的一个村子里，每逢需要雨的时候，照例会由三名男子爬上一处神圣树林里的枞树。其中一人以一支槌子连连击打一口锅或小匣子，模仿雷声；第二人以两根燃烧的木头互击，使火花迸出以模仿闪电；第三人被称为“造雨者”，他用一把细木沾着皿中的水四下洒着。普洛斯卡村的妇女和儿童为了中止干旱使雨降下，惯常于夜晚赤裸着走到村子的边界，在那儿把水洒在地上。在新几内亚以西的大岛哈马黑拉岛（又名济罗罗岛），巫师造雨时会用一种特定树木的枝子浸入水中，再把枝子沾上的水滴洒在地上。在塞兰岛，只需将某一种树的树皮奉给神灵，把它放在水中便足矣……

——

弗雷泽（J. Frazer），《金枝》（*The Golden Bough*）

为什么我仍未到我们的树林中，

远离这些险恶的河岸！

是你们，残酷的人，你们与你们的律法，

是你们才该被称为野蛮人。

——《休伦人：喜剧》（*Le Huron: Comédie*）

第五章

原始林

后冰河期的温带林区

如今只有地上的凹坑留下这些居所的旧址记录，有埋在土里的地窖石头，还有草莓、覆盆子、悬钩子、榛木丛、漆树在阳光充足的草地上生长着；一些油松或有节瘤的橡树占据了以前安置烟囱的角落，一株气味香甜的黑桦摇曳的地方也许是原来门槛石的位置。有时候井坑是看得见的，那儿曾有泉水涌出，而现在却只有干枯无泪的草；或许它只是被深深覆盖……直到很久以后才被发现……是这一族的最后一个人离去时，用一块扁平的石头埋藏在草皮底下的。

——

梭罗（Henry David Thoreau），

《瓦尔登湖》（*Walden or Life in the Woods*）

谁知道人们会不会以某种事业或利益之名砍掉这片森林，不过，不论他们用什么法律，不论他们是谁，我都会向这些野蛮人大吼：“我不准你们这样做……这是国君、主教、王子、农民的森林……它既不属于你也不属于我。它只属于上帝。”

——

斯特凡·热罗姆斯基（Stefan Zeromski），

《约德沃瓦森林》（*Puszcza Jodłowa*）

恐惧树木：学习清除森林

1098年，莫莱斯姆的罗贝尔和同伴们带着里昂大主教的授权函，回到自己的修道院招募一项新的冒险行动所需的人力。

> 他们召集了21名先锋，热切地出发前往一处叫作西多的荒野，位于沙隆教区之内，是几乎无人涉足、只有野兽生活的地方，那时候还覆盖着浓密的林地和荆棘丛。这些笃信上帝的人来时就明白，这地方越是世俗人不喜欢、不想来的，就越适合他们。他们砍倒又清除了生长得密密麻麻的灌木和树丛之后，便建起一座修道院。[1]

这是对未被充分开发的边疆的一次殖民活动。也是一种"再征服"，把多神异教信仰的部分领土收回来。森林是魔鬼伺伏的地方，还有精灵和小妖怪、树精和捣蛋鬼，以及头上长枝叶的人，魔鬼也会化成他们的身形。森林里有藏在橡树里的巨人，有邪力附在树上：一棵棵的树会自己走来走去，用藏在节瘤里的隐形眼睛窥伺，用扭曲的枝条把人困住。森林里处处是未用驱邪仪式消灭的恐怖：远古世界的栖居者们在未开化的先人视为神圣的树丛阴暗处出没，在根茎枝叶之间掠过。查尔斯·金斯利曾经讲到中世纪时期居住在中欧森林区以西的人如何看待森林，说得十分真切：

> 那是黑夜与奇事之地……多的是麋鹿与野牛、熊与狼、猞猁与饕餮，也许还有更可怕的野兽……因为那里有迷途的野蛮人和流浪儿，比文明世界的任何迷途者和流浪儿都丑恶……人们被迷惑，变成野兽、疯子、巨人、食人怪、狼人、强盗、歹徒一般，其中许多可能彻底沦为了凶残的暴徒；他们赤身露体，生活在洞穴和树丛里，只受自己的激情与欲望支配，不知何谓规矩；他们以人肉为食物；妇女、儿童或无武装的男子若是落入他们的掌爪，下场将很悲惨。[2]

古时的森林沾满了异教的膻腥意味。哪怕是比较普通的林中空地，在人们的传说中也留有山林仙女与森林之神的踪影。地上的腐叶土壤里印着他们的身影和脚步。树脂气味的森林被男仙女仙淫乐过后的残余物黏附。像弥尔顿这样的清教徒，也能把巫师和怪物对女神赫卡忒做出可憎仪式的情景想象得头头是道。异教树丛长出的神树和神木，被基督教传道者砍了拿来建教堂，造十字架。图尔的圣马丁砍树时，旁观者挑衅他敢不敢站在树倒下去的位置，结果他划了一个十字，便使树往别的方向倒下。圣卜尼法斯沉着地取用了盖斯马尔地区的神橡木作为建材盖礼拜堂，因而使更多人追随他的信仰。查理曼在公元 772 年把伊尔明苏尔一地的“世界之树”夷平，为他的撒克森战争增添了神圣意味。[3] 12、13 世纪的埃塞俄比亚修道院领袖圣塔克拉·海马诺特曾大肆耗用“魔鬼的树林”（见第十章）。埃塞俄比亚的另一位圣徒，12 世纪的君王叶姆里哈纳·克列斯托斯，在砍树木为建材的时候遭到撒旦的责骂：

> “你为何使我离开了我的岩石？——我在那居处因有如此多人的崇拜而倍感欣慰。”……于是叶姆里哈纳砍倒了所有的树木与灌木丛，全部付之一炬。[4]

基督教最广为人们接受的象征，就是一棵树被连根拔除或砍倒，改造变形，再钉上钉子。

基督教在中世纪时期的好同伴是骑士精神，这套思想也反感森林。凭想象产生的“林中野人”，是无数艺术作品之中与骑士为敌的角色，会向文明而节制的骑士凶猛挑战，“生吃肉与鱼”，[5]企图霸占土地与女人。每个实行滥伐的文明都有类似的森林邪魔。古代苏美尔神话之中由野兽养大的野人恩奇都追随国王吉尔伽美什，并且怂恿吉尔伽美什去与一个更野蛮的食人魔交战，争夺黎巴嫩的森林。[6]全身长毛的森林野人，是中国恐怖神怪故事中常见的角色。红毛猩猩的马来语原名就是“森林人”。周达观在《真腊风土记》里讲到吴哥窟有兽类般野蛮可怕的森林人（见第六章）。西班牙阿尔罕布拉宫的觐见室里画了野人的形象。多数文明的边缘地带都有不听驾驭的森林人，他们是野蛮人可怕行为的代表。

基督教世界在中世纪时期普遍在驯化森林居民方面卓有成效，在艺术家的想象中，野人甚至可以文明化。许多武士的盾形纹章都用他们装饰，西班牙巴亚多利德的一所道明会学院还用他们当门卫。巴伐利亚的一幅 15 世纪画作中，一名贵妇在教野人下棋。[7]比利时的班什城堡大厅有一幅1549年画的芭蕾舞剧场景，穿着蓬乱绿衣的野人们与蛇发女妖作战，之后又乖乖地被衣裳华丽的仕女牵走了。[8]即便是中世纪文学作品中最凶狠的野人，也可以文明得出人意料。他就是14世纪英国叙事诗《高文爵士与绿衣骑士》之中的反派人物。高文为了按约定去与他会面，必须穿过森林，克服有“极其巨大的古老橡树”的“惊人荒野”。一路上，高文遭遇了虫蛇与狼群、熊与野猪、野人与叫作“恩坦”的树状巨人。他在光秃的石头上睡觉时“差点被雨雪冻死”，鸟儿在叶子落尽的树上冻得“哀声呼痛”。在林中称王的猎人们欢迎他来教导“比力气的诀窍”——这是有礼的行为——以及“无法传授的高尚言谈”。这些在大自然中成长的人们觉得高文是“一位优秀的教养师尊”。与他作对的绿衣骑士却是森林的颜色，头发像野草，体格壮实如一棵树。据说他是“世上最恶劣的荒地”之主，“一挥拳便可取人性命”，而且“遵照魔鬼的嘱咐敬拜”。然而，高文见了他以后，觉得他像高贵野蛮人的前身，是个恪守约定的人，能教授圆桌骑士品德。[9]

既然野人与有农田有城市的世界接触后可以被驯化，文明人也可能归化森林生活了。中世纪时期的欧洲人相信，猎人与毗邻的野人一样“流着黑血”。猎人被吸入森林，受诱惑而染上掠食者的习惯，不得不模仿野兽的捕猎方法——留心猎物的气味、默默地追踪、凶狠地肉搏，他们也会变得“狂怒”。猎人确实要冒着感染狂犬病的风险，野兽啃咬或溅血似乎能使人暴发兽性，因而证明“黑血”之说不假。[10]森林不但是没有文明的地方，而且是文明之敌。

基督教世界边缘上的森林面积随着福音传播而缩小。热带环境里也一样，伊斯兰教边疆上的森林缩小了（先一步在这里砍伐森林的希腊化文明，已经掠夺了木材、树脂、柴薪，伊斯兰文明可对付的温带森林没剩下多少）：以东孟加拉国为例，穆斯林从 13—18 世纪在丛林中陆续建起清真寺，移居者纷纷往这些地方集中，之后清除森林的行动才向外扩散至全境。[11] 与建筑清真寺的穆斯林不同，中国人更为看重纯粹世俗之事，于是北方与热带区的森林至今大多仍未遭到砍伐，而温带区的绿色森林却成了农业扩散之下最早遭殃的地方之一。《诗经》中就已经讲到樵夫们高高兴兴挥斧的情景，这与荷马描写伐木人的铁刃声在森林中回荡异曲同工。[12]

人们却没有因为这种天然资源那么容易消失而觉醒。中国很早以前就有理性管理森林的政策。山水画也把森林理想化了。但是，只要森林维持着原始状态，它在中国人心中引起的反感就不亚于欧洲人对森林的反感。8 世纪的大诗人李白声称走过中国西南的未开化之地，看过蜀道的惊险，说那是“磨牙吮血”者和胡人主宰的地方。他说：

蜀道之难，难于上青天，
使人听此凋朱颜。

后来欧阳修写了《太白戏圣俞》讽刺李白好酒贪杯，是在酒醉后的想象里体验了蜀道的森林世界：

蜀道之难难于上青天，
李白落笔生云烟。
千奇万险不可攀，
却视蜀道犹平川。

宫娃扶来白已醉，

醉里诗成醒不记。[13]

古木参天的森林的确存在，人也不必走到离京城那么远的四川去体验。大约千年以后，工人为了建造北京皇宫而伐木的时候发现：

深山穷谷之中，人迹不到，有洪荒时树木，但荒秽险绝，毒蛇鸷兽，出入山中，蜘蛛大如车轮，垂丝如幻緪，罥虎豹食之。[14]

基督教世界对森林的恐惧，终于逐渐被文学、经验、伐木人的斧头化解；中世纪圣徒们的生平事迹、有关狩猎的记述，成为人们征服森林的证据；18 世纪末与 19 世纪初的人类学者踩着森林中的小路，走到传说中的黑森林魔王与格林童话中的“糖果屋”所在地，也把这些民间故事收集成册。这些都属于破解神秘的过程，与之并行的便是滥伐：启蒙思想在荆棘树丛中杀出一条路。真正全面解开森林的谜团，却要等到 19 世纪晚期的詹姆斯 · 弗雷泽。

弗雷泽走向荒野，是出于对高度文明化的追求：他要为经典课程的标准文本做注释，要讲解维吉尔史诗中的埃涅阿斯为证明自己的国王资格而采“金枝”的故事。在维吉尔的古罗马时代，地中海欧洲地区原有林地大部分已被砍完，有点像刮过胡子只剩胡楂的下巴。距此 300 年前，柏拉图曾经哀叹阿提卡地区的森林“现在只剩下蜜蜂的粮食……而之前砍倒的树，如今仍完好地在大宅院的屋顶下充当横梁”。[15] 为亚里士多德写传记的泰奥弗拉斯托斯在公元前 200 多年的时候就认为，希腊的降雨量已经受到滥伐森林的不良影响。[16]但是仍有部分残余的森林幸存下来，弗雷泽找到了他眼里真正的上古山毛榉与橡木树丛，是“很久以前的意大利曾有的景象”[17]，留在一座已休眠火山的斜坡上，在罗马市内就看得见，除了有人投来欣赏的目光，不曾受过打扰。

内米湖仍像古代那样遮蔽在树荫底下，树林中的野花在春天怒放，与 2 000 年前并无二致，湖位于古老火山口的极深处，以至于清澈平静的湖面几乎不会被风吹起涟漪。湖面四周盖满了茂密的植被，一路铺到水边。只有北侧例外，有一条长而平坦的路，隔在湖与山脚中间。这便是悲剧发生的地点。[18]

就是在这里，狩猎女神狄安娜神庙的每一任监守者必须将前一任杀死，才能够顶替“树林之王”的头衔。弗雷泽围绕这个主题做了一番细琐的人类学考证。按他的解读，仪式之前要先从某种树折下一根树枝，算是牺牲一位神祇，或是牺牲一位神界之王，或是以人替代应当被杀的神。他积极鼓吹他所谓的这种基于科学方法的人类学研究，但他穷追自己这种见解的动机却是含糊的。他认为：“我们可能会发现，将我们对上帝与野蛮人的观念串在一起的链条是同一个，而且没有断裂。”[19]他写了 25 年之久的《金枝》共有 12 册。有那么一阵子，学术研究困在弗雷泽的钳制中无法自拔。虽然后来研究风潮转向别处——学院传统是一条“忘川”，把巨人与过去一同埋葬——他的一些话题仍是人类学家抓着不放的。

《金枝》的主题，尤其是专讲森林圣地的那些章节的主题，是从我们对于风景深藏着的记忆而来，就我们每个人所知，风景从来都是存在的。树木虽然不死，却会改变。树木会显露岩石与山川不会有的生命和经历危险的痕迹。树木必须更新生命，但是会在随着季节死亡又复苏的时候，或是用腐殖质给土地施肥的时候，表现出一种应许人类永生的生命周期。

弗雷泽搜集了非常多有关禁止砍树的实例。比如易洛魁印第安人，要造独木舟的时候宁愿使用自然倒下的大树，也不赞成侵犯“巨人”的生存权。加里曼丹的达雅克人不砍老树，并且会以血涂抹被风刮落的老树果实，以安抚老树的灵魂。闽南一带的樵夫不砍榕树，恐怕砍了会招致老榕的报复。东非的瓦尼卡人认为，砍一棵树的罪孽与弑母一样严重。从巴伐利亚到菲律宾，从埃塞俄比亚到多哥，各地的樵夫都会在砍树之前先求树的宽宥。[20] 厄律西克同因为砍了谷物女神的一株橡树，被树神们施加了平复不了的饥饿感。[21] 宋朝洪迈的随笔中记述一家人本来打算卖掉祖坟地上的树木，却有一群白胡子老头托梦警告：“我们在这些树中住了 380 年，将来是要做棺材用的……你们岂可随时想砍我们就砍？”于是这家人打消了原意。[22]

因此可想而知，在森林生活的人是不愿滥伐的。外来的征服，或是内在的文化变迁，才会发生滥伐森林的事，例如西多会修士因为对绿色森林有偏见而采取行动。只有在这种时候，对树的恐惧才超过了对砍树的恐惧。对森林以外的人而言，森林具有压迫力。阳光早被树叶吸收，根本不会降临到人的头上。树的节瘤就像捏紧拳头时突起的指节。西方的政治想象中，森林是模棱两可的环境：自由之树每抽出一根新芽都有可能长成专制的巨枝，每棵五朔节花柱也可以当作行绞刑的吊人树。中世纪的绿色森林里有皇家狩猎园，也是绿林好汉藏身的地方。诗人布莱克认为栎树是暴虐之树，[23] 而多数英国人眼中的栎树却是古代平等主义的守护者。在英美传统中，托利党要用“保皇栎枝”制衡辉格党和爱国者的“宪法栎枝”。小说家库珀所钟爱并视为质朴德行卫士的森林，与纳粹头子戈林崇拜的森林在同一个纬度上。19 世纪波兰的自由斗士眼中，森林是自由两面性的象征：当他们被人多势众的俄国人打败后，会在森林中藏匿；但冬季食物不足时，困在森林里则如同坐监牢。[24]

从城市和田野来的人走进森林时，会觉得堕入险恶：这种环境会隐藏你的天敌并使你迷失、挨饿，所以你会想用火和斧头与它对抗。后冰河期的北半球，曾有很大一片在滥伐之前面积大得根本找不到边际的森林。逃出这种森林的唯一方法就是把它砍光。森林代表原始的自然，也挑动文明的本能。描写森林的人会毫不犹豫地套用建筑意象，可见树林对建筑者也是一种诱惑。古式殿堂的柱廊就是在模仿整列的树干，拱门则是模仿枝条，树枝是椽木和支柱的灵感来源，门廊就是神圣不可侵犯的树丛。[25] 按古罗马的维特鲁威的解释，建筑的起源是生长于森林的“如野兽般的人们”试图再造被火毁掉的环境，用剩余的树枝和分岔的支撑物围成墙。[26] 18 世纪哥特式建筑复兴运动中，混合哥特风来自自然的灵感不亚于对中世纪美学的仰慕。[27] 从那时候起，建筑师如果想使建筑物呈现有机结构，往往会回过头来模仿树木。我脑中浮现出高迪作品的景象：科洛尼亚桂尔教堂的内部装潢，支柱都像巨大的树干；米拉之家的怪诞外观，像一棵从湿地里长出来的庞大红树，挂着水滴，用原始生命力撑着。[28] 自然界的鸟儿和河狸利用树木筑巢，河狸还会将整棵树截断，清出一块空地，成为从事农耕者效法的模范，森林居民从中得到启发而改造自己的居所。

此外，多数温带森林砍伐后留下的空地里的土壤十分适于耕种。历史上的常规是（例外也很多），人们因为森林地的土壤适合农耕而清除森林。森林生长在冰河融化以后的北半球地区。在此地过去曾覆盖着冰的山脊上，形成了一条深色的广阔地带。广阔地带里面和周围，只要温度达到大约10摄氏度以上的时间长度足够树木生长，这里就会长出浓密的大树。阔叶树木通常可供给人类近乎完整的栖居地，而只要供水条件恰当，这种树木就可以在年降雨量超出400毫米的地方形成森林。

过了这个门槛，因为树木的种类、不同树种的组合、土壤的形态、温度的高低差异而有各种不同的情况。美国西北岸和新西兰北岛西海岸一些零星的温带雨林区，每年雨量都超过最低需求量的两倍以上，这种地方食物丰裕，所以不需要特意管理环境，但别处的森林却几乎不够维持人们存活。温带森林的边缘连接着针叶林区，针叶林再过去便是冻原。热带森林情形亦然，过了边缘便是稀树草原。灌木丛林地越来越稀疏之后便进入沙漠区，或是变成湿地。多数人会在这些环境中来回，寻觅其中的微环境。我们将会谈到，森林居民尝试过的一些最大胆最有前途的文明作为，都发生在不同环境相互衔接的边缘上。

在这种环境中进行的改造，从小规模的烧垦到砍光整座森林，各种程度都有。令人费解的是，为什么有些森林地为了建造大城市而被夷平后，具备文明的所有必要条件，而有些森林地虽然拥有同样适于建立大城市的环境，却只住着马马虎虎改造一下环境的人们，甚至仍是喜欢森林的人们的家。这个问题多少都与新旧大陆的差异有关。新大陆的森林居民发展得晚，建设的也是比较不过度的文明。

旧大陆的温带森林却在文明者的斧头所到之处快速消失。

这个问题的“解答”是，美洲大陆普遍有某些缺陷，所以西半球一直是落后野蛮的，后来欧洲人来了才有所改进。18 世纪盛行把新大陆当作乌托邦世界，这主要归功于帝国主义者与殖民文学。法国博物学家布丰对此很不耐烦，他于 1747 年勾勒出另一幅美洲图景——气候恶劣、野兽矮小、植物发育不良、人种退化的反乌托邦。还有后继者持续这个看法，最有力的人士之一就是荷兰的德波。他认为西半球会把任何胆敢前往的蠢人残害到无可挽回的地步。他写的一篇论美洲的文章，被收进启蒙时代的圣经——狄德罗《百科全书》的附录之中。这一派观点引来了追随者，挑起了争议，也诱发了以高尚野蛮人概念为题的科学探讨。但拓荒的精神却依旧勇往直前。杰斐逊在出席巴黎的一次晚宴时提出了有力的反驳。他说，在场的美洲人都比法国主人们个头高大，美洲的本土物种有很多不但和欧洲的不相上下，还比欧洲品种更大。[29] 文明层面的辩驳会放在本书下面几章的架构里来看：在温带森林地以外的特定环境中，例如热带森林和某些高地，美洲的本土文明其实不输给旧大陆任何地方的文明。事实是，德波刚提出美洲自然条件较低劣的理论不久，考古学家就开始在墨西哥城主广场 [30] 以及玛雅城市帕伦克 [31] 的石头底下挖出古老美洲文明的精彩证据。

大家也不要以为欧洲人到来以前，美洲推行文明化的历程被他们自己的生态情感遏止了。有一种时髦的浪漫神话，将早期美洲的一切与一种生态的政治正确画上等号，认定原住民是“与大自然合而为一的”。世界上所有地方的人都在运用各种不同的办法应对环境构成的局限，没有哪一种人是本性就比他人品德高尚、比他人纯真无邪、比他人欠缺理性的。每一个地方的人都必须或多或少管理、利用、掠夺其他的物种。人们响应环境的方式，从毫不留情地改造环境以配合人类的需求，到想尽办法适应环境的要求，两个极端的差异不过是一条量尺上渐变不断的梯度。我希望能证明，西半球的历史也一样突显着两种极端的实例：有些人群对待自己所属生态系统的其他成员，其态度是默默配合与谨慎自制；有些人群的态度则是对自己推行文明的冲动坚持不懈——施展按自己的设计重造周遭世界的雄心。欧洲移民到来以前，美洲温带森林地的小规模利用不能硬生生套入单一的理论，这必须凭逐渐累积的证据，按比较的观点来谈。

北美洲林地的早期文明

属于考古人类学家正统理论之一的“文化传播论”，一向把北美洲森林地的人群归在文化依附性的地位，认为只有在适合的作物和技术从别的地方传入后，他们才能够使环境适应农耕需求。其实，农业也与多数的好点子一样，可能是分别由不同地方的人自己想出来的。新大陆北部的农业，最初的基础作物是本地原生的，培植这些作物的方法也是在原地发展的。[32] 俗名“耶路撒冷洋蓟”的菊芋最早在公元前第三个千年即在北美原生地种植（或被人类“管理”）。其他多种不同的向日葵和菊科灌木能结含油丰富的子，藜科植物、蓼属植物、五月草的收成物可以磨成面粉。[33] 葫芦科和南瓜属也都是北美森林区原生的，十分容易适应农业栽培。

如果有热带原生的“奇迹作物”来到这里，会被冷落好几百年。

例如玉米，在公元3世纪时从西南方传入，却等到9世纪，有了生长季节较短的变种以后，才使北美的农艺彻底改观。玉米的地位一旦确立，就带来了南北美洲各地都有的专横制度：集体行动与统治阶级的规划（见第二、第六、第九章）。土壤必须按各地的土地性质做准备：田土可能需要堆成脊状或耸起，森林可能必须清除。粮食过剩时需要有权力结构来管理。粮食得进行储存，仓库得有人看守，储物再分配得有人管理。大量劳动力为了要建造高墩、为了筑固城防、为了铺张炫耀的宗教、为了统治者需要用高台执行的戏剧性政治活动而被动员。位置靠近仪式中心的田地可能种植仪式用的粮食，也可能是私人地产。环绕这些田地的是大面积的公有田，收成的谷物和淀粉类的种子大概要缴入公有粮仓。

玉米耕作的时间正好与这些发展同期：这并不表示这一切是玉米耕作引起的。仍然以本土种子类和南瓜属为主要食材的务农者，生活在分散的小村和个人农地上，其实（就我们所知）也有与玉米耕作者相似的发展。他们也建起土造的、几何形状精准的大院落，制作奢华的陶器，以及铜质和云母组合的工艺品，也造了形似领袖人物坟陵的建筑。我们也不能假定玉米奇迹在饮食上是有百益而无一害的好事：玉米取代本土作物以后，并没有使人们变得更长寿或更健康。从密西西比冲积平原和附近出土的食用玉米者的骨头和牙齿可以看出，罹病与致命感染的状况都比“玉米奇迹”以前的人严重。[34]

最能集中完整呈现玉米文明典型特征的，是9—13世纪密西西比河谷和其他河畔的季节性洪泛平原上的考古遗址。这里是几百年累积下来的农作物的温床，拥有池塘和湖泊的腹地可提供理想的养鱼场，补充田地作物的收成。像玛雅人这样的热带低地社会筹集食物的环境，是运用各种发明与辛劳创造出来的，但密西西比筑墩者的这种环境却是大自然赐予的。

典礼中心区的布局模式令人想起古代中美洲（例如玛雅文明）的传统，有平台，顶上隔成小室的结构，松散地围绕着大广场周边。我们可以理性地认为，它们在审美观和政治含义上并没有受到南方宏大文明的影响。墩台随着一代代的足迹而扩大，每次扩大都是建造者眼中的历史延续，每一章都直接堆在前一章之上，无法区分。[35]

这些神圣空间进行过什么仪式，我们只能想象。佐治亚州的一处遗址发现跳舞的巫师铜像，巫师作全套的神灵打扮，戴着面具，配着双翼，手执人头骨制成的响器，要使自己进入恍惚状态，[36]也许正在神圣的木制棚架和巨柱之间穿梭，有些遗址仍残留着一些未朽坏的痕迹。古代密西西比河下游的纳奇兹人在墩台之上举行祖灵崇拜，并且在墩台顶上燃着不灭之火。[37]像俄克拉何马州的斯皮罗这样比较边缘而贫瘠的聚居地，位于后冰河期森林地最西边，统治者死后也会被抬在大轿上入葬，轿上铺满从远洋以外运来的华丽织品与贝壳珍珠。统治者的侍从必须陪葬。由于经常在墓葬死者身旁发现贝壳制成的杯子，可以推断他们也有饮酒仪式，类似欧洲青铜时代“宽口陶器人”的仪式。这类仪式借饮酒诱发视觉效果，其景象都刻在杯上，包括具有象征意义的突变动物，如长着翅膀的蜘蛛、有触须的蛇、头上生角的鱼、蛇尾的美洲狮、身披羽毛的猫。

在现在的圣路易斯市以东，靠近马蹄湖的卡霍基亚是最精彩可观的遗址，位置在北美林地几乎最西北的端点上。这样的边陲位置也许是它能兴旺的一个因素，因为它可以成为夹在互补的文化与环境中间的一个商业通道口。[38]它当年的范围有多大，曾经繁荣到什么程度，我们很难断定。现在有一条公路穿越这个遗址。后来工业时代的郊区市镇仍紧守在它的边缘上，破坏了附近的乡野景观。有些人士估计，这个遗址面积是 14 平方千米。中央墩台有大约 30 米高，按 1810 年第一位到此的探险家对其外观的描述，它是“奇大无比的土墩，惊人的程度不亚于凝视埃及金字塔的体验”。[39]这样的比较不算过分，土墩的基座面积约 5 公顷，和埃及金字塔之中最大的一座相同。

这位探险家想象遗址上原有的城镇规模应该和 19 世纪初的费城差不多。其实卡霍基亚全盛期（大约公元 1200 年的时候）的规模也许不过他所估计的五分之一，城区内居民是一万人。[40]不过，在北起长湖、南至卡尔溪，从现今的圣路易斯市以西，到密西西比冲积平原最东边的麦多纳湖与大马雷湖湖畔的这一整片土墩群中，这里是筑造得最用心的一座。这个土墩群以外，从米切尔到马修斯的河岸，以及从普费弗到长湖——分别位于伊利诺伊与密苏里的高地——也有类似的遗址群，但规模都比较小。卡霍基亚的面积及其在这个墩台世界里的中心位置，都使它看来颇像史前时代都会地的一个中心点。因为有鹤立鸡群的架势，有人认为它应该曾是类似国家政府的一个首都，是“首善之都，性质与众不同”。[41]或起码也是一个文化中心，影响力向四周扩散。有关卡霍基亚发展经过的论述应该都是推测的。但是这里显然在许多世纪以前有过一阵突然的繁荣景象，在 11 世纪中叶曾经大兴土木，而同一地区内的一些较小聚落却在这个时期衰落或是被抛弃。这时间上的巧合，使人想用帝国势力的模型来解读卡霍基亚的兴起。

遗址中的坟墓葬有地位尊贵的人士。陪葬宝物包括铜制的工具和饰品、包了铜的骨制品和玳瑁制品、金质和铜质的面具，还有上千件来自墨西哥湾的海贝，以这么深入内陆的地方而言，当然都是贸易往来最重要的证物。后来的权贵坟墓中埋有精细制作的箭镞，这是卡霍基亚文化变迁的宝贵线索，只是很难解读。无论这些箭镞是否是战争或狩猎成功的战利品，或只是夸耀身份的象征，都是贵族们在阶级分明而易有冲突的社会之中的配备。卡霍基亚的政治势力式微以后，仍保有神圣的光环，壶罐、贝制品、皂石雕刻、小斧刃等（应该是旧有仪式中的用物）流传到 160 千米以外，也流传到墩台居民消失或离散了上百年之后。

贵重物品的集中地点如果不是墓葬地点，我们很容易想到的便是庙宇圣殿。有一个在卡霍基亚东南的遗址——现在是一个汽车大卖场——就有这样的一处宝藏库，里面有些雕刻品透露了神话历史或象征符号系统的蛛丝马迹。有一个女子像是在驯服一条蛇，这蛇有多条形状像葫芦藤的尾巴。另一个女子像是跪在垫上，捧着出土时已折断的玉米茎。[42] 别处遗址也有一些主题相同的雕像和残片：女性守护者守护着玉米和大蛇，有些人还捧着盘子，似乎是在奉上牲祭，这是卡霍基亚工匠特别在意的主题。

1540 年至 1541 年，当西班牙探险者初次来到这里时，这种类型的遗址有些仍然完好。有一些一直存留到 17 世纪。人们会离弃这些地方，大多与侵略行为的影响无关。筑墩者的时代很短。他们的世界在 11 世纪的时候形成，经济繁荣、艺术多产的时间不过一两百年。经过一段时间的停滞或衰落之后，密西西比文化遗址就在 13、

14世纪的时候被居民在大约四代之内舍弃。这可以说是比查科峡谷的文明兴衰、玛雅文化的城市衰亡更难解的一个谜。后者至少留下了昌盛时期的清楚记录，而且玛雅城市生态脆弱的情况是明显可见的（见第六章）。密西西比文明中心不耐洪灾，虽然环境的先天条件丰厚，供应生活的农耕地却不容易扩增，而且很可能已利用到最大限度，甚至过了头。与其他作物相比，玉米在这一环境里是不太适合的粮食，因此生产玉米的形态也是不太适当的社会组织基础。玉米比较适合地势较高或比较干燥的土地，而这些地方能赖以维生的其他选择也较少。

榆木长屋：常绿边疆旁的文明

萨加尔德神父1623年“到休伦地区的长途旅行”还没走到阔叶林地带，他便开始为加拿大移民农人已有的定居耕作生活而兴奋。不过，还是有些事令他愤怒，因为魁北克的商人从不耕作，他们只求借毛皮交易赚钱，“害怕他们把土地变得更有价值以后，西班牙人会来把他们赶走”。然而当地的牧师和传教士仍开垦了果园，等到萨加尔德抵达大湖区北岸的休伦人领域之后，大为吃惊，因为土地太肥沃了，豆子迫不及待从土里冒出来，“富足森林”的树种、果类之多样，是加拿大其他省份“无可比拟”的。[43]

这些温带森林区却没有培养出可以与欧洲同样环境之中相似的文明，也不像热带森林区的玛雅人或高棉人那样曾有光辉的过去。密西西比冲积平原与以北、以东广大温带森林区的关系，令人想到奥尔梅克人的中心地带与其外围雨林区的关系（见第六章）。但古中美洲沼泽地边缘与森林区中心之间的衔接处，却从未包容像北美洲这么多样的区域。虽然靠近森林区的北端，漫长寒冷的冬季限制了玉米农业，但这里的森林有很高的价值，所以不可砍伐：栖居其中的各种可猎动物以及草木植物，都是社会各阶级一般食材中不可或缺的项目。

在森林地，有一种特有的社会空间——长屋，它是仅次于耕作玉米的重大发展。有大家庭观念的社会，多半会让越来越多的家族成员住进同一个屋檐下。中世纪晚期，森林区域东北部有些遗址里的长屋变得其长无比，最长的超过了90多米。以后的长屋都比较短，但是长度仍足以证明这些社会十分重视集体、家族情怀、共同利益。易洛魁人爱用榆木建长屋，就观察研究所见，并不是基于什么实用考虑，而是因为木材本身的特性，这种木材显然与其他树种不一样。

争强好胜的社会把剩余能量奉献给战争，有长屋的社会却被归类为喜好建立联盟、同盟和统一聚落的典型。在“有历史意义”的时期，也就是有白种人观察者做记录的时期，在长屋族群所属地域的森林里占地落脚的人，包括被本土战争与欧洲殖民行动逼走的难民，以及位于其东边森林被人掠夺的难民。其中最被欧洲传教士和哲人偏爱的是休伦人，他们在仰慕者的眼中最能体现秉性的智慧，而且显然有接受文明的倾向。萨加尔德神父是“亲休伦癖”的创始人。在他的记述下，休伦人对待他和对待同胞充满仁厚善意，对外人和自己人一样是爱好和平的，不论建屋、耕作、造独木舟，技术都超越“拙劣”的邻居阿尔冈昆人。

这一派言论被专门批评旧世界的路易-阿尔芒·德隆·达尔斯延续下去。这位启蒙批评家的亲族把贵族头衔卖了，他却仍以拉翁唐爵爷自居。他虚构的休伦人物亚达里奥是抒发他自己的反教权思想的传声筒。他自己与亚达里奥在树林中散步时讨论了《圣经》译文的瑕疵、共和主义的优点、自由恋爱的功过。后来亚达里奥也成为伏尔泰笔下"足智多谋"的休伦人的取材原型。拉翁唐说，法国国王"是唯一幸福的法国人，因为只有他享有令人称羡的自由"。[44] 他向浪漫主义者和革命者提议一个免去烦琐婚姻习俗的方法。据他说，休伦女子表示同意婚约的方式，就是吹一下自己中意对象手中的火把。另有一项关于休伦人的提醒：休伦人爱好和平，却骁勇善战。据他说，50 名休伦人可以"不用武器，只凭卵石"就阻挡 5 000 名法国人的进攻。[45] 此外，他们与大湖区一些其他族人有一套传统的表示数字、日期、地名的标记系统，构成书写系统的核心。用这套标记系统能记录军队和伤亡数字、战役胜负的结果、旅程长短、会面地点与战场位置。[46]

休伦神话令欧洲人倾倒的明显例证，是 1768 年在巴黎上演的一出作者不详的喜剧。伏尔泰的"休伦贤者"形象可能是此剧的灵感来源，也可能此剧直接抄自伏尔泰。剧中主人翁休伦人在一切的才智表现上，不论是狩猎、爱情、对抗英国人，都高人一等。他怀着知识分子的雄心走遍世界，"要看看世界是如何造成的"。别人敦促他穿着该像法国人（人们假定他为法国人，告诉他应该跟着时尚走），他回答："猴子是这样，人却不应该。"一位款待过他的人说："即便他欠缺杰出学问家的启蒙，他却颇有见解，很令我拜服。我恐怕他若变得文明了，反而没那么有见地。"在当时的喜剧情节免不了的三角恋爱苦恼之后，他煽动群众把囚禁他心上人的房子烧掉、墙砸破。结果他因煽动叛乱被捕："他的罪行明白无误：这是暴动。"

这似乎比《猫的大屠杀》更加突显1789年大革命的预兆。崇拜高尚野蛮人的风气于是助长了民粹政治，也预示革命的爆发。[47]

为了衡量启蒙思想在森林里的发展，我们忍不住要先探索一下休伦人的真实面貌。不过，研究森林文明起落的最鲜明范例是易洛魁人——休伦人的邻居兼仇敌，因为易洛魁人的生存力坚韧，物质文化可观，政治传统富于创造力，战争上有过重大的成败。易洛魁人说的语言和休伦人一样，他们的基本特征也相同，但是易洛魁人始终未被白种人收养为宠物：他们太桀骜不驯，敌对时太棘手，做盟友时又太不可预测。

易洛魁这个名号属于5个联盟的部落，势力最强的时候是在中世纪晚期与近代早期，当时据有哈得孙河上游到伊利湖西岸的最富庶森林地。18世纪中叶又加入了外地移来的第6个部落——卡罗来纳的塔斯卡洛拉人。他们在培养富裕社会的最理想森林地，在落叶及常绿林木带的边境上。这里有剩余资源供应给想施展野心的人。居民可以利用沼泽、河川、湖泊——文明化往往必须具备的环境多样条件。这便是易洛魁人盘踞的地方，占地差不多大的其他森林地，条件无一比得上。

再往西去，森林渐渐消逝成为草原；往北边与东边，树木的种类越经淘汰越少；往南则没有大湖区那种可以利用的沿岸地带，易洛魁各部落之中只有位居最东边的莫霍克人少了这个优势。萨加尔德神父也指出，在大湖区北界与南界的中间地带，进入易洛魁心脏地区以后，气候大为改良，很适宜农耕。优良玉米收成的关键界线是每年有140天不会结冰的地区，这种气候带就在安大略湖和伊利湖以北，沿着休伦湖与密歇根湖的南岸。

正是因为易洛魁人聚居的森林具有生物多样性，促成按季节移动的生活方式，所以他们并不向往也无暇建造城市。他们的生活跳不出周而复始的栽种、收割、捕鱼、狩猎，以及汲取枫树糖浆。汲取枫树糖浆必须在早春时节，栽种玉米是在森林另一处的长屋附近。过冬时，最好让机动的狩猎队伍散居在不同的营地。市镇地点每隔一段时间就必须迁移，因为土壤会耗竭，森林资源会用光。即便如此，季节适宜时仍会有很多人口集中。17 世纪大湖区最大的一处聚居地是伊利诺伊的卡斯卡斯基亚，1680 年的人口超过 7 000，[48] 但一般来说，休伦人与易洛魁人的聚居地人口各在 1 000 人上下。

人口的主食是典型的三合一：玉米、豆子、南瓜，这是来自美国南方的套装文化。易洛魁生活的色香味，从盛在树皮器皿里的玉米粥可以体现，加上碾成粉末的烟草的浓郁芳香，这是易洛魁神话几乎都会提到的神灵们的食物和吸入剂。为了在森林中辟出可耕种的空地，在没有硬金属工具的情况下，清除树木只得用辛苦的焚烧与环切的方法：在树干离地面 60 ~ 90 厘米的部位切一圈，再在地上堆起树枝焚烧，反复这样做，直到树桩烧透了为止。萨加尔德神父一反常态，改用轻描淡写的语气说："清出空地是个难题。"[49] 从现今易洛魁的塞尼卡人部落中所保留的绘画，可以见到烧垦式农耕的民间记录，祖先们在高大的树桩之间耕种田地，[50] 并且保存了可传给后代子孙的狩猎魔法，也因而得到子孙们的敬拜回报。

易洛魁人和邻近的他族如果没有高效率的伐木技术，就不可能把森林的难题解决。我们如果假定他们是因为不能在技术上创新而被困在长屋里，可能是错误的。人类社会会取得自己需要的技术。他们一旦对自己栖居的地方感到不满，就会想方设法改变环境。北美洲的森林居民和欧亚森林居民不同的是，眼前没有模板可以鼓动他们，让他们对现况不满。对于在北美洲西南与密西西比河冲积平原试图建立城市的人群而言，建立城市这个生存策略也行不通。不像罗马，这里的森林不曾遭遇充满敌意的意识形态挑战——罗马市民的宗教信仰和基督教的思考模式是敌视森林的。易洛魁人每次戴上仪式中的“假面孔”，就是在宣示对森林的忠诚。“假面孔”是族人在梦中瞥见或是在树叶间窥见的神话人物的形象。[51] 神灵们头部脱离躯体，长发甩动，眼睛凸出，鼓胀着腮颊，吐着舌头，鼻子疙疙瘩瘩，要求人们奉上玉米粥和烟草。受到供奉的神灵会将治愈伤病的力量赋予这些面具，使巫医不怕火，能空手捧起余火未灭的灰烬，吹在病人身上。

易洛魁人是美国历史上最先被划入保留区的印第安人，至今仍拥有小片的残余森林。易洛魁从 17 世纪人口停止成长的时候开始衰微，原因可能是欧洲人带来的疾病，导致原住民大量死亡（这种情形在美洲大陆各地都发生过）。人口减少并没有让资源变得充裕，因为逃难的人群往大湖区移动，毛皮交易带来的竞争也越来越激烈。欧洲人的皮草需求对森林印第安人造成的影响，类似欧洲人对奴隶的需求在西非诸邦造成的影响。毛皮交易不是暴力的本源，却使暴力恶化，而且火枪使暴力加剧。起初，在 17 世纪的一长串战争中，易洛魁的人力和英国制造的枪械颇有把整个大湖区变成易洛魁帝国的架势。但是，易洛魁势力扩张下的受害者得到法国人之助，起而反攻，于 1701 年强制缔造全面和平。白种人自己的敌对竞争（1763 年以前是法国人和英国人争，1776 年以后是英国人和美国人争）使印第安人的政治体能够继续存在，但是美国独立战争促成各部落分别站队，打散了易洛魁的联盟。印第安人住在保留区的制度，是从殖民者获胜之后开始，这个制度也把易洛魁人赶出了传统的根据地。18 世纪八九十年代划定的保留区，大多数在 19 世纪中叶便已废止，这时候的易洛魁人口只剩下 5 000 人左右。如今仍有易洛魁身份的人，多数已是与其他美国人无甚差别的都市居民，只在节庆时期回到长屋参加聚会，骄傲地重演戴面具说故事的仪式。

欧洲人追着森林前进

异常忠于古罗马情感的作家林赛·戴维斯近期的一系列侦探惊悚小说，都是以韦斯巴芗（公元 69—79 年在位）时代的罗马为背景。其中一部的主角所负的任务就是前往欧洲森林边界，也正好是罗马帝国的边境。[52] 他厌恶自己所到的这个环境：一片陌生异地，野兽横行，氛围邪恶，有怪异的嘈杂声，林下灌木丛多刺绊脚，老树上“爬着蕨类，像布满皱纹的脸”，还有一个罗马军营，里面只剩下大屠杀之后的死亡者骸骨。森林是野蛮部落的领域，这里的人和自然对于罗马人而言都是险恶的。

罗马帝国马马虎虎试过一番之后，便断定这个森林绵延的地区（包括欧洲北部的大部分平原和莱茵河高地）不值得文明化。塔西佗所说的日耳曼尼亚所在地布满了多刺的森林与恶臭的沼泽。他知道这里可以改头换面成为良田，日耳曼人却宁愿要养不肥的牛群。他们手中没有金银，是因为穷得无可救药，不是因为克己。[53] 他们不但不要建城市，“而且住房彼此都不靠近”，他们喜欢“隔开居住，分散在他们中意的溪泉、平地、树丛附近……他们甚至不使用石头或墙砖”，住处只用粗砍的木材，或是挖地穴铺满“大块的干粪”。[54] 他们的食物很简朴——野果、新鲜猎物的肉、凝乳。“他们解饥完全不用烦琐烹调或开胃食品。但是若为了止渴，他们可就没有这样的自制力了。”要想征服他们，上策就是先把他们灌醉。[55]

总体而言，罗马殖民地区的森林已经清除，例如欧洲北部或是靠大西洋的这一边，都是已经接受地中海榜样和文明生活理想的地区，这些地方的原住民也已经把自己的森林砍伐了大部分。正如神学家德尔图良所说的，以前时代的“著名蛮荒地”，如今已经被人性所构成的“新森林”所取代。[56] 开垦得很早，而且比较不费力，主要是因为这里的人适合接受文明，其次才是因为土壤与气候适于农耕。于是，地中海阳光下、北大西洋暖流所影响之处，土质松软易耕区域的森林都被砍了。至于土壤太冷太湿而不宜种植小麦的地区，以及耕作起来太费力的地区，森林都完好如初。旅行者走在边疆上，会觉得罗马的道路在某些地点撞到了树林。

斧头劈砍的声音和铲子拍打的声音是并行的。与森林对立的是城市，牺牲森林也是为了城市的理想。虽然城市随着罗马帝国在西方的衰亡而萎缩，城市的理想从未被遗忘或放弃，这理想只不过被基督教化了。10 世纪有一位德国主教，他从维罗纳带回家的一幅城市图画看来仍是罗马式样的城市。图中只出现了一座教堂，却有很多神殿和墙垣高堡，以及“宏伟壮丽、令人难忘的圆形大剧场，维罗纳啊，这是为你的光辉而建”。8 世纪有一首赞美维罗纳城的诗，前 24 行都是在讲那些为敬拜罗马神祇而建的殿堂。不过，诗人在赞美之余也表达了否定：“看哪，邪恶人们的建筑多么精美，他们却不知道上帝的律法，而崇拜着木石造的偶像。”诗人认为，维罗纳真正了不起之处，是 36 位圣徒的遗物，这使它成为“意大利上百城市中独一无二的富有者”，也在它的护墙上安置了“最圣洁的守卫者”。[57]

因此，基督教崇拜、城市生活、罗马自觉意识的每一次扩展，都要牺牲树木。查理曼在 8 世纪晚期能够千辛万苦推进到易北河去征服日耳曼人，部分原因就在于曾是森林居民的人已经自我变质，换上了法兰克人的样貌。他们养成了务农的习惯，改进了砍树的装备，强化了黑麦品种和犁具，可以在曾是森林的土地上耕作。这片边疆在 10 世纪中叶有了自己的首都——壮丽的马格德堡。神圣罗马帝国皇帝奥托一世在众多圣徒围绕下，把这座城市献给了基督，还把他自己想象中的这一情景刻在了象牙上。但是，如果把这一次战胜森林的规模与西方基督教 12 世纪前后的大扩张所造成的影响相比，算是小巫见大巫了。

树木的消失：12 世纪的欧洲，从森林到城市

1132 年，开封建了一座新的王宫，木材来自大老远的山西、陕西等地，“因为自唐代以降，木材便难以获取”。[58] 大约在同时，欧亚大陆另一端的建筑需求也正难以满足，因为森林被砍光了，建筑者拼命争着要可制作梁木和搭脚手架的木材。

圣但尼的修道院长叙热便是其中之一。他是个身材瘦小却有宏大雄心的人，要建立一座世界上最美好的教堂，在里面装满宝石黄金与上帝之光，让这里成为最像天国的人间环境。他期望后世在他修道院的圣母堂里，在宝石般璀璨的玻璃窗上，看见他俯伏在圣母

脚下的模样。他满脑子想的景象，如今仍可以在教堂门上的浇铸装饰和手抄书页边上的图画中看到：锯工、木工、石匠、雕刻师，正在锯着树木雕着石头，要把低贱的原料变得至美。

他斥资兴建的教堂快要完工时，他问木工到哪里能找到够大的横梁来建造符合他想象的顶部。他也问了巴黎来的木工。他们的回答是："这一带找不到，剩下的森林太少了。"师傅们漫不经心，越说越夸张：这么大的横梁得从外地大老远运来，可能要从欧塞尔运来，会花很长时间、很多金钱。叙热写道：

> 我做完早课回到床上，想到我也许该自己到附近的各个森林去找一遍。我早早起身，放下我所有的其他工作，量好了所需横梁的尺寸，就动身前往伊夫林的森林。半路上我们在谢夫勒斯谷停下，招来我们自己的森林看管人，以及以木工技术闻名的当地人，问了他们，要他们宣誓据实以告。不论要花费多大工夫，我们在这里能不能找到我们所需尺寸的木材？他们微笑——如果胆子够大还会笑出声来。"这整个地区都找不到那样的木材了。"我们不理会他们，凭着信心带来的勇气，开始在树林里搜寻。找了快1个小时，发现1棵达到需求尺寸的树。穿过灌木丛，在森林深处浓密多刺的纠缠之中，找了有9个小时——也许没那么久——我们找到了12棵（因为需要的是这个数目），也做了记号，大家都感到惊讶，旁观的人尤其如此。木材运到圣堂后，我们欢腾地把它们安置在新顶盖的空间上，赞美着荣耀的主耶稣。我们找到的木材正如我们所需，一根多余的也没有。[59]

这是新建筑风格的开端——也给世人一个崭新的面貌。这是欧洲驯化荒野的庞大行动的一部分，这时候阿尔卑斯山以北的 80% 土地仍覆盖着森林。哥特式建筑通过减少脚手架来节省木料，是适应森林缩小的一种建筑风格。[60] 12 世纪最活跃的修会是西多会，他们驳斥叙热的审美观点，但是也偏好扩大规模的作风。他们把林地夷平，在荒野建起一座座巨大的修道院，如今这些建筑旧址上往往只剩残败的遗迹。

大约在叙热到法国中心地带砍下最后一批巨大木材的同时，班贝格的主教奥托带着几名同伴出发，要把基督教传到波美拉尼亚去。他的助理赫博德在此行中写了日记：

> 走过波兰边界上的乌契堡，我们进入把波美拉尼亚与波兰分隔开来的大片郁郁森林。这条路之难走，实属笔墨无法形容，我们几乎在途中送命。因为这片森林以前从未有凡人通过，除了波兰公爵在计划征服整个波美拉尼亚之前洗劫的一次任务之外。当时他为自己和军队劈出一条路，把一棵棵树做好记号或砍掉。我们谨守着记号的路线走，但是困难重重，因为有毒蛇和多种猛兽，还有在树枝上筑巢的鹳们胡搅蛮缠，他们又嘎嘎叫又拍翅膀打人，令我们苦不堪言。此外，还不时遇上沼泽地让我们的大小车辆陷在泥淖里。所以，要在六天之内走过森林，到达波美拉尼亚边界的河岸，是难上加难。[61]

通过这种深入森林和沼泽地的过程，一大群人开始学术研究之路。研究者在殖民与商业向亚非扩张而开窗观望之前，先打量自己世界里的森林和偏僻地区的陌生面孔。最具代表性的探索者也许是威尔士的杰拉尔德。他的威尔士与爱尔兰之旅，是一个诺曼化、英格兰化的人在探寻自己的凯尔特民族之根，是一次与自己面对面的行动。他曾经谴责威尔士人乱伦混交，爱尔兰人是不信正统宗教的野人——他们应该被英格兰人征服。在杰拉尔德眼中，爱尔兰的代表就是一艘英国船在康诺特海岸捞起来的两名蓬头垢面、赤身裸体的野蛮人。两人置身于枝条编成的捕鱼小舟里，看见面包时感到吃惊。至于威尔士人则保有牧人民族一向的德行，他们之中“没有人是乞丐，因为每个人的家都是大家公有的”。杰拉尔德设计出了一个高度复杂的社会发展公式，来解释他观察到的矛盾现象。他说：“爱尔兰人是野性的森林民族……生存全靠牲畜，生活也像牲畜。这种人没有舍弃原始生活的模式，还过着乡下的生活。”[62]

环境开放后，杰拉尔德的这种发现之旅变得更普遍，不仅便利了农耕与定居，也便利了旅行与贸易。写朝圣指南的艾默里·皮科自认为把文明沿路带到圣地亚哥-德孔波斯特拉的圣雅各的圣地，走过住着恐怖野人的山区，那些人过着如野兽般恶劣至极的淫乱生活，为了把酒卖给旅人而在河川中下毒。隐士和君王合力在这条路线上筑路、修桥、建客栈，提供了一片文明的绿洲。朝圣者在隆赛斯巴列斯的罗兰招待所有软床铺可睡，可以理发，“还有标致朴素的妇女提供服务”。[63]

在边疆扩张的背后，有规模不算大的技术革命在提高生产力：曲形刃的犁能把土挖得更深了。更高效的磨坊、更精准的冶金技术和新产品（尤其是武器和玻璃制品），都有助于扩大商业范围与财富流动。这些变革在 11 世纪初叶到 13 世纪中叶之间发生，西欧的人口在这段时期里加倍增长。

结果，都市化再度发生，旧城市复兴，文明往新开辟的地方延伸。按杰拉尔德所说："人类发展的次序是从森林进展到田野，从田野到市镇与市民集会。"扩张不仅仅是征服与贸易延展的后果，而是文化输出的一个过程。衡量文明进展的最佳方法，就是计算市镇的成长——这是在那个时代看来最文明的规划生活的方法。甚至早已奠定地位的城市也可能经历文明精神的更新。例如塞维利亚的依西多尔曾说过："城墙造就城市，文明社会却是靠人建立，不是凭石头建立。"新兴城市建立的同时，旧城的公众感也重新燃起。按照传统说法，维罗纳城创建的那一刻，就把主保圣人泽诺刻在大教堂的山墙拱形上，"以尊贵安详之心，赐给城民一面应予维护的旗帜"。圣阿纳斯塔西娅教堂的立面上，刻着他把市民聚集到圣三位一体面前的景象，每逢举行集会，人们就看着这些设计，既可借此象征市民意识，也能够强化市民意识。米兰市的集会中心面对着圣安布罗焦的教堂，这里也装饰着同样有神话意味的场景——圣安布罗焦凭借神圣的能力创造了米兰的社群。事实上，很少有社群在10世纪变成城市，多数是到11世纪末或12世纪初才成形。在这个似乎是刻意要回归古代典范的时期，许多意大利城市设了"执政官"。12世纪中叶，弗赖辛的奥托就认为，城邦自治是北意大利的典型状况。各个城市不再听命于某个位高权重的保护者，例如主教、贵族或修道院长，而是自己做自己的"主子"，甚至把管辖权延伸到城外乡间。奥托说："几乎没有一位贵族或大人物不承认自己城市的主体性。"有些城市其实是独立的共和国，会不听从应该听从的统治者，而与别的城市联盟，有些城市想争取这样的地位却不成功。

罗马城于12世纪40年代与50年代两度驱逐了教皇，宣布自己独立。当时最著名的修士圣伯纳德怒斥罗马造反者：“你们的祖先使罗马受人敬畏，你们却使罗马被人看不起。现在罗马是个没有头的躯体，一张没有眼睛的脸，一副变得阴暗的面容，因为教皇是你们的头，枢机主教们是你们的眼睛。主耶稣预言人的仇敌就是自己家里的人，现在昭然若揭了。这是罪恶之始。我们恐怕会有更坏的事降临。”[64]造反者的行为却呼应了一种根深蒂固的文明观：相信罗马古风是最佳模范，以为城市环境能培养德行。城市人民因此具备自治与治理周围乡野的条件。圣地亚哥-德孔波斯特拉的市民也表现了这种态度：他们在1117年企图把大主教和王后一起烧死在宫里。自12世纪40年代起，伦敦的市政官享有被称为“男爵”的资格，市徽上所装饰的主保圣人——圣保罗与圣托马斯·贝克特——生前都曾公然反抗君主。这种城市的自负背后有民意和渐增的财富为后盾。学院等大型机构也在城里兴起。

基督教世界另一端的诺夫哥罗德与普斯科夫，要对抗农田所难以承受的恶劣气候，这些农田供应着市民粮食。市民受饥荒困扰的时候比受外敌威胁的时候还多。即便到了如今，诺夫哥罗德的城墙似乎仍然严峻地凝视着没有设防的原野。古时候的诺夫哥罗德却是借着控制通往伏尔加河的运输通道而致富。城中的居民向来不过数千，却有大型建筑记录着城市发展史：11世纪40年代的克里姆林宫墙和5座圆顶大教堂；12世纪初叶的一系列王侯建设，象征领地王侯与城中贵族分权的时代；1207年由商人在市场里所建的圣帕拉斯克娃教堂。

自1136年起，地方自治势力便在诺夫哥罗德占了上风。这一年发生了反叛，也创建了以古代为榜样的城邦——与意大利的共和市相似。世袭的城主弗谢沃洛德在这一年被推翻。城市年鉴和宪章中大略提到了发动叛变的革命人物：有商人身份的市政官博列斯拉夫、市政公告的宣报员米罗什卡、市政委员瓦夏塔。弗谢沃洛德被指控的罪状条条都含有中产阶级的价值观：“他为什么不关心一般百姓？他为什么要发动战争？他为什么不英勇作战？他为什么偏好游戏娱乐甚于政务？他为什么饲养那么多猎隼和猎犬？”[65] 城中的主教尼丰特却支持旧秩序，他拒绝为新的城主主持婚礼，因为新城主曾经与弗谢沃洛德藏身的普斯科夫城交战。由于教会的支持，被赶下台的弗谢沃洛德死后荣获被封圣的安慰。[66] 从那时候起，市民的原则便是：“城主如果不贤，就把他扔到泥巴里！”

随着斧头而来的城市世界散落在田野和草原里。基督教世界文明者所想象的景致，曾被十分逼真地描绘下来。14 世纪的洛伦采蒂把城市与乡野的好坏治理都画在锡耶纳执政官府的各面墙壁上。城市是修道院地产勘测员们仔细筹划的，是有远见的人在森林里开凿出来的。弗罗茨瓦夫的托马斯主教便是这样一位，他于 1237 年启动了在尼斯-克沃兹卡河岸开发 32 平方千米“黑橡木森林”的计划。不到一个世纪的时间，这里就改头换面，变成了有村庄、农田、酒馆、磨坊和教堂的景观。[67]

本章开端谈到的西多会积极建造修道院的行动，是种驯化荒野的作为，而且比建造城市做得更专注。圣伯纳德自己的修道院则变成一处神圣田园诗的场景。曾有一位 12 世纪居住在修道院的人或访客殷勤地告诉不像他这般有幸能置身其中的读者：“你若憧憬克莱尔沃，以下所写便反映了真实情景。想象两座山丘，中间有一条峡谷，峡谷越到接近修道院的地方就越宽阔。”他对每一项对自然的修改都感到得意：溪流被改道后可以供应酿酒坊的水源和动力，以及磨坊和鞣皮坊的用水；水渠截断可以灌溉土地；他喜欢待在覆满青草的果园里，天气热的时候尤其舒服；他赞许整理过的森林地，“在山丘脊上披着一层蓬乱的树木”，他可以到那儿去拾柴，并且挖掉“杂生的幼枝，以免它们妨碍了粗壮的橡树往天际挺立，妨碍了酸橙树易弯的枝条伸展，妨碍了柔软的榉树自由生长，妨碍了扇形的山毛榉完全张开”。不过他最喜欢的还是干草场：

> 这个地方有许多美妙之处悦人眼目、振奋精神、抚慰伤痛，并激起崇拜上帝之心。它令人想到我们都渴望的天国之福，因为大地的笑容展露的各式色彩是眼睛的飨宴，且有扑鼻的芳香……因此，我在户外愉快的忙碌中，也深深领会了表面之下的乐事。[68]

这位修士的田园诗境也是山野的一部分。

欧亚大陆的温带森林渐渐消失，后继的便是人类打造的工整环境：村落、耕地、草场、整理过的森林地。由于牛、羊带来副产品和饮食补充，牛、羊、马、骡又提供动力资源，牧草地成为后森林时期生态之中的重要角色。此外，这也导致欧亚大陆居民对致命传染病有较高的免疫力，因为畜群是庞大的感染源，于是畜牧者与邻近的人练就了适应能力。[69]就这些方面看来，美洲森林地如果没有可驯养的大型四足动物，文明要觅得容身之地就比较难了。新旧大陆的森林地命运截然不同，关键当然就在于此。美洲一旦有了马和牛，森林地便开始消逝，速度几乎和旧大陆一样快。继之而起的城市，发展的规模也一样大，一样形形色色，而且也深植于类似的多样生态系统之中。在其他类型的环境里，例如热带低地、沙漠、高地，只要新大陆的人有骆驼和羊驼之类的动物可用，或是在没有大型驯养牲畜也无关紧要的地方，他们就能以不输给欧亚大陆人的效率改造自然（见第二、第六、第九章）。

欧洲人无法砍光的森林，都用圣徒的名字命名了，在脑中把它们驯化了。在中世纪德国，定居城市生活的扩张，把塔西佗曾经叹为观止的广袤森林缩减成地图上一整串边际切得工整分明的小块林地。道路贯穿着这些林地，果园在林地上散布，牧场在林地中星星点点，还有清出来的空地在其中，空地上有狩猎小屋和花园。明斯特尔的雕版画上所描绘的黑森林中，狮子并没有与绵羊同群，但是熊和山猪友善地与鹿和牧神泰然共处，画面也是一样的极乐。森林最终变成造景庭院、林荫大道、都市公园了。昔日曾是男女山神欢会处的布洛涅森林，变成《金粉世界》之中公子淑女的闲游步道。如今的山坡地“再造林”，种上整齐划一的松柏，连暴君见了也会说这是改良自然的佳作。若想要延续维特鲁威等早期建筑者企图模仿森林的精神，那么这就是树木最后的还击：在没有木材的情况下，要想把现代水泥柱造成树干纹理的效果，只好用塑料制的横梁来装饰。

第六章

黑暗之心

热带低地

| 弗雷德里克·亨德里克岛

| 奥尔梅克中心地带

| 亚马孙下游流域

| 玛雅低地区

| 高棉谷地

| 贝宁城

热带地区白天的某些时刻，
所有公民都需要歇息，
脱掉衣服出一会儿汗。
那是大傻瓜也遵守的规矩，
因为太阳这时候太毒，
我们都得躲开紫外线。

——

诺埃尔·科沃德（Noel Coward），
《疯狗和英国人》（“Mad Dogs and Englishmen”）

所谓赤道地区不能存在文明的假设，被持续不断的传说否定了。
真主圣明！

——

伊本·赫勒敦（Ibn Khaldun），
《历史绪论》（*The Muqaddimah*）

能住人的地狱：在沼泽地耕作

能住人的地狱——气候最恶劣、土壤最不适于耕作、空气最混浊、水质最肮脏，这样险恶的环境在什么地方？本书已经讲过明显符合这些资格的所有地方了。如果不是因为出生地，有谁愿意过撒哈拉的达瓦达人或塔兹的萨莫耶德人的生活，谁会愿意长久待在这些地方？历史上有些流放罪犯的殖民地，是刻意选来折磨人的，例如恶魔岛与勒维拉格吉多岛都是勉强可以活命的地方。澳大利亚北岸的外岛马钦巴，如今也可以登上人间地狱的排行榜：按某些方法计算，这里的死亡率、犯罪率、毒瘾率、卫生不良与性行为混乱导致疾病发生的比例，都是全世界最高的。岛上居民的祖先都是用残暴手段被征集而来，他们被迫提供劳动力，遭受毫不留情的剥削，然后被抛弃，任其自生自灭。

我自己列出来的地方，乍一看好像勉强还算宜人，因为曾经被定居的务农者开发过。但是，这个位于新几内亚南部外海上的弗雷德里克·亨德里克岛（现在也称作克里庞与多拉克）恶名在外，有恶臭的沼泽、危害健康的瘴气、无荫的灌木丛、难熬的酷热与严寒。这个环境比撒哈拉的费赞或西伯利亚的塔兹都还严峻，连壮观的沙丘和冰山也没有；而且，说来令人难以相信，这里不是罪犯被强制来殖民的地方，居民是自愿前来的。因此，这是天然可住人的地狱：可住人的意思也指，住的人不是没有别处可去而非得设法在此地生存下来不可。在 20 世纪 70 年代晚期，这片面积近 1.1 万平方千米的地方居住了 7 000 人，利用沼泽地维持的传统生活方式基本没有改变。

这座岛很像一个有着倾斜边缘的盘子，所有的高地都位于外缘，所以降雨都涝积在内部。岛上的大部分土壤都是湿软的沼泽，著名地理学家塞尔彭蒂认为在这里区分陆地和水域根本无甚意义。[1]有雨的时候雨势都很猛，但是下不下雨不易预测，所以很难预先规划栽种与收成时间。蚊虫繁殖迅速。旱季的泥太厚，人步行走不了多远，连接各村庄的水道也无法行舟，因为船会陷在软泥里。寒季非常冷，而且是突如其来的，所以年年都发生肺炎瘟疫。然而，一年之中大部分时候阳光炽烈，必须等到日落后的夜晚，才能在无树遮阴的岛上行路跋涉。

现代人类学家都小心翼翼地避免指责与现代西方社会生活水平差距很大的卫生习惯。但是，弗雷德里克·亨德里克岛上淤塞水道的泥巴是涂在人身上的，而且是从头到脚彻底涂满，人和环境几乎合而为一，这使得研究岛民生活的专家忍不住要提到岛上的基曼人涂在身上的那层厚泥：“如果厚泥变得碍事了”，他们才会把泥刮掉。男人要除头虱，就涂上满头泥，等泥巴干了再剥下来，虱子就跟着干泥块一起剥掉。[2]这是个神话传说般的野蛮之地，人类如同困兽，在大自然最不怀好意与同类敌人最无情的情况下，过着最卑劣、最无人性、最短命的一生。按向来的（却是错误的）说法，这险恶的沼泽地只有无处可去的人会来居住，他们躲到这种地方就不怕被人找到了。第一位来到这里的欧洲探险家在1623年描述了这座岛的情况，虽然他根本没看见任何本地人，却根据所见的岛民住家和垃圾推断他们必然是“发育不良、穷困、肮脏的”。[3]

其实住在这里的人是自愿前来的，而且用仅有的自然资源创造了奇迹。在被政府所建的现代式组合房屋取代之前——虽然组合屋后来又立即被弃置——传统的沼泽地居民村庄看来颇有“热带威尼斯”的味道，居民在村庄中移动要乘狭长的独木舟，窄到在舟中站立时必须一脚前一脚后。村庄中的小屋各自建在人造土丘上，土丘是用沼泽地挖出来的淤泥堆成。由于树木不多见，小屋建材是用西谷椰子树，屋顶则用干灯芯草铺在藤条圈上。防蚊设施看来颇为耗费工夫，是由一层层保护草或编织成辫的叶子制成，最厚可以铺到70多厘米。

种植食物的菜圃跟搭建房屋的平台一样，是用沼泽地淤泥堆成的，泥块之间用一层层混着芦苇的泥块加固。造一个菜圃要花一两年时间，种山药和甜薯的菜圃尤其费时，因为堆泥必须高出水面更多，所以人们花几年时间一点一点往上堆，尽量减少白耗的工夫。菜圃必须随时注意维修，因为堆高的泥土在干季里会裂开，下大雨时也可能垮掉或是被淹没。维护工作是居民互助合作完成的。互助合作的报酬是享用“瓦蒂”，这是岛民饮用的一种酒类，在需要的时候大家互相供给。因为习俗和有限的资源，生活上不乏互助的时刻。妇女怀孕期间，芋头和山药等多种基本食材都是禁忌，所以有孕妇的家庭必须仰赖集体施舍。制作瓦蒂需要专门的技巧，瓦蒂的供给则是由少数几个人掌控，整个社群都依靠这几个人的社会责任感。

普遍崇尚瓦蒂（岛的最西端除外）的传统也显示，大自然对这个岛既苛刻又慷慨。人们可借着饮用瓦蒂纾解生活的艰苦，经常整夜醉得近似瘫痪。但是，由于瓦蒂必须与足量的食物一起服用才能够发生作用，然后又会使人迅速将食物呕吐出来，所以没有什么滋养的益处，只有家有余粮的人经得起这样的挥霍。食物的来源不仅限于农作物，野生物产也是不可或缺的补充。蕨草“马皮”可以碾碎制成面粉之类的食物，因此不像块茎类，它可以长久储存当作防饥之用。袋鼠在湿季里都聚集在岛上有限的几块干地上，很容易猎杀。海岸的鱼多且易于捕捞，岛上的人将大量毒剂投入水中毒鱼，海浪会将毒剂扩散出去。[4]

既然弗雷德里克·亨德里克岛上的人能在条件看来这么不利的环境下安居，我们就不难发现，条件较好的沼泽地更可能在文明历史上成为要角。高原地区降雨流入内陆盆地，形成沼泽或湿地而萌发农业，并不是很稀罕的事，新几内亚的高地区域就是一个例子（见第十章）。古代阿兹特克帝国的经济基础，也来自水涝的土壤（见第八章）。以往研究早期农业的考古学家把注意力放在比较干的土地上，这些地方的古代食物样本保存完整，依地层堆积，厨灶遗迹十分清楚，一如理查德·麦克尼什寻找玉米栽种的起源时挖到的墨西哥遗址那样。[5]如果是在沼泽的环境里，这么完整的证物会迅速消失，只能偶尔找到一点必须耗费很长时间去组合的证据。因此早期沼泽地农业的证据很晚近才在中美洲、新几内亚以及非洲某些地区露出曙光，开始被人发掘。

欧洲的沼泽地往往都恶名在外，例如俄罗斯的普里佩特沼泽地，是周围的俄罗斯人、波兰人、乌克兰人心目中的危险原始地区，英格兰人鄙夷爱尔兰人的词语也都以沼泽地为比喻。但有两个海岸湿地区域——威尼斯列岛和滨海的荷兰，却产生了西方文明中一些最耀眼的成就（见第十二章），足见文明是可以在湿漉漉的土地上建立的。

最鲜明的实例在墨西哥。3 000 多年以前，曾经建造拉文塔城的民族就居住在塔瓦斯科低地的沼泽区一带，他们可能从别处来，也可能本来就聚居在这里（我们无法确定）。这些人缔造的文明预示了中美洲其他的历史，有些学者认为，这个地区后来的所有文明都受到拉文塔文化的滋养。一般惯常称拉文塔文化为“奥尔梅克”文明，这是误导的用语，因为考古学家和艺术史研究者都用该词指涉多种不同的事物。它可以指一种人物塑像风格与浮雕风格，或泛指多种类似的风格，之所以如此笼统，是因为 100 多年来并没有确立奥尔梅克工艺品的归类方法。“奥尔梅克”也用于指各式各样古中美洲环境中发现的一种文化“综合征”，并不特指沼泽地文明。这些用法已经约定俗成，一时很难改掉。关于这个主题，尽管每一派专家的判断都不一样，但奥尔梅克文明始于沼泽地的可能性很高：因为聚居时间最长久的证据都是在地势低的红树林区遗址发现的，地点靠近沼泽地、雨林、湖滨、海洋的边缘。奥尔梅克世界的创建者居住在那个环境的边缘地带，可以利用多种不同微环境的食物资源，效率日增，这一点是与一些高地文明相似的（见第十章）。奥尔梅克文明最古老的大型建设，是在公元前第二个千年末期建在夸察夸尔科斯河旁的一片高地上。不过，沼泽地农业的早期发展情况，应该与其他文明的历史差不多（见第五、第十章）。

塔瓦斯科沼泽地农业的萌发，比我们冠以奥尔梅克文明美称的第一批重要工艺品和仪式中心还要早 1 000 年。那里一向都有大量可供人类采集与猎取的食物资源，水生动植物和禽类会聚集在沼泽表面进食，同时也被掠食。人类能在这么富裕的栖居地安居乐业并不奇怪，奇怪的是人们会在这里大规模地建造，努力地发展复杂的都市生活：在不适合建筑的土质上大兴土木，在酷热潮湿的气候中役使大量劳动力。这些发展与开始种植适合环境的高产量玉米是同一时期，加上沼泽地土丘的最佳作物——豆类和南瓜，三者都成为敬神用物和酋长盔帽上描绘的植物。[6]这个地区的农业最初仅限于泥土自然堆积的山脊上，之后便能以人工土丘补充不足的耕种空间，或起码也能借淤泥堆在天然堤岸上所形成的高于涨潮线的空地来种植。土台和土脊之间的水道可以养殖鱼、蛤、龟、鳄，或者，在人工土丘出现之前，也可能养在天然的水塘里。一般认为，建筑华丽石砌仪式中心的人，最初也是靠烧垦森林和直接在木灰上播种而孕育出劳动力与剩余的社会能量的（见第五章），但这种观点很缺乏说服力。因为就现有的研究证据可知，凡是凭这些方法维生的社会，没有一个能够繁荣到与奥尔梅克相同的程度。公元前第二个千年末期，奥尔梅克的圣洛伦佐城已有很多蓄水库与排水系统，都与城中的道路、广场、金字塔、人造土丘整合在一起。

甚至在这么古老的时期，美洲诸文明已经有了共同的文化：墩台建造；对称美学；以神殿与广场为中心的都市规划蓝图；统治阶级高度专业化（包括酋长、文书官、祭司）；统治者的仪式包括流血与活人牲祭；宗教以巫医传统为基础，有多项流血仪式，君王和祭司在其间会呈现恍惚的状态；球赛仪式（见第二章）；农艺以三大作物为基础；远程贸易可能已接近古中美洲文化区全盛期的规模（若真是如此，那么奥尔梅克地区使用的玉就如一般推断，是从危地马拉来的，另外奥尔梅克风格的工艺品扩散各地也算是证据）。但这些都不能证实奥尔梅克是古中美洲诸文明的始祖，更遑论是所有新大陆文明的起源。扩散论模型每次被推翻，几乎都是因为努力要应用此理论的考古学家发现了新证据。奥尔梅克其实是一批文明复杂发展过程中的一角，这些文明兴起的地点彼此相距甚远。但是我们也不能否认，奥尔梅克的影响远播，已经与和他们有相同历史经验的其他群体发生了互动。[7]

我们脑中的奥尔梅克形象，其实也就是他们最引人注意的成就：古中美洲最古老的巨大雕刻——奇大无比的头，材料是玄武岩，这不是一般的商业行为所能取得的。重量可达 40 吨的石块和巨柱，借拖运或水运送到 160 千米以外，再经雕刻师之手变成两种样貌：一种形似美洲豹；另一种是人类，通常就是一个大头，有着杏核状的眼睛，表情非常丰富：紧皱的眉头，发号施令般的冷笑，张开的嘴唇。按学院里典型的命名方式，这种脸可能被命名为“巨头八号”，望着那双冷峻的眼睛，令人感觉正面对着又一位好大喜功的建筑狂人。[8] 有些石雕人头是公元前 13 世纪之作。这些作品集体形成了所谓的奥尔梅克审美观：对于人形的偏好，在古中美洲早期诸文明中独树一帜；欣赏圆形线条与自然主义形式，这是多数后来文化近乎单调的生硬美学所望尘莫及的。

这个时期的仪式空间和高台，要属拉文塔的遗址最具代表性。建筑地点在现在被红树林湿地环绕的一座岛，建材是 100 千米以外或拖运或滚运来的石头。城市的焦点是一座将近 30 米高的墩台。墩台有个中庭因为有瓷砖铺地而格外堂皇，一般都认为瓷砖拼出的图案是典型的豹脸，只是被刻意掩埋了。其他建筑底下也埋有类似的献礼，也许和教堂地基暗藏圣迹的用意相同。

有一个埋在沙底下的精细模型，也许是为了奉献给神，其中的人物显然正在执行某种典礼，令人想到墩台上可能举行过这个仪式。立起的石碑前有一些脑袋鼓胀变形的人，突显着刻意畸形的头骨。这些人大致围成一圈，除了腰布和耳饰就没有穿戴其他衣物，每个人都张着嘴，体态是放松的，看不出为什么如此。其他作品之中也有这种人物，有的正在献上一名少年豹人——小小的半豹半人，有的举着火把或象征男性生殖器的东西。还有些画面中，他们是跪姿或坐姿，状似不安定，好像正准备通过施展巫术化身为豹。[9]

统治者被葬在石棺里，并以能够长久保存的材质包装成生前的伪装模样：鳄鱼的身体与鼻子，豹的眼与嘴，羽毛状的眉好似举起的手。[10]这种面孔很像奥尔梅克艺术中常见的络腮胡子的豹人，也很像雕刻中的巫医变身为兽的样子。[11]统治者被安放在有大柱子的墓室里，精制的个人配备之中包括玉或魟鱼脊骨制成的放血器。后人仍可看到他们的模样雕刻在来自拉文塔的玄武岩御座上，他们坐在长凳式的御座上流血：让自己流血，或是让俘虏流血。画面中的俘虏作屈从状，无力地倒在御座的台基上，被绳子捆住并拉向一个戴着鹰形头饰、充满威严的中心人物，此人从这群人之中倾身向外，像在告诫什么似的。

这些人类与自然之间的中介物掌管着环境，却不能把文明无限期地延续下去。拉文塔和圣洛伦佐的最后一批大规模建筑，也许是在公元前 4 世纪时所建。下一个阶段的古中美洲文明将退入沼泽区的腹地，进入雨林，玛雅城市的高耸屋顶会伸到树冠之上。我们在继续跟进之前，不妨先去一趟全世界最大、最具代表性的雨林，也就是亚马孙河四周，趁此评估一下这个类型的环境能不能延续定居生活。走这一趟多少可以证明，除了紧邻河岸的地区，雨林深处甚至比沼泽区更难按人类的意愿改造。

亚马孙流域区：雨林的挑战

沃尔特·雷利爵士第一次探险圭亚那无功而返之后，于 1596 年回忆此行的时候说：

> 假使运气好，我原本可以……前往大城马诺阿，或至少可以去其他许多近在咫尺的城市和乡镇，我将获得巨大的成果，但是上帝却不愿在这一次赐我恩惠：假如我有幸能去成，我甘愿毕生在那儿度过；假如有人能去那里并征服那些地方，我敢担保，他的成就将超越埃尔南·科尔特斯在墨西哥与弗朗西斯科·皮萨罗在秘鲁的一切作为……不论哪一位君王拥有了马诺阿，他势必会比西班牙国王或土耳其苏丹拥有更丰厚的黄金、更美好的帝国、更多的城池与子民。[12]

圭亚那雨林里并没有雷利所说的“伟大黄金之都”，也没有什么其他城市，没有证据指出这里曾是他所说的遭驱逐的印加朝廷所在地。但这是前辈探险家的美梦：在“丛林”之中意外撞上某个消失踪迹的古文明。世上尚无第二人拥有像约翰·劳埃德·斯蒂芬斯的经历，他于 19 世纪三四十年代的探险行动，开启了现代考古学界的玛雅文化研究。与他合作的版画家弗雷德里克·卡瑟伍德栩栩如生地捕捉到文化的感觉，玛雅建筑与雕像在四周森林的包围之中若隐若现，森林紧密得如同缠在它们身上。斯蒂芬斯是老练的作家，把每一次发现写得如此令人振奋与得意。读者跟着探险者的眼睛穿越树丛，费力搜寻，到走近了才窥见本来难以发现的遗迹。举例来说，斯蒂芬斯 1841 年到玛雅潘时说：“我们是最早来勘查这些遗迹的人。它们千百年来未受注意，几乎无人知晓，径自与肆意生长的热带植物搏斗。”[13] 自封为“吴哥朝圣者”的皮埃尔·洛蒂完成朝圣之旅的时候，吴哥窟遗址已经闻名于世，他却还能写出突然发现茂盛树木之下有宝物的快感：“我仰望头顶上密不透光的参天大树，猛然看见一个巨大的笑脸从上方俯视我，顿时浑身有如血液凝固了一般。我随即看见另一面墙上也有一副笑脸，然后看见三张脸、五张脸、十张脸，从四面八方都出现了。我正在周围雕像的环伺之下。”[14] 科内利斯于 1814 年被带到爪哇的婆罗浮屠大佛所在地，当时动用了 200 名壮丁砍除树木，6 星期后才露出整体结构的轮廓。[15]

我们标准观念中的“丛林”——热带低地丛生的浓密森林，是不利于建筑、种植以及其他所有文明生活必要条件的环境。这种地方之所以吸引人去，除了秘密城市的传说，还因为盛行一种与热带森林实际情况抵触的印象。通俗的迷思认为，热带森林是无须劳碌的逸乐之乡，张开嘴巴就有熟了的果子掉进来，所以那里的人都很懒惰，欠缺建设文明所需的吃苦耐劳精神；必须等到有不在乎衣裤折痕的“英国老爷”或其他不了解丛林真相的外人到来，才能够扫除惰性，用农庄和城市改造环境。这种印象与事实相去太远，不值得讨论。只有剥削者才会以种族歧视的观点，把被剥削的森林居民视为不知上进的次等动物。

略通事实的人都知道，虽然热带森林多产，但并不能轻易供给大量的食物：因为竞争的物种密度极高，可食用的食物只是偶尔可得。因此，在森林中采集食物的人必须不断移动，经验不足的探险者也会在看似资源丰富的森林中挨饿至死。降雨量大的森林区内沃土很稀少：有益的矿物质在湿热状况下会迅速耗尽；有机层往往都很薄，而酸、铝、氧化铁的含量会很高。[16] 即便在雨林之中，密集的耕作也需要借助灌溉渠道与仔细堆造的园圃，像是古中美洲低地玛雅人所造的那样；否则就得仰赖冲积土，例如，吴哥所需的粮食就种在洞里萨湖岸边，那里气候不那么潮湿，旱季也稍长。

热带森林不论是多产还是险恶，显然都不利于文明生根。甚至有人认为热带森林是主动“去文明化”的：泰山传奇讲述拥有贵族血脉的人因丛林生活变成了猿人，持的就是这种观点。从另一个层面看，泰山的故事提出了另一个主题：森林会颠倒常态。亚马孙的意象也表达了这种意思：最初到来的西班牙探险者用神话中的女战士族群“亚马孙”给这条大河命名，认为这些人就藏在探险队伍无法走到的森林深处。塞巴斯蒂安·卡伯特按这次探险绘制地图时，画出了探险队与这支传奇敌军大战的场景，他们正如许多希腊神庙壁雕中的英雄驯服亚马孙人一般，与这片蛮荒的环境搏斗。[17]

文明在热带森林中成熟的速度的确比在其他环境中缓慢，例如在亚马孙雨林，现在仍住着显然被大自然滞留于所谓低度发展状态的族群，他们有一部分人仍然维持着几千年来不变的生活方式，最近才被巴西政府的“第一类接触”方案纳入记录。然而，不到500年前，亚马孙流域也曾证实文明有可能在其中酝酿。1541年底，第一批西班牙航海者到来：58名男性乘着本地制造的木筏和几艘向印第安人要来或抢来的独木舟，筏子上的铁钉是用碎铁片打成的。他们是典型的被发财梦带来却遇难的寻宝队成员，目的地是位于秘鲁内陆的一处“肉桂之乡”。他们顺着纳波河而下，时而划行，时而拖着舟筏，急于找到食物。按加斯帕尔·德·卡瓦哈尔修士的记述：“结果不如我们所料，我们走了200里格（约500千米）也没找到食物。”然而，“蒙上帝恩赐，我们有了前所未闻的新发现”。这就是从亚马孙河与纳波河交汇处到大西洋的最早记录，航行者途中所见的河岸世界是一处正在萌发且变化多端的文明。

这次探险是意外促成的。故事太精彩，不能略过不提。这一行人本来无意扔下留在营地的同伴，只是因为饥饿才出动觅食，后来觅食失败，也没有力气逆流划回营地，他们被激流冲了几天，一直靠不了岸。加斯帕尔修士说弥撒“如他们在海上时那样举行”，但是没有分圣餐，唯恐舟筏摇晃把面饼掉入河里。1542年1月8日，他们已经在河上漂了12天，靠岸后接受了怜悯他们的印第安人所给的食物。有了体力之后，他们决定继续往下航行到海边，但要为这趟航行造一条双桅横帆船。当下最欠缺的是钉子，于是两名有工程经验的士兵被指派去打造炼铁炉，他们用饿死者的靴子做成风箱，把木头烧成炭以供熔炼使用。除了必要的武器和子弹之外，他们把所有的金属收集在一起，20天内制造出了2 000枚钉子。铁器时代就这样在巴西雨林中展开了。

士兵必须先找到一个食物供给比较方便的地方，才能开始造船的工作。他们始终未能练就精良的觅食本领，还好在印第安人养殖乌龟的人口稠密区取得了充足的乌龟肉，另外也补充了一些“烤猫肉与烤猴子肉”。他们在这里花了35天造船，用浸过沥青的印第安棉花填塞缝隙，“船长向土著索要这东西，他们便送了来”。

因为5月和6月里一再遭遇怀有敌意的舟船，这艘船不久后就变成了战舰。作战时，只能仰赖十字弓，因为弹药老是被弄湿，而这段时期的军粮是他们突袭河岸土著村落抢来的。6月5日这天，他们为那条河命了名。他们在一个村子中发现了一处有防御工事的禁入之地，顶上雕刻着美洲豹。“这建筑值得一看，我们觉得它宏伟非凡，便问一名印第安人这是做什么用的。”他回答说，他们在那里进行崇拜统治者的仪式，而统治者是“亚马孙人”。再往下游航行的旅程中，他们听到谣传说，北方有一个属于女战士的强大帝国，统御了70多个村子，拥有大量金、银、盐、美洲驼。会有这种故事，必然是从西班牙人诱导式的问话和土著们被断章取义的回答而来。这一行人顺流而下的航程估计约有9 000千米远，进入大西洋之后不久，西班牙人勇战亚马孙人的故事就在欧洲流传开来。[18]

尽管亚马孙人之说是无中生有的，但在亚马孙河流域附近存在重大文明的想法却是可以理解的。卡瓦哈尔的记述是亚马孙河生态史研究者的重要课题，那时的当地环境若没有经过改造，很难养活很多人——但可以凭文明的野心改进其生产力。西班牙人虽然“走了640千米”仍找不到野生食物，却也看到了人口稠密的邦国与居民上千的市镇，住在牢固的木制建筑里。这种有发展前途的社会借养殖乌龟和鱼类供给食物，并且耕作一种若处理不当会有致命毒性的苦木薯，但只要将毒液榨出，就是营养成分很高的食品，虽然不过是碳水化合物。[19] 考古学已经证实卡瓦哈尔的记述可能不假，在亚马孙河口类似环境的马拉若岛上，5—15世纪之间曾经有一个喜好建造大墩台和进行土木工程的社会，留下的证物虽然不够做确切的评估，但从现存的遗迹看——包括密集的炉灶群和着色繁复的陶器——却可以与一般被归类为“有文明”的奥尔梅克和密西西比的筑墩者做一番比较。

按河畔耕种者的观点看来，亚马孙河的表现在冲积平原（巴西称之为“varea”）的类别中没有什么特别。水位上涨缓慢，使农人来得及采收作物，之后下降却很快，几天之内就回到最低水位，使耕种可以从容进行。[20] 如果筑起的园圃和堤岸够高，玉米（120 天可成熟，但发芽后不耐泡水）一年可采收两次。然而，整个亚马孙盆地有史以来的主要作物一直是苦木薯，这是“人类所栽培的产量最高却最省力的作物之一”。[21] 有“亚马孙使徒”之称的耶稣会士萨穆埃尔·弗里茨，将 17 世纪末至 18 世纪初的生涯奉献给了保卫河畔教会与抵抗葡萄牙奴隶贩子这两件事。他曾记录了冲积平原上原始文明的残留形态：

> 定居河畔的奥马瓜人拥有种植苦木薯的田圃，住房一般都位于岛上、河滩上或岸边，都是地势低且易被淹没的。虽然经验不断教导他们，河水高涨时他们的田圃会流失，而且时常连吃饭都成问题，他们却拿不定主意是否要把房子和田地移到离河远一点的高地，说他们祖上就一向是栖居在大河河畔的。[22]

弗里茨的无奈，会使许多试图与热带涝区居民共事的西方人也有同感。他们都深信，比较干燥的土地上更适宜耕作安居。但这个错误的想法曾使近代的弗雷德里克·亨德里克岛上许多人赔上了性命，弗里茨自己在 1689 年水灾期间也差点饿死。当时他与更下游的尤里马瓜人住在一起。尤里马瓜人有男女都上战场打仗的传统，他认为这可能是亚马孙神话的由来。弗里茨会沦落到因挨饿做乞丐的凄惨地步，是因为他自己太不懂热带的求生之道，未必能归咎于土著农业技术不佳。[23]

弗里茨注意到，这里的人是在1月和2月采收作物，赶在3—6月的河水泛滥期以前，把玉米储存在住房里，却把木薯埋在坑里，这些粮食坑有许多时候是被水淹没的，粮食可以这样存放一两年。

> 这样埋存的甜木薯和苦木薯虽然可能腐烂，榨过之后却比新鲜的更好吃、更有营养。他们用木薯制酒，做面粉和面饼。洪水未退期间，人们住在垫高的树皮地板上，出入住房都用独木舟。这也不算是异常的事，因为他们的生活永远是在河上礁湖里捕鱼划舟度过，他们的捕鱼划船技能也比世上任何一个民族都要高超。

最初到来的外地人所记录的那些族群，等到一代之后下一批探险者顺流而下时，几乎就都已经消失，下落不明，也许是被探险者带来的传染病消灭了。其实，雨林文化即便在最好的年头也难保长存。

再往森林内陆走，越过奥马瓜式的河岸管理区域，想缔造文明更是危险。西方人以前评论本地农业时都认为，把森林永久清除才能取得可耕土地。如今他们主张推广生态上负责任的“可持续”原住民文化，接受低产量，以采收天然物产为主。“雨林脆果糖”这种政治正确的甜食，便是从味蕾上唤起这种精神：脆果糖掺入冰淇淋或糖果块里，在美国包装出售，这也把森林的形象从幽暗变成鲜艳，激起了乐观的感觉。其实，对鼓吹可持续开发森林的人士而言，本土传统的烧垦农艺招致的反感程度，不亚于那些一心要把森林化为平坦牧场的行为。烧垦几乎是通用例行的整地方式，孟杜库鲁印第安人是代表性的实践者，在塔帕若斯河旁花了3天时间，就把近100米宽的一大片森林全部砍光。他们把砍完的森林放上2个月，晾干后再放火烧。耕种时则是用一根棍子将泥土捅开，再把插条或种子放进土里踩平。燃烧树木可以将一些养分储存回土中。他们有时候还会将砍倒的树木刻意留一部分在原地，一则可以引开损害耕作物的害虫，再则可以让树木再释出一些养分。然而，这样做仍然弥补不了暴露土地所迅速耗竭的养分。将森林夷平之后，腐殖土是无法累积的。这样的烧垦耕作法使得人们必须不断迁移，因为内陆开辟出来的农地，可耕作的时间不超过3年。[24]

我们不免会以为，雨林中的多数民族是在自然条件许可下积极地改造环境。其实有的民族只靠搜寻觅食，可以算得上是顺从自然地生活。不过，大部分的雨林区域都“留有人类的污迹”。所谓“处女”雨林或“原始”雨林之说，往往言之草率。[25]这里的某些文化利用自然的程度，连最初来此的西班牙探险家那样挑剔的观察者都得承认是“文明的”。因此，曾有两个（以任何标准都是）了不起的文明在热带低地的雨林里延续了好几个世纪（这些地方的年降雨量都超过或接近2 000毫米），这也就不值得惊讶，至少不必太惊讶。玛雅文明（在现今墨西哥南部与中美洲）与高棉文明（在现今柬埔寨中部低地）都证实，人类在这么苛刻的环境里也能以极度的坚忍造就非凡的辉煌。

开口说话的石头：低地玛雅

从公元前200年到9世纪，是玛雅社会密集的创造时期，玛雅社群建造了上百个城市，从雨林之中拔地而起，高耸入云。玛雅人也创造了（或是从奥尔梅克的原型成功发展了）目前唯一已能解译的、可以完整表达人类思想的美洲大陆书写系统。因为玛雅人用这套书写系统十分翔实地记录了历史，所以我们对于5世纪科潘（现在洪都拉斯境内）的金刚鹦鹉王朝历代君王的年代，比同时代的欧洲君主还要确定。玛雅数字系统包含了“零”，曾用作天文计算，可跨越上百万年。专业艺术家的作品不论按哪一种标准看都是精美绝伦的：玉雕细如缕丝——只有用玉刀才能刻入这样的硬度，皂石的深纹浮雕肖像，铸工华丽的科潘香炉，陶器和灰泥工艺，细致的瓶上绘画，战争与活人献祭染红的壁画，多样的绘画风格——从写实风到一丝不苟的精确几何形式，应有尽有。

玛雅的世界（至少在文献保存完好的年代）是一个个的城邦，由具战士身份的君主统治。有些君王留给后世的印象十分鲜活。[26]帕伦克的巴加尔（615—684年在位）葬在大金字塔底下，金字塔上刻着他统治朝代的胜利记录。在入殓的石板上，他被描绘成一个神圣王族的祖先。从他腰部长出的一棵木棉圣树似乎根部不稳而倾斜，树干膨胀着生殖力，伸开的枝丫笼罩着世界。基里瓜（有时候向科潘纳贡，有时候与科潘对抗）的君王“卡瓦克天空”（725—784年在位）只统御着一个小邦，却设置了全玛雅世界之中最大的一个仪式广场，在广场上摆放了至少17座表彰自己的巨碑。科潘有一篇全世界最长的碑铭，刻在大阶梯的侧墙上，颂扬着君王的祖德和战功。

我们如果看了大英博物馆展出的残块，用点想象力，就能重建雅什帕萨（763—约 810 年在位）这位君王退入装饰着宇宙神像的内室，从自己的阴茎放血的场景。这个仪式的用意之一是要诱发梦境般的异象，所有的玛雅君主都借此与神祇沟通。君王的妻子也要进行类似的交流仪式，将一条插有钉子的皮带穿过她们的舌头。放血之后的君王要盛装披挂，成为神祇的代理人或化身——例如，雅什奇兰的君王“盾豹”于公元 724 年 2 月 12 日举行这个仪式时，由妻子把豹形面具呈递给他戴上，她的脸上还沾着牲祭的溅血。化为神的君王随即领导全体社群成员执行仪式或展开战役。[27]

最大的一座玛雅城市也许是蒂卡尔，建在现今危地马拉佩滕地区的一片广阔的雨林里。由于考古研究和历史资料相当详尽，我们可以清楚地知道它是如何盛极转衰突然败亡，这种发展轨迹基本上与低地玛雅文明之中的所有大城是一样的。蒂卡尔的历史碑铭上所记的最古老的传奇年代是公元前 1139 年，但是，作为证据的大型建筑大约是公元前 400 年开始兴建的；至于把君王当神一样崇拜的雕像与铭文，是公元 3 世纪才开始出现；国君的名字则是从公元 292 年起才留传后世。

蒂卡尔的人口约有 5 万，簇拥在全城中心的圣殿、王宫、祭坛四周。民居大多是住在紧密的柱墙上覆盖茅草顶的小屋，这种小屋在贵族豪宅墙上的浮雕中明显可见，至今仍是乡村多数居民所住的典型房舍。居民养殖蜗牛与鱼类的狭窄水渠就挖在堆高的农作土台之间，土台上可种植南瓜、辣椒、面包果（面包树的果实如今主要被当作有价值的花园植物），以及最重要的作物——玉米。[28]

玉米是营养与能量效用都特别好的一种食物。欧洲殖民者未到来以前，美洲的多数重要文明都以玉米为绝对首要的主食（见第二、第五、第九章）。玛雅与美洲许多原住民社会一样，把玉米视为具有神圣性的植物。耕玉米田的人是玉米神的仆人；玉米神化为食物牺牲自己，以回报仆人的辛劳，因此人类必须以献祭回敬神的施恩。君王除了在战时率领民众的职责之外，更须担任管理自然界的要务，要献上他自己的血和牲祭（包括活人与动物）的性命（祭品在战争中掳来或在狩猎时擒来）。献祭的动物可能是西貒或鹿，如墨西哥梅里达市一所博物馆里的浮雕所示，猎人将它们扛在肩上，显得非常轻松悠闲；或是年幼的美洲豹，在祭坛遗址曾发现这种骨骸。

19 世纪与 20 世纪大部分时期的学者多数认为，玛雅人是爱好和平与观星的独特民族，受着哲学家兼祭司的治理。现存唯一译解出来的低地区域古文献是关于历法的，而至于揭露王朝血腥冲突的高地文献，则被学者称为晚近的资料而不予重视。尤卡坦的后期城市装饰着极度残暴嗜血的图像，这本应该已经很有说服力，但是像奇琴伊察球场上反复出现的胜利者砍掉失败者脑袋的那种画面，就被认为掺杂了墨西哥中部民族的影响，甚至被当作是象征性的表达，并不是生活的真实。奇琴伊察壁画中的其他战争场面，则被学者归类为对某种神话故事的描述。低地遗址中的君王雕像和石柱则被当成了神像。1946 年，乌苏马辛塔河畔的波南帕克 8 世纪壁画被重新发现，战争场面与俘虏在仪式中被杀的情景，都画得非常仔细，近似真实且有临场感。这无疑与 300 年后的奇琴伊察“战争艺术家”的记录出自同一个传统。

学者对玛雅文字的译解在 20 世纪 50 年代渐渐有了进展之后，玛雅社会的真实本质才被揭露出来。首先发现的是，雕刻文字之中包含大量的真实地名。文字记录的是人世历史时间中发生的真实事件，并不只是星辰日月的天上世界。分毫不差的年代记载、繁复的数字计算和对天文学的着迷，都是为了更重要的俗世目的：为王朝的历史提供架构。碑铭文字细述了君王的在位年代、他们的自残献祭行为、他们的历代祖先、他们参与的战争以及他们献祭了多少掳来的敌人。从前学者认为玛雅人在球场上扮演宇宙天体的运转，此时才明白，球场的真正用途是战士精英阶级的锻炼场地。1973 年在帕伦克遗址举行的会议中，碑铭学家仅在一次集会里就一次性揭露了蒂卡尔城的全部历史，包括 7 世纪的大部分与 8 世纪的一部分时期。[29] 最近却又有人指出，把玛雅人的记录全当作历史也是误导，学者不应忽略铭文所含的传奇性质与宣传意义。[30] 即便如此，揭露一个消失文明的亡佚历史——如同让那些石头里的舌头开口说话——仍是现代学术研究之中最令人兴奋的事。解译战争不断的历史记录，是最磨人的研究过程。

蒂卡尔城因为粮食生产效率高而能动员作战人员，所以在与邻邦竞争领土资源和献祭牲口的战争中拥有优势。后果好坏参半，蒂卡尔变成吸引侵略者的磁铁，也成为本土贵族争夺的一大战利品。公元 378 年曾发生过帝国式的侵略行动，当时有位蒂卡尔的贵族，登基成为邻城乌夏克吞的新王，历史学家按雕刻文字认出这位新王是“冒烟蛙”。此时蒂卡尔的政局混乱。“冒烟蛙”称王时，正好有一位名叫“弯鼻”的统治者发动政变。420 年，“弯鼻”之子“风暴天”却得以从另一个篡位的君王手中夺回政权，并且在他为自己立的大碑上巨细靡遗地为自己的登基辩解。475 年发生另一次革命后，描写君王的方式也有了改变，负责写宣传文字的人会篡改家系宗谱内容。[31]

6世纪时君主更替得很快，显然与经济衰退期有关系。蒂卡尔于562年被敌对的卡拉科尔城征服，记功碑遭毁。除此之外，蒂卡尔在利用雨林环境方面也出现了难以克服的问题，经历了100余年的萎缩期。不过，682年兴起的君主阿可可逆转了颓势。阿可可的名字用图像来表达的话就是一条可可豆荚，可可豆在当时是高价值的商品，在产地以外的遥远北方需求量极大。阿可可时代的中兴，也许是因为改变了利用土地的方式，以生产高价值输出品为主。阿可可鼓吹蒂卡尔的历史荣耀，开创了纪念“风暴天”的信仰，他自己则要在蒂卡尔历史上的重要日子自残流血。他也赞助各种艺术：711年在某个祭坛，刻有歌颂天体相合的玛雅古诗，这可能是目前仅存的一首玛雅诗。最重要的是，他对于建设工作永远精力充沛，蒂卡尔的许多美丽古迹都要归功于他。他为自己建造的陵墓金字塔，在夕阳西下时，从顶端仍隐隐闪现他的巨大肖像所反射的光芒；在金字塔底下，则有180件刻工精美的玉和兽骨陪葬，刻下的是他被神祇接引到阴间的旅途情景。[32]

公元869年以后，蒂卡尔不再有年代记事，也没有碑刻艺品。其原因虽然各家说法不一，包括革命爆发、外力入侵或某种集体心理创伤，但显而易见的是，在艰难环境中求存的奋斗最终还是失败了。从居民遗骸可以看出死于营养不良的迹象。前后大约不过百年的时间，低地区域的所有其他大城都走上了同样或类似的命运。

然而，玛雅文明并未就此告终，而似乎是撤到比较有利的环境，如危地马拉的高地和尤卡坦的石灰岩山地，大城市的生活在这里延续或迅速恢复。有些大城，如伊西姆切与玛雅潘，在16世纪西班牙侵略者到来时仍是重要的势力：这些大城留下了美妙传奇的遗迹，但是并没有表现出低地区域“古典时代”令人赞叹的所有特色。这些城市没有碑铭雕刻，石雕也极少。他们的作为比祖先的单薄，对奢华艺术品和没有实用价值的学术研究的投入也比祖先少。不过他们和祖先是同一族人，神话遗产和记忆可以上溯到古典时代。他们的树皮纸书册记载着和祖上一样的历法，有着相同的历史与预言相结合的风格，这一切从16世纪40年代开始，直到1697年——西班牙人的征服行动终于截断了所有玛雅历史的延续。

低地大城的壮丽再也没有重现：以后聚居的人数越来越少，规模也越缩越小。建筑庞大碑塔所需的人力再也无法凑足，供给专业艺术家和工匠的余钱也不如以前那么多。玛雅文明之伟大变成了一种民间流传的记忆，低地区域的城市都被森林包围而动弹不得——如同中了魔咒的睡美人古堡，要等后世的考古学者再来发现。玛雅的这种结局，以及其他多种特质，都令人想到吴哥古城。

对蛇的钟爱：湄公河的高棉文明

吴哥本身就是一部文献记录：它是全世界最动人、最有说服力的废墟，这座大约在千年以前建立的城市被舍弃了500年，几乎被森林吞噬，却因20世纪考古学的发展而重见天日。吴哥古城唤起了柬埔寨人以祖先为傲的情怀：吴哥窟是全世界唯一被放在国旗上的建筑物。吴哥也助长了一种现代意识形态。对红色高棉而言，吴哥象征着一个孤立的农业社会在酷热森林里可以达到的巅峰状态，并且要把工业科技和中产阶级从这个理想境界剔除。如今游客到此，会深信这里正是文明的定义：宏伟的想象在逆境之中大获全胜。

吴哥是一个极大的文化区域的中心。这个区域从暹罗湾至越南，从西贡到湄南河谷，各处都散落着高棉式的古迹。这是一个有低地意识的文化，被对北方扁担山脉高地民族的恐惧笼罩着，或是处于与之战斗不休的状态。大规模建筑的历史很长，从公元 6 世纪就延续下来，到 8 世纪晚期时建筑工事则尤其密集，大多数都集中在吴哥城及其周围，吴哥城自 10 世纪中叶起一直是历代国王的都城。自然环境被人以灵巧的手段加以改造，按照优质城市的打造标准重新雕琢，就像 18 世纪英国的园林。建设出来的成果井井有条，包括狩猎园、花园以及专门供奉神祇而保留的树林。树林里禁止砍伐与亵渎行为，亵渎者（在此大小便者）要受到惩罚，堕入庙宇中清楚描绘的 32 层地狱。[33] 吴哥地区的一切繁荣都来自农业。高棉与中古时代的东亚、南亚、东南亚的许多国家都不同，它没有矿藏、没有庞大的商船队，也没有重大工业。吴哥因为湄公河的特殊水力现象，享有源源不断的富足。季风雨造成的河水泛滥，连湄公河三角洲也吸收不了，此时洪水便往后泛流至洞里萨平原。土壤因此饱含养分，只要管理得当，能将水引至水库，这里的水稻就可以一年三熟。

高棉的情形与玛雅相似，城市的重心随国君的构想与改朝换代而挪移，于是巨大建筑群就越添越多。基于生态原因，高棉首都只能在相当小的范围之内移动。历任国君都会反复重建圣地与宫殿（而且总是在血腥的王位争夺之后），因此吴哥城区中各处都有神圣水库、典礼中心和祭坛建筑群。其结果与玛雅的情形雷同：来到这里的旅行者常惊喜连连，在始料未及的地方遇见被森林围住、与别处隔离的石雕建筑。还有其他与玛雅相似之处：吴哥的建筑形态虽由层层雕饰布满，好像华丽的衣褶飘带顺着高塔而下，但其实一眼就可看出基本结构中明显的几何形状—— 一切都棱角分明、笔挺精确，在紧密的石制支架上铺开，每座大建筑的架构都由上千根垂直立柱和水平楣梁组成。高棉的城市和玛雅城市一样，似乎是为了户外生活和展示而建。多数建筑的内部低矮阴暗，光天化日之下的大广场和大通道却装饰铺张，使人看得眼花缭乱。闲人不可随意进入的屋室都盖在直长陡峭的阶梯顶上，爬上去费力，走下来也令人头晕目眩。古高棉与玛雅的文化都以碑铭记录天文事件，也都刻下宇宙的运算数字。玛雅古典时代的雕刻和碑铭专注于两个主题：维持历法与歌颂君主。高棉则不然。在高棉，艺术本来是专门用来描绘天堂的，直到 12 世纪，苏利耶跋摩二世才做出当时保守臣民眼中绝对是离经叛道的事：他在他所建的全世界最大寺庙——吴哥窟的墙上雕了自己的肖像。在他以前，只有已故的君王或王室先祖可以成为雕刻主题；从此以后，对当朝君王的膜拜取代了对不朽神祇的膜拜。

苏利耶跋摩的肖像在吴哥窟的一条柱廊中反复出现。其中一幅特别美的造像是为了对抗恶劣的气候，在他周围簇拥着防晒的阳伞和除湿的大扇，呈现出王者之尊。扇子的微风吹动了他臀部的衣袂。[34] 一条死蛇被他悬空拎起，也许是影射他登基的过程：他年少时就跳到御用大象背上杀死了前任国王，篡取了他的王位，“如同灵鸟迦楼罗降在山峰上杀了大蛇”。以吴哥窟的和谐完美体现苏利耶跋摩称王的意识形态是名正言顺的：苏利耶跋摩开创了一个新纪元；开天辟地的景象也在吴哥窟的浮雕中重现，画面中同时还有善神和恶神在较量法力，长生不老的灵药从大海中腾起，开启着婆罗门教宇宙观中的黄金时代。[35]

按印度教传统，黄金时代应该有 172.8 万年。苏利耶跋摩的黄金时代却在 1128 年终结，距他登基的时间也许不到 10 年，从那时候起，高棉就饱尝对越南和占婆一长串陆海战争的败绩。不过，吴哥的壮丽却是每一代君王都在翻新的。1296 年奉命出使高棉的元朝使臣周达观就见识了辉煌依旧的真腊国，国主因陀罗跋摩三世的“销金白凉伞”在众多觊觎王位者的凉伞起落时独树一帜。周达观在《真腊风土记》之中表示，这里“虽则蛮貊之邦，未尝不知有君也”。国主外出乘金轿，以吹螺声前导，宫女纤手卷起轿帘，臣民才看得见金轿之中坐在狮皮上的国主。人们一律伏地叩首，待螺声停止、王驾去远才敢抬头。

周达观称许这种尊崇君主的表现，但他对当地人的一些野蛮习性感到反感，对于人们公然表露同性恋的癖好很厌恶，尤其是他们以此招待中国人时。他谴责真腊的为人妻者不忠贞，与丈夫分隔两周便红杏出墙。他对传闻中请僧人“亲以手去其（处女）童”的习俗十分感兴趣，不过儒家著述中本来就有僧道淫乱的主题，这些传闻未必属实。他对当地的印象都因“地苦炎热”而大打折扣，他认为是天热导致“每日非数次澡洗则不可过”，但过度浸浴又会致病。他与高棉人一样担心森林与山区的野蛮人来袭，那些人总用弓箭、矛枪、毒药互斗。从他描写都城庙宇的文字可以看出，他很欣赏这种都市风格。

他细述都城城墙长 20 里、有 5 个城门的盛景之后说，“所以舶商自来有富贵真腊之褒者，想为此也”。他放眼所见，处处都有耀眼的黄金饰物。这证实高棉的出口货物价值不菲，因为高棉国内并不产金。城中东边有一座金桥，桥的左右立有金狮，桥墩饰满佛像。

城中央有一座金塔，另有一座铜塔比金塔还要高。王宫又在另一座金塔之上，据说，国家政局能够稳定，是因为国主每夜在塔上与一个九头蛇精交媾。这种传说的由来可以从真实的高棉习俗中得到印证：国君的形象（代表国君的正当性）被嵌在雕刻的阴茎之中，阴茎象征赐予正当性的创造万物之神。这正当性的表征存放在都城中心的一座高塔里，这里是宇宙中心的象征，国君在此与神祇秘密交合。吴哥到处可见蛇的意象，使周达观相信蛇应该是神祇。[36]

晚近高棉历史有很大一部分可以从周达观的记述中读出。多数他所赞赏的石塔金塔是在约 75 年前去世的雄主阇耶跋摩七世在位期间建造的。他特别仔细地描述了大吴哥城的城墙、城壕、南城门、巨塔，但大吴哥城只是浩大建筑行动的一个中心点而已。这个大计划是在都城周围建起庙宇、宫殿、馆驿，以及（据说）上百个医疗所，它们都用巨大的人面装饰。塔布茏寺有一座刻着阇耶跋摩公共卫生政策的碑柱：

> 百姓患病为他带来的折磨甚于他自身患病，因为臣民受苦就是国君受苦，比他自身受苦尤甚……满怀慈悲的国君表达了意愿：我但愿能借此一善功拯救所有生灵脱离苦海；但愿柬埔寨的所有国君为此一大任奉献，在我的基础上继续努力，为他们自己、他们的子孙、他们的妻妾、他们的臣子、他们的朋友成就一个永无病痛的解脱节日。[37]

医疗方面所分配的资源显示高棉的财富根基有多么雄厚：每年 11 192 吨白米，由 838 个村庄的 81 640 个进贡者缴上，另外有 2 124

千克芝麻，105 千克小豆蔻，1 543 千克肉豆蔻，48 000 剂解热药，1 960 匣止血膏药，以及等量的蜂蜜、糖、樟脑、黑芥末、莳萝、芫荽、茴香、姜、辣荜澄茄、香根草、肉桂、苦榄仁、枣醋、莲子。

最有效的预防方法就是祈祷。1186 年，将阇耶跋摩之母供奉为“圆满智慧”形象的塔布茏寺落成，庙宇的基台石碑就说明了它是何等富裕。3 140 个村落被赋予供应的责任。捐献物包括一套重达近 500 千克的金器，差不多等量的银器，35 颗金刚钻，40 620 颗珍珠，4 540 颗宝石，1 只大金盆，876 件中国幔，512 张丝垫，523 把阳伞。这个有 5 000 人常驻的固定机构，每日还有白米、黄油、牛奶、糖浆、油、种子、蜂蜜等需求。供奉太后庙每年所需的物品有蜡、檀香、樟脑，以及 2 387 套供 260 尊神像穿戴的衣服。碑铭的结尾说：

> 国君做了这些功德，怀着对母亲的至孝祈祷：但愿吾母因为我的诸般善行功德，得脱离轮回之海而成佛。[38]

佛教在此时成为国教，多少与阇耶跋摩妻子的虔诚有关。因为阇耶跋摩“步上圣贤之道，行走于痛苦的烈焰与忧伤的海洋之间”而不在她身边，[39] 她就靠信仰求得慰藉。巴戎寺——周达观所说的“金塔”——坚固的中心令人想起古高棉都城的墩台；内室里却没有前朝供奉的印度教天神的神像，只有一尊象征开国君主的佛像，这位开国之君的形象也雕在外墙的壁缘上，“望向四面八方”。印度教扎根本已很深，在周达观到访的时期，高棉才刚从阇耶跋摩开始，转向以佛教为主的宫廷文化。

吴哥城的蓝图与寺庙相同，都呼应了印度教与佛教宇宙观的神圣设计：中央的大山，轴心相同的建筑列，岩石的外墙，周围环绕的水。大自然只是神祇粗凿过的，必须由人类加以规则化，才能够符合神界的理想。11 世纪的印度建筑师拉马钱德拉·考拉查拉从奥里萨邦来到吴哥，奥里萨邦内有穆斯林统治下所建的最上乘的印度教寺庙。考拉查拉所见到的吴哥建筑基本原则是：

> 造物主……按尺寸与数字拟订了宇宙蓝图……他是建庙者的原始依据与榜样，建庙者也要集建筑师、祭司、雕刻师……于一身。这个小宇宙必须以大宇宙为准而定位……必须与太阳的轨道以及诸天体的运行一致……一座庙宇的蓝图绝不是用量尺就可以完成的单纯算术工作，而是将日月星辰的不同步运行纳入一个综合体……因此也象征着日、月、年所有周而复始的时序。[40]

优陀耶迭多跋摩二世建设的 11 世纪吴哥都城，以一座塔为中心，塔上刻着典型的碑文："他认为宇宙的中心是须弥山，所以应该在都城中心立起须弥山。"[41] 阇耶跋摩七世在大吴哥城四角设置的碑铭，也遵照这个传统，把中央塔、外墙与城壕尊为神圣："第一座山峰穿入云霄，其他的伸入蛇蝎世界的渊薮；国君兴建的胜利山与凯旋海都象征他伟大的功绩。"[42] 阇耶跋摩在位期间，缅甸的婆罗门学者仍可以到柬埔寨接受许多"著名的吠陀经专家"的教导。梵文碑铭自 1253 年就从邻邦占婆消失了，柬埔寨的梵文碑铭却一直延续到 14 世纪 30 年代。[43]

后来，吴哥城的大规模建造停顿了 100 多年。红色高棉的宣传不足取信，吴哥城并不只是一个向内看的农业社会。巴戎寺有一处浮雕呈现了东南亚的海上世界：海中游着大群的鱼，海上满布着渔船、有华伞的游乐船，以及船体吃水很深的战舰和商船。高棉也是这个世界的一员，但没有像中世纪晚期的室利佛逝和满者伯夷那样积极从事远途贸易（见第十三章）。吴哥的统治阶级也不可能无限制地养着庞大军队，或是像以前那样投入庞大的奢华建筑计划。高棉用稻米换黄金越来越难，因为自 12 世纪起，东南亚其他地区的稻田面积就越扩越大，在统治阶级和宗教机构的赞助下，当地人民用新技术改造天然条件不如吴哥的森林。当泰国人的财富、动力、侵犯行动都在扩大的同时，高棉人却停滞了。到了 15 世纪 30 年代，泰国人把能带走的战利品全部带走之后，高棉人缩小了领土范围，以金边为中心，把吴哥扔给了森林。

死亡之城：贝宁

令探险家失望的是，热带非洲根本没有像蒂卡尔和吴哥这样的地方；但是，非洲有贝宁城。欧洲向海外扩张的最初几百年中，贝宁的壮丽纠正了白人的观念，使他们不再随便断定黑种人没有创造文明的能力。中世纪马里文明的耀眼光景，曾经掳获 14 世纪西方基督教世界的想象，却在双方有了接触之后消逝了（见第三章）。葡萄牙国王曾以平等地位对待刚果国君，地位够高的黑人贵族也能担任神父和主教。然而，接触多了以后，情况就改观了。当地的葡萄牙人往往觉得土著粗鄙。就连宏伟的埃塞俄比亚也无法令人满意，毕竟此前祭司王约翰的传奇将欧洲人的期望拔得过高（见第十章）。

16世纪70年代的葡萄牙侵略者征服不了穆塔帕帝国，西方文献之中却把这个地方说成是奇风异俗的野蛮之邦（见第十章）。

不过，贝宁却有很长一段时间免于这种普遍的鄙视。1668年一位荷兰雕刻师的作品中，贝宁城看来广阔而方正，尖顶建筑显得庄严堂皇，尖顶之上有巨大的鸟雕塑，这是传说中的天界信使，仍可在现存的铜器之中看见。有一件现存的古物是本地制造的贝宁王宫模型，墙壁装饰华丽，中央御室之上是雅致的圆锥形屋顶，证明荷兰雕刻师的制图虽然夸张了一些，却是有事实根据的。[44]

贝宁于15世纪初开始从一群较小型的社群之中兴起，以后逐渐声名远播。[45]这个城市即便有值得称道之处，能受到欧洲人重视仍是令人意外的：因为太炎热又太潮湿，容易滋生热病，气候不利于文明发展。每年降雨量高达2 000毫米，王宫里有储雨的蓄水池，下大雨时的巨响把上朝的言语声都淹没了。自1538年起就有记录指出，[46]宫中有以人献祭的习俗。贝宁的建筑虽然牢固宏伟，印着浮雕，有铜质的装饰板，但却是土造的——欧洲的建筑标准一向认为泥土是劣质建材。但是在正值贝宁全盛期的15世纪，欧洲人对贝宁有了兴趣。在欧洲人心目中，贝宁是尼日尔河下游诸城邦中战斗力与艺术都特别杰出的一个。战争与艺术都与崇拜君主相关，君主被尊为具有神性的存在，据说不需要吃饭睡觉。

贝宁工匠最擅长的两种工艺都融入了祭坛奉献之中：富于表情的铜制人头，呈现着国君与太后风格化的肖像；自18世纪中叶起，又有了精雕象牙，如羽饰般插在铜制的中空人头顶上。贝宁并没有书写文字，王宫的装饰板（铸着宫廷景象和重要战争场面）却“有如卡片索引一般，每有礼仪上的争议，就根据它来断决正误”。[47]

祭坛的用途如今已不可考，兀鹰在祭坛上啄食被捆住、被堵住嘴、被肢解的战俘。矛、盾、剑和斩下的人头装饰着祭坛的摆设。大型的土木工程是“一项记录，记载着半分散社群融合成都市社会的漫长过程，这个社会需要都市层级的防卫”。[48] 大约是在15世纪中叶，小社群逐渐集成大社会，贝宁从此成为一个进攻性的国家，渐渐从外部攫取臣民、贡品、奴隶。到17世纪初期已扩大到800千米以上，触及尼日尔，到达海岸，把贝宁河湿地森林纳为殖民地，向西远至拉各斯都有臣属的社群。[49]

为战胜与丰收进行的祭典中除了将活人作为祭品，也使用鳄鱼、泥鱼、可乐果、棕榈叶（象征棕榈酒）和小羊，以及专为适应森林而养育的牛。[50] 这些都是典礼用的食物，很费心地包装，而且很节省地食用。可乐果由御用的侍从毕恭毕敬端上，这种香料味道苦并且有刺激性，由国王分赠给觐见的酋长。[51] 从16世纪初期起，山药就成为主食。贝宁不是因农业而是因商业致富的。奴隶买卖不是重要的商业项目，不像在邻邦达荷美那么重要，这是因为贝宁人宁愿把多余的俘虏留着自己用，或是因为欧洲奴隶贩子宁愿在海岸收购奴隶，这样做折损率比较低。贝宁的矿产不丰，大部分所需的红铜以及工艺品使用的所有黄铜都靠进口。当地的棉布有时受到青睐，还有被称为带尾胡椒或贝宁胡椒的调味品，至少在吸引欧洲人来贝宁贸易的过程中起了最初的作用。[52] 在19世纪晚期棕榈油买卖量暴增之前，象牙一直是贝宁的最大资源，18世纪的欧洲象牙主要由贝宁供应。[53]

后来贝宁开始走下坡路。贝宁的“奥巴”（即统治者）在17世纪变成游手好闲的人，不上战场，退缩到仪式里，在王宫里足不出户，赌博中把大量珊瑚珠挥霍掉，只顾与后宫的500名妃嫔享乐。阿肯祖瓦一世是17世纪90年代一位雄心万丈的奥巴，他开启了贝宁的复兴时代，却也引发了内战，使贝宁对其臣属社群的影响力变得更弱了。[54]现存一些最精美的艺品似乎显示着贝宁在18世纪时曾有过繁荣再现的光景。贝宁从未仰赖奴隶输出赚钱，所以没有受到奴隶买卖衰退的影响；其他国家在19世纪中叶经济瓦解时，贝宁全身而退；某些竞争对手国因为棕榈油市场需求量渐增而兴隆起来时，贝宁却退缩至一种自我孤立的姿态。

贝宁如此不热衷贸易，成了英国人介入的理由。19世纪执行方式更趋残酷的活人献祭，给了英国人借口。1891年夺得王位的奥丰拉姆温试图公然对抗英国，可是他连自己的国家也控制不了，想撤除不听命的酋长也力不从心。1896年英国传教士被屠杀虽未经过奥丰拉姆温的许可，[55]但英国人的还击却势在必行。英国的报纸宣称这次征服贝宁是"一场圣战"，是"对抗死亡之城的光荣事业"。[56]对贝宁采取报复行动的英军之中有人拍下照片，显示这个城邦正走向衰败，王宫在被英军的大炮打得稀烂之前就已经倾颓倒塌了。

热带低地的每一个文明或原型文明，都在未成熟或从宏伟转向衰弱的时候被扼杀，巨碑高塔都被森林吞没或沉入沼泽地。热带的某些低地虽然提供了丰富的生活工具，但自然环境的状态大都不稳定，文明是脆弱的。几乎每一处环境中的每一个文明最终都被自然征服，化为废墟。但是，热带地区某些文明能够持续那么久，表现得那么辉煌，已经比它们最终的衰亡更令人惊讶了。在雨林和沼泽地建立文明的办法，有某些明显相似的地方：吴哥的风格会使人联想到玛雅；奥尔梅克与玛甲哈罗的土墩也彼此相似；贝宁文明的政治是城邦之间相互竞争的世界，令人想起玛雅的政治生态。不过，差异比雷同更为明显。想要探讨热带地区有文明雄心的民族为什么成果差异这么大，也许不可能找出令人满意的答案。为什么弗雷德里克·亨德里克岛上的人做不到类似的水平？玛雅人怎能超越特别困难的雨林环境限制，达到其他雨林环境都达不到的成就？唯一可以与玛雅相提并论的成就，发生在环境条件明显好得多的吴哥城。为什么有些雨林产生了伟大文明，有些雨林只被居民稍做改造，有些雨林里的人只会游走觅食，安于自然所给的一切，并不试图改善环境？这些问题仍然无解，我们却可以特别强调一个结论：文明雄心不断在热带低地出现，而且往往成绩不错。在雨林和沼泽地环境出现文明会令我们觉得意外，好像“消失在丛林里的城市”忽然现身。不过因为这种意外频频发生，我们多少有点料到它会出现。

第四卷

发亮的泥地

渐干气候里的冲积土

THE SHINING FIELDS OF MUD

Alluvial Soils in Drying Climates

IV

美妙的泥巴！

——

迈克尔·弗兰德斯（Michael Flanders）

与唐纳德·斯旺（Donald Swann），

《河马之歌》（"The Hippopotamus Song"）

我知道尼罗河。

当它被引入田地，

它便将生命赋予每一个鼻孔。

——

库努牡神庙石柱铭，

传为法老王左塞尔（Djoser）所立

第七章

荒凉平坦的沙地

误导人的近东案例

| 恰尔尚巴冲积平原

| 约旦河谷

| 苏美尔与埃及

播厥百谷。

实函斯活，

……

绵绵其麃。

载获济济，

有实其积，

万亿及秭。

……

匪且有且，

匪今斯今，

振古如兹。

——

《诗经·周颂·载芟》

在阿富汗的一天早上，我遇见了一列男子，穿着鲜艳的缀绣外套、灯笼裤、尖头鞋。他们带着两面鼓，唱着跳着，挥舞着镰刀。一群妇女跟在后面，都裹着披巾，显而易见也是在欢庆着。我站住用结结巴巴的波斯语问："是有婚礼还是什么喜庆日子吗？"他们露出诧异的表情，说："不是啦。我们只是要去田里收割小麦。"

——

杰克·R. 哈伦（Jack R. Harlan），

《作物与人》（*Crops and Man*）

出产作物的泥土：密集农业的始祖

踩进泥巴，它会吱吱作响，会移动。把泥巴放在太阳底下晒，或是把它用模子做成砖再放进窑里烧，又可以用来建造坚固的房屋。有利的泥土甚至能成为建立文明的基础：富饶的泥土里面流动着生命，能塑造把它放入模子的社会，带给社会集体回报，这回报包括可经营管理的食物资源。在古代美索不达米亚，打造建庙宇用的第一块砖乃是国君的职责。阿卡德印章展现的就是神祇用泥土创造世界的景象，诸神把泥土混合好，带着泥土登上梯子，再把泥土制成的砖抛至已砌好的一层层构造之上。[1]

洪水退下之后铺在陆地上的泥土，含有供给作物生长的丰富养分，定期泛滥的河水带来的淤积泥土尤其富含养分。这种泥土最方便利用：不用犁耕就可以栽种作物，也容易揉捏堆积做成非天然的砌块与堤墙。冲积平原可以养活稠密的人口，如果有强势的统治阶级规划农业，收获更不成问题。掌控粮食生产与分配的人，可以利用自己的财富来实现理想中的环境，把泥土的景观打造成城市，建立大厦巨碑，累积闲暇，雇用能读写的阶级，出钱赞助艺术。

文明并不是“起源于”冲积土壤（虽然冲积土壤有利于文明壮大），农业也不是。但是这种环境的确能孕育某种类型的农业，孕育的农业又可滋养某种类型的文明：这类文明专门进行栽培一两种主食谷类的大规模量产农业，在土地上挖出疏洪沟渠和灌溉水道，在地貌上划下刻痕，塞满“非天然”的作物——因为它们不靠人为力量就不会进化也不能存活，所以是“非天然”的。这种农业是文明冲动的极度表现，喂养了拥挤、都市化且受到高度管控的社会——是人类的群居地，是集体目标的专制。

有人说，这种社会的“水利学”把它们变成了专制社会。[2] 以比较公允的观点来看，可以说这类社会是典型的乌托邦：按理想构建，被经验定型。管理水利之复杂不易（或更概括地说，对抗自然之不易）使这种社会任由组织群体的知识宰割，为了获取与处理得之不易的粮食时也会如此。过度调控的动机——比如过度开发环境的动机及其所导致的衰弱与灭亡——都深藏在人的野心之中，这野心就是追求文明的冲动。

其他环境后来也为了解决大量人口生存与统治的问题而各自诉诸同样的对策（见第二、第九章）。所以，虽然冲积土地特别适合密集农耕，但古人为什么会开始从事密集农耕却不是只凭冲积土地的属性就能解释明白的。我们自己的农业就是古代农业的直系后裔：我们种小麦的大草原就像古代农田的放大版。因此我们不难理解，研究者为什么在不久以前一直认为，上古的务农祖先是在努力要做到和我们一样：我们给自己的评价最高，所以认为以前的每个步骤都是进步，每一步当然都是经过理性判别的后果。可是，我们对于冲积谷地文明的早期农业知道得越多，就越会觉得任何社会都不应该放弃在富足环境之中狩猎采集的“原始富裕”生活。为了获利微薄又费力费时的农业而放弃狩猎采集，其实是自讨苦吃。[3]

在传统研究里，没有人问过人类为什么想要发展密集农业——因为认定这是理所当然——而只问这样做的主意如何产生，就好像这有什么革命性的意义似的。[4]如今我们已经知道，从采集到耕种的转型在各式各样不同环境中频频发生，而且是各自自行发生，其中多数趋于更加密集的形态，这样看来转向农业就不再显得奇怪或异常了。冲积土壤上的农耕趋于密集也不再像是革命性的一步，因为农耕和采集都是管理食物资源的连续进程中的一部分，很难划分彼此。[5]一位现代大师说得很好："即便最简单的狩猎采集社会也很清楚地知道，种子栽下去是会发芽的。"[6]古代冲积谷地的农艺不过是这个连续进程中的另一个部分——只不过比其他部分更令人费解罢了。

耕种者赖以生存、作为主食的栽培谷物，每一种都比原来的野生品种的营养成分低，不过每个耕种单元的产量比野生品种的多，食用前的准备工夫也比野生谷所需的少。可是，准备食用之前，这些作物必须被栽种和照顾，这是非常累人的工作，耗费的时间和力气都比采集野生谷类更多。仰赖农作物将使食物种类变少，遭遇饥馑与疾病的概率升高。栽种者必须与寄生虫作战，灌溉水渠会滋生病源，定居人口拥挤在一起，也会成为有害微生物攻击的目标。人口出生率提高（这是社会农业化过程中的一个特征）对于致命的病毒有利，因为没有免疫能力的罹病者源源不断。[7]同时，狩猎本来是每个人都可从事的消遣，在农业社会里却变成统治阶级的特权，大鱼大肉也变成权势阶级才有的享受。文明带来的其他精致事物（如为满足权势阶级而耗用全民资源建造的高塔巨碑），对大多数平民而言不过是更辛苦的劳役与更残暴的苛政。[8]

这样说并不是浪漫的伪善，推崇以狩猎采集为主的杀伐社会。

从以前到现在，那种社会始终是血迹斑斑，和仰仗量产农业的社会一样不平等，只不过不平等的模式有异。[9]密集农耕者舍弃的不是黄金时代的纯真，而是一些实实在在的优势。农艺学家杰克·哈伦是历史生态学界的先驱，他的说明是最确切不过的：

> 人种论的证据显示，不务农的人也做农人所做的每一件事，但是工作不像农人那么辛苦。以采集为生者会用火烧的方法清除或改变植被，会播种、种块茎庄稼、保护庄稼，会拥有土地、房屋、奴隶、一棵棵的树，会在第一批果实成熟时举行仪式，会祈雨、祈求丰收……他们会采收禾类籽实，会打谷、筛糠、把谷粒磨成粉……他们会挖植物的可食根与块茎。他们会将有毒的植物去毒食用，萃出毒来捕杀鱼或猎物。他们熟知各种不同的药用草木。他们理解植物的生命周期，知道四季循环，也知道什么时候可以在什么地方轻易收获大量的天然植物资源。有证据显示，采集者的饮食优于耕种者，采集者饿死的事例少，他们的健康状况普遍较佳，罹患慢性病的例子较少，蛀牙也远比耕种者少。
>
> 我们不禁要问：那么为什么要转而务农？为什么放弃每周只工作20小时与打猎的乐趣，换取长时间在烈日下劳累？为什么要以更辛苦的工作换来养分较差且供应更加起伏不定的食物？为什么甘愿承受饥馑、病疫、害虫和拥挤的生活条件？[10]

如果想对这些问题避而不答，那么你可以说农业密集化是不可避免的过程，是“历史轨迹”或必然“进步”的一部分。但是历史是没有轨迹的，没有什么事是不可避免的，至于进步，大家仍在等着瞧。常见的一种回答是，本来漫无系统的务农者是因为需要新的资源才开发了技术，而需要新资源是因为人口增加，或是因为人们已经把其他食物资源捕猎殆尽。[11]可是这些理由显然与事实发生的时间顺序不符。狩猎目标绝迹（或显著减少）的事实，没有一件是在这种时候、这种地方发生。最积极的农耕文化确实会有人口增长的现象，但人口增长大多数是农业密集化的结果，而不是原因。[12]人口压力可以解释为农业密集化不可逆转的缘由（逆转会酿成灾难），却不能交代密集化是怎么开始的。毕竟，只有在资源充裕的地方才可能进行密集农耕，与其说是资源不足导致密集化发展，不如说资源充足才是密集化的先决条件。

用各种唯物论都解释不清大规模农业的起因，研究者就只能转而诉诸宗教，或是从整个文化之中寻求原因。只从理性着手，或只按经济学家所说的合理性观点来解释文明，实在是走错了路。我们已检验过经济自由主义，结果却发现它的作用充其量只达到尚可的水平。[13]既然如此，我们大可抛掉有关人性的一种最难缠的古老迷思。其实人并不是经济的动物。我们做的决定并不一定是受利己之心的引导，集体做的决定尤其不是。懒散与任性是比利己心更普遍存在的人性特征，人们在寻求长远利益的时候，几乎都不会选择一个必须立即牺牲时间或自由的方法。总之，任何人只要能根据事实做一下投入产出比的计算，就绝不会推动或忍受幼发拉底河、尼罗河、印度河、黄河诸谷地所仰赖的那种农耕系统。

因此，有学者认为古代人选择农业是宗教信仰的反映，我们不禁会对此表示赞同。[14]犁田或刨穴之后再播种、再灌溉，都是含有很深的“崇拜仪式”意义的举动：这是神的诞生与滋养的仪式，人需要的食物就来自这位神，是交易的献祭——以劳力交换粮食。许多文化都把种植粮食的能力说成是神的恩赐或诅咒，或是某个文化英雄从诸神那儿盗取的秘密。驯养的动物既可充当食物，也可用作祭品或用于占卜。许多社会都栽种一些只送上祭坛而不端上餐桌的植物，例如熏香、致幻药草，以及安第斯高山社群当作祭品的一种玉米（见第九章）。作物既然是神的象征，耕作就是一种崇拜。

某种农艺或农业体系如何起源，不能够放到实践这种农业的社会生活以外来看。如果只估算物质上的优缺点，往往不容易找出文化上的原因。以往啤酒花收割一直是传统的英国劳动阶级假日活动。“晒制干草”（making hay）——这可以说是劳动之中不那么令人讨厌的一种——到现在仍是指“痛快地玩”的俚语。在本章开端引用的哈伦的一段记述中，准备收获作物的阿富汗人都盛装前往，并怀着娱乐的心情。收获时节是集体欢宴感恩的日子，也是使社会团体排除歧异、展开两性追求和化解仇恨的时机。迫使人民修建灌溉系统的那些“东方暴君”都知道，集体劳动经验有助于社群的巩固。他们诉诸的道德规范，颇似如今一些不顾公民道德缺失而发起社区活动的好事者。非理性的辛苦劳动——例如，本书第二章开头讲到的那位小说人物要在菲尼克斯再建巨石阵——可能有良性作用。劳动生产的粮食让大家食用，这又开启了建构社会的另一个契机。因为，某位大贤曾说过：“如果灵魂就像肠胃，心灵交流除了一起吃一餐之外还会是什么？”借欢宴来凝聚的社会，借慷慨排场而蒙利的领袖，都必然会觉得密集农业和庞大的粮仓是有用的。不同凡响的浩大文明乃是被一种有乐共享的特定情感所带动。[15]

人们针对环境做出的选择受文化的影响多于理性判断，文化的影响甚至比物质的危机还重要。所以，农业不一定在有利于农业发生的地方出现（所谓有利，是依理性判断或决定论所预料的标准而言）。美国加州和南非都有一些堪称全世界最肥沃的农地，如今正栽培着一些全世界最美味的水果和最具经济效益的葡萄园。这两个地方都自几千年前就吸引着人们来定居，但早在最原始的农耕出现之前，南非开普省的科伊科伊人始终停留在畜牧上，没有“进步”；加州有来源不同的各族人群，他们维持狩猎采集的生活方式不改，而附近索诺拉沙漠比较恶劣的环境里却早就有了农业。

这倒也不怎么令人意外：环境既然合你的心意，何必修改它？在其他环境之中选择农业的人做出的决定才令人意外。除了黄河谷地的情形比较特殊之外，就所有密集农业区域而论，开始发展农业时的气候都非常干燥，如果不引河水进行灌溉，根本无法维持密集农业，只够简易型农业之用。然而这里的人并不是非务农不可，尤其不是非得从事密集农耕不可。这些地区包括各式各样的微环境，有些地方多的是可捕猎的野味，有的地方有野生谷类，很方便用传统采集者的方法收获。[16]

我们试图理解最初将农耕密集化的人究竟有什么打算，应该从三个脉络着眼。第一，这些社会中的农业是文明的“套装”或“症候群”的一部分，满足了人们将大自然文明化、歪曲变形、重新着色、加以抑制的欲望，是把城市的几何图形带进田野的战果。第二，我们所说的这种农业可能是社会变迁的结果，而不是原因。姑且不论生产粮食的原始方法是什么，生活在携带淤泥的冲积平原上的人，必须以集体行动管理洪水才能过得安心，因为野生粮食和居住地需要通过排水沟和堤坝加以保护。即便是被竞争者从猎物充裕的狩猎环境赶出来的人群也是如此，而且可能大多如此。我们可以严肃地推测，最初跑到冲积平原河岸定居的人说不定是难民——按某种粗糙却明显的标准看来，他们反而是比周围那些“野蛮人”差一等的人。

第三，有一个众所周知——却从未在这个前提下引述——的实例可以作为参照。这个例子就是19世纪的欧洲人对工业化的选择。那时候的乡村农民生活虽然不是温饱无虞，却比在都市工厂为了赚一口饭吃而过着穷苦、肮脏、畜生般的生活要好。前工业化时代的手工业虽然必须经过学徒阶段，永远待在社会底层，却多少有自主权，有控制自己工作环境的能力。虽然工业化改善了长期的生活水平，工人们被迫的牺牲却不是无私的殉道行为，他们根本就是被愚行和贪婪活活地当作祭品：他们的生活完全被摧毁，他们的身体生长受阻、饱经虐待，他们的童年被剥夺，心灵在可怕的“适应期”受尽折磨。

早期纺织厂里的呼吸环境造成的影响有多恶劣，从不容置疑的客观数据可以看出：汗流不止、身心倦怠、肠胃不适、呼吸困难、动作费力、循环不良、心智麻痹、神经衰弱、肺部侵蚀，以及有害的机油与染料引起的中毒。19世纪中叶的工厂照例都要求每天工作14小时，甚至16小时。医疗当局早知道，工人容易生病的主要原因之一是饥饿导致的抵抗力下降。早期工业化都市的贫民区都是可怕的疾病温床和治安死角。贫民区人口是从农村连根拔起迁来的，脱离了故乡的生活节奏，陷入工业经济中最劣势的不稳定之中，可能一夕之间就会一无所有。[17]

然而，正如大规模农业的兴起被归因于理性与必然的进步，大规模工业的开端也被称为人类势在必行的一步，甚至连批评工业革命早期恶行恶状的人士也不例外。例如19世纪欧洲的社会主义者，虽然痛斥工业化残害工人的生命，却为历史迈向这个注定的高峰而喝彩。如今我们还在清理工业革命的残渣，追究进步论谬误的人却更少了。当初发明蒸汽动力的那些人，现在不大可能被尊为智能或品德高人一等、想象力略胜一筹的人，同样地，早期引入密集耕作的人也一样。

工业化的缺点会被照单全收的原因，也可以帮助我们理解大规模农业为什么会在倡导它的社会里被容忍。事情其实是悄悄发生的。最初的阶段是良性的，一旦势头聚积形成剧变，弱势者的健康与幸福就会一股脑儿地被牺牲。工业化的这种过程，可以从目睹它发生的画家所采取的观点看出来。18世纪晚期的画家全都以单一而又浪漫的视角看待工业化，就像独眼巨人所见的火神伏尔甘的熔炉。例如杜拉莫笔下的18世纪60年代的罗马硝石工厂和卢泰尔堡1801年所画的煤溪谷，图中大火炉冒出的毒臭烈焰似乎更像是田园诗背景里的一股神威。后者现存于伦敦的科学博物馆，旁边还挂着记录工业革命后来发展的其他画作。在威廉·伊比特的笔下，19世纪中叶的谢菲尔德好像一座乌托邦城市，与周遭的山峦融为一体。50根工厂烟囱和教堂的尖顶平行，整齐划一的绿色色调没有被冒出的烟破坏。画中的矿场和铁路组合成另一种市集风景，到处是轨道和厂房。前景有工人们在悠闲地歇息，有儿童在嬉戏，有一个中产阶级家庭满意地望着这座城市。再看劳里1922年画的无名城市，反映的是19世纪后半期工业化程度扩大、脚步加快以后的情景。除了大团黑烟后面露出的一小片昏暗天空，看不到一点大自然的痕迹。火柴棍般细小的人们脸色苍白、面目模糊，在煤气灯影下呆板地活动着。幽灵似的大教堂在背景中朦朦胧胧，就像当时快要撑不下去的宗教价值观。[18]

如今我们仍看得见，古埃及和苏美尔文化的神殿墙壁和壶罐上有宣扬大规模农业的画面：圆鼓鼓的面粉袋、体态完美的农民、花木在树荫下抽芽。[19] 农业的早期阶段应该有过多样而富足的成果，可以证明这些画面不假。后来生产粮食的垄断权确立并支配了生活之后，一切才变了质。实行大规模农业的人变得依赖这种农业，一如我们已经变得依赖工业：在越过了一定的门槛之后，一旦农业运转起来，开始刺激人口成长，人口密度就会增加到若不仰赖大规模农业就无法维系生计的程度。

耶和华的园子：冲积土的原型

所有的农业都在修改环境，都表示追求文明的冲动，最积极的莫过于干燥气候区冲积土壤上的农业。这种转变过程的开端如今可以在杰里科和加泰土丘重现。这两个地方有现今所知可以称为城市或潜在城市的最古老遗址，是所谓的“原始都市聚居地”。

古代杰里科城遗址在海平面以下 198 米，靠近地球一处大裂缝的底部，周边无论是看起来、摸起来还是尝起来都不像是能兴旺的地方。如今，这是被魔鬼的气息肆虐过的土地，炎热且散发恶臭，覆着硫与钠的外壳，被一条无情的河浸泡得黏滑不堪，鱼儿顺流而下便死在盐海里。然而这个地方在 1.1 万年前可不是这样：古城墙挺立在广阔的冲积扇上，冲积土是沿着犹大山地涓滴的支流冲下来的，水注入从加利利海向南流的河里。约旦河有很厚的淤泥，河道在古老的泥灰与石膏的灰色沉淀层之中蜿蜒，这沉淀是曾经占据谷地的湖留下的，如今湖已干枯。积淀的河岸形成了《圣经》时代的“耶利哥丛林”，狮子便是从这里上来突袭羊舍，一如上帝警告以东地区要发生的灾难那样。[20] 因此，约旦河谷的这个部分对被驱逐的沙漠居民而言属于“耶和华的园子”，约书亚带领的以色列人便有此说。这座城以前是激烈争夺之地，常被征服，而且有很长时期荒无人迹。这是战略上的要冲，扼守着越过“谷地两边峭壁中的河流切开的裂缝，从沙漠区到巴勒斯坦”的一条路。[21] 想在这里生活的人都得筑起防御工事。

杰里科有“全世界最古老城市”之称，因为它有公元前第十个千年建造的居所。这些住所建得很牢固，墙厚达 60 厘米，用石头作为墙基，再用厚泥叠起砖层。[22] 最初挖掘出来的城垣废墟之中还有高 6 米的瞭望塔，可以相当确定是公元前第八个千年期间所建。[23] 杰里科早期居民的文化已经无法重建，但有些细节却引人入胜。例如，他们会保存人头骷髅，用灰泥往上面模造五官，好像要赋予生命和个性。他们用软玉制造护身符。他们显然用婴儿当祭品，在一只有熟石膏衬里的盆上切下婴儿的头。[24] 他们吃的谷物是从冲积平原天然植被中的大麦和小麦品种里挑选出来栽种的。市镇占地 4 公顷，可以容纳大约 3 000 人或略多一点。即便现在看来，冲积带的范围仍然够大，就算栽种的谷物是一年一获，只要有适量的狩猎畜牧补充，足够喂饱三千之众。[25]

杰里科之外应该还有其他类似的城市，只是尚未被挖掘出来。

一个明显可做比较的例子是7 000多年前建造的加泰土丘。此城用泥砖建在一片冲积平原上，位于现今的土耳其境内。加泰土丘的耕种土地由恰尔尚巴河流域泛滥形成，河水注入的一个湖如今已经消失。这里的作物有小麦与豆类。都市区的面积为13公顷，居民房屋如蜂巢般排列，不是像我们所熟知的以街道相连成列，而是沿着平屋顶的走道成列。房子都设计成一个样子，窗框、门口、炉灶，甚至砖块都有标准的形状和大小。[26]虽然目前尚未发现类似的其他遗址，但加泰土丘应当不是独一的特例。这里有一处壁画，画的可能是另一个相似的城市聚居地；这里也有来自托罗斯山脉，甚至红海地区的贸易品。恰约尼之类的遗址年代比加泰土丘更早，规模比加泰土丘小，却远从约旦河谷与加泰土丘交通往来。像恰约尼这样的村庄，居民会把人头骷髅集成堆，在磨光的石板上献祭。这小遗址令人联想到加泰土丘。

居民通过用工艺产品交换原始材料致富（按当时的标准看），累积的贵重物品中有黑曜石制作的精致刀刃和镜子，还有他们逐渐发展的红铜技术所制造的产品。但是他们始终顺从自然界力量的摆布。他们膜拜强有力的事物，比如长着巨大的角、伸出舌头的公牛，蹲伏的花豹，冒烟的火山，龇牙咧嘴、背鬃直立的大野猪。多数居民在30岁左右时死于自然力的摆布，死后按仪式将尸体喂给秃鹰和胡狼，之后再将骸骨葬入集体坟墓。

加泰土丘城维持了将近2 000年，在使用的水源干枯后走上衰亡之路。即便是在公元前第六个千年初叶的全盛期，也仍是空间很有限、交通不安全。由于资源无法满足这个都市所需，以至于没能造就另一个伟大古文明。多数学者甚至不承认加泰土丘是一个文明，不过，这也许有失公平。[27]

造就无可否认的重要文明，必须仰赖集中的资源，而集中资源必须靠顺畅的交通来促成。人类有史以来对于远程水路交通的依赖几乎从未中断过。航海技术一直帮助着文明向海外伸展。过去 500 多年中，人类发展了跨越海洋的技术。但是，历史上大部分时候是由河川提供长途旅行与贸易的通道，文明形成也都是在河流周围的水道旁。河川提供了冲积土和贸易的通道，故而孕育出一些最灿烂的古文明：包括底格里斯河与幼发拉底河中间的美索不达米亚（大部分在现今伊拉克境内）、埃及的尼罗河谷地、现今巴基斯坦境内的印度河河谷、中国的黄河流域平原。

这四大文明在过去 2 000 年至 4 000 年中或消亡，或改头换面，但是影响力不减，仍在塑造我们观念中认定的文明。我们只要听见“文明”一词，脑中浮现的影像就是金字塔和狮身人面像、下大上小的梯形塔建筑和楔形文字石板、商朝青铜器和万里长城，以及被风吹蚀得几乎没入周围沙漠的废墟。在错误却顽固的传统中，考古学家一直把这些早期的河谷世界称为文明的“摇篮”，认为文明的成果是从这些地方向外传播到全世界。

回到传播模型：大河谷地区

常规的文明史是从这些地方开始的。我在这本书里把这些地方拖到比较后面才讲，把它们和森林、沼泽、沙漠、山地的居民放在一起而没有优待，可能会被人以为是故意作怪或好出风头。其实我这样做是为了突显三个要点。本来这三点应该是由读者自己看出来的，现在为了避免招致误解，我还是自己明说了吧。第一，把文明史按年代顺序编排，必定会有误导。假如文明曾有历史的开端，有一个诞生时刻，我们并不知道那是什么时候。例如，以前人们一向确定苏美尔是第一个有资格被称为文明的文化，这一说法已经被戳穿了。因为我们越来越明白，文明要素的核对表会因为时空不同而有差异。以农耕而言，苏美尔文化比新几内亚（见第九章）和东南亚都晚，可能也比秘鲁晚，而约旦河谷和这三个地区也难分先后。[28] 拜近期考古发现所赐，中国有比苏美尔文化更古老的可以归类为书写文字的实例，东南欧发现的可能也是。世界上最古老的城墙，我们已经知道是在杰里科。最古老的巨大陵墓建筑，按现有的资料可知是在马耳他（见第十一章）。

总之，所有传统认定的文明生活要素，并不是依照你以为那样的顺序演化出来，其发展快慢不一，而且经常会倒转折回。农耕与采集并行的社会里（人类社会大多数是两者兼而有之的），两者的消长没有轨迹可循，不会有某个时刻整体明确倒向哪一方。狩猎者往往会借焚烧、围栏、驱赶等方法来管理猎物的吃草地点。采集者通常会把种子放回土里。安达曼群岛的妇女会在采集野生山药之后把茎叶放回土里，以便“唬住普鲁加女神”，因为野生山药属于这位易怒的女神所有。[29] 20世纪60年代晚期，一些“胡搞的考古学家”在泰国的一处山洞里寻找早期农业的证据，发现了1.2万年前存在窖里的一批种子，显然是准备栽种用的。[30]

第二，取消苏美尔、埃及、中国、印度四大文明一向的首要地位，可以使我们从一个更能理解它们的角度去观察它们。四大文明可能构成孕育文明的一个环境类别，却未必是最优质或最有利的一类。耐心看到这一节的读者应该已经知道，文明的冲动其实到处都存在。凡是人类能栖居的环境，几乎每一个都受到了人类为自身便利而改造环境的欲望的影响。改造的成就无论是在沼泽或泥地上，在森林大雨之中，还是在几乎不下雨的河岸边，可能都一样了不起。

第三，把这四个古老的河谷文明一起放在故事起点的习惯，会助长我所谓的“传播论者的错觉”。

一向都有人在说，文明是“传播”的，而不是因其他方式产生的。我认为这是两种形式的自欺所导致的。第一种是自以为是。我们如果假定（有史以来的人一般都这么假定）我们自己的生活方式代表人类努力的巅峰，我们就必须把这个生活方式说成独一无二的，起码也要说成是极罕见的。这时候，如果我们发现自认为应是独一无二的某件事竟有很多其他实例，我们就只好说这是传播造成的。然而，文明化其实是件寻常事，是再普遍不过的一种冲动，所以几乎每一个可以住人的环境都被这股冲动变了样。面对自然能够谦逊到放弃或严格限制自己出手干预环境的人太少了，远比把自然打碎再照自己喜好重塑的人要少，因此要去解释保守自制的心态，应该要比解释追求文明的心态困难得多。

第二种自欺可被称为迁移主义的谬误，这大大扭曲了前人对远古时代的想象。我们学来的有关史前时代的知识是 19 世纪晚期和 20 世纪早期形成的，当时欧洲正沉浸于自己的伟大帝国时代。那个时代的经验使自封为宗主的民族深信，文明是优越民族传下来给劣等民族的东西。文明的导引力量是征服者、殖民者和传教士。如果任由野蛮民族过他们自己的日子，他们会陷在文化停滞的泥淖里。不言而喻的是，那个时代的自我意识其实也投射在人们对于古代的描述上。例如，人们认为真正造起英国巨石阵的人没有能力实现这样的奇迹——这就如同在白种人眼里，大津巴布韦的遗迹是外来入侵者所留下的（见第十章），或者玛雅城市是在远方力量的指导下造就的（见第六章）。威塞克斯青铜时代早期族长们拥有的大量黄金，曾被假定来自古希腊迈锡尼的国王。爱琴海的精致宫殿生活（见第十一章）也曾被说是抄袭自近东地区。迁移主义的学术研究认为，史前时期的每一项发展都类似 19 世纪欧洲殖民主义，每次重大改变都受惠于文化优越的移民或学者，野蛮世界因为有了这一线光明才迈向文明。由于学者满脑子都是犹太民族的神圣历史和希罗多德的大迁徙故事，当然会对这样的看法深信不疑，还在地图上为文明的进展划定路线。这么做等于帮那个时代的大工程找到充足理由：世界上的民族有优劣等级之别，应按智能划分。[31]

学界流行的说法已经随着文化环境而改变了，以前归入传播论与迁移论的那些发展变化，如今改用“变迁过程”来解释。按此说法，农业不必向别人学习才会，虽然有时候的确是跟别人学来的。在甲地促使农业产生的过程，照样会促使乙地产生农业。书写或类似书写的其他通信方式也是如此。以前被尊为“最初的”或“开创性的”伟大河谷文明，现在不再被认为彼此互有影响，更遑论提供全世界都去模仿的文明范本。[32]

有些关于文明要素扩散的老旧说法，在这番重新思考后仍幸存下来，理由不一。例如，以前常有人说（现在也仍有人认为）书写文字是美索不达米亚人发明的，其他文明中的书写都来自模仿。西方世界的科学和数学，仍被溯源到古埃及文明。印度河谷仍被一厢情愿地奉为印度文明的心脏，虽然根本没有充足的证据。前不久曾经帮助人类驾驭环境并改变世界的大多数重要发明，还被说成是从中国传出来的。

上述的这些传播或其他类似状况，有些的确发生过。文明必须能接纳多种影响，否则就会枯萎或停滞。[33]商朝人很可能从长江流域的文化学到殡葬习俗，从中亚吸收了一些艺术，从草原文化习得如何使用战车，从南北邻邦学来甲骨占卜。[34]但是这些都是非常一般性的交流，不同的文明因此变得更丰富。如果认为除非有古代河谷文明的帮忙，否则自己无法发展出文明，这样的观点是错误的。有人想证明美洲文明是从埃及或中国传入，这未免有些傻气，因为可列举的相同点太少也太不重要。科潘（见第六章）的君王蓄着胡子，威仪十足，却实在不像中国的皇帝。[35]欧洲的大型建筑、数学、天文，早在任何地中海东部的影响传入以前就已经存在。书写文字在相隔很远的地方各自发源，产生的方式也很不一样。

由于我们对早期书写系统的理解不断迅速增进，有关书写文字的发展年代与定义已经乱成一团。一套方法必须能传达多少信息才够资格算是书写（见第九、第十章）？美索不达米亚人的图像书写算是图画还是书写？[36]为了回答这些难以捉摸的问题，不得不彻底修改传统传播论的陈述。直到公元前第二个千年的商朝甲骨文时代，中国文字才有清楚可读的形态；黄河以南的半坡遗址所发现的陶器可以证明，中国早在公元前第四个千年的时候就有了记录信息的符号系统。这些符号可能是数字或是制陶匠的辨识记号，因为符号简单，一次只有一个，并没有连接起来的文意可言。那么，这是书写吗？抑或是算不上书写的其他东西？前不久在舞阳发现了更古老的龟甲——可能还要早 1 000 多年——但是龟甲上的记号似乎没有含义。把一个个孤立的符号组合在一起，说出意思，阐述道理，是非同小可的事，只不过我们对此太习以为常，不会想到这一点。有些文化可能得历经上千年才能跨出这一步，甚至书写系统已经在其他特殊用途上（标签、占卜、官印、咒文）存在很久，却迟迟未补上临门一脚。

过去，传播论的错觉太过强烈，所以人们认为没有冲积河流的肥沃土地就不可能有文明。[37] 我们现在有十足的把握可以排除这种假说。冲积土壤并不是唯一能够滋养古代文明的环境。不过，冲积土地的确显出一些优势，也发展了共同特征：泥土赋予它们明显不同于周遭其他环境的样貌和感觉。因此，冲积土地的居民养成了一种特有的自觉，自认为与毗连环境的野蛮世界有所不同。冲积土地上都有控制并引导洪水的必要措施，也必须为发挥土地的最大效益而规划农耕，因此有强大的国家与合作的生活模式。因为土质肥沃，冲积土地可以积累过剩的资源，过剩的资源会带给人们对未来的信心，而寄望未来的信心正是文明的一大先决条件。

这些优势并不表示河谷诸文明中的人生活很悠闲自在。逐一了解过之后，我们发现这些文明都要付出极高的代价，甚至是人们的生命，也会发现这些文明的成就来之不易。

从苏美尔到巴比伦

多数的文明史从这里开始讲起，传统的估算方法也认为“历史的开端”在这里——幼发拉底河与底格里斯河下游中间，靠近过去曾经被波斯湾淹没的部分湿地，现在位于波斯湾以西的地方。考古学家挖掘出了6 000年到4 000年前住在这里的人类遗骸，解读过他们的书写文字，并且几乎都对他们怀着一种同理心。从资料看得出他们是有技能的工匠、有想象力的写作者、有进取心的交易者、有公益精神的统治者与立法者、有效率的官僚、善于讽刺的幽默家。他们的自我形象在2 000年的艺术中维持不变：圆脑袋，大肚皮，爱好音乐、宴乐、战争。他们自认为有别于邻邦人是有根据的，因为他们的语言特殊，彼此有同一套统一在“苏美尔人”名称下的认知观念，他们的土地即为苏美尔地区。

苏美尔人在不产木材的地方能造船，在没有金属矿藏的地方制造了杰出的青铜工艺品，不用石材就建造了神话般的城市，用柴枝、芦苇、泥土就能建造河堤水坝。他们生活的土地除了资源不足，环境也与他们作对。他们有一则谚语说：“熟谷子会生长吗？我们不知道。干谷子会生长吗？我们不知道。”[38] 太阳烈得叫人睁不开眼，令土地发烫。刮大风时，大地“像个壶似的碎裂”。[39]

如今的阳光和风依旧，底格里斯河与幼发拉底河从遥远的降雨之地，经过烤焦的地表，渗入地底，就像窗玻璃上淌下的水滴一般。公元前6000年至公元前5000年的时候，这里曾经勉强算是不那么干旱的地方，当时农业正在逐渐确立。如今这里的降雨量每年只有150～200毫米，夏季的气温在树荫底下也超过50摄氏度以上。苏美尔中心地区的降雨量从来都很稀少，而且降雨只限于冬季。即使利用灌溉系统，夏季仍旧酷热干燥到不能生产早期城市所需的粮食，所以必须仰赖冬季作物——小麦、大麦、洋葱、亚麻籽、小扁豆、鹰嘴豆、芝麻、野豌豆。为了在洪水淹没线以上的地势造房屋，以及导引并储存饮用水，这里的人都必须辛苦地挖土。从公元前第二个千年阿卡德的一段诙谐对话可以看出，底格里斯河与幼发拉底河流域从头至尾，以及在整个美索不达米亚文明之中，掌控粮食供应靠的都是微妙的政治学和经济学。对话先从主人开始：

> 仆人，服从我。我要把粮食给我们的国家。
>
> 给吧，老爷，给吧。把自己的粮食给了国家的人——他的大麦还是自己的，他的利息收入却变得非常多。
>
> 不，仆人，我不要把粮食给我们的国家。
>
> 别给，老爷，别给。给东西就像付出爱……就像生下一个儿子……他们会诅咒你。他们会吃掉你的大麦，把你消灭。[40]

这里一旦下雨，就是裹挟着狂风的暴雨，天空布满片状闪电。古代诗人如此描述："风暴之神怀恨下令，把这国家都耗尽。"带来肥沃冲积土的洪水也因为变幻莫测而可能要人命。尼罗河与印度河按大致可预测的节奏消长，底格里斯河却随时都可能泛滥，把堤坝都冲毁而且溢出沟渠。即便在没有洪灾的时候，沙漠风暴也会把农人刮得窒息，把作物都掩盖。美索不达米亚文学（是以书写形态保存下来的最古老虚构文学）的世界由风暴与洪水之神主宰——至少也是笼罩在他们的阴影之下。

至尊的神祇恩利尔"招来摧毁土地的风暴……狂吼扫过天际的飓风……滚滚洪水般无情的暴风雨，吞没本城的船只……他将这一切收集在天界之底，在沙漠灼热的两侧点燃。这火便如正午烈焰般燃烧"。[41] 也有诗文赞扬大地与水——这两股善的力量一结合便创造了冲积土壤。大地是农作物的家，拟人化后名为宁图，常以正在给婴儿们哺乳或是被婴儿们围绕的女性形象出现。男性神恩基代表滋润土地的水，他的神威“使底格里斯河与幼发拉底河的水纯净，使葱绿的草木丰饶，使云变厚，赐给所有耕地充足的水，使犁沟中的庄稼扬起头来，使沙漠中处处有牧场”。[42]但是这两位神是次等的神，要听从暴风神和洪水神的呼来喝去。

美索不达米亚残留的古文学中最著名的就是史诗《吉尔伽美什》（现存的版本大约是公元前1800年所写，但口传版本形成的时间更早），是塑造美索不达米亚环境的那些自然力造就了这个故事。史诗中的英雄遭到会喷火、释放瘟疫的妖怪攻击，诸神介入帮忙，用灼热的风把这妖怪变瞎了。吉尔伽美什深入死亡之海去寻找长生不死的秘密，结果遇到一家人。这家人是唯一逃过因神祇一时任性而造成的大灾祸的人们，这场灾祸就是远古的大洪水，把这家人以外的人类都消灭了，甚至害得诸神自己“像蹲伏的狗儿一般瑟缩在墙边”。[43]

吉尔伽美什是文学创造出来的人物，已经是流传很久的传奇。但是吉尔伽美什也是一个真实人物，至少历史资料中真的有位名叫吉尔伽美什的国君。史诗中引用了有关历史人物吉尔伽美什的一则谚语：“有谁以他那样的权威统治过？”他是公元前2700年（这是最广为认可的年代）乌鲁克城的第5位国君。诗中也提到他城中的一些奇观——城墙、花园，以及苏美尔文化中一律建在城中心、有巨柱大厅的神圣区域。

公元前第四个千年末期，苏美尔已是城市林立，每个城只准膜拜自己供奉的一位神，各城都由君主全权决定与邻城的战和关系。城外附近的原野里还有牧民社会，但很少在记录中出现，也许恩奇都这个毛发蓬乱的野人象征的就是他们。恩奇都经过恰当的文化适应——刮干净胡子、换上衣服——便成为史诗之中吉尔伽美什的盟友。原野人是边缘分子，还没资格成为苏美尔城市的正式成员。

最著名的苏美尔城市乌尔，也是规模最小的城市之一。这是《圣经》故事之中亚伯拉罕的故里，有辉煌的战绩，贸易发达，君王陵墓中的陪葬宝物无数，还有公元前第三个千年晚期建成的巨大金字形神塔。神塔之中最大的一座闻名遐迩，竣工 1 500 年后仍被尊为神的造物。乌尔大神塔是在乌尔城渐渐成为苏美尔世界首都的那段时期所建，这一步的发展是出乎意料的，与苏美尔政治势力的分配一向不一致。交战不断的苏美尔城邦本来不可能长时间统一，外力介入却迫使政局改变。各行其是的城邦于公元前第三个千年中期被美索不达米亚北方来的侵略者征服，征服者萨尔贡是上古世界缔造大帝国的君主之一，据说他的军队曾经打到叙利亚与波斯。

这样的大帝国却不可能永久维持下去。一两百年后，本地的苏美尔势力重振，把萨尔贡的后继者赶走。曾有一段时间，乌尔以北的邻邦拉格什似乎成为苏美尔的首强，国君古地亚是最受崇拜的苏美尔君主，有 27 座纪念他的肖像留存至今。但是他在公元前 2100 年的某个时期被乌尔的一位君主乌尔纳姆罢黜。乌尔纳姆王朝所建的华丽神塔与奇伟城墙，使首都乌尔有了驰名世界的样貌。几年之内，就有远从伊朗高原和黎巴嫩海岸来的进贡（这些都记录在泥板上）。由乌尔所称霸的王室生活常景——打胜仗、收贡品、庆功盛会——都细致地描绘在公元前第三个千年的一个竖琴共鸣箱上。

美索不达米亚的经济重心在公元前第二个千年渐渐移往两河上游，原因不明。河流改道使各城邦陷入困境，淤泥堆积使贸易船只无法靠岸，波斯湾另一端发生战争，可能再加上印度河谷一些大城市的消失（见第八章），都扰乱了商业活动。“野蛮”部落来的移民和侵略者耗损了苏美尔的元气，把苏美尔的力量榨干了。新的经济契机也在这个时候从北方浮现，经济发展使得叙利亚、伊朗高地和安纳托利亚一方面有了新市场，一方面把旧市场扩大。在叙利亚的埃勃拉遗址发现的档案证实这里曾是重要的商业中心，与美索不达米亚有重要的文化联系。埃勃拉的商业是国营的，商人就是使节。有十多个城市把黄金、白银、黄铜、纺织品送到这里贩卖。埃勃拉也是制造纺织品与金、银、青铜等冶金制品的工业中心。这里虽是贸易中心，其实土地肥沃，农产品不仅自给自足还有剩余。按著名专家估算，王室谷仓储存的粮食够吃 1 800 万顿饱餐。现存最完整的巡回调查上记载，种植的小麦有 12 种，除了丰富的酒和食用油，还有 8 万头羊。[44]

这一时期乌尔衰退，成为一个秘教中心和游览胜地。苏美尔语言文字也渐渐式微，从日常通行的语言变成仪式典礼上专用的语言，就像现今西方世界的拉丁文，以及巴塔哥尼亚教堂中的威尔士语。当初萨尔贡的军队把他们自己的北方语言传遍了底格里斯河与幼发拉底河。苏美尔诸城衰颓消失后，后世对它们的记忆主要只留在高原与沙漠来的侵略者所使用的称号里，因为征服者借这些头衔夸耀自己，也使自己的统治权威具有正当性。

美索不达米亚的政治领导地位不再属于乌尔，离开了苏美尔，移到幼发拉底河上游一点的巴比伦。巴比伦因为遭受激烈战争和外邦征服的冲击，国力变弱，但却熬过了美索不达米亚所有侵略者的蹂躏，在外邦帝国的阴影下维持了 500 年的区域性重镇地位，在自治与独立之间摇摆。巴比伦在历史上留下了不可磨灭的印记——《汉谟拉比法典》，这法典其实是通过对苏美尔立法成果的摘要和更新而确立的，但公元前18世纪的汉谟拉比国王却说这法典是太阳神授予的。巴比伦的历史地位还包括建造世界七大奇观之一——空中花园——的艺术美誉，以及对埃及、希腊、阿拉伯的数学与天文学的贡献。到了公元前7世纪早期，巴比伦经过长期断断续续抵御亚述侵略之后，似乎渐渐支撑不住了。亚述人来自底格里斯河北岸，以苏美尔传统为尊，对自己有战无不胜的信心。

公元前689年，亚述国王辛那赫里布，也就是诗人拜伦所写的“如扑入羊圈的狼一般”攻打耶路撒冷的那一位，率大军前来报复巴比伦人胆敢藐视亚述的行为。他不是屠杀就是驱逐巴比伦居民，把主要建筑夷平，把被摧毁建筑的瓦砾抛到河里，在城内挖沟，誓言要把巴比伦变成沼泽。辛那赫里布的儿子念及巴比伦昔日的光辉发了慈悲心，恢复了巴比伦城。但是下一代的亚述巴尼拔却再度施行报复政策。

公元前649年，据说亚述巴尼拔将50万巴比伦人逐离家园，阻止任何人潜逃回城，并且宣布：“凡是逮到活人，一律用来祭奠我祖父辛那赫里布在天之灵。”这时候的巴比伦仍具有号召群众反抗亚述人的某种神秘力量。亚述军队的阵线沿幼发拉底河拉开得太长，在前线遭遇敌人，这就是巴比伦时来运转的机会。那波帕拉萨尔（公元前625年—公元前605年在位）抓住巴比伦“抵抗运动”的有利时机，如他的碑铭上所说，以“无名小卒”的身份策划了巴比伦复兴。他自夸“击溃了曾经使同胞们背负重担的亚述人”。[45]

于是巴比伦再度成为帝国都会，接收了亚述瓦解后留下的真空。到了尼布甲尼撒二世主政的时代（公元前605—公元前562），巴比伦达到巅峰。他的军事才能在《圣经》中都有记载，说到他洗劫所罗门王的圣殿、把犹太人民掳走、击溃卡尔凯美什*的埃及人，有褒也有贬。他的建筑功业更为后世所称道，甚至成了传奇，这要归功于他的两大建筑奇迹，一个是空中花园——据说是为了取悦一位妃子而建，另一个是宽度够四辆战车并排奔驰的城墙。不仅是巴比伦城，他在美索不达米亚各地都重建起神塔和城墙，以落实他自我标榜的恢复古代光荣者的形象。从现存釉彩砖面上优雅迈步的狮子、公牛和龙，仍可看得出当年的华丽气象。尼布甲尼撒是制造戏剧效果的高手，是招揽名声的天才。世人虽然久仰他的大名，却隐约觉得这些名声的基础不稳，釉面砖华丽的表层下是易碎之物。[46]

例如，他的空中花园一方面代表他成功的自我宣传，一方面也透露他的成就欠缺证据。因为巴比伦距离希腊太远，很少有希腊人真的来过，不知道记述空中花园的那些希腊人是否亲眼得见，实在令人怀疑。尽管如此，爱好猎奇的人士却抗拒不了这个名称的吸引力。按希腊漫游者的描述，空中花园是一层层向上堆砌的阶地，高到和城墙一样，每层都用拱形墙支起来，拱形墙坚固得可以承受“足够栽种最高大树木那么厚的泥土”。从幼发拉底河抽上去的水顺着花圃涓细流下，会使美索不达米亚平原中的人想起山川的壮观。空中花园是七大奇观之中唯一没有明显宗教目的的（按通常的定义而言），却完全表现了七大奇观的共同特质：大手笔地与自然对抗，改变自然风景的原貌，以设计巧妙的引水系统挑战重力。

---

* 中文和合本《圣经》中译作迦基米施。——编注

像尼布甲尼撒这样在建筑上恣意挥霍又自负的人，很可能会想斥资建造空中花园。但是巴比伦的历史记录却都没有提到这件事，相关的考古遗迹完全找不到。有些考古挖掘甚至已经证实巴比伦其他传奇的真实性，却无法证明曾有空中花园存在。因此学者们认为，整个空中花园之说是希腊骗子们的浪漫捏造，也可能是希腊人把巴比伦和尼尼微混淆不清的结果，尼尼微的亚述君王们喜欢造园，不惜耗用巨资铺张蔚为奇观的效果。如果是这样，那么空中花园真可算得上是七大奇观之最，因为只有它是仅凭传闻就令全世界称奇的一个。[47]

也许是因为尼布甲尼撒做得过了头，或是因为再没有这么强悍的领袖，所以巴比伦没有再强大过。公元前 539 年，巴比伦一战未打就被波斯侵略者占据。希腊地理学家斯特拉波曾于基督纪元初期来到巴比伦的废墟凭吊，这时候的巴比伦城已经因为侵略者的破坏和统治者的漠不关心“变得残败不堪”。斯特拉波说：“这宏伟的城市已经变成一片大沙漠。”然而，美索不达米亚的文明却有非比寻常的耐力，比阿拉伯海另一端的印度河谷文明延续得更久，印度河谷的诸城曾经空无居民长达 1 500 年之久（见第八章）。可以与美索不达米亚并论的是情况相当不错的尼罗河谷，它的衰势并不急剧，转变也看不大出来。从东边的美索不达米亚或哈拉帕（在今巴基斯坦境内）前往古代埃及，最便利的方法是乘船，我们可以通过红海这条古代贸易路线去看看埃及。

从地下世界而来：“尼罗河的礼物”

这是女王哈特谢普苏特最引以为自豪的作为：她要世人在她死

后仍对她铭记不忘。记录此事的场景占去她神庙柱廊之下的半壁墙面，大约是公元前第二个千年中期所绘。这显然是一趟异想天开的旅程：乘船到埃及人所知最遥远的地方—— 一个出产焚香与象牙，豹与猴子，乌龟与长颈鹿，黄金、乌木与锑之地。女王投注在这次远征上如此之多的财力和感情，当然不只是为了制造可供宣传的主题。

哈特谢普苏特需要更耀眼的功绩加持，借异域的珍奇宝物引起人们的钦佩，也可弥补她所欠缺的正当性。因为她是自古以来唯一在埃及称王的女人，而埃及的君王就是现世的神，这是活着的埃及女人可望而不可即的地位。她作为活神的地位暂时没有受到质疑。在当时的埃及，以及差不多同时代的其他社会里，为取得财宝——就像朝圣一样——走的路途越远，在人们眼中可敬可畏的程度往往越高。[48] 这与近代早期的欧洲一样，国王的资格之一是坐拥大量财宝。哈特谢普苏特想要的还不止于此。她既是成了神的君王，就该享有一个香料树的花园，而造这个园子必须往朋特去取材。她名正言顺成为埃及之王的资格之一就是，她的出身就像历任法老，并不是凡胎，而是阿蒙这位神祇进入她母亲的身体所孕育，“带着一股神圣的芬芳，而他的所有香气就是朋特的香料之气”。[49]

如今我们并不知道朋特在哪里，但这条路要在红海上航行很长一段的旅程。红海的航程难免既漫长又危险，因为风云难测。从哈特谢普苏特神庙的壁画可以看得很明白，目的地朋特属于热带或亚热带地区，靠近大海，非洲式的文化形态明显可辨。至于哪一个地方有朋特的全部物产，各家学者的意见不一，但是索马里很接近标准答案。而且时隔将近 3 500 年，原生动植物多少会有所不同。如今我们眼中的索马里是全世界资源最少、生活水平最低的地区之一，但古埃及时代的索马里却是冒险家向往的财富源泉。这里的特产是人见人爱的小物品，但埃及人却派出 5 艘船来取，这是因为用来换取这些小玩意儿的物品单位价值不高，数量却很庞大。朋特专产宝贵的奢侈品，埃及则是强大的粮食生产国，经济完全为大规模的密集农业而设计。前往朋特的任务不仅仅是与异文化相遇，而且是一次不同生态环境的会合，也是彼此交流的机会。

假如埃及的文本所述属实（但很有可能是吹嘘），那么朋特人看见他们到来时表现出大为惊讶的态度。“你们怎么会来到这从未有埃及人来过的地方？”文本中说他们这样问道，吃惊地抬起双手，“你们是从天而降的吗？抑或是渡海而来？”他们这么说，就好像渡海与从天而降一样不可能做到。据哥伦布说，他第一次横渡大西洋终于抵岸时，岛民们见到他也是这么问的，比画的手势也是这样。后来这就成了游记文学的惯用描述，借此表示探险者所造访的当地人是比较劣等、容易受骗的人种。[50]埃及用其他表示野蛮与愚钝的特征把朋特人夸张化了：朋特的国王胖得离谱，弓着身体的大臣们都长着松垂的嘴唇。按埃及文本所言，双方交换礼物时，聪慧精明的埃及人占尽便宜，但这是按埃及人衡量物品价值的原则所下的判断；如果按朋特这边交涉者的观点来看，对于交易结果应该十分满意。总之，朋特的好东西与埃及提供的回敬完全是两码事。朋特拥有“一切奇妙之物”，而埃及提供了“一切有用之物”。朋特的黄金是用公牛形状的砝码称重的，活的香料树被一棵棵栽进盆中，搬上了埃及的船。埃及人付给的代价是“面饼、啤酒、葡萄酒、肉、水果”。[51]

可见，埃及是一座食物制造机，法老的经济政策就是致力于日用的丰裕。不过这并不是指个人的丰裕——因为多数人的饮食只有比基本生存所需略多一点的面饼和啤酒[52]——而是为了有余粮储放在谷仓里，交由朝廷和祭司们掌管，以备不时之需。在炎热干旱且每隔一阵子就有水灾的环境之中，不向大自然低头不只表现在改造地貌和建起冲天的金字塔，更重要的是积谷防灾，使人类不会被主宰洪水的隐形力量打倒。安葬拉美西斯二世遗体的神庙里的粮仓，大到可以储存够两万人吃一整年的粮食。一位大臣的坟墓壁画中得意地呈现了维持国家温饱的税租清单：大袋大袋的大麦、一堆堆烤饼和坚果、上百头牲口。[53]国家储粮似乎不是为了固定的再分配——再分配归市场机制管理——而是为了饥馑时赈灾。按后来的文本（大约是公元前2世纪后期）中记录的古代传说，等到“饥荒年”结束，“到谷仓借粮的人们将会散去”。[54]

收集和贮存粮食的方法非常重要，其重要性不亚于治水系统，因为洪水泛滥的范围变化莫测。根据民间传说，一次大旱就会酿成“七个荒年”，那时候“每个男子都吃自己的儿女”。[55]曾有先知预言，“埃及的河川枯竭”使河岸变成沙地的时刻会再来。[56]拉美西斯之后，洪泛面积曾经缩小。阿玛尔纳一处古墓壁画里有粮仓内部的模样：6列塞得满满的食品，包括袋装的谷子和堆积的鱼干，都放在砖柱支撑起来的架子上。[57]一个强大的朝廷不能没有积粮防灾的远见。谷类都是强迫征收的，在严密监控下运到粮仓储藏。

埃及人如何看待环境，可以借历史上的生态求证。用土壤样本就可拼凑出干贮食物的年代。公元前第三个千年中期的埃及是“红土地”中间的“黑土地”，是沿着尼罗河两旁的长条形洪泛冲积土地，再远一些是渐趋干燥的沙漠，情况与现今差不多。在这一千年里，画家描绘的动物种类变少了，孟菲斯的狩猎壁画显示，原本猎物繁多的地方变成荆棘丛、沙土或光秃的岩石。[58]雨下得很少。埃及文学最著名的一部作品之中，虔敬的法老向太阳神祷告时说，雨是神赐给外邦人的恩惠，是从“天界的尼罗河”降下的，[59]“死亡的滋味”就是被口渴折磨的感觉。[60]一位埃及祭司曾告诉梭伦，埃及以外的地方会下雨，“我国却从未有水从天上降入田里；反之，水都是自然而然地从地底下涌上来”。[61]

尼罗河不但是生机盎然的泥土源头，也是这条狭长黑土地的大通路。第十一王朝的大臣梅克特拉曾是船队主人，他在底比斯的墓中壁画就绘有他生前所拥有的船只，包括游艇、驳船、食物供应船、捕鱼船，展示出船上宴乐的大阵仗。国王出巡走的河道，起止点都有“法老停泊宫”，其中有砖造神龛和战车的练习场。[62]陵墓中常见各式河船的模型和绘图。底比斯古墓壁饰中装载谷子的驳船、运油罐的船、运大捆饲料的船，都停靠在市场旁。[63]人世间借河流运输，神界亦然。公元前第三个千年中期的法老胡夫，就由船送他的不朽之身上天。放在与他的金字塔毗连的某个坑里的，是一条运他的尸体到安葬处的驳船，而目前考古挖掘的另一个毗连的坑，就存放着送他上天的运输工具——这艘帆船要航过冥界，与每天夜晚送太阳重返人间的船队一起行走。人间的尼罗河是当之无愧的文明动脉。文化与贸易都可以自由地从河岸进入。尼罗河也具有政治统一的功用，因为埃及帝国的形状如同一把簸箕，尼罗河像长长的手柄，连接着展开的三角洲。史前曾有上、下埃及之分，统一以后延续上千年的历史中也一直留着一分为二的记忆，法老戴着双重的王冠。第一个王朝始自美尼斯，他将上、下埃及统一，然后在两国交会的孟菲斯建都。

只要有灌溉系统，就有生命存在。精密的灌溉系统能够创造它自己的微环境，例如装饰底比斯古墓的果园和花园。园里有一名园丁扬起汲水桔槔——这是公元前第三个千年的发明，水桶装在起重架上可以从满是莲花的溪里舀起水来，再倒进园里，只要一个人就能操作，园丁的脚边还有一只狗。即使不依赖这种发明，埃及的耕作区域已是生物非常多样的栖息地，尤其是尼罗河三角洲，热闹的沼泽地聚满了可采集狩猎的动植物。埃及人对野外的想象，来自沙漠和沼泽。内巴蒙就被描绘成在纸莎草、藨草丛、水生植物及禽类的环境中狩猎。[64] 大都市的雕刻师也从莲花和纸莎草汲取灵感。第十九王朝时在东北部三角洲建的拉美西斯城曾有一篇颂词，用丰富的色彩描绘出环境之美：

> ……充满一切美好——池中有鱼，湖上有岛。草地青翠，河岸生长着椰枣，沙地上甜瓜茂盛，谷仓堆满大麦和双粒小麦，直达天际。

洋葱和韭葱、莴苣、石榴、苹果、橄榄、无花果、甜酒都一一记录，还有“吃莲花的红鱼”、灯芯草丛和纸莎草，也没有遗漏。[65] 上埃及的环境虽然比较单一，但冲积平原和沙漠之间也有一长条放牧牲畜的草原。埃及与其他容易文明化的环境一样，是一个交叉点，结合了多样的栖居地。

不过沼泽的潜力却不如泥地。尼罗河泛滥既带来农业生产力，也造成限制。淤泥必须汰旧换新，因为在两次泛滥之间，50 厘米深的泥土含氮量会减少大约三分之二。不论泛滥留下的淤泥有多少层，埃及人能用于耕作的表层土壤总是相当浅，[66] 所以农人得忍受水灾。但是要得到泛滥的好处还需要集体加以管理，在高度不同的位置挖水塘、筑堤、开沟、造运河，把水引到需要的地点，储存起来，输送到远处的田里。公元前第四个千年的某位国王就是以挖运河的形象示人。[67] 公元前第二个千年的俗语说，法官是“受苦者的堤堰，守护着人们免于溺死”，贪腐的法官是“淹没受苦者的湖”。[68] 疏浚、掏泥、开沟、拦水的结果，便是用文明雕琢出另一个世界，形状精准而对称。在希罗多德看来，这像是把自然的模型强行颠倒，成为人造的文明，[69] 埃及人认为这说法算是一种恭维。

黑土地太窄，这令埃及人不安。他们对待外界的态度结合了傲慢与不安全感。沙漠有些许防堵野蛮民族侵略的功用，因为这是几乎不能住人的地方，但那些位于埃及边疆上还算有生产力的环境里的居民，就只得不断遭受劫掠者的威胁。但是沙漠也是塞特统御的领域，这位邪神的混沌世界时时伺机要颠覆宇宙秩序。对沙漠居民的嫌恶来自文明的自觉，这种心理战略在沙漠蛮族战胜埃及人的时候尤为必要——例如当喜克索斯人的君王冒着酷热从叙利亚沙漠打进埃及时。

喜克索斯人也与其他征服定居民族的游牧者一样，在被复国的埃及人赶出去之前就被埃及化。300 年后的拉美西斯三世自称凭着勇猛与神的带领，把占据埃及的神秘“海上民族”（他们也曾经击溃赫梯人，并且据说威胁或摧毁过许多青铜时代的国家）打退：

河口处以战船……跃动的马匹……形成了一堵坚固的

墙……我是英勇的战神，挺立在它们的最前面。那些集体从海上来的人，河口有最强的火力迎着他们，岸上还有长枪阵包围他们。他们被拖上岸，团团围住，趴下受死，之后尸堆成山……[70]

即便天灾与蛮族侵略带给埃及各种祸患，埃及也没有败亡，其固有特色维持了 3 000 多年，直到融入罗马统治的世界为止。此后埃及的宗教信仰虽遭遇挑战，却迟至基督教传入才被真正颠覆。埃及文明在这个时期逐步且有去无回地沉浸到地中海区域的文化大杂烩里，这个过程可以从末代法老殡葬的风格看出来。从“法尤姆肖像群”石棺上睁眼直视的面孔可以看出希腊和罗马的影响。它们属于更广泛的地中海风格，埃及帝国的美术已经变成罗马帝国的地方艺术。有些文明会被环境的变迁毁灭或改头换面——可能是过度开发资源的自食恶果，可能是在不同环境中转换而改变了自己的特性，也可能是因为遭到征服或反叛。这是文化冲突造成的灭绝。

人类从事建造是为了使生者愉悦，给死者安顿。大量建造大规模的圣所、神庙、陵墓，反映了一种健全的轻重缓急意识，毕竟，我们死掉的时间比活着的时间长太多。最能坚守这个轻重缓急原则的文明，就是古埃及文明。正是因为殡葬习俗太受各界重视，最后发生彻底变革乃是很自然的事，但在这并非稳固的传统中，埃及的某个早先的发明却成为我们对于埃及文明的主要印象。古埃及有将近 100 座金字塔是在 1 000 年的时间之内建造的。令猎奇人士特别惊叹的却是吉萨的那 3 座排成一列、奇大无比的金字塔，在现今的开罗市里就能望见。它们深深吸引着观光客的想象，也网罗着神秘学爱好者的臆测。这3座金字塔虽然是古代七大奇观之中最古老的，却是至今唯一仍然屹立的。建造的时间也许是公元前第三个千年的中期，历经了3位法老的统治期，安葬的是第四王朝的3位法老：胡夫给自己造的是第一座，也是最大的一座；哈夫拉的这座虽然略小一点，却因为建在比较高的地基上而较醒目；孟卡拉因为无法建造和先人一样大的陵墓，开启了建造小金字塔的风尚。

古代建筑令人激赏的特质，在吉萨显然可以一览无遗：金字塔都是引人注目的，因为它们立在一片平坦之地中，从进入视线的那一刻便使人好奇着迷。它们也都是傲慢的，因为只有自认为是神的君王才会自负到想给自己建这么大的墓。它们在沙漠烈日下的雄伟光彩使人心生敬畏，一般人觉得它们象征毅力，有美感的人会觉得它们具有魔力。它们曾经富丽堂皇，表面覆盖耀眼的石灰岩，顶上闪闪发光，可能是饰金的。它们代表不向自然臣服的精神，是沙漠平原里的人造山，是沙土环境之中的巨大坚石，也是除了黄铜就没有更尖锐工具的世界中，石工技艺的登峰造极。它们在技术上是发明，在艺术上是原创，因为金字塔的筑造本身就是全副武装的艺术。严格而论，最大的金字塔乃是开创性的作品，在它之前只有类似的试验。树立金字塔的技术太莫测高深，所以到今天仍是学者辩论的话题。

金字塔的首要特征就是庞大——古代有资格称奇的事物都得够大。拿破仑在1798年的埃及战役期间曾经来到吉萨，当时他靠着胡夫大金字塔壁，估算出塔身用的石材就足够造起把巴黎围在里面的城墙。按现代人的估计，这座金字塔里面的空间可以放得下罗马的圣彼得大教堂和伦敦的圣保罗大教堂，余下的空间还够放进佛罗伦萨和米兰的大教堂。在长达4 000年的时间里，大金字塔一直是全世界最高的人造建筑，希罗多德来访时，它已经 2 000 岁了。作为史上第一位详细描述它的旅行家，希罗多德也开创了引据关于胡夫金字塔的惊人统计数字的传统：按他那个时代的游览指南所说，10 万人次的劳动力工作了近 20 年，光是所吃的萝卜、洋葱、大蒜就花掉 4 500 多万两银子。[71]

金字塔的一些最惊人的特色，是古代撰述者没有辨认出来的，因为这些都埋在遗迹底下。最难正确估算的莫过于水平面的测量与建地的规划。大金字塔的基座没有一个地方偏离正确方位超过 13 毫米。形状极近完全正方，每边长 228 米以上，各边的长短相差却不到 20 厘米。只用量长度的绳子和制图三角板，不可能确保这样的准确度。造金字塔的人用天文观察数据校准金字塔壁，将一颗星在北边地平线划出的弧形二等分，以此来确定正北方：大金字塔的南北轴定位偏离不到 1/10 度。[72]

建筑选址测量完毕，就要往离尼罗河岸很远的地方去采石矿，再运来。石灰岩可以用黄铜锯切割，再用沙子（很费力但很高效地）打磨。金字塔使用的最大宗建材是花岗岩，这却是当时的工艺处理不了的。每块石材（最重的可达 50 吨）可能都是用硬度更高的石头敲打下来，或是用磨石粉擦出狭缝，再把楔子凿进岩石表面。我们只要想到造这么大的金字塔可能需要用到大约 200 万块石材，就不难估计投入的劳动力有多大了。

石材用拖橇搬运，专为运石材铺设的大路上有一名工人用润滑油润滑路面。约要 170 人才能够拖得动最重的石材。石材在尼罗河水高涨时拖过河，放在一个大斜坡的脚边。目前考古学家已经发现残留的一些斜坡道，所以可以确定埃及人用斜坡道把石材送上所需的高度。要送上大金字塔顶，斜坡必须有便利操作的斜度，所以斜坡道可能长达 1.6 千米以上，而且很可能（虽无直接证据，但凭常识也可推断）至少要在斜坡道的较高段用撬杠将石头一寸一寸地送上去，以填充物支撑。因为那时候尚未发明滑轮装置，即使有足够的木材可以搭脚手架，也应付不了大石块那样的重量。[73]

只有在尼罗河泛滥期，农民不能做常规工作的时候，才有大量的集体劳动力可用。有人甚至认为，监造金字塔的人本来就计划要提供工作机会，给没有农活可做的人。大批奴隶在皮鞭威胁下做苦工，是没有事实根据的幻想。固定聘用的工人都有专门技能。如今仍可看见当年采石工人留在石块上的表现专业自负的口号：“工匠组：我们法老的白色冠冕多么大啊！”琢磨雕饰石材与采选法老墓室和走道内部用的石材，也是专门工匠才能胜任的工作。不过，金字塔毕竟是高压专制下的产物，把国家的大量资源转移到了歌颂君王的用途上。我们往往以为，伟大的艺术作品都是艺术家自由发挥的成果。历史上大部分时代的事实却相反。在多数社会里，唯有暴君或压迫百姓的统治阶级的庞大权势和极端自私，才能够鞭策、动员足够的人力与资源来完成伟大的艺术。

话虽如此，个人的创造力在金字塔的构思与实现中仍占重要分量。从建筑师的模型和画在石灰岩片上不完整的蓝图看来，确实是有专业的建筑师参与其中。吉萨金字塔的建筑师都没有留下名字，监造胡夫金字塔的大臣赫米乌努未必是设计者之一。按传统说法，建造金字塔的原始构想来自第三王朝法老的建筑师伊姆霍特普。他为主子设计的巨大陵墓的精华是一座多层的平台，平台面积逐渐缩减，越往上越小，形成“阶层金字塔”或“登天阶梯”。后来，这种形式转变成真正的金字塔（各边改成平整的斜坡）是改朝换代以后的事。按传统的估算，应该是在公元前 27 世纪末期。

即便有第三王朝阶层金字塔的背景，第四王朝出现正宗金字塔的革新风格仍显得太突兀。专注于“金字塔学”这门伪科学的人士想出一些怪诞的“解释”，大多将对数字组合的“解码”作为根据，这些数字据说是胡夫金字塔的比例准则。于是金字塔变成他们眼中历史年代的贮存库、预测未来的工具、外星人带来的礼物、通法术的占卜家的神殿。这些说法的背后其实都是不肯接受事实的执迷不悟在作祟，事实是，金字塔就是国王的陵墓。

要想理解胡夫为什么要这么大的陵墓，以及为什么要造这么独特的形状，我们必须先回忆古埃及人的一种思维模式。我们要理解他为什么甘愿把建造陵墓当作自己在位时的大事，并为此耗用了所有可用的剩余劳动力，征召了上乘的才能之士。我们不妨用他那个时代的人看待金字塔的眼光来看这件事。第五王朝一位国王的陵墓拱顶石上刻着向朝阳祷告的话，道出了金字塔功用的精髓：“祝愿吾王展颜得见越过天界的地平线之主！愿他使吾王成光芒四射之神，永恒而不朽！”埃及人心目中每座金字塔自有名号，显示这是争取成神的一种手段：“胡夫是地平线之神”，“孟卡拉是神圣的”。[74] 对于古埃及人而言，“死”乃是人生第一大事。据希罗多德记述，他们甚至在晚宴时把棺材摆出来，提醒狂欢的人勿忘永生。埃及君王的宫殿没有一座留存下来，我们对于他们的一切认识都是从他们的陵墓而来，这是因为他们严肃地对待为死后永生而造的建筑，对于活在人世的短暂生命所居住的地方却懒得耗费工夫。金字塔高可冲天，要把主人送上日月星辰的世界。看过吉萨大金字塔在太阳西斜时之壮观景象的人，不可能体会不了古代文本中一位被尊为不朽的国王对太阳说的话："我踏着你的光芒如脚下的斜坡而来。"这些金字塔当初包覆着石灰岩，还有镀金或磨光的压顶石，模拟阳光的效果必然更加动人！[75]

虽然不能说古代河谷把文明的种子播撒到其他社会，但它们的确造成了一些历久不灭的影响。埃及与美索不达米亚的文明都衰落了，残留的遗产却被后继的文明传递出去。埃及文明的后继者是希腊罗马文明，美索不达米亚的后继者是波斯。另外两大河谷文明——印度与中国的文明，乍看之下却有截然不同的影响。从哈拉帕遗址看来，就好像是有人故意磨灭了印度文明的痕迹。目睹这些废墟给人的残败不振之感，是任何破落景象都无法比拟的。至于中国，文明开端的地点现在仍有人居住着；不但如此，而且文明的使命从来没有疲弱过。下一章将要讲到，中国历史绵延未断的说法，就某些方面而言一向略有夸大。可是，大致上确实可以说，中国文明是独一无二且经得起考验的文明成就。如果再深入审视，又会发觉印度文明与中国文明仍有很深刻的共通之处，两者都能（或据说两者都能）超越起源的环境而攻占新的区域，或是到新的区域落脚。多少是因为如此，这两大文明都有非常强的耐久力。这种效果并非预料得到，也不是有意策划的，不过我们或许可以在回顾时指出一些促成这种效果的事实与影响力。

第八章

鞋与稻米

超越发源环境的中国与印度

| 印度河

| 黄河

| 长江

所以你以为一个回声就是印度？

——

E. M. 福斯特（E. M. Forster），

《印度之旅》（*A Passage to India*）

我们似乎在阴郁中发现了中国悠久往昔的沉淀。

——

谷崎润一郎，

《阴翳礼赞》（*In Praise of Shadows*）

沙上的印记：印度河畔消失的城市与印度的起源

他说自己的名字是查尔斯·马森，并在巴米扬大佛的脚下写道："若有哪个傻瓜攀上这大佛，就会知道查尔斯·马森也曾到此一游。"

他过着考古学绅士的冒险生活，在19世纪20年代和30年代探索神秘东方；他写下自己旅行与遭遇的传奇故事，流露着道德家的世事无常感与浪荡子追逐女子的癖好。据他自己说，他天不怕地不怕，喜欢谈情说爱，得不到幸运之神眷顾，但是有上帝保佑。可靠的数据显示，他去过危险、偏远、从未有人提过的地方。他的路数与威尔弗雷德·塞西杰相似：跟低社会阶层的人在一起，看见了受特权礼遇的游客永远看不到的秘密。他是上乘的观察者和报道者，英国19世纪在阿富汗的战事就仰仗他提供的情报。他是英国陆军的一名逃兵（但是将自己的真实身份保密），又爱吹牛，同时代的人都不怎么相信他说的话。

1826年，他在前往"亚历山大祭坛"的途中，被人带去参观一处大城遗址上的砖造墙垣遗迹，这城据说"遭到天谴，被君主的欲望和罪行所摧毁"。他为了躲开小虫叮咬而爬上废墟的最高处，当下涌起一阵无法抗拒的冲动，而这样的冲动往往会激励重大的发现。

眺望眼前的景象，俯视我们立足的地面，不可能看不出，阿里安所描述的奢羯罗的每一点都在这里印证了——砖造的堡垒，以及东北角的湖（或其实是沼泽）；墩台有三排战车保护……墩台与堡垒之间的壕沟，保护了这个地方，武器便是从这里发射。[1]

这些细节，以及与奢羯罗相似的地方，都是马森自己的想象，[2]但遗址却很真实。只不过开始考古挖掘与遗址确认是100年以后的事。在正式挖掘展开之前的这100年里，遗址砖石被搜刮，充当了拉合尔铁路160千米长的铺路基用的道砟，且被官方的考古勘查员当作“只有200年历史的市镇遗迹”。其实，哈拉帕是4 000多年前在印度河谷兴盛过的独特的古文明大城之一。[3]

目前流行的视角是把伊朗高原周边所有古代河谷文明一并纳入讨论，而我则主张把印度河与黄河并列讨论，因为这样可以说明文明怎样超越其发源的环境。这两个文明所走的路径可相互对照：黄河文化虽然一再遭遇外来征服与内部变迁，却不曾因此中断向谷地的扩张或渗透；但印度河谷文化消失了，只在地表留下一些痕迹，或是被风沙覆盖在地表以下。然而，如果学术研究重建的路径正确，印度河文明只是移到印度的别处去了。现代权威人士中最专精且审慎的雷蒙德与布里奇特·奥尔欣认为，“印度河谷文明是古典印度甚至现代印度的模子”。[4]

印度河文明在发展过程中通过阿拉伯海与其他地方有了接触，但它基本上仍是一个本土产物：最初期、最小型的都市发展，比较近似俾路支（约在今巴基斯坦西南部、阿富汗南部、伊朗东南部地区）的高原社群，而与伊拉克的较不相同。它所跨越范围的环境多样性高于埃及，但是包含的微环境不如美索不达米亚多。研究印度河文明可以从地方研究和区域研究着手（目前的专家大多赞同这种方法），引人注目的是，此区域的文化同质性非常鲜明：任何一个村庄或城市的居民搬到别的村庄城市都能安之若素。街上景观大同小异，都是仔细分级的房屋，同一个式样的砖造屋，有的是用窑烧砖，有的是用土砖，行政区与住宅区的规划没什么差别。

有人认为这么一致的设计是由于政治一统，这样的推断并不可靠。苏美尔世界有些方面也几乎是同一样式，但其政治却是分裂的。玛雅与古希腊文明内部在价值观、习俗、信仰上也都非常一致，政治上的争斗却从未休止。但是，即便不谈政治中央集权（根据目前已知的事实，很难断言是不是中央集权），印度河谷世界的广大和一致性已让人印象深刻。最远的边境前哨到达阿富汗北部的舍图噶尔，早在河谷文明初期，“商队城市”蒙迪加克就有青金石和黄铜的贸易。在蒙迪加克这个商贸城市，其坚固城墙后面就看得到大堡垒，侧面露出的整排圆形壁柱虽已磨蚀，仍旧大得惊人，如同一头巨兽的两肋，从这里望去，平原上的商贸路线尽收眼底。[5] 除了这种位于山丘沙漠环境的聚居区之外，印度河谷生活的基本架构可从洛塔看出来，洛塔是位于肯帕德湾的海港，依赖稻米与小米；至于“都会型”的地方，主要依赖小麦和大麦。[6] 其他关于这个文明证据不足的部分，可从考古发现与美术作品得到补充。印度河谷社会的阶级分明，统治严密，巨大的仓库证明政府掌握资源再分配的权力，秩序严谨的住宅把不同的阶级或种姓隔开。广阔的公用地显然应该与组织人力有关，是调度军队吗？抑或是奴隶？学童？处理废物的系统设计精致，街道底下的管道看来是某位都市规划大师的杰作，表现出主政当局注重清洁卫生。样式统一的砖必定是从官营砖窑和晒制场出品。气势雄伟的城堡围起来的空间，是供上层社会使用的，就像最大城摩亨佐-达罗的宽敞浴缸一样。哈拉帕却没有帝王的住所，也没有类似其他社会膜拜君王使用的器物，有人因此猜想哈拉帕是共和国的政体，或是由祭司团形成的神权政治。这样的猜测很危险，因为本来也有人对玛雅文明做过这种猜测，碑铭解码之后才知道那是个血腥世界，由具战士身份的君主统治各邦（见第六章）。哈拉帕遗址没有特别华丽的墓，人骨遗骸也没有显露用饮食划分社会地位尊卑的迹象，这点与其他文明不同。[7]哈拉帕有权势阶级，但显然是用其他方式来区分。

哈拉帕的艺术赞助者和艺术家在雕塑方面只做了少量的陶俑，偶尔也有铜塑，其他的是不易流传的艺术品，不过留存下来的少数几件雕塑都是专家之作。摩亨佐-达罗的一座人像模样庄严，有杏仁形的眼睛，蓄着长长一束胡须，头上的冠冕或束发带看来是要镶宝石用的。他披在肩上的一件衣服上缀满三叶草的图案，伸出的左臂已经不全，但应该是在做一种象征性或仪式性的手势。有人说他是位祭司国王或哲人国王，但这些凭空挂上的标签无甚意义：既然没有其他相关资料佐证这种说法，我们能做的只是描述他的样貌而已。

哈拉帕世界通用单一的书写系统。字母几乎已经被破译，[8]但不会有像玛雅字母被破译成功时那样，使当时的整个政治形态令人一目了然（见第六章），也不会像马里、阿玛尔奈、埃勃拉的档案那样源源不断揭露外交事务与进贡的事实。现存的史料只限于泥封印和护符板上的文字，多数是商业用的，印在商船捆货的绳索和麻袋布上，或是在一堆堆弃置的物品之中。

这些封印的明确用意虽然无从得知，却告诉我们制作封印者所想象或观察的世界是什么样子。其中不乏自然主义的动物图案，特别有趣的是长胡子的牦牛、正在大吃食物的老虎、优雅的公牛正嗅着香炉般的东西；比较典型的是反写实的风格，包括骑着马的大象和犀牛，以及一些费解的神话场景：人变虎、海星变独角兽、头上长角的毒蛇变成枝叶茂密的树，都是正在变形而尚未完全成形的状态；还有一幅画面是人被直立起来的公牛授精后化为一棵树；常见的主题是一只像猿的动物守住一棵树，正与老虎大战，猿和虎的头上都有角。[9]

印度河文明的城市生活与冲积土壤上的密集农业，显然都比埃及、美索不达米亚、中国的农业更脆弱。从许多遗址看起来，有些地点当初只延续了几百年，有些是在公元前第二个千年初期就被居民舍弃。这些地点究竟如何步上终结之路，引起了学者的激烈辩论，一派认为是被侵略者突然终结，另一派则支持因生态转变造成逐步衰败的理论。如果以为这些城市从未经历过外人侵略、内部叛乱、邻邦冲突，未免难以置信；但是，如果因此说摩亨佐-达罗所出土的骸骨、城墙上的焚烧痕迹就可以证实发生过这些重创（早期考古挖掘者曾经如是说），又太草率，毕竟连假定是死于大屠杀的骸骨，也找不出多少伤痕；[10] 另有些遗址即使遭受大屠杀仍延续到公元前1500年以后。气候越来越干燥，地质构造的灾变也可能造成河川位移。[11] 印度河的东部大支流萨拉斯瓦蒂河两岸本来定居地稠密，[12] 却因塔尔沙漠逐渐入侵而消失。然而，这一点也不足以解释人们为何弃城而去，因为印度河仍年复一年吐出肥沃的淤泥，铺成大片良田。可以推断可能是因为其他资源供需上出现危机（与储粮失策和居民对生态的不当管理有关），如作为小麦与大麦之外的补充食物来源不足的牛和内陆产品。另一个可能的原因是发生了瘟疫（也许瘟疫与缺粮同时来袭），而且是比疟疾还凶猛的传染病——从埋葬的骸骨可以查出疟疾致死的线索，这在处处是积水的环境里很难避免。[13] 这些都是猜测，我们并不知道居民为什么离开，又迁到了哪里去。

把这些城市的荒废消亡与"印欧语系迁徙"扯到一起，对于解答这个问题帮助不大。所谓"印欧语系迁徙"，在世界史中算是最阴魂不散的话题之一，而且背后有一套似是而非的道理。18 世纪末期，有人把欧洲、印度、伊朗语言在结构上和词汇上的相似之处一一列表比较，所有语言是从同一个"原始语"而来的说法就出现了。按这种说法，说"原始印欧语"的人因为迁徙与征战，把自己的语言从"故乡"传播出来。18 世纪末起，学者们就一直在寻觅这个"故乡"，从北极（有一派学者很严肃地相信是从这里往外传出去的）到喜马拉雅山都找遍了。这整套学术研究都不过是推测，没有事实可以证明"原始语"曾经存在，或证明曾有一个共同祖先民族的"原始语故乡"，考古学文献中也没有任何关于这场迁徙的蛛丝马迹。

受人文学科传统训练的学者会以为一切语言源于同一个始祖，这看法可以理解，因为他们把整个语言当作手稿本处理，从不同的版本归纳出一个原始版本。然而，这样的类比会造成误导。就我们所知，语言几乎在多个方言之间拉扯，这些方言的分野又很模糊，不同的语言又在交界处互相影响，产生变异与混种词。辨识原始语故乡的一种方法是，把印欧语系各种语言之中共通的动植物名词找出来，循着这个线索去找到说原始语的人的栖居环境。然而，原始印欧语的词汇本来可能就是从多个不同环境而来的。由于词汇包含了指称高山平原、河川湖泊、雨雪的字词，动植物名词所指的物种又多得数不清，那么按这个方法看来，印欧原始语的故乡必然是生态多样得超乎想象，要不然就是区域辽阔到没有所谓的“故乡”可言。

也有人试图重建说印欧原始语的民族之生活原貌，这是很冒险的事。常有人说，我们如果必须根据拉丁语系各种语言通用的词汇来推断最初说拉丁语的文化，必定是假定了他们都信奉基督教、喝咖啡、抽雪茄烟。若按这种方法审慎推敲，便会说出以下的话：印欧原始语的民族曾经使用船和篷车、养狗；他们将自然拟人化并加以敬拜，献祭牲口；工作、祷告、作战分别有专职的团体去做，分工的各个团体社会地位有别；他们会把新娘娶回家，会怜悯寡妇，会保卫自己的领地，会放屁。但即便是范围这么有限的特征（要再加上其他的也可以），也未必属于单一社群，更可能是不同群体的经验组合。虽然常有人说原始印欧语可能是在与外界隔绝的孤立状态中发展成形，或是在冰雪、山岳阻隔的环境中产生，但这都只是幻想，是找不到证据的痴人说梦。

语言不是只靠迁徙与征服传播，低层次、小规模的开垦、贸易、福音传播，以及各式各样的文化接触，都可能促成语言传播。有时候，原本是借来的混合通用语会取代本地语或是把本地语彻底改变，如同创造了另一种语言。有时候，统治阶级使用的语言会传遍整个社会。各式词语会像进贡品一样传过边界。总之，某些语言被划入印欧语系，是基于演化表上一条单薄的词语主干与一些语法和词形变化的细枝，这些细枝其实也可以嫁接到另一种干茎上去。陷在印欧语系起源之争的旋涡里很容易忘记“印欧语系”是个分类用语，代表的是学者的看法，不是语言如何演变的事实。如果把说印欧语系的人都归为源自一个共同祖先，其愚蠢程度不亚于把如今所有说英语的民族都当作来自英格兰，或是声称所有说斯瓦希里语的民族都属于同一个族裔。[14]

想透过解开哈拉帕碑铭内容来解开哈拉帕人语言的尝试没有成功，但是即便如此，印度河邻近地区的口头文学太精彩了，并没有亡佚。《梨俱吠陀》在口传了数百年之后才形诸文字，读者和听者一样能被它的感染力带回已消失的英雄时代，颇似许多人说的（也许搞错了）《荷马史诗》道出的青铜时代的真实记忆。

从客观角度看，在《梨俱吠陀》中吟唱毁灭之颂的人，似乎与学者口中的雅利安人不属于同一群。他们是定居的人，住在旁遮普不知有多久了，不是新来者，也不是游牧民族。他们向往的是肥美富裕的世界，浮着奶油、流着牛奶、滴着蜜。[15]他们擅长骑马与驾驶战车，这与定居的生活方式并不冲突，因为许多定居民族每逢战争时，仍要仰仗善骑的精英。他们看重夸耀与豪饮，他们的火焚仪式包括烧掉敌人的住处，他们最钟爱也最垂怜的神祇因陀罗是真正的“城市毁灭者”，但那只是毁灭之神的职务之一，其他还包括移山和屠蛇。[16]有些城市在《梨俱吠陀》的诗人见到的时候已经是废墟，[17]居民从城市逃走，“被火神驱逐”而“迁移到别的国度”。[18]

假设印度河谷文明最后一批居民确实迁移了，那他们会迁移到哪里？当文明再次浮现时，是在恒河谷地，但已相隔了数百年且出现在不同形态的环境中。这里雨量丰沛、森林茂密、用铁斧能清理出农耕需要的空地（见第九章）。恒河文明与印度河为中心的文明有一段重叠时期，但其间恒河河畔不曾发现殖民定居者，在这里发现的唯一与印度河有关的工艺品是储藏用的精制铜器，与印度河的工艺不完全相同，但两者在装饰风格上有明显的关联。[19]

并没有充分证据显示往后的印度文化历史之中保存了哈拉帕古文明的元素。将恒河的碎陶片经过辛苦拼组重建后，可以看出与哈拉帕器皿的神似之处。[20] 比陶片更早的恒河河谷都市遗址和墙垣刚被发现时，并没有哈拉帕元素的痕迹：没有泥封印、没有度量衡用品、没有标准一致的砖瓦。曾有人将一些哈拉帕封印图案与早期印度艺术中的神祇图像相提并论，虽然有趣，却似乎没有条理可循。外人看这方面的学术文献时难免会觉得，学者因为太执着而舍不得让哈拉帕的世界就此销声匿迹。在研究印度文明的人士眼中，印度文明理当有和印度河谷诸城一样古老的起源，而印度河谷诸城也理当有绵延长久的后裔。不过，关于其间真正的连续性和印度文明在“黑暗”世纪期间的文化传递两方面，证据仍有待发掘。

哈拉帕文明之消失，令人想到青铜时代的“普遍危机”，甚至使人把哈拉帕与这个危机关联起来。大约在公元前第二个千年晚期，世界上一些原本的大帝国分裂了，许多文明的进展被至今仍不明的灾祸切断了，本来由复杂的宫廷势力控制的中央集权式经济消失了，贸易模式瓦解了，人们弃聚居的城市而去。爱琴海青铜时代的耀眼光芒（见第十一章、第十四章）逐渐黯淡了，安纳托利亚的赫梯帝国被侵略者打垮，埃及人几乎向来路不明的“海上民族”投降，努比亚的历史被一笔勾销。在伊朗高原北侧的土库曼，阿姆河畔某些我们仍不知详情的定居地，如纳马兹加与阿尔丁，虽然历史短却有坚固防御而欣欣向荣，结果都衰退成村庄的规模。这种“普遍危机”之后又有“黑暗时代”接踵而至，各地的黑暗时期长短不一。

在西方这么多消失的文明之中，有一个可以与印度河文明做比较，可以与哈拉帕的残余文化在印度文明中持续传递的例子相提并论。希腊南部的迈锡尼古文明和印度河谷文明一样曾被当作是从近东地区移植过来的，现在则被认定是同一区域漫长发展以降的“过程”之一。迈锡尼时代的伯罗奔尼撒曾有多个城邦并存，各邦的君主好战，也爱猎杀狮子，直到它们绝迹为止。朝廷在王宫的中央，王宫有粮仓，储存要重新分配的基本食物。皮洛斯是城邦之一，这里发现的一系列泥字板说明数不清的大小官吏各自负责的例行职务：征收租税，催促地主阶级履行社会义务，调集公共工程所需的资源，收取制造业及贸易所需的原材料。他们制作青铜器与香料，然后出口到埃及、赫梯帝国、欧洲北部等地。

官僚的职务范围大概也脱离不了为君主投入此起彼伏的战争。这里的每个城邦都有重型武装，除了彼此交战，还得提防内陆野蛮民族的威胁，只是到头来似乎仍被这些野蛮人打垮。皮洛斯壁画中的战士戴着野猪头的头盔与穿兽皮的野蛮人搏斗。地震灾害加上战争摧残，使迈锡尼各邦的人在公元前 11 世纪弃城而去。他们下落不明了一段时间，文化元素却在几世纪后再度浮现：迈锡尼的书写系统在希腊再现的时间点和哈拉帕在印度再现的时间点差不多，皆在公元前 800 年左右；出现的情形也类似，是新创的书写系统，与以前迈锡尼居民使用的有所不同，文字记录的内容则是中间这几百年来以口传方式留存下来的传统。两者不同的是，希腊人所记载的迈锡尼往事也许不很精确，但数据很多，古典印度文学之中却无法证实的确含有哈拉帕时代的典故。希腊人生活在迈锡尼前辈居住过的地方，周遭环境里的遗迹废墟就能使他们发思古之幽情；吠陀时代的印度人却在距离印度河很远的环境里开创了自己的文明，这让人难以相信恒河文明是从哈拉帕移植来的。话虽如此，理论上的差距不是不能弥合的，而且我们对于恒河文明的“黑暗时代”所知太少，所以不能妄下定论。

此外，有一份内容完备的文献可以提出来做个比较。《大史》是斯里兰卡寿命长久的“狮子王国”的史记，但那是一批骗人的文件。现存的版本是在6世纪佛教盛行的时代写下来的，具有宣传性质。它把僧伽罗人神圣化，把僧伽罗人的国度尊为神圣，把他们的征战行为说得理直气壮。《大史》所记的狮子王国早期历史中，有一位王子的父亲是狮子，这王子与爱上他的女妖大战。狮子王国的建国者是典型道德寓言里的人物：在海上因风浪肆虐而漂流，哀叹自己所犯的罪过，这罪过后来赎抵了，但故事里未交代究竟是什么罪过。史书包含比文本本身古老得多的事迹，这些事迹比写史的时候早了1 000年，令人很难相信史书能掌握那么久远以前的事。[21]然而，《大史》以一桩可信的事件揭开王国的历史：6世纪时，来自孜贝湾、登上岸的航海者在这森林茂密的热带岛屿上殖民。僧伽罗人（意即他们自称的“狮族”）说的是印欧语系的一种语言，与哈拉帕人并没有关联。僧伽罗人来到斯里兰卡时也许发现了一个完好无损、较古老的文明，不过这方面的证据很模糊。他们在此落脚后，就变成喜好大兴土木改造环境的人，执行态度之坚决，想象力之惊人，都超过恒河文明的人。不过他们的圣贤比较欠缺发明创造的头脑，没有像恒河文明在公元前第一个千年中期留下那么精湛的逻辑、创造性文学、数学、思辨科学的成果。

狮子王国早期的中心地带是在比较干燥的北方高原，虽然年降雨量丰沛，大约有 1 500 毫米，但是经常出现长期干旱。降雨主要集中在 10 月到次年 1 月间，由东北季风带来。另外有骤雨，通常是在 4 月和 5 月。按民族志研究者詹姆斯·布劳深入此地的田野调查报告，到了夏天，“浅浅的土壤终于裂开，荆丛树林在残忍的阳光下枯萎，逐渐增强的风把沙子刮得到处都是”。[22]

> 大自然画下了一条雨水越不过的线……有时候潮湿带与干燥带的分界线非常窄，似乎走出不过一英里之遥就进入另一个国度，森林的特征全变了……野花开出了另一种形态和颜色，在枝叶间鸣唱的是另一批鸟儿，耕作突然改变，富裕景况也就此告终。[23]

如今干燥地带的稻米耕作依赖村子里的蓄水池，蓄水池按季节性溪流水量的多寡挖掘而成，用泥土筑成坝，但每年的稻作未必都能得到足够的灌溉。即便有较好的气候，僧伽罗人或比他们更早的聚居者如果不在水利上发挥巧思，仍是不可能兴建大城市的。

僧伽罗人大规模管理水资源的表现，可以算得上是印度河谷已消失的“水利”文明的真正传人。在马杜鲁河，他们曾经用巧妙的水密阀门拦住人造湖的水流。甚至在接受佛教之前（按传统说法，接受佛教是在公元前 3 世纪的时候），阿努拉德普勒就是一个幅员广阔而亮丽的首都，拥有全世界最大的人造水库。我们应该如何理解斯里兰卡的黄金时代？这是印度文明从印度河谷发源地迁徙而更新的证据吗？抑或是提醒我们不可轻率推断，并再次证明文明是在不同的环境里个别发生的，个别特性比共同基因更值得注意？既然缺少令人信服的证据，我们比较有把握的说法是，横跨或环绕印度发源地的文明之间，更有可能是通过贸易或相互影响的途径来产生连接，而不是通过相互承袭的纽带。

稷与稻，黄河与长江：中国的形成

人们信以为真的谬论，比他们漠视的事实更具有文化上的重要性。常有人说，所有人类建筑之中，只有中国的万里长城大到在外太空也看得见，但这其实是错的。万里长城是在大约 2 200 年前，由更早以前就修建好了的许多段御敌墙连接起来而成的，传统说法把它归功于秦始皇。秦始皇动员了 70 万劳工，建了道路与运河，死后以 6 000 个兵马俑陪葬。他好大喜功，这通常是不安全感的表现，也显示他奋力要克服当时的恶名，因为他是从被视为“戎狄之邦”而来的征服者，是中原文化的外围分子，在他统治之下的读书人视他为破坏者而非英主。他的王朝只传了两代，他受到的好评不如毁谤多。他被尊为开创统一中国的皇帝。

长城已经反复修建很多次，现在的样子恐怕已与最初的结构大有不同。但是，长城早已成为中国文明成就的象征，多少世纪以来一直代表中国人的自我意识。中国的一些其他边界是自然形成的，是地理上的限制，例如难以翻越的高山大海。长城却傲然宣示要围住自己，阻挡外来者的计划。古代中国地图上都要标示长城，用双虚线或锯齿线，画在文明的边缘上，好似守护巢穴的兽类脚印。除了偶尔短暂出现的信心衰退期之外，中国人大都自认为拥有得天独厚的文明，是超越外邦的民族。传统上中国的统治者都号称一统天下，至少也是统辖着真正重要的地方。按《三国志》所言："然荒域之外，重译而至，非足迹车轨所及，未有知其国俗殊方者也。"[24]

中国尽管这么讲究牢不可破的自我形象，其实历史上大部分时候全然不是如此，中国的疆界一直不断变动。中国变强大凭借的是积极征战、大胆扩张、接纳外人归顺，至于什么时候开始逐步形成国家，又进而发展文明，没人能确定。传统说法是点出一两个地方作为中国文明向外扩散的起点，这有点过于简化。不过，在现今中国境内多个最早开始以耕作、筑屋等方式挑战环境的地区之中，确实有两个地方特别值得注意。两地分处黄河两个平原区，中间隔着异族人。下游的区域面积广大，临海的一边是渤海，往西到达山西高原，黄河从这里携带山上的矿物质流向平原；另一个地方则是上游的小谷地，洛水从这里注入黄河。如今两地都乏善可陈，因为夏季酷热，冬季严寒。冬天风沙凛冽，河水满是浮冰。冰雪迅速融化时又导致河水奔流。[25]造成冬季严寒的北风，从蒙古沙漠刮来一层沙，形成松脆的黄土。这种土若没有灌溉，几乎寸草不生。

《诗经》中吟咏耕种时披荆斩棘之辛苦："楚楚者茨，言抽其棘。自昔何为？我艺黍稷。我黍与与，我稷翼翼。"[26]花粉研究证实了典籍所载。中国文明萌芽的黄土地，曾在1 000年的时期里变得越来越干燥；刚开始清除出耕地的时候还是稀树草原的形态，大片草原上有零散的树丛，[27]冲积平原上仍有一些地方覆盖着每年都会落叶的阔叶树林。中国文明孕育之地包含一些可以让人点石成金的环境，夹在两种生态系统分界处的环境里，汇集了多样的生存之道，如同池水里的肥沃软泥。农业在两个过程的交互作用下开始：一是干旱程度逐步增加，二是冰河期之后有益农耕的环境多样化。

几千年后仍可以从考古学的大量证据以及文字上的记录，观察到这两种过程。公元前第二个千年的时候水牛很多：地层挖掘出上千头水牛的遗骸，以及沼泽与森林地区的其他动物遗骸，例如野鹿、野猪、水鹿、白鹇、竹鼠，甚至还发现有犀牛。[28]动物会如此多样，也是因为商朝的宫廷和城市势大财多，能从外地引入稀奇事物和各式珍馐。最惊人的就是数以千计的龟甲交易，这是从长江流域与更南的地区输入的，也是公元前第二个千年的中国政治绝对少不了的物品，是为了与鬼神交流的占卜之用。占卜时先把关于未来的问题刻在龟甲上，然后火烤至龟甲出现裂痕，这些裂痕就如手相术观看的掌纹，可以解读出神祇的回答。这些预卜未来的东西，如今成为揭露往昔的线索。环境曾经是多样的，气候曾经更潮湿，这些证据都在甲骨文里：包括雨季拖得太长、黍稷一年两收，甚至有田地可种稻米。《诗经·魏风》之中的女子在采酸模的时候巧遇爱情，就是在山西的潮湿土地上发生的。[29]

黄河谷地即便是在最潮湿的时期也养活不了一个以稻米为主食的文明社会。中国也与大致同时期、同类环境之中的其他文明一样，起初只依赖一种粮食的量产。当时最强盛民族的祖先是后稷，也就是“稷的主宰”。按《诗经·大雅·生民》所言：

诞后稷之穑，

……

实方实苞，

实种实褎。

实发实秀，

……

诞降嘉种，

维秬维秠，

维穈维芑。[30]

商朝也把黍稷当作重要象征，公元前第二个千年末期商王宫被废弃后，前来凭吊的人还看见有稷在废墟中生长。[31]稷也就是小米，在西方文明中除了当作鸟食无甚大用，这也许是因为不能用来制成发酵面包的缘故。其实小米是一种营养极佳的主食，碳水化合物含量高，脂肪含量也不少，蛋白质比硬粒小麦还多。

现今所知最古老的中国文字中就提到两个品种的小米，公元前第五个千年的考古沉积中也已发现这两个品种，几乎可以确定两者都是中国原生的，[32]能抗旱，也能耐受盐碱化。最初的栽种者在烧垦的田地上耕作小米，收成后搭配饲养与狩猎的成果——猪、狗等家畜，野鹿与捕来的鱼—— 一起吃。

令人吃惊的是，这种古老生活方式的雏形在台湾的山地内陆留存下来。台湾是全世界最高度工业化、最精通技术的地区之一。韦恩·福格于 1974—1975 年观察记录了台湾山地的农垦方法：地点选在超过 60 度的斜坡，因为“火往坡上烧得更旺”。播种之前要使土地通风或是掘穴，种子要通过手搓或脚踩脱粒。田里要安放颜色鲜艳的稻草人或是具有法力的东西（袖珍木船，周围有椰叶或芦苇，顶上放石头）来驱赶掠食者。采收时用手摘下米穗，投进背在背上的篓子里。收集达一定的数量后便拴成一捆一捆，再由一个人传给下一个人，累积成大堆，然后搬回家。[33]《诗经》上也有农民一年劳作周而复始的描述：在寒冷中插秧，捕猎浣熊、狐狸、野猫"为公子裘"，秋收之后驱除土中的蟋蟀，用烟熏走吃小米茎的田鼠。[34]

这有重要的引申意义。即便到了今天，这种农业类型仍算是原始技术。在商代却足以供给当时也许是全世界密度最高的人口所需，而且还能维持数万人的大军上战场。要达到最高收获量，必须采取轮作，因此后来也种植大豆，但不确定什么时候开始小米和大豆轮作，也许是公元前第一个千年的中期。根据传说，当初是齐桓公于公元前664年与山戎交战后携回大豆种子。[35]小麦纳入耕作的时间很晚，因为小麦一向被视为有异族色彩的外来物。甲骨文中也把小麦形容为应当密切监控并且销毁的邻族作物。[36]

稻米呢？稻米在中国逐渐普及的过程中，成为富足的象征与人们的主食。这是一个向外扩张的过程，并融合了两种截然不同的环境——湿暖与干冷。早期中国文明中心地区的气候太冷太干，如果没有现代农业技术之助，不可能大量生产稻米。有些野生稻可能早有上千年的栽种历史，但那是在小片田地上辛苦耕作的，所以竞争不过小米的主食地位与密集农耕的效果。黄河流域的人认为稻米是文明人的食品，但不会大量栽种。古代中国人种学虽不是以可靠的田野调查为依据，但至少把蛮夷的定义说得很明白：野蛮人在每方面都是中国人的反面。蛮夷是穴居的，茹毛饮血，[37]不包括使用可理解语言或同源语言的人，不包括种植稻米的人，像是比北方人更古老的长江青莲岗居民。种植稻米的世界在公元前第二个千年时是诱人的边疆。

现代学者一直在苦思该如何描述中国成形的过程，究竟是以黄河为中心向外扩散到长江，还是由两大河谷区的多个不同聚落串联起来，其中每个社会都一样有资格算是原始中国人。这必须结合极渊博的专业知识与极度客观的视角，才可能做出判断。不过显然没有尝试的必要了。因为从黄河谷地往外扩张的动向是显而易见的，《诗经·鲁颂·閟宫》就说到征服淮夷与以南各地的功业：

奄有龟蒙，
遂荒大东，
至于海邦。
……
淮夷蛮貊，
及彼南夷，
莫不率从。
莫敢不诺，
鲁侯是若。[38]

公元前第一个千年中期的战争与扩张，打开了后人所说的“千里通四海”之路。[39]

这个有点夸张的说法涵盖了相关的真实记录，即黄河谷地文化扩散到长江南部支流地区。但移居者和征服者在这一过程中可能与其他社会渐渐结合，在此期间，中国人把世上的人种分成两类：“中国人”与“蛮夷”，这也是中国有历史记录以来的典型区分法。我们不应贸然假定帝国势力的扩张必然造就权威一统的国家，从商朝的帝都（先在郑州，公元前第二个千年后半期略向北迁至安阳）到其统辖与征服的边远地区，权力应有许多不同的等级。传统所谓的夏商周三代（秦始皇以前的 2 000 年时间）也许是势均力敌的多个城邦争雄的时期，间或穿插造成统一局面的征服。然而，中国最终变成了罕有的案例：一个大致属于同一个民族的文明社会，情感上有特定的认同，共尊一个国家政府。

在战战和和之中，黄河诞生的文明渐渐向南渗出，越过了只有河流阻断的平原，后来再越过山脉，把长江流域截然不同的气候区也纳入，而这里原本就有一些并行的发展。北边的帝国创建者最初于公元前 1400 年以前以盘龙城为据点，在这里开辟居住地，但是直到公元前第一个千年以后，这个区域才与黄河文化整合在一起。这些新纳入的南方版图里有种植稻米的水田，可想而知是清除了浓密潮湿的丛林才得到的良田，需要密集的劳力耕作。移居者虽然携来新的作物品种和新方法，他们的作为却没能汇入长江下游潮湿多沼泽地区的既有传统。这里的稻米种植最迟在公元前第三个千年中期就有了，最早可能始于公元前第五个千年。我们从家常的储藏（钝的石斧刃和大量水牛骨）可以看出农耕的方式，[40] 田地开辟出来之后，仍然需要反复地犁过、注水后再耙，再赶水牛走上一趟来破土施肥。至于茶树和桑园，可以种在山坡上。

人吃什么，就长成什么样。并入一个永久耕作稻米的地带，使中国成了现在的样子。稻谷虽然不是最佳的营养来源（如果只吃一种食物，马铃薯比稻米好），但能维持稠密的人口，是所有作物之中排名第一的。原因不在于它是最优质的食物，而在于其他的优点：稻谷抗害虫的耐力特别强，生长期间不像玉米、棉花那样虫灾，可储存的时间长度几乎跟小麦一样耐久；稻田的生产力能够自我更新，因为泛滥的河水会带来养分；种稻的土是松软而易耕的，且因为富含水分，可以防止许多有害的野草滋生。

两种（湿暖与干冷、稻米与小米）世界的融合，等于打下此后每一次建国的基础。把长江流域并入中国世界的那些移居者虽然来自北方，他们依赖的农艺与技术之中最重要的部分却来自反方向，即南方。稻米开始在现今中国境内种植之前，在东南亚某些地区已经有数百年甚至上千年的历史。最适合栽种的品种，最早都是在一万多年前全球大暖化的时候在喜马拉雅山南缘种植的。按现今研究的结果看，似乎中国北方的耕种者试种了东南亚品种的稻谷，之后又在长江流域湿热的气候中推广，也同时种植其他野生稻谷，甚至可能是因为稻米的吸引力加上北方土地变得干旱，才引发了公元前第二个千年的南向扩张。早熟稻种在公元10世纪前后从东南亚引入长江流域以后，稻米产量加倍，古代中国“爆炸”的人口也不愁没有粮食了。[41]

黄河和长江流域凭两个条件可以算是一种模范文明。第一，文明在世界上其他地方兴起又没落，但中国的文明史却有惊人的连续性。现今中国所蕴含的文化，可以明显看出是大约4 000年前在黄河流域开始形成的古文明传下来的。埃及与美索不达米亚就不是这样，即便是印度，如果不加上许多限定条件，也不能说是几千年连续未断的。第二，黄河和长江的中心地带确实是文明的摇篮，不是外来现成文明的接收者。从外地输入并在中国文化上占有重要分量的元素非常少，[42] 文明化的影响是从中国传输给别人的。这倒不是说其他文明从中国吸收了该怎样过文明生活的概念或文明生活的要素（虽然有些地区的确受了中国的影响，例如日本、韩国、中亚、东南亚），而是有一整组的现成文化“套装”传给其他民族。这与古罗马使野蛮民族“罗马化”的过程中有类似的成果，中世纪拉丁语系基督教世界在向东、向北扩张罗马文化的边界时亦然（见第十四章）。可是罗马帝国衰亡了，基督教西方世界也从来不曾有长久的政治一统局面。世界上有许多经过选择的或是随机的影响涵盖很广的范围，但是，不曾有一个政教合一的阿拉伯国家能长时间一统整个伊斯兰教地区，“英语民族联盟”的时间也从不持久。

中国发展到现在的规模——其人口多于全欧洲与北美洲的总和——既是通过征服其他民族和领土，也是通过传播文化。但在大部分情况下，这两者都是不可分的，和平同化乃是弱国面对武力征服的另一选择。按儒家传统思想（宋代的欧阳修便是笃信这种思想的代表），文明遭遇野蛮时，终将是胜利的一方。蛮夷虽不受强力胁迫，却会受感化而归顺；中国虽不能以武力强取之，却能以德服之。[43] 奇特的是，这套方案还真的有效。很多接受中华文化的族群本来不是中原人，却逐步形成了与之相同的归属感。苗族人、彝族诺苏人、客家人等群体，经过多个世纪以来对中原习俗的采用和模仿，已经融入主流文化之中。[44]

商代文明一览

中国文明在时间上虽然晚于美索不达米亚、埃及、印度河谷等地，却表现出那些超前的文明具备的所有典型特征：治国权术、协力完成的景观设计、庞大的自然改造工程、读写文字、冶金技术、大规模农业、城市建筑。这个文明形成了一个大国家，领土包括华北平原的大部分，它的社会政治结构是因广大区域内的人们必须合作管理水资源与分配粮食而成形的。这里也有国家统治阶级的广阔王宫建筑群，某种程度上是食物分配的中心，有巨大的仓库储存并发放生活必需品。书写系统产生的过程也一样，先是商业、祭司、政治的工具，然后成为艺术表达的媒介。据传，书写系统是一位文化英雄人物从观察飞禽爪印得到灵感而发明的。其实这是为了世俗用途所做的设计，为了陶匠做记号方便，与哈拉帕泥封印的所有权符号或古代北欧如尼字母的性质类似（见导论、第八、第十二章）。

有说法认为从石器时代到青铜时代的转变是界定文明开端的那一刻，这个错误假设使得有关中国冶金术是否源于本土的辩论到了白热化的地步。辩论中所有批判的说辞都对于理解实际情况没有帮助。只看商代的生产力之大就足以确定其不同凡响，若再把特有的制造技术和前所未见的风格也纳入考虑，更看得出处处是原创。有人根据也许不寻常的发现（脱离了其真实背景）说黄铜熔炼可能早在公元前第五个千年就有了，这并不是不可能的事。[45] 青铜器制作有独特的方法，制作的工艺品也有独特的样子，一眼就看得出与其他文明的产物不一样。铸模是用泥土做的，先涂在模型上，泥干了之后再刻上成品应有的详细花纹，然后再入窑烧制。现存的商代青铜器几乎全部都是礼器，以包括人在内所有可作祭品的动物作为装饰。

商代文明也包含其他冲积平原文明必备的水利技术。山西山区所汇集的雨水使黄河泛滥，泛滥带来冲积土壤。降雨量很少，灌溉用水却很充裕，要在这种地区建立人口众多的社会，非得有灌溉所需的大规模组织行动不可。传说中治水的大禹因为能疏通河道、开渠排水而造福万民。他的成就乃是经验累积的结果：他的父亲鲧盗取了遇水会膨胀的息壤来堵绝洪水，因此犯了天条而变成了石头。[46]禹最了不起的成就是大刀阔斧地改造环境：开九州、通九道、陂九泽、度九山。

民间传唱的共同记忆之中，大兴土木的时代比商朝还早。古公亶父"鼛鼓弗胜"的大建设从丈量土地展开：

> 乃左乃右，
> 乃疆乃理，
> 乃宣乃亩。
> ……
> 乃召司空，
> 乃召司徒，
> 俾立室家。
> 其绳则直，
> 缩版以载，
> 作庙翼翼。[47]

中国文明到了商代显然已经是都市文明。由新市镇的建立可以看出国土正在扩大，像湖北黄陂的盘龙城这样的市镇，面积不到 0.6 公顷，但是也建有统治主的宫殿，周围有 43 根柱子。[48] 被召唤来收割的一般大众居住在田地里，但并非所有人皆不准进入。一首公元前第一个千年的诗描述，“君子”虽然“不素餐兮”却靠他人“稼穑”饱食。

文化第一次大扩张的时期刚好与政治分裂的时期重叠。从占卜甲骨中可以看出公元前第二个千年晚期君主的生活与职责。宫廷是信息交流中心，卜辞经常提到听取报告与颁布命令。宫廷也是贡品的宝库，收藏着黍稷、龟甲、兽骨，因为君主要在 1 000 个命了名的聚落点之间周游。后世根据卜辞重建了国君的行程，可大约知道商朝政治地理的范围：国君在河套以东的领土上不停地往来，旋风似的巡视黄河以南到淮河的市镇田产，偶尔也到长江的最北端。国君最常忙于打仗，间或从事外交，外交政策之一是联姻。后来的皇帝说这是“仁德广被”。军士却说“王事靡盬”逼得他们风餐露宿，“曷其有极”，征夫“匪兕匪虎，率彼旷野”。[49] 服军役、纳赋、守法，不是只凭死刑的威吓就能令臣民遵循，尽管诗歌中经常如此流露。

国君的首要身份就是人与神的中介：主持祭祀、准备并执行占卜咨询、破土、祈丰收、祈雨、建城镇。卜辞中记载的唯一休闲活动是狩猎。但由于国君把一半的时间耗在狩猎上，可推测这大概有实用功能，可能是款待大臣和使节的活动，或是为了训练骑术、宣示威仪、提供副食。[50] 学者发现，占辞的语气逐渐趋向公事，梦境与病症的内容减少，简明乐观的语调显而易见。甲骨文也说明各统治者在仪式上的大变革，证实国君会不服传统约束，试图自己树立典范。祖甲便是激进的改革者，减除了对神话祖先、山神、河神的祭礼，增加了对历史的祖先、旁系祖先的祭礼，并且定下举行这些仪式的日程历书。[51]无须怀疑，他是有意要修改前朝武丁——也是商朝最著名的国君之一——的规矩。

武丁是公元前第二个千年最有活力的一个人物，在后来的文献中记述最为鲜明，在商代留下来的史料中也显得最为有血有肉。那个时代的确切日期虽然很难弄清楚，但是可以推定他是公元前 13 世纪的人。后世说他有征讨“四海”的战功，据说孟子形容他治国轻松，“犹运之掌也”。[52]他善于狩猎，卜辞上说他某一次行猎的成绩包括“虎一，鹿卌，狐百六十四，麑百五十九”。[53]他有 64 位后妃，其中一位所埋葬的墓是目前已知商代古墓中最华丽的一座，里面除了有仆人、狗、马陪葬，还有上千件珍贵的贝壳和上百件青铜器和玉器。由于宫中习惯用同一个称谓指不同的人，后宫内院尤其是这样，所以时常造成混淆。但是根据当时的档案，几乎可以确定她的背景。武丁一再问卜她的分娩与病况。她是武丁的三位首要后妃之一，也是他生命中的亲密伙伴，她不只是个妻子或母亲，还积极参与政治事务。她有自己的封邑，包括一座受城墙保卫的市镇，还有 3 000 名军士听她调遣。*

国君要兼任巫师，要有鬼灵般耳聪目明的智慧，恢复因罪恶所切断的天地相通。[54]然而，我们必须充分认清的是，甲骨占卜采用的方法与巫师被神灵附身是不同的。[55]分析甲骨裂纹以得知内情，与恍惚之中被附身的过程是完全不同的；甲骨裂纹的含义可以接受

* 此处指武丁之后妇好。——编注

客观审查，不过没入门的人当然不可能看得懂。使用甲骨削减了巫师的权柄，把巫术的最重要政治功能（阅见未来、解读鬼神）转到了政府手里。国君成为记录并保存占卜结果的非神职官僚体系的监守人。记录卜辞的人负责收集可以帮助准确预测未来的经验，成为后来逐渐发展出来的史官。

这个时期有了务实的君权概念，商朝君主自称夺取夏朝（其历史多半是神话）的原因是“有夏多罪，天命极之”，夏桀荒废农事有失国君职守。到了公元前第一个千年的周代，君权已经发展出“受之天命”的概念。[56]学者描写的上古仁君会夸耀和平的艺术（这些传说距离撰写者的时代很遥远）。史前的神话人物黄帝据说曾发明马车、船、铜镜、鼎、十字弓，以及一种足球。[57]但诗歌和通俗传说却透露君主统治比较血腥的一面。国君继承了民族领袖独掌的生杀之权。“君”字的原始形状上方就是一个斧头，标示着死刑执行者咧着饥饿的嘴与凶恶的獠牙。[58]商代皇帝警告百姓说：言词须慎守法制，以免获罪以后悔之徒然。[59]

财富和征战是君权必备的要素。安阳发掘的国君古墓就展现了公元前 14 至公元前 11 世纪的权势：有数以千计的珍贵贝壳串，这种贝类是钱币问世之前的通用现金，有青铜做的斧子与战车，上百件雕琢精致的玉器、骨制品、青铜器（青铜器均属上品，是用陶模铸成）、漆器，还有上百名陪葬的人要跟着到冥界去服侍国君，或是为了祭墓的仪式而被杀。国家所倚靠的基础很不稳固：战争、仪式、占卜都是赌徒博取权势的手段，运气不好就要一败涂地。中国历史学家习惯上都把公元前 11 世纪周武王灭殷商算作新时代的开始，其实文化的连续性并没有突然中断，甚至在公元前 8 世纪起的春秋战国时代也不曾中断。这是中国历史上经常重复的模式，每一次的崩裂都是暂时的，每一次的革命都被逆转，每一次焚书都留下了被辛苦抢救的册籍。

东方的浴火凤凰：中国之留存

春秋战国时代的争斗与分裂并没有毁掉文明，甚至在某些方面可能激励了文明发展。铁器逐渐与青铜器并行之际，新的技术也开始出现。步兵组成的庞大军队取代了公元前 8 世纪以前独霸战场的战车，社会也跟着变了。因为有贸易活动，中国对周围世界的认识增多，而贸易当然与公元前 500 年前后的货币问世有关。至于远程外交使节的贡献，要等到政治重回大一统的局面之后才得以突显。

战国时代的中国文化疆界不但向南扩张，也越过了黄河上游秦国所在之地。秦国受惠于黄河与高山天险屏障，后来成为战国诸雄的首强，征服其他国家之后，秦始皇也成为全中国的统治者。

这个时代最重要的发展，也许是诸子百家提供了拓展人们思维的泉源。这些人士因为统治者的财力赞助而有闲做学问，而统治者养士是为了借助士人的思想见识。生于公元前第一个千年的孔子为了寻找明君而周游列国，他留给世人的思想体系，到现在仍影响着政治与日常生活的规范。孔子认为对于上天、国家、亲人、言行都应恪守忠诚，那个时代的诸子百家也大多抱持这种看法。

我们现在的生活中有太多的事物要追溯到孔子的时代，从这一点即可看出他的重要性。孔子的成就可以与佛陀的影响（从印度传播到亚洲大部分地区）相提并论，佛陀在世的时间与孔子有所重合，而佛陀教导的是结合智慧、虔诚、善行而成就的幸福之路。早 100 年左右的波斯圣哲琐罗亚斯德以及更早的印度《奥义书》，也都发挥了类似的影响。在欧亚大陆最西端，比孔子晚了将近 200 年的希腊众哲学家——尤其是柏拉图与亚里士多德——所说的善恶是非道理现在仍然通行。《圣经》的《旧约》大部分是在亚里士多德的时代编纂完成，影响力也始终不曾被后来者超越。我们所谓的文明世界自古至今的思维言行，竟然一直在受 3 000 年前写下来的想法影响，甚至由这些想法决定，实在令人惊讶。[60]

孔子身处百家争鸣的时代，他的思想和诸子百家大部分的著作却几乎在一次劫难中消失殆尽，因为秦始皇施行焚书坑儒的暴政。幸亏有卓越的传承弟子收集整理，孔子的言行才比同时代的别家思想更完整地留存下来。以后不时有革命者企图烧掉古书，要推行外来的思想，却每一次都被中国文明的雄厚力量压倒。14 世纪曾发生白莲教运动，领袖宣扬一种狂热的佛教，但是在得势之后就把佛教抛诸脑后。19 世纪的太平天国套用基督教的思想作为主轴，虽然在当时造成非常大的影响，败亡之后也被一扫而空。20 世纪的中国一度全面批孔，然而现今儒家思想继续发挥着长久以来塑造中国社会价值的功用。自古以来的游牧民族侵略者也每每屈服于中原文明的优越，即便在战场上把汉人打垮后也是如此，例如辽代的契丹人、元代的蒙古人、清代的满人，无一例外；蒙古人在 1271—1368 年统治中国，满人建立的清朝历时近 300 年，尽管被统治的汉人有些视他们为异族，但统治者却都迅速彻底地接受了中原的传统。

扩张而不突变：中国大空间

秦始皇留下的帝国太脆弱，很快就灭亡了，然而，中国历史上每一次亡国之后都有继起的朝代重建帝国。公元前 202—公元 220 年的汉代版图预示了以后所有朝代的主要领土范围，不但涵盖长江与黄河流域，也包括在广东入海的珠江流域，以及北起长城、南至安南、西至新疆的地区。每隔一段时候，中国的版图就会伸向这些边界以外（虽然经常受阻而退），把不熟悉的环境纳入：例如贵州是唐代的“西部荒野”，有伐不尽的木材；四川是“大川峡谷之地”，有盐矿、“生番”、无法攀登的山。当历史学家只顾记录近代早期寿命短暂的欧洲海权帝国之际，中国已经在邻近的陆地之中建立了（按多数标准看来）一样庞大而且延续更久的帝国，猎鹿者之岛台湾、东北大草原（在这里划地耕作、扎营采参的人越来越多）都纳入其中，西出嘉峪关进入“异域”新疆的沙漠与高山地区，路上已有移民开辟的桃树园、牡丹圃以及贩卖经典书籍的店铺。[61]

中国文明的适应力极强，能扩展、有弹性，所以与在冲积土地上建立的因河诞生、靠河生存的其他文明不一样。中国文明增长得比其他文明博大，生命延续得比其他文明长久，领土延伸得比其他文明遥远，它能结合内聚、弹性、磁力于一体是很令人惊奇的，因为这些特性很难在如此大规模的成长中维持不变。商代与商代以前的黄河流域生态系统所独具的优势虽然并不能左右整个中国历史，却是促成中国独特性的重要因素。

其他文明都未能像中国这样，在适应多种不同环境时，不发生激烈突变也不导致政治上的断裂。即便中国的帝国扩张在 19

世纪变得步履蹒跚，人与文化的输出却仍在西方霸权的外表下继续维持。中国的移民输出人数与移民落脚的地方之多，居全世界之冠。[62]

此外，中国对现今许多国家都造成极大影响。例如，输出文字和多种艺术到日本，将知识传统传遍东南亚，把一连串革命性的技术创新传到欧洲与全世界。300 年以前，所有真正改变人类生活的发明与技术进步大多数源自中国，其中最重要的包括纸、活字印刷、鼓风炉、科举制度、火药，以及罗盘等多项航海技术革新。中国能长久维持这种首创性，凭借的是传播路径的畅通和将世界各地信息汇集在一起的能力。至于数据库当初是如何建立的，并没有详细记载，但是中国人在公元前 200 年就已经能从陆上横穿欧亚，中国贸易商品也在随后不久经由海路抵达了埃塞俄比亚。中国在古代与中世纪（按西方的年代学计算）与外国接触的范围之广，可以从回流中国的信息得到印证，中国所汇集的世界知识档案库之丰富，是任何其他文明难以望其项背的。

唐代流传的一则故事很生动地说明了这个事实。一位伊拉克的旅行者于公元 872 年来到唐懿宗的宫廷：

> 皇帝令人取来装着卷轴的匣子，放在他的面前，然后递给了翻译官，说："让他看看他的主人。"
>
> 我认出了诸位先知的肖像，便说："这是挪亚与他的方舟，他是凭方舟在大洪水时免于死难……"
>
> 皇帝听了便笑着说："你认出了挪亚，至于方舟，朕不信其有，它没有到中国或印度。"

"这一位是拿着手杖的摩西。"我说。

"不错，"皇帝说，"但是他不足道也，他的族人也甚少。"

"这一位，"我说，"是耶稣，周围是众使徒。"

"不错，"皇帝说，"他在世的时间很短。他传道的时间只有两年半。"

然后我看见至圣先知骑着骆驼……我禁不住流下泪来。"你为什么哭呢？"皇帝问……"他的信众建立了辉煌的帝国，虽然他有生之年并未亲睹帝国建成。"[63]

我猜想这个故事不是真的，但很具代表性。撰述者显然是要借机嘲讽基督徒和犹太人。故事呈现的中国形象却透着实情：优越感、对所有信息的掌握、对全世界各地知识的广纳。从这个故事也多少可以看出，同样环境发源的其他文明既已全部消失，为什么中国文明仍存在，仍在增长，仍在发挥影响力。美索不达米亚与印度河的文明在古代便已消失，埃及古文明则融入其他文明，不见了。中国文明因为超越发源的环境而继续存在：最初移出四五度纬度之外，之后便按这个模式外扩到几乎每一种文明化的栖居地，这是活力、扩张、野心以及同化的结果。在一长条泥土地上开端的故事，后来传到了全世界。这个故事并未结束，中国使全世界改观的潜能尚未实现，只因还没有使出全力。

我回忆起少年时代一次在课堂上读贺拉斯的《颂诗集》，读到一行贺拉斯奉承他的赞助人梅塞纳斯的话，说梅塞纳斯忙着国家大事之余，还要担忧中国人在打什么主意。[64] 当时我大为意外，我不相信奥古斯都的罗马真的会在意中国的事，现在我觉得他未必不会。

当然，贺拉斯是在夸大其词。梅塞纳斯平时对诗人都很礼遇，和贺拉斯也有颇深的情谊。他应该看得出这句诗有取笑的言外之意：他肩负治国重担的姿态，有那么一点装模作样吧。但是，我年纪越长，就越相信梅塞纳斯确实不得不想到中国。中国以外的世界永远在想的一个大问题是："中国下一步会怎么做？"这个问题从来不会无关紧要，也是我们现在应该再问的。

第五卷

天空之镜

高地的文明化

THE MIRRORS OF SKY

Civilizing Highlands

V

山上的羊更可爱
谷里的羊却更肥。
所以我们更乐意
去把后者取了来。

——

托马斯·洛夫·皮科克（Thomas Love Peacock），
《戴纳斯·弗尔的战歌》（*War Song of Dinas Vawr*）

征服山里的人要花很长时间，
他们也一样需要很长时间才会被文明化。

——

塞缪尔·约翰逊（Samuel Johnson），
《苏格兰西部岛屿之旅》（*Journey to the Western Isles of Scotland*）

第九章

云中的花园

新大陆的高地文明

| 古中美洲与安第斯山

郊狼想要
把我们变成郊狼，
然后夺走
一切属于我们的，
那曾使我们疲惫的
我们劳苦的果实。

——

霍埃尔·马丁内斯·埃尔南德斯
（Joel Martinez Hernandez），
转引自米格拉·莱昂-波蒂略（Miguel Leon-Portillo），
《折断的矛》（*The Broken Spears*）

由于酷寒带来难以忍受的冰冻，高山土地没有一处可以用于栽种水果和蔬菜……甚至把相当大片地势次高的土地也算在内，那儿也还是有不宜居住的地方……因为土壤成分不同，有些土地虽然气候良好，仍是不适于耕种的……因为有些山处处是险崖，崎岖又多荆棘的地面绵延好几里格*之长；另有些山的土壤优良，但是太凹凸不平又陡峭，不能耕种。上述缘故使得西印度这些地区不可能耕作或住人，这是我走过殖民区的许多地方时经常看到的情形。

——

贝尔纳韦·科沃（Bernabe Cobo），
《新世界的故事》（*Historia del Nuevo Mundo*）

* 英制长度单位。1 里格等于 4.83 千米。——编注

高海拔与孤立状态：归类高地文明

埃尔南·科尔特斯已经令船队上岸，但他还一心想着阿兹特克酋长的财宝传闻。他在信上写道："因为信赖上帝之全能与殿下的重威，我决定去找他，不论他身在何处。"这是一条很长的上坡路，科尔特斯一行从哈拉帕出发，走上"一条非常崎岖又陡峭的路，西班牙没有一条路这么难走……天知道我们受了多少饥渴之苦，冰雹与暴雨尤其难熬"。[1]他们越过荒凉的高原，走过高山，在高原上要忍受饥饿侵扰与烈日灼烤，在高山上又得与寒风和稀薄的空气搏斗。

科尔特斯一行人是与哥白尼（1473—1543）同时代的人，为了满足科学上的好奇心与追求黄金，甘受艰险山路的折磨。探路的队伍试图攀上峰顶覆雪的波波卡特佩特火山，高度将近 5 586 米，"要找出冒烟的秘密……但是未能成功，因为雪下得太大，旋风裹挟着山中喷出的烟灰，也因为他们受不了酷寒"。[2]科尔特斯一行前往阿兹特克首都途中，土著向导带他们走了更多山路，科尔特斯虽然疑心会遭到埋伏却仍跟着走，"因为我不希望他们以为我们缺乏勇气"。

科尔特斯和部下来自按欧洲标准来说算是多山的国家，行程终点的这个首都的位置却比任何西班牙人所见过的都高。特诺奇蒂特兰城中色彩艳丽而溅着人血的神庙建在海拔约 2 280 米的山谷湖上，周围是高高低低的山脉。这座城超越了生活和现实，令这些西班牙人想起当时一篇通俗小说中被邪恶魔法师下了咒的幽暗之城。[3] 科尔特斯得意扬扬地称赞自己征服的地方，他表示这是一个与塞维利亚不相上下的城市。

令人意外的是，科尔特斯会想要在一个地势这么高的地方找到高等文化，还认为耗费这么大的功夫是值得的。一般来说，低地人都觉得高地人对文明是不友善的。低地居民眼中的高地居民无异于野蛮人，低地人也会引据历史、地理、神话来证明高地人确实可怕，描述巫术、乱伦、兽性的故事都是在山里发生的。[4] 山区居民往往被扣上“原始”的帽子，在文明进逼中不得不逃上山去。他们的栖居地通常除了某些条件好的谷地外，甚少有可耕土地，即使有，耕作起来也比平原费力。在山坡上觅食的牲口也往往属于瘦而多肌肉的品种，又因为草场不集中，以这些牲畜为食的人有时候必须随季节而迁徙。另外，凡是有高山阻隔的地方，就会产生排他主义。隔离的族群都有强烈的自我意识，彼此语言又不通，所以不可能大规模合作，为改造环境或组成大国而互相配合也就更不可能。

12 世纪的艾默里·皮科曾为朝圣者写过一本行路指南，在书中警告读者要提防前往圣地亚哥–德孔波斯特拉途中的山地社群：“不像我们法兰西民族，他们是完全没有文明的”，他们与骡子兽奸，用餐时肮脏粗鲁。[5] 16 世纪的瑞士人托马斯·普拉特到德国受教育的期间，必须因来自山地的出身所招致的鄙夷而自我捍卫。[6] 约翰逊博士口口声声说瞧不起苏格兰人，称苏格兰人“和切罗基印第安人一样，甚至像红毛猩猩”，需要文明人来调教，并且说他们未与英格兰统一以前，“饮食与因纽特人的盛宴一样粗陋，住房与霍屯督人的茅草房一样肮脏”。他之所以勉为其难去造访苏格兰高地，是出于现代人类学家寻找“原始人”的冲动：他承认自己原是为了看看古代的模样。[7]

高地社会的真实情形却经常与这些预期不符。高地居民从自己的视角往下看，是瞧不起下面的世界的。的确，高地通常都没有养活早期河谷文明社会的那种肥沃冲积土地，高地人也得不到海岛与沿海文明享有的远洋贸易机会（见第十一章）。但是，高地有其他可以弥补这些缺憾的优势，这些优势也吸引探险家往高原上去寻找消失的世界和“黄金国”，而且的确有人找到了。

温带地区以外的世界里，只有高地可以躲开极端气候，能舒缓热带夏季的炽热。当处于同纬度的其他地方是无情的沙漠和丛林时，高地文明却能繁荣兴盛。高地可能包含山谷与有内部水流汇集的地带，矿物质可以累积，因而形成可利用的土壤。山岳会成就气候的多样性，例如形成微气候，或者把雨水集中到某个方向，以及在不同高度造成的不同气温带上形成可耕种的斜坡和溪谷。

例如以前的亚美尼亚，从炎热的阿拉克赛斯谷地往高加索山走的一路上，各种环境应有尽有：海拔 1 200 米的冲积土地可栽培水果、蔬菜、棉花；略高一点、较干燥的山坡土壤可种植玉米、水果、坚果；1 500 米以上的山区有树林，山顶覆雪，可栽种冬季之前即可收割的耐寒谷类；2 100 米以上的山地草场可供夏季放牧。[8] 地势最低的地方夏季气温时常到达 32 摄氏度，而在人类可居住的高地区，气温最低可能到零下 40 摄氏度，人们必须挖地洞住才不致冻死。早期农耕生活所必需的牲畜草料，这些山坡上也有。只要能打造一个囊括整片高地的国家，或形成一个交流系统，就可拥有多姿多彩的经济，从而在这样的经济体中建立漂亮的城市生活区域。公元前第一个千年的乌拉尔图人便是一个例子，他们在凡湖周围建了高大的城堡、约 1 600 米的运河、自我褒扬的碑铭。10 世纪和 11 世纪的巴格拉提德人（约在今日的格鲁吉亚共和国）也是如此，他们建立了“有 1 001 座教堂的城市”阿尼，至今仍可在坍倒的石堆和植物蔓生的土丘中间找到几个圆顶和尖塔的遗迹。

拜高地环境多样所赐，居民能取得的食物种类远远多于平地，因此他们能供养守卫部队，能挺过植物生病与歉收导致的饥荒。后文会谈到，像特奥蒂瓦坎或特诺奇蒂特兰这样的古中美洲高地城市，耐力与韧性比低谷地之中建立的帝国都城［例如：阿尔班山（今墨西哥南部）与图拉（今墨西哥城北方）］更强，低谷地的生态基础较脆弱。历史上，埃塞俄比亚与新几内亚两处的高地居民生活方式虽然不同，但多数时候都维持着比周围平地区域更高的人口比例。

最重要的因素也许是，在高地建立文明比较有安全上的把握，因为山区容易防卫。世界上一些最难进入的高地多能维持文明历史不衰，也许都要归功于几乎不可能攻破的地理位置。有些地方牢不可破是因为离世孤立，例如安第斯山区与新几内亚；也有些是因为多个世纪以来都有高山阻隔，却未停止发展远距离交通，例如中国西藏与埃塞俄比亚高原。如果是单一国家或民族占据某个高地区域，就可能向周围低地征用更多样的出产物，例如，阿兹特克人曾强迫平地、海岸、森林的人民进贡，贡品由数以十万计的挑山工背上山来；又如古代与中世纪时期的埃塞俄比亚人，在山上坐收大裂谷贸易路径上的通行费；中国西藏在吐蕃时代亦然，曾经抽取欧亚大陆往来贸易的利益，并且越过边界夺占小麦的收成；[9] 印度台地上缔造帝国的人也是如此，“达克史那巴塔巴提（即‘德干高原之主’）在岩石的环抱中安全地占据了世界最伟大统治者的地位，用宏伟的庙宇装点这个国家。起初的建筑由岩石凿成，装饰了美妙的图画和雕刻，至今仍是吾国之光”。[10]

世界上伟大的高地文明（以传统标准来看）都可以持续不断保有重要优势长达数百年或上千年。安第斯山文明中反复出现的黑暗时代，都不是外来者造成的。古代中美洲高地文明可能被北方沙漠来的民族渗透——阿兹特克可能是侵略者中的最后一个，不过这种入侵者通常接下来又被高地文化的诱人之处所征服。埃塞俄比亚文明经历过许多次类似的事。只有伊朗高原与德干高原，即这一类型国家和文化中与外界接触最频繁的所在地，是一再被征服并改头换面的。西藏受过蒙古人的影响（后文会讲到这影响其实多么有限），也一直受到中原文化的吸引，但是在历史上的大部分时候都不改原貌。只有在遭遇欧洲人的势力扩张时，高地的安全才受到威胁，不过即使受到威胁，多数情况中也都是在经过很长一段时间后，才真正被攻破。

就这一方面而论，新大陆的高地人——古代中美洲与安第斯山的人——算是特例，因为他们早就向征服者投降了。他们的山中要塞大多数于 16 世纪 20 年代和 30 年代被西班牙以武力攻陷，或者应该说是被西班牙人铸造的兵器和领导的联合敌军攻陷。一般推断这是因为欧洲人的军事技术超越了高地的优势，然而，同时期其他地区的一连串战事中，埃塞俄比亚人却击溃了来袭的索马里军队。埃塞俄比亚人称索马里人是“土耳其人”，索马里军队有火枪与大炮，至少在进攻初期的武力是略胜一筹的，埃塞俄比亚人还在19世纪90年代抵挡了更凶猛的征服企图。另一个高地国家穆塔帕帝国（可以算是非洲中世纪时期重要的津巴布韦文明的后裔），曾于16世纪70年代击退了葡萄牙侵略者，而葡萄牙人在进攻初期也是掌握军武优势者。穆塔帕帝国此后虽然国力一点点削弱，却一直撑到19世纪才被非洲本土的竞争敌手恩戈尼人征服。在伊朗的高地文明中建立的国家抵抗不了邻近文明（土耳其）的影响，但是一直到20世纪才面临欧洲人势力扩张的严重威胁，埃塞俄比亚也是在这个时候终于屈服。

因此，对于高地文明的消失，不是用无法抵御（单一）敌人所以灭亡的原因就能解释的。高地文明消失与高地历史的其他部分一样，必须向内探究高地环境与人彼此之间的关系。

高地环境的基本要素是周围或旁边的地势较低，除此之外，不同的高地之间没有共通之处。有些人在海拔600或900米的高地找到高地的生活必要条件，有些人在3 000米高的地方也可以找到，因为此类环境提供的可用资源有很大的差别。例如，狭窄谷地和广阔台地就是明显不同的环境，像新几内亚和安第斯山许多地方，可以轻易找到多样的动植物，但如果在广阔台地的环境里，也许必须走很远才找得到够多样的动植物。我们将这两类高地相提并论的原因有二：第一，台地居民实际上会逗留在台地边缘而利用山坡地，也可能居住在山脚下或栖身于山中，因为这些地方比较容易有肥沃的土壤，这样一来就与狭窄谷地的环境条件相似。第二，高山谷地民族的帝国野心往往与台地民族不相上下。印加帝国与古波斯的阿契美尼德王朝分别处于截然不同的地域，却同样有远播权威的志向。

还有一项特点必须强调。有些高地文明并不是发祥于高地，而是被征服者或掠夺者逼得出走的平地文化。把家搬到高处的优点之一是，可以像狼抓羊似的向低地俯冲，夺回宝贵的影响力。高地民族可以凭地势高而征服、欺凌、取代低地邻居以成就自己的文明，文明的中心因而从被抢夺（或避难）的平原移往邻近的山区与高原。

远古的玛雅低地大城市在大约公元9世纪因战事、革命、生态灾难而灭亡以后，低地玛雅文明就转到危地马拉和尤卡坦高原山区里延续。早期的印度文明在河谷地区兴旺，但主宰印度次大陆历史的历代帝国却往往在北部高原建都。中国一统的历史有时被讲成低地六国被秦国征服的故事，而秦国是战国七雄之中位置最西、地势也最高的一国。按照可能属实（但未经证明）的假说，印加文明也是如此。印加人借用征服处于海岸的奇穆王国而掳来的财宝，加上从沿海掳来的工匠，建造了华美的库斯科。[11] 按这个假说，埃塞俄比亚文明是从附近阿拉伯的赛伯伊人而来（见第十三章），古代中美洲高地文明来自海岸边的奥尔梅克沼泽地（见第六章）。

我们却不可以认为高地文明一律是寄生虫或掠夺低地文明而成就的。有些高地文明是利用手边可得的资源从零做起的。这样得出的结果也许不如接触面广的文化，这是因为“定向进化”* 意味着孤立，孤立的文化缺乏竞争者或外来影响的刺激。所以，大津巴布韦与新几内亚高地那种白手起家的自制文化，不会像汇集各式各样影响的文明那么令观察者印象深刻。但有时候，“定向进化”与“异源生殖”混合得太彻底，根本不可能分辨某些文明究竟是从高地自

* 一种进化理论，指生物的进化遵循固定的内在动力，朝同一方向发展。——编注

家发源的，还是在低地邻居之中产生的。

不过，高地文明的技术与政治复杂度（按常规标准而言）和处境孤立的程度有明显关联。像新几内亚这样没有远距离接触的地方，可能发展出定居的生活方式与自创式的农艺，但是却固守着最基本的工具，政体的规模都极小。与外界接触有限的地方，例如乌干达、卢旺达、布隆迪，可能发展冶金技术与注重排场的大王国，却没有开创城市生活。像埃塞俄比亚和津巴布韦这样有长廊通往外界的地方，可以大兴建筑，埃塞俄比亚也对环境做了不少改造。像中国西藏、伊朗高原、德干高原这样通信便利的地方，可以享有文明生活的一切福利设施。我们应该从美洲开始探究各种例子，因为美洲有特殊的高地文明史。古代中美洲与安第斯山的两大文化区域内部曾经创造了广大的交流网络，却维持与外界几近封闭的状态达数百年之久，更奇怪的是，两个文化互相完全不认识。

攀上蒂亚瓦纳科：印加以前的帝国

美洲的两个高地区域——墨西哥与安第斯山原本是抑制文明萌芽的“冷床”。两地在16世纪都曾是西班牙征服者与既有古帝国激烈冲突和相互毁灭的现场，阿兹特克和印加帝国因此笼罩在浪漫传奇与悲剧气氛之中，它们成了世事无常的象征，仿佛在它们两个地区从来没有其他文明达到相似的成就或是像这样突然消失。之所以会产生这种观感，是由于以往采取的探讨方法错上加错。美洲古帝国历史的连续性远远超越西班牙人入侵带来的重创：这两个文化区域以前就常有征服者与新的统治阶级来来去去，当地的生活仍按照惯常的模式继续，也就是说，统治阶级在建筑雄伟的大城里，以精心设计的意识形态为由，对庞大的务农人口行使压榨、保卫、利益再分配的权力。就这些方面而言，殖民时期与之前的帝国时代是相似的。印加帝国与阿兹特克在高地上的成就与下场，应该放在他们居住的两个地区与周围的长久文明史的背景里来看，才可能理解透彻。

印加人大约从 15 世纪 30 年代开始在库斯科的山谷要塞建立帝国。在他们之前，有另一个以瓦里为首都的帝国，位于海拔 2 700 米的阿亚库乔山谷。瓦里中心有戍卫要塞、宿舍、公共食堂，周围百姓至少有 2 万人，阿亚库乔山谷里似乎还散布着一些卫星市镇。有人甚至指出，其他布局相似的遗址（最远的在纳斯卡，见第二章）是瓦里的殖民地。瓦里这个首善之都大约只有 200 年历史（公元 7—9 世纪）。寿命大约比瓦里长一个世纪、更早以前的另一个帝国——的的喀喀湖附近的蒂亚瓦纳科，在公元 1—3 世纪成为强大的城市，城中有高耸的庙宇、洼地庭院、威武的防御工事。再早的是公元前 1500 年前后留下的遗迹，位于卡哈马卡高地，其中的仪式建筑群可能曾是城市或雏形城市的一部分，最起码也有族长式政府的仓库，存放着要重新分配的粮食。有些遗址也被推断为古王国的遗迹，例如公元前第一个千年建立的孔多尔瓦西，有金器陪葬的古墓，还有以献祭人头形状坠饰的黄金王冠。[12]

秘鲁的低地遗址在时间上还要更早，这里的昔日胜景不难想象：里马奇河谷中的拉佛罗里达大约公元前 1750 年开始兴建，有面积 11 公顷的高台，现今尚存的遗迹也有 17 米高。[13] 到公元前 14 世纪，干燥的莫奇山谷中留下的遗迹是用河川卵石筑成的庭院、房室、廊柱的复杂格局，由巨大的美洲豹面具守护。[14]不过，如果根据目前已知的信息就说大型建筑的传统是借迁徙、征服、影响力蔓延而往内陆高地传播，就言之过早了。

公元前第一个千年留下的遗址几乎都有许多共通的装饰特色，从北方的兰巴耶克山谷到南方太平洋海岸上的帕拉卡斯皆然，就好像都在装点同一座诸神庙。因此有人猜测，印加帝国兴起以前就已有某种超级大国存在，最起码也可以说曾有一个“文化区”把高地和低地都包括在内。此文化区的重心是奇大无比的查文德万塔尔神殿，位于孔丘科斯区，这个山上的神谕所在地似乎是万方信徒的朝圣目标。[15]

凡是有宏大建筑的地方，几乎都有玉米的滋养。玉米之所以能逐渐扩散至各处高地，是由于当地居民培养了适合的品种，加上设计过的灌溉系统促成双重轮作，才使得本来不能种植玉米的纬度也能有效地耕作。储藏玉米是仪式建筑群的功能之一，例如的的喀喀湖深入内陆的湖岸上的奇里帕就是如此。[16]过了玉米种植的极限，主食作物就改成安第斯山原生的多用途块茎植物——马铃薯。

这些依赖玉米的社会都有些发展上的限制，但被一个最不同凡响的城市超越了：蒂亚瓦纳科从3世纪到11世纪持续建设的时期，在比拉萨地势还要高的地方扩张到16公顷的面积。这简直是不可能的“云中殖民地”成真了，而阿里斯托芬当初想象的“Nepheloccygia”（意为“云-杜鹃-大地”）是为了讽刺希腊人走火入魔的建城狂热（见第十四章）。蒂亚瓦纳科的城门太气派宏伟，似乎在炫耀凯旋；石碑的体积太大，似乎在自我膨胀；正面太气势汹汹，只有帝国才显得出来。城里有多达4万的人口，实行筑墩农业，田地用卵石堆起墩台，上覆泥土和淤泥，墩田周围是引入的的喀喀湖水的渠道，借此保护田地不受气温剧变之害。田圃从湖岸到内陆有16千米长，每年收成高达3万吨的马铃薯，喂饱全城人口还有余。[17] 这里也可以栽种足够仪式典礼使用的玉米，要在遮蔽完善且极小心照顾的园圃里栽种。另外也可以收成大量的藜麦，这种谷类以前是很廉价的东西，现在据说则是时髦的食品。

就目前所知，从蒂亚瓦纳科灭亡到印加帝国兴起之间，高地上只有较小规模的文明出现。因此，把印加说成是蒂亚瓦纳科遗留传统的继承人或监护者是没有根据的。不过，前人伟大建筑的废墟留下来，后人可以看见；对付环境的妙招可能有人记得，或是被当地人保存留传：作物育种、利用环境多样性、在可兼容的生态环境里维持生存聚落等都是此类例子。印加人的试验可以说是把驯化自然的老方法翻新执行，只是规模大得空前。

诸神的所在地：阿兹特克兴起的背景

阿兹特克人的文化区域里也曾有同样悠久且强盛的城邦历史。他们也和印加人一样，踩着前人文明的遗迹，亲眼见过臣属的或被征服的民族文化，这些都留在比阿兹特克地势低的地方，直到海岸处。举例而言，公元前1世纪的特奥蒂瓦坎在海拔1 800米的地方形成了最密集的本地城市，面积大到20多平方千米。特奥蒂瓦坎雕工精细的高台和金字塔与印加蒂亚瓦纳科的高台和金字塔似乎有相同的地位，几乎可以说是帝国大业的象征，我们不禁揣测，特奥蒂瓦坎应该曾是一个庞大国家的首都。大约1 600千米之外的玛雅诸城中，仍留有关于特奥蒂瓦坎外交使节的记录。5世纪蒂卡尔君主“风暴天”的雕像就有特奥蒂瓦坎的保镖随侍（见第六章）。特奥蒂瓦坎的建筑还包括一些显然按照遥远低地遗址里的房屋改良而来的屋舍，很像大展览会上不同地区的展览馆。

从特奥蒂瓦坎残留的壁饰仍可看见古时居民生活中充斥的意象。他们的世界由天空主宰，这天空的形象是一条色彩丰富、有羽毛的大蛇，巨大的口中流下雨一般的繁殖力和汗水。它底下冒出来的树木生着弯曲的粗根，开满茂密的花朵。会说话的鸟禽口吐雷电，两翼向下射出飞镖似的闪电。一头身覆羽毛的美洲豹从爪掌迸出火花。活祭的人戴着蛇面具，被龙舌兰刺割开的手和被叉在骨刀上的心脏溅着血。一群郊狼扯出一头鹿的心脏，鹿似乎在哀鸣，显然是比拟活人献祭的情景。[18] 这些艺术来自生态条件不稳定的生活，生产丰饶与否都要取决于降雨与不可靠的神祇。

也是在同一时期，在墨西哥西南方的瓦哈卡山谷中，有一个地区性的国家曾以阿尔班山为据点。这里的地势比较低，在1 420 ~ 1 737米之间，因为降雨不足，居民不得不采取繁复的灌溉对策，包括掘井、储水、开渠道。[19] 瓦哈卡山谷的这个国家在公元前500—公元前250年之间兴起，山顶的防御碉堡遗址是一次突然的“都市革命”的成果。该国一直维持着上等文化中心的地位，历时1 200年后原因不明地突然衰败。建造这个城邦的人被称为萨波特克人（因为与现代的萨波特克人同名，可能引起误解），他们留下工艺极精美的碑塔，碑铭的书写系统至今仍未被译解。他们的帝国野心可以从绘画和雕刻中看出来，绘画中呈现战俘被割掉生殖器官的场景。但若要进而推断他们的国家形态、想象他们的君主有多大权势，证据仍然不足。在建筑物上以象形文字刻有被征服者的名称，这名称指的可能是远在 100 多千米以外的某个地方，阿尔班山的陶器风格也在这个城邦灭亡时传播到这片广大的区域。[20]

即使这些证据意味着阿尔班山与特奥蒂瓦坎有固定的政治关系，阿尔班山充其量也只是一个地区小国，范围与势力都不可能与特奥蒂瓦坎相提并论。这个小国依赖那么脆弱的资源竟能取得这么好的成就很令人惊奇，但是它的统治权和影响力都不曾延伸到很远，无法与特奥蒂瓦坎、特诺奇蒂特兰相比。

阿兹特克帝国时代的这个地区里，米斯特克人与萨波特克人都是比较小的社群，以黄金工艺、羽毛工艺、抄本绘图著称，而不是以巨大建筑闻名。近期解译萨波特克君主图绘世系的结果显示，两个社群的统治阶级有所重合，例如萨波特克的英雄人物“五芦苇”（这是历书上他的称号）就是两族共尊的祖先。[21] 另一位是古中美洲首屈一指的文化英雄，用象形字表达是“八鹿虎爪”。按世系表，可以大致确定他的生卒年代是 1063—1115 年。[22] 他在所有现存的米斯特克史书中都地位崇高，可作为古中美洲君主生涯的典型范例。他经常娶妻，儿女众多，进出神庙，担任人神中介，祈问祖先，指派并接见使节，参与球赛，进行和平谈判，以及从事最重要的事——作战。他死后也与生前一样，是古中美洲君王的模范：献祭、肢解、入葬，这些都清楚记载在小城蒂兰通戈与特察夸科的君主世系之中，两个小城的君主都要后世记得他们是“八鹿虎爪”的后裔。“八鹿虎爪”是来自图图特佩克的低地人，生涯大部分时间在湖岸地区的米斯特克社群中度过。图绘世系中生动地描述了他的征伐战功，因此有学者认为曾有一个“图图特佩克帝国”存在，但其实应该把这些征战放在激烈权势较量的背景中来看，从这种较量中会产生遵从的模式、贡品的交流、活人的献祭，却未必会导致领土权或直接统治范围的扩大。古代中美洲的王国似乎以建在高地上为宜，这样基础更为稳固。

建在高地上的国家在一些可衡量的特点上胜过地势较低的邻居或前辈。例如，高地国寿命较长、发展规模较大、影响所及范围较远，或是具备三者之一二。特奥蒂瓦坎在公元 8 世纪时原因不明地衰败以后，图拉遗址又兴起一个大城，在墨西哥被称颂了几百年，直到 12 世纪末同样原因不明地瓦解为止。这个城被世人称为“云中花园”，遗址的大片空地上立有巨柱，仪式空间整齐有致，并以祭典的血灌溉，颇能符合这个美称的形象。但是城的周围环境不可靠，灌溉绝对必要，长期干旱必然带来毁灭。几乎可以确定，居民弃城而去与生态灾难有关。[23] 阿兹特克人自认为是这座城的子孙。

对比的世界：兼论阿兹特克与印加

学术研究隔着遥远的距离看古代中美洲与安第斯山，以至于两边的差异似乎消融了。在学者笔下，两种环境显示出关键的相似性，其中有些共同点的确值得重视：山区的堡垒具有防御功能，热带的高山气候有缓和作用，动物性蛋白质来源有限，用于仪式的粮食——玉米几乎无所不在。栖居在两个地区的人们所发展出的文化，在研究者的心目中也往往归并在一起。举例来说，常被注意到的是，两种文化同样有看似反常的基本技术。两个地区的人都使用大块石材来筑造巨型建筑物，却都没有发展出拱形建筑结构的技术；他们都发展了远距离贸易，却都没有使用轮子和车轴。两种文化的城市景观类似，都固守几何形状与对称美感来表达宇宙秩序。欧洲人入侵以前，两个地区都只把软质金属用在工具、武器、装饰上。两种文化记录信息的方法都被归类为雏形书写，阿兹特克人使用的古中美洲象形文字系统非常适合用来保存统计、历法、世系的信息，但对于叙事却只能发挥助记符号的效用；安第斯山的结绳记事与古希腊的 B 类线形文字（用代表音节的线形符号书写）一样，只适合做行政事务的记录，却不能为文学编码——至少目前尚不存在可以取信的解译能够证明当时曾留下文学作品。[24]

文化背景上明显的相似性似乎培养出了相近的政治制度。两个地区往往偏好较大的政治体，早期来到美洲的欧洲旅行者都把这种政治体归类为帝国。特别引起研究者注意的是，这两个地区在同一时期都有用人献祭的仪式，并通过战争与政治的方法来供应所需的祭品人。两个地区都遭到较小规模的西班牙探险队的征服，征服的方式表面上看来是相同的。

在征服者心目中，相同之处的确已经十分明显。举例来说，弗朗西斯科·皮萨罗于 1528 年攻打秘鲁，便按照早几年科尔特斯在墨西哥的先例行事：先擒拿他认定是“皇帝”的当地最高统治者，再借操纵这个傀儡来控制广阔多变的大片地区。不过两人的这一招起初都没有发挥预期的效果，被俘的君王不久就被征服者抛下或杀死。科尔特斯在墨西哥设想这个策略，说明他根本搞不清楚状况——这里的政治势力很分散，不可能从中央操作；倒是在秘鲁可以这样做，因为政府确实有中央集权的趋势，帝国境内的效忠目标集于君主一人。

阿兹特克“帝国”是个松散的霸权，各股势力只借复杂的纳贡交流维系，虽然贡品最终必须流入特诺奇蒂特兰，却会先在整个文化区里到处交叉流通。强制整批人口迁徙的政策极少实施，境内的社群极少由特诺奇蒂特兰任命的长官直接治理，也极少有占领军长期驻守某一地，根据可能是最早的可靠史料，存在的聚居地仅有 22 处。阿兹特克的至尊统治权倚赖的不是持续的警戒或常规的管辖制度，而是用机动军队和惩罚性的劫掠等恐怖手段来维持。在面积超过 52 万平方千米的国境内，末代的君主调动军队来回“征服”已经在他统御之下的那些城市（特诺奇蒂特兰留下的征战名册是这么记载的）。阿兹特克的霸权也不是严格的独占模式，而是由特斯科科湖一带构成网络的多个城市共享，这些城市在进贡层级中属于特权地位。另有更广的联盟系统把更远的社群纳入，以便合作征服未臣属的地区，而结盟的社群也会不时变动。按照早期殖民史料中取得或誊抄的“前征服时代”记录，西班牙人到来时，有 3 个“山那一边”的社群在这个系统之中居于特殊地位。特拉斯卡拉、乌埃霍钦卡、乔卢特卡进贡（或应当进贡）鹿皮毛和供祭祀用的俘虏，但是特拉斯卡拉的男子也参与阿兹特克人交换俘虏的仪式，这种仪式叫作“花之战”。双方关系紧张，甚至变得敌对：特拉斯卡拉成了科尔特斯的第一个盟友，乔卢特卡也在面临其都城三千居民将会遭到屠杀的威胁时——据科尔特斯亲口承认——背叛了阿兹特克，与科尔特斯结盟。

印加帝国的体系不如传统描述中那么严格与缺乏变化，需要协调一致的地方多得多，直接统御的范围也广得多。印加的帝国大业既比阿兹特克的庞大，管制也比阿兹特克严密。这么大的帝国跨越如此不利的地形，包含这么多不同的文化，如果没有大量务实的权力下放和许多润滑的关节，是不可能运转顺畅的。令人觉得最厉害的是其掌控力的真正精髓：传统上效忠的地区和以往敌视印加的地方都被夷为平地或弃置荒废，例如，奇穆本来是繁荣的城市，也是以前的帝都，城中的人口却突然被印加征服者一扫而空（见第二章）。数万人被迫从故乡连根拔起，到印加政策指定的地方落脚。瓦伊纳·卡帕克是西班牙人入侵之前的末代君主，据说他下令 10 万工人迁居到基思皮万卡去帮他建一所乡间别宫；此外，他在科恰班巴开辟了玉米农场，役使的 1.4 万农奴从国境内各地迁来。[25] 区域性的统治阶级被鼓励或被强迫把年轻一代送进库斯科城，接受帝国意识形态的灌输。道路以及皇帝的传讯设备造就了一套控制系统——发送与快速回复信息的驿站。

阿兹特克与印加除了政治迥异之外，还有其他更深层的区别：两种民族拥有差异极大的情绪感受。印加艺术反映的世界是煞费苦心、一以贯之的抽象风。人与动物的形状在织工和金匠手下都变得硬邦邦的。气势逼人的建筑则体现顽固不变的想象：石工雕琢精确，有整块的大石材，严格对称，绝无自然的弯曲姿势，一律是直线。印加艺术的自然主义还不如伊斯兰教艺术。即便结绳记事曾经用于记录故事（有些学者认为有此可能），叙述效果与中美洲的图画式文字也有天壤之别，后者逼真地呈现了每个人、事、物。阿兹特克最典型的艺术是写实风的雕刻，这是他们技高一筹的艺术，也为古中美洲艺术传统带来前所未有的精致风格——至少我是这么认为。最上乘的写实雕刻是小规模制作，按一丝不苟的自然观察描绘得栩栩如生。有一对伴侣（有“人”的形象，却带着猿猴的特征）的坐像，双方都以一臂搂住对方，略歪着头互望，露出半信半疑的亲热。有一条目露凶光的蛇张大了嘴，伸出分叉的舌慵懒地舔着自己盘起的身体。空气在一只蹦跳的猴子身旁呈现，它因肠胃胀气而鼓着肚子，扬起尾巴在放屁。一只郊狼停下脚步，竖着耳朵在听什么，也许蹲着是准备要跳起来。一只兔子紧张兮兮地缩着身子，在嗅寻食物或察觉到危险，鼻子抬起皱着正要吸气。[26]

这些情感表达的差异，是在截然不同的环境中养成的。如果把阿兹特克与印加的“新大陆”放在比较的框架里审视，会发现不同点比相同点更重要。安第斯山形成长而细的链条，印加帝国领土沿着这个长条地形跨越了 30 多个纬度。在从东到西的重重山峰上，降雨与云量被扭曲成差异极大的两种极端，因为山是陡峭的，所以在很小的空间里就能找到多样的环境。从海岸到积雪的山峰，不同的生态带一层一层叠上去。3 600 ~ 4 500 米高的干冷草原之中，只要底土留得住温度与水分，就是可耕之地。

安第斯山不像墨西哥高原，它有可供美洲驼、羊驼、骆马等驯养畜类食用的草，一些古代畜栏的遗迹至今仍看得到。地势略低的山谷往往降雨量不足，虽有能利用山顶雪水的灌溉系统，仍旧是不够的。山谷结构促成非常多样的微气候以及能适应这些气候的特殊化动植物群，所以除了马铃薯、玉米、豆类、辣椒、花生、红薯等普遍食物之外，各地另有不同的副食品。由于森林物产的资源和山下的海产资源临近，因此通过区域内的贸易或帝国势力的扩张，可以把高生活水平的必需品都集中在一起。18 世纪晚期一位爱国的博物学家认为，秘鲁是“大自然在这世界上创造的最伟大成果”。他这样形容安第斯山的多姿多彩：“上帝创造了非洲的沙漠、亚洲的葱翠森林、欧洲的温带及寒带气候之后，特意把他散布在这三个大陆上的所有产物都集合在秘鲁。”[27]

玉米和马铃薯的分布（共有150多个可栽种的本土品种）说明了安第斯山的政治生态如何运作。欧洲的编年史家观察并记录了以玉米耕作为中心的神圣仪式，却没看出马铃薯与仪式有什么关系。马铃薯在美洲的这个地区其实是更重要的主食，据说，“半数的印第安人除了马铃薯没有别的食物可吃”。马铃薯和玉米分别有其社会功能，在生态系统中的地位也不同。高度接近4 000米的地方只能栽种少量玉米，而且是在祭司的园圃里煞费功夫地栽种，为了供仪式使用。印加世界的人大部分居住在这个高度或更高的地方，只有能适应酷旱与严寒冰冻的玉米品种才可能在这里大量耕作。这种地方适合栽种的是马铃薯，足量的马铃薯本身就可以提供人体所需的一切营养。一般百姓以马铃薯为主食，但马铃薯是地位卑下的食物。玉米收获后都储存在比耕作地还要高得多的山上，供给军队、朝圣者、宫廷食用，并制成仪式典礼时使用的玉米酒。[28]

安第斯山的险峻地形使山中充满生态多样性与政治契机。相比之下，墨西哥的地形以广阔高原为主，高度超过1 800米，高原上有山有谷，却没有安第斯山处处可见的陡峭线条，也就没有那么丰富的生态变化。墨西哥的高地社会如果想要取得较低地势生产的棉花，或是炎热低地出产的可可（这两种作物是活跃于这一带的所有文明都不可或缺的），就必须从大老远带回来。阿兹特克人不能没有棉花和可可，棉花是御寒与战争的必需品（战甲需要内衬棉花），可可是仪式必备物，也是食品（统治阶级在庆典时饮用，阿兹特克手稿绘图中是用细颈壶喝冒着泡沫的可可）。其次，球赛用的橡胶也是必要的输入品，产自炎热的低地。最昂贵的奢侈品是玉，产自远在南方的危地马拉高地。阿兹特克文化要靠远距离交流维持。[29] 在一本早期殖民时代阿兹特克人的绘本中，当回忆起过往的历史时，贸易中断乃是开战的借口。在官吏留下的巨细靡遗的贡品交流记录中，可见一套牢固的中央集权系统，西班牙征服该地以后，夸奥蒂特兰还曾在饥荒发生期间实施玉米赈济。[30]

高地环境有利于玉米和豆类生长，两者是互补的碳水化合物主食。南瓜和辣椒则是主要的副食品。玉米粥和最重要的玉米粉粽都有特定的做法。16 世纪一位传教士兼人类学者收集了各种玉米粉粽食谱：做成贝壳形状、经暴晒可变红的掺豆子的白玉米粉粽，加玉米粒的白玉米粉粽，由玉米面团制成、添加青柠汁变软的玉米粉粽，放在木灰里变软的玉米粉粽，包肉和黄椒的玉米粉粽，加玉米花、籽粉、水果的玉米粉粽，以蜂蜜调味的玉米粉粽。名为“奇亚籽”的植物籽磨成的粉，也可以做粉粽。[31]

特斯科科湖畔的社群可以参与劳役辛苦的玉米耕作并享用粉粽。他们必须把湖中肥沃的淤泥挖出来堆成一个个的岛或岛状土墩，开展当地的一种土墩农业。这种“浮在水上的菜园”如今仍可以在霍奇米尔科逐渐消失的残余湖域中看见，发展中的墨西哥市仍在发掘这里的水源。[32] 对于扩张中的城邦而言，这种园圃农业的收成是不够的。[33] 食物种类太有限，又不能种植棉花，帝国野心于是从土墩生出。

纳贡者的复仇：环境与帝国势力

特诺奇蒂特兰的阿兹特克人是一个小型联盟中居支配地位的一

群，联盟各城聚居在湖中和湖的周围，虽然欠缺基本资源，却可以据守情势。居民必须借战争从邻近地区夺取食物和棉花。从阿兹特克留下的特诺奇蒂特兰建城景象，可以看出靠湖生活之拮据与凶残。环境中有沼泽植物、岩石、仙人果，有芦苇棚屋，在鹰巢旁有陈列敌人骷髅头的架子。他们远征最北到达帕努科河，最南到达索科努斯科。

西班牙征服者于1519年进入墨西哥谷的时候，特诺奇蒂特兰已是有八九十年辉煌战果的强盗首府，以宏伟的面貌傲视群城，向湖的城中可能挤进了8万人口。前面说过，“帝国”的大部分地方不是由特诺奇蒂特兰直接统治或戍卫，而是在欺压胁迫下取得让阿兹特克人维持他们已经过惯了的奢华生活必需的贡品。按阿兹特克人留下的记录，征收的贡品包括每年12.34万件棉斗篷（因为特斯科科湖这样高海拔的地方不能种植棉花），以及衬棉战甲，供给英雄战士披挂，伪装成神灵。粮食必须由臣属的社群供应，因为特诺奇蒂特兰作为湖中岛城，已经没有可以种植粮食的空间，每年进贡约860万升的玉米以及差不多同等数量的豆类外加可可，都是从低地区生产。阿兹特克的贡品清单上也有来自帝国偏远处的稀奇产品，都是宫廷生活与仪式的必备物，包括精制的金艺品、硬玉与琥珀的珠子、粉红色的贝类、豹猫皮、罕见鸟类的羽毛、仪式燃的香、为了球赛制球的橡胶。此外，帝国必须借打仗获得俘虏，以供应祭神用的活人血、使战士吃了能更为勇猛的人肉，以及庆祝胜利的仪式中穿戴的人皮。[34]

印加帝国也通过恐怖手段与贡品来维持运作，但帝国的结构是由顺势成形的长条山脊决定的。早期殖民时代的历史学家把印加人比作古罗马人，也夸大了他们制度的一统性和政治中央集权。不过，从他们留下的治理高地帝国之道的证据中，明显看得出侵入性统治的本质。印加帝国的道路系统贯穿安第斯山，长度超过 1.9 万余千米，跨越纬度 30 度。从瓦罗奇里到豪哈的这一条路海拔高达 5 100 米，道路系统中布满小站，有些小站位置有 3 962 米高，驻守的工作人员吃得很好，而且有玉米酒驱寒。[35] 高山小站间有吊桥相连，例如长约 76 米的瓦卡查查（意思是“圣桥”），桥的缆绳有人的身躯那么粗，横跨在库拉瓦西的阿普里马克河的峡谷之上。

印加人在修建公路系统和提高产量之类的大事上是调度劳动力的能手，例如，科恰班巴山谷的人是从彼此距离很远的库斯科和智利强制迁来的。物品与劳力的进贡都可以使帝国富裕，例如奇利翁河谷的万卡约本地产的每一样东西都要抽一部分纳贡，包括可可、辣椒、玛黛茶叶、风干的禽肉、水果、螯虾。库斯科聚积的财富从“至尊印加阿塔瓦尔帕”的事迹就可以看出来：敌人要求付出装满一整间屋子的黄金来赎回他。目瞪口呆的西班牙人记述印加首都时，特别描写了太阳神庙的花园，“园里的土地是一块块金子，并且巧妙地种着一株株黄金般的玉米”。[36] 西班牙士兵估计，萨克塞瓦曼的要塞大得能驻守 5 000 人。这个要塞遗迹的最底层至今仍留着一块巨石，高 8.5 米，重达 355 吨。

印加帝国执法也与阿兹特克霸权一样诉诸恐怖手段，祭神也用活人。据说瓦伊纳·卡帕克在打败卡兰基人之后，将 2 000 名卡兰基战士的尸体抛进亚瓦尔科查湖，他自己下葬时则杀了 4 000 人作为活祭。然而，阿兹特克与印加的制度都有结构上的弱点。两个帝国的人口规模在以后的几百年都没有再达到此时的规模，可见其维持稠密人口的效率。就技术而论，两者的成就都十分耀眼，尤其是阿兹特克的工艺品与印加的工程。印加人耗费庞大的资源在库斯科膜拜逝世的“至尊印加”，让自己陷入血腥内讧。这件事是这样的：膜拜逝世国君的传统造成越来越重的负担，强势的边疆首府基多有了不满，导致一场内战，也使得西班牙人有机可乘。[37] 至于阿兹特克，因为它是靠复杂的进贡关系网维持帝国运转，一旦臣属的社群拒不纳贡（西班牙人怂恿他们不纳贡），特诺奇蒂特兰的生活就停摆。

此外，由于印加与阿兹特克的体制本质是高压胁迫，所以两者都制造了内部仇敌。墨西哥山谷以东山脊外的特拉斯卡拉就在西班牙人袭击特诺奇蒂特兰的时候提供了决定胜负的人力。至少从他们留下的史料看来是这样，画面中特拉斯卡拉人在每一场进攻中都站在前面，佩戴鸟羽、举着长矛，而西班牙人如歌谣中的“斗牛广场公爵”，宁愿站在后面领军。[38] 曼塔罗山谷的万卡也是西班牙人的联盟，是打败印加的重要助力。印加的抵抗军被赶进比尔卡班巴的森林，于 1572 年瓦解。特诺奇蒂特兰于 1521 年被征服后夷为平地，原址之上建立了墨西哥城。[39]

本土文明的记忆却继续影响着新大陆的历史。与印加有关的记忆曾在殖民时代激起被殖民者的反抗。现代墨西哥自认为在某些意义上是阿兹特克的继承者，采用了阿兹特克的象征符号，也模仿阿兹特克式的建筑。受美洲古文明之惠，美洲各地的原住民意识复兴，这种意识也鼓励了古文明的研究与重估，但是有些文明在历经白人的征服后，消失得比墨西哥和安第斯山的本土古文明更为彻底。

阿兹特克是一个出于必要而形成的帝国。印加却不是迫于需要而统一了这么大的领域，或向那么远的地方强索贡品，因为安第斯山的环境本来就是可在几度（或者零点几度）的纬度之内取得一切物产的。然而，如果找一位综览全世界的观察者来指出 16 世纪初期最不同凡响的帝国，并且是根据环境条件而非技术发展与军事强权来判断，被选中的可能就是印加。那个时期没有一个国家这么完整地包含多种不同的环境，而印加帝国之内从赤道到亚南极，可居住的各种环境应有尽有。

北欧地区萨米人的萨满巫师在仪式中会使用这种鼓。鼓通常呈椭圆形，覆有驯鹿皮制成的鼓面，上面绘制的图案反映着萨米人的宗教观和世界观

位于今塞尔维亚境内的古村莱潘斯基维尔（Lepenski Vir）曾是公元前第七个千年中期追踪冰川者北行旅程的中途停靠点。萨满巫师在这里立起有层层鳞片的鱼形石雕，以庇佑人们的居所（图：Mickey Mystique）

奥尔梅克文明是已知的最古老的美洲文明之一，存在和繁盛于公元前 1200 年到公元前 400 年的中美洲。它最引人注目的成就无疑就是古老的巨型人头雕塑

公元前 3 世纪到 9 世纪是玛雅社会集中发展的时期，上百个城市在雨林中拔地而起。玛雅的世界是一个个城邦，由身为战士的君主统治。这幅浮雕描绘了雅什奇兰的君王“盾豹”于 709 年举行的神圣流血仪式。画面中“盾豹”手持火炬，他的妻子正用一根带倒刺的绳索穿过自己的舌头

《博尔吉亚手抄本》(*Codex Borgia*)第 71 页，描绘了阿兹特克的太阳神托纳蒂乌

蒙特祖玛二世加冕石，又名“五阳石”（1503 年）。蒙特祖玛二世是古代墨西哥阿兹特克帝国特诺奇蒂特兰的君主，这块石碑是为了纪念他登基而造，最初被放置于特诺奇蒂特兰的仪式中心

古希腊人有时候会认为草原居民——他们称之为斯基泰人与萨尔马提亚人——来自异种人的世界，既狂野又凶恶。从金匠制作的工艺品中可以一窥斯基泰骑兵的形象

金帐汗国可汗脱脱蒙哥（1280—1287 年在位）及手下战士。这幅莫卧儿细密画绘于 1596 年，是《成吉思汗书》（*Chingiznama*）中的一页

方济各会修士威廉 · 鲁不鲁乞于 1253 年受法兰西国王路易九世派遣出使大蒙古国并觐见蒙哥汗。这幅 14 世纪手抄本中的插画，上半部分描绘的是威廉 · 鲁不鲁乞和旅伴在接受国王委命，下半部分则是二人旅途中的场景

这尊尼日尔河三角洲出土的赤陶俑可追溯到13—15世纪。他身背弓箭袋，从装束来看应为马里帝国军队的战士

16 世纪中期至 17 世纪，西非贝宁王国宫廷风格铜板工艺品

杰内大清真寺位于马里的杰内市，是一座颇具代表性的苏丹－萨赫勒式建筑，由土坯建造而成。该地最古老的清真寺始建于13世纪，后遭损毁。如今人们能看到的这座清真寺建于1907年（图：BluesyPete）

这幅插画绘于 1882 年，描绘了卡霍基亚土墩遗址中最大的土方建筑“僧侣墩”。卡霍基亚土墩遗址是一座前哥伦布时代美洲土著古城遗址（800—1400 年），位于密西西比河东岸，曾是密西西比一带最有影响力的城市聚落

一位易洛魁酋长。乔治·卡特林（George Catlin）绘于 1835—1836 年

苏利耶跋摩二世是柬埔寨吴哥王朝的国王，在位期间修建了著名的吴哥窟。吴哥窟的浮雕中反复出现他的形象

马格德堡牙雕由一系列 16 块象牙镶板组成，展现的是耶稣基督生平。图中这块象牙板描绘了神圣罗马帝国皇帝奥托一世将马格德堡大教堂献给基督的场景。镶板制作时间为 962—968 年

图为美索不达米亚地区发现的乌书木高（Ushumgal）石碑（公元前 2900—公元前 2700 年）。石碑四面均刻有人物形象和早期楔形文字碑文，记载了一桩交易，涉及三块田地、三所房屋和一些牲畜。正中的人物是名为乌书木高的祭司

花园中的葬礼仪式，来自底比斯西部的明纳赫特墓（Tomb of Minnakht）中的壁画。原作可追溯到大约公元前 1479—公元前 1425 年，此图 1921 年由埃及探险队成员查尔斯 · K. 威尔金森（Charles K. Wilkinson）临摹绘制

两河流域的苏美尔人城邦乌尔遗址出土的工艺品“乌尔军旗”（Standard of Ur）。它呈盒子状，镶嵌着极为精致的马赛克图案，一侧表现战争场面，另一侧则是和平时期进贡和宴会的场景。上图为和平画面的局部（图：Juan Carlos Fonseca Mata）

哈拉帕是4 000多年前在印度河谷兴盛过的独特古文明城市之一。哈拉帕世界通用单一的书写系统，但这些文字只存在于泥封印和护符板上，多为商用。泥封印上刻有奇特的图案

在古印度河谷文明的重要城市摩亨佐-达罗遗址发现的这座人像样貌庄严，头上的发带似乎是用来镶宝石的，肩披的衣服上缀满三叶草图案。有说法认为他是一位祭司国王（图：Mamoon Mengal）

阿克苏姆王国钱币。上图采用的是埃翁（Eon）国王的肖像，下图则是恩度比斯（Endubis）国王，人物手持小麦穗可能表明阿克苏姆以农业为立国根本（图：Classical Numismatic Group, Inc. http://www.cngcoins.com）

史前西欧的“宽口杯文化”（贝尔陶器文化）中丧葬习俗的复原场景，来自西班牙国立考古博物馆（图：Miguel Hermoso Cuesta）

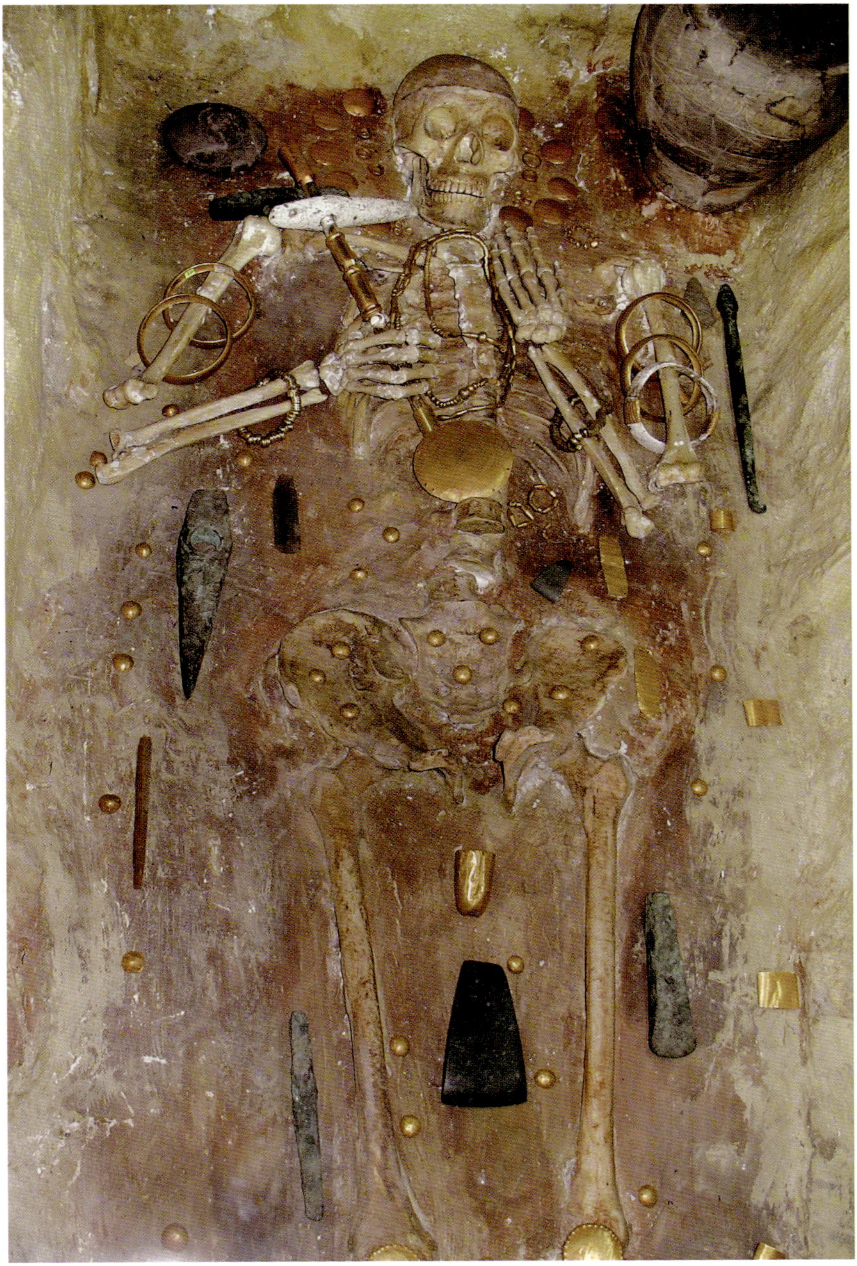

人们在保加利亚瓦尔纳发掘出了历史极为悠久的史前墓葬，可追溯到公元前4600—公元前4200年，死者周身装饰的可能是世界上最早的黄金饰品

象征威尼斯与大海结婚的仪式是一个延续至今的古老习俗，反映出海洋之于威尼斯人的重要意义。这幅画由加纳莱托（Canaletto）绘制，展现了 1730 年海洋婚礼结束后，总督乘船而归的场景

约公元前 17 世纪的米诺斯文明壁画，描绘了舰队出海和定居的情景

15 世纪前后的阿拉伯手抄本《奇迹之书》(*Book of Wonders*)中描绘的亚历山大港法罗斯灯塔

1498 年，达 · 伽马率领船队抵达印度卡利卡特的情景

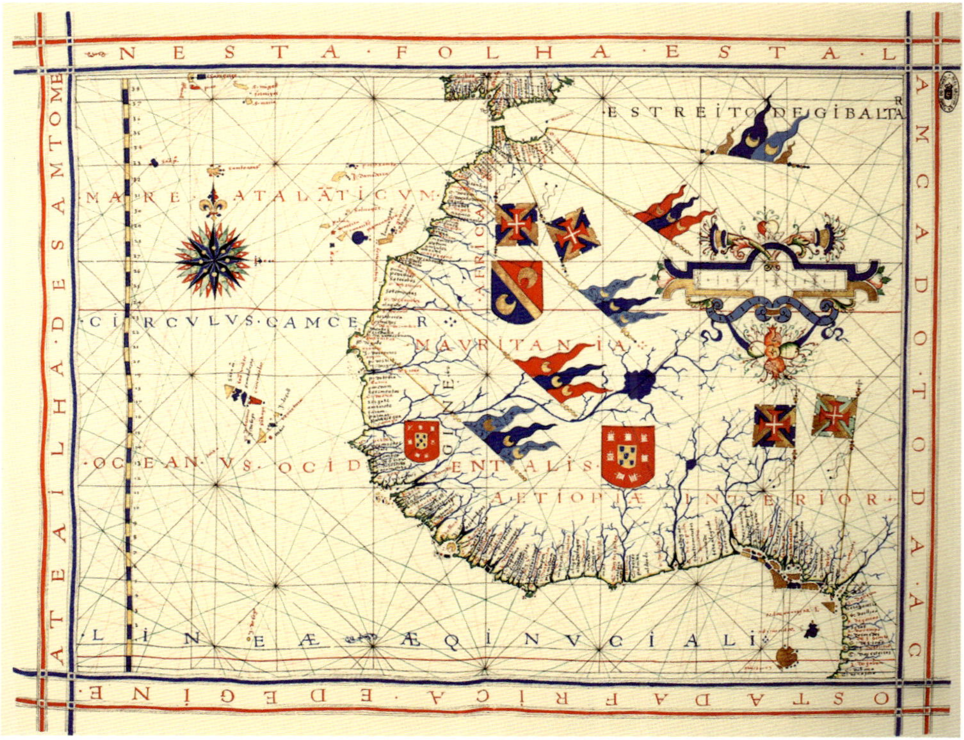

这幅 1571 年的航海图由著名的葡萄牙制图家费尔南 · 瓦斯 · 多拉多（Fernão Vaz Dourado，约 1520—约 1580 年）绘制，现存于葡萄牙国立东波塔档案馆（National Archives of Torre do Tombo）

约瑟夫·莱特（Joseph Wright，1734—1797 年）被誉为“第一位表达工业革命精神的职业画家”。他于 1772 年创作的这幅油画《锻铁车间》（*An Iron Forge*）可能是最早表现工业题材的西方绘画作品

工业对大自然的征服起初并没有冒犯浪漫主义的情怀。风景画家威廉·透纳于1844年创作的这幅《雨、蒸汽和速度——大西部铁路》（*Rain, Steam and Speed—The Great Western Railway*）将钢铁机器描绘得美丽而优雅，仿佛与自然景观融为一体

第十章

攀上乐园

旧大陆的高地文明

| 新几内亚

| 津巴布韦

| 埃塞俄比亚

| 伊朗

| 中国西藏

山坡上覆盖着树木，

溪岸上是各式各样的花。

每一阵风都从岩石上摇下香味，

每一张口都落下果子在地上。

——

塞缪尔·约翰逊（Samuel Johnson），

《拉塞拉斯王子传》（*Rasselas*）

最后的黄金国

最后一次说起黄金国传奇的人，是19世纪70年代早期在新几内亚北岸食人族区域遭遇海难的法国航海者。路易·特雷冈斯自称，逃进内陆之后意外发现一个多金的城市帝国，他们的贵族是骑马的，他称这个部落为“奥朗沃克”。[1]乍看之下，这故事并非完全不足取信。他的读者没见过他形容的那些山地，只知道有那些山存在。没人听说过在他以前有谁去过这个地方，从未有人写下关于这个地方的事。但结果证明这是不实的捏造。新几内亚没有马——根本没有体形大于猪的四足动物，也没有任何冶金技术，因为居民鄙视河川中流过的黄金，却钟爱来自遥远海边的稀奇贝壳。这里没有帝国，有的只是上百个甚至上千个互相交战的小政治体。

然而，事实比特雷冈斯的捏造还要奇特。新几内亚由于与外界没有接触，孕育出了世界上少数几个独立发展的农业中心。[2]稠密的人口在这里兴旺了几千年，海岸以外的世界却无人知晓。1930年6月，勘探金矿的迈克尔·莱希从俾斯麦山脉第一次遥望草原的时候，以为森林大火已经把一切都烧尽，夜晚却惊恐地看见上千个营火闪闪发光。他发现大家都以为绝无人迹的地方其实有密集的居民，所以他和随行的人整夜持枪警戒，不敢入睡。[3]

燃烧营火的这些人的祖先所改造过的环境布满细格子状的田地和水渠，与其他产生过文明的地方相差无几。“新几内亚金矿公司”于 1932 年派来的探勘人员在飞机经过瓦吉河谷时一眼就看见，底下都是方形的田圃和整齐的矩形住房。这些探勘员和采矿工程师近距离接触这个高地世界之后，就觉得不怎么样了，因为他们以有形财富和技术效能作为评判文明的标准。他们只要拿一把贝壳或钢刀片，就可以买到女人和猪。他们拿一副咔嗒作响的假牙就可以把战士吓得乖乖听话，他们淘取河里的金子也不会被认为贪婪。莱希认为：“一名白种男子只凭一根走路用的手杖……就能所向无敌。”[4] 新几内亚看起来只有一个潜在的文明，是个碍于技术、不知创新所以难以发展的文明。

事实却是，新几内亚的居住者已经依他们的所需与可用的一切方法利用了环境条件。他们没有可以用来制作其他工具的金属，所以他们的文明停留在石器时代。他们没有可以驯养或畜牧的大型动物。文明的一些惯有指标，例如书写系统和大型建筑，是他们不需要的。不过他们也占了高地的一些固有优势。海拔 1 500 米以上的山谷和山坡聚落点使他们远离不宜居住的丛林，却仍然能耕种可适应山地的作物。他们利用了高地文明中典型的微环境、土壤和植物多样化的条件。

例如，在 20 世纪 70 年代，为数 2 500 人的纳列古部落据有的面积仅 22 平方千米，但是每一家人的住所和耕地散落在四五个不同的地点，因此可以结合最适宜栽种红薯、甘蔗、豆子、林投果（一种经高地居民选择性改造过的丛林产品）与放养猪的土地。至于不能自己种的低地美食——例如野生西谷椰子心——他们就通过以物易物的方式向森林游牧民换取。[5]这里有地区特产的工业：巴鲁雅人是最隐秘的部落之一，1951年才初次被发现，当时因为一名巡逻官要寻找只有巴鲁雅人会制作的植物盐，才见到他们。[6]古希腊米诺斯与中国商朝由宫中仓库来执行粮食的重新分配，在新几内亚则是以定期的盛宴来重新分配，土地也按适合栽种哪种餐宴食品——林投果、油果、香蕉、甘蔗——进行分类。

新几内亚的农业也许是在一万年前开始，也就是巨大气候变化导致“大澳大利亚”分裂，从而在澳大利亚与新几内亚之间划出一道海峡之后。当初也许是以西部高地的本土芋头和山药为主食。如果根据仅有的一点考古资料所做的判断无误的话，后来又在比较干燥的西部种植了野葛。[7]库克沼泽用于种植芋头的排水沟、引水渠和土丘，都是9 000年以前就有的。[8]许多人认为，在还没有通过驯养动物提供蛋白质以前，这些田地只能提供副食品给狩猎生活者，不过，管理周围干燥山坡上的乔木灌木可能也增加了食物来源，因为若已经懂得沼泽农业却忽视本地其他“非灌溉型农业”是很奇怪的。除沼泽农作物之外，再加上猪肉、香蕉、甘蔗（这三者可能在公元第二个千年期间被纳入食用），就足够支撑人口相当众多却没有流动的社会，还有多余的猪肉和其他礼品可供社群之间仪式性互惠交换之用。

红薯的引入造成了新几内亚的农业革命，农耕因而可以超越沼泽谷地，向坡地迁移，因为大约从1 980米的高度开始，寒害才会杀死红薯，超过3 400米才完全不可能种植。[9]新的农业技术可以收获营养价值高的作物，而且能供给大量增加的人和猪需要的食物。没人知道这是在什么时候发展的。红薯耕作扩散的路径至今仍不确定，但十有八九是旅行者从美洲或亚洲大陆原生地带来的。那些地方从16世纪早期就有种植红薯的详细记录。传入时间只能追溯到大约250年前，再早的时间点就没有可靠证据支持，有些地区开始栽种的时间似乎更晚。[10]

聚落因拥挤而争夺土地，是导致高地成为战争区的原因之一。地形的孤立崎岖使这里形成全世界最零碎的社群。20世纪80年代，一些来访者试图记录与外界接触以前的新几内亚历史时，问到一位凯罗瓦吉部落的长老，他说："我们以前以为除了我们自己和我们的敌人，就没有别的人了。"[11] 相邻部落之间常发生有害无益的暴力行为，而且激烈无比，这令人类学家困惑。有人解释这是战士为了获取人肉以补充蛋白质，有人说是为了"适应"社会需求，促进部落团结，或是借此替代独立仲裁的司法体系，也有人说这是"无可避免的恶性循环"，是立意不良的复仇传统带来的没有理性约束的可怕后果，也是年轻男性聚在一起生活时的群体本性造成的。[12] 新几内亚高地的文化很难一概而论，语种有上千种，除了妻子们短暂的交流集会，多数人不与本部落以外的人接触，但是似乎普遍通行一种价值系统——行为听从激情的指导，痛苦要用暴力来平息。[13]

雷纳托·罗撒尔多在伊隆戈猎头人之中的遭遇是人类学界的著名事件，同样表现出这种文化上的恶性癖好。猎头人告诉罗撒尔多，是"悲痛引起的愤怒"迫使人去杀人，因为悲痛的人需要找一个能"承载他的愤怒"的地方。[14] 世界上因暴力本身而崇尚暴力的地方，其实比我们想象的要多。例如，在厄瓜多尔希瓦罗部落猎头人之中，永远弥漫着无所不在的复仇信仰引发的恐怖感。青少年被灌输杀人的欲望，并且被迫服用迷幻药物，这些暴力都与觊觎领土无关，因为希瓦罗人鄙夷外族人的土地。[15]

因此，这是个充满了复杂争斗的世界，近似社会契约理论所设想的“自然状态”。这倒不是说新几内亚高地的每名男性都准备打倒邻族的人。但是，小型社群彼此无休止地（严格来说是欠缺新意地）暴力相向，看来是不合格的文明，提供不了生活的基本安全，以致人们不能有把握地从事建设。新几内亚高地社会自从 9 000 年前的农业大突破以后，似乎一直停滞未动。

这便是欠缺远距离接触的刺激造成的后果。这些高地人不必应付外来的侵略，没有远距离贸易伙伴可以交流思想，没有新血液的输入来重整技术，也没有别的文明可成为竞争对手。高地人在低地文明的世界里普遍名声不佳（见第九章），多少是因为高地环境与外界隔绝的缘故。所以，与其按高度或环境的其他内在特征来分类高地文明，不如按照孤立程度的分类更为有用。假如新几内亚可以算是极端孤立的例子，历史上著名的非洲高地文明就属于中间程度：虽然出入不易，却有通往海边的狭长走廊。

非洲的困境

欧洲各大国在 19 世纪夺占了撒哈拉以南非洲的大部分土地。帝国主义通常用于自圆其说的理由，是要把文明带给没有能力“自己成就文明”的人。由于非洲极少被画进地图，又没有被文字记录，所以被冠以“黑暗大陆”之称。当用于撒哈拉以南的地区时，这一称谓也有愚昧无知的含义——欧洲人认为，该地陷在永久的“黑暗时代”里，只有外来的人可以帮他们脱身。

按照常规的理解，非洲的许多环境的确不利于文明发展。非洲大陆北部、东北部、西南部的大片地方被沙漠和半沙漠占据。西部有大片地区因降雨量大而布满浓密森林。非洲大陆内部的交通不易。由于长久的侵蚀，内陆地形隆起又陡然下降，因此除尼罗河外，所有主要河流都有瀑布和激流，不可能平顺地航行。疾病是普遍存在的威胁，疟疾是有史以来一直肆虐的可怕传染病。

纵是如此，文明几乎战胜（至少有一段时间战胜）了大自然施出的每一种招式。例如，西非洲本土社会在没有外来助力的情况下也有出色的国家、城市生活和技术。尼日尔河畔的杰内在公元4世纪时就有一个都市中心，当时撒哈拉地区还没有固定或广泛的文化接触。之后不久，几内亚湾最深入内陆的伊费也成为金属加工的重镇，尤其精于黄铜和青铜技术。12世纪住在西西里的地理学家伊德里西曾将昔日的苏丹描述为许多名城之邦。11世纪的加纳王国与14世纪的马里王国都在尼日尔到地中海的黄金贸易路径上立足，在欧洲人和阿拉伯人中也都有响亮的名声。马里国王建了砖造的王宫和清真寺，还雇了安达卢西亚的诗人。中世纪欧洲人塑造的黑人君王气派形象——包括华美的非洲地图上许多奢华的帝王，《圣经》故事里东方三博士中的一位——都不是凭空幻想，而是这些宫廷拥有大量黄金的实际状况（见第三章）。

撒哈拉以南最具发展前景的其实是东部的高地区域。乌干达、卢旺达和布隆迪的高地都有利于农耕，也有利于稠密人口定居，但是也许太孤立而不能成就并延续高水平的物质文化；虽然不至于像新几内亚那么孤立，却似乎不宜长久推行大规模的国家体制试验。靠海的地方条件更为有利，尤其是从林波波河到赞比西河之间的台地，以及埃塞俄比亚高地。埃塞俄比亚高地是文明成果最壮观也最持久的地方。

津巴布韦台地上最著名的遗址是大津巴布韦。否认非洲社会能够自创文明的那些白人，看到了遗迹总是不愿相信。16 世纪中叶的葡萄牙历史学家若昂·德·巴罗斯曾经表示惊叹：它们“美妙壮丽”，而且“在墙壁的对称、石材的尺寸和廊柱的宽度方面都是完美无缺的”。但是他不相信这些都是本地建筑：“现在要说这些建筑物是如何造的、是谁造的，根本不可能。由于这个地方的人没有这种传统，而且不识字，所以就当是魔鬼的杰作，因为若是拿它与其他建筑物比较，无法令人相信是凡人所造的。”[16]

在 12—16 世纪，津巴布韦（意即墙围场所）是赞比西河以南的政治中心所在。萨比河以南的曼克韦尼与楚农瓦也已挖掘出和大津巴布韦一样可观的遗址，[17] 另外还有其他遗迹在这一带。它们的盛世是在 15 世纪，当时的建筑用加工的石材所建，石材有固定的运送路线。统治阶级食用牛肉，死后的陪葬物品包括金首饰、有宝石装饰的铁制品、大块铸铜，以及远渡印度洋而来的中国瓷器。从关于大津巴布韦算不算是城市的争议，可以看出西方人一向小看这一切的态度。尽管争议不停，它几乎不可能被排除在传统历史研究认定的城市资格之外，而城市生活乃是文明其他优越性的先决条件。不论大津巴布韦算不算是城市，它都是文明的一部分，拥有宏伟建筑、远途贸易、经济分工和先进技术。

巴罗斯与后继的欧洲评论者为这些被舍弃的地点而感到可惜，但是舍弃并没有导致这个社会灭亡或消逝，只是重心移走了。传说这次迁移与 1425—1450 年罗兹韦人的酋长尼亚齐姆卡·穆托塔发动的战事有关。他征服了赞比西中游河谷，这个地区位于津巴布韦台地的北端，盛产布匹、盐、大象。统治者的头衔是“穆塔帕”，意思是“被掠夺者之主”，这个称号后来扩展到国家政府。从 15 世纪中叶起，贸易路径也随着征战而向东扩展至海岸。[18]

16 世纪前往穆塔帕的旅行者通常要溯赞比西河而上，到与马佐埃河汇流的地方，从这里登岸，走 5 天的马佐埃河谷路程，前往可以买到穆塔帕黄金的贸易市集。这时候的穆塔帕已经占领了它想要的所有领土，南方与北方的边境都有舌蝇（会传染锥虫病）丛生的河川保护，西边有卡拉哈里沙漠，东边有伊尼扬加尼山的天然屏障。穆塔帕也就是凭四周天然屏障得以保全。葡萄牙人于 1571—1575 年发动的袭击是最激烈的战事，结果葡军被击溃，以商业和解收场。葡萄牙的记述者不肯对其他黑人国度表示钦佩，却选择性地赞赏了穆塔帕，把这里比作《圣经》上说的示巴女王的国度与盛产黄金的俄斐。此外，统治者还有女战士担任随员的故事，以及版画上呈现的庞大军队与乘坐大象的统治阶级，更增添了穆塔帕的异域风情与迷人魅力。从 1638 年起的大约半个世纪里，传教士和探险者的合力影响建立了葡萄牙人在穆塔帕朝廷中不算安稳的优势地位，赞比西的黄金也成为葡萄牙人越来越重要的经济动力，以弥补日益捉襟见肘的印度洋贸易网络。此后，这个帝国继续存在，最后没有彻底灭亡，而是逐渐消逝，虽然社群成员越来越有自觉意识。17 世纪时，它一步步沦为“有心称王”的白人的俎上鱼肉，这些白人是“融入土著群”的葡萄牙裔亡命之徒，自己占地为王。[19]

拉塞拉斯山：埃塞俄比亚文明

小看津巴布韦文化与穆塔帕文明的成就，在考古学界很常见。埃塞俄比亚高地的文明地位却毫无疑问符合传统评断本土文明的高标准。不过因为埃塞俄比亚连续发生革命、分离主义暴动、游击队战争，以及在 1984 年引起全世界瞩目的特大饥荒，名声一直不大好，既然连生活都难以为继，似乎更没有谈文明的余地了。但是，只要到了耶哈和梅特哈拉，就可以看见曾被古埃及人视为堪与他们自己相提并论的古文明遗迹（约公元前 5 世纪）。

前往这些地方困难重重。10 世纪的地理学家伊本·霍卡尔认为，埃塞俄比亚似乎是“一个没有明确边境、广袤无比的国家”，因为四周是沙漠与无人之境，所以外界难以进入。[20] 第一批葡萄牙使节于 1520 年来到此地，都为其地势之高感到惊愕。1541 年来的葡萄牙特遣部队（他们前来帮助保卫高地，以防穆斯林侵略者进攻）耗费了 6 天时间才爬上山区堡垒，穿过“非常崎岖的山隘”时，“连负重的骆驼和骡子都过不去”，火炮必须由人背着走。[21]

根据现存的考古证据，埃塞俄比亚明显强盛的时代从大约公元 1 世纪的阿克苏姆开始。阿克苏姆位于马雷布河与特克泽河中间的最高山坡上，海拔有 2 225 米，气温变化只在几度之间。[22] 这个文明之昌盛凭借什么经济基础，目前仍是未知的。我们认为阿克苏姆是个贸易之邦，是因为外界如此看它，古希腊的史料尤其这样写。例如公元 1 世纪的《厄立特利亚海航行记》就把阿克苏姆描写成象牙与黑曜石的重要产地。大约同时期的普林尼也说这是“黑非洲”一切珍奇产物的来源地，包括犀牛角、河马皮、玳瑁壳、猴子、奴隶。500年后的另一位希腊游客说，阿克苏姆因与内陆贸易而坐拥黄金。从阿克苏姆古墓挖掘出来的陪葬品，有远在中国与希腊制造的东西。从碑铭时常使用的希腊文与当地的吉兹语可以看出，当时是国际化的社会，而且基本上还是个商业社会。产品可以经由红海港口阿杜利斯，通过地中海与印度洋送达外面的世界，更晚些时候还可以经红海的马萨瓦或泽拉输出。高地可以掌控南方的大裂谷陆路通道，与盛产黄金、麝猫、奴隶、象牙的地方往来。

不过，从高地到阿杜利斯的这条走廊很狭窄，红海又航行不易，自古就是区域性专业托运者独占的。比较可能的情况是，贸易只当作副业发展，未必是以商业建国。

阿克苏姆钱币上一位前阿克苏姆时代的神祇手持筛谷簸的形象以及小麦穗的图案，显示阿克苏姆可能是以农业为立国根本：田地开辟在高原阶地上，种植小米和名为苔麸的本土黑色谷物，这种谷粒极小，10粒“才有1粒芥菜籽那么大”。[23] 牛犁过的谷地土壤也可用于种植，并以加工的石头在山溪中堆成拦水坝来灌溉。作物一年可以两收或三收。碑铭中记录的食物包括小麦、啤酒、葡萄酒、蜂蜜、肉、黄油、蔬菜油。[24] 咖啡与穇子在阿克苏姆强盛时已是固定作物，是埃塞俄比亚农业的特色。公元1世纪初的阿克苏姆已经能维持专门技术和产业，这可以从遗址中的刮刀（可能用于刮除兽皮与象牙）看出来。[25]

埃塞俄比亚的传统文学之中，高超的种植技能一直都是神圣性与王权正当性的象征。圣潘塔莱翁荒地本来是一处光秃无水的高山坡，是圣徒的努力加上神迹才变成一片有水灌溉的园圃。[26] 以施展神迹著称的圣亚伦，曾在14世纪时栽培和灌溉橄榄树园。[27] 许多历史记载都把栽培柑橘园描写成君王的作为。例如，15世纪晚期的比达·马里亚姆在他的王国东部和东南部新开辟的殖民边境上“建了许多农庄”，种植柑橘树、葡萄树、甘蔗。[28]种植与灌溉主要是为了遏阻有害的自然力。13世纪的圣人伊亚苏·莫瓦曾经在一头鳄鱼咬伤了国王耶库诺·阿姆拉克之后，神迹般地封住鳄鱼的嘴，这是人们津津乐道的超越自然力的故事。[29]

这些都是埃塞俄比亚历史不断出现的主题，而且几乎每个时代都可以找到实例。文明成果最显著的阿克苏姆城的故事相对来说属于比较早期的故事。阿克苏姆的杰作小至精美的象牙盒和金属工艺品，大至有砖造拱门的巨大方形墓，以及有10条门廊通入中央走道的华丽陵墓。最令人惊叹的古迹是3座巨大石柱碑，每一座都是用当地整块的花岗岩制作的。其中两座仍在原址，第三座是意大利人在20世纪30年代入侵期间搬走的，算是墨索里尼贪婪的帝国主义的免费战利品。原地的两座之一歪斜得快要倒塌，另一座已不完整，未损毁以前的高度将近30米，重量几乎有500吨，体积比所有的古埃及方尖碑都大，也比任何单一石材建筑都大。

我们若要想象阿克苏姆当年的盛况，不能只在脑海中重建这些大石碑（有的做成多层的模样，还饰有老鹰和鳄鱼）。我们还得想象自公元2世纪以来的旅行者所描述的那有着四大巨塔的王宫，还有仪式建筑里那些安置纯大理石王座的高台，上面全都刻着密密麻麻的碑文。此外，还得在这些画面之中添上许多黄金、白银、青铜的雕像，因为造访过阿克苏姆的人都曾这么说，国君的碑铭里也有这种记载。

我们凭这些刻在较小石柱碑上的碑铭可以了解阿克苏姆的政治

史。这座城市有几百年几乎完全沉默，到了公元4世纪早期，石碑突然开始说话。由国王埃扎纳首创了在墙壁上记下自己的征战与对待战败者的仁德及暴行的风气，包括记下被杀或被掳的男女老幼的确切数字，掠夺来多少牛羊等等的细目，俘虏表达顺从的誓言，发放给每名俘虏多少面饼、肉、酒，俘虏被强行迁移到帝国境内哪些偏远地方，为诸神赐予胜利而献上哪些雕像与庙宇作为谢礼。

这是弱肉强食而又嗜血的暴政，却也有其立意崇高的一面。埃扎纳的碑文充满人民福祉与君王为民服务的概念。他在位期间的战争记录中越来越不厌其烦地陈述开战的理由。例如，有一群敌人“袭击并消灭了我们的一批商队，事后我们便向其开战”。[30]麦罗埃人的国王犯下狂言、劫掠、侵犯使节团并拒绝谈判的罪行之后，“不听建言……而发出咒骂”，这才领教了埃扎纳主持的正义有多么威猛。[31]

这些逐渐趋于急切的辩解，可以说反映了基督教在埃扎纳朝廷中的进展。罗马皇帝君士坦丁于公元4世纪20年代接受了基督教（可能早在312年就皈依了），据说是在米尔维奥桥之役的前夕目睹十字架异象后皈依的。与他同时期在位的埃扎纳不久后也皈依了，大约是在4世纪中叶的时候。[32]以前他一直像过去历朝君主一样自称是战神马列布之子，按希腊人翻译的吉兹语碑铭，马列布与希腊战神阿瑞斯同义。但是这个称号突然消失，他发动的战争改为奉“天地之主”的名义，他的王位也是主所赐的。然后，他感受到他在神学领域也应该处于重要地位，铭刻碑文也成了基督教修士们的分内工作。他的最后一座碑记上写道：“因崇信上帝与圣父、圣子、圣灵之全能……我说不尽他的恩典，因为我的口与我的灵无法表达他的一切垂怜……他令我凭信仰基督之心带领我的国家。”[33] 埃塞俄比亚成为基督教堡垒的漫长历史自此开始，之后，在前基督教时代信仰下竖立的石柱碑就被推倒或弃置了。异教阿克苏姆的工艺建筑传统从此改成制作基督教的纪念物。埃扎纳时代在阿克苏姆建造的锡安圣马利亚老教堂，至今还留有 4 世纪砖石结构的墩座。

对于埃塞俄比亚而言，在 4 世纪成为基督教国家等于加入近东地区成长中的共同文化，与印度洋上许多希腊、印度的贸易者信奉同一宗教，并且成为拜占庭、亚美尼亚、埃塞俄比亚这 3 个新兴基督教国家形成的三角中的顶点。新的贸易机会与新产生的朝圣动机拓宽了埃塞俄比亚的视野。但是埃塞俄比亚地理上的孤立却无法克服：甚至在与罗马世界接触最密集的时期，仍会继续发展其特有的文化特征。埃塞俄比亚的神职人员必须由亚历山大城任命，而亚历山大城是基督一性论者的大本营，这一派异端的错误在于低估基督的人性成分，认为基督的神性绝无折中余地。为了免遭正统的迫害，基督一性论派的显要人士于 5 世纪后半期逃离罗马帝国，埃塞俄比亚收容了其中最著名的代表人物，该国教会未来成为基督教世界分裂出来的另一派也就在所难免。[34]

埃塞俄比亚如果能够突破孤立状态，也许就会像罗马与波斯一样去角逐一统天下的帝国地位。这种可能性是当时普遍公认的，直到 8 世纪，埃塞俄比亚仍是引人遐想而富有威信的地方。约旦哈里发宫中的壁画把阿克苏姆的国王和拜占庭皇帝、波斯皇帝、西哥特国王画在一起。[35] 国王卡莱布于 6 世纪早期发动远征阿拉伯南部之战，可能有争取这个地位的野心，可是他的野心撑不了很久。铭刻君王战绩的传统在他的时代衰微而消失，埃塞俄比亚的“黑暗时代”降临，无法挽回。曾在古典世界扮演边缘角色的埃塞俄比亚彻底崩溃。埃塞俄比亚的文明没有像波斯文明消失得那么彻底，国家也没有像罗马那样四分五裂——至少有一段时间没有这样，但仍遭遇同样的下场：迁移来的“野蛮人”争先恐后索求已经不堪瓜分的文明成果，都市发展停顿，伊斯兰教兴起与阿拉伯人的征服战导致混乱脱序。

进入 7 世纪后，这些现象又使高地的孤立情势有增无减。到了 9 世纪，埃塞俄比亚已陷入重围，四周几乎全是敌人。宣示功勋的建筑似乎停工，维系中央政治控制十分困难，或者已不可能。北方来的游牧民族渗入形成压力，迫使许多家庭迁往西南部。从后世的编年史中可以读到，10 世纪有不明的残暴女性统治者篡夺权位并亵渎了神殿，史书把她们描写成不正常而可耻的混乱形象。[36] 据说某位逃亡的国王曾经写道：“我们已经变成漂泊者……上天不再降下雨水，大地不再生出果实。”[37]

对环境的破坏很难弥补。从黑暗时代农人越来越辛苦的惨状，似乎可以理解阿克苏姆朝廷的地位为何不保：山坡秃了，树木被滥伐以供应木材与木炭的需求，过度种植造成土壤枯竭，8 世纪的大雨冲蚀显然把一些建筑埋入了泥浆里。[38] 许多斜坡的土壤都被冲光，暴露出下面的石头层，老火山山坡下曾经肥沃的土地变成了沙尘。[39] 阿克苏姆再也没有恢复昔日光华，国家重心以后一直往西或往南移。可是这里仍是令人敬畏的地方，对于想要确立自己正当性的君王，阿克苏姆有如一块磁铁，所以加冕典礼仍在这里举行，年头好的时候也理所当然蒙君王赏赐整修教堂。

到了 12 世纪，统一局面恢复，扩张政策也重新推行，开始了一次规模不算大的复兴。12 世纪是内部传教的时代，以圣特克勒 · 海马诺特不辞辛劳地感化信徒皈依、打倒偶像、使用“魔鬼的树木”建造教堂为代表。[40]经过很长一段时间的孕育，这个时代似乎诞生了配备齐全的圣战意识形态。按后世的传说，与圣格列高利*同时代并与之并驾齐驱的亚雷德把阿克苏姆定位为“锡安的乳婴”，把历朝国王称为“所罗门的子孙”。亚雷德也是促成埃塞俄比亚修士之间和谐关系的功臣。[41]

到了12世纪末或13世纪初，埃塞俄比亚的君主们都自认为是所罗门的子孙与约柜的守护者。他们都向埃及购买建材，用黄金支付货款。国王耶姆里哈纳·克列斯托斯造了大教堂，并且以自己的名字命名，这座教堂如今仍在。在现今的埃塞俄比亚首都附近的齐克瓦拉有一位修士名叫加布雷·门法斯·凯杜斯（意即圣灵之仆），他以一处山头为据点，挑战四周的异教部落，向他们传福音。拉利贝拉的修道院教堂群开始顺着岩石的走向建起来，极为整齐有致。据说这批建筑大部分归功于国王拉利贝拉，所以用他的名字命名。他也与同王朝的其他君主一样，史料完全未提及，也许史料在后来的战争中亡佚，也许如某些学者所说，是被取而代之的下一个王朝蓄意删除。推翻他们的统治者在位时也不可能称颂他们的功绩，因此，后来才提及拉利贝拉的史料几乎完全无助于了解他的生平与建树，但是可以从中看出社会保存或创造的价值是什么，也看得出拉利贝拉主导的建筑世界受到多少推崇。例如，史料会提到国王所斥建的杰作完美无瑕，如同国王本人“从头到脚绝无缺点”。流传的故事中说天使是这些建筑的隐形工匠，正可表示其技术有多么优越。

---

* 540—604，曾为罗马教皇。——编注

故事还特别强调有领工资的劳工辅助天使的工作，这呼应了埃塞俄比亚修士著述中经常出现的反奴隶、反强征劳役的态度。最重要的是，拉利贝拉是因为获得天国异象的启示才努力要在人世筑造一切。这样的传说证实他也是怀有文明化冲动的——他也要把自然改造成符合自己理想的样子。赞赏这些教堂的人认为，教堂是艺术的高贵延伸，是挑战世俗实用性的表现。按传说，上帝让拉利贝拉看到天国教堂的模样之后告诉他："我使你做王不是为了尘世短暂的荣华，而是要你建造如你所见的教堂……你配得上把它们从大地的深处发掘出来，是靠我的力量，不是靠凡人的智慧，因为我的力量与凡人是不同的。"[42]

历代的"扎格维"（即国王称号）恐怕都不能自信而自在地稳坐埃塞俄比亚的王位，因为他们都是说库希特语的阿皋人出身，而首都精英阶层却是说吉兹语的安哈拉人，也许国王在他们眼中只是个外来者，[43]扎格维们自称"所罗门的子孙"也可能得不到完全的认同。角逐王位的对手反倒充分利用了埃塞俄比亚以"示巴国度"或"新以色列"自居的习俗。13 世纪后期兴起的一个王朝索性自称所罗门王朝，表示其成员是名正言顺的阿克苏姆王位继承者。

所罗门王朝于 1270 年得势并且再创了高地的帝国统一。帝国做好了开战规划，朝廷变成一支大军，首都也变成了武装大本营。德卜勒哈伊克与德卜勒利巴诺斯的修道院在塔纳湖上的诸岛本来自成一个小世界，结果变成了传教士学校，宗旨是团结埃塞俄比亚的力量去征服绍阿与戈贾姆这些异教地区。打开一条经泽拉到海上的新路，以辅助往北到马萨瓦的远路，成为埃塞俄比亚政策的主要目标：起初是用突袭劫掠的手段强行通过，后来于 1403 年达维特在位的时候借征服占为己有。这时候，埃塞俄比亚统治范围已经扩大到阿瓦什河上游的大裂谷之内。领土之内的财富资源也壮大了朝廷华丽的气势。1520 年到来的葡萄牙使节曾经见识到 5 万匹骡子驮着“无数顶帐篷”，觐见的群众一次多达 2 000 人，披挂鸟羽的马匹戴着金线凸纹织锦的挽具。[44]

领土的边界扩张得越远，防卫也就越不容易。在 16 世纪 20 年代，一位伊玛目（伊斯兰教领袖）艾哈迈德·伊本·易卜拉欣激发阿达尔的穆斯林部落投入圣战，埃塞俄比亚的国防顿时瓦解。一位自称随远征军同行的阿拉伯史学家对 1533 年 4 月 9 日拉利贝拉修道院陷落的情景做了生动描述：

> 当时正在下雨。伊玛目彻夜行进，竭力加快速度。酷寒造成多人死伤。他们到达了那座教堂。聚集在那儿的修士们决心与教堂共存亡。伊玛目眼前的这所教堂是他从未见过的。它是顺着山势凿出来的，柱子是在岩石中凿刻的。除了他们的神像和盛装遗物的匣子，没有任何木制之物。

按伊玛目惯常的行事方法，要放火烧教堂，修士们便会“像飞蛾扑灯一般投身到火焰中”。这座教堂却烧不起来。基督徒与穆斯林经过火的试炼之后，伊玛目下令“用剑斩了他们的遗物，砸掉石制偶像，带走了他发现的所有金器皿与丝织物。”[45]

以后 10 年的战斗中，濒于败亡的埃塞俄比亚借有效却费力的反制战争才全身而退，此后一直到 19 世纪晚期，都不曾重振昔日的声势。问题并不只在于伊斯兰教的传入，相对不引人注意却更为顽固的渗透是从南方来的加拉部落，他们在某些方面其实更难对付，带来的影响也更深远。加拉人大举移入大约是在艾哈迈德·伊本·易卜拉欣入侵的时候开始，以后又持续了好几代。当时的人虽然庆幸打退了穆斯林，却承认找不出对付加拉人的办法。16世纪末的修士巴赫里曾经自问："既然我们人数众多、军备齐全，为什么会败给加拉人？"他的回答很像战时文明社会在面对只有大批不具作战能力的知识分子阶级时所发出的哀叹。他批评神职人员"研读圣书……在做礼拜时跺脚"——这是当时埃塞俄比亚人在喧哗的礼拜仪式中喜欢的典型动作——"却不会为恐惧上战场而惭愧……反观加拉人，所有男子，不论尊卑，都懂得战技。因此，他们会毁灭并杀死我们"。[46] 埃塞俄比亚舍弃了文明最昂贵的嗜好——负担大规模建筑的费用和维持庞大的知识分子精英，缩减了帝国野心，才得以自保。缩减帝国野心的策略促使政治系统下放，这使得精英阶层分裂，国力也变弱，西方历史学家通常把这种情形比作封建体制。

埃塞俄比亚的文明显示了以高地为据点的优势与劣势。这样的国家能喂饱自己，能抵抗征服者，也能趁周围低地族群势弱的时候强索进贡或要求贸易。但是由于处于孤立状态，会变得专断，而维持统治阶级野心所需的资源，要靠畅通的贸易供给。一旦连接红海的通路被切断，或是红海贸易受到更远地方危机的不利影响，或是大裂谷的商业要经过敌人控制的港口，埃塞俄比亚的文明就黯然失色了。

高地的道路：俯瞰亚洲贸易路线

集散地是偶然形成的，规模能够扩大纯粹是凭往来的交通量。

交通路线为了目的地而建立，但是中心的路段往往成为走动最频繁的部分。在交通路线上发展出来的高地文明，可以通过获取外地物产、远距影响或收取过路费克服环境的限制。伊朗与中国西藏都是在外来影响与独立发展互动之下建立文明的例子。这两个地方都是名副其实的“大道”（high roads），是长途商旅为了绕过沙漠不得不走的高原。两个地方也都是劫盗者的老家，受到来自被他们劫掠的平地邻居的影响。这两个地方也都证实高原也有创造力，能为生活培育新的积极动力，找出解决生态难题的新方法，发现从高原观看世界的新视野。

从某些角度看，伊朗文明的形成过程是把平地传统移植到高原的典型例子。[47] 美索不达米亚平原的冲积河谷文明历经征服者连连劫掠蹂躏之后（见第七章），逐渐往两河上游传播到北方的山坡，先后被阿卡德人与亚述人当作战利品带走。伊朗伟大文明的创造乃是这种暴力传播的进阶，同样往北走，但却是往地势更高的伊朗去。亚述帝国于公元前 7 世纪衰亡以后，美索不达米亚文明原先盘踞的区域变成了阿契美尼德帝国的外围地区。阿契美尼德人是专业的征服者与强索进贡者，老家就在现今的伊朗，但是政府行政中心建在美索不达米亚世界边疆上的埃兰古国旧城苏萨。

按传统说法，这是居鲁士大帝的功劳，他在公元前 6 世纪中叶的征战范围从巴勒斯坦一直到兴都库什，几乎触及后来波斯帝国的版图边界。《圣经》上称他是上帝所膏立的王，因为他重建了耶路撒冷的圣殿：

> 谁从东方兴起一人，凭公义召他来到脚前呢？

耶和华将列国交给他，使他管辖君王，

把他们如灰尘交与他的刀，如风吹的碎秸交与他的弓。[48]

正是因为有这种宽容的政策，他的帝国中心地带能成为各路文明影响的熔炉。他留给后继者的是文化上兼容并蓄的品味。

波斯波利斯城是大流士一世所建。他是居鲁士后继者之中最杰出的，公元前 522—公元前 486 年在位。在波斯波利斯城新颖特殊的风格中，明显看得见来自亚述、埃及、希腊等多种文明的灵感。大流士没有决定要以波斯波利斯城为安葬地以前，这里是偏远之境，是波斯帝国的道路建筑使这里成为四通八达的地方。帝国境内将近 2 730 千米的道路连接了曾经被波斯高山阻隔的不同文明，大流士的帝国版图已经大到把爱琴海沿岸的希腊城市和印度河的塔克西拉都包括在内。道路也是贡品流通的渠道：波斯波利斯城的浮雕上就看得见贡品之丰富与多样，献给“大君王”的贵重物品包括象牙、黄金、羚羊、霍加狓。偏远地方的子民在波斯统治下受惠极多，包括连接尼罗河与红海的运河，以及奥克苏斯河与卡伦河的灌溉设施。远在高加索山另一边的堡垒也使游牧民族无法侵犯。

伊朗是旅行者的汇集地，也是个寻宝地，因为四周的观念与影响都被集中到这里。但是伊朗并不只是制造复制品的文明，也不只是躲在山里拦路劫财的受惠者。伊朗证实高原也可以成为文明的原生温床。伊朗文明的最明显特征就是宗教信仰，波斯本地诞生的琐罗亚斯德教有自己的世界观。琐罗亚斯德教的传奇创始人琐罗亚斯德据说是（不大确定）公元前 7 世纪晚期至公元前 6 世纪早期的人。琐罗亚斯德教创立或出现的年代无从确知，但是在阿契美尼德时代就是国教，并且一直维持到波斯帝国在公元前 7 世纪崩溃为止。琐罗亚斯德教虽然在伊朗受到压制，至今仍存在于伊朗裔社群之中。

现存的琐罗亚斯德教教义已经支离破碎又晦涩不明，根本不可能完整重建，但可以得知它可能是坚定的一神教。[49] 然而，其信徒所遵守的（也是被传说曲解的）是二元论（这二元论又被搬到不同的语境下滥用），即相信宇宙处在善恶冲突的争斗之下。唯一的善神阿胡拉·马兹达在火与光之中，崇拜仪式要朝向黎明与点燃的火。大流士把阿胡拉·马兹达想象成天国的守卫者，在帝王的石雕中，他盘旋于空中，两翼张开罩在宫顶上，导引敌人归降。

琐罗亚斯德的颂歌放在伊朗高原的环境里来看，是有其道理的。歌里称赞牧人和农夫是追随“真理”的人，游牧的敌人则是拥护“谎言”的，把作物连根拔起又浪费牲畜。[50] 描绘敌对宗教杀牛祭拜的画面中，战神密特拉所溅的血变成了发芽的小麦。这些暗示了在没有大河川流过的高原上追求富足是艰辛的，所以色诺芬与希罗多德时代的希腊人看到把波斯描述成其中有树木和飞禽走兽的“苑园”，会觉得不可思议。传奇中说波斯王薛西斯要征服欧洲是“因为欧洲的树木太美好，除了希腊人谁也不配拥有”，希腊人显然也都如此相信。[51] 其实，昔日的伊朗是干燥高原上的小块沃土与珍贵水源所聚集成的群岛：雷伊有含碱的溪流、甜水井、山地风景；哈马丹是泉水充裕的谷地，出产优质水果和劣质小麦；古代最富庶的法尔斯省有库尔山谷；伊斯法罕平原因为有扎因达鲁德河而富足，河虽不大，却是诗歌中常赞美的，另外还有鸽粪为肥料，这似乎是自远古就开始在细心经营的资源；洛雷斯坦因为有河川穿梭其中的高山气候，能支撑古代大城苏萨；此外，山地与沙漠之间仍有狭长的丰美草原和可灌溉土地。[52]

在公元前334年的格拉尼库斯河战役中，阿契美尼德帝国一夜之间被亚历山大大帝毁灭了，后来的萨珊王朝却恢复了旧帝国原来的盛况，而且在许多方面都超越更多。第一位萨珊王朝君主是阿尔达希尔，于公元226年抵抗游牧民族出身的安息王朝并夺得大权。安息人在过去300年中维系了旧帝国的大部分领土，并且对于亚历山大留下的希腊文化影响采取反其道而行之的作风，使本土特征抬头。阿尔达希尔积极倡导自己是阿契美尼德继承者的观念。萨珊王朝早期有一幅刻在岩石上的巨大浮雕（就在皇家陵园旁），其中的阿尔达希尔在接受阿胡拉·马兹达授予的权力之冠，他没有腾空，而是骑在马上。萨珊时代的工艺杰作，尤其是银工艺、象牙工艺和拉毛粉饰，主要都是由宫廷指定并出资的。

安息王朝的建设重心在西部与美索不达米亚，而萨珊王朝的大量建设都在自己的中心地带，在法尔斯和扎格罗斯山之中与之外，到处建了奢侈的宫殿。工艺品与大宫殿呈现的财富都暗示了萨珊王朝强大的原因：它在连接地中海到印度洋与丝绸之路的贸易通道上占了居高临下的位置。

萨珊王朝和西边的罗马帝国始终是敌对关系，这可以从沙普尔王俘虏罗马皇帝瓦勒良的著名岩石浮雕中看出来，画面中的瓦勒良匍匐着，自贬求饶。这两个帝国的统治者与百姓都自认为是凭神的旨意建国，所以永不衰亡。两国都承认对方是文明社会（但是把其他所有社会一律视为野蛮人），两国似乎也都不可能把对方消灭。这种文明的均势到7世纪时终被打破，结果双方都没有能力应对阿拉伯人的突然兴起。阿拉伯人受了新生的伊斯兰信仰的感召，自穆罕默德于公元 632 年逝世后发动一连串空前激战，占领了罗马帝国一些最富庶的省份，也征服了整个波斯帝国。萨珊王朝的末代国君于公元 651 年被阿拉伯人打败后，伊朗便开始被新兴的伊斯兰文明同化。

从中国西藏往下看

中国西藏可以说是伊朗的加强版：地势比伊朗高得多，比伊朗更易据守，位置比伊朗更东，大约在伊朗败亡的时候兴起，和伊朗一样雄踞欧亚大陆贸易路线之上。青藏高原的平均高度将近伊朗的 3 倍，但作为高原要冲，却与伊朗的历史前后呼应。不过，即便其历史已有先例，西藏在生态环境方面却是独一无二的。想到西藏，大家脑中浮现的形象有二：一是“雪域”——这是藏人对自己家园的称呼——有致命的高山和覆盖盐碱的荒原，以及“可怕的雪人”出没。这是世界上地势最高之处，环境条件也在全世界最严苛之列，然而这里也是“消失的地平线”所在，是香格里拉之梦可以成真的地方，只要外面的世界进不来，人们就能在其中过着永远和平的长寿人生。[53]

这两个迥异的形象与西藏包含的两种真实环境相符，也正是传奇中的象雄国王描述自己的领域时一语道破的高原社会特征：“从外面看是悬崖峭壁，在里面看全是黄金宝藏！”[54] 像拉萨所在的这种葱绿山谷，说是香格里拉并不为过。最完整的一部由藏人撰述的传统地理著作所形容的西藏是美好得近似神话的人间乐土，稳定的气候值得称赞，所以他不惜重复：

因为这个地区比四周都高得多，所以无论冬夏，这里的冷热差异都减至最小，也无须太担心饥馑、掠食兽类、毒蛇、毒虫，以及暑与寒。[55]

但是土壤肥沃的地方和不至于冻死人的地方只是南边的一段狭窄地区。其他多数地方是不宜居住的，或充其量只适合游牧生活。

西藏的天然屏障是全世界最不易攻破的。南边和北边分别有世界上最艰险的喜马拉雅山和昆仑山，高原东部地势向内陆下降，相对不那么高的山脉和大沙漠把邻邦远远挡在外面。斯文·赫定当年攀登拉萨的高山时，到了 5 180 米的地方，他最好的一匹骆驼死了，冻在泥里拔不出来，“其他人扔下我们逃走，我们却被脚下的地牢牢抓住”。[56] 1904 年，荣赫鹏决定在冬季入侵拉萨的莽撞行动使随行的人觉得“不像一支英国军队在行进，而像是拿破仑在撤出莫斯科”，他们手脚并用地爬上高地结冰的边缘，一趟行程下来折损了 4 000 多只牦牛。[57] 直到 20 世纪中叶，从北京到拉萨仍需走 8 个月的路。如今所知的一些最古老的西藏诗文和碑铭，都有称颂西藏天险的字句：

大地之心，
冰雪围绕。
万川之源，
山高土净。
美哉斯域，
英杰辈出。[58]

西藏是万川之源，但是只有雅鲁藏布江贯穿这个区域。雅鲁藏布江谷地以及其他更狭窄的萨尔温江、湄公河、金沙江谷地种植了小麦、豆类、荞麦、根茎蔬菜、桃、杏、梨、胡桃。这片地区的农业历史很悠久，但是起初可能只够供给某个地区的少量人口。西藏人心目中的家乡“首先是一片草原，最后才会想到被牦牛环绕”。[59]公元 6 世纪时的汉人用描述蛮夷的惯用语言谈论靠畜牧为生的西藏人，说他们寝居的地方不洁净，从不梳洗头发，不知四季之别，没有文字，只凭结绳与刻木记事。

越到后来，这些说法越不恰当。自从 5 世纪的一次农业革命（相关史料极少）之后，青稞就成为主食，如今仍用于制作糌粑和酒，随后的政治发展也提供了必要的架构。一旦某种谷类食物可以大量收获，寒冷气候成为储粮上的优势，就可以创造使西藏强大起来所必需的富足余粮。这里本来是为数不多的游牧者勉强维持生计的地方，现在变成了庞大军队的滋生地，大军能向外远征，带着上万的羊群马匹补给队伍。[60]

7 世纪以前有哪些君主，一般都不清楚。不过他们都是神性的君主，按早期诗文中所说，是“从七重高的中天降到人间”。诗人说，藏王选中西藏为基地，是要成为“天下之主”。他们与其他的神性君主一样，可能会在不再能发挥功用的时候被牺牲，他们所选的陪葬者也会与他们一同被处死。君王死后没有陵墓，因为人们相信他们死时便被接回天上。

在 6 世纪某个时期，这种体制改为寿命任期制，寿命结束，王位才跟着移交。君王死后会葬入有坟墩的墓里。第一位有较完整史料记录的君王是松赞干布，629—650 年在位，他创造了西藏空前强大的开端。

现在的西藏虽以爱好和平闻名于世，唐代的吐蕃却善于征战。松赞干布的吐蕃大军威胁到唐朝，使唐太宗不得不于640年送文成公主和亲。丝绸之路的洞窟中发现的古卷之中也有藏人表达效忠松赞干布的誓言："君命无所不从。"[61]不过，吐蕃的帝国体制也许是采用令臣属者纳贡的形式，并不实施直接统治或密切监管。[62]

松赞干布逝世后的250年中，他的继位者们在大部分时候持续帝国扩张。吐蕃军队征服了尼泊尔，入侵了中亚东部。公元750年以后立的达扎路恭纪功碑，记载了与唐朝以及征服天山以西的费尔干纳的战事。[63]如今在拉萨大昭寺和雍布拉康宫殿里仍可看到昔时一些帝王的肖像。有的在壁画之中颔首而面露怒容，有的是威仪十足的雕塑。由于负责制作肖像的艺术家几乎一律是佛教徒，所以作品都是理想化的，看不出821年唐朝使节在吐蕃军营目睹的景况：披着虎皮的萨满敲打着帐篷前的鼓，帐篷有龙形、虎形、豹形的金饰。大帐之内，裹着祥云色头巾的吐蕃王看着各部酋长们与唐使以血署约。[64]

这种蛮夷式的形象描写，乃是中国史料固有的传统。其实吐蕃王的作风已经逐步超越地域与民族局限。先后有10位君王——包括松赞干布在内——葬在琼结县藏王墓中的小坟里，与他们相伴的不再是陪葬的牺牲者，而是奉命守护照管坟墓的人员。从现存的遗迹可以看出广泛文化接触的影响：赤祖德赞（815—838在位）的墓上装饰着有印度式、中亚式、中原式雕刻的柱子，以及一头按波斯范本雕的守护狮。在赤松德赞（与查理曼、阿拔斯王朝的哈伦·拉希德同时代）在位期间，梵语、汉语和中亚语言的书籍（主要为佛教典籍）陆续被翻译，本土文学也从中得到滋养。[65]吐蕃的制造技术名声远播，在唐朝宫廷接受的吐蕃礼物中，金质机械玩具的超凡手艺就曾经大受称赞。吐蕃的锁子甲更是被传说到神奇的地步。729年，突骑施首领苏禄围攻卡马尔加，阿拉伯的弓箭手“瞄准他的鼻子”，差点射到他的眼睛，但是箭镞被弹开，朝着他齐发的一阵箭雨中只有一支射穿了他的吐蕃制战甲。[66]

赤祖德赞是吐蕃强盛时代的最后一朝君主，此后到8世纪末和9世纪初，各个边疆邻邦的史书都记录了吐蕃的一连串败绩。可见吐蕃已经扩张过度，要依赖臣属的民族来保卫重要据点，一旦这些人开始反叛，帝国解体的走势便一发不可收拾。谋杀赤祖德赞之后继承王位的朗达玛又于842年被刺，没有合适的王位继承人延续王朝，吐蕃于是四分五裂，进入黑暗时期，文学艺术也消失了上百年。

11世纪早期的“复兴”与佛教的兴盛相关。当初来自印度的佛教如何传入西藏的实际状况已不可考。显而易见的是，西藏当初接受佛教要比后世文献所说的缓慢得多，也迟疑得多。虽然松赞干布可能赞助和庇护佛教僧人和学者——这些人是尼泊尔公主与唐朝文成公主的随从，经常出入宫廷——但是他仍然自认为是有神性的君王。

赤松德赞（755—797在位）虽然被佛教徒尊为虔诚的典范，却被反对者指责背叛传统的王室信仰，他在藏王墓的自述碑铭中却说，自己既是旧信仰的神圣护卫，也是开悟的佛教徒。792年，他主持了印度信徒与汉地信徒的佛法真传辩论。结果获胜的是印度渐门派，主张灵魂要经过累世渐次的修持与行善才能成佛。主张顿悟成佛的汉地顿门派失败了。但是吐蕃并非从此就成为信奉佛教的国家，佛教传播也不是只有一个门派。佛教仍靠许多方式传播：当时有许多传扬佛法与建造寺院的行动，有军队来来去去传递思想，如同潮水冲击卵石，商旅道路沿途也有宗教信仰的渗透。

吐蕃与唐朝于821年缔约的时候，佛教已有了显著进展。和约中同时提到了佛教与其他信仰的神祇，并且在传统牲祭涂血的仪式之后，让交涉和约的佛教徒退席去另外举行庆祝。传说赤祖德赞因为笃信佛教而让佛僧坐在他蓄得极长的头发上。但他死后却暴发了抵触的思潮，佛教在很不稳定的状态中撑到下一个世纪。

佛教的主要竞争对手是苯教。苯教的起源不明，但是从史料可以看出是一种冥想修行，与佛教类似，也深受佛教影响。苯教大贤杰奔浪谐的话十分接近佛教宗师们的言语：人生如梦，色即是空，真理超越声音、名称、言辞。主要的差异似乎在于如何看待印度。佛教徒承认佛教发源于印度，苯教却溯源至西方的大食，认为他们的祖师辛饶弥沃是原始的佛陀。仪式方面的差异也持续到现在：苯教徒循逆时针方向绕行他们尊为神圣的地方，佛教徒则相反；苯教的万字符也与佛教的万字符正反颠倒。[67]

佛教于11世纪早期在西藏中部进一步发展，当时西藏仍然分裂，靠强势的地主们支持。积极从印度传法、译佛经、建佛寺的时代自此开始。11世纪和12世纪的艺术品反映了佛教徒逐渐富裕的事实，印度美术的影响也更深，尤其是最典型的壁画与佛塔。到了13世纪，佛教已经成为西藏不可磨灭的一部分。在周围邻邦衰微以后，佛教更成为西藏文明的重要特色。

对西藏有所认识的人都不会怀疑藏传佛教自成一体，正如西藏的建筑、语言、文字、音乐、饮食以及绘画和雕刻的一些风格，都是西藏自己特有的。外来的文化影响悄悄爬上青藏高原，或者说千辛万苦爬上青藏高原，之后似乎就栽进一个大锅，被搅拌在一个富有创造力的文明之中。西藏也不曾像伊朗和印度德干高原那样，因为一再被征服而彻底改变。西藏转变成"失落的世界"的过程大致如下。

1206—1207年，尚未恢复政治统一的西藏面临蒙古的威胁，掌握集体决策权的喇嘛们似乎无力反抗蒙古要求顺降的逼迫。[68]好在西藏幸免于蒙古军的蹂躏。自1244年起，势力最大的萨迦派喇嘛成为蒙古派任的"总督"，把蒙古朝廷的税捐命令转达给西藏人。西藏的主要寺院也在相互争斗时利用蒙古军阀的佣兵。这个时期的藏传佛教当然不算是爱好和平的，武装的僧侣毫不松懈地作战。这些行动与欧洲的"宗教之争"一样是权力斗争，往往借由神学将仇恨合理化。主张结合佛教的自我牺牲理想与印度婆罗门教自我圆满教义的觉囊派曾经挑起圣战，毁寺院、烧经书。

蒙古势力在14世纪衰退，绛曲坚赞有了短暂恢复统一的机会。他原是萨迦派一名僧人，利用主管寺院地产之便成为独据一方的军阀。元朝于1368年灭亡时，他已经占领了大部分的西藏。14世纪和15世纪的西藏艺术吸收了汉地的风格，尤其在绘画方面，这些影响是强势的寺院为了改善贸易条件派去边界的商业使团带回来的。

政治上的长久统一是在格鲁派兴起以后才恢复的。这是15世纪早期由大师宗喀巴创立的教派，宗旨在于强化戒律修持。格鲁派不采取世袭制，而是遵行转世，转世的传承者也就是后世所知的达赖喇嘛。后来信徒们也相信达赖喇嘛是圣观音的转世。圣观音是西藏的庇佑者，据说松赞干布死后化作了拉萨的观音金像。到了16世纪晚期，达赖喇嘛领导的格鲁派已是藏传佛教中最大的一个宗派。

1576年，三世达赖喇嘛索南嘉措应蒙古俺答汗邀请造访汗宫（见第四章）。俺答汗是当时最强势的蒙古领袖之一，统御范围从黄河河套以北到西藏边界，他想借佛教使自己的汗国有别于明朝边境的藩属国。[69] 在俺答汗的指挥与1586年再度前来传法的达赖喇嘛的精神导引之下，蒙古废除了活人祭等一切杀生的祭祀。百姓供奉的家主神一律撤除，改供奉喇嘛教的护法神六臂大黑天。这样彻底的改革不可能一朝一夕就完成。佛教信仰起初只是贵族嗜好的活动，过了一个世纪才传遍社会各阶层，到了蒙古草原。[70]

格鲁派凭着与蒙古新建立的结盟关系，壮大了自己在西藏不同派别寺院竞争中的力量。到1656年，格鲁派打败了其他宗派与俗家的对手。在五世达赖喇嘛的英明统治之下，好像有可能重振古代吐蕃的大业。这个时期重建的布达拉宫耸立在山顶上，俯视整个拉萨，似乎第一次宣示西藏的强势。达赖喇嘛曾经接见尼泊尔君主的进贡使团，令拉达克归顺，并试图征服不丹，却未成功。大力兴建寺院也占去了太多财力与人力。1663年时共有寺院1 800所，僧尼数目超过10万。到了18世纪，依附寺院生活的男性人口可能多达五分之一。[71]

五世达赖喇嘛很受尊崇。在一年一度的塔尔寺酥油花灯节，各地信徒都前来礼拜，并且瞻仰酥油塑成的神佛。[72] 他于1682年逝世之前颇有远见地选中一位俗家强人托付治国重任，他的心腹大臣桑结嘉措正式登上“无畏狮子的大宝座……为天地之主”。[73] 也许是基于“文化上的不可通约性”——但显然也是为了他自己的利益——他把达赖喇嘛逝世的消息保密，宣称达赖喇嘛已开始长期闭关。这个秘密一守就是14年。14年后，庇护西藏的蒙古准噶尔部被清朝打败，康熙从准噶尔的俘虏口中得知桑结嘉措的诡计，结果引发了长期的政治危机。[74]

此后的西藏也断绝了与外界的接触，只与不丹、锡金、尼泊尔仍有往来。1745 年嘉布遣会的传教活动终止以后，拉萨在欧洲人心目中变成可望而不可即的“皇城禁地”，如此的世俗化必然会带来失望。1904 年，英国军队攀上高原打开一条路，以为会惊醒童话般的睡美人城堡，结果却撞入一个贫民窟。其中一人在家书中说这是“又臭又脏的地方”。布达拉宫和遗存的其他昔日伟大建筑周围都挤满脏乱茅舍和大堆废弃物，这些建筑的屋顶远望时仍然闪闪发光，近观却见墙上积着许多代的尘垢。[75] 那时候的英国人或许会鄙夷地说，这里似乎倒退回了 1 300 年前的野蛮时代。

第六卷

水域边缘

海洋塑造的文明

THE WATER MARGINS

Civilizations Shaped by the Sea

VI

从远古时代起，就流传着关于海的故事和诗歌。航海的人曾被视为十足的人鱼，海洋本身则被视为发生浪漫神奇之事的地方。然而，近年来，许多航海生活的真实细节都被报道得再清楚不过，以至于对大海的歌咏如今式微。

——

赫尔曼·梅尔维尔（Herman Melville）

《捕鲸之旅的蚀刻图》（*Etchings of a Whaling Cruise*）书评

从政治与社会的角度看海洋，第一眼最明显可见的就是一条大通路，或是一片宽阔的公共领域，人们可以循任何方向往来，但多数人基于重要原因选择其中一些路线，而不走其他的。这些往返路线就叫作商船航线，决定这些航线的原因要从世界史中寻找。

——

A. T. 马汉（A.T. Mahan）

《海权对历史的影响》（*The Influence of Sea Power upon History*）

第十一章

诸神的分派

小岛文明

- 南太平洋
- 夏威夷与复活节岛
- 阿留申群岛
- 马尔代夫
- 马耳他
- 克里特岛米诺斯文明
- 威尼斯

“他们（阿留申岛民）是不是脑筋有问题，不然干吗要到这里来？”雷德摇头，然后自己回答自己的问题：“他们大概就是脑筋有问题……”

——

T. 班克（T. Bank II），

《风的故乡》（*Birthplace of the Winds*）

我们全都生活在岛上，无一例外。不过地球上某些岛比其他的岛大得太多，所以我们决定让那些大岛另归一类，称为“大陆”。

——

房龙（Van Loon），

《地理的故事》（*Geography*）

一团乱岛：波利尼西亚航行

我们总觉得小岛富裕是理所当然的。按某些标准看来，冰岛人民的生活是全世界最富裕的，中国台湾、中国香港、新加坡的经济都排在全世界最具活力之列，还有一些小岛是吸引富豪一族与逃税者财产的磁铁。在我们的时代，因为海上贸易量庞大，岛屿有本钱成为中继站与商业网络上的中心点。

我们很容易以为小岛的这些特别优势是常态，不然就是陷入传统的浪漫想象，以为小岛——尤其是热带岛屿——都是乐土，都是衣食无虞的人间天堂。[1]但事实上，小岛在人类历史中往往被迫处于贫困和不安全的状态，因为面积有限，所以本地食物生产不足；因为孤立，所以不易取得外来的供给；因为攻击会从海上来，所以岛屿居民必须保持警觉并且储备反攻的能力。按历史学家布罗代尔形容16世纪地中海地区多数岛屿的说法，小岛往往是“饥饿的世界”或“生活朝不保夕的牢笼”。[2]

即便是现在，许多小岛因位置太偏僻，或是对贸易、观光业、避税行当太不便利，所以仍然名列全世界最贫穷的地区。另有一些小岛必须依靠大陆地区的补贴，或是仰赖特惠税权、自由港地位和赌场经营等方式来维持。但是也有一些显著的例外，足以证明岛屿摆脱贫穷之后可以变得非常富有，如果能够保护自己不受侵略，就可能培育特有的文明。

这通常是靠贸易实现的，但也不是全凭贸易。困境与机会在小岛形成一种微妙的平衡，有些小岛居民能够在应对挑战时成就非凡。举例来说，东非的海上诸岛曾经在不同时代通过往来印度洋的贸易获利。中世纪时期的基卢瓦与19世纪的桑给巴尔都曾经出现混合非洲、阿拉伯、印度的多样影响而形成的文化，如今我们看到基卢瓦古老清真寺的遗迹里那些中国青花瓷的衬饰，仍然可以体会这样的文化影响。现在的科摩罗群岛是个倒霉的地方，是强权政治染指的对象，是香草市场价格起落的受害者，但近代早期，在设拉子苏丹的统治期间，这里曾是多国文化汇集的商业中心，输出稻米、龙涎香、各式香料和奴隶。在中世纪时期，东南亚的一些岛屿因为拥有生产稀有香料的独特条件而受益。16世纪的特尔纳特与蒂多雷（马鲁古群岛中的两个小岛）是西班牙人和葡萄牙人在借子午线争夺航海地盘时的焦点，为的是把世界上的肉豆蔻籽和豆蔻香料产地划到自己这一边来。[3]

一方面，海洋可能限制小岛发展，另一方面，海洋也可能使小岛与其他陆地衔接，因而造就海洋文明。不论是哪一种形态，靠海都是极重要的环境条件，其他的影响相形之下都退居次要。不论土壤性质、气温、地形、动植物条件如何，只要有海洋在旁边，就是塑造文明的影响要素。海洋会影响人的视野与思考模式，海因难以驾驭又不可预测而令人生畏，海洋能改变它所触及的一切，却不会轻易被改变。海洋把骨头变成珊瑚，把沙粒变成珍珠。海洋能重塑海滨线、冲蚀海岸、吞噬野地和城市、凿刻大陆。海洋影响气候系统，然后再影响到我们这些陆地生物身上，证明我们无论有多少千年的文明也奈何不了环境。除了在虔诚祷告者的渴望之中，海洋没有约定的界限。海洋是上帝创造万物后幸存下来的一部分混沌。海洋使人类感到自己的渺小。

“小”是个相对的概念。我料到读者会想问：要多小的岛才能符合“小岛文明”这个类别？其实以大小来界定太武断，重点不在岛有多小，而在与海洋的关系。假如某个岛的文明是依据岛屿特性而来，就眼前这个话题而言就算是小；如果腹地很大且把海岸当作整个文明的边缘，那么这个岛就不算小。但是，这种计算方法的临界点又会因各地不同的环境条件而异。

小岛可能循两种方式成为滋生文明的地方：一是凭贸易而变得富裕，二是因孤立而自给自足。因此，我在这里所说的“小岛文明”是指在海洋影响下循其中一种方式所形成的文明。如果文明能凭岛内资源兴盛，而且并不处于孤立状态，我就将它归入其他类项。按这样的归类法，会有许多岛因为太大而不符合条件，例如，可能有一边长度太长，包括了不止一个气候带，所以海洋不大可能是环境的唯一决定性因素；可能面积大到从内部就能产生造就文明所需的资源和行动力，并且没有断绝外来影响；也有可能一个岛上存在不止一种文明。

这种归类法和所有分类一样，可能是以微小而非决定性的差异为依据的。例如，英伦三岛面积太大、成分太多样，不可能成为发展小岛文明的地方。不过，现代英格兰人（我想这不包括英格兰岛上的其他族群）可以说已经养成了一种小岛式心态：他们最乏味无趣的历史书一律强调（有的在开场白就强调）他们的历史是岛国特性造成的。他们仍然在读、在写名为《我们的岛屿故事》《海洋岛民》之类书名的历史书，[4] 他们也一再听到爱国歌曲和诗文中所谓的英格兰岛"从浩瀚蓝海中升起"，好似"镶在银色海洋中"的一颗宝石之类的老调。18 世纪和 19 世纪的英格兰人大量投资海防。他们还创造了所谓"怪癖英格兰人"的风尚，把孤立造成的后果理想化，呈现出"对于自己的疯癫有点引以为傲的一个独特民族"的形象。[5] 他们与其他欧盟国家格格不入。英格兰人一方面得意扬扬摆出孤立之状，一方面难舍他们是航海民族的神话，他们说海洋是"英格兰的致富之路"，贸易航线就如同英格兰人的命脉。[6] 诸如此类的话大多是骗人的，英格兰的海上大业并不是"岛屿民族"特有的，濒大西洋的其他西欧民族也同样开拓了海上事业（见第十二、第十六章）。讽刺的是，西欧诸国都自称独一无二，但每个也都证明了其言不实。

没有一条科学法则或一种社会学模型可以预测海洋在什么时候、什么地方会把一个小岛变成文明。因为许多小岛根本不受这样的影响。说来奇怪，有些岛屿民族始终没有发展海上文化，有时他们明明有了这种文化，却仍旧予以舍弃。塔斯马尼亚岛的人忘掉了当初把他们从海上带来此地的那些技术，甚至连鱼也不吃了。[7] 据最初到达加那利群岛的人记述，这些岛上的人即便平时就能望见其他的岛，在欧洲人涉足之前却完全不懂航海技术。[8] 加那利群岛的情形尤其令人大惑不解，因为与塔斯马尼亚岛相比，加那利群岛之中有些岛很小，更缺乏资源。这样自我孤立的态势往往导致文化上的贫乏，因欠缺与外界的接触而无法激发更新的活力。虽然加那利岛民拥有某些值得称道的技术，例如将死者制成木乃伊和干砌石墙，却仍很容易被奴隶商与征服者称作野蛮人。塔斯马尼亚人连最基本的诡计都看不穿，最初注意到他们的画家都把他们画成猿类，[9]早期殖民的白人也把他们当作低于人类的动物捕猎。

赫塔岛位于苏格兰西部的外赫布里底群岛以外，是另一个孤立状态的例子，可以算得上是稀有特例，这个环境把文明化的作为都打消了。这个岛的面积略大于607公顷，海拔将近425米，矗立在海中显得十分陡峭，每年有8个月时间笼罩在震耳欲聋的风暴之中。有史以来在这里生活和爬上爬下种植小片田地的人，常年与外界断绝的时候比有接触的时候多。赫塔岛在17世纪末有过一段特别兴旺的时期，当时岛上只有一条路。汉诺威王室的“间谍”雷切尔·厄斯金，别号“格兰奇夫人”，曾经于1734—1742年被斯图亚特王朝的詹姆斯党人送到这里监禁。她来此之前几年，岛上曾经暴发严重的天花，岛民也与“欧洲扩张时代”的每个“原始的”、未免疫的土著族群一样折损惨重。

赫塔全岛都难以种植作物，除了一小块几乎没有土壤的谷地，或者某片岛民珍视的陡坡上的牧草地。其他地方即便栽种了作物，也会被大雨或夹雪的雨冲刷掉。传统居民为了生存，每年把鸟油和羽毛送到赫布里底，换取盐和谷子。赫塔岛民在别人心目中不是被浪漫传奇化，就是被厌恶。1697年到此的一位旅人把他们看成高贵野蛮人的代表：“诗人杜撰的远古黄金时代情景却是他们生活中的事实。我指的是他们的无邪、质朴、纯洁、互爱以及诚挚友情。”[10]麦考利认为他们完全不受“价值与时间”的牵绊。政治立场大致与麦考利相同的布鲁厄姆勋爵比麦考利早几年表达对岛民观感时却说，他们生活在“懒惰……畜生般的污秽……天生的野蛮”之中。[11]

考古学的发现证实，赫塔岛上曾间歇性地出现人迹完全消失的情况。中世纪晚期与近代早期的岛民是现今所知曾经丰衣足食的最后一代人。会发生这种奇特现象是因为有大量鸟类到岛上繁殖，数量最多的是3月至8月的角嘴海雀和春、夏、冬三季的海燕，崖面到了繁殖期就挤满鸟群。岛民便在崖顶的岩石上凿上栓钉，再用绳索顺崖而下，一路宰杀崖上的鸟，用一只鹅胃制的袋子将鸟尸装入，如果正逢风平浪静，就直接扔进停在崖脚的小船里。因为岛上缺盐，岛民会将鸟放入石头和草泥造的简陋风洞里风干。[12] 1697年的那位访客曾经留下有关岛上生活最完整的记述。他当时与领主的收租官一起来，按官员的环岛调查，全体180个岛民，每周吃掉16 000枚鸟蛋，一年吃掉海鸟22 600只。[13] 19世纪早期记录所显示的消耗量与此差不多，按1819年的一则调查，"空中到处是鸟禽，海上也满是鸟禽。住房用鸟禽作装饰……镇上的路面全是羽毛……居民看来就如同被泼了沥青再沾上羽毛，因为他们满头是羽毛，衣服沾满羽毛……一切东西都带着鸟的气味。"斯凯岛（位于内赫布里底群岛）居民所耳闻的赫塔岛上住着"全世界吃得最好的人。这是实话，老爷"。[14] 常规文明中长大的人会觉得赫塔岛形同地狱，爱吃海雀肉的人却会觉得是天堂。19世纪晚期到20世纪初期，传教士和政府官员强制赫塔岛走向文明，岛民受不了这种改革而纷纷迁离，最后一人于1930年迁往英伦的大岛，如今这里真的成了无人居住的鸟岛。

由此可见，自我孤立相对罕见，即便是岛屿居民也很少与外界隔绝，岛屿生活的常态应该是视线向外，往大海去找资源。全世界最坚决向海上发展的文明也许是波利尼西亚与美拉尼西亚的文明。

这些地方的文明逆风往海上扩散，凭借的是航海技术，虽然物质条件有限，艺高人胆大的程度却超过世界上其他地方。这是真正从海上产生的文明，其基础是征服人类所面临的最不友善的生物圈（或起码是与这种生物圈妥协）。欧洲人于18世纪发现南太平洋诸岛时，起初并不知道波利尼西亚人有多么大的成就，也不明白这一成就的性质。他们给波利尼西亚人安排了高尚野蛮人的角色。“王子”奥马依在他的原生岛屿上是个不安分的怪人，于1774—1776年在英国被捧成了名人，许多公爵夫人说他有与生俱来的优雅风度，在画家乔舒亚·雷诺兹的笔下，他象征着一种未经调教的尊贵稳重。人们称赞他的机敏睿智是浑然天成，例如，他到剑桥大学时有人向他敬鼻烟，他婉谢说：“谢谢您，我的鼻子不饿。”他的吃相连女作家范妮·伯尼的众情郎都望尘莫及，她认为这显示他“不靠人工、全凭自然能做得多么好”。[15] 另一位“王子”是来自密克罗尼西亚帕劳群岛的利布，他更熟悉绅士的举手投足。他于1783年死于天花，安葬在罗瑟海特墓园，墓志铭写道：

> 且慢，读者！让本性洒下泪滴——
> 我的王子利布长眠此地。[16]

1772年与库克船长一同航行的画家威廉·霍奇斯所画的太平洋岛屿是一个纵欲的园地。他呈现的塔希提岛是令人陶醉的温柔乡，画面前景中就有水泽仙女般的妖娆女子，一位诱人地露着有刺青的臀部，另一位于水中仰泳。塔希提岛在性方面的热情试炼了库克船长的部下，更瓦解了布莱船长部下的纪律。满足肉欲的美女成了航海者天堂必备的要素，例如参加了 1790 年之旅的外科医生乔治·汉密尔顿这样赞叹：

> 虚构诗文描绘的伊甸园或阿卡迪亚在这里成真了。这儿的大地不用耕作就产生食物和衣着，树上缀满最香浓的果实，自然在地面铺满最芬芳的花朵，美貌的女子随时乐于投怀送抱。[17]

法国人描绘复活节岛的版画中，外来航海者与姿态优雅的土著进行文雅的谈话，一同审视文件，在时机对的时刻，当着石像面前互送秋波。拉彼鲁兹的 11 名部下在萨摩亚群岛被杀的前一天，他还说这地方是“幸福的居住地”，住着“人世间最快乐的人……在静谧的怀中，从容而祥和”，这里的建筑可能“比起巴黎周围的任何建筑有过之而无不及”。对于自己不这么热爱的复活节岛，拉彼鲁兹也认为能孕育文明，甚至产生了某些文明的败坏，例如土著皮条客企图把不情愿的 13 岁少女卖给外来客。[18] 总之，南太平洋结合了自由与放纵，使野蛮人变得高贵。[19]

然而，这些怀着优越感描述的浪漫化形象都没有切中要点，因为依据的都只是岛民岸上生活的物质文化而已，他们的岸上生活没有宏伟耐久的建筑物，没有陶艺，也没有（多数岛屿没有）来自欧洲的观察者能辨认出来的有制度的政治体。南太平洋岛屿文明的成就要放到海上才能被完整评估。岛民造船的技术和风格在海上的实用性接近完美，他们的航海知识也是当时世界上任何地方的人都无法企及的，他们用芦苇地图记事，功用也不亚于任何传统的书写系统。

当然，在这片广大区域中的岛屿并不是个个都有这样的成就。加罗林群岛和马绍尔群岛中部、特罗布里恩群岛、汤加都十分重视航海业，阿努塔岛的人却难得出海，一般只限于到112千米外的蒂科皮亚岛，偶尔也会航行到320千米外的新赫布里底群岛。而且，阿努塔人不擅长逆风驶船，他们会用满帆借风出航，然后划着桨返航。[20]纵然如此，我们仍可以拼出南太平洋小岛居民典型滨海文化的综合图。

造独木舟的人要在开始工作的前一天晚上把斧头安置在神圣的收藏所，同时诵念仪式的词语。吃祭神的肥猪肉当晚餐后，次日天还没亮就要起来砍木材，把木材收集好，并且随时注意有没有什么兆头。如果航程远，就要造一条有舷外浮体或双船体的船，配备爪形的帆，这样可以保持桅杆和索具都不过重。驾驶时利用船尾的短桨，或是在迎风时将活动披水板靠近船头插入海里，顺风时将披水板放在船尾。一条船6名人员就足够：两名舵手、一人掌帆，一人舀除积水，一人备用，以及一位最重要的领航者，他凭多年经验可以不用仪器、不靠位置固定的星星，就辨别浩瀚太平洋上的东南西北。[21]

历史学家以前不相信古代波利尼西亚人和美拉尼西亚人能在海上航行几千千米，认为他们只不过是偶然地“漂流”了那么远。可是他们留下了海上历险文化的记录，例如，有史诗记述了某位汤加航海者从斐济返乡后的庆功食人宴与他英勇的航程，还有一名英国航海者目睹了这件发生在1810年的事。他们也像北欧海盗民族维京人一样，会将自己放逐海上，而在他们自己的传奇故事里，以前也有人航行到很远的地方去参加仪式。塔希提岛的图帕亚是库克船长佩服的一位航海者，太平洋各个重要群岛中有哪些岛屿，他差不多都知道。

胡伊·特·兰吉罗亚的故事可能是最具英雄气概的。时间大约在18世纪中叶，他从拉罗汤加出发，途经矗立海中的白色光秃巨岩，到了一个覆冰绵延无际的地方。有些神话故事说，是神一般的英雄毛伊发现了新西兰，他曾以自己的血引巨大的魟鱼上钩。另外比较不带传奇色彩的是确有其人的库佩，他自称是被至尊之神伊欧的异象导引，从拉罗汤加出海（时间可能是10世纪中叶）。另一个版本说，库佩跟随迁徙的长尾杜鹃，追赶偷吃他鱼饵的鱿鱼。[22]他的航行方向是“走二月里太阳、月亮或金星西沉处右边的那条路”。出航时携带水果干、鱼干、椰子，以及一个用面包果、库马拉（一种新西兰本地的红薯）等植物配料做成的烹熟面团，不过装载量有限，长时间挨饿是必然的，不多的饮水则用葫芦、竹节、海菜皮囊来装。

现今有科技之助的航海者几乎无法想象当时判定航向的方法。波利尼西亚人航海凭的是直觉，20世纪70年代某条给传统领航者的忠告写着：“不要盯着帆看，要凭风吹在你脸上的感觉驾驶。”有些领航者会躺在舷外浮体上来感觉夜晚海面的起伏，据18世纪一位欧洲人观察所见，“最敏锐的平衡计是男子的睾丸”。领航者能够根据信风造成的长距离海面起伏修正仅仅几度的变化差异，并记录在芦苇地图上，马绍尔群岛的这种航海图有些至今仍保存着。洋流虽然不像风那样能凭感觉就知道，领航者仍累积了惊人的相关知识：加罗林群岛的近代航海者接受访问时说，他们能知道方圆3 000千米左右的洋流。

最厉害的是，加罗林群岛的领航者看太阳判断纬度，看星辰调整航向。他们根据16组星辰测定方位，用一套有节奏的歌把星辰移位背下来。其中有一句说，领航就像“摘面包果”，看星辰要一颗一颗地来。据1774年来到这里的西班牙人说，他们可以相当准确地关联星辰位置与特定的航行目的地，找到他们选定的夜晚停泊处，然后在那里抛下用石头或珊瑚粗制的锚。[23]

克服孤立：夏威夷与复活节岛

最坚忍无畏的航海者应该能走得最远，这可以解释波利尼西亚人所建立的几个成就最显著的社会（按我们一向采用的文明标准而言）都位于他们航行尽头的原因：新西兰、夏威夷群岛、复活节岛。夏威夷与复活节岛是文明史上的两个特殊的反常现象，两个地方都打破了孤立会导致停滞的定律。如果历史必然按照我们凭惯常推论所做的预测发生（无甚用处的理论模型则不必考虑），那么波利尼西亚地区的每个尽头应该都变得和查塔姆群岛一样。这个极小的群岛位于新西兰南岛以东800千米，是南太平洋往这个方向迁移能走到的最远处。因为纬度更南、气候寒冷、腹地有限，所以不适宜农耕，但是这里有许多盛产鳗鱼的湖泊，潮汐塘中有软体动物繁殖，岛屿周围都是渔场。留居这个群岛的人是顺从自然的，他们维持着稀少的人口，靠捡拾池塘中的贝类或以最简单方式从事近海捕捞为生，用棒子打死猎物。就我们所知，他们原来与外界并无接触，直到1835年，有火枪武装的毛利人模拟欧洲帝国主义者的侵略行径，进入查塔姆群岛，屠杀了大半人口，并将其余的人贬为奴隶。[24]

最初到达夏威夷岛和复活节岛落脚的人可能也曾受制于孤立的处境。因为与原始波利尼西亚世界的其他地方相距太遥远，这两个岛的人和毛利人一样，与外界失联并发展出难以归类的特殊文化。夏威夷岛和复活节岛的孤立不仅是因为距离别处太远，还因为在正常的航行条件下根本不可能到达这两个岛。太平洋的洋流系统是全世界最固定的，因为这些岛屿距离洋流路径太远，欧洲航海者往来了上百年之后才意外发现，以文字记录这些岛屿当然又是更后来的事。[25]最早到达与定居的波利尼西亚人究竟是循什么路线而来，至今仍没有人知道。不过考古证据显示，夏威夷最早有人殖民是在公元4—7世纪，复活节岛则是在8世纪。[26]复活节岛的孤立状态从当地的候鸟信仰习俗可以看得出来，外来访客应该是毕生都难得一见：具有神性的鸟人乃是岩画中常见的题材，每年乌黑的燕鸥群飞来时发出震耳欲聋的鸣叫，人们传统上会以某些禁忌来迎接，并举行偷鸟蛋比赛以及营火与牲祭仪式。[27]

孤立往往会导致文化上的赤贫，因为缺乏交流与新鲜的刺激，原有的技术会被弃用或遗忘（见第一、第十一章）。夏威夷却曾拥有波利尼西亚世界面积最广大、耕作最密集的田地，足以供应当时多达20万人口的所需。至于复活节岛，中小学生都知道这里有“神秘文明”，学者和无赖都会找上门来，前者是因为好奇，后者则是为了寻找耸人听闻的题材。声称复活节岛文明起源于秘鲁或外太空的各种荒谬说法都有，不过在合理的怀疑中较可信的是，其中有波利尼西亚的背景。复活节岛的文化能与波利尼西亚中心地区相容，唯一的例外是红薯耕作，但是种植该作物的年代仍有疑问，至今尚不清楚。当初建造巨石像（而且可能也设计了复活节岛书写系统）的那个古文明，显然从未有过红薯耕作。

欧洲人最早记述夏威夷的文献充满着对于土著农人的称赞。18

世纪 70 年代到 90 年代的文字记录中说，由灌溉渠道和石墙勾勒出的农田轮廓“整齐得近乎雅致”，栽种着芋头、面包果、红薯、甘蔗、椰子，田圃的规划令读者感到文明的气息，道路也“不输给任何欧洲工程”。[28] 根据温哥华 18 世纪 90 年代初为搭配探险报道所绘制的版画中，田地井井有条得令人起疑：这是刻意为符合欧洲人的理想而设计出来的图案吗？如今，当正午阳光照在霍阿拉莱山与柯哈拉山的斜坡上时，这些整齐排列的几何形状至今仍可以看见。[29] 此外，在波利尼西亚的聚落中，只有夏威夷充分发展了养鱼业。整齐的田亩与养鱼池里还嵌进了其他的文明建筑。石头搭成的大平台上建着精确对称的庙宇，筑墙技术可以造出两三个人高的城墙。[30] 早期来此的欧洲人发现这里不但有国家政府的制度，而且有“泛岛帝国”正在形成。卡美哈梅哈于 1795 年打败最后一个敌手后，成为第一代帝国君主。虽然尚无书写系统，但仍有大量口头文学和实用百科知识凭借人们的记忆保存着。

处在比世界上其他地方更孤立的位置却能够造就如此醒目的文明化生活环境，必然是因为充分利用了资源多样的环境。夏威夷曾有“进化博物馆”的称号，充满许多不同的微环境和独特物种，分布在曾经鸟群无数的海岸和沼泽地，以及出产茅屋与绳索原料的高地山区。[31] 最初落脚夏威夷的人大概是从地势较低、起伏有限的马克萨斯群岛迁移过来，看到这里既有浓绿的森林，又有镶着红边的火山、白色峰顶的积雪与云朵，觉得格外宜人。[32] 夏威夷能克服孤立的限制，显而易见是因为有来自大自然的慷慨赠予。

复活节岛却不一样，它是即便环境不帮忙也能在孤立中产生文明的反常特例。整个复活节岛面积不过 166 平方千米，最近的邻居皮特凯恩岛也位于2 250千米之外，与其他陆地相距至少3 700千米。地形起伏不大，最高处达480余米，但是没有深谷，所以没有形成土壤肥沃区。全年雨量丰沛，但是都从渗水的地上消散，留在地面的水汽也被风吹干。岛上曾经长满椰子树，椰子也是岛上比第一批人更早存在的可食用植物。这里没有可利用的沙洲，有用的潮汐地带也极少，捕鱼几乎都得出海。

在如此欠缺发展前景的地方孕育出的文明，其实并不像故意卖弄神秘的人说得那么奇怪或精彩。不过，这就好像狗试图直立行走，知其不可为而为之的努力仍然值得称赞。书写系统“朗格朗格”是复活节岛文化最让人惊奇的一面，在整个太平洋岛屿世界都找不到先例或相似的用法。这是真正的奥秘，因为现存的少数几件碑铭至今仍然没有一件被成功破译。从这种罕有特性可以看出它是当地原创。而一般岛民都不认识朗格朗格，也由此可见这是统治阶级使用的东西，通行时间不长。有人则提出另一种说法：由于一直到19世纪才出现这种铭文，传教士和民族研究者也没有人认得，因此，学者普遍怀疑这是与欧洲人有了接触以后才发明的，是1770年当地人与西班牙王室代表举行签约典礼时见识了文字的威力以后，才模仿欧洲文字创造出来的，以与欧洲人抗衡。这个理论虽然获得了许多学者的支持，我却觉得根本不可信，因为签署条约的西班牙官员提到，岛民当时已经在使用“土著文字”了，而且条约上的部分签字与19世纪开始出现的铭文内容十分相似。[33]

若与碑文朗格朗格相比，大部分复活节岛的物质文化就没那么独特了。岛民以前居住在泥土墩里或石块茅草堆的丘台上，用石头围成坑，并制作永久的石砌结构（还称不上是建筑）来储存雨水、防止风吹倒作物。[34] 社群仪式和餐宴在石筑平台上的木屋里举行。木屋的形状像往上翘的独木舟，也可能是象征岩画中经常出现的女性外阴，[35] 其中有些搭配了石柱。如果按照波利尼西亚其他岛屿与新西兰的标准来看，这些结构很简陋，而且因为受限于建材而显得粗糙。然而，复活节岛的神祠建筑却独树一帜。

立在石台上的那些著名雕像与其他波利尼西亚人的巨石雕刻并没有太大差异，不同的是，复活节岛的雕像更大、更多，而且其中最好的作品具有超越了别处雕刻家的流畅与自信。对一座面积不够让大量人口生活的小岛而言，立这么多大石雕必然是全体合作的大事。石柱重量都在 30 ~ 40 吨，在熄灭的火山口边缘附近的拉诺拉拉库采石场凿成形、雕刻、打磨。石雕背部留下龙骨似的一条平坦面以便拖运，可能放在滑动垫木或平底橇上拖行，套绳索的巨杆至今仍可看到。就现存最大的雕像而言，估计采石与雕刻的工作需要 30 个人做上一年，或 90 个人工作两个月，之后还要靠这 90 人才能够把石像搬到距离采石场大约 6.4 千米的安置地点，然后在这里再忙 3 个月，才能把石像搬上墩座竖立起来。中等体积的石像需要 70 个人在一星期内运到安置点，但是竖到墩座上的过程仍需要二三十天。这些都是耗时耗力的工作，但是只要时间足够，一个大家族（例如为了纪念某位祖先）也可能完成，否则就必须有大约 400 人联合提供劳力与后勤支持。[36]

靠着墩座旁边会用土筑起一条斜坡道，坡道有树木形成挡墙，墩座上有安放石像的坑，石像倚在坡道边上，再用绳索拉进坑里竖起来。最大的一座石像台（如今已被潮水冲毁）约有 45 米，旁边连着 154 米长的一条斜坡道，这座台上共安置 15 尊石像。[37] 台上大部分石像都缀有红色的“头顶结”，这是来自另一个采石场的精致石制头饰，可能是代表地位崇高、戴着红色头巾的岛民。[38]石像会嵌上用珊瑚做的眼睛，赋予这个有威力的器官后，似乎更有生命力。越晚建造的石像越大，显然是竞争的结果，害怕被别人比下去。石像制作正在高峰期的时候，制作石像的制度却突然瓦解了。现在仍有 600 座立着，另外有 150 个未完成的则被弃置在采石场一带，更加深了神秘感。第一批欧洲人到来的时候，立石像的地点已经是无人理会的荒地。如果这里曾是仪式活动的场所，也不曾有人观察到或记录过相关的活动。

弃置荒废的威严石像与无法辨识的含混碑铭，显然都是在欧洲人闯入之前就已经结束的时代的遗物。人类的读写能力和思想意识向来在黑暗时代受到压制，关于复活节岛的黑暗时代是如何开始的，现在已经无迹可寻。就它偏远的位置看来，不大可能是因为外来侵略引发的。这里的生态平衡太脆弱，食物资源太有限，很有可能是自然灾害、饥馑或社会革命引发的，或是这三种原因中的两三个一并造成的。在以前的某个时期，这里曾有一群特权阶级喜欢观星象，爱吃海豚肉大餐。[39]朗格朗格文本如果确实是古代产物，必然出于专业者之手，石雕像需要的又是另一种专业。有证据显示，当时相互竞争的族群之间分别组织了大规模的劳动力，这其中必有基于宗教原因非做不可的决心。我们难免会想象，也许曾发生过集体的剧变行动，反抗石像的凝视背后的意识形态。当林木倾覆、鸟类绝迹，土壤也被农业和强风磨蚀，维持建立大石像的那种雄心恐怕越来越困难。积极筑造的时代也许持续了 800 年之久。真正令人惊讶的，并不是一手推动这种建设的统治阶级竟然灭亡，支持统治阶级进行建设的社会结构竟然崩溃，而是这种建设竟然能在贫乏的条件下持续了那么久。

风之巢：阿留申群岛

波利尼西亚人在南太平洋有过的作为，阿留申人在北太平洋也做了，或大致都做了。阿留申群岛在航海者中名声不好，往这里走，须提防被暴风雨冲击的岩石和锯齿般的暗礁。凡是不喜欢冻雨、湿冷和雾，以及会掀起巨浪的猛烈山风的人，会觉得这里的气候难以忍受。气温变化虽然不大，夏季却难得高于 10 摄氏度，冬天通常只有零下 7 摄氏度左右。环境是不稳固的岩石、活火山、冰封的山，绵延数千米、已变成石头的发亮熔岩，以及无用的土壤，似乎要吓跑想定居的人。

甚至连岛民对家乡的感情也很矛盾。根据传奇故事，他们本来生长在一个没有冬天的地方，因为战争不得不离开。但是这个群岛也有吸引人的条件，所以能够孕育特别具有创造力的古代文化。这文化历经千年也无甚改变，有些聚居地点深入村落土丘之下超过 8 米。

阿留申群岛分布于北太平洋从西伯利亚到阿拉斯加大约北纬 52 ~ 53 度的位置，与这一带的大陆地区相比，阿留申群岛显然更适宜人类居住。拜日本洋流所赐，气温变化不太剧烈。因为有来自北冰洋的寒流与逆流，阿留申群岛成为鱼类汇集处，也引来大批捕食鱼的鲸、海豹、海狮。这里的水域资源丰富，足够养活以海上捕猎为生的社群，俄罗斯人初次到来时，阿留申的人口很可能超过 2 万。

虽然岛上不可能维持固定的农耕，海岸却可生长海藻，小面积土壤和鸟粪丘也宜于生长各类浆果与药用香草。这些植物有助于均衡他们以海鲜为主的饮食，也是阿留申著名的传统医学草典的基础。特德・班克于1955年登上最中央的阿特卡岛与位置略西的乌姆纳克岛去采集植物标本，当时的一位村中头人长老曾经教导他如何采集草药，调制专治肌肉痛、炎症、便秘、内外出血、胃痛、喉咙发炎、呼吸不顺的药方。[40]

阿留申的外科医术也很出名，19世纪第一批到此的俄罗斯学生曾亲眼得见并表示佩服。阿留申人以石制的刀、骨制的针、鱼肠和海豹筋制成的线作为手术工具，这是当时西方外科学界不敢恭维的。比如，他们用石制的针刺肺部，就可能会使肺萎陷。他们取得实用解剖学知识的方法和传统西方医学一样，都是经验科学式的——通过使用奴隶和战死者的尸体。他们还会将亡故亲人的内脏取出，制成木乃伊。[41]

阿留申群岛的环境是不可轻忽的，居民必须配合环境才能够生存。他们不能在岛上开垦耕作，不能改造岛的外观，不能在地面上建起都市，也不能进行任何永久的改变。不过，木乃伊的确代表一种维持永久性、阻止自然力的企图。木乃伊会被郑重地葬入洞穴，如果没有洞穴，就葬入特地挖好的坑里，有些葬坑就挖在住处底下。安葬的木乃伊都穿着整齐，带着下一世需要使用的吃喝器皿和钓具，以及作战需要的百叶状盔甲与海象牙刃的武器。地位崇高者的尸体会用钩子挂在葬穴壁上，以保持坐姿，并且抹上人内脏提取的油脂，以维持好似活着的模样。[42]

俄罗斯于18世纪中叶征服了阿留申群岛，也带来了自认为文明的人对所谓不文明的人惯有的野蛮行径：奴役、蹂躏生态、为取乐而屠杀、用恐怖手段统治。在征服者与私人谋利事业的最初肆虐之后，比较温和的俄罗斯传教士和官僚接手，但是任何作为都不能减缓新传入疾病的影响。阿留申本地人对于侵略者带来的疾病没有抵抗力，按官方统计，1838—1839 年间的流行病导致半数的岛民死亡。[43] 1867 年阿拉斯加被卖给美国之后，阿留申群岛再次遭殃，这一回是美国人的非蓄意劫掠，同时带来强制施加的另一种外国文化。进入 20 世纪，阿留申群岛变成俄、日、美等国的帝国主义竞争战场。遭受第二次世界大战的血洗之后，仅余的阿留申传统生活方式被西化的影响完全毁灭：文化冲击、消费主义、美国大兵的性蹂躏都是元凶。美国大兵时常留下性病、无人照管的私生子女、无法分解的垃圾，以及沦为依赖救济发放的人。至于传统生态，也因为俄国人在 19 世纪晚期引入耐寒羊种的畜养事业而遭到全面破坏。

靠泊港：从马尔代夫到马耳他

以下几个地方的英勇表现不可不专门予以嘉奖，不过这都属于特例。多数时候，被历史遗忘的岛屿居民在大海里孤军奋战。在缺乏与外界接触的情况下成就的文明，往往会被处境更优越的文明超越。发展岛屿文明的最佳起点就是海上贸易的节点，或至少也得是凭着努力可以成为货运集散地的地点。

马尔代夫群岛就是一个惊人的例子。之所以惊人，部分原因在于其默默无闻，而其默默无闻的部分原因又在于居民狂热的反偶像崇拜行为毁掉了太多古物。这里若没有贸易之助，根本不会引起文明史学者看第二眼的兴趣。马尔代夫地势低，会遭受海水倒灌，有台风肆虐，在回归线的太阳下热得冒烟，一个个小小的环礁岛好像唯恐被淹没般努力探出洋面。小岛有上百个，但其中只有一个地势高到能拥有不含盐分的土壤。即便如此，马尔代夫群岛位于世界上历史最悠久的贸易路线上，是一个理想的集散中心（见第十五章）。

被当地人称为“雷丁”的古代人已经消失，他们曾经建造庙宇——后世挖掘者也发现了这些庙宇的地基——以及现在已经看不见的神像。从民间对这些神像的描述用语来看，它们并没有佛教的影子。铭文上刻着无法解读的符号，看来却像印度教的神圣图像书法，有毗湿奴的螺贝与日轮、湿婆神的鱼、“卍”字符和因陀罗的双头戟。[44] 大理石板浮雕上刻的高大庙宇开着大窗、有尖锥顶，也许正是最早的建筑物。[45] 这些遗迹的年代大约是 6 世纪中叶，佛教如果没有远早于这时间传入，倒是很奇怪的事，因为有固定的风，从印度和斯里兰卡到这里是顺风的。伊斯兰教于 12 世纪传入，但我们不能假定此时古物已被毁坏或有系统地被持续破坏下去，因为宗教信仰引起的文物破坏本质上是愤怒和仇恨偶然造成的后果。14 世纪中叶的伊本·巴图塔仍然把马尔代夫视为世界奇观之一。[46]

地中海有许多这样的例子，也许是因为它特别适宜航行，没有大潮，气候温和，海面不会被暴风掀起变形，信风与洋流的系统将各个岛与海岸连成一串，船只不必长时间耗在外海上。就目前所知，世界上最早用石材大规模建造的社会是马耳他群岛中的戈佐岛与马耳他岛，在公元前第四个千年到第三个千年之间至少建了 30 个很大到极大的建筑群。当时苏美尔人用的建材是砖，埃及人的石造大建筑也没有比马耳他早。马耳他的建筑都是用加工修整过的石灰岩造的。这些建筑一般都有三叶草形的内庭，周围有高大的墙，最高达7.6米。塔尔欣一座最大、最优质的建筑物里有一个大雕像，好像是为了供人膜拜而安置的。这个雕像的身形像是十分适合生育的女性，臀围很宽，肚子突出。她的身旁还有“睡美人”——一些女性随侍的小型造像。同时代其他地区的雕刻，没有一件能与马耳他这个可能是母性女神的雕像相比。另外还有其他艺术作品的遗迹，例如形似祭坛石雕和装饰浮雕的残骸，其中既有抽象的螺线，也有写实的鹿与牛。人的骨骸葬在共享的坟墓里，上千名的亡者挤在一起。[47]

我们看到现在的马耳他群岛土地贫瘠、气候干燥，难以相信这里曾经养活如此多的人口、供给如此多的劳力，并创造出那么多巨大的建筑。看来古代居民的力量全都投注在公共建筑上，因为截至目前并没有发现什么一般住房的遗迹。戈佐岛上倒是发现了两栋公元前第三个千年初期的房子，像是名副其实的“庙宇建造者之家”，非常气派，建筑物有灰泥地板，有砖墙和砖柱，还应该有屋顶。比较大的一栋面积约40平方米，小的那一栋非常小。这个现象引起一个有关马耳他的重要问题，也是有关一般文明史的重要问题。古代马耳他的成就是由一个不平等的社会建设的，社会中某些人的特权是用另一些人付出的劳动力换来的。我们所知道的古文明，没有一个资源丰富到不用倾尽全力在某项工程计划上就能创造伟大艺术或巨大空间。也就是说，统治阶级（掌控决策权并能累积财富的人）是推动大规模工艺建造的绝对必要角色。显然，越到后来，马耳他的大型建筑物越趋复杂，里面不准外人涉入的部分也越隐秘、越不容易发现。似乎社会的领导人要拉远自己与一般人的距离。[48]

在塔尔欣的全盛时代，环境条件也许不像现在看来这么贫乏。

当时建筑者的贮水池既小又少，若在如今降雨量低又不确定的气候中，这是不切实际的做法。现在各岛的天际线几乎完全不见树木，草与矮灌木丛几乎是土地上仅有的植被，这样的生态应该与大手笔建造的时代相去甚远。岛上的树木可能就在那时候被砍光，因为当时的人需要大量木材造屋顶。马耳他岛东边的斯科尔巴惯用橄榄木作为建材，即便在今天，它也是一种昂贵木材。橄榄树是不易栽培的树种，果实又是重要的经济来源，所以必然是为了极度奢靡的癖好或极度虔诚的信仰，才可能砍了它当建材用。

建设塔尔欣的那个社会在 4 000 年前消失了，其突然和神秘程度比当初的兴起更甚。居民扔下这地方，让它“积了一米厚的瘠土”，[49] 随后来到此处的人会使用金属，但是没有留下什么建筑，只在瘠土里丢下垃圾。塔尔欣那一代建筑者遭遇了什么事？他们是侵略行为的受害者吗？是过度利用环境而自食恶果吗？还是某种未记录下来的自然灾害或尚未有人猜测到的灾祸导致他们消失？总之，躲在密室里的统治阶级丧失了权势，层层围住他们的建筑物与他们过惯了的生活方式，都跟着他们一同消失了。

马耳他在文明史上所占的地位应该比历史向来分派给它的要大一些。但是，马耳他之所以和西地中海其他有巨大石建筑的岛屿一样被降格，是因为这些地方的古文明消灭得太彻底了。马耳他古文明遗迹在 18 世纪晚期被报道和记录，[50] 与古阿兹特克和玛雅文明大约同时被重新发现（见第五、第六章），[51] 也与赫库兰尼姆古城的重大考古发掘在同一时代。然而，当其他发掘逐渐改变考古学看世界的观点——它们或因为久远、或因为熟悉而大受重视——古代马耳他文明却一直没被写进历史。这个古文明对于后继者没有显而易见的影响，似乎说明了为什么被冷落。而东地中海的岛屿文明就相当了不起，我们现在已经知道这些岛屿有着连续不断的文明传统（虽然没有十足把握），并将其传统注入了古希腊文明，所以也注入了“西方文明”以及全世界。这条线索的拉力——“寻根”的诱饵——指向青铜时代的爱琴海，回溯至米诺斯的克里特岛，一直到公元前第三和第二个千年的基克拉泽斯群岛，以及克罗斯岛的那个拨弦琴者的优雅大理石雕，他似乎正以乐曲迎接一个光辉的新时代。

乐园的残骸：米诺斯的克里特岛

克里特岛算是小岛中的大岛，面积有 8 288 平方千米。但是岛上三分之二是不能耕种的山。现今的克里特岛也是全欧洲岩石最多、景观最荒芜的地方之一。古时候土地未被大雨或滥伐侵蚀以前，农人可耕作的土地还比较多。1901 年，阿瑟·埃文斯为了寻找文字起源的证物而进行挖掘，发现了奇妙的克诺索斯宫殿，消失了 3 000 年却从没有人想到它存在的克里特古文明就此出土。考古学家当年挖掘出了宽广的宫殿、耀眼的装饰和密集的城市建筑，尤其值得注意的是壁画所呈现的环境富裕丰饶的上层生活，如今这些很容易使人误以为古代的克里特是个富庶的乐园：有栽种百合、鸢尾花、唐菖蒲、番红花的园子，有麦田、葡萄园、豆田，有种着橄榄树、杏树、榅桲的果园，有森林供应燃料、蜂蜜、野味。四周则是有海豚和章鱼的大海，天空中还飞着鹌鹑和戴胜鸟。

如果我们以为自己生活的世界就像电视广告里上演得那么繁华，以为穷人吃的是有钱人餐厅图片上的那些东西，就是犯了大错。

同理，我们判断古代克里特的繁荣不能只看堂皇的艺术品呈现的内容，必须看考古的全部记录。而考古记录显示，艺术作品描绘的富庶世界并不是大自然慷慨供给的，那是人们辛辛苦苦与强硬的环境、粗粝的土壤、险恶的大海搏斗得来的，而且必须仰赖严格管制食物供应的政策。

宽敞宫殿里的少数人显然过着华丽悠闲的生活。壁画中的他们或闲谈、或饮宴、或游戏。像扎克罗斯这种未经劫掠的遗址还留着令人羡慕的奢侈品：有纹理的大理石酒杯、斑岩制的储物瓮、用片岩制成的盛装化妆软膏的盒子，其上的精致小柄还做成猎狗斜倚的姿态。[52] 但是，宫殿原本不是为了摆设这些东西而建的。宫殿的主要功能是储物，粮食要集中到这里，然后再重新分配给大多数人。克里特文明衰亡、克诺索斯宫殿变成废墟以后，看到废墟的人想象其中的长廊甬道是一座大迷宫，为了囚禁一只妖怪而建，这妖怪还要吃活人祭品。其实这样设计是为了存放巨大的土坛子，每只都比人高，有些大坛子至今仍盛着酒、油、谷子，放在原位。有铅衬里的石制箱子类似中央银行的保险柜，要为公营的贸易提供经费，贸易货品由行驶得四平八稳的船只运送，当时的希腊人说这种船“自己知道路”。储放的贸易货物有的要等候下一阶段的贸易处理，有的要转入工艺作坊：扎克罗斯的沉积层中就埋着象牙和鸵鸟蛋。[53] 所有的储存、分配、商贸业务都十分详细地记在泥土字板上，由专门负责这些事务的官员记录。

宫殿外有中产阶级的住宅，外观就像小型的宫殿，有大柱子、阳台和楼上的长廊。住在里面的人也享用宫廷中的某些奢华用品，像是细薄如瓷器的彩色陶艺品，以及用华丽彩绘的磨光石头造的浴室。粮食分配系统的最末端是农人，但粮食是由农人供应的。出土的遗骸显示，寿命超过40岁的人少之又少，这甚至低于比克里特文明早1 000年的社会的平均寿命，而且多数人口的健康状况接近营养不良。[54]环境的破坏力变化无常。克里特文明消失许久以后，古希腊人笔下的克里特仍是一个旱灾频繁的地方。在这个时期，附近的锡拉岛被火山爆发炸毁（时间在公元前第二个千年中期，但不确定），阿克罗蒂里这个城市被火山灰埋在一层浮岩之下。克诺索斯和克里特海岸上的马利亚、扎克罗斯、斐斯托斯的类似宫殿建筑群都重建过两三次，规模一次比一次大，可能都是在原因不明的破坏发生之后，某些破坏似乎是地震造成的。

重建时往往会加上防御工事，这意味着有新的风险——岛内战事。在新的政治势力接管后，克诺索斯成为其他宫殿的模板，当克里特岛东部与南部的一些统治阶级迁移到了克诺索斯时，这些王宫正好在重建。到了克诺索斯最后一次遭破坏的时候（一般推断是在公元前1400年前后），克里特岛的命运已经与希腊南部的所谓迈锡尼文明牵扯在一起了（见第八章）。逃过了生态耗损的后果，却逃不过地震与战争的灾祸。但是，靠官僚系统的再分配来维持的脆弱经济竟然能够提供城市的需求又支撑统治阶级的文化这么久，也许才是令人不解的事。

常有人说，克里特岛是近代西方文明所属传统的起点——克里特文明经迈锡尼人传给古典希腊，再传给西方世界。可是在传递给古典希腊之前还隔着为时500年的“黑暗时代”，中间没有将两者连在一起的文明。在无文字记述的时代，迈锡尼的记忆仅保存在诗歌传唱中。对于古典时代的希腊人而言，克里特是千年以前的传奇，克里特距离他们的遥远程度，和我们现在看克里特文明不相上下。晚期米诺斯文化的确在有些方面与古典希腊时代相似，从米诺斯人（起码是米诺斯统治阶级）所说的语言中可辨认出早期希腊语的形式，但是他们属于一个消失的世界，与古典希腊隔着三四百年没有文字的时代。在我们走进这个迷宫之前，连接过去与现在的那条线已经遗失了。

米诺斯成为过眼烟云以后，地中海岛屿就很难再成为特有文明的发祥地了。这倒不是因为岛屿无法恢复繁荣或激发文化影响力，虽然航运规模越来越大、速度越来越快、效率越来越高，[55]但海上航线始终都不会绕过小岛。举例来说，马约卡岛就曾经是“中世纪经济奇迹之地”；[56]西西里（也许太大而不能算是小岛文明）曾是多种文化共存的地方，因为希腊人、摩尔人、诺曼人、日耳曼人、加泰罗尼亚人、安茹人往来地中海拓展帝国与贸易都要经过这里；近代的马耳他是个独一无二的大杂烩，独具一格，拥有强烈的天主教信仰，使用独特的闪语系语言。但是，从公元前第一个千年开始，地中海区域造就文明的新动力的确大多数发生在大陆地区（见第十三、第十四章），而威尼斯则算是海洋地区的一大例外。

潟湖的产物：威尼斯的小岛文明

威尼斯议院 1535 年的决议中说：“我们的祖先向来努力为本城供应最美丽的圣殿、私人建筑物和广场，所以，这片原本不可耕种的荒凉野地历经装点和建设，发展成了现今世界上最美好、最卓越的城市。”[57]当我们看到现在的威尼斯，会觉得这一番话仍然言之有理。

值得注意的是，议员们不但为既有的成就感到骄傲，而且为祖先从这个地方开始建设而骄傲。英国有个老笑话说，有个开汽车的人停下向一名乡下佬问路，这乡下人回答：“我也不知道该怎么走才对。不过如果我是你，我就不会从这里开始。”表面看来，威尼斯根本不是想要发展伟大文明的人应该相中的地方，因为这里都是多沼泽的岛，被海水浸渗，被往昔因过度自信而建造的华美建筑压得往下沉。威尼斯令人惊叹，不只因为景观壮丽，也因为它的成就在理性上是不可能办到的。如今这座城市正在下沉，大海要收回她自己的创造。文明在实践层面是怎么回事，在这里看得最清楚：这是人类通过努力，从难以驯服的环境中召唤出的一个伟大城市。

从利多乘游船出发，在托尔切洛岛和穆拉诺岛的一丛丛灯芯草类植物之间，可以看到环境被改变之前是多么不宜居住。盖起建筑物以前的威尼斯只有芦苇滩和盐碱滩，样子就像附近一些未开发的小岛。在早期马赛克镶嵌画中，威尼斯主保圣人圣马可的遗物送达时的情景也同样荒凉。除了依赖捕鱼与贸易之外，早期威尼斯没有其他资源可用。史学大师汤因比曾有名言说，文明的起源在于人们面对环境挑战时如何响应。而响应环境挑战的成就最耀眼的地方莫过于威尼斯。[58]

按意大利诸城邦的标准看，威尼斯起步的时间很晚，正值罗马帝国在西地中海衰亡，大陆居民为躲避入侵的野蛮人而逃亡的时候。后来，威尼斯变成宏伟文雅与贵族奢华的代名词。文艺复兴时代的欧洲说到“威尼斯人的光华”，就和古罗马人说到“波斯人的光华”意思一样，都是令人不能苟同的奢侈。提到“威尼斯议院”，就等于暗指贵族傲慢气息与共和政府的放肆。其实早期的威尼斯市民曾经因为原始的纯朴而受到称赞，公元537年的一位罗马观察家写道："他们只有鱼的资源比较丰富。富人穷人生活平等。人人吃得一样，住得一样，不会彼此妒忌，所以完全没有世上其他地区到处充斥的罪恶。"起初，他们"像水禽一样"，在支柱或石砾堆上筑木屋而居，用编篮的方法阻挡海浪，渐渐在不稳固的小岛上把潟湖里的泥堆积起来，形成可以扩大建设的平台。可以说现在的整个威尼斯城都架在支柱上：在石灰岩地基下流动的沙土里插进七八米深的巴尔干松与橡树的大树干，才能找到压紧的沙与泥土形成的比较坚固的基层。[59]

早期的威尼斯人除了自己组织了一个小共和国，也向残余的罗马帝国效忠。罗马被野蛮人征服以后，拜占庭就成为唯一的帝国首都。现存最古老的威尼斯群岛建筑就是模仿拜占庭风格的。在政治与商业方面，威尼斯是面向东方的，朝向并越过大海。

就地理位置而言，威尼斯占有往来西欧的某些天然贸易航线上的优势，是波河运输与阿尔卑斯山麓上的要点。意大利大陆地区逐渐恢复稳定以后，威尼斯担起了具备历史意义的角色，即西欧与东地中海之间贸易的交流中心。故此，威尼斯虽然保有自身的奇特风貌，却成为来自两个方向的文化影响交会之地，而且把这些影响融合成一种与众不同的文明。

威尼斯的艺术一向独具一格，不易与其他文化混淆。肖像画里的人物都是胖子，理想化的美女身上都是一层层的肉。绘画由色彩组成，而不是用素描构图，仿佛画布就是调色板。建筑倾向于异国风情和华丽雕琢：有洋葱形圆顶，有哥特式过梁尖顶，有挂着点缀的装饰线条。哥特式在欧洲别处是一种建筑风格，在威尼斯却是一种装饰风格。在威尼斯和威尼斯政权统辖区，文艺复兴全盛期的国际风格滋养了塞利奥与帕拉弟奥的古怪才华。威尼斯的宗教信仰也写下了正统天主教不讲教条、没有迫害的一页罕见历史。威尼斯的饮食和语言也和文化的其他方面一样，都是很明显的海洋商业中心的产物，与经常接触并不断受其影响的邻居相近，却又因为来自远方海上的影响以及小岛自己酝酿的变迁机会而与邻居有所不同。威尼斯并没有奇特到与欧洲南辕北辙的地步，这些特异性仍然离不开与威尼斯历史重叠的欧洲及地中海背景，属于可以理解的范围之内。但是威尼斯的一切都起源于它的岛屿处境，大部分时候仰赖的唯一资产就是这种处境。

中世纪的威尼斯人知道自己多么依赖海上贸易，所以每年都要举行威尼斯与大海结婚的象征典礼，这个典礼如今仍在每年耶稣升天节之后的星期日举行。行政首长总督带着游行队伍绕境，将一枚金戒指投进海里，如同在告慰古老异教信仰中的海神。18 世纪的卡纳莱托或卡莱瓦里斯所绘的典礼画面像是在郑重传达威尼斯不可消灭的力量。[60] 其实这个仪式的起源充满焦虑，目的是要祈求大海垂怜，大海这强大而不安定的自然力包围着威尼斯，随时可能淹没它。

整体而论，威尼斯与海的交易是有所获利的。亚得里亚海为威尼斯输送贸易，却吞噬了威尼斯的敌人，威尼斯人认为这就像红海把法老的追兵吞噬了一样。威尼斯从未被来自海上的袭击攻陷过。往来于威尼斯和亚历山大港之间的航线是中世纪欧洲最有价值的运输线，也是从远东输入胡椒的最后一段行程。威尼斯渐渐富裕起来以后，便摆脱了拜占庭而独立。1204 年，历史关系发生逆转，一支十字军队伍搭上威尼斯的船只，转而攻下拜占庭，把当时仍号称罗马帝国的那一点残余领土在胜利者之间瓜分了。

威尼斯成了帝国之都，在东地中海一带占领殖民地。从拜占庭得来的战利品装点了圣马可大教堂的正面和威尼斯的公共空间。威尼斯和佛罗伦萨、罗马不一样的地方在于，威尼斯不能号称是古典英雄人物在久远以前所创建的，但是威尼斯掠夺的战利品可以把它装饰得古香古色。大教堂西门上的巨大青铜马昂扬地宣告着胜利。底下一座从君士坦丁堡抢来的赫拉克勒斯像正在降服大野猪。库房外面的雕像呈现着罗马诸皇帝彼此搭肩表示团结的形象，这件作品大约完成于被威尼斯抢来之前 1 000 年。走进洗礼堂，廊上的柱子是叙利亚人 1 500 年前打造的。[61]

威尼斯除了通过买卖异国产品致富，还有帝国获利，它利用占领地生产西欧、北欧顾客需求的货物：糖、甜酒、橄榄油、专业用的染料。竞争对手虽然在 16 世纪和 17 世纪时从东方开辟了新的香料路线，但因为市场的需求量越来越大，威尼斯占的运输分量一直很大。运河两岸的建筑鳞次栉比，如今矗立着巨宅、艺术馆与图书馆。

由于新的海上势力兴起，东地中海变得越来越不安全。奥斯曼土耳其人以前是骑马从中亚大草原进入欧洲的，自 14 世纪晚期到达地中海沿岸以后开始转而发展海军强权，其适应能力强得惊人。土耳其人的海上霸业并不是突然崛起，立刻成了气候的。早在 14 世纪初叶，地中海沿岸诸岛的海盗窝都是土耳其首领在主持，据传其中有些人指挥的船只数量可达上百。奥斯曼帝国势力向西伸展的同时，以陆上武力征服的海岸线越长，土耳其人海盗船得以靠岸补充淡水和必需品的据点越多，在海上的机会也就越多。不过，整个 14 世纪从头至尾，这些行动的野心不大，只限于出动小型船只，战术也只是打了就跑。

从14世纪90年代起，奥斯曼帝国苏丹巴耶塞特一世开始建立自己的永久舰队，但是运作方式与以往各自为政的海盗势力差别不大。即便如此，战争通常都是事先精心布局过的，但土耳其人却常常吃败仗。甚至到了1466年，还有一位君士坦丁堡的威尼斯商人宣称，土耳其船舰必须多到四比一或五比一的数量，才可能打败威尼斯舰队。这时候奥斯曼帝国投资到海军的精力可能比任何一个基督教国家都要多。有远见的苏丹穆罕默德一世与巴耶塞特二世知道，陆上征战的效果必须有海上势力作为后盾才能够持久。多次精心策划的战事试验失败之后，巴耶塞特的海军终于在1499—1503年的战争中大败威尼斯。自从罗马人很不情愿地到海上与迦太基交战以来，最不可能投入海上霸权竞争却又写下如此耀眼的成就的，当属奥斯曼海军。持续400年的基督教世界与伊斯兰世界的海军均势从此逆转，至少在东地中海是主客易位了。威尼斯的本国水域或可说正面临新时代的来临。[62]

威尼斯与土耳其人维持着不安的关系，相互牵制以避免贸易中断，不过威尼斯因经商而致富的贵族从15世纪起就逐渐转向投资意大利的大陆地区。威尼斯变成了陆上强权，坐拥陆上帝国。波河沿岸的城市都挂上了象征威尼斯势力的纹章——圣马可之狮。

即便在极盛时期，威尼斯帝国都是历史发展趋势的一个奇怪的例外。在欧洲大部分地区，“城邦共和”已经成为历史名词，更遑论“城邦帝国”。当多数城市已经归顺君王统治或是加入了更大的邦国时，威尼斯却像是个时空错置的场景，有赖市民和旗下的臣属城市费力地防卫其与众不同之处——城邦共和。虽然共和威尼斯的统治者全都是商人，是以累积获利为志的创业资本家，可是威尼斯自古以来一直有毫不通融的道德压力，使他们彼此要求把国家利益放在第一位，威尼斯有许多美术作品就是为了发扬这种集体的理想，为了表彰各个贵族世家的丰功伟业。

威尼斯艺术与节庆的光辉并没有在 17 世纪和 18 世纪趋于黯淡，但是国家势力和财富相对走向衰微，因为大西洋的联系网络和全世界贸易航线逐渐确立，导致了欧洲经济重心的转移。这时能够利用新机会获利的国家，是占了进出大西洋之便的其他各国。威尼斯因为与土耳其人交战而耗损了国力，18 世纪的商业完全是依靠花钱打发海盗、平息敌人而维持，陆上帝国还能维持原状全凭邻国与臣属城市的容忍。1797 年，法国大革命掀起的军事力量征服了整个北意大利，威尼斯不再独立。

这个城市因为它的独一无二而保存下来，它如今是浪漫旅行者的休憩地，也是艺术史研究者的作坊。然而，昔日建造者的冒险精神现在越看越像是鲁莽之举，威尼斯被自己的历史遗产压得往下沉，又被污染的海水侵蚀，要奋力挣扎才可免于没顶。文明所抗衡的环境正在发动延迟已久的反扑。

第十二章

海岸上的视野

沿海文明的本质

| 海上民族

| 腓尼基与斯堪的纳维亚

| 航海的尼德兰

泅在海底的
水手的信使，
讲了个故事：
故事所说的
就是这些话。

——

日本大和时代传统水手歌谣

傍海皆荒服，
分符重汉臣。

——

包何，《送泉州李使君之任》

海上民族：随波逐浪

海洋令人向往也令人抗拒，能抑制人也能启发人。海洋是妖魔的大本营，诗文形容海洋是“龙的深绿色，幽暗却夜明，有毒蛇出没”，又说海洋是一杯杯犒赏人们的“大地之酒”。人类眼中的海洋既会威胁生命，又是生命的供养者。恒久生活在海上是少见的情形，只有东南亚的“海上民族”把大海变成了人类的居住地。将海床占领为殖民地也是科幻小说家偏爱的题材。如果海洋与陆地可以彻底融合，那就是面向可航行海域的天然海港，其建立的文明可以从水域提供的环境多样化中受益，海洋可以成为食物的来源、贸易的通道、扩张的途径。

海洋不能像地貌一样被改造，人类也不可能在海上建起城市，即便造船木工的技术能在海面上下制造各式各样的生活空间，即便有些以船为家的人所集合的船队已经达到海上城市的规模。这些船队可以称为海上聚落，只在遭遇狂风或寻找食物的时候才会分散。真正在海上生活的人（为捕鱼、迁徙、探险、贸易、战争而暂时停留海上的人不包括在内）必须适应环境，无法改造环境以适合自己的用途。以居住地而言，海洋就像荒原（见第一章），而且比荒原更严酷，住在这里的人只能迁就，不能强制它改变。

第一次世界大战之前，沃尔特·格兰治·怀特在英属缅甸的丹老群岛担任牧师期间，与马来西亚最北部的海上民族相处友好，他称呼他们为“莫肯人”，这也是他们自称的名字。怀特欣赏他们，也同情他们，但是他出于直觉认为他们的生活方式不够文明。按本书实行的评判标准，他们表现的是文明的反面：行为完全听命于大自然，生死也完全任由大自然决定。极少社群在陆地上有立足之地，即使有，也都只是人迹罕至的小岛和洞穴，他们在这里建有茅屋，必要时可以藏身。但是，多数人（按怀特估计至少有 5 000 人）除了船就没有别的栖身处，几乎所有时间都在海上度过。他们只在买卖、造船、修船的时候上岸，此外也会为埋葬亡故者而上岸，他们没有采取海葬是很奇怪的事。东南亚有许多民族能在海上自在生活，但多数人基本上是旱鸭子与农民，只是有很深厚的海上谋生秉性。[1]马来西亚的海上民族却是不折不扣地以海为家的人，其中最坚决维持海上生活方式的社群就是怀特记述的莫肯人。

莫肯人的谦卑与英勇令他感动。他们的家庭通常有 6 ~ 12 口人，居住在一条长约 7.6 米的独木舟上，舟体的两端呈圆形，这种构造似乎明摆着要让海浪把一家人冲得上下晃动，而且限制了前进速度。防御汹涌大海只能靠横列的长条棕榈枝条，一条叠着一条，再用树脂填补空隙，建成一两米高的舷墙。劈开的竹子用树皮捆起形成甲板，甲板几乎盖住整个船身，只留一个小洞往外舀水，舀水是徒手的工作，能用葫芦瓢当然最好。甲板上有一个小棚，高度只够在里面蹲着或躺下，棚顶只有棕榈叶作为遮蔽。遇到适合扬帆的状况时，就将桅杆插在船体中央的支撑口上，用草编的绳子撑起棕榈叶的帆。不撑帆的时候靠划桨推进，架在丁字形的桨架上。莫肯人仅有的捕鱼工具是鱼叉，传统上是在杆子一端装上尖骨制成的。他们不屑用网或篓子，凡是不能用鱼叉捕到手的，他们就下到海床或岩石上去用手捡拾。因此，他们常食用的鱼只有行动缓慢、易被叉中的鲇鱼，或是可以靠潜水或爬上岩石捡拾的甲壳类。即便收获最丰的时候，这样的食材也不够，所以他们必须用鱼和牡蛎向别人换米。煮饭用的是土灶，以防甲板着火，在土灶里生火，锅放在火上。因为甲板多刺又多结节，不够舒适，每个人都有一张可铺开供坐卧的席子。

莫肯人就凭这样简约到极点的技术，一年到头生活在风暴频发的海上。孟加拉湾是船运频繁却最不平静的环境之一，这是水手辛巴达的海湾，航行命运随风而变，据12世纪中叶的史料记载，中国帆船的水手必须借助烈酒才撑得下去。[2]“文明的”航海者从这里编出整套海难与获救的长篇故事。海上民族要熬过这里的浩大雨季和每年盛夏的旋风，往往一连数日都不能合眼，也无法取得食物。逢到晴天水手能航行时，又得应付马来海盗，这时候贫穷倒是避祸的上策，他们因为穷得没有财物可抢而幸免于难。他们生活的水域常有鲨鱼出没，所以吃鱼的时候必须把不能食用的部分丢进舱底，如果直接丢进水里，就会引来亦步亦趋的鲨鱼。因此，他们生活的空气中总飘着腐臭味。

莫肯人的科学分为两支：一是造船以及造船材料的相关知识，另一支是如怀特所说的，“凭着观察，他们对于贝类、鱼类已经无所不知”。[3]他们的工艺仅限于织席，且只有一种式样，几乎没有装饰。他们的舞蹈和音乐（用木棍和竹笛演奏）据说在怀特来访的时候几乎已经完全丢弃了，因为他们说“现在是悲伤的时代”。完全依赖自然而生活，使得他们其实没有闲暇做别的事。他们在海上生活愉快，但并不表示过这种生活就是心甘情愿的。他们自称还记得先人原来是富足的务农者，因为北边的缅甸人和南边的马来人侵袭，才被逼得逃亡。栖身的小岛条件越来越差，而且得在劫掠者来袭的时候躲到船上，终于落得连岸也不敢上了。他们自称的“莫肯”一词的字面意思就是“在海里淹死”。[4]

马来西亚海上民族的经历是海洋难以成为文明产生地的一个极端例子，这个例子所含有的话题却不容忽视。海洋在文明史上只凭两种角色做出贡献：一是成为靠海的陆地生活社群的额外资源，二是成为靠海陆地社群之间的重要通路。我所说的“海岸文明”是指从这两方面受邻近海域影响的文明。这与其他环境条件无关，不论气候是热是冷、多雨或干燥，都因为有这样相似的表现而被归入同一类。

狭窄的海岸：腓尼基与斯堪的纳维亚

海岸文明通常都是从沙漠或山岳内地转向海上。腓尼基文明从公元前 13 世纪起兴盛了大约 1 000 年之久。发源地是在现今黎巴嫩境内肥沃却狭窄的海岸，这个地带水深不过几千米，再进去就是黎巴嫩山区。“腓尼基人”的名称就透露着以商为业的特点，很可能指的是“供应紫染料的人”，紫染料产于黎巴嫩西南的推罗，是古代西方世界的最爱。这种名称往往是外人给的，但是腓尼基人的文化、语言、聚居地都确实有统一性——说他们是“海岸的迦南人”，就比较容易理解了。就在腓尼基人消失了 300 年之后，有位罗马人描述他们是“一个在战争与和平时都能兴盛的聪慧民族。他们在书写、文学以及其他艺术上都表现卓越，在航海技能、海军作战、统治帝国方面亦然”。斯堪的纳维亚一带的海岸文明在一段很长的时期里发展壮大，环境迥然不同，却与腓尼基有很显著的类似点，这证明地中海并不是欧洲独一无二助长文明的海域。

腓尼基人有许多极优良的锚泊地，从这些锚泊地再进入面前的水域。在他们背后则有柏树森林和冷杉森林供应造船用料，也提供高价值的出口品。按《圣经》上所说，他们的船为所罗门王从俄斐运黄金，黄金是推罗的国王希兰供所罗门王建造耶路撒冷圣殿用的，黄金送到时将可换回粮食和橄榄油。腓尼基工匠也曾经制作阿喀琉斯的调酒钵，并且由腓尼基水手“把它送过雾气笼罩的水面”。[5]希腊的贸易竞争对手说腓尼基人擅长使诈，这样贬低他们是瞧得起他们，因为希腊人对于瞧不起的人连贬损都不屑。

埃及没有树木，黎巴嫩森林生产的原料正好可以供应埃及造船者的需要。温阿蒙是法老派出的商人大使，也是阿蒙神谕信仰的一名侍奉者。他于公元前 1075 年留下的记述，把采购木材之旅说得很清楚：“我，温阿蒙，从埃及出发前往大叙利亚海，到达萨卡尔·巴力*的领域之前全凭星光导引。”他投宿旅店并且为“庇佑旅人的阿蒙”设起神龛。起初国王不见他，据说是因为国王想把木材保留给自己的国家造船用。埃及方面的史料却说，这大概是谈判策略之一。得知神谕内容后，萨卡尔·巴力又在沉沉黑夜时分召见了使节团。

温阿蒙说：“我看见的他是盘腿坐在御室之中，当他背对着窗口时，叙利亚大海的波浪就在他脑后掀动。”双方都在谈判中摆出姿

---

* 腓尼基沿海城市比布鲁斯的统治者。——编注

态，温阿蒙于是先开口：“我是为了众神之王阿蒙伟大尊贵的船只的木材合约而来。您的祖父履行了，您的父亲也履行了，您也应当履行。给我黎巴嫩山的造船木材吧！”

温阿蒙言下之意是非纳贡不可，萨卡尔·巴力对此感到厌恶，坚持埃及必须付费，他才给木材：“是我高呼黎巴嫩而使天界开了，木材才能送到海上。”温阿蒙却说：“世上的船无一不属阿蒙所有。大海也是他的。他也是您所说的‘属我所有’的黎巴嫩。遵从阿蒙的旨意，您将会长寿安康。”

话虽然这么说了，他还是返回埃及去带来 4 瓮黄金、5 瓮白银、布匹、麻幕幔、500 张牛皮、300 条绳索、20 袋兵豆、30 篓鱼。“统治者甚喜，供给 300 人夫和 3 000 头公牛，砍下木材。花了一整个冬天，并且把木材运到海边。”[6]

大多数腓尼基城市都有向海的海湾和视野，如《圣经》上以西结形容推罗“居住海口，是众民的商端口……交易通到许多的海岛”。[7] 从美索不达米亚北部的浮雕画面可以看出，城门闸是直通大海的。[8] 腓尼基人自公元前 6 世纪开始铸造的钱币上，通常都刻着以海浪为背景的大商船。[9] 一位亚述官员撰写的报告突显了公元前 9 世纪推罗码头区的生活光景：繁忙的码头，走进走出栈库的人群，木材买卖，还有因课税不公引起的暴乱。[10] 以西结含有妒意的凶狠预言也显示推罗城以美丽自傲，是“造你的使你全然美丽”之城。他列举城中的各种商业，诸如珍奇宝石、各式香料、华美织品，都是奢侈腐化之源。但是首要的仍是一切商贸的根本：造船的原料和人员。有黎巴嫩森林的香柏做桅杆，橡树做桨，象牙嵌黄杨木的座凳，埃及细麻布的帆，来自腓尼基海岸的水手和捻船缝的工人。“一切泛海的船只和水手都在你中间经营交易的事。”[11]

腓尼基也与许多后起的海岸文明一样，利用海洋奠定殖民地，扩张势力。最早的两个据点乌提卡与加的斯，据传公元前12世纪就已经建成。考古学的发现证实，腓尼基的殖民地迅速向西地中海推进，在公元前8世纪时及于马耳他，甚至更早之前就占据了撒丁岛（约公元前9世纪），在公元前6世纪再到丹吉尔与塔姆达。腓尼基的航海者从这里逼近大西洋，远行至摩加多尔（现今摩洛哥的索维拉）建起据点，罗马史料中甚至称腓尼基人已经绕行过阿拉伯与非洲。

腓尼基人也在建立城市的地方推广了海上霸主一贯的兼容并蓄品味，房间铺着大理石切割成的地板，陵墓装饰的风格沿用东地中海的特色。他们也标志了自己具代表性的工业，例如调制推罗染料的染缸、衬泥土的蜂巢式建筑、吹制玻璃的作坊。他们向外输出嗜血的仪式，例如在迦太基举行的喧闹可怕的仪式中，会把新生婴儿顺着受膜拜的巴力和塔尼特铜像臂弯滚入神圣的火焰里。[12]

当黎巴嫩境内独立自主的城市后来被巴比伦帝国与波斯帝国的势力吞并，腓尼基世界的重心就向西移了。公元前9世纪晚期或8世纪初期建国的迦太基成为腓尼基世界里众人瞩目的领导者，* 先后与希腊诸城邦和罗马帝国竞争地中海贸易的主控权。迦太基位于海岸文明首都的理想位置，它是地中海中央大量航运所需的优势港市，腹地狭长而丰饶，满是羊群、小麦田、灌溉的石榴园和葡萄园。加图曾经在罗马元老院中用一个举动概括了非灭掉迦太基不可的理由：

* 迦太基是腓尼基人在北非建立的国家。——编注

他出示一枚刚从迦太基运到罗马新鲜多汁的无花果，既证实了迦太基的物产富饶，也强调了往返交通之便。罗马于公元前146年终于消灭迦太基，不但把迦太基夷为平地，而且把土地翻起来撒盐。迦太基的文学毁得几乎只字不留。只有打烂的碑铭碎片幸存。甚至留下的艺术品也极稀少，而且很单薄，无法确定该如何说明腓尼基艺术的特点——如果不是折中主义的特点，我们恐怕也很难知道究竟是什么了。

我们也无法重建文化背景，以解释腓尼基人留给世人独一无二的赠予——字母的发展。目前就我们所知，除了从腓尼基字母衍生或受其影响的文字书写系统之外，其他所有的文字书写系统都是以音节、语标或两者的结合为基础。音节式系统中，每个符号代表一个音节，音节通常由一个元音和一个辅音组成；语标式系统中的每个符号则代表一个完整的词。这两种书写方法对于设计或采用它们的文书人员而言，必定有他人难以超越的优势。第一，使用文字的人必须认得大量符号，音节系统可能要上百个，语标系统更得数百甚至上千。因此，受教育程度高的人会掌握常人不知的秘密，例如只有“有闲阶级”才能有时间学习。第二，使用语标乍看之下可以“节约”，比一个单音就必须使用至少一个符号来表达的文字系统更省时，更能省下宝贵的书写用料，例如石板、泥板、石碑、纸莎草、纸张、牛皮等。腓尼基书写系统未必是有史以来最上乘的，却在识字率高、书写材料廉价的社会中盛行过。也许因为容易学习又方便应用，所以促进了广泛学习，也助长了因书写记录受益的业务，例如政治和商业。书写不是文明的必备元素，却是有帮助的元素。书写方法越简易，能动员参与读写活动的人力就越多。

如尼字母——与腓尼基字母有些渊源关系的书写系统之一——便说明了上述观点。我们一般印象中的古代北欧文明成就里，因为神秘化而被扭曲得最严重的就是对如尼字母的研究。本来实用性、适应性很强的字母，却被浪漫与无知降格成为一套法术。法术和科学并不总是容易区分，但如尼字母一开始就和苏美尔、米诺斯的书写系统一样，是用于商务的一套技术，刻在木牌上为的是把货主的名字标记在货物上。12 世纪时挪威卑尔根的商人确实已经在用这个方式印商标，那时的王宫官僚写信时也用，从留存至今的残片足以证实书信来往量颇大。[13] 用户也和使用其他书写系统的许多人一样，认为这是“神所赐的”、是“值得称颂的”，但这并不意味着它仅限于表达奥秘的事物。如尼字母常刻在贵重物品和碑铭上，所以被解释成具有长久不变甚至永恒不朽的意图，但是这类野心仍然没有逾越一般务实之人使用书写系统的范围。绝大多数现存的刻文都不是明显可见的法术内容，也没有仪式性或宗教性的内容，而是在申明所有权或作者身份。

我认为，说如尼字母是一个海岸文明的书写系统，大致上是公允的。尽管许多早期刻文来自丹麦南部，但未必从那里发源。另一家论点认为，如尼文字发源于东南欧，东南欧发现的刻文都是在颈圈、胸针等可能是贸易商品的东西上。假如我们相信如尼字母起源于腓尼基，经过希腊字母模式转变而来，[14] 那么其影响力很有可能随着希腊贸易传到波罗的海琥珀产地，而希腊贸易的历史可以上溯至公元前第二个千年的时代。另一方面，已发现最古老的如尼文刻字大约在公元 2 世纪，根据这一点可以说明其源头来自罗马，中间经过日耳曼，然后才传到斯堪的纳维亚，但这时候别的地方已经不再使用如尼字母了。总之，现存的如尼刻字大部分是在斯堪的纳维亚半岛南部地区发现的，这里就是如尼字母的心脏地区。

11 世纪和 12 世纪时，如尼字母盛行于瑞典与丹麦的碑铭上。刻字者显然学识有限（按现代解读者努力钻研的结果，刻文中必有用错字母的地方，否则意思讲不通），且通常写在难以长久保存的树皮和木头上。幸好在冰岛这个没有树的国家，古代文学记在较容易长久保存的材料上，从大量且内容丰富的记录可以证实，斯堪的纳维亚是有文学传统的。

斯堪的纳维亚西部海岸的民族乃是“北欧的腓尼基人”。他们的狭长海岸栖居地后面同样有山脉和森林，海岸通过峡湾和河流出海口与海洋衔接，陆地生计的穷困随时可以利用海洋来补贴。这些人所处的环境可能特别不利，在寒冷的北方，冰河期遗留的影响挥之不去，日光照射的角度导致季节变化极端。这里不产锡，所以发展不出青铜时代文明，工匠不得不利用所能找到的材料仿制昂贵的进口青铜短剑与斧头，而取得这些东西的代价，或许就是将琥珀出口到不产琥珀因而视之为珍品的地中海国家。

最具优势的环境在现今瑞典南部和丹麦。早在公元前第二个千年时，一群信仰太阳到着迷地步（这是可以理解的心态）的人开始与环境对抗，产生了精彩而具艺术创造力的文化。这个时代留下来的最精美工艺品，是一辆大约公元前第二个千年中期制造的太阳神战车，在特伦霍尔姆的沼泽地发现。从这个装满物品的天然档案库，从古墓陪葬品与岩石雕刻的点滴线索，可以拼凑出青铜时代的斯堪的纳维亚文明，比如大约富裕到什么程度才可能进口大量金属，以及统治阶级妇女穿着的缀流苏衣袍、战士戴的有角头盔大概是什么样子。爱好或崇拜蛇形线条应该很重要（或许是从鹿角的形状得来的灵感），因为这种线条出现在许多图画中弯曲的船头，也出现在布鲁德菲尔特沼泽地出土的 3 000 年前的 6 只青铜小号上。[15]

岩石上的船只刻图和贸易商品之多样可以证明，斯堪的纳维亚的航海文化比公元 8 世纪才写入其他民族史料的维京人时代早了 1 000 年。维京人是来自斯堪的纳维亚的海上贸易者、殖民者、征服者。吃过他们亏的民族留下的史料，造就了他们在西方历史传统中的“毁灭者”形象。其实维京人也具有极强的创造力，在技术方面，他们当时造出的航海船舰效能之高是西方世界前所未有的。他们为了在外海寻找航路而发展出成功的领航方法，比希腊人和罗马人所知的一切方法和基督教世界惯用的任何方法都要优越。政治方面，维京人创建了俄罗斯与冰岛地区有史可查的最早国家政府，并且凭征战与定居的特有模式，影响了不列颠人与诺曼人的宪法和法律体制发展，因此也间接影响到后来受到诺曼人和不列颠影响的国家。维京人留给后世的艺术遗产包括一些装饰华丽的物品，例如船葬中安放遗体时，会随之放入雪橇、木刻、宝石雕琢、刺绣织品，质量不亚于当时欧洲的其他民族。文学方面虽没有留下什么，但在 13 世纪写下的冰岛英雄传奇中仍保留了一些维京古文学传统。斯堪的纳维亚的航海民族在 10 世纪晚期与 11 世纪皈依基督教后，便逐渐融入了西方基督教世界的文明。但是，融入以前的种种表现已经证明，海岸环境不论多么受限、多么不宜居住，只要能充分利用临海优势，就可以成为发展文明之地。[16]

从中世纪冰岛文学可以读到，大西洋上所有殖民拓展的勇武成果都产生于惊涛骇浪中，甚至诞生在动荡程度更严重的社会环境，例如，10世纪早期的贡比约恩·乌尔夫–克拉卡森据传是因为被一阵怪风刮到西边，才成为最早发现格陵兰的人；982年，“红发埃里克”在仇杀逼迫之下才逃到格陵兰落脚；而比亚德尼·何尔约夫森为了寻找失踪的父亲，本来是要前往格陵兰，岂知冲过了头，在986年发现了美洲大陆。事实上，斯堪的纳维亚人航遍大西洋，在洋流威力的帮助下，走过一个又一个的岛，是再自然不过的事。在依赖罗盘航海的人眼里，他们不用航海图和技术之助在海上来去自如简直如有神助。其实他们和波利尼西亚人一样（见第十一章）是航海老手，观察力不会因为有了先进技术就退化，能以一个熟悉的定点为准，凭肉眼估算太阳或北极星的高度，然后大致判定自己所在的纬度。斯堪的纳维亚人使用日光罗盘的说法颇有可信度，但证据是仅存的一件可能是日光罗盘的不完整物品——如果是完整的，应该是一根细棍钻入一个圆形（或大致呈圆形）的木头座子。航海者从启程时开始观察太阳照在这日晷上的影子，比较航程中影子的弧度，就可以知道太阳仰角的变化，从而推算出偏离出发时的纬度有多少。[17]如果遇上多云或有雾的天气，一切就只能凭猜测了。他们也和波利尼西亚人、现代大西洋渔民一样，可以通过观察熟悉的海面浪涌来定位。接近陆地时他们会细看云象，或是观察有返家性的鸟类。传说中发现冰岛的人们便是这样，他们带着乌鸦同行，每隔一段时间就放乌鸦飞走观察方向。

他们的船只并不是维京海盗那种线条优美的龙头船，也不像古代斯堪的纳维亚诗歌里形容的“黄金嘴、大桅杆的英姿”，而是1962年考古学家在斯库勒莱乌挖掘出来的那种宽而深的船。龙骨与肋拱是橡木做的，外壳交叠的船板采用松木，再用椴木的钉桩牢牢固定。其他部分是用铁铆钉固定的，按许勒斯塔的一件 12 世纪的雕刻品看来，很可能是一位有络腮胡子的铁匠用鼓风箱、锤子、钳子所打造的铁钉。船板之间的空隙是用一束束兽毛浸了松脂堵死的。船中央的桅杆有羊毛织成的粗布制方形帆（只在有顺风的时候使用），收卷起来的时候放在丁字形的大支架上，另外可能有一张小帆辅助操作。供近海划桨用的桨孔只有寥寥几个，船上没有舵，只有一根挂在右舷外靠近船尾的杆子。由于没有完整的上甲板以供排水之用，航海人必须不停地用木桶往外舀水。备用品（盐渍的食物、酸奶、啤酒）装在皮囊或桶中，再储放到船身中部的无盖底舱里以保持干燥。船上不可能进行烹饪，但是出土的古船中仍有大锅，应该是为了到上岸的地方烹饪，这也显示航海者总怀着上岸歇息的渴望。按 1240 年的一本挪威书籍中所说，“你若问人们为什么到格陵兰，为什么冒着艰险而去？”答案“就在人的三大本性：一是想出名，二是好奇，三是利欲”。[18]

维京人的形象源自遭受过他们侵害的民族的叙述，也源自学术研究从早期北欧人嗜血的历史中抽丝剥茧的成果，某些 19 世纪和 20 世纪的故事版本则可能是基于纳粹与北欧日耳曼民族主义者颂扬原始活力的论调。古斯堪的纳维亚人与所有其他民族一样必须作战，在敌人眼中是破坏者而不是创造者，可是他们也能生产供精致生活使用的华美织品，例如奥斯陆船舰博物馆收藏的织绣残布中，列队而行的维京骏马栩栩如生，只要从马的姿态和动作就可以立即辨认出来这种维京马。他们雕刻得神乎其神的车具缀有镀金圆钉，也在该博物馆展出。他们用鲸骨和海象牙完成的设计是同时期欧洲工艺品中的佼佼者。他们在冰岛和格陵兰这些几乎没有木材可用的地方辛辛苦苦建起城市，有资格被称为文明的英雄（见第一章）。

大西洋沿岸

斯堪的纳维亚的大部分土地属于临大西洋的西欧。按我的看法，这个地区形成的是一个单一文明，我想称它为“边沿地”。乍看之下，它好像没有一致性，从北极一直延伸到地中海，跨过截然不同的气候区、生态区、饮食习俗、教会、民俗、音乐传统、历史记忆、饮酒模式，也因为 4 000 年来语言不同源而彼此无法沟通。挪威人有一种特色料理——咸鳕鱼干，是从西班牙或葡萄牙传入的，讲究的吃法要配橄榄油，但这样的共通点却少之又少。如果沿着海岸从北往南走，似乎除了看得见的海之外，一切都在变。

海洋分派给欧洲濒大西洋民族在世界史上的角色，是非比寻常而且不好惹的。近代史上的航海帝国几乎一律是从这个地区建立起来的。例外可能顶多只有三个：19 世纪 80 年代到 20 世纪 30 年代间，意大利曾在利比亚、多德卡尼斯群岛、非洲之角建立短暂且规模不大的帝国势力，可以通过地中海与苏伊士运河往来，而不必打扰大西洋。俄罗斯在太平洋地区有过算是帝国的局面，将阿拉斯加卖给美国（1867 年）以前，曾占据阿留申群岛和北美洲西海岸上的前哨据点，原本怀有经太平洋创造南极帝国版图的愿景，结果不了了之。第三个例外是波罗的海的库尔兰公国，17 世纪中叶，雅各布公爵曾经买下多巴哥，并在西非洲设置了一些奴隶买卖所，想要利用正蓬勃发展的糖市场赚钱，这项大事业后来因为瑞典人入侵而夭折，公爵也于 1658 年被囚禁。[19] 瑞典并不属于这 3 个例外，因为瑞典有通往北海的哥德堡作为据点而成为海上势力。北海是大西洋的一个内湾，这使瑞典能成为大西洋的强权，当该国密集利用大西洋拓展势力时，大多时候掌握了进出挪威诸港与德国不来梅港的特权。

不但几乎所有航海帝国势力都是濒大西洋国家建立的，而且事实上没有一个濒大西洋国家不曾建立这种势力，除了挪威、爱尔兰、冰岛。这3个国家迟至20世纪才拥有国家主权，因而错过了海洋帝国势力发展的时代。冰岛几乎在每个方面都与常例相左。爱尔兰人虽然没有自己建立的帝国，却是大英帝国的一分子，也是受害者。我曾于1996年到挪威为社会党的一个集会演讲，并在此行中发现，挪威人会带着几分微妙的幸灾乐祸挖掘祖先参与丹麦和瑞典奴隶买卖的帝国主义疮疤。值得一提的是，无所不在的挪威水手和船长曾在19世纪的欧洲世界海运中扮演要角。而爱尔兰人和挪威人另一项甚少在史书中被提及的重要贡献，是帮助19世纪最大规模的殖民现象（虽然史书不常把它归类为殖民现象）——美国在美洲与美洲以外的扩张，因而遭殃的包括墨西哥、加拿大、印第安人的政治体。[20] 其他濒大西洋的欧洲国家，每一个都在近代史上写过海上扬威的一页，包括比较弱小的外围国家在内，如葡萄牙、荷兰，甚至尚在主权独立时期的苏格兰；也包括西班牙、德国、瑞典，这些国家的大西洋海岸线比较短，同时还面向另一个海，又有广大内陆地区把它们的注意力引至别的方向。

以上所述是不争的事实，虽然不可能每位读者都同意我的观点。濒大西洋的位置与帝国扩张的愿景有什么关联，后文会解释（第十六章）。但是必须先在这里指出的是，西欧的大部分地方到很晚时才有这种愿景。中世纪晚期以前，只有斯堪的纳维亚人可以说有往海上扩张的盘算，其他濒大西洋的邦国到很久以后才开始仿效斯堪的纳维亚式的远程航行。我们若想理解西欧人启动大西洋海上大业的时机、速度、成就，不妨先问一下："他们开始行动之前在干什么？"

边沿地的挫败：早期阶段

根据家人的回忆与记录，我的父系祖先全都来自西班牙西北部的加利西亚。加利西亚人是欧洲历史上位置最西的社群之一，花岗岩地形面向大西洋突出，因雨水而湿滑，却凭手指般的冰河峡湾被海紧紧扣住。欧洲除了冰岛、加那利群岛、亚速尔群岛之外，只有葡萄牙和爱尔兰的小部分地方在这条湿漉漉的蓝绿色经线上。因此我可以公允地说，我们西欧人是欧亚大陆史的余渣，我们的土地是欧亚大陆史排流的聚水坑。

西欧人自认为是塑造欧洲历史的开创性动力：中世纪天主教国家向外的挺进、文艺复兴（或三度文艺复兴）、科学启蒙运动、法国大革命、工业化和欧盟等，都是他们引以为傲的。这些事的确都是塑造历史的重要事件，大致都从欧洲的西边往东边发展。然而，如果从长远角度来看欧洲历史——假定按我常想象的宇宙观察者的宏观角度看——结果又不一样了。如果真有所谓"欧洲文化"可称为由东往西的影响力的产物，理由至少与由西往东之说一样充足：农耕和印欧语言的传播、希腊与腓尼基的殖民发展、日耳曼人与斯拉夫人的迁移、基督教的到来（这本是被欧洲占为己有的东方神秘宗教）、来自中亚草原的侵略行动、奥斯曼帝国的施压、国际共产主义的蔓延等，都是由东向西。这些动向又必须放在以下的背景里来看：科技与思想长期不断从更远的东方传来，包括阿拉伯的科学、印度的数学和灵修学、中国的发明，以及比较晚近才传到西方的日本审美观。西方人现在才开始正视这些由东向西的影响对于欧洲的形成有多大的重要性，其实在我们周遭处处都看得见证据。[21]

所有的移动和迁徙都会产生避难地和难民，这些后来都留在欧洲的“边沿”上了。大西洋沿岸曾经聚集从外地被驱赶来的人，以及受这里的资源和机会吸引而来的人。这条从葡萄牙到斯堪的纳维亚的边沿曾是许多漂流者的最后落脚处：被日耳曼侵略者赶出来的凯尔特人，加利西亚和葡萄牙的苏维汇难民、被先来的移民挤在角落里的巴斯克人，以及走投无路而被逼往北逃的人，他们为了拥有一块不肥沃的土地可以自由耕作，而甘愿与游牧人及酷寒搏斗。莎士比亚曾经生动地描写这种人的两难处境：

> 实在地说，不添油加醋，
> 我们去占据那一小块地，
> 其中没有利益只有虚名。
> 付五个硬币——五个——我却未必能耕种。
> 挪威人或波兰人也不能借它得到
> 更高的利润，即便把它卖了换钱。[22]

这些地方面临着同一个大洋，环境特征是一样的。大西洋沿岸的欧洲涵盖了几个不同的气候区——北极、温带、地中海气候，但是降雨量都高，地质历史也相差不大。挪威和加利西亚有峡湾，威尔士、康沃尔、加利西亚、下安达卢西亚都有丰富的金属矿藏（因而成为古罗马人所说的“新世界”命脉，古代遍地黄金之境）。河川经起伏的地势往东流。这些条件把古代商业导入比斯开湾外缘相当狭窄的航路，像小区内四通八达的道路般把这个地区联合起来。早在公元前第一个千年腓尼基与希腊的贸易者到来之前，这条路就已串联起安达卢西亚、加利西亚、康沃尔和锡利群岛等地（见第十四章）。

根据近代史的表现，欧洲濒大西洋的绝大多数民族如今可被归类为“海洋民族”。大西洋先是为他们提供捕鱼、航海和区域贸易等事业，又在航海科技发达以后，提供了海上迁徙与拓建帝国的通道。然而，西欧历史有一个吊诡之处：这些民族对于海洋的呼唤充耳不闻了数百年，甚至数千年之久，就算到了海上，大部分的人也只停在原地不动，好像被往岸上刮的西风绑住了手脚。沿海运输使这些民族保持联系，远洋隐士增添了海洋的神秘性，有些地方曾在未被记载的时期发展了深海渔业。但是，除了斯堪的纳维亚之外，西北欧的文明一直到中世纪以后才受到海洋的影响。若要解答这个谜团，最好从面对海洋却没有响应的这几百年来着手审视。

自从上一次冰河期结束，也就是大约 1.2 万年前，边沿地就有占优势的生活环境，土壤有充足的降雨，湾流的温水形成温带气候，山岳富含矿藏，海域渔产丰富。在公元前第四个千年的时候，社会缓步变迁的“结构”开始有一点轮廓，在这样的背景下，奢侈物品可能找到市场，大规模的建造可能正在进行，边沿地成为文明中心地区的潜力开始浮现。在当时向西普及的新式墓葬里所发现的骨骸，可以看出这种早期征兆。单人坟墓中有祭品，包括武器和宽口窄腰的陶杯。从这种坟墓发现之初到 20 世纪 70 年代，各界普遍认为它们标示出“宽口杯族”的移动路线。这个想法激起许多曲折迷人的幻想，曾有一阵子相当具有说服力：这些大口喝酒的人被设想成西班牙人的祖先，从安达卢西亚某地骑着马向欧洲的四面八方扩散；也有人认为他们是吉卜赛铁匠或修补匠，在势力消长中往返迁移，以解释在不同地点都发现宽口杯的情况。组成“宽口杯文化”的那些工艺品，如今大家几乎一致认为是各地同时发生的社会变迁的产物。有特殊地位的社会成员能在死后享有个人坟墓和合乎身份的供品。贵族纵饮时（统治阶级的交际酒会或战士阶级的豪饮狂欢）使用的酒杯在各地仿制交易，但未必是人们实际迁徙的结果。[23]

地位更高（或职责不同）的酋长葬在巨大的石造地窖里，附近往往都有一圈立石，可能是他们举行仪式的地点。布列塔尼最古老的巨型地下墓穴与迈锡尼的墓穴大致相似，但不论用哪一种合理的方法推算，在时间上都比迈锡尼早 1 000 多年。布列塔尼的墓石凿磨得比较不平整，但是已经有了迈锡尼式的托臂墓室和圆锥形状，其中最壮观的是一长条通到安葬处的干砌的走廊，安葬处覆盖土墩，显然含有无法确知的象征意义。[24]

另外一个探索这个世界的方式是通过它的偏远前哨之一 ——乍看之下是这样一个地方——大约公元前 3500 年便有人聚居的奥克尼群岛。梅肖韦有个精心打造的古墓位于巴恩豪斯的某个神殿建筑群附近，其中的中央建筑物到夏至这一天会注满光线。布罗德盖与斯滕内斯的石头圆圈比巨石阵规模要小。斯卡拉布雷用高超石造技术打造的村子出土时，壁炉与配备的家具仍在原位。我们不禁会想象这是威塞克斯或布列塔尼巨石群最遥远的殖民据点，是寒冷气候区的边陲社会，保存着远方故乡的作风、习俗和“文化包袱”。然而，我们如果试着反转这样的解释，立刻就会察觉，轻易推断史前欧洲文化传输的方向是很不妥当的，真正的主从关系恰好相反的可能性很大。奥克尼群岛在大西洋的地位可能就像基克拉泽斯群岛或克里特岛在爱琴海的地位，最初未受外界影响就开始发展，之后影响力伸向大陆地区。围绕巨石阵而形成的威塞克斯文化可能是奥克尼群岛的殖民地文化，但是在缓慢辛苦的发展之后，超越了奥克尼母国，就像美国后来超越了英伦三岛。

这些无法确知的事以及凭臆测而越积越多的一大堆学术研究，都填补了没有书写史料的空白。根据公元前500年起渐渐留下的物证，我们约略可以掌握社会如何从巨石与厚葬的时代彻底转型：尤其重要的是，冶金术的改进可以打造出铸铁所需的高温熔炉，进而推动转型；制盐与制造玻璃的技术进步与相关贸易圈的拓展是重要的助力；同一时期，黑麦沿着大西洋岸北边一带扩大了种植面积；边沿地周期性出现的新移民构成了更新力量，但如果来的是大陆内地的新统治阶级（这些人对海洋没有兴趣，又没有航海才能）就会变成延滞力。凯尔特人占据大部分西欧边沿地，可以说是这种延滞力的一部分。

希腊人和罗马人最重视的邻邦，除了波斯人之外就是凯尔特人。对他们而言，凯尔特人是敌人也是贸易伙伴，后来他们在凯尔特的土地上建立了帝国，凯尔特人又成了合作者。希腊人和罗马人眼中的凯尔特人是一群同质性高得出奇的人——想想他们分布的领域之广，竟使用同源的语言，而且都自称是凯尔特人。凯尔特人是令人惧怕的——希腊人和罗马人中流传的有关凯尔特人的故事常常令人毛骨悚然：例如他们猎取人头，把砍下的人头挂在鞍具上；他们用活人献祭，把人装在柳条编成的大笼子里，再用火烧。

凯尔特人的勇猛是出了名的，“遇上地震和海涛也无所畏惧”。他们的毛躁性子成事不足，因此很容易吃败仗。他们的酒量令人称奇，也成为别人赚钱的目标，意大利商人就把高卢人的好酒贪杯当作“挖到宝藏”。古墓中的发现物可以证明饮酒仪式在凯尔特文化中有多重要。例如维克斯一处奢华得出了名的古墓——墓主是 35 岁的富婆，陪葬品有一件奇大无比的精制希腊酒器，因为太大，必须解体以便运送，送到之后再组合起来，另外还有各式各样的小酒杯。

古时候，文明优劣的终极检验乃是能否战无不胜，因为劣等而成为“天生奴隶”的人就包括战败者在内。因此，凯尔特人在希腊罗马人的眼中评价很低，他们因为天性悲观而注定失败，例如他们担心天会塌下来——这个故事至今仍广为人知，是拜 20 世纪戈西尼与尤佐德两人的幽默作品所赐。不过，如果采取不那么严苛的检验标准，凯尔特人的文明仍有可圈可点的地方。他们的专业知识阶级称为“德鲁伊”，据说这些人不敢把祖传的智能记诸文字。就宗教精英的保密需求而言，这是不难理解的。但在伊特鲁里亚、希腊、伊比利亚、罗马等地，碑文却留下不少，可见他们有文字书写的意愿。凯尔特人利用文字记录法律（按亚里士多德的评断方式，法律也是判定文明与野蛮的标准）与行政数据。恺撒入侵高卢期间，凭掳获的人口调查报告就能算出自己面对的敌人数量。统计得以精密是因为有理论数学为基础。从埋在科利尼的一个占卜历书的遗物可以看出，凯尔特人精通半阴历的计时，以上百年的天体运行记录为基础（不过这是较后期的产物，可能是多方面受罗马影响的结果）。由此可见恺撒夸赞德鲁伊的天文知识是不无道理的。

罗马人认定的文明化等同于都市化，凯尔特人的都市化却只是零星发展。酋长卡拉克塔克斯战败后被带回罗马游街示众，据说他对于创造了罗马城市的人竟然会对他族人的简陋屋舍垂涎感到惊讶。其实凯尔特人在罗马入侵之前建设的市镇有杰出的公共设施，有淡水的供应和卫生排水道。虽然市镇很少——按罗马人的标准是稀有而且劣质的——到了公元前 125 年前后阿尔卑斯山北高卢之战的时候，高卢的凯尔特人社会已经被罗马人认定与罗马社会相似：不再陷于部落结构的框架，而有其他多样的社会分隔方式，个人的位阶凭财力、本领、祖先而定，也凭亲族系统中的位置而定。贵族掌控的资源是牲口而不是土地，小农佃户向大领主租用的是牛，缴纳的租金是小牛、猪和草料。

经济因为财富流失而受局限。消耗财富者之中最没有生产力的是已死的人，他们的陪葬耗用了大量资源。凯尔特王公喜好地中海世界高价进口货的胃口从不满足，因此造成的永久贸易逆差必须用黄金来摆平。从公元前 4 世纪晚期起，奢侈的进口货已经昂贵到不能陪死人一起埋葬了。凯尔特黄金工艺品掺黄铜的情形渐渐普遍，这虽然可能是受审美观念影响——掺了黄铜会有一种艳丽感——但也很可能是因为金块供应越来越有限的缘故。贵族用希腊酒桶豪饮的名声也必须付出一定代价才能够实现。凯尔特人以对地中海地区的侵略代替了贸易。按普林尼的记述，高卢征服者最初翻越阿尔卑斯山而来，是受了一名赫尔维蒂人携回的纪念品——干无花果、葡萄、酒和油——的引诱。

传说中凯尔特人曾经莽撞地要与大海打一仗，但多数凯尔特族群的航海文化发展都很迟缓。甚至英吉利海峡对面的诸岛也是这样，而实际上他们必定是历经航海才到那些岛上的。恺撒曾经赞赏威尼蒂人的航海术，说前往不列颠的领航指挥“在航海知识与实务上都超越其他人”。[25]爱尔兰在公元4世纪成为海盗窝，在6世纪时成为自我放逐隐士海上旅程的起点。但从其他方面看来，斯堪的纳维亚以南的欧洲大西洋沿岸远洋航行的潜力，要等到中世纪晚期与近代早期才发挥出来。为了理解持续停滞的原因（见第十六章），我们不妨继续往下看看近代早期在西欧形成的沿海文明，当时人们听见也响应了大海的呼唤，跨海经商和征战变成西欧人的典型活动。

“土与水的平衡”：从浅滩上诱发文明

在一次晚宴上，有位荷兰女士跟我说，竟有那么多美国人以为荷兰是斯堪的纳维亚的一部分，这令她既吃惊又恼火。我也感到吃惊，不过我告诉她，这样的误会其实含有某种文学上的真实性。格罗宁根与弗里西亚的位置和外貌都很接近丹麦。荷兰语和斯堪的纳维亚的语言也有不少共通之处。现在的荷兰的多数省份面对着北海，和斯堪的纳维亚一样，也同样受北海历史的影响。荷兰的船运有参与波罗的海航行的一页历史，而且是非常悠久的历史。荷兰人也和斯堪的纳维亚人一样，是沿海民族，腹地的经济潜力有限，一直都需要海上来的食物和钱财。海洋提供的狩猎场与贸易机会带来额外的生计与财富，也大大拓展了陆上可用的狭隘空间。

最有资格称得上是沿海文明发祥地的莫过于荷兰，因为全世界没有一个地方像荷兰这样，海洋和陆地彻底相互渗透。要亲眼得见，才会知道海与岸结合得多么天衣无缝，才会明白荷兰画家钟爱的宁静海岸景致是如何组成的。内陆的平地被沼泽浸透，在广大荒凉的浅滩和淤泥滩中缓缓向下倾斜，直到伸进闪闪发亮的一层海水下。陆地有很大面积是用堤堰和人工填地向海和盐碱滩索要回来的，难怪 1651 年的一位英国宣传家说荷兰是“大海吐出来的”。[26]

我们对于荷兰人的古老祖先所知甚少，不过，法兰克人（曾有一段时期居住在邻近的托克森德里海岸）自称祖先是海怪。在他们的水涝地理环境下诞生跟水有关的神话，是可以理解的。近代历史中横行于欧洲各地的贸易商要想在北尼德兰大部分地方变成贵族是不可能的，因为他们没有土地可买，累积的钱财只能再投资到贸易、捕鱼捕鲸、垦荒、银行业上。统治阶级是都市权贵，充满商业氛围，自海上生财。

他们统治着一个不同凡响的帝国：从国家成形的一开始就装备齐全。现代的尼德兰王国是从“联省共和国”延续下来的。联省共和国诞生自 1572—1648 年的内战（荷兰人认为是解放之战），为的是反抗哈布斯堡王室的统治和那些支持哈布斯堡的党徒。共和国在战争期间突袭和劫掠哈布斯堡王室在美洲与远东地区的属地和财物，成就了海外的帝国势力。他们的帝国基础（在之前的和平时期，他们形成了精通航海技术的传统）有赖于往来葡萄牙塞图巴尔盐池与波罗的海渔场的航路，这条航路几乎走遍欧洲的大西洋面。这种经历所留下的遗产是永远有用不尽的老练水手。据说，在联省共和国招募 1 000 名水手比招募 100 名士兵还容易。16 世纪和 17 世纪也盛传荷兰商界垄断了欧洲的鲱鱼业，因为其他国家的人都忍受不了捕捞鲱鱼的艰苦环境和卑微收入。荷兰人倒不是天性俭朴能吃苦，这种美德是迫不得已才养成。他们因为拿不出其他商品或服务与人竞争，不得不压低航运价格。17 世纪早期，大家都知道荷兰船要价只有竞争对手的三分之一。[27]

因为航海本领高强，荷兰人可对抗哈布斯堡的西班牙和葡萄牙支系中最遥远的其他领地属民。他们能动用欧洲最大规模的海军战略与经济战略。由于葡萄牙人不卖盐给他们，他们就航行到委内瑞拉的阿拉亚半岛上的盐湖，用铁棒凿取水面下的盐块。[28] 如果他们不能靠近葡萄牙势力范围边缘上的某个要塞或是贸易商行，就会集中力量到另一个据点上。到了 1630 年，已经有荷兰人在鼓吹要筑造海上帝国之梦，这个帝国将包括“赤裸的墨西哥人、单脚的独眼巨人、好嫉妒的中国人、残酷的巴塔哥尼亚人、黑种的莫桑比克人、无赖的苏门答腊人”。[29] 他们虽然没有机会实现这个多姿多彩的幻想，却建立了全世界势力分布最广的帝国。西班牙的版图比荷兰大得多，人口也多得多，但是向北或向东的拓展都不如荷兰远。荷兰的贸易商行、主权要塞、大农庄、捕鲸站分散在各地，北起白海，南到非洲的最南端，东及长崎、西至伯南布哥与哈得孙河。他们的贸易“除了遵守全能的上帝创造天地时划定的界限”，就只知道往前冲。[30]“即使在世界上没听说过伦敦、巴黎、威尼斯，阿姆斯特丹这个名字都如雷贯耳。”[31] 全世界都在布劳的《地图册》里。荷兰人在版画和门框拱饰之中把地球扛到了自己背上。

荷兰的理论家发展出一套“公海”的概念，主张贸易可以自由竞争，这为荷兰人的利益提供了基础。其他民族的垄断行为会令荷兰人愤慨，教皇“和他骑的驴子一样”没有资格分派航行领域。[32] 1608 年，英国要求分享荷兰的鲱鱼捕获，或至少是要求在鲱鱼获利上分一杯羹，荷兰的议会誓言绝不“全部或部分、直接或间接地撤回、交出、放弃世界上一切地区的海上自由权”。[33]发生冲突的时候通常以和平的方式解决。事实上，荷兰人把自由据为自己的特权，不让敌人也享有这个自由。只要有办法实施垄断，他们就会这么做。“我们不可能不打仗而进行贸易，也不可能打仗而不进行贸易。”说这话的人是最有雄心的荷兰帝国总督扬·彼得松·库恩，他曾于1619年在雅加达的废墟中建立起巴达维亚。[34]

荷兰人和许多海上帝国势力一样从当海盗起家，也从来不曾根除好勇斗狠的天性。中世纪兴起于地中海的热那亚人与加泰罗尼亚人，都是从掠夺地中海穆斯林地区的贸易开始打天下。号称“航海者亨利”的葡萄牙王子的海盗行径曾招致许多抱怨，有心拓展大西洋势力范围的阿拉贡国王尤其不满。15世纪90年代在大西洋上拓展势力的西班牙航海者，有许多在前20年间在葡萄牙到几内亚的这条航道上受过海盗私掠的训练。历史学家追溯大英帝国的肇始，通常指向伊丽莎白一世在位期间英格兰海盗打劫西班牙人的行为，虽然这有些令人难以置信。荷兰人效法西班牙人和葡萄牙人远程航海，也是从活跃的寄生虫行为开始，逮到机会就飞过去叮一口。在17世纪中国人的眼中，东方海域上的荷兰人乃是诸多海寇之一种：

> 红毛即荷兰国，又曰红夷……性贪狡，能识宝气，善货殖，重利轻生，贸易无远不至……在大洋中恃船大帆巧，常行劫盗。[35]

海盗事业成功带来的奖赏就是拥有自己的帝国版图。荷兰的领导人虽然口口声声说自由贸易，其实一直固守着“生意要靠打仗抢到手”的观念。到后来，战事的沉重代价成为毁灭力，荷兰国土太小而不足以维持战争所需的人力，帝国版图扩张得太大而不可能保住所有的前线，控管系统太扭曲而防堵不了诈骗、走私、无照经营从中捞取油水。到了18世纪，荷兰人撤出了许多海岸、渔场、贸易，在爪哇开辟了种植甘蔗和咖啡的帝国，以后的势力发展也越来越往这里集中。集体往海上谋发展的志业虽未消失，却已经减弱，招募人员越来越难。阿姆斯特丹的寡头政治家放弃了积极经商，转入收租、放利息等风险较低的生活方式。尼德兰高级文化中原有的明显荷兰特色，因为欧洲意识与法国风尚占据优势，已经大为淡化。

在过渡到上述状况之前，荷兰人不但已在世界上扩张了版图，也在自己家里建立了独一无二的文明。如果说文明的根本意义在于改造生活环境，有资格登上首要地位的应该就是17世纪荷兰工程师填海造地的壮举。17世纪中叶来访的一位英国人曾对荷兰的泥泞表示鄙夷，却也不甚情愿地佩服荷兰人是“为大洋划定界线且对它招之即来、挥之即去的一群神明”。[36]用风车抽水是使那个时代能突飞猛进的一项新科技，荷兰人因为精通水利工程而成为世界各地湖泊沼泽排水工程争相礼聘的人才。1590—1640年，荷兰造陆面积总计有80 000公顷。其中有7 080公顷是工程大师扬·阿德里安松·莱赫瓦特在阿姆斯特丹以北用43座风车完成的。[37]凿运河与筑堤坝不但能引水到陆地，也能用直角与直线的文明几何形状改造陆地。从远处望去，这片地就像是刻了网格的古典城市。

荷兰的艺术是环境限制下的产物，艺术以航海事业、改造后的景观、都市生活、文明的休闲为主题。约翰·伊夫林曾在1641年记述：“会有这么大量价格便宜的画作，是因为欠缺可以投入资本的土地。所以常可以见到一个普通农民拿出两三千镑买这种商品，他们的住宅里挂满了画，他们在市集上拿出来叫卖获利很大。”[38]

阿姆斯特丹是荷兰“黄金时代”文明的最佳见证，华丽的露台因地层下陷而坍塌浸水，但仍为毒品贩子、足球流氓、邋遢的观光客、纠缠不休的妓女提供了漂亮的场景。适度装潢、线条简洁、风格朴素的装饰线脚加上许多整齐的玻璃窗，使得皇帝运河段的街屋外表给人一种内敛的感觉，甚至最能代表社会地位的绅士运河段（昔日的富商豪宅如今成了银行所在地）也是如此。阿姆斯特丹当年的富豪可以在外表上如此低调，是因为他们引人侧目的财富都在房子里面展示。如今你往这些改成现代化办公室的建筑里望，仍可看见彩色悦目的天花板绘图之下有洛可可雕塑的柱饰以及精雕细琢的壁炉架。17世纪晚期一位经济学家向读者保证：“像阿姆斯特丹的许多商贾和绅士的住处这么奢华宏伟的私人家宅，别处不可能看到。”室内到处是挂画和大理石雕，庭院里也有，“铺张到了荒唐的地步”。[39]据说荷兰盛行的加尔文主义价值观讲求“内心世界的苦行禁欲”，如果这种价值系统确实存在过，大概也只到大门口就止步了。[40]

人们最渴望得到的物品都是本地最难得一见的，几乎每个社会皆然，不论是多么贫困或多么不贪婪的社会。[41]但是，收藏者心态走到极端就成了文明症候群的急性发作：把东西从它本来的环境硬生生拿走，安置在只有人类的想象力能够发明出来的“聚宝盆”里。罗马尼亚地毯、意大利玻璃、波斯丝绸、莫斯科大公国的皮草、哥伦比亚翡翠、印度蓝宝石、中国花瓶、日本漆器，以及用土耳其原产郁金香培植出来的各式品种，都是画家在描绘生活实景的画面中随处安排的消费象征。这些都是外国来的东西，在摆设者眼中看来，产地越远越是上品。把它们融入完全荷兰式的建筑和装潢场景之中，也显出这种独特文化有其与众不同的艺术风格。荷兰的社会也独树一帜，是独特的小资产阶级社会，贵族和穷人被挤到了边缘，社会的“垂直结构”被取代，多数城市居民是中产阶级。弗兰斯·哈尔斯所绘的群体肖像人物虽然贵族架势十足，加布里埃尔·梅特苏与赫拉德·特博赫的风俗画中的经济秩序却已成形。

跨出海岸：界定沿海文明

上述沿海文明的腹地虽然都很狭窄，其沿海地带却都很长。斯堪的纳维亚人到美洲、腓尼基人到大西洋都是逆风而行的。远程航路可以说是海上的工程建筑，是人类挑战环境的作为，虽然不能在海面上留下固定不变的印痕，却可以用海上航道标示自己的大自然地图。有些十分富裕又有发明力的社会在跨出海岸之后的发展，也不过是在本地或区域内的海域进行捕鱼和贸易。史前欧洲的例子中，最惊人的莫过于黑海海岸的瓦尔纳。早在乌尔与特洛伊的宝藏埋入地下的2 000年以前，一位手持金柄斧、阴茎上镶着金套子的国王在瓦尔纳入土，周围排列了近千件各式各样的黄金饰物，包括上百颗饰纽或饰片，应该是钉在一件金光闪闪的斗篷上的。这座墓里的纯金就有1.5千克之多，其他有丰富陪葬品的墓是象征式的，里面没有人的遗体，只有陶制的面具。这个墓葬的来龙去脉无人知道，只知道它靠近一些历史最悠久的铜矿和冶金作坊。当时的铜矿和作坊集中在多瑙河中游，是早期神话故事中变形魔法的发源地，故事中的铁匠都是极有威力的人物。离此不远处，罗马尼亚境内的塔尔塔里亚出土了一批泥字板，上面刻的东西非常像是文字。因为看来太像，所以最初研究它的一些学者推断，这是受美索不达米亚影响而传播的书写系统。然而，矛盾的是，这批字板是从比最早的苏美尔书写系统还要古老得多的地层中挖出来的。[42]

尽管没有或不可能发展远途贸易，但因与海洋接触而受极大影响的其他海岸包括：非洲西部腹地尼日尔河贸易进入沿海运输之处，这里被不利的风向与洋流阻挠而不能拓宽发展；北美洲的太平洋海岸（见第十七章）；毛利人贸易与打仗的地带；秘鲁海岸的轻木筏航行范围，传说中印加君王图帕克·尤潘基从这里航往“黄金岛”；[43]墨西哥湾在哥伦布时代就有往来畅通的独木舟在沿岸航行或在岛屿间运输，哥伦布曾经在洪都拉斯湾遇见玛雅人用于大型贸易的独木舟，他与同行的指挥官马丁·平松在加勒比海一带的航行还是靠土著带路。[44]然而我认为，上述沿海岸兴起的文明应该被认为是受岸上环境的塑造，受海洋的影响相对较少。

真正的海岸文明应以远程航海为事业，如果按地球上海洋所占的面积与靠近海岸居住的民族来计算，这种文明其实少得出乎我们意料。有些海岸被结冰限制或围困；有些是背风岸，遭受着逆风与不利的洋流；有些海岸面向着敌人可以轻易巡逻或包围的海域，敌人还控制着生死攸关的海峡；有些海岸住着无意往海上发展、等着别人上岸来看货色的“消极商人”；有的海岸太贫穷或太遍远，要等到成为外来客或殖民者的经济系统可以利用的货物集散地或中途补给站以后，才确立了远程接触。西北澳大利亚虽然与近海的东南亚季风系统紧密连接，却几乎一直没有人往那里去。迁徙到这里来的原住民（乃是发展超前的海上旅行者）也许是在4万年前来的，此后只有断断续续而漫不经心的贸易行为。而靠着航海技术到这里定居的人，也把原先精通的航海术忘得一干二净。

东非虽然可能在季风系统的帮助下航向外海，并且自古就有大规模本地贸易商在内陆做生意，海上运输却一直都是外来人的事，他们只开发了往阿拉伯南部和西部的少数路线。北美洲的原住民本来可能有意利用风势——出海有西风之助，回程也可以乘东风之便——然而就我们所知，从来没有人试过（虽然一位聪明而又不按理出牌的学者编造了一个奇想之旅，说加勒比海土著妇女在 1492 年之前航海“发现”了哥伦布）。[45] 人们不愿从西边进行大西洋的远程航行，大概是基于文化的理由，但我们无从知道究竟是为什么。

从这些靠海却不航海的例子可以看出，近代以前出现沿海文明的地方只限于腓尼基人与斯堪的纳维亚人的地区（即地中海与濒大西洋的欧洲），以及亚洲靠海的地区。这些地方的有些人一向被归入航海世界，例如：印度古吉拉特邦喀奇县的人都是老水手，拥有工业革命以前最了不起的航海科技；南印度的朱罗王朝，以及在中世纪与他们争夺海上霸权的南亚对手；心系海洋的荷兰人；不屈不挠地发展商业活动的中国福建海岸文化——历史上大部分时候海运量与贸易价值的世界级纪录保持者可能都在此处。下两章中还要谈到不常被归类为航海社会的日本人、阿拉伯人以及古希腊人。

第十三章

追逐季风

亚洲的沿海文明

| 日本

| 航海的阿拉伯

| 东南亚

| 科罗曼德与古吉拉特

| 中国福建

天空是黑的，海是白的。它像香槟般冒着泡沫，涌到距我们站立之处不过几英尺远，刮过来的海浪泡沫刺着我们的脸。不难想象中世纪的阿拉伯人为什么认为风是从海底刮上来的，而风往上冲入大气时会使海面的水沸腾。

我们站在强风中摇晃，彼此扶持欢乐成一团。站在我旁边的一个皮肤苍白的高个子男人大声问我："先生，你从哪儿来的？"

"英格兰！"我高声答。

这个信息被风与浪掐住截短，变成一个渐弱的和弦，传递给他旁边又旁边的人。

"你为什么跑来这里？"

"为了这个！"

——

亚历山大・弗拉特（Alexander Frater），

《追逐季风》（*Chasing the Monsoon*）

乘着台风的人：航海的日本

即便是今天，大部分的日本人仍然住在他们向来居住的地方——被后面的山挤在窄窄的海岸上。他们依偎的海是可利用的，但也是可怕的，这海没有名字，但自有显而易见的统一性：从东京湾到九州岛的太平洋沿岸日本，小海湾与航道都是同一个系统。埃德蒙·布伦登的诗写出了日本土地与海洋的共生性，按西方人的标准看，他对日本已经有非比寻常的理解。我写这一章的时候正在读他于1953年写的一首古怪的十四行诗：

“船啊，大风将要再一次
把你推入深海。”
古时的老诗人就是这样
对一个民族说。
如今每位观赏日本的老者
都会记起他的话；
容光焕发的船只就要离泊——
看它是多么闪亮！
海洋、波涛与潮流，

仍然有不解的谜。
没有一位船长知道所有答案或水有多深；
这是片陌生之海。
祝愿这艘船与它所承载的一切，
有顺风伴随它与它勇敢的同伴。[1]

日本人虽然未必被归类为航海民族，但他们的确是不折不扣的航海民族，自古以来就仰赖变幻莫测又很不友善的大海与外界交通，主要的食物也来自大海，根据《古事记》的神话传说，掌管沧海的须佐之男性格变化无常，时而凶暴时而英勇。在与掌管高天原的姐姐天照大神立下互不侵犯的盟约后，就开始为非作歹，破坏天照大神的田地，填平灌溉用的水沟，放掉闸沟中的水。传说说明了在内陆耕作稻米是多么辛苦的事。[2] 1820 年的一幅日本全景画显示了日本历史的重大吊诡之处：一个濒海民族竟然长久处在孤立状态。陆地风景是按水手惯用的识别地标来画的，有城堡、寺庙、山峰、可利用的港口。岛屿围绕着海湾，似乎往外伸出要拥抱大海，突显出活跃的船运，以及陆地与水的亲密关系。

按日本最早的传说，海神的女儿把鱼钩、财富、胜利赐给火远理命，在他的梦中化为一条龙：就如盘绕的蛇，在日本航海者面对台风所卷起的海浪中很容易认出来。[3] 镰仓幕府主政时期，日本的政治轴线叫作“海道”，连接起京都的朝廷与将军幕府。[4] 按著名的诗歌描述，尊佛的儒士在这个海岸上于睡梦中被海浪打湿了衣袖。[5] 3 世纪末，一位中国讽刺作家曾经取笑日本人出海时要在船上带一位虔诚者出海，目的是为了保平安：“其行来渡海诣中国，恒使一人，不梳头，不去虮虱，衣服垢污，不食肉，不近妇人，如丧人，名之为持衰。若行者吉善，共顾其生口财物；若有疾病，遭暴害，便欲杀之，谓其持衰不谨。”[6]

公元4世纪晚期与5世纪早期，日本人最初建立的国家从关西往海上扩张，及于邻近的海湾和岛屿。日本船队也投入了朝鲜半岛的战争，[7]据说日本在7世纪的海军有400多艘船。[8]海也是文化的来源：稻米种植、冶金术、书写文字、铸币、佛教、帝国政府官僚的模型，都从中国和朝鲜半岛传来。隐岐之岛町神龛周围多岩石的树林地中遍布着许多还愿供品，是日本4—9世纪与外界接触的片段记录。[9]传统的新年船按习俗要定期“把世人从夜晚唤醒”。[10]浮世绘的画面中，经常出现船只被海妖折磨、经历风暴或忍耐无风之苦的情景。至今日本最著名的艺术作品也许就是葛饰北斋于1805年前后所画的《神奈川冲浪里》，图中捕捉了巨浪化作泡沫之前的凶猛瞬间。[11]

记述934—935年渡海返乡之旅的《土佐日记》道出了大海的险恶。作者自称是一名女子，记录的是超过1 000年以前从四国南部的高知县前往大阪湾的航程。地图上的这一段路看来很短，但是以当时日本的背景而言，这算是从遥远的边疆走回首府。作者说：“人家说日记是男人写的。现在我倒要让别人知道女人家能写出什么来。”

作者描述自己的部分时常受到质疑，因为许多人不相信这会是女性的作品。[12]但其实当时日本最卓越的作家不乏女性，女性更是数十年后日本文坛的要角。由于《土佐日记》不是用日本男性写作时惯用的汉字撰写，用的是日本假名，这部作品在日本就被归入女子之作。但认为作者是男性的另一派学者则提出了两个理由：第一，当时没有女性撰写类似的作品。但这个论点是可疑的，因为经严格认定，那个时代的文学作品中几乎没有这种文体，也根本没有男性会自署为女子，或者用日本假名来写作。第二个理由认为，《土佐日记》中某些幽默的表达方式不可能出于女性之笔，尤其是风刮起女人裙裾之后的窘迫场面。[13]但这也许是因为隔着上千年的时间与文化距离，难以领会当时的讽刺。作者体现出对中国诗文引经据典的学识，却又声称汉语不够好，如此诙谐的自谦可能是虚张声势。可以确定的是，窘迫场面无论男女一样好笑，作品这样的表达颇有真实性。*

读者因为一部佳作而欣喜的时候，通常可能会忘了考虑文学技巧与内容事实之间的差距。然而，《土佐日记》中添油加醋的部分即便令人认为这些事情不大可能全是真的，读来仍会觉得是十分可信的日本海域真实经验。

《土佐日记》处处流露出对海洋的恐惧。航程一开始，旅行者在“持续一整天直到夜晚”的送别中祈祷“渡海平安”，并且进行博取海神好感的仪式，把符咒和珠宝、镜子、祭奠的米酒等献礼投进水里。船要起航了，划桨手全身紧绷。“恶风阻止我们前进。云散去后，我们于黎明前出发。我们的桨刺破了月光。”航行了7天之后，他们被逆风延误，在大凑苦等了9天，以优雅的方式写诗抒发渴盼之情。下一段行程中，他们带着不祥之感划离安慰人心的海岸，“越来越往海里去。每一落桨，岸上岗哨就退得更远。”

恐惧渐增，山与海都变得黑暗，舵手和船夫唱起歌来激励大

* 现今已证实《土佐日记》的作者为纪贯之，该书是他以女子口吻所写。——编注

家。到了室户，恶劣天气又耽搁了5天时间。等到终于再次起航，“以船桨刺破月光”时，突来的乌云令舵手警觉：“要起风了，我要回头。”接着却发生了戏剧性的心境二度转折——黎明天气大晴，“船主焦急地左右观看海面。有海盗吗？可怕呀！……我们每个人都急白了头发”。作者承认自己害怕，文绉绉地求告神祇：“诸岛的大神，您可知拍岸的浪花与我们头顶之雪孰白？”

躲避海盗的技巧各式各样：向“诸神佛”祷告，或朝着危险所在的方向抛下纸符咒，在符咒漂走的同时祷告祈求“保佑船速加快”。最后，船员们决定夜间划行，这是危险的应急手段，只有迫于更大的危险时才采此下策。他们在掠过鸣门外阿波的恐怖旋涡时又不停地祷告。航程进入第3个月的头几天遇上强风，一直不得前进。舵手阴沉地低语：“船上有住吉三神（海神）要取的东西。”再怎么投下符咒纸也是徒然。一筹莫展中，船主宣布：“我要献上宝镜！”于是将宝镜投入海里，风便转了向。船于次日轻松进入大阪港。作者写下结语：“我们经历了许多难忘之事与苦难之事，但不能一一赘述了。”[14]

因为作品是日记体，所以可以精确算出航程的时间。启程是农历十二月二十一日，次年二月十六日才到达目的地。这一趟全程不过640千米的海路，在海上与进港等候顺风的时间总共55天。行进这么缓慢的原因不一：地位高的乘客可能为了表现威仪而放慢步调，他们可能比一般人更不愿意趁着夜晚赶路；船只大、船夫多，所以为方便取得淡水与补给品必须靠近海岸行进，而不能走空旷海域的捷径。也许作者是为了戏剧效果把时间拉长，以便把精彩的插曲都安排进去。不过即便如此，55天的时间还是太长了，毕竟旅程的规模如果到了不合理的程度，也会显得失真。

从日本水域航行的艰辛可以看出，日本帝国主义为什么等到轮船问世以后才大展身手，这比用什么固有的锁国心态来解释都明白易懂。除了最邻近日本的诸岛屿之外，朝鲜半岛和中国都曾间或成为日本帝国主义垂涎的目标。但是，日本人若要从东边到亚洲大陆的朝鲜半岛和中国，只能走可怕的台风带，这得冒着船在背风岸撞毁或在北部湾被岩石砸烂的风险。日本人偶尔为之的印度洋航行（例如10世纪的《宇津保物语》主人公所说的被怪风刮到波斯的奇遇），竟然借助季风就能迅速完成辽阔的旅程，令日本人大感意外。相形之下，日本海域的风就显得成事不足。

季风对日本的远程航行是阻力，对沿亚洲西边海岸的航行却是助力。拜季风系统带来的顺风所赐，印度洋的一些沿海文明在中世纪就有非凡的发展，而当时只有斯堪的纳维亚人曾渡过大西洋，太平洋仍是不可渡越之海（见第十五章）。其中最可圈可点的，就是阿拉伯人写下的一页。

季风带来的商旅大队：阿拉伯人及其海域

西方游记作家和电影人给我们营造的阿拉伯人印象，充满了浪漫的传奇与沙漠的无情。甚至阿拉伯人的自我形象也透着海市蜃楼般的感觉：他们过度美化了居住在沙漠中的贝都因人和他们帐篷式的营地生活。

其实，真正的沙漠居民从来就不多。阿拉伯人所创造并传播到世界各地的文明，孕育于狭窄而肥沃的长条海岸地带，介于沙漠与大海之间的阿拉伯半岛边沿地区。特别是在阿曼、哈德拉毛、也门的海岸地区，都有创造沿海文明的相同地理条件：陆地可以维持生计，但是没有再往陆地扩张的余地，除了往海上发展，再没有可用的空间。

阿拉伯文明的起源就是沿海文明，这可以有两种意思。因为沙漠也是一种海——无人居住，看来没有道路，不断被风吹得卷曲变形。沙漠中的绿洲就像岛屿，沙漠也有可以利用的资源——虽然通常比海洋稀少——最重要的是，沙漠是人们必须越过的障碍。在早期阿拉伯的历史上，海与沙漠的作用是相似的。举例来说，航行红海比越过西部阿拉伯沙漠更艰难。据中世纪描写航海最杰出的作家伊本·马吉德所述，红海“暗藏着许多无人知道的地方和事物”。16 世纪晚期的人依然认为红海“险恶甚于大洋”。[15] 正是因为红海太不利于船运，古代曾经渡过红海的人莫不以此为傲——例如，埃及女王哈特谢普苏特派往远方购买香料的水手都在她建于公元前 1500 年前后的陵墓庙宇墙壁上留下名字。公元前 4 世纪以前的绝大多数时候，从遥远的东方运到也门的货物会移交给骆驼商队，再运到埃及或叙利亚。

甚至条件最好的海岸地区也不是轻易就能建立航海文明的地方。阿拉伯海岸从来不曾出产造船所需的大量木材，没有可航行的河川，就海岸线的长度而言，一等港也太少。波斯湾沿岸适合船只停靠和淡水补给的港口始终不足，而且间距又太远。甚至季风系统——大自然赐予航海民族的宝贵礼物——也难以配合早期阿拉伯航海者所需。印度洋上赤道以北在冬季都是刮东北风，其余三季的大部分时候则固定刮南风和西风。贸易船和探险船若能把航程安排在可以利用季风的时节，就能有把握顺风去、顺风回，此外，洋流也完全跟着风向走。所以，印度洋是世界上最早的远程航海舞台。反观阿拉伯海，阿拉伯人必须穿越的这一段印度洋海湾全年都有暴风肆虐，季风又强烈到危险的地步，要想穿越此地，非得有高强的造船本领不可（见第十五章）。

阿拉伯的早期考古资料如今仍不完备，不过新的工作成果正持续加入。根据现今阿曼境内的发现，公元前第五个千年便开始有定居农耕的生活方式，当时种植的作物是高粱，驯养的动物包括狗、骆驼、驴、牛，可能也驯养了有驼峰的瘤牛，这些居民留下了一堆堆的椰枣果核。到了公元前第三个千年，阿曼（可能也包括巴林）开始成为印度与美索不达米亚之间的重要贸易通路。从公元前第三个千年早期开始，楔形文字记载中就常出现“迪尔穆恩”这个地名，位置虽不确定，但必然是在这个区域之内。公元前 2300 年至公元前 2000 年的这 300 年中，“麦甘王国”这个名字也常在楔形文字中出现，一般认为指的就是现今的阿曼。[16]

阿曼在此期间也增添了石造建筑和印度河谷式的装饰图章，并获得了擅长熔炼黄铜的名声。已有充足证据显示，阿曼的锻造业除了炼制本地矿藏的金属，也炼制外地输入的金属与矿砂。公元前第三个千年末期，这个区域的货物集散地在巴林，迪尔穆恩也变得与巴林岛关系特别密切。在公元前 2000 年至公元前 1500 年间，用加工凿磨过的石灰岩所兴建的庙宇证实了当时的繁荣盛况。同时期的也门（阿拉伯半岛富饶的西南角）兴建了复杂的灌溉系统，并发展了芳香剂的出口贸易，输出当地盛产的乳香和没药。来自埃塞俄比亚、索马里、印度的货物都由也门的掮客经手，或是必须缴纳通行费给当地的政府或部队。

印度河谷文明萎缩，也牵连了阿拉伯的经济（见第八章）。阿拉伯文明显然因此停滞，一直到公元前 700 年以后印度洋贸易恢复了繁荣时才有所改观。亚历山大大帝死前曾经表示想要从海上征服东阿拉伯，这并不是突发奇想。当时的东阿拉伯包括宏伟的大城泰吉，用凿磨过的石材修筑的城墙共长 2 540 米，城墙厚度平均有 4.14 米。[17] 海岸上的城市格尔拉（位置可能在现今的朱拜勒一带）曾是阿拉伯香料与印度造产品的集散中心。大量的哈塞特语文书仍在持续出土。富裕的中途站费莱凯岛曾经在公元前 3 世纪与公元前 2 世纪先后被波斯与希腊殖民者占领，可想而知这里是有贸易良机的。[18]

公元前 100 年到公元 100 年之间，阿曼在罗马与希腊人的记述中一直是名声响亮的商业中心。也门则是一个人们“日常生活就需要肉桂香料”的地方。一本希腊文印度洋贸易指南的作者认为：“似乎任何民族都不如赛伯伊（即《圣经》中的示巴）人和格尔雷人富有。凡是从亚洲运到欧洲的东西，他们全都承销。是他们使叙利亚变得多金，并且为腓尼基人的事业提供有利可赚的贸易和上千种其他东西。”[19]

阿拉伯的航海历史再度中断——或至少是几乎从现存古文献中完全消失——是在“黑暗时代”，也就是史学著作所指的先知穆罕默德兴起（7 世纪早期）以前。[20] 穆罕默德对他影响所及的每个层面都产生了革命性的冲击，他所创立的伊斯兰信仰不但是一种宗教思潮，也是一种生活方式、一张社会蓝图，备齐了一套完整严谨但十分务实的道德准则、一系列个人品行的戒律，以及民法概要。

犹太教与基督教，以及对阿拉伯地区异教传统固有仪式与教导的尊重，共同启发了伊斯兰教。伊斯兰学者深信穆罕默德是真主的使者，以世俗用语来说则是“至圣”。他的教诲与以前的宗教信仰都无关，断然脱离过去而自成一派。但是，早期追随他的人显然以亚伯拉罕的子孙——夏甲之子以实玛利的后代——自居。他们显然也从巴勒斯坦的阿拉伯商人社群中吸收了一神教与上帝选民的概念。[21]就世俗层面而论，穆罕默德似乎与他以前和以后的许多先知一样，因为看不惯周遭社会中的浪费、不平等、混乱无序才愤而进行改革。

他自称所倡导的教诲源自真主，是由天使亲自传授给他的。《古兰经》就是这些启示的完整记录，其教导确凿而使人拜服，如今信众数以亿计。穆罕默德在有生之年传给追随者们一种强悍有力的社会组织方式，一种由真主通过他所启示的独一信仰之路，以及向不信真主者开战不但有理而且神圣的信念。为主道而战的人被应许死后进天国享受和人世间一样的逸乐。穆罕默德赋予穆斯林在组织上和意识形态上对抗潜在敌人的一系列优势。他逝世不过100年，指定的继承者就以“信道者之统帅”的姿态建立了西方世界有史以来最大的帝国。

伊斯兰教得以传播到军队势力所及之外的地方，靠的是更为隐形的文化力量——阿拉伯贸易商。贸易把活生生的信徒范本带到各城市，安置穆斯林担任港口监督、海关官吏和专卖者的代理。传教的人也循着贸易航线而来：有寻求赞助方的学者，一路上力行穆斯林劝人归主的誓约；有积极的灵修者寻求锻炼机会，找当地的萨满巫师挑战苦行与特异功能。苏菲派的人士在某些地区功不可没。苏菲派信徒是伊斯兰教神秘主义者，能与通俗的万物有灵论及泛神论信仰感应共鸣，却“领会到真主比自己颈上的血管还要亲近”。15

世纪早期，马六甲的王朝结盟引入伊斯兰教，以后苏菲派信徒便聚集在这里。100 年后，马六甲被葡萄牙人攻陷，苏菲派信徒便转入爪哇与苏门答腊。16 世纪晚期与 17 世纪，苏门答腊西北的亚齐成为培养苏菲派传教士的首要据点。苏菲派传教士一旦出发，或是他们的论述一经流传，就会撒播狂热的神秘主义种子，有时候论点未必符合正统。例如，主张千年王国论的沙姆斯丁自认为是末世的先知，但 1630 年他死后，所有的著述都遭到焚毁。

阿拉伯文明因穆罕默德的影响而彻底转变，随后又通过伊斯兰教的传播被进一步改造。当罗马与波斯衰败时，希腊、罗马和波斯曾经拥有的深厚艺术与学识传统落入穆斯林手中，使阿拉伯的文化遗产更丰富。阿拉伯人在伊斯兰世界一直是显要阶级，但是帝国既然扩大，地位和权势就得与其他民族共享。《古兰经》以阿拉伯文写成，所以阿拉伯语一向都是伊斯兰世界的统一力量，但 14 世纪至 17 世纪的扩张使伊斯兰世界转变成多语言的社群。波斯语、土耳其语、乌尔都语、马来语，以及通行程度略低的蒙古语和其他中亚语言，都在伊斯兰世界达到了与阿拉伯语并行的宗主地位。与此同时，征战与皈依正顺着海洋一点一点把印度洋变成一片伊斯兰海域，在几乎无从察觉的情况下逐步改变（见第十五章）。

甚至连阿拉伯人的身份认同也在扩张的伊斯兰世界中变了样。如今世界上有数千万人没有来自阿拉伯半岛的祖先，却自认为是阿拉伯人，以阿拉伯语为首要语言。最初造就阿拉伯文明的沿海社群只占现今阿拉伯人的极少数。伊斯兰世界已经不只是一个沿海文明，其中包含数量极多的陆地游牧者与大陆内地居民。不过我们只需看一看今天的伊斯兰世界地图就会发现，伊斯兰文化多少世纪以来的传播都延续着从海上航道与沙漠路线推进的方式，所走的路与最初阿拉伯文明联结外界时相同。伊斯兰教兴起后，阿拉伯文化在沟通和理解方面非常成功，但其局限性也很明显。阿拉伯文化的范围被大海和风所限定。西印度洋成为一个伊斯兰湖，伊斯兰教在东方的香料岛等地中占据了优势，不仅是因为或主要因为这种文化的吸引力或适应性，更多的是因为风向东吹。在航海时代，从也门出发，到达印度和印度尼西亚比苏伊士更容易，去后者的航程需要 30 天，期间要面对红海北部遍布岩石的浅滩和莫测的风向。在印度洋世界偏远边缘的部分地区，如非洲和印度，伊斯兰教仍然是一种明显的海洋文化，只在内陆有零星的渗透，广阔而几乎未受影响的腹地一直对其怀有敌意或漠不关心。同时，尽管伊斯兰势力可以通过陆地战争征服地中海东部和南部海岸，但如果没有海上力量的支撑，很难到达更远的地方：在地中海海岸，风向有利于北部的抵抗者，在传统的航海季节，风从西岸吹来，为守军提供了天气预报。[22] 在地中海北部的大半岛上，伊斯兰势力在三个不同的时期，通过大量的人力和海军投入，艰苦地将其征服了；然而，最终西班牙、希腊以及巴尔干半岛不能坚守，意大利只遭到零星袭击。事实证明，伊斯兰文化几乎和伊斯兰征服一样难以逆风传播。

蛇之环：东南亚的海域

伊斯兰教在最东方，通过阿拉伯湾与印度洋传播出去，遇到了其他古老的沿海文明，并让伊斯兰教的种子在此开花结果。按佛教的宇宙观，这里就是“莲花藏世界”的边缘。[23]

我们稍一大意就会忽略发源于距离海洋很远处的东南亚文明，这些重要的文明可能在全盛时期也与海洋没什么关系。吴哥古城自始至终都是一个以务农为主的内陆国家。伊洛瓦底江中游的蒲甘也几乎是一样的情况，虽然与缅甸沿海的贸易社群维持合作关系，在11世纪时还成为任意掠夺这些社群的霸主，但它基本上仍是个内陆国。[24]中世纪时期的爪哇以及近代早期的马塔兰（在印度尼西亚）就倾向于往海上发展，但投入的主要是高原内地的战士贵族，而他们的大庙宇与大都市都建在内陆。越南人建立的国家开始从事航海，是以红河的稻田地区为根据地的。南亚与东南亚的每一桩大规模的海上贸易与海上势力扩张行动，都有种植大量稻米的农业腹地为后盾。相较于前文谈过的大多数例子——腓尼基、斯堪的纳维亚、荷兰、阿拉伯沿海，以及较特殊的日本，东南亚与南亚地区的沿海居民有很多选择的余地，海上的前景很好，陆上的也不差。中国福建省的处境其实与之颇为相似，容后文再叙。

就我们所知，第一个下定决心放眼海上的国家是扶南国，领土沿着暹罗湾海边，寿命相当短。中国在公元3世纪注意到这个地区的潜力，官员们特别挑中扶南作为进贡贸易伙伴。几乎可以确定，这里的文化从印度传入。按中国的史料记载，这里是知识的宝库，富裕的程度足以缴纳黄金、白银、珍珠、香水为贡品。[25]在中国对印度尼西亚及孟加拉湾的贸易中担任中介，奠定了扶南繁荣的基础，但是如果中国与这些地方直接进行贸易，其实更节省成本，佛教僧人从海上前往印度求法，证实这样做是可行的。最具代表性的人物就是5世纪早期的法显，他在《佛国记》中激昂陈述搭乘漏水船只在海盗横行的海域历险的情景，这样的地方却似乎无法阻止人前行。[26] 扶南后来被高棉吞并，有心建立海权帝国的国家便向外移到印度尼西亚的群岛。

苏门答腊海岸上的室利佛逝（即三佛齐王国），在 7 世纪的中国史料开始被提及时便已经很有规模了。671 年唐代僧侣义净路经此地，发现首都的僧众已多达千人。室利佛逝是既收港口费又窝藏私掠船的国度，背后有河川相互衔接的陆地为后盾，用以供应所需的士兵和稻米。宫廷里因为有印度教和佛教的学者助阵而文雅精致，但同时仍保有异教施法术的传统，用法术对大海威逼利诱曾让目睹此景的穆斯林大感惊奇。据说室利佛逝的“邦主”曾施法术使鳄鱼帮他守卫河口，并且年年以金砖为礼博取海洋的善意。[27] 当然，这如果与威尼斯人在类似仪式上的花费比较，其实也不算太挥霍（见第十一章）。

法术奏效，巨港这个首都也就变成商人们熙来攘往的地方，连这里的鹦鹉都能说 4 种语言。[28] 室利佛逝的航海实力集中在崎岖不平的苏门答腊东岸，有外围岛屿和红树林湿地，有深海湾和船舶避险处，有天然的珊瑚礁防卫，有充足的鱼和龟可以捕食。这里发展沿海文明的潜力因此显而易见。不过，室利佛逝的强盛与存活（11 世纪初一位广州贸易行政官员曾说，人人皆云其国力强盛）要仰赖中国的惠顾，尤其是购买檀香和乳香，室利佛逝还为此设置了主要贸易站，除此之外，还要仰赖海上安全。[29]

室利佛逝在 8 世纪时有一个竞争对手爪哇，即所谓的“山之王国与南边大海的帝国”。767 年，爪哇侵略者被唐朝军队逐离了北部湾附近的越南山西地区。774 年，他们劫掠越南的南部：占婆的碑文胆战心惊地描述着：“那些生在异地的人，食用比人尸更恐怖之物，令人恐惧。他们非常黝黑且消瘦，如死亡一般险恶，乘船而来。”778 年也有碑铭记载“乘船前来登岸的爪哇军队”的侵略事迹。916 年贸易商苏莱曼的回忆录里，有一则关于某位“年轻而暴躁”的高棉国君的故事，这位国君肆无忌惮地说，希望看到爪哇国王的脑袋“被大盘子盛着端上来给我”。爪哇国王便率领一支快捷而隐秘的远征军，“直往柬埔寨而来。他轻而易举逆河而上到达首都，进入王宫，逮住国君……‘我只想用你希望拿我试验的方式对待你，不骚扰你的国家就回去。’”他便立了一个新国君，把斩下的旧国君的头送给新国君当作礼物与警告。“从那时起，高棉人每天早上都面朝那国王的方向叩拜，向他敬礼。”[30]

那个时期的一大吊诡之处是，苏门答腊留下了贸易与扩张势力的记录，却没有留下大型纪念建筑；爪哇留下了大型纪念建筑，却没有贸易的记录。不过爪哇另有更清楚的航海功业证据，不是用文字而是用雕刻来记录的。如果要按本书提议的标准来判断文明，爪哇的确有一些时段可以评定为最精彩的时期，尤其突出的是公元 8 世纪和 9 世纪夏连特拉王朝大兴土木的时代。由于室利佛逝强盛时代的爪哇君主们没有发展海上战略的急迫性，所以能把大量财力与人力投入佛寺建筑，成果甚至超越了印度。佛寺中的巨大宇宙图示似乎在宣告，唯有赞助建造佛寺的爪哇君主，才能拥有登上天界的特权与统治人世的权威。

最令人惊叹的遗址是婆罗浮屠，大约建于 780 年至 830 年间，正值夏连特拉王朝兴盛之初，共使用了 50 万块大石材。这不但是一个新兴王朝的自我彰显，也是佛教世界观的体现。当时佛教在爪哇的权势最高层里还算是比较新的潮流，婆罗浮屠显然是原来预定建印度教寺庙的地点，但居主导地位的宗教信仰却突然改变了。[31]这批建筑的外观模仿了后方的群山，从某些角度看比那些山还要高，是独特设计的成果。它们不是寺庙——这些建筑物没有内部空间——而是带着朝拜者往上走的层层平台，模拟逐步上升到最高峰的神秘经验，象征佛教宇宙观中心的须弥山。[32]婆罗浮屠不仅仅是宏伟的石造建筑，而且是一部石头写成的书，用雕刻来提醒人们精进修持。其中表达最明确的就是讲述道德训诲故事的浮雕作品，我们也是在这里见到了未曾留下档案的那些商人和船主。

最著名的浮雕之一描绘的是希卢前往希望之乡的旅程。希卢是传奇的僧人，国王卢尔德拉耶那的忠心臣子。国王的逆子作恶多端，曾打算把父王的灵修导师活埋，幸亏希卢干预而未得逞。希卢听从忠告逃离宫廷，神奇地躲开了一场将宫廷掩埋的沙暴。浮雕中的他被带到一处幸福海岸，放眼所见都是谷仓、孔雀、各式树木和殷勤的居民。他乘着顺风的船而来，这船有舷外浮杆，甲板上熙熙攘攘，两支主桅和船首斜桁上飘着帆。[33]可以知道雕刻者确实见过这种场景，他清楚知道船的每个细节与功能。

不远处还有一件这位雕刻家的作品，把航海民族的价值观表达得更真切。它描绘了海难的景象：船员正把帆降下，乘客正挤入一条拖在大船后面的小船，小船上还安装了桅杆，这一幕来自一位有德商人麦特拉堪耶诃的故事。麦特拉堪耶诃原是贝拿勒斯（今瓦拉纳西）的商人之子，父亲在航海中身亡。小时候就立志要继承父业，母亲为了保护他，就骗他说父亲生前是开店铺的，后来又说是制香料的、是锻铁的。他先后投入这三个行业，每次都赚回本钱的双倍利润，又把钱财都散给了穷人。其他商人为了除掉他，就把他父亲的实情都说了。雕刻者于是呈现了他断然无情地辞别母亲的场景。他随即踏上商人之旅，每到一个城市都有许多友善的飞天迎接，而且数目一次次加倍。然而，他在最后抵达的城市里不但没有受到同样的欢迎，反而因为对母亲的不孝被绑上苦刑轮受罚。施刑者告诉他，苦刑要持续六万六千年，直到有人接替他的位置才可以被释放。他却要求不要让别人来受这个苦刑，宁愿自己永远受折磨。此话一出，他立即被释放，并且升入了极乐世界。[34] 这是经商的世界才会出现的艺术品，这类灵性的证据也只可能来自经商社会。它显示着商人的理想精神，说明商人也能成为圣贤与英雄，经商就像朝拜圣地，要一路行善走正道，最终才能成就目标。

然而不争的事实是，爪哇后来成为先进航海技术与拓展海上事业的发祥地，却没有证据显示在这些大兴土木的时代，有可以与室利佛逝竞争的远洋商业行为。公元 927 年的一件碑铭透露了爪哇可能有往海上发展的打算，碑铭上赞扬了僧伽罗人、印度人、孟人（居于缅甸东部、泰国西部）的到访，[35] 不过最后没有付诸实际行动。史料中查不出东爪哇夏连特拉王朝与苏门答腊邻邦一直以来的关系如何。碑铭记录或文献暗示他们曾在不同的时期发生过战争、王朝结盟、领土竞争，甚至可能互相征服过，但是资料无法连贯。

中世纪后来的时间里，爪哇一直是商业兴旺且有航海潜力的地方。按公元 1178 年记载："世上坐拥大量珍宝货物的富庶外邦，以阿拉伯人之国度为其中之最，其次为爪哇，室利佛逝居于第三，诸多他国又再次之。"[36] 帝国复兴是在 14 世纪中叶从位于夏连特拉权势中心以东的根据地满者伯夷开始的。

公元 1365 年，这里的一位御用佛教学者文那达 · 普拉潘卡写了一首诗献给自己的童年玩伴，也就是当时的国君哈扬·武鲁克。这首诗是赞扬国君的颂歌，也是向邻邦夸示国威、声明积极扩张政策的宣言。诗中详细描述满者伯夷王宫的美妙，提到几个入口的铁门，还有糊了钻石的瞭望塔，其中还说，满者伯夷如同月亮与太阳，王国境内的其他众多市镇就如同“天界星辰”。哈扬·武鲁克出巡时阵势浩大，“车舆无数”，或是坐在狮形宝座的轿子上，接受外邦宫廷献上的梵文诗歌。按诗人的叙述，哈扬·武鲁克所统治的国家除了印度之外在全世界无与伦比，而事实上它所占据的面积只比爪哇的一半略大一些。由于哈扬·武鲁克政策冒进，所以始终没有把潜在的国力完全发挥出来。满者伯夷的野心大得自不量力。诗人列举的进贡国连苏门答腊、婆罗洲岛、南马来亚、暹罗湾、柬埔寨、安南各地都算在内。诗人甚至声称中国和印度都向哈扬·武鲁克称臣，并且夸口说：“其他各大陆已经向英明的君主表示心悦诚服了。”[37]爪哇的势力范围根本不能符合这么大的野心。但是，宫廷诗文流露的侵略精神，已经使满者伯夷得以在对抗苏门答腊商业竞争对手的歼灭战时撑下去，远程扩张所必备的技能——造船、地图绘制、航海——也不输给当时世界上的其他地区了。[38]在这个时期，爪哇岛的木材仍和邻近的岛屿一样多。现在的地貌是在很久之后（从 17 世纪开始），由于大量砍伐森林而形成的。[39]

与此同时，沿着中国南海的各个文化因为靠近富裕的船运航道而渐渐有了转变。北边的安南人和南边的占婆人维持内陆稻米耕作的文化原有数百年甚至上千年的历史，到了 7 世纪和 8 世纪，海岸社群便开始经历类似荷兰模式的转变：从捕鱼变成海盗，从海上劫掠变成经商。到了 10 世纪和 11 世纪，安南人和占婆人都成为可畏的海上强权，彼此的劫掠凶猛到足以同归于尽的程度，并且都向中国进贡玫瑰露、希腊火、宝石、檀香、象牙、樟脑、孔雀、阿拉伯花瓶，要求中国援助。[40] 这些进贡品都来自货物集散中心。除了在交战时彼此互掠而来的奴隶之外，两国都无法自行生产出多少可供外销的货物。

牛奶与黄油之海：滨海的印度

传统的印度世界观看来就像闭门造车的产物。世界的中心是须弥山，四大洲（从公元前 2 世纪起增为七大洲）从这个核心向外辐射。从同轴心的一圈圈岩石周围涌出七个海，分别流淌着盐、甘蔗汁、酒、奶油、凝乳、牛奶、水。现存多数图示的宇宙构造中，七个海以完整圆圈围绕着陆地，逐步向外扩，中心看得出是西藏、三角形花瓣状的印度、一滴露水状的斯里兰卡。这种布局图和诱人的意象隐含了真实的观察所见：世界以大喜马拉雅山为中心，一个大洋分成多个不同的海，每个海代表通往一个“洲”的通路，或至少是代表一个商机：例如牛奶之海通往波斯，清奶油之海通往埃塞俄比亚。[41] 然而，我们不可以凭这些宗教性的世界布局图就假定印度人欠缺航海能力，正如我们不能看了伦敦的地铁路线图就说伦敦人不会造铁路。

印度的航海能力有多强，航海历史有多悠久，从《佛本生经》中收集的公元前第一个千年末期以后的故事就可以看出端倪。在《佛本生经》中，有时候佛性会展现在商人和舵手身上，这推翻了“东方宗教”反对从商、资本事业和航海生涯的说法。“凭星辰知识”领航，被形容成有如神一般的天资。菩萨会保佑水手们在斯里兰卡躲过吃人妖精的种种诡计，并且当场赐给虔诚的探险者一艘不沉之船。贝拿勒斯的一名商人遵从佛陀指示赊账买下一艘船，出售货物之后赚到了 2 万金币的利润。诸如此类的故事既激励求取利益的动机，也叮嘱品行修持。另一则故事中，有个名叫讪卡的婆罗门因为布施太慷慨而变成穷人，从而决定“行船前往黄金之地，再带回财富”，途中他因被海神玛尼媚卡拉拯救而逃过海难，这位神祇专门在遭遇海难的人中，庇佑经商不忘礼佛与“有德行或孝敬父母”之人。[42]

当室利佛逝海上发展停滞，爪哇海上势力分散，占婆和安南建立不安定的均势时局之际，海上商业与武力霸权真空很可能先后由中国与斯里兰卡填补，甚至蒲甘也可能称霸一时。但是中国欠缺兴趣，斯里兰卡自己有受侵略之虞，而谈到蒲甘，虽然学术研究把这个时期的重心推向扶南一度占领的海岸，但毕竟还是距离海洋太远了。不过，在南印度有个国家曾在 11 世纪一度称霸海上，有些历史学者认为它可以算是帝国。

朱罗国的实力在内陆，在高韦里河谷地的稻田与谷地上的草原。历代国王几乎无一不重视岸上的安全甚于往海上的扩张。一次远抵恒河的劫掠行动，比航海到最远方的冒险更能彰显王权。就这一方面而言，朱罗国与当时的基督教世界不一样。十字军时代的基督教国家莫不认为“漂洋过海的壮举”可以提高声望与敬虔程度。朱罗国开始表现类似海权帝国潜力时，是在国君与科罗曼德尔海岸商人社群的势力、财富、野心融合之后。像纳加帕蒂南、卡韦里普帕蒂南、玛玛拉普兰这些最主要的港口，都有宫殿般的仓库存放珍珠、珊瑚、槟榔、豆蔻、花色艳丽的棉布、乌木、琥珀、熏香、象牙、犀角，甚至大象，存放物都印上王室的虎形标记，并且用黄金买卖。[43]

朱罗国的历代国君也与同时期温带森林环境中的其他国君一样（见第五章），大肆砍伐树木，建造能彰显帝国气势的城市。按神话的说法，建国君主朱罗在一次追猎羚羊的时候被魔鬼引进森林深处，来到了一个没有婆罗门可布施的地方，于是下令砍树造庙。[44]以后的国君也都以他为榜样。

商人的职业与海盗的事业是交融的。朱罗的商人都拥有海盗军队，而且素有“如狮子般扑向猎物”的名声。[45]与商人关系最密切的国君们显然是帝国野心最强的。俱卢同伽·朱罗一世（1070—1122）曾经减轻通行费征收，幻想自己是“海洋另一端的波斯少女所吟唱”歌曲中的那位英雄（有他立的碑柱铭文为证）。[46]朱罗的海上“帝国势力”大概是以劫掠为主，虽然他们在斯里兰卡和马尔代夫都有据点与卫戍要塞，可能在马来亚也有，但是仍以劫掠行为为主，劫掠的冲击也足以瘫痪室利佛逝，并且使南印度的寺庙富裕起来。寺庙是君主管理国政的盟友兼后盾，也是战争获胜时的最大受益者。寺庙投资土地与耕种者的收益（耕作改良的资本由寺庙出）可能是削弱朱罗海上势力扩张的原因，衰退状况在13世纪时趋于显著。然而，在海上发展的冲动仍持续着，这种影响从寺庙墙壁上记录的献礼就能看出：献礼从牲口与作物变成外来的珍奇物品和现金，在大约1000—1070年尤其明显。坦贾武尔的宝库里有一顶金冠，价值抵得上供应40盏灯都用不尽的灯油，另有钻石859颗、红宝石309颗、珍珠669颗、手镯、耳坠、金铸的花冠、阳伞、灯台、拂尘、托盘、杯壶等。[47]

从 9 世纪中叶到 10 世纪中叶这段时间里，艺术作品的细腻、庄重、敏锐，显示朱罗国的价值标准已经超越了单纯的劫夺与剥削。朱罗的神庙建筑甚至比印度教的传统寺庙更诉诸感官。朱罗王朝进入最初的首都坦贾武尔时，对那里的破坏有如辣手摧花。按纪功碑上的铭文所述，城中的宏伟建筑物就像美少女，这位美少女"美目盼兮，云鬓卷曲，身上罩着布巾，额头上涂抹着石灰色的檀香粉"。[48]之后朱罗的所有艺术都从这种美学出发。在国君拉金德拉（1012—1044）为表彰自己的恒河战功而建的新都里，寺庙有前朝国君在位时所造的丰润王后与女神款步扭摆的铜像，整座城的规划呈现出极大的雄心。一座长 25 千米、宽 4.8 千米的人工湖是从圣河引水注入的。按 12 世纪一位诗人的描述，建筑的景象能使"汹涌大洋围绕的十四世界"全都欣然拜服。因为"周围的风景全不见了"，这正体现了追求文明的本质。[49]

科罗曼德尔海岸在东印度有培养商业中心的独特优势，而在印度西边海岸上则有一长串贸易的国家，从比贾布尔到马拉巴尔，每隔一段距离就有一个便利的海港和航海的社群。最典型的沿海文明社会，却是位于海岸最北端的古吉拉特。古吉拉特在印度历史中的地位，就如同欧洲的荷兰与中国的福建：二者都是一心一意往海上发展的远程航海者。古吉拉特的明显特性尚未成形以前，海岸地区原是哈拉帕时代（见第八章）的一个大港洛塔的旧址，与美索不达米亚及波斯湾有贸易往来，并且输入在卡纳蒂克所采的铜矿。洛塔航海者的后代成为公元前第一个千年中期的《佛本生经》中海洋故事的主角，也成为《厄立特利亚海航行记》提及的贸易承包者。《佛本生经》的第360则讲述一位国君派遣一名原是御前艺人的探险者萨加“航遍诸海”找回被掳王后的故事。第463则的主角是盲人舵手巴鲁奇，他发现了不为人知的海域与赚大钱的贸易机会，因为他“仅凭海的迹象就知道海中隐藏了哪一种宝石”。[50]由盲人担任舵手似乎是异想天开，会显得故事不真实，但这应该是从盲人担任沙漠向导而来的传统主题。在沙丘外观难辨又不断移动、改变的沙漠里，眼盲未必是一种劣势。而海浪与沙丘的确有相似之处，这些为励志而编的故事有许多都有真实经历为凭。

古吉拉特的航海事业早熟，从地图上可以看得出来：坎贝湾的周围布满河湾、三角洲、河口、岛屿，是一个背后有高原、山脉、沙漠、沼泽的水世界。有说法认为，瞿折罗（即古吉拉特）的唯一利益就来自海上，这言过其实，不过情有可原。韦伯一派的社会学理论学者认为，某些宗教（包括印度教）的价值系统是容不下资本主义的，事实不然，印度教的商人投入贸易的努力态度与遵从神祇的感召是一样的，原因在于，印度教和所有宗教信仰一样，设定的标准都是“理论层面”的，因此很容易被理所当然地忽视。部分原因也在于商人大多在年少时就入行，此时他们还没有做过背离修行生活之事。正如一名跳脱种姓藩篱而上了战场的商人所说：“在战场的商店里做一个吠舍是可能的。”[51]在后来有明确史料证据的时代可以看到，商人凭财富跻身虔诚宗教人士之列，财富也往往花费在宗教和敬神的事务上。商人阶级处处受限制的情形是19世纪才有的，当时经济变迁的沉重压力缩小了工商在经济中所占的分量。[52]

总之，耆那教的社群特别大，维持得也特别久。商人会受到吸引而来，是因为耆那教的创教圣贤筏驮摩那不计较种姓差异，慷慨地担保一切种姓皆可得智慧觉悟，并且能在转世后地位升高。按筏驮摩那的标准，只有苦行的克己生活是真正的功德，而克己就是不残害任何生灵——包括土地、岩石、火、水。至少，创造财富不算坏事，只要拥有财富的人能救济他人的贫困，“辛劳是为了使更多人分享他的所赚所得”，出身的贵贱是“没有实在意义的空洞话”。[53]商人的捐赠为古吉拉特造就了一座座的寺庙，商人也因此受到僧人的称颂，后者表彰他们的勤奋、节俭、慷慨。[54]传奇故事中所说的筏驮摩那的前辈曾经来到沙查扎亚山朝拜，这里的寺庙是耆那教在印度的最大圣地，像糕点师傅的精心创作般美轮美奂，圆顶和尖顶的寺庙占据了两个山头。16 世纪来此的葡萄牙人也看出了耆那教的影响力。若昂·德·巴罗斯以为耆那教的教义源自毕达哥拉斯的思想，他所见识到的耆那教徒虔诚信仰的不凡证据是，他们会把穆斯林可能要宰杀的任何牲畜都买下来，“即便是一条眼镜蛇……因为不忍心看它死去，他们认为这是为神效命”。[55]

古吉拉特在中世纪后期的海上发展，可以用自称“海之王”的苏丹的故事来讲述，这个称号所显示的主权宣告意味与同时期欧洲海权国家的主权争议相似。[56]古吉拉特的这段海上发展史也可以用海盗的故事来讲述，按马可·波罗的观察，群集的海盗一伙就有二三十条以上的帆船，“在海上差不多长达 100 英里，没有一艘商船逃得过他们……他们劫掠完毕后就放了商船，并且说：‘你们走吧，再去载货，也许那些货又落到我们手里。’”[57]或者可以用某些航海家的生平来讲这段历史，例如葡萄牙人所说的那位“穆斯林向导”，曾经指引达·伽马在印度洋上从马林迪到古里（今科泽科德）的航程。传说此人就是当时最权威的公海航行者伊本·马吉德。[58]

但为了节省时间与篇幅，最公允的办法还是提纲挈领，从建立著名的第乌港的人讲起。

马立克·阿亚兹于1480年来到古吉拉特。当时他的身份是俄罗斯奴隶，主人因他英勇且射箭神准而将他呈献给苏丹。他凭借战场上立功（另一说是他把一只在苏丹头上排粪的老鹰射死了）获封为某地方的指挥官，这地方包含一处古代海港聚落的旧址，本来已被森林覆盖，经过马立克前一任指挥官的建设后重见天日。等到葡萄牙人航进印度洋时，马立克已经把第乌港变成具有完备防御的货物集散地，吸引了来自红海、波斯湾、马六甲、中国、阿拉伯的行船，他们都以这里为转往北印度的出入口。他的生活作风反映了贸易的经济价值。他觐见苏丹时的阵仗包括900匹马。他用的挑水夫有上千人，做东宴客时供应印度、波斯、土耳其的菜肴，餐具则都用中国瓷器。

他不但有企业家才能，也精通外交手腕。葡萄牙人于1509年击溃古吉拉特船队之后，他与战胜者谈到了他所能得到的最优惠条件：他的港口对葡萄牙人开放，他的客户退出胡椒贸易，由葡萄牙人专营。但是他不答应葡萄牙人在第乌自建要塞的要求，也不听从苏丹想把这整个封地放手给葡萄牙人的意见，显然苏丹觉得葡萄牙人比财富太多、势力太强的臣子马立克还容易驾驭一些。后来，1534年以后，第乌成为葡萄牙人的据点了，人们就把马立克的时代想象成反抗基督徒的黄金时代，但其实并不是这么一回事，他反映出的不过就是本地势力与后来者实力的势均力敌——他就是不交出控制权。

葡萄牙人最先闯进古吉拉特的势力范围，后来又有荷兰人和英国人。古吉拉特的海上活动却照旧，几乎没有受到干扰。商人发财的机会甚至更多，船运生意也增加了。经商的维尔吉·沃拉曾在17世纪从头至尾主宰古吉拉特的每一处区域市场，并诱使荷兰人和英国人互斗之后两败俱伤，自己却坐收渔利。他分别在不同时期自定胡椒、丁香、黄铜、珊瑚、水银的市场价格，同时是欧洲人主要的融资者，专门借钱给欧洲人，而且（据某位恼火的英国代理商在1643年所说）还“垄断所有的欧洲商品代理权”，[59] 在当时被欧洲势力渗透的本土经济里，他并不是一个特例（见第十六章）。

古吉拉特属于周边的、沿海的印度，这与内部的恒河流域及德干高原的广大内陆印度是不一样的。印度的主要国家政府与文明一向都在内陆，而小海岸大影响的现象在中国则更为显著。别的国家印象中的中国是往内看的。其实中国也包含放眼海上的部分，这对中国文化一直都有根本性的影响。中国有个省份的商船占了全国所有远程商船的大宗，也是后来绝大多数华侨的来源地，而华侨正是全世界数量最多的移民者，也是全世界分布最广的航海移民者。这个省份就是福建，而福建可以说是在中国文明之内拥有自己别具一格沿海文明的地方。

中国的临海边疆：福建

在马可·波罗看来，中国的海岸拥有全世界最优良的港口，这里的商人不论按什么标准评判，都是全世界最富有的。然而，在靠商业致富以前的福建一直是个险恶之地，狭窄的海岸有瘴气，后面的大山里都是野蛮人。汉人如何移入，什么时候移入，我们无从确知。这里的早期历史不为人知又过于边缘，没有引起史学家的注意。

公元4世纪以前的税收记录根本不曾提及这个穷地方。然而，我们如果回想前文说过的腓尼基与希腊，或是葡萄牙与荷兰，会觉得正是这种海岸才可能产生重要的商业行为，也许还会扩张成帝国势力。

往海上发展的机会，不论有多大风险，都比陆上的机会更吸引人。这种机会最早体现在7世纪晚期与8世纪的人口调查，当时呈现出人口快速增加的现象。这些增加也许是难民造成的，因为这里偏远，适合避难，难民也甘愿在边缘所开垦出来的土地上努力耕种。但是，到了9世纪，提到福建沿海"南海贸易"的文件已经多得不计其数，这些贸易都是奢侈品贸易的中转，规模大概很小，货物是要运往长江河口与北方的。这个地区之所以规划成大规模国际贸易的港口，是9世纪晚期与10世纪的军阀和地主们谋求新的生财之道的结果。9世纪90年代的刺史王延彬显然擘画了以泉州为中心的有效独立运作机制。由于他在任期间年年都有来自南海的船靠岸，所以被冠以"招宝侍郎"的别号。[60]

宋朝统一天下后，10世纪60年代起，从樟脑、乳香、檀香、阿魏、没药、香料和药材等福建进贡的物品中，可以看出这个时期的海上发展状况。一个世纪过后，泉州港的景象更是"外地商船络绎不绝，货物堆积如山"。[61]说出此话的官员也很清楚，这里的部分优势在于能够成为违禁货物的集散中心。经手货物进出的人专营管制品与违禁品，并与受贿的官吏约好，连合法货物的真正价值也保密。政府虽然在11世纪晚期和12世纪早期屡次规定贸易商从杭州出入，以便做到如实登记，却都没有成功。

自10世纪90年代起的对外贸易记录中，福建商人都占有重要地位。随后的100年间，他们的活动范围包括爪哇、占婆、安南、海南、婆罗洲、高丽。福建海岸具有天然地理优势，北走的货物可以借助洋流推进，因而大大弥补了陆上交通不便的缺点。12世纪的福建曾经投注大量人力进行贸易的基础建设，修筑水坝、防波堤、桥梁的大事都立纪功碑，称这些工程的目的是威慑鱼龙，使大海有若宫殿。[62]泉州人吃的食物也从外地输入，到12世纪晚期已经有50%是输入品，泉州成为（或至少有可能成为）中国的主要海港。[63]按1138年立的寺庙碑文，虽然营利之途有风浪险阻，泉州商人仍凭着祈求家乡庙中的神灵保佑而不畏艰险。

这样把经商和敬神连在一起的想法，不可嗤之以鼻。当时的中国经济学家比韦伯早一步提出宗教信仰与资本主义相关联的说法，把福建的经济繁荣与盛行的“佛门清净”的宗教信仰相提并论。[64]这听来如果令人想到韦伯所说的基督新教与犹太教那种“现世之内的禁欲”，也许正是说中了要旨，因为当时佛教的世界观对商人是友善的。佛教解除了商人在儒家思想中社会地位最低的窘境，从商的佛教徒也不必像印度教徒那样顾虑被低贱种姓玷污的可能。道教对于航海经商者的态度更显亲切：道教有专属航海经商者的信仰，拜海神也拜财神。中国人的扩张路线上处处可见他们自己的庙宇，颇类似西方中世纪商旅路途上总有圣尼古拉的朝圣地和多俾亚的画像为记。

商人成为先锋人物，为商业帝国主义打头阵，从保守官僚精英以陆地为重的规范逃出来，投入航海生涯与侨居海外。在保守官僚阶级的心目中，儒家的大同世界应该是以平和、产量丰足的农民为根本，往海上发展是把资源导向国家领土以外，而且可能会引来有暴行的蛮夷外族，所以在文官的价值体系中一直受到怀疑。因此，中世纪的福建文献往往避而不谈商人成就，科举成绩才是光宗耀祖的大事，值得大书特书。经商的成果虽然得不到称颂，却一直在累积，到了 13 世纪晚期，元世祖忽必烈有心把用战争建立帝国的传统延伸到海上，福建供应了大部分的船舰和人力。“雄霸四海”的大业虽失败了，征服爪哇与日本的盘算却证明，在朝廷中赞成扩张的谋士已经战胜了传统儒家的保守势力。这种企图心有益于扩大中国人的世界观，可累积更遥远之地的地理与人种知识，并且揭开一个新的时代，一直到 14 世纪晚期为止。在这段时间，海外投机经商与传统的闭关自守之间，始终维持着小心翼翼的平衡。

根据海港沉船的资料判断，这个时代运到泉州的货物包括从爪哇、高棉、阿拉伯、东非来的芳香木材、香料、线香等等。[65] 泉州城里有外国人居住活动的地区，类似唐宋都城里经由陆路往来的商人会馆。这些外国人小区会自己推举领袖，在指定的市场上交易，并在自己的清真寺或其他寺庙里进行宗教礼拜。福建人在海外的社群十分兴旺，但一直到 14 世纪晚期才在文献中出现。这时期刚好发生了朝代轮替与政策转换，1368 年的明朝实施海禁，印度尼西亚巨港的华侨被勒令留在当地，也被迫投入海上劫掠与走私的活动。

15 世纪早期曾有一段时间，海外发展似乎有可能成为国家政策之势，福建人一时之间成为担重头戏的技术人员和参与者。[66] 明成祖是中国历史上最积极进取也最有海上雄心的皇帝之一。他钦点执行海上大业的人物是三宝太监郑和。郑和于 1405 年率领“宝船”舰队首次出航，这次任务的目的是刻意要使读书人精英阶级面上无光，占上风的是渴望掌控行政大权的太监、希望动员海军来为海外贸易撑腰的商人、企图重振元世祖时代征服大业的激进派，以及宗教界人士，他们都希望通过鼓励新兴事业来阻止不虔信宗教的读书人独揽资源。

郑和的一连串出洋到1433年告终，经印度洋远及于吉达、霍尔木兹海峡和桑给巴尔。下西洋的成果使宫廷中充满异国贡品，并为宫苑动物园带来各种象征吉祥的珍禽异兽：有麒麟（长颈鹿）、驼鸡、狮子、金钱豹、斑马、羚羊、犀牛，以及长得像黑斑白虎却不食肉不践踏青草的吉兽。郑和的功业激起读书人慎重思考人世间的异同。郑和舟师所到之处宣扬了国威，推翻了斯里兰卡一个王朝与苏门答腊的一名暴君，惩治了海盗，并且扶植马六甲一个渔村成为强大王国和货物吞吐地。1431年，郑和在福建长乐立的《天妃灵应之记》碑中说：

> 皇明混一海宇，超三代而轶汉唐，际天极地，罔不臣妾。其西域之西，迤北之北，固远矣，而程途可计。[67]

明成祖死后，往海上扩张势力的冲动并没有持续多久。书生大臣与儒家理想重新夺回朝中优势，使得福建商人依法只从事中国海岸的贸易。但是他们会趁官吏疏失不察时，维持并扩张在马六甲、婆罗洲、日本的移民社群。1567年海禁解除，福建人的商业移民主义化暗为明。到了16世纪80年代，每年从福建航往马尼拉的船多达20艘，1603年首次发生屠杀华人动乱，当时马尼拉华侨已有2.5万人，虽然伤亡惨重，但在20年之内就恢复了原状。尽管马尼拉的主权名义上由西班牙人掌握，巴达维亚是荷兰人的属地，实际的影响力却在福建人手中。他们大量移入定居，大规模利用经济，并且用汇款使故乡经济繁荣起来。18世纪有一个笑话说，马尼拉是福建人的“第二故乡”，[68] 商人要负责定期运输琉球群岛的官方“贡品”到福建，包括30种金环、57种不同香水的原料、17种珍禽异兽（如白毛猴和台湾小鹦鹉），商人们私下也进行不那么珍奇的货物贸易：进口草席、纸、玻璃瓶、粗纺织品、虾米。[69]

由于不堪忍受困苦，或为了谋求厚利，福建商人数以千计地往朝鲜、日本、东南亚群岛移动。其中有人是大资本家，例如村长凑足了村民的资金前来投资；也有人是小本生意人，例如因为乡下旱灾逼得他们走投无路只好出走。1544年，一位村民对朝鲜的主管当局表示：“有父子不相顾者矣，有妻子离散者矣，菽水之欢，其能几何。无奈买卖造船，经商于外国，营求微利，庶一家朝夕之欢。驾一叶之轻舟，凌万顷之茫然，鲸波浴日，冒死而不顾，汪涛浸天，轻生而突犯。”[70] 这当然是非法贸易者为自己的生计辩解的夸大不实之词。到了16世纪末，投机生意的借贷利息不到2%，贸易得到的获利创造出庞大的暴发户阶级。

曾有一些时候，中国人毫不遮掩的扩张主义几乎就要在华侨世界里掌握势力。17世纪早期一些好勇斗狠的人把贸易与海盗事业合而为一，创下了类似国家政府的格局。据说李旦曾拥有三座银山，一个在日本，一个在福建，一个在马尼拉，他凭这些银山养着自己的武装船队。后继者郑芝龙在厦门统御着一个有外交网络的政权，人们称他是“海上大王”。他后来成为四海为家的人物，但是始终固守着传统，包括福建人扩张沿海势力的传统，还有福建省与海洋共生关系的传统。[71] 不过，一般而言，中国商人在没有本国政府支持的情况下，会利用西方帝国势力来保护自己并促进自己的活动。[72] 福建人有持续不懈的航海传统，但是始终没有帝国支持，他们一直是“没有帝国的商人”，或只能算有非正式的“帝国”。[73]他们分散为有自我意识、自给，甚至自主自治的小区，是集中了财富与技术的小区。他们对于客居的社会具有影响力，会率先发起新的活动，追逐不引人注目的野心，用心却谨慎地谋求自己的利益。

第十四章

尤里西斯的传统

希腊罗马沿海

| 维奥蒂亚
| 希腊外海
| 雅典
| 爱琴海与爱奥尼亚海
| 罗马
| 罗马帝国
| 文艺复兴及其背景

……一封许愿文
在伟大海神的居所
从神圣的穹隆悬吊，
就在那里，心怀同情，
我挂着滴水的行囊。

——

贺拉斯（Horace），
《颂诗集》(*Odes*)

泉湖女神的风送我回家
去往曾是希腊的光辉
还有曾是罗马的宏伟。

——

埃德加·爱伦·坡（Edgar Allen Poe），
《致海伦》(“To Helen”)

犁与船：与赫西俄德闲谈

想象一位诗人辛苦犁田的情景。因为这是公元前 8 世纪中叶的维奥蒂亚，土地坚硬，犁田累人。赫西俄德正在犁田，珀耳塞斯就像我们常见的讨人厌的弟弟，一面袖手旁观，一面问些要怎么样才能够发大财的蠢问题。这一幕也许的确发生过，也许是赫西俄德想象中的。总之，他在诗中所写的兄弟问答，道出了当时濒临富饶海洋的贫穷岸上的许多生活实况。他后来又把这一幕写成一篇独白，但是仍然大致看得出是一问一答。赫西俄德便在这番你来我往之中，给古希腊航海人上了实用航海要诀的第一课。

"希腊和贫穷是姐妹，"珀耳塞斯引用赫西俄德偏好的谚语开场，"我要怎样做才能够轻松赚到钱呢？"

"弟弟啊，要工作，工作才不会挨饿。父亲的土地大部分给了你，你还想要怎么样呢？"

"赫西俄德，你知道的，我不想吃苦。"

"先要有间房子，"赫西俄德说，"再找个女人，一头耕田的牛。要找女奴隶，不是找个妻子，要一个能和你轮流犁田的女人。"

我猜赫西俄德必然是边说边继续耕田，懒得理会弟弟接下来说的话：

“我想到外地去做买卖。”

依我想象，这时候的珀耳塞斯坐不住了，他站起来不停地踱步。赫西俄德开始不耐烦了：

“珀耳塞斯，别胡扯。爸爸已经做过那一行了。他因为要摆脱上天惩罚我们凡人的那种邪恶贫穷，从伊奥利亚的库迈岛驾着黑船来到这里。结果又如何呢？在阿斯克拉这个烂地方，冬天坏，夏天苦，没有好的时候。”

“所以我才打定主意要逃走，躲开债务和难熬的饥饿。”

“现在不行。现在仙女七星降到雾蒙蒙的海里了，所有的风都在猛刮。听我的话，耕田吧，等到走船的季节来了，你再把船拉进暗酒色的大海，船上装满货。货载得越多赚得越多。”

“你哪晓得走船的事？你只出过一次海，是到埃维亚岛去参加诗歌比赛。”

“我在那里比胜了，拔得头筹，赢回了圣鼎。天神既然指点我写诗的秘诀，也会告诉我该怎么教你航海的秘诀。”

我认为，赫西俄德接下来说的话应该有点像忘我的梦呓。“太阳转过 50 天以后，辛劳的收割季节结束，那时候你便可以出海，不用担心船会毁掉，除非撼动大地的海神波塞冬或是诸神之王宙斯决心要毁灭你。因为那段时间的风向容易判断，大海也不险恶。你可以放心。但是要快去快回：千万别等新酿好的酒或是秋季的雨，要提防冬天降临或遇上南风。你也许不惜一切要发财，可是也不必冒淹死的风险。还有，千万别把全部的钱财都放到船上。老弟，要适可而止。万事都要适可而止。”[1]

乍现的灵光消逝。神赐的秘诀传述完毕。赫西俄德又埋头犁田了。

地中海早先的航海民族消失了。东边诸岛的巨石建筑者已被遗忘。青铜时代的克里特与基克拉泽斯群岛那些老练的文明人也都没入了传说（见第十一章）。腓尼基人（见第十二章）的历史记录差不多全被抹除，征服者消灭了他们所写的一切和大部分的艺术品，甚至把他们的城市夷为平地。反观希腊人，差不多是同时往海上发展的，出于相似的原因，也来自相似的家乡环境，却熬过了逆境，在岩骨穿透薄薄土壤的地方形成聚落，建立城市，留下艺术品和书籍。公元前5世纪的柏拉图心目中的希腊，就像被折磨成皮包骨头的人。[2] 赫西俄德怨叹自己的农地太贫瘠。由于环境太靠不住，生活在这里的人想要改变它，同时又害怕改变会带来恶果。因为诸神总爱责罚那些胆敢滥用自然恩赐的凡人。河神斯卡曼德洛斯曾经因为阿喀琉斯大肆杀人，让死尸污染了河水，想要惩罚他。希罗多德认为，波斯王薛西斯大败是因为犯了一连串生态上的罪行而受的处罚——他在阿索斯山开运河，以衔接达达尼尔海峡，并阻挡海浪。[3]

在这样的背景之下，竟能在欧洲东部这块炎热、干燥、多岩石且突出于大陆南部陆地和近海岛屿造就那样的文明，似乎很不可思议。然而，陆地的缺憾可以由海洋的条件来补足。苏格拉底说过："我们围着海生活，就像青蛙围着池塘生活。"从地图上一眼就看得出来，希腊人的世界是一个沿海社群的网络。柏拉图认为航海是人类最伟大的成就之一。但是造船用的木材、漆料、帆布都必须从外地输入，造船者使用的工具也是用进口的金属制造。所以，开发海上事业之前，必须先费时费力地储备资本。

追逐海神：希腊走向海上

故事的开端是在接近公元前第二个千年末期时，当时希腊的城邦生活几乎被侵略者消灭殆尽。只有雅典和埃维亚岛的城市生活似乎保存下来。那个时代留下的唯一石造（或碎石造）的建筑，是在埃维亚岛的埃雷特里亚。当时多数希腊人靠畜养羊为生，住茅草小屋。铁制农具极少，作物以大麦为主。以雅典一带的土壤而言，只能够栽种这种价值低又较无营养的作物。

在这样的情况下，致富只能靠手工业了。雅典、科林斯与另外几个地方，在公元前 10 世纪时制作装饰精美的壶罐出口。橄榄（可榨油）是唯一过剩的农产品。贸易就是凭这些开始的，先是在爱琴海与爱奥尼亚海的沿岸建起一个个城市，从公元前 8 世纪中期起又持续往地中海与黑海各地散布。

邻近民族认为希腊人种的大麦不能食用。橄榄油却是适于出口的，因为橄榄油产自一种颇具竞争优势的作物——橄榄树。橄榄树是爱琴海地区的经济秘密武器，需要照顾的时间不长，因此人们有很充裕的时间从事航海。橄榄树能在无法种植谷类和豆子的土地上生长，能适应高地气候，最高可以达到海拔 700 米以上。再加上手工业的加工方法，成就了一定的规模经济，进而促成财富集中，以及商业的发展。

历史学家希罗多德在大约 2 500 年前写下早期探险者的故事。例如他讲到，萨摩斯岛的科里奥斯在怪风中渡过地中海，从赫拉克勒斯之柱*中间冲入大西洋。他原定的目的地是埃及，结果却到了西

* 赫拉克勒斯之柱（又名海格力斯之柱）指的是直布罗陀海峡东端的南、北两个小海岬。——编注

班牙，然后在这里发现了希腊人说的黄金之国塔特苏斯。赫拉克勒斯曾在这里驯服了巨人革律翁的牛群，这里的国王据说活到 120 岁。希罗多德说，“当时这个市场尚未被开发”，但这里的矿藏丰富，黄铜矿染黄了力拓河的河岸，铜矿带之中还有金、银、铁矿。[4]

到了公元前 8 世纪，铁器使用普遍，农耕效率提高，导致人口增加，粮食与土地的需求更紧张。希腊人除了做买卖，也变成殖民者，聚落的范围扩大到意大利南部西西里种植小麦的富饶地区以及黑海的北岸，继而进入现今法国与西班牙境内资金雄厚的市场。[5]公元前 7 世纪，许多这种殖民地变成了颇具规模的城市。贸易持续发展，多数希腊城邦开始铸造钱币，船只尺寸增大。希腊的著述者虽然常把以前辛苦务农的时代理想化，却很明白社会生存必须靠商业维系。不少人把商人和海上谋生者写成故事的主角，这在当时只看重农人、军人、读书人的中国社会根本想象不到。

并不是所有希腊人都响应大海的呼唤。斯巴达人就宁愿留在希腊，在与邻邦边境相连的领土上建立帝国。像斯巴达人这种反常的行径颇令众神不悦。大约公元前 706 年，两位斯巴达帝国主义者打算在科林斯附近往内陆开辟殖民地，经神谕指示，“要去塔拉斯水域左边的海港——萨提利昂，那里有山羊喜爱的咸水，把它们灰色胡子的末端给沾湿。就在那里建立塔伦图姆”。[6]就其他帝国中心来说，扩展方向通常会是朝海外的。殖民地在众神的谕示庇佑下建立，神谕又以德尔斐的女祭司口中说出来的最灵验。德尔斐神殿的神旨在很具戏剧效果的场景中宣告：洞穴里有冒烟的裂隙，有个东西像蛇一样地蜷起来，形成三脚的王座，神谕从这里发出一些令人摸不着头脑的指示。例如，克罗顿的建立者原是为了求赐儿女才到德尔斐，并没有外出殖民的打算，但神谕却给他向外殖民的暗示。大约公元前8世纪20年代，哈尔基斯人得到神谕，神谕说为避饥荒必须殖民。大约公元前640年，罗得岛的人们奉神谕要到西西里建立聚落，并且要与克里特人分治。在西西里建立赫拉克勒亚的人受到指责，因为他们没有按惯例先请示神谕。建立殖民聚落的故事后来几乎一定都会纳入“神谕授命”之说，因为有太阳神阿波罗的旨意才能显示其正统，并确认年代的古老。[7] 由于殖民地点越来越远，阿里斯托芬这位剧作家联想到在天上开辟殖民地的可能。他辩解说：“倒不是因为厌恶我们的城市，毕竟我们的城市繁荣又强大，谁都可以来这里随心所欲地花钱，缴纳罚金和佣金。”他真不愧是自嘲的高手。[8]

因为希腊世界往海上扩张，不是从陆上发展，所以殖民地保持了希腊人老家和他们沿海文明的特征。殖民地通常都选在曲折的海岸，[9] 可是到最后殖民地的模样也可能和老家很不一样，因为殖民者都是被赶出来的人、被放逐的人、罪犯、私生子，是一群要另外打造社会的法外之徒，不是到海外再造希腊的帝国英雄。[10] 在某些地方，他们一开始是在坑洞里藏身的。[11] 思乡之情、商业需求、欠缺想象力，这三种力量加起来使他们固守熟悉的关系和模式，复制了希腊式的爱好，临摹了希腊的观念，并且接待希腊来的访客。纳奥克拉提斯自称是尼罗河三角洲的“城邦”，却建了萨摩斯岛的赫拉神庙、米利都的阿波罗神庙等希腊信徒膜拜神祇的庙宇，还采用爱奥尼亚式柱廊。[12] 从公元前6世纪与公元前5世纪的信徒献给爱神阿芙洛狄忒的还愿杯的数量，可以看出希腊人往来游访的活跃程度，其中有买春客（因为希罗多德称赞纳奥克拉提斯的妓女，所以慕名而来），可能也有希罗多德本人，因为还愿杯之中刻有这个名字，还有戏剧家阿里斯托芬与诗人政治家梭伦。他们前往埃及或是为了公务，或是想通过行万里路从埃及文明中得到启发。[13]

这个时期，相互之间的接触增多，也使希腊艺术家与思想家得到更多灵感。海洋把新的文化影响带回希腊，最显著的例子就是公元前 8 世纪发明了书写系统，大致以地中海东部吸收来的文化为基础。这套系统很快就应用于记录创作文学和诗人在战士饮宴上吟唱的史诗。船舰场面浩大的《伊利亚特》与波涛汹涌的《奥德赛》用这套文字记录下来之后，一直受到世人激赏，甚至被后世崇拜。读者基于个人性情与判断，可能同意或反对传统上认定这两部作品出于盲人天才荷马一人之手的说法。两派的研究证据早已堆满图书馆的书架，却依旧没有确凿的定论。我也曾和研究者以及我的大儿子（他已经说服我相信《伊利亚特》和《奥德赛》是世上最伟大的诗作）讨论这个问题不知有多少次了。我自己的感想是，每次读它们似乎都能听到荷马的拐杖在笃笃作响。字里行间流露口述文学的影响，证明诗人对这种传统技巧之熟稔。间或有颇具说服力的青铜时代场面，虽未必来自更古老的作品，却是诗人非凡想象力的证据。

希腊人受到的影响不论来自外国，或是自身的过去，都不会只是模仿而已。公元前 7 世纪与公元前 6 世纪的雕刻、建筑、巨幅画作，都预兆黄金时代的来临。在后来的希腊人心目中，公元前 6 世纪是睿智的先贤们钻研科学与社会问题的时代。例如，梭伦在公元前 6 世纪 90 年代用诗歌体发布了雅典法律；泰勒斯于公元前 585 年预测了日食；阿那克西曼德在公元前 500 年前后制作了希腊人所知的第一幅世界地图，他认为宇宙是由在太空中打转的一个旋涡所生成的。还有毕达哥拉斯这位超人，他的追随者说他有神迹般的能力，有一条腿是黄金的，至今所有学校的数学课中仍会讲到他的勾股定理。这些智者的学校在希腊世界的边缘兴起，不过只有毕达哥拉斯的学校在西边的意大利，多数是在东边，即现今土耳其周围的岛上。即便是在古典时代的极盛期，像柏拉图、亚里士多德这样的名师，仍表示自己的知识传统深受“亚洲”影响——他们所谓的亚洲包括埃及在内。古典希腊受埃及影响到什么程度，在近年来的辩论中沸沸扬扬，还衍生出埃及文明的“非洲”成分究竟有多少，以及智慧女神雅典娜是不是黑人的问题。不过这些论战却没有证据。若要理解希腊文明就必须考虑，希腊是一片对东地中海开放的陆地，希腊文化被地中海周围所影响。[14]

希腊人在公元前 5 世纪联合防御行动，抵挡住两大敌人，西边的伊特鲁里亚人与东边的波斯人。可是各个社群之间仍交战不断，城邦之间持续竞争，要在创造公民空间上、艺术上，以及公众活动展演上——尤其是戏剧表演和磨炼体能的竞赛上—— 一争高下。

波塞冬的索求：雅典与海

雅典在公元前 5 世纪的时候成为诸城之中最富裕、最强大的，条件之一就是占了劳里昂银矿在旁的地理优势。雅典的舰队强大得足以迫使其他城邦纳贡。按神话，海神波塞冬曾与雅典娜争夺雅典，用三叉戟掀起的巨浪猛击岩壁。我们虽然把雅典设想成以艺术为尊的城邦，雅典公民却认为战争与财富才是优先的，雅典的道德家甚至把战争看得比财富更重要。阿里斯托芬曾经让他笔下一位不苟言笑的可敬剧作家说，要等到雅典人“把敌人的土地变成自己的……

等到他们都知道船只才是真正的财富”，雅典才是安全的，不然他们所谓的财富乃不实的错觉。[15]

战争、艺术、大场面戏剧表演，耗用了大量钱财。但是因为政治决策是由相对多数的公民所决定，再加上其他原因，所以雅典人很重视教育，尤其重视训练口才与雄辩的写作。[16]基于这样的环境条件，雅典才能够成为有史以来孕育最多天才的地方。在山上，遗址集中的地方曾是一些最重要的公民空间，从这里可以看出古雅典的大致面貌。山顶上的建筑物是守护雅典的女神神庙。雅典娜与她庇佑的城市一样披挂武装，但是按神话所说，她最爱的仍是智慧。她的神庙叫作“帕特农”，意思是“处女之殿”，因为那时代的希腊人想象，众神家族之中的她是不婚的。帕特农神庙即使已成废墟，它仍是自古以来所公认的最美建筑，当然也是最常被模仿的。

帕特农神庙下方是剧院，全城公民都被戏剧竞赛吸引到这里。那个时代的剧作家留下的作品，现在仍然时常上演或被引用，最热门的就是埃斯库罗斯复仇传奇故事原型的《俄瑞斯忒亚》，以及索福克勒斯的悲剧始祖《俄狄浦斯王》。亚里士多德从《俄狄浦斯王》得到灵感，为悲剧定义为：主人公因自己个性上的缺憾，招致祸殃的故事。[17]弗洛伊德也用“俄狄浦斯”命名他宣称存在于自己潜意识里的一种情结。这些悲剧虽然是发生在小宫廷、城邦统治阶级或变态的王室家族中的故事，呈现关系紧绷、近亲婚配、压抑郁闷的悲剧，却借着海洋与外面更宽广的世界联结。《俄瑞斯忒亚》是去国者返乡的故事，《俄狄浦斯王》则是流亡放逐的故事。

在公共空间四周的柱廊之间，是开班授徒的教室。最卓越的老师是柏拉图与亚里士多德。这两位也和多数的师徒一样，有着爱恨交织的关系。亚里士多德敬爱自己的老师，却努力要证明老师说得不对。柏拉图幻想自己是位政治思想家，率先提出理想社会的构想，然而他的理想国却带有令人害怕的威权主义色彩。他的形而上学是超越时代的，只是一经概括转述难免走样。有人说，柏拉图以后的西方哲学都是在“为他做批注”。他教给我们的精髓是，我们的思维与感官所知道的事物之外，另有真实的物与事。他的地位如此重要，主要原因不在他个人学说的贡献，而在于他的对话录包罗了古典时代的各家思想。他的语言风格保存了古代智者说话时的诗才与高深莫测。知觉所见就如同壁上的影子，蒙骗了住在洞穴里的人；灵魂就像海中神仙，被侵蚀而变畸形，因长久浸在水中，满身附着了甲壳类生物，但是仍能从海藻岩石中冒出，重现其美与真。[18]

亚里士多德的诸多贡献之中，最重要的便是规划了逻辑的法则。按这些法则，我们可以从我们以为是真的信念，逐步推演出可信的结论。他一定没料到自己会有这样的地位。他原是斯塔吉拉一位医生之子，这个隶属希腊的地方靠近野蛮世界的边缘，以前从未出过重要的思想家。他的家族在北方一名暴君的宫中任职，他到中年以后也要走上这条路。他父亲是宫廷医生，他自己偏爱的是生物学，喜欢钻研解剖技术。他分析逻辑命题就像解剖青蛙那样按部就班。他从不认为只凭理性的导引就能找到真理——寻找真理必须从观察事实开始，而且要能经得起感官世界的检验。在他看来，大自然展现在我们眼前是要我们去探索的，不是隐藏起来供人思虑的。他算是我们现在所说的经验论者，他要求在探求真理时拿出证据，不能只凭思维。不过，他有独步古今的方法，去分析理性是如何作用的，如果理性真有什么作用可言的话。[19]

西方世界的许多代学生读柏拉图和亚里士多德的经验，大概都和格思里在论希腊哲学的巨著里所说的差不多：他钦佩柏拉图，但更理解亚里士多德。起初他以为这是因为亚里士多德的思想跑在时代前面，有“现代”精神。等到他再年长些才发现其实情况相反，不是亚里士多德的想法像我们，而是我们浸淫在他的影响之后想法和他一样了。[20] 他把他的思想触及的每一件事都改变了。如同小说《玫瑰的名字》里一个人物所说：

> 先贤们已经把有关太初之“道”的能力所需要知道的事全说明白了，可是只凭波伊提乌注释“大哲”，道的神圣奥秘就沦为了凡人对范畴论与诡辩论的拙劣模仿。《创世记》说清了宇宙如何形成的一切知识，但是单凭重新发现“大哲”的《物理学》，宇宙就被重新构想成了一堆无聊破烂的物质……[21]

到了公元前5世纪的尾声，柏拉图还是个年轻人的时候，雅典失去了原有的政治优势，被其他城邦的联盟打败。自公元前4世纪开始，所有希腊社群都先后被马其顿与罗马的势力压倒或受其统治。然而，由于马其顿人和罗马人都吸收了希腊文化，而且把希腊文化带到被他们征服的更远地方，所以希腊文明其实传播得更广。

古希腊人对全世界的贡献虽然无与伦比，我们却应切记不可以把他们过度理想化，这是以往许多历史学家犯的毛病。他们的文化遗产中最不朽的人物，在他们那个时代都是最不循正轨的异类：苏格拉底被处死，亚里士多德被赶出雅典后客死他乡，毕达哥拉斯可能是被希腊暴乱分子杀死的，索福克勒斯必须申辩他不是疯子。柏拉图因为鄙夷不屑而舍弃了政治，亚里士多德曾一度退隐到山洞里，第欧根尼也一度遁入木桶。多数希腊人并不像哲学家这样理性地看世界，而是把世界看作是任性的诸神与妖魔们的游乐场，凡人必须以血的献祭取悦他们。我们想到古希腊建筑或雕像，不应该是后世熟悉的纯净而光洁的“古典”风格，而应该是它们当年涂满艳丽杂乱颜色的模样。我们想到希腊人的道德律，要以喜剧家描写的粗俗的世故急智为根本，不是以哲学家的学院派智慧为依据。虽然民主制度的确是从古希腊传给近代世界的，但我们应当切记，那个时代的民主是个粗糙严厉的制度，很大一部分人——包括女性与奴隶——是被排除在外的。

漫游古希腊：古代奇观

读过奥德赛与阿尔戈英雄冒险故事的人，可以大概知道古希腊人对于海岸地区的观感。如果我们来一趟有导览的希腊海域精品景点游（度一场公元前 2 世纪的人确实可参加的旅游假期），也许可以更切实地重温古代希腊的海洋经验。

古人选出来的“世界七大奇迹”（旅游指南的撰写者各有不同的选择，但选出来的差不多都是七个），是在前后长达 2 000 年的时间里建造的。除了有两处是在埃及与巴比伦内陆之外，其他的全都是希腊人所造，集中在东地中海航运频繁的海上通路。这些奇观在完工之后的 2 000 年里毁于地震、塌陷、劫掠、荒废，只有一个例外。是什么样的想法构思了那些消失的奇观？成功设计它们用了什么技术？是什么样的社会为它们付出牺牲？我们可以从当时留下的文字窥见一二，知道它们之所以堪称奇观的理由。

20 世纪 50 年代，美国一份工程杂志让读者票选七大现代奇观，结果芝加哥的污水处理系统名列榜首。[22] 按古代的标准看，这样的选择既愚蠢又令人泄气。在古代列举奇观的人士眼中，上榜不能只凭技术高超或具独特的社会功能。奇观应该是令观者称奇，是观光客非看不可的“名胜奇景”。奇观的首要特征就是不同凡响。

表现这个特征最显著的莫过于位于法罗斯岛的亚历山大灯塔。这是七大奇观之中建造最晚，也是其中最后才找到遗迹的一个。近几年的一项水下考古计划一直在亚历山大旧港被淹没的滨海地点搜寻，要找出近 700 年前因荒废而坍塌的灯塔遗迹，当时的统治者信奉伊斯兰教，因而鄙视拜物教信徒留下的建筑。挖掘作业必须格外仔细，因为亚历山大港曾经建有古代最华丽的一处海滨广场，海中有其他建筑物的残片。如今从港口海底挖出来的花岗岩块之中，很可能会被证实是当年被地中海吞噬的法罗斯灯塔。

“法罗斯”这个名词在许多近代语言中都是指“灯”与“灯塔”的意思。古代文献里称许它的价值在于协助领航者穿越岩石崎岖的港口。不过这座灯塔与现代的不同。它的作用不在警示航船避开，而是要引航船进港。法罗斯岛上的灯塔是亚历山大港的巨大广告，是促销行动之中最耀眼的一个，这新兴的繁荣海港要把自己推销为地中海的引人注目之地，成为“有人居住的世界之中最卓越的交易中心”。灯塔高 100 米有余。明亮的白色塔壁顶上有铺张的雕塑。打磨得晶亮的青铜镜子，白昼反射日光，夜晚反射火光，据可靠的记述，约 56 千米以外都能看见。不论日光和火光更多时候是为航船而照还是为亚历山大港的市民而照，灯塔确实是在向世人昭示他们的自我形象，颂扬他们的君主，宣告他们文明生活的自负，炫耀他们统治阶级的财富，宣传他们的商业价值。我们等待更多旧址残骸线索出现的同时，也可以利用古代的描述与绘画恢复一下灯塔的原貌，并且重建它当年照亮的那个社会。

亚历山大港的原址是亚历山大大帝于公元前331年选中的，当时他已加冕为法老，正溯河而上。他为自己是神而自我陶醉，一心想要融合希腊与埃及传统。因为没有其他材料可用，这个城的平面图是用一把一把的玉米粉在地上画出来的，包括希腊神祇与埃及神祇的庙分别建在什么位置。预言家把这个解读为未来要兴旺的征兆。

愿景远大的亚历山大大帝死后，他的帝国由他的将军们瓜分了，埃及分给功业最彪炳的一位。托勒密一世回到亚历山大港来为自己建了首都，并为他主子的遗体建了一座圣祠（这是亚历山大死后的希腊世界最宝贵的纪念物），位置不在早先历代法老常活动的地方，而且面朝着希腊。托勒密一世下令开一条100米宽的大街，整条街建起廊柱。宫殿建筑群的占地超过全城面积的四分之一，其中除了有王室起居的地方，还有最早的“科学园区”——有动物园、西方世界最大的图书馆和“缪斯之家”。按批判学院生活的弗雷泽说，这里是“不食人间烟火的书虫们被喂养的地方，吃饱了就争吵个没完”。[23]

矗立着灯塔的法罗斯岛，是个袖珍的亚历山大城。挤在围墙里面的埃及本地人，死后按例要把自己做成木乃伊，但是都积极学习希腊语和希腊文化。据历史学家波利比乌斯说，在这里会听到典型的亚历山大城式的刺耳絮叨。“土著埃及人脾气急躁又不文明，大群佣兵盛气凌人又不服管理。来自亚历山大城市民的各色人等，虽然不完全可靠，却都有希腊血统，没有忘记希腊的生活方式。”[24] 这个殖民社会需要法罗斯灯塔：离开自己根源的人需要一个认同的标志，不安定的人需要一个引力来安顿他们追求的财富。

法罗斯灯塔既反映这种财富，也吸引这种财富。在灯塔之下来往的船只要付过港费，过港费高达爱琴海与黑海的奢侈品价值的50%，这些奢侈品包括罗得岛的酒、雅典的蜂蜜、黑海的核桃、拜占庭的干果和鱼、希俄斯岛的奶酪。大约到了公元前270年，灯塔完工之后，贸易范围已经到了西西里与南意大利，公元前3世纪末又到达高卢与西班牙。托勒密一世的继位者托勒密二世的宫廷仪式极尽铺张奢华之能事，当时正值灯塔工程大致结束的时候。按文献记载，胜利之神的塑像都配着黄金的翅膀、金冠、金制的丰饶之角，祭坛、三脚台、奠酒皿、森林男神与侍酒者的雕像全都用黄金制成，装潢的帷幕都是来自波斯与腓尼基的精品。[25]

灯塔是亚历山大城朝廷为了亚历山大港的商业而造。学界最近的共识是，主持灯塔建造的主要人物是尼多斯的索斯特拉图斯，他是托勒密一世与托勒密二世两代朝臣，出任过大使。他所处的世界是什么样子，可以从诗人卡利马科斯的文字中看出大概。卡利马科斯是亚历山大城早期极受推崇的诗人，也是作品被人引用最多的诗人之一。他说亚历山大城是个双面世界，人们带着极尽谄媚的神情凝视宝座，赞颂某位王后的完美典范，或是庆祝从另一位王后那里抢来的一绺秀发。这秀发于公元前216年存放在一处王室庙宇里，充当出外征战的国君安全返回的担保。在卡利马科斯的想象中，这绺秀发被一位善妒的爱情女神偷走，藏到了众星辰当中。

这世界的另一面是下流社会，充斥着同性恋带来的灾难与吹毛求疵造成的挫折感。卡利马科斯在他最动人的诗作中惋叹一名男童妓的母亲唯利是图，一心只为儿子觅得更有钱的客人，但诗人也对“来者不拒的少年”感到深恶痛绝。所以“我连公众泉池之水也不会汲饮，因为一切公众通俗之事都令我反感”。[26] 容易大惊小怪、天马行空的亚历山大城市民也热衷于“奇观大全”，[27] 并且助力法罗斯灯塔挤进奇观之列。这灯塔虽然等了很久才确立了榜上地位，却体现出七大奇观一向都具备的公认特征。除了外观醒目，也表现了对自然的挑战。它体积庞大，威风凛凛，有原创性，耗资可观，虽然建灯塔的地方正是海神普罗透斯的禁地，不过灯塔不仅仅是为了亵渎神。守护塔光的是天神宙斯的塑像与吹着号角的人身鱼尾海神们的塑像，号角也许有什么机关设计，可以向航船发出信号。

令中世纪的访客感到有神奇机关的法罗斯灯塔，后世的人想重建它，至今却仍未成功。灯塔的外观就是铸在古钱币上的那个模样。最近提出的理论认为，建材是花岗岩，外覆石灰岩，底座很高，由下往上逐渐变尖，一楼之上才是塔身。现代人将高处重建成燃火室，是欠缺实据的想象。并没有可信的文献讲到是用什么方法把燃料运上塔顶，灯塔里也不大可能维持不灭的火光，因为燃料在亚历山大城是最稀有的货物之一。古人其实是利用青铜镜把塔内燃起的小火光放大扩散出去，不过这铜镜已在中世纪工匠试图修复时被失手打烂。[28] 古时候的人会避免在夜间航海，法罗斯灯塔在白昼最能发挥效用，借铜镜反射的强烈日光成为海上的指引。它的用意原不是为了夜间照明，而是在白天使旅人目眩。它和古代的所有奇观一样，是为了夸耀而建，不是为了实用。票选奇观排行榜的古人认为这样的傲慢是一种美德。

若能在海上引人注目，当然可以在登上“奇观榜”的竞争过程中加分。不过除了法罗斯灯塔，还有一个对手，那就是哈利卡那索斯的摩索拉斯陵墓，这个对手傲慢过度，而且为了炫耀不顾品味。它是为安葬一个不太重要的人而建的。公元前351年逝世的摩索拉斯是希腊著述者厌恶的那一类型。他是半个野蛮人，在他的出生地卡里亚（现今土耳其的海岸）代理波斯皇帝执行统治。他与自己的妹妹结为夫妇——这种王室乱伦的传统令希腊人厌恶。雅典人知道他是个贪得无厌的吝啬鬼、出尔反尔的盟友、背后陷害人的仇敌。他虽然讲究希腊化的爱好，却也偏爱东方艺术。他的陵墓背离了希腊审美观，所以算是一件原创作品。虽然他的妻子崇拜他，在他死后举行竞赛纪念他，花大笔钱建完他的陵墓，但其实他只是一个小侯国的君主，在外交与战争上的表现平平。若不是因为建了陵墓，后世几乎不会有人记得他，也不大可能提及他。

他的陵墓没有刻意迎合希腊式的品味。当年的卡里亚想来应该比如今的干枯状态要富裕得多。但是这陵墓使用了质量不一的大理石饰面，就一个生前不遗余力攒钱的人而言算是便宜货。从风格上看，是一堆杂乱无章的亮丽。它仿效了当地的墓式，结合了努米底亚式的火葬堆与波斯皇帝式的墓穴。最上一层是模仿古埃及的台阶式金字塔。其中源自希腊的主要建筑元素是周围支撑着金字塔的廊柱，希腊人看了却会觉得这不啻是临摹神殿的亵渎行为。最接近摩索拉斯陵墓的现代建筑应该在澳大利亚墨尔本，那儿的第一次世界大战亡者纪念堂反映了考古学家重建古代奇观的尝试。

即使按那个时代的标准来看，这陵墓也是俗不可耐，守墓的石狮一红一白地排列下去。陵墓体积很大，基底长宽都是40米，从底部到金字塔顶端的精雕战车队伍可能有 43 米。但是只凭这么大，并不足以令人称奇。最能显出它的奇特之处的是里面挤得水泄不通的上百个雕像，尤其是摩索拉斯本人与他那表达丧夫之痛的妻子的雕像。这是不是他们夫妻俩也只能凭猜测，不过，除了他们夫妇俩还会是谁呢？[29] 早期观看陵墓的人认为其中的精品雕刻得太好，应是当时希腊最著名的雕刻家之作，这也不无可能。所以，近观之下摩索拉斯陵墓确有登上奇观榜的理由，远看也显得出它精心规划的设计。哈利卡那索斯本来是零乱散落的村子，是摩索拉斯一手把它建成城市的。他自己规划了城市的布局，一切以陵墓预定地为中心，刻意营造出戏剧效果，让往来海上的以弗所朝圣者一定会看见。此外，摩索拉斯生前傲慢，常夸口吹嘘，也拉抬了这座陵墓的知名度。他曾经试图甩掉与强势邻邦的附庸关系，他曾有收取苛捐杂税的恶名，曾耗费大量资金建造堡垒与船舰。他生前做不到的事，死后做到了：他给自己英雄式的殡葬，甚至可能像神祇一般名声不朽。他墓顶上的战车队伍，难道不是在等着接引他上天堂吗？

大约是在公元 7 世纪，哈利卡那索斯的末代居民扔下这城市，一去不返。但是摩索拉斯陵墓仍在原地。等到 15 世纪的修士骑士团再次占领此城筑起堡垒，这时候的摩索拉斯陵墓已经残败，长满野草树木。骑士们为了要建自己的城堡，于 1494—1522 年把陵墓残骸清除，将拆卸的石材重新利用，把大理石烧成了石灰。[30]

摩索拉斯陵墓的位置靠近以弗所与罗得岛，很方便一心要目睹古代奇观的游客顺道而来。顺着这条航道再往南，海上的游客开始努力张望，看看是否可以见着另外的建筑物。至于看到它的人为什么会产生神秘的反应，如今已不可能确知。一位编列奇观排行榜的古人说：

> 我曾凝望巴比伦固若金汤的城墙，那是战车可以奔跑的地方，也凝望阿非欧斯河岸上的宙斯。我曾看过空中花园与太阳神的巨大雕像、人造大山般的雄伟金字塔与摩索拉斯陵墓。但是当我看见高顶直冲云霄的阿特米斯神殿，其他的奇观都变得微不足道，因为天上的太阳是世间万物都不能匹敌的。[31]

这样描述古代人公认的“世界奇观榜”上最不令人称奇的一个（根据描述其外观的稀少文献看来），似乎不大相称。阿特米斯神殿的位置就不吸引人，它是在地势低的沼泽地。神殿的确巨大，装饰得铺张奢华。但是有许多希腊神殿在这些条件上更胜一筹。阿特米斯神殿并不是特殊建筑巧思的产物。神殿中供奉的神像是东方式的工艺与品味，并不符合希腊审美观的理想：不是古典美术所熟知的身穿薄纱的狩猎女神，而是亚洲式的大地之母造型，挺立着，目光直视，丰腴的躯干上坠着硕大的乳房。

我们若要理解这座神殿为什么会有这么大的影响力，就必须钻进外观的表层之下，找出是什么神秘力量使古代人的感受那么刻骨铭心。它能够名声远播，当然与商业有关。公元前2世纪那些把它抬到凌驾其他奇观之上的诗文，有可能是宣传用的广告词。撰写诗文的这位西顿的安提帕特急于鼓励朝圣与观光业，令人怀疑他是收了阿特米斯神殿女祭司们的钱。大约百年以后，也是这种急切心理使鼓噪闹事的以弗所人把使徒保罗赶出去。因为掌控银质女神塑像市场的银匠知道，保罗说过“人手做的不是神”，恐怕生意就此受到影响，于是聚集众人说："这样不独我们这事业被人藐视，连整个亚细亚和普天之下敬拜的大女神之威仪也要消灭了。"众人愤而吼叫"大哉以弗所人的阿特米斯"大约有两个小时，保罗便逃走了。

诸如此类有关以弗所阿特米斯信仰既重要又无所不在的记述，证明这位女神的庙应该香火鼎盛，吸引了远近香客，也维持了贸易的活跃。神殿的地点有相当悠久的神圣历史。安提帕特赞美的这座神殿未建之前还有更古老的庙。近年的考古挖掘已经发现了公元前8世纪的神殿遗迹，那是被公元前7世纪的洪水毁掉的。大约公元前560年，以敛财致富闻名的吕底亚国王克罗伊斯曾在这里建起更壮观的大厦，在当今地基层挖掘出来的贡品中，钱币上所铸的年代就是这一年。之后建的神殿则被毁于公元前4世纪中叶，据传是个想要遗臭万年的疯子故意纵火烧毁的。亚历山大大帝曾经有意出资帮忙重建，以弗所人却婉拒，据说理由是"神不该拜神"。

不过，历时100多年的重建与装潢过程中，贡品从四面八方涌入，造就了相当宏伟的一座大建筑。我们现在所能知道的这座神殿的建筑历史主要归功于约翰·特特尔·伍德。他于1863年扔下设计土耳其士麦那铁路火车站的工作，开始寻找一个消失的古代建筑。他耗费6年时间在看似比较可能是遗址的地方挖掘之后，终于找到埋在6米深的泥巴下的遗址。如今继续研究的人，必须先把水抽干，才能进行挖掘。

这座神殿建在长131米的平台上，从大理石台阶的下面延伸开来。女神的内殿四周共立着127根爱奥尼亚式的柱子，柱子都雕了凹槽和装饰，柱基有饰带，这违反了希腊正统审美的惯例。庙门口和门框顶上的三角墙上，有亚马孙女战士的雕像守卫着。传说当初她们也与朝圣者一样蒙女神庇护，或者曾经依赖女神赐予的乳汁。之后，由于还愿祭礼逐渐累积，柱顶添上更多雕刻，下面也增添了许多发亮的饰板、盾徽等等。

朝圣者的捐献使这座庙富有起来，但它并不是凭有钱成为奇观。七大奇观的每一个都从某个方面突显它们共有的特性。金字塔最重要的特点就是大。奥林匹亚宙斯巨像表现的是富裕。摩索拉斯陵墓是自尊自大。巴比伦空中花园是挑战自然。罗得岛的太阳神赫利俄斯巨像是技术创新。法罗斯灯塔是引人注目。阿特米斯神殿虽然多少具备了一些以上各项特征，在这些特征上却被前六个比下去了。它有一个超过其他六大奇观的独特属性，并且凭这一点受到评选排行榜人士的青睐，那就是具有令人敬畏的神圣性。

阿特米斯神殿因为有特别浓厚的虔诚氛围而成为神圣之地。哲学家赫拉克利特曾经逃到这里躲避其他人，其他到这里来避难的人只是为了躲开敌人。罗马皇帝尤利安在这里偷偷加入了异教信仰。崇拜女神的仪式非常丰富，熏香缭绕如浓雾般遮住日光，神像出巡游街时，市民会进行华丽的化装表演、奉香献祭、到剧场去观看演出。在神殿大院的户外祭坛会举行请神仪式，女神会在门廊之上的山墙窗口显现，这使对以弗所阿特米斯的膜拜充满了唬人的魔法意味。假如我们难以理解这座神殿当年为什么有那样的盛况，也许是因为我们已经不再能有被阿特米斯神殿激发的崇敬感了——我们不会觉得自己造出来的东西是神圣的，也不会想崇敬它。[32]

七大奇观之中位置最西的是奥林匹亚的巨大宙斯像，它是古代做得最铺张的工艺品。希腊东部岛屿边缘上的罗得岛太阳神赫利俄斯像更大，而且是工艺技术上的最大胆之作。宙斯是“泛希腊”情感的象征，而罗得岛的太阳神巨像则是在希腊群雄相互竞争、互不示弱的舞台上，为了昭示地方本色所建的。按文艺复兴时代的传说，罗得岛巨像跨立在罗得岛港口之上，往来的船只都从神像胯下走过。这是荒谬的幻想。我们倒可以说宙斯像与赫利俄斯像横跨了希腊世界。

罗得岛巨像是与亚历山大港灯塔同一时期建造的，同样是一个巨型广告，为的是使海上的人大老远就看见，从而被招引到罗得岛这个富饶的市场。这是为了纪念公元前304年打退马其顿所建的，当时罗得岛面临史上最严重的危机时，全城万众一心，主人们把奴隶武装起来一同上战场，妇女捐出自己的头发做弓弦。在已经有百座大雕像装饰的城里建造的这座“要与第一个太阳一样发光的第二个太阳”所需的费用，有一部分是把马其顿人撤退时抛下的攻城设备卖掉得来的钱。竣工碑铭上说：

> 太阳神啊，罗得岛的多利安人献给您这座高耸入天的巨像……我们凭着从敌人获取的战利品使这个国家登峰造极。我们不但在海上，在陆上也散播无拘无束的自由之光。因为赫拉克勒斯民族的子孙要统御支配，在陆上、在海上承继祖风。

现在看来这话说得自相矛盾，但是当时的罗得岛人所谓的自由就是指在竞争中占上风。

不过，巨像不仅仅是为过去的功业而谢神的献礼而已，它也是为了未来获利而投资。罗得岛人本来就以擅长经营闻名。古代曾有俗谚说：“十个罗得岛人有十艘船。”[33]他们用全世界最引人注目的神像标识自己的港口，既能荣耀自己膜拜的太阳神，又能给自己打广告。

巨像高约 37 米，比希腊世界的所有立像都高出几乎一倍。被选中的雕刻家是罗得岛本地人卡雷斯，他是铸造巨型青铜像经验最多的人。根据巨像未消失以前的一部技术研究记载，他起初先建造白色大理石的底座，“高度超过了其他雕像的头顶”，然后他把神像的双脚固定在底座之上。接着他便搭起一个石柱做的内部架构，石柱用铁棍连接，铁棍“就像用独眼巨人那么强的力量锤打而成”。

这项工程做了 12 年。神像身体的每个部分都是分开制模，可能是用灰泥做的，然后再用青铜浇铸，再加上外层。工程进行中，卡雷斯为了要在巨像周围设置工作台，就建起逐步增高的斜土台，宽度和伦敦的特拉法尔加广场一样，高度也达到和广场中央的纳尔逊纪念柱一样。那份技术研究报告说：“他耗用的青铜之多，似乎要引发铸造厂缺货，因为铸造这座神像乃是世间的金属加工奇观。”

为了引人注目，巨像的立足点必须很高，使之能俯瞰全港。也许就在现今的圣约翰教堂的位置，或是在古城西角的史密斯山上。神像的造型应该是太阳神的典型姿态：脚并立，抬手遮在眼睛上方，类似同时期的另一座雕刻。或者是高举着碑铭之中提到过的“自由之光”，工程师埃菲尔为纽约设计现代版的巨神像（即自由女神）时也借用了这个灵感。

公元前 226 年或公元前 227 年的一场地震使巨神像的膝盖弯了。多数人赞美这个奇观时看到的其实已是弯塌的状态。这也正好证实了悲剧发生的理由——是野心太大自作孽的后果。罗得岛岛民崇敬所有的神像，甚至尊重敌人打造的神像，宁愿筑起墙来把它们隔开也不愿捣毁。公元654年突袭这座岛的穆斯林却不是这么想，穆斯林认为被打倒的偶像都只是废物。据说为了把打烂的巨像残片移走，一共动用了900匹骆驼。[34]

奥林匹亚的宙斯像也消失得无影无踪。公元5世纪，基督教取代了拜偶像的宗教，宙斯像被劫，然后毁于火灾，这已是宙斯像落成约1 000年以后的事。不过这座像的样貌在朝拜者的文本里有记录，也铸刻在钱币和宝石之上。这是完全用黄金与象牙打造的（黄金和象牙是对神还愿时最佳的贡品），是同类奢华用料的神像之中最大的一个。宙斯像为坐姿，穿着黄金披风、黄金露趾鞋，手持权杖与胜利女神像。神像高12米以上，宙斯头上戴的橄榄枝叶冠几乎触及神殿屋顶，祭司们还不断地为神像抹油，极尽挥霍之能事。据说雕刻师捕捉了宙斯要降下雷击时怒而皱眉的那一刻。神殿中有另一层较高的游廊，游客爬上去便可以欣赏宙斯生动表情的特写。

我们若要想象这位雕刻家的模样，简直比想象宙斯神像还要容易。他是著名的菲迪亚斯，曾经雕制帕特农神庙之中一些最上乘的作品。宙斯像遗址旁挖掘到他以前的工作坊，里面有象牙片、制作宙斯披风的模子、废弃的工具，以及一只刻着“属于菲迪亚斯”的壶。宙斯御座上不但按惯例装饰半人半马的妖怪、亚马孙女武士、赫拉克勒斯的12道任务，还有菲迪亚斯的爱人潘塔克斯正在公元前436年的奥林匹克竞技中赢得少年摔跤的英姿。

奥林匹克竞技是崇拜宙斯的神圣仪式，每4年举行一次，时间是在收获季节结束时，要在酷热中连赛5天。竞技举行期间希腊人停止战争，从各地大老远赶来共襄盛举，因为据说赫拉克勒斯“创立奥林匹克竞技，标志着希腊和睦友好之始”。[35]依惯例，参赛者在争胜运动中表现团结一致，比赛胜负将影响各城邦的声望。公元前 416 年的奥林匹克竞技中，雅典人原本“以为我们已被战争毁了”，却因为战车比赛获胜而扭转大势。马其顿的菲利普于公元前 330 年在宙斯圣地的园林里建立了自己的纪念碑，借此纪念他的战车御者之胜利。园林之中处处是庙宇和雕像，标记着一次次的竞技胜绩。宙斯神殿最初于公元前 456 年建立，是为了感谢神佑战争胜利。但是宙斯神像超越了一切竞争，这是希腊世界各地人共同捐献而造的，是自古以来理想中的“奥林匹克精神”的一次实际行动。这种精神一向有人遵守，也有人不遵守，到现在仍是如此。[36]

古代的奇观排行榜上有名的不外乎航海者的地标——巨像、灯塔、摩索拉斯陵墓，或是海滨地区的宙斯神殿和阿特米斯神殿。希腊人建立了一个力求远离野蛮的世界，是刻意人工化、非建立不可的世界。可是他们始终靠着海。虽然他们鄙视野性，却也知道自己离不开自然。他们为自己造像的时候会用来自大自然的原料，他们认为自己其实就是这些原料造就的。他们从石头和金属锤炼出雕像，从大地的体内捏塑出它们的形状。[37]

绕着中间的海：古罗马的沿海文明

罗马人厌恶海也恐惧海洋。一位罗马诗人在大约公元前 30 年的时候写道：“第一个胆敢到残酷大海上行船的人，不论是谁，他的心必定是橡木做的，外面还包了三层青铜。”[38] 奥维德版本的美狄亚故事里，美狄亚虽爱伊阿宋，却因为害怕日后可能航海而迟疑了。然而，这些不情愿航海的人却把地中海称为“我们的海”（mare nostrum），在它周围布满自己征服的领土。

在公元前的200年间，他们把希腊贸易者与殖民者开创的地中海网络加以扩展强化，于是有了一个联系比较紧密的“地中海世界”，政治上、经济上、文化上的连续性都比以往与以后更明显。罗马人一直没找到满意的安全边境，所以越过了这块“地中海盆地”到达莱茵河，又跨过了英吉利海峡。但是罗马文明始终离不开海洋，把海洋当作交通的主轴，当作贸易、爱好、观念、艺术品、人和影响力往来的渠道。

他们如何做到这一切，至今仍是一个谜，是世界史上最大的疑团之一。罗马人起初只是一个小型农民社群，聚集在一个欠缺战略价值的地方，土壤不肥沃，没有金属矿产，也没有港口。他们自己的历史学家创造了一个神话，说他们本是爱好和平的民族，意外建立了帝国，因为要自卫而征服了敌人。其实他们变得好战是无可避免的，因为他们除了欺凌邻邦之外没有别的致富办法。他们发展出一种为作战而组织起来的社会，胜利就是这个社会的至高价值。罗马公民必须服兵役至少16年，并且受到熏陶，相信“为祖国而死是美好且恰当的”。打了胜仗都要举行战利品游行，这叫作“凯旋”。耐心与毅力是特别受重视的美德，所以罗马人即使打了败仗也不会泄气，很像后来的另一个帝国主义强国——19世纪的英国，“可能输掉某次战役，却会赢得战争”。

罗马原来没有往陆地以外发展势力的意愿，到公元前3世纪将要结束时，在意大利的陆上扩张达到极限，情况才改观。罗马人受到西西里岛、撒丁岛、西班牙的财富的引诱，却在这些地方遭遇西地中海最难对付的航海帝国迦太基。罗马迫不得已走向海上，并且不惜代价投入发展，成为强不可挡的势力，击溃一度称霸海上的迦太基。

与此同时，罗马海上势力的东翼伸入亚得里亚海诸岛，与东地中海诸强正面冲突，结果于公元前148年吞并马其顿（历经50年断断续续的交战），再于公元前133年征服了帕加马王国。100年后埃及纳入罗马版图，地中海的沿岸全部隶属于罗马了。这样一个离不开海岸的帝国，陆地上的各个边疆地区却会成为易受攻击的弱点。非洲与东地中海（自罗马到埃及）沿岸的罗马领土看似受到广大沙漠的保护，其实未必。至于欧洲的这一侧，接着有100年的征服战，但一直无法把局面确定下来。罗马帝国往这个方向的发展，改变了罗马人自己，罗马帝国开始与凯尔特人融合。凯尔特人是罗马征服的大部分领土的居民（见第十三章），他们说的话是同一个语系，彼此却争斗不止。他们以勇猛闻名、好酒贪杯、精通数学、喜好城市生活，这些都是罗马人可以体会也能利用的条件。凯尔特人中虽然有人像漫画中的高卢人阿斯泰利克斯与同村人那样誓死不降，但一般普遍都是积极的"皈依罗马者"，接受了征服者的穿着和语言，拥抱了罗马人从古典希腊传来的兴趣和品味。

在罗马人眼中，地盘更远的日耳曼人是无法吸收文明艺术的"野人"，根本不值得去征服（见第五章）。所以只对他们进行短暂袭击，此外悉由他们自便。这样做很可能是一步错棋。罗马帝国如果能吸纳边疆聚落的所有民族，也许会像欧亚大陆另一端的中国那样，以守护定居民族共同文化遗产的姿态与外面的游牧民族对抗，从而延续几千年而不衰。然而，几乎所有的日耳曼族群都被罗马排除在外，心怀怨恨的日耳曼人于是随时伺机报复。

罗马通过获取或强迫当地统治阶级合作而扩展势力，统治阶级可能是被征服的社群之中的行政官吏，或是部落的族长。例如，伊比利亚的官吏遵照罗马法律审理案子，并且下令将裁定结果刻在青铜板上。希伯来君主和日耳曼酋长会在得到罗马批准的情况下保有原来的权威。从某个层次看，罗马帝国是城市组成的一个联邦。从另一个层次看又是不同民族形成的联邦，其中希腊人是罗马人在东边的首要伙伴，凯尔特人则是西边的首要伙伴。

罗马人的自我意识——拉丁语言与地中海式的生活，通过殖民地与军队驻地散播到帝国境内各地。大西洋沿岸葡萄牙的殖民者因为镶嵌瓷砖被盐雾侵蚀，于公元 1 世纪时把自己的市中心拆了，再按罗马的样子重建。西班牙的下水道、潘诺尼亚的三角墙、叙利亚的石棺，都散发着一眼就看得出来的罗马艺术的“古典”风格。莱茵河畔科隆边疆上的某位沙场老兵的墓碑上，妻子和儿子正随侍身边，面前陈列着食物和醇酒，一如罗马城的贵族阶级。英国北部的一座墓碑纪念着一名早夭的 16 岁叙利亚男孩，哀悼他的人认为他死在辛梅里安人生活的地区，也就是荷马所想象的前往冥界途中的多雨又多雾之地。[39] 这里尽管离罗马非常远，民众却十分熟悉罗马文化，所以 3 世纪的钱币上刻的维吉尔诗句只取每个字的第一个字母，大家照样看得懂。

贸易和战争都能把文明共同的元素输送到这个世界的各个地方。罗马帝国发挥的功能是既使臣民生活丰富，又能管制臣民。例如，公元 1 世纪的西班牙杜埃罗河谷某氏族的商人们，都在匈牙利入土长眠。希腊制陶匠所做的巨大酒瓮，用于装运安达卢西亚的酒到普罗旺斯。由于罗马帝国代表的是地中海文明，随着罗马帝国往地中海盆地之外延伸，地中海的出产物成为输出范围最广的物品。一旦各地方形成自身的手工业专门项目，商业关系也会在整个帝国领域内往来交流。例如，罗马帝国最抢手的鱼酱是用鲔鱼和鲭鱼的血与内脏制作的，制作的工坊都在西班牙的西南部；高卢东北部是布匹制造中心，商人们的生活情形就刻在德国与卢森堡边境伊格尔一处的陵墓上。他们将大捆的布料成品沿陆路与河流运输，放在华丽的店面里出售，然后把赚来的钱花在酒宴上，以突显他们比务农者优越的地位。

佩特罗尼乌斯的虚构故事里的商人特立马乔乃是暴发户的原型。他曾经摆下极尽铺张的酒宴，还雇了一名吹号手报时，“以便随时告知他的寿命已经失去了多少”。[40] 那时候的中产阶级就有计算时间等待下班的恶习了。他命画师把自己和众神画在一起，把自己最初刮下来的胡子收藏在金质的匣子里，命人在他自己的纪念碑刻上装备齐全的船只。他的船队航遍了罗马商业所及的每个海域。“他有从雅典取来的蜜蜂，所以能吃到自制的雅典式蜂蜜……几天前，他还写信到印度订购了野蘑菇种子。”[41] 他的一艘运酒船翻覆就损失了 3 000 万塞斯特斯，* 但是下一艘货船赚回来的比损失的还多。佩特罗尼乌斯如此夸张的描述不足为奇，商人在宴饮上的挥霍排场早就是大家的笑谈了。诗人贺拉斯曾经接受过“在弦月的月光下摘蜜苹果”的款待。[42] 他的诗向来擅长用新奇事物营造效果，所以他的作品形同一部进口精品大全。贺拉斯嘲笑商人还有一个目的，是要借此显出他自己在萨宾的农家纯朴生活才值得推崇。他的诗文之

---

* 塞斯特斯是罗马钱币的一种。——译注

中处处是引用贸易的典故，有撒丁岛谷仓的小麦、印度的黄金和象牙、叙利亚的酒器，坐拥这些东西的人都是“受诸神宠爱且能年年往返大西洋两三次而安然无恙的人。”[43] 尚武精神和农业的价值——也是罗马兴起时的价值——从未消失；不过，社会转为放眼海上以后，重商与远途冒险的新价值观也开始确立。

我们常听说罗马帝国“衰”与“亡”的过程，其实比较恰当的说法应该是这个帝国改头换面而消失的过程。过程的关键可以从罗马最著名的遗迹罗马广场看见，但不是看铭文，而是看石材。我们现在能看到的绝大多数罗马广场是公元 3 世纪晚期与 4 世纪早期留下来的，这个时期的公共建筑非常密集，推动建筑计划的皇帝们信仰的是与罗马昔日光辉成就相连的公民精神、公众仪式、异教神祇。但这些过往时代自豪的建筑，注定将在信仰改变后被拆除，甚至被窃走石材。原本广场中最庞大的建筑是长方形大会堂，多建于公元 306—312 年，一个个大壁龛使周围环境相形见绌，后来几乎所剩无几。因为以后的皇帝大都信奉基督教，对于旧的仪式和举行这些仪式的场所，任由它们荒废。第一位皈依基督教的皇帝君士坦丁就像罗马历史河道上的一条深沟，把河流改向。他在东边建起新的国都，使罗马城走上衰落的命运，也使罗马广场变成了一潭死水。就象征意义而言，他的凯旋拱门封住了往东的视野。远看虽然够宏伟，是在光荣恢复帝国传统，但如果与以前的拱门相比，只算是劣等货，上面布满从其他建筑物回收再利用的浮雕。君士坦丁以后只再添加了纪念福卡斯的石柱，它像个多愁善感的卫兵，伤心地守着广场逐渐衰朽的残迹。

因为政治重心一直把皇帝留在东边，罗马城的地位也不保。如今在伊斯坦布尔市中心的最高点，站在飘浮的废气和阵阵尘雾之中，仍能体会这次重心东移的影响。自从 323 年这里被选中为罗马帝国新都，古代世界的努力成果虽在，但是已经褪色、破败、半截入土。德尔斐神谕的蛇宝座、埃及法老王的方尖碑、刻着战车竞赛场面的巨柱，几乎是三个大陆区仅剩的象征物，拼凑出君士坦丁首都速成而来的尊贵。从象征层面来说，将君士坦丁雕像立起来的柱子下，还包括特洛伊城的帕拉斯·雅典娜守护女神像——据说这曾是特洛伊的英雄埃涅阿斯本人膜拜的——还有阿波罗冠冕上的日光、耶稣受难的钉子、耶稣真十字架的残片，称得上是异教信仰与基督宗教转型时代的“时间胶囊”了。

罗马帝国的陆上边疆既长又不安定，成为难以负荷的重担。阻隔在边界之外的人想要进来，不仅仅是进来掠夺或充当佣兵，也想进来定居并分享帝国的繁荣。人数太多，形成不可抗拒的压力。日耳曼人和斯拉夫人并不像罗马人一向认定的那样会毁掉罗马文明，因为他们在某些方面也带来可丰富文化的新元素。但是他们的加入也促成了一种缓慢的变迁：政治上与文化上的价值崩解，使小王国的势力逐渐提高，取代了罗马的统御。拉丁语言的统一势力瓦解，取而代之的是多种彼此不通的语言。从 4 世纪晚期开始，外来分子密集殖民罗马帝国，整个罗马世界渐渐变得杂色斑驳，好像万花筒一再摇出更复杂的图案。

地中海沿岸的根本统一性——归属同一文明的感觉——却保持不变。直到公元 634—718 年的剧变暴发。一度仰赖大沙漠保护的那一侧帝国边疆被阿拉伯人入侵，从未料到会有危险的地区失守。

先知穆罕默德于 632 年逝世，留下使阿拉伯人脱胎换骨的宗教信仰。他的追随者此时有了纪律严谨、动力强悍的组织，以及对不信真主者发动圣战的意识形态。到了公元 8 世纪 10 年代末，他们的气力在君士坦丁堡前和西班牙北部山区里耗尽，他们也把地中海文明切成两段。他们不像以前的侵略者会敬畏罗马人，或向罗马人效忠。从这时候起，他们所征服的土地就变成另一个文明，一个与罗马对抗的伊斯兰文明。

古典文明所及范围：希腊罗马文化遗产在全世界的传播

“经典”作品是永远不会丧失影响力或实用价值的作品。公元前 5 世纪与公元前 4 世纪的希腊文明当得起“经典”的称号，因为以后的人一直以它为榜样。能够在人们的记忆与想象中占据这样的地位是不容易的。我们这个时代所谓西方世界的艺术与思想，永远不可能与之相提并论。

我们可以根据某个文明向未来所投注的自信来判断它有多大的前景。以我们今天为例，根本没有能够纪念第二个千禧年的大建筑，没有本着让下一个千禧年更好的希望而投注的心血。看看德国国会大厦、伦敦艾伯特音乐厅、维哥主题公园、卡迪夫湾歌剧院，欧洲正在进行中的建筑计划都不能激发公众的热情。伦敦千禧穹顶中看不中用，是个空洞的泡泡，迟早要瘪掉；俯瞰威斯敏斯特的巨型摩天轮显然是游乐场趣味短暂的玩意儿，是用后即弃的社会里的滑稽小品。我们的所有梦想似乎都没有方向，我们也没有一个评判这些建筑计划可依循的标准。

我们向来依循的标准就是古典时代，即我们所认为的现代“西方”的母文明。建筑师如果想要建筑物有庄严恢宏的气势，仍会抄袭古典时代的风格。而古典时代的艺术品也一直左右着西方世界的审美标准。保罗·麦卡特尼计划在披头士乐队的发祥地利物浦建一所表演艺术学院，在开工派对上所切的蛋糕，正是按照他所选定的校舍模型制成的：那是古希腊式的神殿。西方戏剧史整个是在几位公元前5世纪雅典戏剧家的影响之下发展起来的。艺术家也一直在用古希腊人信奉的神祇们来象征罪恶与德行。我们要辨明真假对错时最常采用的方法，仍是古典时期的思想家所教导的。想要理解任何其他时代的西方艺术、思想、文学，都必须先多少认识一下古希腊文明。古典时代的文化遗产并不只存在于“西方”，而是投射到世界各地，几乎每个接受了它的民族都会把它再传播出去。

这种传播与中国的影响方式——从发源地传到外界的情形——是大不相同的（见第八、第十三章），虽然人们可能认为中国的影响会延续更久、传播更广。征服、贸易、殖民虽然都助长了希腊罗马文明的影响力，但是，其他文化之中仰慕希腊罗马文化的人自愿归属，才是传播成功的主要因素。此外，拜历史偶然性的诡计所赐，基督教的传教者（他们原是否定古希腊古罗马神祇的人）也成为传播古典世界记忆与形象的功臣。罗马帝国在西方正式灭亡以前的最后200年里，政府与教会相互腐化。一个东方神秘宗教—— 一个犹太教异端——挪用了国家的传播渠道，威力极强。宣讲这一宗教的人是个穷困而古怪的拉比，人们都相信他是上帝的化身。本来只是奴隶、妇女、穷人的信仰，也抓住了浸淫于古典艺术、文学、哲学的精英统治阶级。4世纪的基督教与异教信仰共享同一个世界：伦理学是斯多葛学派传下来的，形而上学是柏拉图的，理性思考是亚里士多德的，政治权威的模型是罗马的。我们无法区分两类宗教传统下的苦修者，他们饮食同样力求朴素，不修剪的胡子里同样藏着虱子。圣哲罗姆誓言要戒掉维吉尔的诗，却守不住自己发的誓。圣奥古斯丁觉得经典文学太淫荡而不宜阅读，却把古典思想纳入基督教的传统。

距离罗马越远，气候越冷，环境越艰苦，野蛮民族的威胁越迫在眼前，此时古代地中海世界的文化遗产似乎就越显得珍贵。侵略过罗马帝国的民族，几乎每一个都抗拒不了这个诱惑，在不必牺牲自己本色的情况下，甘愿接受罗马文化。西哥特人受了温暖南方的吸引，在圣坛屏上装饰了葡萄藤。蓄着长发的国王佩戴起执政官纹章，并且僭用罗马总督的牛车。俄罗斯国王自封的“沙皇”称号借用自“恺撒”。法兰克的一位皇帝穿着靴子就寝，据说是以奥古斯都为榜样。盎格鲁-撒克逊诗人不忘表达对于罗马“先贤”的敬意。这些野蛮民族到来的时候，基督教已经是罗马文明不可分割的一部分了。罗马帝国融入“基督教世界”以后，同样的一股吸引力继续把周围的人拉进来，这些民族都向往基督教世界的相对富裕，或是向往其书写文化与工艺技术。

故事说来话长，也许用一连串间歇的、分散的场景可以说得比较清楚。第一个场景可以定在贵族身份的波伊提乌的牢房里，时间是6世纪中叶，地点是东哥特人统治的意大利，他正在等候自己效忠的国王下令处决他。波伊提乌是西方传统中的大人物，不过他的作品在书架和教学大纲上都找不到了。即便是受了一定教育的人也甚少听过他的名字，能把史实和他的名字联系在一起的人又更少。我们可以根据意大利拉韦纳这个地方所保存的古教堂和陵墓来想象他的生涯背景。拉韦纳是东哥特国王狄奥多里克的宫廷生活重心之一，从亮晶晶的细工镶嵌画面上展示的那些已消失的生活形态——施洗、礼拜、工作、丧葬——我们可以了解个大概。罗马人和哥特人各有自己的洗礼堂，几乎是一模一样的，但是其中安置的圣徒不同。这种区分激化为冲突：从圣维达尔教堂里查士丁尼本人与随从们的凯旋塑像，可看出罗马再次复兴的迹象，但查士丁尼却也是波伊提乌的主子奢望要抵挡的罗马皇帝。波伊提乌努力要使狄奥多里克接受罗马化，但从狄奥多里克的圆顶陵墓就看得出来，波伊提乌的辛苦成果有限。狄奥多里克折中地采用了正走下坡的罗马仍在流行的铺张风格，但是毫无疑问，他遵照的仍是日耳曼古风，用土丘来埋葬作战的族长。

波伊提乌是我们现在所谓的“未来冲击”的受害者。世界正在发生令人无所适从的变迁，传统价值解体，传统制度崩溃，他却固守着旧秩序，坚持要罗马帝国延续，为自己的儿子当选执政官而欣喜若狂，指望野蛮民族的侵略者能被罗马文明驯服。他受狄奥多里克信任多年，却因为对公正太敏感又反对压迫（他自己这么认为）而惹祸上身。他曾经保护农民免被征用，保护元老院同仁免受迫害，也保护整个罗马元老院免于集体被控叛国。他被监禁在帕维亚的砖造牢狱的期间，写下了《哲学的慰藉》。

他的“慰藉”，简而言之，就是他坐牢必然是上帝仁慈的安排。他认为真正的哲学家只有柏拉图与亚里士多德两人。柏拉图思想比较适合他坐牢的心境，但是他也注解了亚里士多德，概述了亚里士多德的三段论推理，因而使逻辑传统在欧洲的“黑暗时代”依然维持原有的地位。他怀着悲哀而又问心无愧的逆来顺受，准备面对死亡，颇有苏格拉底的风范。《哲学的慰藉》是一部文笔优美又有影响力的著作，促成了重视幸福高于一切的古典异教价值系统与基督教传统——自我牺牲、克己、崇敬上帝——的融合。波伊提乌认为，幸福与上帝没有区分。[44]

我选的下一个场景，是在英格兰的诺森伯利亚的一处修道院。时间是公元685年冬天，这灰色石造建筑俯瞰着灰色的大海，海上来的寒气渗入石头，修道院里的人感到寒风刺骨。这个季节发生的瘟疫使修道院的人几乎死光。活命的只有院长和一名小修士。修道院逐渐重振以后，这男孩虽然算是资深者，却没有爬到担当要职的地位。因此我们可以假定他是欠缺行政才能的。但是他的学问非常好。他的名字叫作比德，共有35部著作，涉及语法、神学、历史、《圣经》评注、科学。中世纪的学术与8世纪早期的诺森伯利亚因为有他而格外光彩，他就是“黑暗时代”的指路明灯。

诺森伯利亚的“文艺复兴”（历史学家普遍公认这是欧洲第一个有资格称为文艺复兴的发展）最令人惊奇的是，竟然发生在距离古典欧洲文明地中海中心地带那么远的地方。比德所在的诺森伯利亚，几乎就是罗马帝国境内距离罗马最远的地区。距离诺森伯利亚最近的一个大型古罗马建筑就是哈德良长城。罗马文化渗透并不彻底，这可以从诺森伯利亚制的一只箱子上的鲸鱼骨雕刻看出来，大约是比德出生以前30年的工艺品。雕刻中有耶稣诞生的情景，也有创建罗马的罗慕路斯与雷穆斯兄弟俩接受母狼哺乳，还有铁匠韦兰阴谋强占一位公主并且打算借助魔法翅膀逃逸的故事。黑暗时代的边疆地区就会有这样的想象模式，把基督教、罗马神话、日耳曼神话混在一起，再编造出漂亮的艺术品。比德在这个环境中幻想罗马，用希腊文涂涂写写，用古英语写诗，促使一个几近文盲的地方再生出学习知识的心。他临死前在翻译《约翰福音》与塞维利亚一位词源学家的作品。从后世人的观点看，很容易把波伊提乌和比德这样的人描述成在困境中抢救知识的人，要趁着世界上的学术知识在古典文明瓦解葬身废墟之前，拼命把它们收集起来。其实这两个人都是乐观主义者，他们的著作都是为了教化子孙后代而编写。[45]

这个特点也是以后每一次文艺复兴中都鲜明可见的。古典的文化遗产不但复兴，而且传入以前不熟悉或未接触过它的地区。9世纪早期的“加洛林王朝文艺复兴”的影响范围很广，但是中心点在亚琛，是前罗马帝国的边疆一角。下一次的大复兴，也就是10世纪晚期的所谓“奥托王朝文艺复兴”，发生在境内几乎没有真正罗马人的萨克森地区。甘德斯海姆的赫罗斯维塔模仿罗马剧作家泰伦提乌斯与普劳图斯的风格写作喜剧，赞美贞洁品行。12世纪的文艺复兴不但把拉丁文化的边疆扩大，也把欧洲内部少有人见过的森林居民、沼泽、山区都带上了学者的书案（见第五章）。15世纪和16世纪意大利的文艺复兴，也是我们所熟知的“文艺复兴”这个名称由来的这一次，也曾经趁势跃入了遥远的新领域。15世纪60年代，匈牙利的人文主义者国王马加什一世按照普林尼别墅的样子，给自己造了一座行宫。1472年，俄罗斯皇后索菲娅·帕列奥罗格（原名佐伊）把意大利的建筑师和工程师们带回莫斯科，当时沙皇已宣称莫斯科是“第三个罗马城”。1507年，波兰的齐格蒙特一世开始按文艺复兴风格美化克拉科夫市。齐格蒙特二世的母亲就是米兰人，他于1548年在立陶宛的维尔纽斯建了一个文艺复兴式的宫廷。[46]欧洲的海外扩张兴起，也在这个时候把文艺复兴的影响带到更远，西班牙帝国的表现尤其显著。方济各会的修士在特拉特洛尔科建了一所三语学院。人文主义传统的学术研究在墨西哥市设置据点，这里有连马德里市都没有的印刷工坊。建在安第斯山脚下的市镇、的的喀喀湖畔的教堂，都是按照维特鲁威的建筑风格规划的。[47]

一连串文艺复兴的最后一个（范围更远）与19世纪欧洲帝国主义的扩张同时进行。希腊罗马学术知识推进之快速与地位之重要，更担当得起“复兴”的字义。黑兹利特曾说过，当时的人好像“总是在讲希腊罗马如何如何”。罗森莫尔德的卡尔公爵也说，整个北欧就像一个渐渐向阿尔卑斯山爬升的山坡，那似乎是通往文化发源地之路。[48]希腊文是——拉丁文更是——欧洲储备帝国主义人才和进行宗主阶级教育的基本课业。19世纪欧洲从两个技术层面体验了文艺复兴的意义。第一是拓展了可取得的古典文本的范围、提高了编纂质量，这是因为学术研究的水平比以前进步多了。第二是将以往未被注意的古典文本纳入文学传统。希腊悲剧虽然一向具有影响力，这影响却是借亚里士多德的《诗学》与塞内加的罗马版改编而传递。到了19世纪，索福克勒斯、欧里庇得斯、埃斯库罗斯的原作直接使人着迷，造成的冲击与原来的完全不同。这最后一次文艺复兴轻而易举到达了从来没有到过的更遥远的边陲，这是因为殖民地精英阶级接受了都市教育，帝国主义官吏与教师们传播俗世福音，以及轮船运输提升了交通的便利。

传递希腊罗马文化遗产，甚至把西方文明的接力棒传给新手，乃是19世纪帝国主义自觉的道德责任。麦考利曾在1835年的著名备忘录里写道：“我们的英语对于印度人而言，就如同希腊文与拉丁文在托马斯·莫尔与罗杰·阿谢姆心目中的地位。”[49]他自己的思维其实“经常一两周都集中在古罗马的拉丁姆与古希腊的阿提卡，而不在英国的米德尔塞克斯”。[50] 其实，印度可以说是距离古希腊古罗马世界边缘并不很远的地方。印度西部的港口曾经是《厄立特利亚海航行记》的一部分，列在古希腊历史学家阿伽撒尔基德斯的行程表上，也是亚历山大大帝的目标。[51] 根据 19 世纪到 20 世纪早期盛行的一个论点，印度凭所谓的“印欧迁徙”而与古希腊有脐带关系，所以梵语和希腊语会有诸多相同之处，希腊文明与印度文明是同宗。我认为，虽然这个理论现在已经没有多少人相信了，但它曾有重要影响，造成印度在这样的文化氛围里可以顺利接受来自欧洲的影响。因为印度人在接受西方文明时可以认为是在找回自己的过去，不会感到可耻或是贬低了自己。即使像斯瓦米·维韦卡南达（法号辨喜）这样严厉批评欧洲人腐化的人士，也会认为希腊文化遗产有原属于印度的部分，所以尊重公元 4、5 世纪雅典的“耶婆那上师”的教诲。[52]

因此，印度比 19 世纪亚洲的其他地方更常用到“文艺复兴”一词，也就不令人意外了。在当时的印度境内，这个词最常用在孟加拉身上。最卓越的孟加拉史专家之一（也是孟加拉人）曾有名言：孟加拉文艺复兴超越了欧洲的范本，“是比君士坦丁堡陷落以后欧洲文艺复兴更宽广、更深刻、更彻底的一次文艺复兴”。[53] 谈到孟加拉文艺复兴的开端，通常都离不开拉贾·拉姆莫汉·罗伊（1772—1833），他是这项运动的先驱人物与最具代表性的思想大家。[54] 他传授给弟子和仰慕者的“文艺复兴人文主义”，是通过 18 世纪欧洲启蒙运动带过来的，有理性主义者的认识论思想和现世精神。拉姆莫汉·罗伊把人性说成近似一种神圣奥秘的信仰，并指示学生阅读伏尔泰。加尔各答主教误以为他皈依基督教而向他致贺，他回答说，他不想“为了要接受另一种迷信，而抛开原来的迷信”。[55]

当然，欧洲古典传统在印度被接受的深度和广度都是有限的。拉姆莫汉·罗伊所受的启发也不如乍看之下那么单纯。我们现在知道，他成为西方文学研究者以前是吠陀梵语与波斯语学者。他的自由主义与理性主义思想的根源，在某些方面是比他开始接触西方学问还更早之前就有的。他显然在读到西方版本的亚里士多德之前，就已经从伊斯兰教的著述之中读过他。[56]说来讽刺但值得一提，如同许多人都知道的，12世纪的西方文艺复兴所了解的亚里士多德思想，除了得自欧洲著述，有很大一部分是从阿拉伯语和叙利亚语的著作中读回来的。最精通拉姆莫汉·罗伊著作的一位学者曾经说，“他因为老是念着印度确曾有过一个黄金时代，所以成了一位发展现代方法去研究东方学的人”，因此并非完全只向西方学习的导航者。[57]孟加拉国语中有一个特别造的字nabajagaran，意思等于“文艺复兴”，但是另外还有一层含义，是指“重新认识”已经存在的事物，并且以全新的视角再审视它们。19世纪后续的时间里，孟加拉人回归到《奥义书》《薄伽梵歌》或迦梨陀娑的作品中，甚至回归中世纪的孟加拉地区毗湿奴信仰，他们受西方影响，却怀着找回过去自我的意识。[58]

希腊罗马文明改换模式传往西方以外的类似故事很多。在马拉维、名古屋、开普敦、雅加达、西伯利亚、胡志明市都可以看到学校课程表上有希腊罗马的经典，银行、图书馆、政府部门会有希腊式的门框、三角墙和廊柱。有一个可以当作代表的例子，那就是19世纪的菲律宾。之所以选定它为最后一个场景，不仅因为它十分全面，还因为菲律宾接受的西方影响中包括了基督教。场景中的主人翁是菲律宾民族主义英雄何塞·黎刹，他可以算是最后一次欧洲文艺复兴的产物。他是亚洲人，却受了欧洲教育，而且是当时马德里大学最优秀的希腊语学生。他是一位通才，不论从事哪个学科门类都能出类拔萃：诗歌、散文、雕塑、外科医学、教育、革命、古文物研究，以及反殖民运动。他因为阅历太广，所以不论走到哪里都有点格格不入：在香港，他是“西班牙医生”；在马尼拉，他是“华人混血”。他的小说巨著《社会毒瘤》里填满了引用的典故，书名页上也能把荷马、恺撒、希腊悲剧、席勒、莎士比亚一并提及，这都是他所接纳的传统之中的精华。他研究菲律宾本土语言的语法，有文艺复兴时期人文主义者的风范，令人联想到早期来到菲律宾的西班牙修士学者们的作为。他预期会有菲律宾作家巨匠纷纷继他之后而起。[59]人们要解释他这个人，往往会想到文艺复兴时代的人物，说他是“亚洲的塞万提斯”，是“说塔加洛语的莎士比亚”。乌纳穆诺曾说他是“说塔加洛语的哈姆雷特”，意思并不是把他比为中世纪的那位丹麦王子，而是比为文艺复兴时代戏剧中那位受煎熬的主人翁。

黎刹的真实面貌并不只是如此。他也曾经往他自认为要传承的本土传统之中寻找灵感。他还看不懂西班牙语时就听过塔加洛语的诗歌。他曾经注解一部最古老的西班牙语所写的菲律宾编年史，这也是他为寻找菲律宾未被殖民经验腐化以前的黄金时代而做的一部分工作。对于一位想展示文艺复兴传统的学者和作家而言，这不是什么意外，文艺复兴通常不会只启发一种文学的复兴。比德的修道院里就有诗人凯德蒙在吟唱古老的民谣；大力赞助加洛林王朝文艺复兴的查理曼，曾经下令趁法兰克人的传统诗歌被遗忘之前将其记录下来，可惜那些诗歌似乎仍旧失传了。以后的每一次欧洲文艺复兴，本土语文都会跟随在古典复兴之后重振。所以，当文艺复兴在更远的地方发生时，也有这种效果接踵而来。黎刹在棉兰老岛放逐的最后几个月里，远离了他度过大半生的都市与充满各种信息的环境，似乎也加深了他根植于本土的自觉。回到马尼拉后，他因参与民族主义革命运动而被判枪决。死刑判决书上说他是“华人混血儿”，他提出质疑，声明自己是“纯正的本地人”。这不是绝对确切的声明，但却反映了他当时的思维状态与他一生所呈现的文化混杂是相违背的。他步入行刑场的时候，轻蔑地摒弃了一位善意的神父递给他的十字架，转身面向海洋，接受执刑队伍的开火。他成为西方古典学者与民族主义者，都得益于从海上来的欧洲影响。人类驯服浩瀚混沌的深海环境，比他的时代早不了多少。我们若要理解世界上的海洋虽无法变得宜居，但至少变得可以越渡，成为人类不同文明之间的一系列沟通要道，那么我们就必须跟着黎刹的最后这一眼望出去。

第七卷

破浪

驯服大洋

BREAKING THE WAVES

The Domestication of the Oceans

VII

我们感觉长长的脉动，不停潮落潮起，
无形奥秘发出的音色，模糊而广阔的暗示。

——

沃尔特·惠特曼（Walt Whitman），
《草叶集》(*Leaves of Grass*)

一切自水而生，
一切得水而长，
海洋，让我们永远受你统治。

——

歌德（Goethe）

第十五章

几乎是绝地的环境

海洋文明的兴起

| 从印度洋到大西洋

| 从大西洋到印度洋

· 船只应维持准备出海状态。

· 一旦停泊，应做妥下锚之必要安排。

· 但凡察觉恶劣天气，撤下顶桅杆并以双索收帆。

· 出海信号一旦发出，应尽快执行，盖因风向改变远比预期快。

· 切勿强行乘风暴出海。

· 切勿于恶劣天气时将船头指向陆地，海浪冲力极强，此时的动向尤其不定而奇怪。许多船只在出海成果丰硕而归后因顶风向岸停泊而损毁……

——

毛里求斯路易港早先制定的船长守则

引自阿朗 · 维利耶（Alan Villiers）

《季风海》(*Monsoon Seas*)

伊斯兰之湖

100多年前，东非内陆尼亚萨湖畔的尧人酋长马塔卡，令族人们换上阿拉伯衣着，在湖面上漂行单桅三角帆船，并通过椰林与斯瓦希里式建筑改变了湖畔都城的模样。等到种植杧果成功时，他欢呼道："啊！我终于把尧人的地盘改变成好像海岸一样了！"[1]

我很难想象这种文明的试验会有什么样的后果。也许马塔卡的都城看来很怪，像是硬装进周遭环境里的。然而，它却属于世界史上一些重大创新运动的一分子，因为印度洋西部变成了一个伊斯兰世界的湖。印度洋作为文化传播媒介的作用太彻底了，以至于连尧人这样生活在印度洋流域最边缘的一个族群也被包括在内。也因为走在可渡航道上的探险者与剥削者征服了世界上所有可航行的水域，拉近了不同文明之间的距离，也多少促使这些文明超越了自己发源的环境。本书的最后这一卷里要讲到海洋环境运输竞争的舞台，不同的文明在其上往返、互换位置、互受影响。在这种运输过程中，本来只是方便不同文明彼此接近的大洋，逐渐变成一个个轴心，不同的文明围绕着它们因而被改头换面。

对于马塔卡所向往的穆斯林湖，伊本·巴图塔曾经有过满意的航行经验。他的首度航海很可能是在14世纪20年代。本来给他安排搭乘的是一艘运骆驼的船，虽有铺位，他还是拒绝了，因为骆驼的磨牙声与推挤会使他的恐惧加剧。结果他从吉达启程搭的那艘船是用椰子纤维缝制的，缝隙填了枣椰核，涂了蓖麻油或鲨鱼油。风不顺，所以乘客都晕船。前往印度洋的这段旅程很辛苦，包括在红海以及红海两旁的陆路来回绕道，总算到达了“印度商人之港”——亚丁。他觉得这地方不讨人喜欢，狭小拥塞，陆上交通不便，而且无水可用——除非按照贝都因人敲竹杠所定的价钱买水，天气又热得要命。可是这个城市非常富裕，有些人不必找人合伙出本钱，自己就有整船的货。

他从亚丁来到索马里海岸的泽拉，这里的居民是黑人，信奉什叶教派，“他们的市镇是世界上最臭的……造成这种臭气的原因是鱼太多，以及他们在大街上宰杀骆驼的血”。即便如此，伊本·巴图塔仍然有身处伊斯兰世界的安逸感。航行 15 天后到达摩加迪沙，他遇上了从未见过的习俗：像他这种有学问的人必须先觐见苏丹，之后才可以去投宿。这里的人说的语言他听不懂，不过受了教育的阶级仍会说阿拉伯语。当地居民都特别胖，所以这位见多识广的旅行家忍不住要说一说。奇特的食物也令他吃了一惊。端给他的有牛奶煮的香蕉和杧果，他形容杧果吃起来像有核的苹果。这些新奇的事物倒不会使他不安，因为他仍处在他熟悉的文明里。

路过蒙巴萨的时候他仍有这种新奇混着熟悉的感觉。这里的木造清真寺很美观，人们在进入之前必须洗脚。他此行最南的一个地方是基卢瓦（见第十一章），这里虽然偏远，伊斯兰信仰却是坚定的。都城是“最精美、建筑最结实的城镇之一”。大陆上不断进行着对抗异教徒的圣战。季风把他一路送到阿拉伯半岛南海岸的扎法里，这里的人用沙丁鱼干喂牲口，从深井汲水灌溉小米。他们靠以船运送马匹到卡利卡特为生计。

伊本·巴图塔在这些海域航行中，不时为了某些不纯净的习俗或偏离正轨的仪式而生气。例如，马西拉岛的居民吃禽肉没有按正确屠宰方式处理。他看到阿曼的居民敬拜行刺第四代哈里发阿里的人，祈祷的礼仪也不合规矩，便很不以为然。在马尔代夫，人们都很“虔诚而正直”，当地主政者授给他教法法官的荣衔，可是他无法改正妇女裸胸的习惯。尽管这样，他的字里行间明显流露出一个穆斯林在同质氛围中感觉到的亲切自在。[2]

他自称从阿拉伯的南海岸航往印度，但却只有陆上行程的完整叙述。在大洋那一边的印度，有大量不信真主的社群，他仍只能在穆斯林圈子里走动，无须担心自己的人身安全与信仰偏见。从他叙述印度教徒的野蛮看得出他备感优越的心态。他去参观了一桩殉夫自焚的实况，差点昏过去，“幸亏我的同伴立即取了水来给我冲脸”。[3]据他说，印度的奇中之奇乃是德里的苏丹——伊本·图格鲁克，“是所有人之中最沉迷于馈赠礼物和流血杀人的一位”。[4]这个人给他的印象主要就是胃口奇大与喜怒无常，时而威吓他，时而抬举他。除此之外，他也不忘列举许多信仰虔诚的人，描述德里那座有金顶光塔的大清真寺。有了这些，才使异乡的他像在自己家里一样放心。

走过德里以后，伊本·巴图塔的记述就走样了，警句说教的故事和刻板印象喧宾夺主，真实的游记沦为配角。他在信真主的人越来越少的世界里时常陷入险境，但是只要到了海上，总会有相距不远的穆斯林社群或真诚的穆斯林救他脱险，或是遇到“优雅而正直”

的酋长款待他。甚至到了中国也不愁没有教友亲切接待，而且还遇见来自故国的同乡，彼此相拥而泣。[5]伊斯兰信仰已成为世界上第一个海洋传输的文明。大西洋与太平洋后来也会见证同样的过程，两大洋的海岸被航行路线串联在一起。大洋成为文明向新环境伸展之路，不同的文明也通过大洋而进行接触、互相传播、发生冲突，文化通过大洋而交流。

大洋在文明史上有举足轻重的地位，但不是独一无二的。其他几乎不能居住的或只有野心极小的文明可以居住的环境，也可以相当容易地变成运输通信的大道，例如前文说过的，沙漠与不可耕作的草原一样有贸易者和旅行者往来，把欧亚大陆的两端以及北非的多种不同的气候区串联起来（见第二、第三、第四章）。大洋因为是地球上最广阔、最难以驾驭的空间，所以是最后被征服的环境。没有固定可航行的路线供越洋往来时，有些文明等于与外界隔绝。有大洋相隔其间的类似环境，在从前几乎不可能交流生活方式：不可能在大洋洲与南美洲建立"新欧洲"，或在加勒比海地区建立"新非洲"。[6]到陌生环境殖民的机会以前也是比较稀少的：伦敦和旧金山不可能建起中国城，巴西不可能有日本农业殖民地，马来西亚不可能有橡胶农庄，圣菲波哥大不会有三角钢琴。大洋未被征服以前也不可能期望有全球化的文明，这至今尚未成真的美梦或梦魇，乃是交流成功或妥协后的产物，而这必须借通达全世界的航道来成就。

印度洋的早熟发展

这个过程不论在哪里发生都耗费了很久的时间，在印度洋的发展却是最快的。印度洋成为远程航行与文化交流的地带，是历史上极为鲜明的早熟发展。仔细想想，会觉得这实在太重要了。现在的文献却几乎都不提，更遑论解释其原因。必须把印度洋的航行条件和别处的放在一起看，才会发觉印度洋在历史上竟然有这么重要的地位。因为远程航海可能就是从这里开端的。神话说佛陀曾在这里引航（见第十二章），传说早在西方现有最古老的海图问世之前 800 年，马诺哈拉王子就绘制了从印度到思瑞坤伽山的航行路线。具传奇性的波斯造船者贾姆希德据说曾经“快速地渡过海域，经过一个又一个地方”。[7] 这些故事都反映了一桩事实：长途航行与远程文化交流在这里早有发展。

遥远古代的航海者便已打开了联结整个印度洋区的条条水路。哈拉帕文明（即印度河谷文明）与苏美尔文明在公元前第二个千年就与海洋有了接触，即使大多是限于海岸附近的航行。[8] 可能是公元 1 世纪的人所撰写的《厄立特利亚海航行记》讲到的地方包括印度西部的港口，以及东非海岸几乎全部的港口。[9] 普林尼认为自己熟悉亚丁到印度的那一段航程。[10] 中国人可能在公元前第一个千年中期就航行到印度过，但是证据不太明确。[11] 不过有充足证据显示，早在公元 5 世纪就有船只往返于中国与波斯湾之间。而且有很长一段时间，有大量的贸易活动串联着其间的海上通路。[12]

其他长度差不多的海上航路在这个时候都还没有多少活动。别的大洋在世界史上大部分的时期居于次要位置，例如冰岛与马克兰的联系，这是从 11 世纪到 14 世纪断断续续保持的。另外就是斯堪的纳维亚半岛到格陵兰殖民地的航行，从 9 世纪晚期到 15 世纪，多险阻而不稳定。除此之外，哥伦布发现新航路以前并没有横越大洋的商业性通道。严格说来，1493 年以前都没有。到了这一年，哥伦布才确立了往返大西洋中部的最佳航道。太平洋的面积更大，所以要等到更晚以后了。传统的波利尼西亚航海者算是世界上最识水性的人了，但是因为出航总得逆风，装备食物和淡水的技术太简陋，所以他们在太平洋上只限于岛屿之间的航行。他们最远程的航行都太危险或太幸运，所以不敢试第二次，因而与距离他们最远的殖民地失去了联系（见第十一章）。虽然有研究者乐于推断古代的中国人和日本人可能到达过美洲西岸，但通常不会认为之后有过定期横越大洋的航行。就我们所知，在安德烈斯·德乌达内塔修士以前，从未有人从太平洋的任意一端成功地越洋。乌达内塔是他那个时代最了不起的航海者，本来在西班牙的隐修院里，后受征召而带领 1564—1565 年的远征队历险。[13] 因此可以说，16 世纪以前的大西洋和太平洋都是运输的障碍，阻隔了人们的交通。印度洋却已经有通行上百年的航路，使沿岸的多数文化有了联系。一直到 19 世纪，印度洋的贸易量与贸易值都是各大洋之冠。

同时，影响全世界的一些历史交流也在印度洋上进行：印度教、佛教、伊斯兰教传到东南亚，运送朝圣者到麦加的旅程成为促进文化改变的动力，印度洋在西方人所谓的中世纪变成了伊斯兰湖，东亚与非洲、近东和中东的远途贸易带来了显著的文化影响，中国的部分工艺技术传播至西方，尤其是在宋代时。势力大的帝国扩张就尝试沿印度洋的航路进行。例如，穆塔帕、埃塞俄比亚等东非内陆贸易帝国，印度、东南亚、阿拉伯、波斯湾的沿海国家，以及中世纪至近代早期福建往东南亚的商业帝国扩张和移民活动，都仰赖这些航路。18 世纪和 19 世纪的印度洋则是西方国家试验“生态帝国主义”的实验室，所以一直是世界史上大事开端的重要场所。[14]

水道一旦可以当作运输通路来用，往往会产生这种文化动荡与交流，但是，太平洋和大西洋尚未畅通以前，只有印度洋上有这么大规模的活动。印度洋的面积虽然比后来居上的太平洋及大西洋要小，但比起早期形成的航海通路系统，例如地中海、波罗的海、加勒比海、贝宁海湾、欧洲大西洋沿岸、日本的太平洋周边，仍是大得多。从世界史的角度看，能够传播得多远才是要点。能将影响力传布得越广，就越接近全球化。

印度洋会较早形成长途航海、海上冒险的传统，原因在于季风系统形成的稳定气候。严格而论，大洋并不真正存在：大洋只是人们脑中形成的结构，是绘制地图者的想象臆造的东西，是旱鸭子依照陆地的状态而划分的海上空间。航海人在乎的（我想应该是他们说了算，因为我自己是个泡在澡盆里也会晕船的人，没什么实地经验）是风与洋流的事实，不是地图上的定界。是风与洋流在统合水域，而不是由周围环绕的陆块或岛屿来决定。这地区最重要的唯一分界就是，季风系统与全年盛行风带的区别。印度洋与其周边地区的空间是由亚洲沿岸的季风系统来界定的。这些空间包括向来所认定的印度洋，东南信风带以北的纬度区，以及通常被归为西北太平洋的地区。至于信风系统则也涵盖了世界上其他大洋的大部分空间。

季风系统像一个可逆转的自动扶梯一般运作。赤道纬度以上的地方冬季主要吹东北风。其余三季的大部分时候，一贯为南风与西风。夏季里，陆地的热空气往上升，冷空气不断从海上送进来，平衡了气压。气流携带雨而移动，雨降在陆地上，使陆地降温，同时又产生能量，使空气变得更热。风把向上的对流带一直送进内陆，印度洋上的空气也不断吹进陆地。航海者算准了季风有利的时机，张帆启程，就有把握顺风去顺风回。

我们往往忽略的事实是，写下航海历险史的人绝大多数是逆风出航的，大概是因为即便出师不利也要力求安然返家。少数引人注目的例外，如哥伦布渡大西洋与早期西班牙人渡太平洋的不凡成就，正是因为那些人胆敢乘顺风航行。印度洋的环境条件使航海者少了这一层顾虑。我们可以想象一下以前的航海人，年复一年经历逆风顺风，终于明白顺风出航未必就回不了家。因为回家时的风是可预料的，所以印度洋是古时远程航行的最有利环境。

实际体验过这个环境的航海者，当然未必都表示庆幸。所有的航海人都时时提防遭遇危险与困难，印度洋地区的文学也充满恐怖故事，是刻意要使有心竞争的人知难而退，或是为了灌输对神灵的敬畏。对于爱讲故事的人而言，海洋是再好不过的道德寓意背景——暴风雨就是好管闲事的神祇射下来的箭。多数文化都认为突如其来的怪风可能是上帝或诸神有意的作为。惯于航行印度洋的人除了也有这类传统之外，还特别在意其中的障碍。我们必须把所有海域环境都列为对人类有敌意，以便评估一些亲身经历的记述。[15]为了分清楚不同海域的相对温和程度，有必要做一番比较性的探讨。

古代地图中把印度洋画成被陆地包围的样子，[16]其实不无道理，因为要走出这片海域是很难的。如今已经失传的“拉纳玛”是常被引述的航海指南，可能是12世纪或更早之作。其中讲到要慎防“周围的海域，一旦进去就不可能返航了”，甚至亚历山大大帝也在这里“立了一座魔法之像，举起一手警告世人：‘此乃航行之极地，越界即是未知之海’”。[17]印度洋既难走出，也不容易进入。夏季有台风刮进背风岸，从东岸进来几乎不可能。16 世纪以前，毗邻的太平洋所形成的大片空旷，一直使中国东海、南海以外的船只进不到这里。西边来的船只必须辛苦地绕道，经由南大西洋绕过非洲而转进，这样却会造成存货耗损与淡水用罄。南边来的路在夏季里被狂风阻断，熟知这海域的人不会在旋风季节轻率进入南纬 10 ~ 30 度或东经 60 ~ 90 度之间的区域。非洲大陆尖端的背风岸，即使在最风和日丽的时节也会发生海难。从 10 世纪的马苏迪到 16 世纪的杜阿尔特·巴尔沃萨，历代著述者讲到印度洋，都指出实际的航行极限是遍地骸骨的纳塔尔与特兰斯凯的北边海岸，葡萄牙海难生还者曾在这里写下《海洋悲剧史》。[18]

所以，自古以来，印度洋的旅客主要都是沿岸各国的本地人，或是走陆路来的，例如一些欧洲人和亚美尼亚贸易商。即便这么紧密的交流圈子，航行仍有风险。船一旦走上大洋，孟加拉湾与阿拉伯海两大海湾上的往来航道都是全年有风暴的。印度洋系统还是有一段颇为平顺的可航季节：往东走的船可以在 4 月至 6 月的西南季风下平顺航行，之后有一段风最强的月份，是西行船只可以凭东北季风而行的时候。最能把季风系统的助力运用得淋漓尽致的走法，也就是能再走得远些并用最快的速度带着贸易货物或利润回航的方法，是顺着季风尾端往一个方向走，以节省周转的时间。所谓的周转时间指的是载妥货物等候新季节与风向改变的时间。

这听来像是行船日程上伤脑筋的例行琐事，在航海时代却是生死攸关的大事。尤其是东行的航线，最怕的就是末期的季风。15 世纪一位波斯派往毗奢耶那伽罗帝国宫廷的大使曾经写下一次这样的经历，当时他被滞留在霍尔木兹海峡：

……因此，从海上动身的良好时机，也就是季风的开端或中期，就错过了，我们落在季风的末期，这是必须担心暴风与海盗打劫的时节了……我一嗅到船的气味，海上的惊险历历在目，我便昏厥了。三天之中，全凭我在出汗可以断定我还活着。我略为恢复之后，商人们（他们都是我的挚友）异口同声告诉我，航行的时间已经过了，现在若有谁敢出海，死活自己负责。[19]

红海那边的情形亦然，也不得不选在这最危险的时候行船：为了要借助北风穿过艰险的瓶颈，必须7月起航，8月在外洋里渡越阿拉伯海。这样冒险有一个好处：在风最猛的时候前往印度，只要不出事，最快18～21天就走完了。另一个办法是逆东北季风而行，避开天气不好的季节。水手辛巴达使用的那种传统式独桅或双桅船，是将三角帆挂在长条的桅杆横杆上，帆与风形成比较小的角度，就可以逆东北季风航行。这种船可以紧贴着风，逆风前进中偏离原定航道不过几度而已。[20]

辛巴达历险不过是描述这些险恶海域故事的九牛一毛。我最喜欢的是布祖尔格·伊本·沙赫里亚尔在10世纪中叶所写的《印度奇观书》。故事中讲到，生长于波斯克尔曼的阿布哈拉在做过牧羊人与水手之后，成为当时最出名的航海人，有7次往返中国的航行经验。能跑一趟中国又安然无恙返回已经是奇迹，创造两次成功更不可思议。伊本·沙赫里亚尔的父亲是位船长，他认为除非误打误撞，否则没有人能完成这种旅程。这应该是言过其实，但是足以显示阿布哈拉的名气有多大。有一次，要从希拉夫前往中国的一群船员在北部湾遇上他，这群人的船长就是伊本·沙赫里亚尔的父亲。当时阿布哈拉正在一艘船的救生小舟上漂浮着，只带了一皮袋的水，泰然自若。船员们想要救他，就邀他上船。他却拒绝了，说要他上船就得由他担任全权船长，而且要付他 1 000 第纳尔的薪水，这笔钱可以在到达目的地后用货物抵付。船员们听了大吃一惊，就苦劝他救自己的性命要紧。他回答道："你们的处境比我还危险。"船员们此时才相信他真的是艺高人胆大，"我们便说，船上货物多，钱财不少，人员也多。花 1 000 个第纳尔听听阿布哈拉的意见也无妨"。于是双方达成交易。

阿布哈拉宣布："我们要赶快动起来。"他下令船员把所有沉重的货物丢弃，投弃主桅，切断锚绳，以减轻船的重量。3 天后，"像清真寺的光塔那么大"的一团云出现了——这是台风降临的典型征兆。结果他们不但安然度过台风袭击，还被阿布哈拉带到中国，赚足了钱，回程中又来到他们弃锚的地方拾回了一些锚，这些锚当初都丢在几乎无法察觉的礁石上。要不是之前有阿布哈拉引导，他们的船早就撞上这些礁石了。[21]

这则故事也透露了航海人对于印度洋的观感：这是说变就变的海域，只有冒死换来的长期实务经验能应万变。

《土佐日记》的叙述者从四国南部到大阪所费的时间（见第十三章），足够差不多同时期的阿布哈拉从苏门答腊的巨港或亚齐起航，跨过印度洋的整个宽度，乘东北季风到达阿曼的佐法尔或亚丁。即便他是从中国的福建海岸启程，也只要再加 40 天或一个月的时间，就可以到达目的地，如果天气海况都特别好，甚至可能只要加 20 天。[22] 郑和在冬季里从苏门答腊到斯里兰卡耗时 26 天，从古里国到霍尔木兹海峡是 35 天。[23]

回程通常费时较久。部分原因在于，从波斯湾出航的船要在向东转之前南下到索科特拉岛（在阿拉伯海西南部）的纬度，以免经过暴风最密集的区域。如果想在一季之内乘顺风向北渡过中国沿海而到达中国，也不可能像从福建出航的一路那么顺利。从苏门答腊到中国必须 50 或 60 天。这不算久，只是不像出航那么快。这一点耽搁也可以在航程中间的阶段——渡过孟加拉湾以南的海域——以快速的航程补回来。郑和最快速的一次航行是从古里国到古邦巴素，14 天走了约 2 400 千米。[24] 总之，行程中如果大部分时候能把直渡印度洋的往来都大约维持在同一个纬度，航行时间就可以短得令人满意了。阿卜杜勒-拉扎克·本·伊沙克，也就是前面说到的那位被吓昏的波斯大使，他的船一旦到了阿拉伯沿海，只花了 18 天就抵达古里国。伊本·巴图塔走这一段花费了 28 天，是比较正常的记录。从这些数字足以看出，印度洋对于航海者而言的确是友善的环境。

如果读者觉得以上所说的不是很具代表性，我们也许应该拿地中海来做个比较。地中海是相对温顺、无潮的海域，素有风平浪静的美誉，连普遍厌恶航海的古罗马人都称它是“aequor”（平坦的）。《圣经·诗篇》却十分清楚其中的麻烦与危险：“你的瀑布发声，深渊就与深渊响应，你的波浪洪涛漫过我身。”（《诗篇》42：7）早期有关地中海的故事大多讲到风暴所导致的海难或出乎意料的脱险经历。我所知道的最古老的海上日志的作者温阿蒙（见第十二章）在公元前 1075 年完成从埃及到比布鲁斯之间不算远的航程，为此分外自豪，特别强调了这次前往黎巴嫩买木材为阿蒙造大船的任务之中所遭到的风暴。赫西俄德的《工作与时日》是述及航海实用指南的最古老文本（见第十四章）。他特别强调航行季节只有春季一段时间和紧接在秋收之后的50天，这样的估计或许太过保守。他还说，即便是在航行安全期里，也难免撞上宙斯与海神波塞冬不可预测的摧毁冲动。

赫西俄德这么谨慎的时限虽然随着经验越来越多、船越造越坚固而逐渐放宽，但这时代的地中海航海人却一直厌恶在冬季里出航。不能放心的人不止赫西俄德，这时代的航海文学与美术，包括《诗篇》与使徒保罗的言语，都不免要提到危险灾难。15世纪初期，克里斯托福罗·布翁德尔蒙蒂就写了一篇爱琴海惊魂记，其中有部分是在船上写的，因而格外震撼。他描述自己在萨摩斯岛附近一个小岛遭遇海难，以为自己只剩最后一口气了，便在遇难小岛的一片岩石上潦草地刻下："修士克里斯托福罗不堪饥饿丧命于此"，所幸随后被路过的小船救了。他也提到，蒂诺斯岛的野马乃是海难生还者的后代。此外，他还讲了土耳其海难生还者坐着羊皮筏子逃离普萨拉岛的故事，以及一名海难男子在木板上浮了8天，在一块岩石上待了一年，吃植物和树根活命的故事。[25] 旱鸭子们也被《奥德赛》以降的海上灾难文学与海难绘画灌输了恐惧感，包括圣尤斯塔斯在暴风中与亲人分离，圣尼古拉在空中庇佑已经损失货物的人，以免他们被暴风雨逼向更惨的境地。

按我猜想，地中海航海者的效率（在一定时间之内往返航程的长度）比不上印度洋的同行，主要原因就是航行季太短了。季节缩短的后果即是，一年之内可完成的航程不可能太远。此外，风向系统本身也导致从东往西的多数旅程拖得很久。航行时间长短的相关数据，以中世纪全盛期与晚期留下的最多。也许这个时期的航行耗时比古代短了，因为开发了帆的动力，也因为采用主要目的地之间比较节省时间的外海通路。可是慢速航行仍是在所难免的，因为使用桨（方便在沿岸多次停下补给淡水和其他物品）与普通的帆，在多数往西与往北走的旅程中是要逆风操作的。智者伯纳德于公元867年从雅法到罗马附近的这一趟回程，必须费时60天，这是横渡印度洋所需的时间了。伊本·朱巴伊尔乘热那亚的一艘船从阿卡到墨西拿，花费了57天。路易九世的第6次十字军东征舰队，从伊埃雷到阿卡花费了10个星期。1395年，一次从雅法到威尼斯的行程耗了5个月，虽然这是反常的，但正常情况却也得70天左右。进入西地中海的航行更累人，因为必须应付墨西拿海峡。据伊本·朱巴伊尔形容，这里的海“像水坝般倾泻，像炖锅般沸腾”。如果不走墨西拿海峡，就得硬闯海盗横行的西西里以南，1396年，有一艘船只花了53天就从贝鲁特回到热那亚。就路程而言，这虽然快得诡异，但按印度洋的标准看来仍嫌慢了。在地中海上由西往东走是相对快速的，但是航海人不论由西往东或由东往西都以掌握时机为要。[26]

多数时候我们不可能再有进一步的比较了，因为没有横越大西洋的记录可以与印度洋的记录相提并论。哥伦布或因为运气好或因为技术高，发现了几乎算是最好的一条横越大西洋的路径，而且很快地完成了航程。如果这样就开始来做比较，会是个误导。16世纪以及17世纪的前50年里，在有护航的情况下，从桑卢卡尔到韦拉克鲁斯平均需要91天。从加的斯到韦拉克鲁斯平均只需75天——因为没有桑卢卡尔那种河口沙洲碍事，但是走上101天仍在正常范围之内。从墨西哥返回安达卢西亚的航程却至少需要70天，拖得最久的记录是在海上走了 298 天。前往巴拿马地峡的航行时间和启程前往新西班牙的差不多，但是回航一般都在 107 天到 173 天之间。[27] 西班牙航海者在 16 世纪晚期打通太平洋双向运输以后，从阿卡普尔科到马尼拉通常需要 3 个月，从马尼拉回阿卡普尔科是 6 个月。[28]

表面上看，印度洋远比其他海域利于长途航行，利于帝国势力与商业施展宏图。按这种比较看来，印度洋的历史似乎有些令人好奇的问题：印度洋的远程贸易为什么没有像大西洋那样扩展到全世界？势力范围广大的帝国为什么没有像大西洋的滨海国家那样扩张到别的大洋里？大西洋那些相对经验较少的帝国与商业系统，为什么后来在许多关键层面上超越了印度洋的帝国？若要找出这些问题的答案，我们不妨走一趟历史上最著名的大洋航程之一，也是我们所知的第一次结合印度洋与大西洋的航行，更是首度把季风地区与信风系统连接起来的航行。

达·伽马的影响

1997 年，达·伽马初次启程前往印度之航的 500 年以后，历史学家们开始聚在一起纪念这件事，两年之中陆陆续续举行了一连串讨论会。那么久远以前的事，很少能够这样引起普遍重视而被持续探讨。公元 2000 年到来时，还会有哪一件 500 年前发生的事被世人翻出来细究？虽然 500 年前，从斯德哥尔摩到莫斯科到桑海到麦加，都有人把自己亲身经历而以为不应该被遗忘的事记录下来。

例如，丹麦国王汉斯在 1497 年胜利进入斯德哥尔摩城，但却没听说有人要纪念此事的 500 周年，即便 500 年前的“卡尔马联盟”

对于斯堪的纳维亚的未来有极重要的影响。我们想到丹麦和瑞典在近代早期的各自表现，就不禁会臆测这两国如果一直维持合并会是什么情形。莫斯科公国的伊凡大帝颁布著名的法典也是在1497年。俄罗斯史研究者认为，这是俄罗斯国家政府形成的关键一步，而俄罗斯也从此成为世界史上的要角。可是这件事也没有引起显著的纪念行动。波兰与摩尔达维亚公国在这个时期发生冲突，这虽然是划定拉丁基督教世界与东南欧所谓的“奥斯曼政治体”分界线的关键，但现在已经没有多少人记得了。1497年以及达·伽马出航前后的这段时间里，达·芬奇正在画着那幅《最后的晚餐》，这件事在达·伽马500周年正热时却很容易被忽略。波斯国王鲁斯塔姆在这一年死去，波斯历史研究者一般都认为这是标志着中世纪波斯帝国坠入最低潮的大事，之后便有萨非王朝兴起：这个事件的500周年却几乎无人声张地过去了。也是在1497年死去的还有博尔努的国王阿里·加吉（见第三章），当时必然有不少人认为这是世间最重要的大事，如今却几乎没有人记得，当然更不可能纪念了。桑海帝国之君穆罕默德·图雷此时进行的旅程可以号称重要性与达·伽马之旅不相上下：他正前往麦加朝圣，带着将近30万第纳尔金币和800名由国王授予勋章的随从。穆罕默德·图雷在桑海登上至高无上的位置，乃是虔诚者驱除以前霸占王位的异教“魔法国君”的胜利。所以他这次朝圣担保了伊斯兰教未来成为非洲萨赫勒地区的主要信仰，是意义非凡的，[29]但如今却没有大规模的国际讨论会以此为题。

我们如果说某一件事多么重要，必须说明白它对什么人而言是重要的。我们看达·伽马的角度多少受我们承袭的历史传统的影响，这个传统一向认定他这次航行是一个重要成就。不过这种视角还掺有事后诸葛的色彩，也就是从我们世界的现有状态回看它的色彩。

例如，这一次航程是不折不扣的东西方交会事件，对于生活在东西方交会所塑造的世界里的我们而言，这种事是重要的。近代史的东向发展轨迹，回顾起来似乎是从达·伽马此行开始的，这个轨迹促成西方在亚洲各地散播影响力，也在一些地方助长西方的统治势力，但是它也增加了欧亚大陆两端互相影响的机会。如今由东往西的影响似乎越来越多，我们会觉得自己正在经历达·伽马大力促成的那个过程的长线影响。除此之外，他的这趟航行也是真正的商业全球化的一个阶段，而商业全球化是我们这个时代的根本经济特征。给达·伽马的成就打分最慷慨的人，是倡导全球化商业的鼻祖亚当·斯密，他把这次航行与哥伦布发现美洲之旅并列为世界史上最重大的事件。[30] 虽然达·伽马并不算扮演早期欧洲帝国主义者的角色，但他这次航行却是西方入侵亚洲序幕的一部分，而西方入侵亚洲是过去500年历史的重头戏，也留下棘手的难题。历史学家们现在把焦点放在达·伽马当年与某些族群相会时的暴力与互不理解的状态，这只是反映了后殖民时代的焦虑感，既为目前与未来的种族关系感到不安，也因为发展中国家某些地区的人仍然在受剥削而不安。[31] 简而言之，我们重视达·伽马这个人，是因为我们觉得从他的经验可以看出我们自己所处困境的一些端倪。

我想抛开一向惯用的观点，改用更近似客观的视角，把达·伽马此行放在世界范围的背景里来看。我建议的观点必然是要发挥想象的，否则达不到常人难及的客观程度，因为现实中的常人都陷在自己奋力要叙述明白的历史之中。让我们来假设在各个阶段都有一位总览全世界的宇宙观察者，可以使我们跳脱处境，用后见之明进行推断，而且他不会像我们这样觉得这一个千年已经走到末时。

他也许不太会注意到19世纪90年代的西方科学进步与西方在全世界形成的霸权之势，而是注意到这个时候中国与日本这两个未来强国正有激烈冲突。或者他也可能注意到，阿比西尼亚（今埃塞俄比亚）国王曼涅里克装备精良的军队正在展开后世所说的逆转西方帝国主义势力的开端。按我们的史学研究方法来看，18世纪90年代最夺目的是法国大革命与法国军队散播革命理想的故事。但总览全世界的观察者此时注意的却可能是中国：乾隆皇帝逝世，差不多也正是一段帝国辉煌扩张结束的时候，拿破仑所说的“巨人的沉睡”于是开始。我们回顾17世纪90年代，最先想到的是奥兰治的威廉三世与路易十四之战。但宇宙观察者可能会更重视黑龙江沿线中俄边境的安定。近代西方历史学一向认为，16世纪90年代腓力二世之死是世界史上的重大转折点，也就是所谓的“西班牙的衰落”。世界另一端也有一位实践“世界政治”的人在大约同时期死去，即日本的扩张主义独裁者丰臣秀吉。从总览全世界的观点看，丰臣秀吉之死的影响应不亚于腓力二世。

如果宇宙观察者是在15世纪90年代总览全世界，并应邀指出哪些缔造帝国或远程经商的潜在作为将会产生重大影响，我想他应该不会着眼于比较落后、周边沿海的西欧国家。他会注意到一些相距遥远、交通不便，甚至彼此都不知道或不感兴趣的文化及文明。他会觉察边缘上的一些骚动（大部分是天主教世界以外的地方）：包括政治边疆的扩大，扩张行动的开始，例如聚落、贸易、征服、改变宗教信仰的区域开始扩大。这些会导致以后几百年的帝国势力竞争，扩张中的文明将互相冲撞，所有的社群都将卷入摩擦或融合。

这个过程会渐渐受西欧的主导。然而，我们假设的宇宙观察者既不可能预知未来，在15世纪90年代初也不会看出有这样的结果。当时引起竞争的动机包括对原材料的迫切需要、科学上的好奇、传教狂热、商业精神、不顾是非的侵略，但这些都不是某个地区特有的。天主教世界如果与中国、伊斯兰世界的某些地方或东南亚相比，甚至与波利尼西亚的某些方面相比，其实欠缺了远程航行必备的技术资源，没有办法维持航程，在不熟悉的地区找出方向，以及记录并传送在航行中收集的信息。

观察者的搜索目光大概会先落在欧亚大陆的另一端，看见中国。中国的制度经常是以先人为典范，这时候的中国已有海上远征大规模扩张的先例，郑和下西洋不但带回印度与非洲的奇异事物，也干预了东南亚与斯里兰卡的政治。可是，观察者如果以为这种扩张会继续下去，就要大失所望了。明孝宗朱祐樘于1487年继位后，便展露了积极作风。他一心要成为儒家的君主典范，下令把前朝引入宫中的术士一律处死或逐出，还革除了养在宫里的上千名僧道。劝进房中术的佞臣也获罪。孝宗对于自己的生母与太后表现了虔敬的孝道，并且恢复了大小经筵的旧制，振兴儒家重礼制与用法宽仁的根本。因此弘治一朝与儒士关系亲善，不时有文人大加颂扬。从孝宗重建曲阜孔庙奎文阁，以及他喜爱的画师吴伟可以看出这一朝的特色。吴伟投求画者所好，多有道家意境的作品，但是在宫中供奉的画作很不相同，常见学者坐在淡雅的风景中沉思，显然是崇尚儒家的学养甚于道家的自然。[32]

明代早期是独尊儒家的时代，也是帝国发展的静止时代。以朝廷中的各派政治势力而言，赞成扩张发展与外贸自由的是商人、僧侣、军人。儒士比较支持闭关自守的传统，表示对于外族应当以仁德招引归顺。而且，弘治年间的国家兵力似乎全部投入镇压地方上的异族叛乱了。

亚洲与非洲的其他传统帝国势力与潜在的帝国势力，在15世纪90年代也都处于类似的困境，没有主动出击。1493年，日本发生“明应政变”，室町幕府的第十代将军足利义材逃离京都，揭开战国时代的序幕。东南亚的吴哥、室利佛逝、满者伯夷都曾经有过极强盛的时期，现在都相对平静了，只有越南人真正对邻邦构成威胁。

印度各邦这时候显然都没有要逾越传统区域界线的意思。毗奢耶那伽罗帝国的君主纳拉辛哈——短命的萨卢瓦王朝的第一代君王——在1493年逝世以前建设美化了毗奢耶那伽罗。城中心东边的维塔拉神庙建筑群可能是他兴建的，但是没有继续扩张领土。[33]至于其他诸邦，德里在西坎达尔·洛迪这位苏丹在位期间展开大举侵略，征服了比哈尔。但是他未能在与邻近的拉杰普特人竞争时抢得先机，他死后的德里国势又抵抗不了巴伯尔的侵略。[34]古吉拉特邦拥有大量可供商业船运的货品，但是懒散的苏丹无意利用这个条件来发展海上势力（见第十四章）。波斯处于衰势，中亚地区自帖木儿大帝之后没有出现过足以威胁他国的势力。印度洋和平的海上事业是极度活跃的，15世纪晚期的阿拉伯航行手册把从非洲南部到中国南海的航道都纳入了。达·伽马走进的这个世界有充裕的空间给新来的买主和运输者利用，却没有企图争夺海上主权的敌对势力，对他来说这是十分幸运的。

在非洲，埃塞俄比亚自从皇帝扎拉·雅各布于1468年逝世，由于发生内战，皇室又是少数族群，扩张的脚步就踉跄不稳了。皇帝埃斯肯德在阿德尔战败后于1494年死去，以后就没有扩张的指望了。宇宙观察者居高临下看见桑海帝国，会觉得这是个不同凡响的国家，把尼日尔河中游的所有大市场联结一体。在加奥至今仍可看到君主穆罕默德·图雷的陵墓：泥砖筑成的高丘，梁桁林立，好像要吓阻亵渎的力量，很有武士君王陵墓的气势。但是桑海帝国与更早的加纳、马里境内的萨赫勒各个帝国一样，走不出最适合用骑兵的草原栖居地，沙漠和森林就是它们的天然极限。

撒哈拉以南非洲区的另一个有帝国前景的国家穆塔帕也受着相同的局限。统治者安于资源充裕的高地领域，从不企图把势力伸出有布匹、盐、大象、黄金的领土之外，乐于让海岸的掮客与从事贸易的国家代理对印度洋的商业。注意财富状态与大笔花费的观察者还会看见，15世纪90年代最招摇挥霍的非洲统治者毫无疑问是埃及的凯特贝，他甚至进行过炼金术实验，不过以失败收场，宫廷炼金士阿里·伊本·马尔舒希获罪被剜目。埃及没有一个国家政府能将伸入亚洲的或非洲极内陆的势力维持久盛不衰。马穆鲁克（奴隶出身的军人集团成员）统治下的埃及未能将财富转化为帝国所用，也许是因为军人统治的国家结构本身有其缺点，虽有能力储备最好的轻骑兵，却只能依赖不足的税收和不可靠的佣兵来维持步兵和炮兵武力。[35] 审视大帝国的一个可循的标准就是环境——向本土环境以外扩张的时候能不能适应不同的地理条件？非洲当时的统治者显然对于这方面的挑战无甚兴趣。

更能吸引宇宙观察者视线的应该是西半球的扩张现象，阿兹特克人与印加人在这里分别统御着两大军事强国（见第九章）。印加的历史年代很难精准计算，在 15 世纪 90 年代很可能将要到达扩展的最大范围，从基多到比奥比奥河大约跨越了 30 个纬度，几乎把安第斯山地区的所有定居民族都包括在内。印加帝国的版图形状瘦长，跨过不同的气候区，位置沿着陡峭的山脉，可想而知是涵盖了各式各样的可居住环境，从安第斯山高处谷地到海岸与丛林，应有尽有。总览全世界的观察者如果按照适应环境的能力来评判帝国扩张潜能，肯定会认为印加人是同时期的各民族之中最擅长建立帝国的。由于他们不使用硬质金属，工艺技术上的不足可能被列为缺点，但是工艺技术的真正优劣标准取决于在特定时空的适合度，而印加就这一方面而言并没有欠缺。

与印加人分庭抗礼的阿兹特克人对于纳贡的他族控制比较松，霸权却在 15 世纪 90 年代迅速增强。当时在位的君主是奥伊佐特，在殖民时代被认为是无人能出其右的阿兹特克征服者。他曾经强迫 45 个社群屈服纳贡，归属版图从北边的帕努科河一直到太平洋岸的索科努斯科，接近现在危地马拉的边境。他的军队在起伏不平的地势中纵横千里地往来。从朝廷所在的特诺奇蒂特兰的贡品目录可以看出，阿兹特克帝国运作的环境之多样不亚于印加：可可与棉花是十多万搬运工从炎热的低地出产地背上来的，还有来自森林地区的格查尔鸟羽毛和豹皮等珍奇物，来自墨西哥湾沿岸的罕见贝壳，来自远处南方的玉与琥珀、橡胶与柯巴脂，来自米斯特克人地区的黄金，以及翻山越岭运来的鹿皮和烟管（见第九章）。

“旧大陆”的国家不论成长速度或面积都比不上这两个美洲帝国。在中世纪中期（11—13 世纪），西欧航海帝国有的处于混乱之中，有的正在衰落。巴塞罗那王室的帝国传给外邦王朝后便衰落萎缩。热那亚商人甘愿靠外国君王的羽翼庇护，也使热那亚帝国退缩了。威尼斯越来越转向自己的陆地领土发展。以前的陆地大国，如英国、波兰、匈牙利，或丧失帝国版图，或在扩张上受阻。卡斯蒂利亚在 15 世纪 90 年代有不同的发展，但是在宇宙观察者的眼里，征服格拉纳达与加那利群岛应该算是过于费力、得不偿失、前景不看好的胜绩，征服伊斯帕尼奥拉岛（即海地岛）与梅利利亚的用处也不大。葡萄牙没有扩增领土，只有一群群放逐者与逃亡者在几内亚湾拼命进行殖民。[36] 这个时期扩张最快的西欧国家是法国，查理八世伸向意大利的冒险行动却立即证实是失策，注定要使法国忽视更可利用的边境，而陷入不易解决的战事之中。

只有欧洲东端边上的国家表现的积极与冲劲足以引起宇宙观察者的注目，莫斯科公国是一个，奥斯曼苏丹国也可以算是一个。历史学家常把 15 世纪 90 年代认定为奥斯曼征伐大业中一个暂停的空隙，因为 15 世纪 90 年代刚开始时，巴耶塞特二世的军队就在西里西亚边界之争当中与马穆鲁克军队形成僵持之势。从土耳其人的观点看来这其实是一次大胜利，因为马穆鲁克人想要建立一统帝国的野心等于破灭了，也不可能掌握统率所有伊斯兰信徒的实权。土耳其人利用这个机会重整自己的武力。等到奥斯曼军再次与马穆鲁克人交战，土耳其人就明显占了优势，结果一战就定了全局。同样，巴耶塞特于 15 世纪 90 年代在邻近匈牙利和波兰的边境发动战争，侵入的面积却不大，领土也没增加多少，这是因为征伐行动是惩罚、围堵、勘探的性质，只用了兵力的一小部分。如果要扩大征讨，不愁没有兵力，但这一次的实际目的旨在显示土耳其人的武力。

更重要的是，巴耶塞特在 15 世纪 90 年代末对威尼斯发动海战而胜利，奥斯曼海军当时拥有全地中海最大的战舰（见第十一章）。奥斯曼海军在地中海是毫无经验的新手，威尼斯海军则是资格最老战绩最好的。然而，奥斯曼在首次交锋中就夺得显著优势，之后乘胜直追，大破威尼斯与法国的联合舰队，进入科林斯湾，占领了勒班陀。这一战持续到16世纪最初10年，奥斯曼从中获得三大持续的成果：成为地中海的海岸帝国，得以掌控东地中海霸权近75年，最重要的一点是，还证实了他们的本领是多面的。[37]值得一提的是，自从罗马人勉强到海上与迦太基人交战以来，还不曾有哪个旱鸭子民族能把海战打得这么出色。假如要宇宙观察者从他观察的15世纪90年代挑出影响最深远的一件海上大事，他有可能选中的当然是奥斯曼的海战大胜，而不会选达·伽马那一小队船只的漫游。

15世纪晚期的莫斯科公国是全世界陆上扩张最快速的国家。如果要在一个国界模糊的地区按领土大小来计成败，伊凡大帝在位期间的领土名义上从19万平方千米扩大至65万平方千米。人们讲述这一朝的历史，通常将重心放在伊凡吞并诺夫哥罗德以及对喀山和立陶宛的战争，但宇宙观察者审视15世纪90年代时，却会把目光投注在北方的边境，也就是最容易赚大钱的“黑暗之地”。皮草对于16世纪的莫斯科公国而言，就如同香料对于里斯本一样重要：探险者、征服者、大胆的贸易商都投入这获利丰厚的事业。前往北方猎取皮草者之地的路沿着维姆河往伯朝拉河走，这条路是14世纪晚期乌斯秋格的司提反的传教团体闯出来的。皮草利益的竞争加剧之后，排除喀山商人也逐渐成为务实策略，军事动作就跟在传教行为之后而来。伊凡先后于1465年、1472年、1483年派出远征军到彼尔姆与鄂毕征收紫貂皮草贡品，规模最大的一次入侵则是在1499

年。之后便在伯朝拉河口附近的普斯托泽尔斯克设市。俄罗斯征服西伯利亚的整个历史中，成就都是用建立的市镇来计算。据传后续有 4 000 大军在冬天里渡了伯朝拉河，抵达鄂毕河，他们备有驯鹿和狗拉的雪橇，带回了 1 000 名俘虏和大量皮草贡品。伊凡派在米兰的大使曾向米兰公爵说，他的主子拥有价值 100 万金币的紫貂皮和雪貂皮贡品。[38]

这些只是俄罗斯统治西伯利亚的试探性开端。一直要到 16 世纪 80 年代，才有越过乌拉尔山的永久征服行动。鄂毕的边疆仍是神话味道很浓的未知之地。1517 年派驻在莫斯科的大使西格蒙德·冯·赫贝尔施斯因就听过许多奇奇怪怪的故事，“例如，一个哑巴男人死了又活过来，‘黄金老妪’，状似妖怪的男子，相貌和人一样的鱼，等等”。[39] 纵然如此，鄂毕河畔的第一次大战役无疑是某种大局面的开端。跟随哥伦布、卡博托、达·伽马的行迹而建立的西欧航海帝国势力却已经不在。近代早期壮大起来的所有欧洲帝国版图之中，如今只有俄罗斯在西伯利亚的陆上版图仍在，西伯利亚的潜能也仍旧未被完全开发。假如 15 世纪 90 年代的宇宙观察者觉得，西伯利亚的尤尔加人接下来的发展，比迎接哥伦布的西印度群岛阿拉瓦克人、南非的科伊科伊人更值得注意，我们能说他的想法不对吗？

达·伽马的往返旅程

历史通常不需经过学术研究便被人们传颂纪念。至少是从第二次世界大战的时候起，某些层面是从第一次世界大战的时候起，[40]

重要的学术研究就把人们一般认为达·伽马之旅所应有的影响力降低了。认定达·伽马功劳卓著的传统理由，在学术研究的审视下消失了。

西方帝国主义跟着达·伽马的脚步进入印度洋后，与这个地区先前的时代相比也无甚差别。本土帝国与从事贸易的国家原本所维持的优势大致未受影响，欧洲人的霸权只限于一些据点，根本改变不了整体局面（至少17世纪以前是如此）。在出了这些据点的范围，殖民行动只是“影子”，是私人“即兴”的作为。[41]甚至到了18世纪，西方文明虽然侵入亚洲，也不曾扰乱“文明的平等”。至于欧洲商船此时经好望角涉入印度洋，如今也被说成与古代和中世纪的欧洲航海者性质差不多，不同的只是以前走的是尼罗河与红海的航路。此时他们适应了既有的贸易架构，服务于区域市场与供应商，再严重时也不过是造成地方上的一时混乱。不过，17世纪的确发生了彻底改变局面的事，那是因为荷兰的东印度公司开辟了一条快速渡越大洋的新路线，强制执行了极重要产品的独占专卖，又进而选择性地控制了生产与贸易航路，但是，把这些重大转变归因于达·伽马似乎很荒谬。

除了以上的这些论点之外，达·伽马的探险家本领也没有受到应得的推崇。讲到他那次航程中众所周知的事实，描述的方式也可以轻而易举地贬低他这个带队者。他深入南大西洋的那条航线可以算是欧洲航海者史无前例的一次外洋旅游，却被说成只是胆大妄为的表现，并不能证明他很有本领。我们可以假定，他是为了要找可以送他越过好望角的风向，所以绕道而行。结果他误判自己所在的纬度，过早转向东走，停靠的非洲海岸也就错了。之后他必须应付逆向洋流，被逼得往后退而差点无功而返。虽然他循着一条新路线（目前尚不确知在他以前是否有别人走过）抵达印度洋，但到了印度以后，又做了对日后来此的欧洲传教士和商人不利的事：他误以为印度人是基督徒，严重冒犯了接待他的那些人的忌讳，所以“当地人人对他恨之入骨”。回程中，他又自以为是地不理会当地人的航海经验，在 8 月往西航行，若是遇上暴风可能全军覆没。整个探险过程使船员们不堪其苦，折损了半数以上的人。曾有一度，他船上能有效运作的船员只剩七八名。1499 年 1 月在蒙巴萨附近，他们因为人员不够而不得不舍弃一艘船。[42]

达·伽马自己也不是个引起研究者兴趣的人。他留下的亲笔文件都是些谈公事的书信，是没透露重要线索的公文。即便在他最风光得意的时候，虽然担任商船队长，有伯爵和总督的头衔，他仍没发表什么言论，也没人歌颂他。因此，传记作家只能借助于传奇故事来了解他，有人说他是才干过人的开路先锋，也有人说他是不吐骨头的帝国主义者。事实是，他既不是大英雄也不是大恶棍，而是个性情急躁、过不惯宫廷生活的外地人，一个突然被抛进陌生荣华富贵里的小乡绅。一撮人本来希望他失败送死，因而默许他负责这次航行，岂知他咸鱼翻身立了大功。他原是个有外族恐惧症的人，却荒谬地被送到了热带地区。他深谙文艺复兴时代的扬名立万之道，想借流血手段促进商业却不能遂愿。

总而言之，达·伽马之行未必是印度洋史上最重要的一次。我们可以想一想本书前文已经谈过的一些印度洋上的大事：或是最初经阿拉伯海打开苏美尔文明与印度文明交流之路的佚名天才与冒险家；或是直航于阿拉伯海和中国南海、东海之间的无名先驱者；或是负责运输那些中国工艺品的人——这些中国工艺品后来由考古学家在阿克苏姆或坦噶尼喀挖掘出来；或是最初从海上运送麦加朝圣者的航运人；或是所谓的瓦克瓦克航海者，他们随东南信风渡过印度洋，在马达加斯加和东非建立南岛语族殖民地；或是经马尔代夫群岛而来的探险者，他们的这条航路使中国到波斯湾的商人能在9个月之内往返；或是达·伽马之后的荷兰人，于17世纪早期发现一条新航路，越过信风路线从好望角到香料群岛；或是19世纪的蒸汽船，粉碎了或至少节制了风的主宰横行。想到这些，我们就得承认，有许多事件可以争取“重塑印度洋历史”的荣衔，而且有的资格比达·伽马之航还胜一筹。

当然，达·伽马之航在其他方面的重要性维持不减。对于葡萄牙、西欧、巴西及其毗邻区域、非洲西部与南部而言，达·伽马之航比印度洋大部分区域的其他航程的影响都大，造成的后果也持续最久。达·伽马启程时宣告的目标与改变世界根本无关，一切只为挽救葡萄牙的低人一等之感。葡萄牙国王的话说得很明白，据说是在委任达·伽马与其他船长的典礼上说的，他的目的“是尽朕的全力扩增祖传王国，以便人人可更宽裕地分得其应得之报偿”。并且他表示，希望“印度与东方其他地方”能接受基督信仰，从而获得他的眷顾，以及人前的名声与荣耀。他讲到要“从野蛮人手中夺回”领土与钱财，也指涉了古代文献中所描述的财富，还有威尼斯、热那亚、佛罗伦萨“以及意大利的其他大城”曾经累积的利润。[43]

葡萄牙得到了希望得到的部分成果，从此就被当作传播西方文明的先锋，这是不无道理的。至于说葡萄牙是西方帝国主义的先遣部队，这就靠不住了。最深刻感受达·伽马功业影响的是大西洋沿岸。如今若要看他的功业有哪些影响，可以在东方找到蛛丝马迹：印度果阿的巴洛克风建筑群，马六甲塌了的堡垒建筑，[44]坎贝湾房子大门上方斑驳的盾徽。[45]澳门只剩临街正面的老教堂大三巴牌坊。如果要看有生气的、鲜活的影响，就得走一趟巴西的科帕卡瓦纳，葡萄牙的卡斯凯什、里斯本，或安哥拉的罗安达。达·伽马闯入印度洋之航虽然不如以往认定的影响那么大了，对于大西洋的历史却有改头换面的冲击。因为此举把未开发过的交流活动区域与一个海权空间串联起来，前者刚开始体验长途航海的影响，后者则是当时全世界最富裕、历史最悠久的远程贸易地带。由于达·伽马的这次航行揭示了南大西洋风向系统的特性，所以创造了通过航海联结欧洲、非洲、南美洲大部分土地的机会，如果没有这条航路，南美洲是无法到达的。

解释西欧影响遍及全世界的各种说法，大都漏掉了大西洋这边的据点显然不可或缺的重要角色。传统的解释是指出西欧在社会、经济、技术方面的优势，或是认定西欧文化整体都是比较优越的。例如，一些解释者会说，西方的航海方法、战争技术、经济开发方法都是比较优越的。但是，西班牙帝国之建立，并不受惠于后来只有西欧人独有的工业技术条件，而西班牙是西欧大帝国之中最早兴起且领域也最大的一个。他们也会诉诸社会文化方面的解释，认为是价值系统的差异促使某些民族比较易于发展商业、建设帝国。可是，举例来说，只用“儒家传统价值”去解释中国在 15 世纪的海上势力扩张受挫、在 18 世纪贸易复苏、在 20 世纪经济突飞猛进这些多样而互斥的现象是有问题的。或者说，海洋在东方是含有贬义的，是儒家思想中的次要价值，是社会等级制度的混乱之源，而西方传统中的海洋对于有自我意识和骑士精神的冒险家来说，却是一种崇高的媒介。但这样的解释也不够，因为这笼统的事实却有许多的例外。常有人说，亚洲的政治一般都反商，但这种一概而论的说法是不足以说服人的，不能普遍适用于这么广大又多元的地方，而亚洲有些国家实际上早就拥有了商贸企业。又或者说，印度洋的机会已经满足了贸易者的胃口，他们的船运因而完全投入了印度洋之内的商业需求，这样说也许有些道理，但是，漠视赚更多钱的机会，显然不符合商人的思维。另一方面，有人认为西欧探险者与征服者的活动特别早熟，乃是因为相对的贫穷造成的，就像现在的“新兴国家”都拼命探勘离岸的资源一样。

我的意思不是要摒弃以上这些各有不同功用的解释，或是推翻其他类似的论点，我只不过想表示在这个学科门类中工作的每个人都有的一种想法：这样的解释不够充分。我们必须承认，大西洋是个特别的大洋，在大西洋岸占住据点，尤其是在西欧的位置，都带来别的地方得不到的优势。印度洋是航海者往内看的一片海，要看清其中的季风系统与暴风带之间的航路，大西洋这边却有信风推向世界各地。哥伦布发现的新航路联结了欧亚大陆人口稠密的中间段，以及新大陆古文明的周围之地。前者是从地块的东端到大西洋岸的一段，后者就隔在大西洋的对面，原来是可望而不可即的。大西洋的风沿着达·伽马之航的路线，把船只往南推到40多度纬度的风浪怒吼地带，然后引入印度洋，环行世界一周。要解释为什么印度洋阻断全球发展的雄心，大西洋却成就这个雄心，就必须回头来看地理条件注定的必然事实：一切听命于风。航海家历经很长的时间才破解了大西洋的风向密码，然而，刚一完成破解，又被风推向其他的海洋与文化。我们接下来要做的功课就是重建这个过程。

如今大西洋最具优势的时代就要结束，即将卸下全世界最大通路的角色（这角色原先是印度洋担当的），交给太平洋。假如我们能以改变的渐增速度为依据来估算，太平洋独占鳌头的时间也不会很长。我们可以，也应该猜一猜，下一个在文明史上挑大梁的大洋会是哪一个（见第十七章）。世界史由印度洋交通塑造的时间很长，相形之下，大西洋和太平洋显然都是资浅的暴发户，发挥全球重要性的时间都很短。有人努力要在沿印度洋生活的民族或亚洲沿海国家之中培养起利害与共的意识或情操，如果这些人觉得目前的大西洋话题和太平洋话题都炒得比印度洋话题热，他们也不必发牢骚。一旦我想象中的“银河博物馆人员”从他们那么广阔的时空回望我们的世界，他们就会看见印度洋担任文化传播与渗透的主要通道有多么久又多么彻底了。即便印度洋在近代史上有志难伸，宇宙观察者仍会认定它才是世界上影响最深远的一个大洋。

第十六章

亚特兰蒂斯再浮现

大西洋文明之形成

| 文化传输——从欧洲到美国，再从美国传回欧洲

因为我们的历史里说，从前你的国家曾经如何贯彻强大的军事行动，从大西洋一个遥远地点开拔，傲慢地前进，要攻击整个欧洲，还要打亚洲。那时大西洋是可航行的，因为，在你们希腊人所说的“赫拉克勒斯之柱”的口上有一座岛，比利比亚加上亚细亚还要大；那时的旅行者可以从那座岛渡海到其他的岛，再从那些岛渡海到正对面环绕这大洋的大陆。我们这儿所拥有的，显然是一个有狭窄入口的避风港，就在前面所说的海口之内。但是过了那里便是真正的大洋，环绕大洋的陆地可以理所当然、不折不扣地称为大陆。就在这座亚特兰蒂斯岛上，曾有一些结盟的君王，势力非常强盛，统治着全岛人民，也统治许多其他的岛，以及陆地的一些部分。此外，在海峡之内的陆地上，他们统治了直抵埃及国境的利比亚，统治的欧洲范围则直抵托斯卡纳。所以这支军队既已集结，一度试图凭一次猛攻奴役你的国家和我们的国家，以及海峡之内的全部领土。梭伦啊，就是在这个时候，你的国家在全世界的眼前展现了男子气概显著的英勇与威力……但是后来发生了带来不幸的地震与洪水，悲惨的日夜降临，以致全体战士被大地吞噬，亚特兰蒂斯岛也同样被海吞噬而消失了。

——

柏拉图（Plato），《蒂迈欧篇》（*Timaeus*）

欧洲大西洋的起源

有一次我在波士顿演讲，题目是西班牙人如何对待势力范围之内的原住民，[1]讲完之后，波士顿的市长从听众席中站起来问我，我会不会觉得英格兰人对待爱尔兰人的行径没那么坏？波士顿浓厚的爱尔兰精神，是新英格兰区到处可见的文化移植迹象之一，使人觉得好像池塘某一边的文化几乎原封不动地传到另一边来，传播途中，本色几乎完全没有流失。我在罗得岛州的普罗维登斯写作这本书，这里唯一的常驻外国领事是葡萄牙人。我的住处在一条街的转角，我在这条街上的面包店买甜面包当早餐、买葡式脆皮糕配茶，附近有个停车场，挂了一个告示牌上写着："非葡萄牙人不得在此停车。"原来故国的情怀与对祖上的抱怨，一样容易被勾起。

这个海岸地区有一块块类似的具有爱尔兰特色与葡萄牙特色的地区，反映着故乡，也往大洋的另一端眺望。区块的周围是别人漂洋过海带来的回忆与延续。新英格兰的某些方面正符合前文说过的沿海文明：它是浸在海水里的狭长海岸，文化是由航海发展所塑造的（见第十一章）；但是不止于此，这里也是两个面对面的海岸文明的一部分。

有许多小社群横跨大西洋，归属单一文明。如今所说的"西方文明”，基本上是指包含西欧部分地区与南北美洲大部分地区在内的大西洋社会。形成这个横跨大洋的世界，在文明史上是背离常规的奇怪现象。其他文明超越发源的环境，是一点一点地发生的：前进到毗邻地区，渡过狭窄的海域，穿越陆地，从一个岛跳至另一个岛，从一个市场转入另一个市场。即使是印度洋特殊而早熟的发展过程，也是照着这个模式来的，因为可以凭着在港口之间行进或是紧贴着海岸线航行来渡过印度洋，找到渡洋快捷方式的探险者都是熟门熟路的。但是，把人群、习俗、好恶、生活模式、归属感抛过大西洋这么宽广的海域（大洋两端只能靠外海远程航行或飞行互通），在一开始时根本是前所未有的。

想精通一处大洋环境，必须先洞悉它的风向与洋流。整个航海时代从头至尾，差不多可说是地理条件如何全权决定人在海上该如何活动的历史。相形之下，文化、思想、个人天资与领导力、经济实力等其他的历史动力，都没多少分量。我们对于历史的解释，往往是空谈太多，该讲的又都没讲。

大西洋是受信风系统所主宰的，也就是说，受到一个固定、常年风向模式的主宰，这些风不分季节都往同一个方向吹。信风一年从头到尾自非洲西北角扫过洋面，向赤道以北几度吹，再推进到加勒比海的陆地；夏季里，这些风从更北开始刮，在伊比利亚半岛的西南岸可以相当稳定地感受到。因为有东北信风，塔霍河与瓜达尔基维尔河的河口社群占了地利之便，比欧洲沿海其他地方更具走向世界各地的优势。西班牙与葡萄牙的势力范围在大航海时代能抵达那么远，多少也是拜这个好运所赐。南半球的模式大致相同，借风之助使南部非洲地区能与巴西相连。这里的东南信风也像东北信风，越接近赤道越向东偏，变成了东风。在这两个系统之间，在赤道一带或赤道正北，是几乎没有风的赤道无风带。过了南北半球的信风纬度区，刮的就是西风了。南半球的西风非常强劲，而且终年不断。

这种固定模式有三大例外：在非洲大陆西端直角弯曲处的几内亚湾里面，一年之内有很多时候，风会往陆地撒哈拉的方向刮，西非洲突出部的下方便成了危险的背风岸。西风带的北端，英伦三岛纬度区内有一条春季东风走廊，大英帝国之所以能在大航海时代掌控北美洲沿海大部地区，原因就在这里。过了英伦三岛更往北，西风不那么持续，而且有顺时针方向的洋流系统，主要是伊尔明厄洋流，从北极圈下面的斯堪的纳维亚往西流，因此古代挪威人竟能航海到法罗群岛、冰岛、格陵兰、北美地区，也就不难理解。想要占尽信风系统优势的航海者，还有其他洋流可供利用。举例来说，从欧洲到加勒比海的航行者，可以利用墨西哥湾流——墨西哥湾流是1513 年由一位西班牙探险者在寻找“不老泉”的航程中发现的——它帮助联结了东北信风的西行路线与返航的西风带。[2] 顺着南美洲海岸，则有往南的巴西洋流横过东南信风正面，可以降低沿背风岸航行的风险。

整体看来，风的系统很像一套连锁密码。一旦某部分破解了，其余部分很快就跟着破解，1490 年密集且锲而不舍的探险行动就是破解密码的开始。但第一步却走得漫长而辛苦，因为早期的探险者视野有限，又受制于好似永不停歇的风，就像解码的人拿不到足够的样本可试。只有长期累积信息与经验，才可能突破和成功。而且，即便信息和经验都很多了，仍旧需要突然开窍似的灵机一动来开第一道锁。

大西洋是辽阔的，但因为人们以为它很窄，才有可能完成渡越。一开始实地横渡大洋的哥伦布就深信大西洋是狭长条形的。这个信念与他脑子里其他念头一样，都是非理性或超理性的，是一厢情愿的，但也正是这样的信念促使他有信心再尝试前人都败下阵来的越洋之航。他的角色虽然独一无二，却仍是那时代的一部分，其中最醒目的、最惊人的事迹都与15世纪90年代西欧伟大的成就直接相关。这段时间的重要突破是世界史上名副其实的关键时刻，因为，大西洋文明的形成与优势时期都很短——在过去的历史上也许只是短短一页——但如果少了这一页，我们的世界很可能就不是现在这个样子。如果没有早期那些横越大西洋之旅架构起大西洋世界赖以成形的航路网，世界不会是今天这样。这10年内突然一跃，越过了大西洋，打开走向世界许多地方的通路，尤其是走向商业发展与势力扩张可能性极大的美洲与亚洲。这一步与它发生的背景需要清楚审视。它们在文明史上的地位举足轻重，虽然已有那么多著述以此为题，但或许正是因为有那么多著述，代表我们的了解仍不透彻。

大西洋的重大突破可以确切等同于3次航行（如果不算那些没有证据或证据不足的更早航行的话）。第一次是哥伦布于1493年横渡大西洋的航程，此行确立了中大西洋确实可行，而且有可开发的往返航路，整个航海时代几乎再也没有比得上这些航路的发现（我把哥伦布于1492年之航降级为次要，是因为那次出航之路不理想，以后也没再试过）。第二次关键之航是乔瓦尼·卡博托于1496年从英国布里斯托尔到加拿大纽芬兰，此行开辟了利用春季不定风接近北美洲的外海航路。这条路短期内无甚价值，后来却证明是要道，通往极具影响力的帝国领域，也通往近代殖民运动在世界各地开创“新欧洲”时最可利用的区域（见第十五章）。第三次便是达·伽马前往印度的首航，此行发现了一条穿过大西洋东南信风带，与更南方的西风交会的航路。此后的世界史，必须放在15世纪90年代特有的西欧航海的背景里才可能充分理解，否则将是白忙一场。

这三次航行联合起来的成果，就是破解了大西洋风向系统的密码。大西洋从此不再是欧洲沿岸地区的民族向外扩张的障碍，反而成为建立从前无法想象的帝国势力和贸易网络的工具。卡博托的贡献相对比较小，他解开了少量却很有用的风向密码片段。哥伦布的功劳是使大西洋两岸永远相通，但航行没有再接再厉，因而未能掌握亚洲的丰饶贸易，在当时曾是件令人失望的事。达·伽马打开了南大西洋的锁，一个是纬度40度扫过南大西洋到印度洋再刮到太平洋的强烈西风带，另一是东南信风带。最终证实，达·伽马的路线能走得最远，因为东南信风提供了往南美洲与亚洲的方便之路，而更南边的西风带则可以带着船只环绕地球一整圈。它们为整个航海时代压缩与塑造出世界上一些最赚钱的商船路线。

短期而言，有15世纪90年代的突破，大西洋文明才可能产生。此后航海者都知道了旧大陆西岸与新大陆东岸之间可靠而固定的运输路线该怎么走。有史以来一向是一道障碍的大西洋，此后变成了连接两边的纽带。

大西洋两边的航海者长久以来成果欠佳，这样的改变不可谓不大（见第十二章）。把这一步的发展与第十二章没讲完的那个拖得太长的故事放在一起看，才更显得有意思。大约1 000年前欧洲的大西洋岸外缘先被罗马文化渗透，然后缓慢而彻底地受基督教渗透，变成了历史学家所谓的“拉丁基督教世界”的外缘。这个世界传承古希腊古罗马的文明，因学术上与仪式上统一使用拉丁语言、奉行罗马所保持的传统基督教而有别于其他地区。这是个辉煌的文明，产生了西欧至今仍极度推崇的艺术和文学作品。

拉丁基督教世界在当时的世界地图上居于外缘位置。波斯与中国的学者深信自己的文明传统是优越的，根本不屑于在世界研究中提及基督教世界。[3]由此处向东与南扩张的作为虽有进展（从陆地上进入东欧，或经地中海至亚洲与非洲），但通常都遭受到挫败，或是被瘟疫与严寒逼得后退。[4]至于往北和往西，沿着没有屏障的海岸，只有窄窄一条洋面可以让航海者乘西风以利用之。有些社群发展了地域性的航海文化，某些还发展了颇为可观的深海渔场，15世纪90年代的探险者便是从这些经验丰富的地方招募船只和船员。曾经初步深入大洋航行的，是中世纪中期的斯堪的纳维亚航海人，以及14世纪和15世纪大西洋东部群岛的居民与探险者。斯堪的纳维亚与爱尔兰的航海人利用横越洋面的洋流之便，在9世纪时把冰岛辟为殖民地，到11世纪时又在格陵兰形成聚落。直至14世纪，冰岛人的航行已经到达了北美洲大陆。但是，一旦格陵兰的殖民地被消灭，这些脆弱的通路中最远的一切也被切断了（见第一章）。

13世纪晚期展开了大西洋探险的一连串历史，大西洋沿岸的欧洲民族却没有一个担任要角。其实欧洲人在大西洋的发展从地中海内部起步，主要的航海者是热那亚人或马约卡人，他们逆着湍急的洋流硬闯直布罗陀海峡，突破海的阻碍。有些人便从这里往北开拓熟悉的商贸，有的人则转往南边进入未航行过的水域，就我们所知，持续上百年的时间内，他们航往大西洋的非洲区域以及马德拉群岛与加那利群岛。热那亚的维瓦尔迪兄弟是后世知道最早走这条航路的人。他们于 1291 年出发，要“循大洋去找印度所在的区域”，比哥伦布早 200 年说出了航行目标。虽然两人的名字再也无人提起，但这次航行却启发后人，例如彼特拉克在 14 世纪 30 年代表示，加那利群岛已经变成“和法兰西一样耳熟能详”的地方。[5]

这一系列持续的航行在 14 世纪里断断续续地密集进行，渐渐形成寻找撒哈拉贸易源头的目标（见第二、第三章）。我们可以从稀少的文献中瞥见一些有趣人物的身影，让人想多知道一些他们的事迹。热那亚人兰扎罗托·马洛切洛在 1339 年以前在一座岛上建了灯塔，岛名称为“兰萨罗特”就是为了纪念他；1342 年马约卡人的一次航行没有留下任何资料，除了水手吉列姆·萨丰特因为追讨薪水留下的记录；路易斯·德拉塞尔达是卡斯蒂利亚王室中被夺走继承权的一名成员，但是他有权利在 1344 年去征服加那利群岛据为己有，教皇称他是“时运之君”；马约卡人豪梅·费雷尔在 1346 年为了找“黄金河川”在朱比角一带遇难身亡；14 世纪晚期，特尔德主教辖区里的方济各会传教士在大加那利岛遭到土著屠杀。[6]

逆风的回程之中，航海者因为根本无法确定自己所在的纬度，所以越来越往更深处更遥远的海域绕道，为的是寻找可以送他们回家的西风。如此冒险得到的回报是发现亚速尔群岛，这位于大洋中央的群岛与最近的其他岛屿也都相距 1 120 千米以上。群岛中只有两座岛在 14 世纪 80 年代与更早以前的海图被标示出来。这个阶段的历史在现存的文献中常被忽视，但其实它是非常重要的，因为之后欧洲人开始以往从未经历过的长途外海航行，可追溯到 15 世纪 30 年代葡萄牙人在亚速尔群岛设立小站的时候，小站种了小麦、圈了野羊，自此这种外海航行就变得习以为常了。[7]

但是真正的大西洋文明——以大西洋为主要运输通路而遍布整个大洋的文明——必须等到确立了固定、可靠的越洋联结之后才算完成。如果要找出一条便利的渡洋通路，在东北信风的路径上探索最有可能。要想渡过整条信风走廊却是艰难的任务，因为没人知道它究竟有多宽，也不知道出了信风走廊又会遇上什么。这片令人困惑的区域在地图上是空白的，顶多点上几处臆测的小岛，或是按地理学家的想象，画上古典传说中的陆地——那穿过地球另一端的陆地，是无人去过的大陆，会在地球的“黑暗面”复制出地球的布局，把失序混乱的地球恢复，回到对称状态。其他古典传说中还提到赫斯珀里得斯三姐妹的果园所在地，或是重新浮出水面的亚特兰蒂斯。[8]

15 世纪的几次探索大西洋之航都注定以失败收场，因为航行者都从西风带起航。他们会这样做可能是由于探险者一心要确定回程能安抵家门。如今我们仍能在稀有古地图与偶然发现的不完整文件中找到当时的些微进展。葡萄牙舵手迪奥戈·德西尔韦斯的 1427 年之航记录在地图上，当年肖邦与他的情人乔治·桑在闲度冬季时仔细看这张地图，不小心把墨水泼在上面，以致这份记录差点就惨遭抹杀。西尔韦斯此行首度确立了亚速尔各岛之间的远近距离，提高了后继航海者的安全保障。[9]15 世纪中叶刚过，就有人航行到了亚速尔最西端的一座岛。以后的 30 年中，葡萄牙王室经常派船舰再深入大西洋，但没有一次写下进一步的成果，也许是因为这些任务都是从亚速尔起航，即便起航成功，仍旧被西风刮回原地。只有才能不凡的人才可能从这几次试验行动中得到启动 15 世纪 90 年代大突破的观察。这有点像人走到门口被门槛绊倒，不需要什么特别的革新改变，因为欧洲航海者的才能与实务经验本来就会一点一点累积，等到突破大西洋的人发现自己被绊倒时，人早已跌进障碍的另一边。大西洋的突破发生之前当然有很长一段时间没有引人注目的大改变，但航海者也在此期间往大西洋中越航越远。

西欧的航海行动力时常被误解为独一无二。事实上，不知道什么缘故，15 世纪是全世界都有心往海上拓展的时代。中国在印度洋的行动力最具代表性：1405—1433 年，郑和率领宣扬国威的强大舰队抵达了吉达与桑给巴尔，而且在印度洋边缘执行了强势的干预。他的首航人员多达 27 870 人，共有 62 艘史上人类所造的最大帆船，以及 225 艘支持船。最后一次航行的距离有 20 300 余千米。他消灭了室利佛逝的一个海盗王国，在马六甲扶植了一个傀儡政权，在斯里兰卡罢黜旧王立新王，在苏门答腊推翻了一位不肯向中国纳贡的酋长。郑和表示：四海列国均已称臣。[10] 奥斯曼帝国也在这个时候逐步建立海上势力，因此在 15 世纪结束时成为世界级的海上霸权，征服了东地中海，入侵印度洋，突袭西班牙船只截取有关新大陆的情报。根据早期殖民地的传说，印加帝国在征服领域最广的君主图帕克·尤潘基的时代，曾经用轻木造的筏子发动远征，目标是所谓的“黄金岛”。[11]

甚至俄罗斯也于 15 世纪 30 年代开始海上扩张。这也是郑和航海的最后一个十年，是葡萄牙在加那利群岛活动最密集的时期。俄罗斯海上企图的证据留在一幅圣像画里，这幅画现存于莫斯科一所美术馆中，以前却是苏联西北岸白海一处岛上修道院的镇院之宝。图中的修士在瞻礼圣母马利亚，背景是岛屿上有圆形尖顶、金色圣所、蜡烛状角楼的修道院。这么漂亮的场景应该是虔诚幻想的产物，因为这岛上其实光秃贫瘠，一年中大部分时候被冰川包围。

岛上的修道院在15世纪30年代创立（比圣像画早大约100年），描绘创立经过的传奇画面嵌在圣母像的四周。最早的一批修士是划船来的，岛上的土著渔民被“面容年轻、光芒四射的人们”给驱逐了，修道院长萨瓦蒂得知便向上帝谢恩。一些商人访问此地，当他们失手掉落圣人佐西马赠送的圣餐饼时，有火焰护着它。当修士们搭救遭遇海难的旅人——他们本来在附近另一个岛的山洞里等死——萨瓦蒂与佐西马奇迹般地出现，步履艰难地走在冰山上，把大片浮冰移除。佐西马经历了飘浮教堂的异象，岛上的修道院便是按着这异象所示而建造的。环境虽然荒芜，却有天使为众修士送来面包、油和盐。在佐西马之前来此担任院长的人因为受不了艰苦的生活条件而离去，佐西马则从容地赶走了企图试探他的魔鬼。[12]15世纪海上帝国主义的典型故事元素在此处一应俱全：超越凡俗的激励、不畏艰险环境的英勇航行、对待土著毫不留情的态度、适应并发掘可实行经济形态的努力、迅速纳入商业利益的考虑、坚韧不懈地维持生存的成就。

不过，这些行动后来都不了了之。中国的海上活动在郑和最后一次航行之后便夭折了，很可能是由于儒生文官在朝廷中占了上风，而他们厌恶海上势力扩张又鄙视贸易。[13]印加帝国即便确实曾经有过往海上发展的企图，仍欠缺持续经营下去的传统，从而欠缺必要的工艺技术的配合。奥斯曼人的努力被海峡阻断了，他们不论要经由地中海中部、波斯湾还是红海进入大洋，都必须先穿过极易受制于敌人的狭窄海峡。15世纪的俄罗斯因为海域被冰封的时间太长，所以转而向陆地扩张。

这些挫折间接促成西欧的优势。必须站对了位置，才可能执行放眼全世界的目标。在大航海时代探寻海上通路，必须找到能借助顺风与洋流的路径。印度洋与西太平洋的领航者即便想往季风带以外去找长途航行的有利条件，也不可能找得到。美洲在殖民时代发展出西岸的贸易地点以后，横渡太平洋的唯一可航路线才真正打通，在此以前太平洋只是一条死胡同。从印度洋出来往南走的路既艰难又危险，就我们所知，能到达的目的地都是无甚大用的，因此在亚洲与东非的海岸上，即使有全世界资源最优的航海民族，他们却欠缺往别处找贸易伙伴的动机。最具有远程航海冒险精神的是波利尼西亚人，他们却受所在位置的局限而得顶风航行，很可能在 11 世纪时，他们就已经达到航海技术允许的扩张极限。波利尼西亚人殖民的最远前哨在夏威夷、复活节岛、新西兰，彼此间都远得无法保持联系。在 17 世纪和 18 世纪欧洲人初来乍到时的描述中，这些地方已经累积了上百年与殖民者发源地迥异的文化。

大西洋的独特之处在于它是通往世界其他地区的大道。从大西洋西北边缘起源的风向系统，有利于船只进入西风带，航往另一端。大西洋的风自然会吹入其他大洋的风向系统。但靠近大西洋的民族中，却没有好好利用靠近东北信风走的路径，也没有一个具备可供利用的航海技术与传统，唯一的例外是非洲西北边的某些马格里布社群，但他们却在这重要的时期对远途海上发展出奇地冷漠。马格里布人为什么不参加欧洲人的行动或是抢在欧洲人之前投入？他们的航海潜力一向都被低估。因为大洋足以令人的想象力沸腾，产生各式奇幻故事，但当时大部分的文学反而让不实的幻想把真实的经验推翻了。西西里的鲁杰罗二世有位宫廷地理学家穆罕默德·伊德里西，经他确立的传统被后来的著述者所遵循。他说："没有人知道外海上会有什么……因为艰险阻止了航行：黑暗之深、浪涛之剧、风暴之频繁、妖魔之众多、风之强烈，不一而足。领航者无人敢渡大洋或深入外海。他们都紧靠在岸边。"[14] 几乎没有人试图往公海上去探险，原因并不在于欠缺适合的船只、欠缺人才、欠缺冒险精神，反倒是因为海岸上的活动太热闹而抑制了出外的冒险：海岸的贸易、迁徙、战事太频繁，所有的船舶都忙个不停，所以和印度洋上一样，再也没什么动机去开发别的机会了。[15]

大西洋的其他海岸地区对于与西欧竞争也不感兴趣。环加勒比海地区的各民族都没有发展远程航海的工具，西非城市与王国的经商事业靠的是河川运输与沿海贸易。[16] 我们一开始讲的问题仍没有答案：沿大西洋的位置所具有的优势一向都可以供西欧沿海社会拿来利用，如果位置是关键，西欧的航海事业为什么延搁了那么久？

技术的集结

常有人主张说，大西洋的突破是由技术引爆的，这是不实的论点，因为 15 世纪 90 年代的探险者渡过大洋所依赖的技术已经存在了上百年：造船、测定方位、储存食物与贮存淡水的技术开发，在中世纪并未中止。然而，这些方面的进步就像是按着滴定法来进行的，一点一滴地往前，很难说在大西洋的活动有了突破时，也对应着某个技术上的突破点。举例来说，造船木工技术是具有神圣性的工艺，当时绘画想象中的船都离不开神圣形象：救赎的方舟、暴风打翻的三桅船、愚人之船。我们对于中世纪船坞的理解，有很大一部分来自挪亚方舟的图画。[17]如此沉浸在传统中的时代背景，若是骤然发生了大革新，才令人意外。中世纪晚期有了一些改进成就，但都是缓慢的递增。有两项重大但不很耀眼的改变曾经支配中世纪晚期，其中之一是逐渐采用先定骨架的造船法，这种方式从北部海岸传遍了全欧洲，采用这个方法未必是出于航海效率的考虑，而是为了造船厂可以省钱：因为骨架定好之后，木板只要逐一嵌入即可，不再像过去那样，必须靠专业师傅一片木板接一片木板地造出船壳，如此一来不会浪费木材，也不再耗用大量铁钉，人工的费用也大幅降低。第二个重大改变是船具的构造越来越复杂，灵活度也越来越高，这项帮助很大，但因为改变是一点一点发生的，不能说是造成15世纪90年代现象的主因。哥伦布、卡博托和达·伽马用的船，就建材而言，与前100年中所使用的船无甚差异（虽然在这个世纪早期，船只设计上的进步给葡萄牙人在非洲大西洋海岸的航行帮了大忙）。[18]

15世纪90年代的关键之航，完全仰赖中世纪技术的小兵立大功：航海人只具备以极简易的骨架制造的笨重帆船、罗盘和初步的天文导航知识。真正新的重要技术在于贮存淡水和食物的桶，这是航海的根本要件，达·伽马的船上尤其不可或缺，因为他待在外海的时间是哥伦布的3倍之久。贮存桶的改进很可能源自葡萄牙人长期的外海航行经验，因为出海前往西非收购奴隶与寻找黄金之后的回程都很长。[19]但如果要把桶上的改良说成是撼动世界的技术革命，未免夸张得可笑了。

早期欧洲人所接受的最基本航海工具，可以从1190年的一篇论述中看出来。按居约·德普罗万的解释，航海人只需要“用一块会吸铁物的难看褐色石头”把一根针彻底磨过，在没有月光和星光的黑夜，“将此针穿进一根稻草放在水盆里即可，因为这浮在水面的针必然指向北方”。13 世纪时使用的指北针是将针立在一个点上，以便它能在 360 度的范围内旋转自如，罗盘面一般划分成 16 个点。其他航海工具也在中世纪逐渐被接受，但接受得不完全，而且接受的速度往往很慢，因而冲击性也没那么大。

12 世纪早期的西欧已经有航海用的星盘，这是依据太阳的高度或北极星在海平面以上的位置来估算纬度的工具。配合星盘用的核对表，自 13 世纪就有文献提及，也有残存样本留下来，可是只有极少数的船上会备有这套物品。按日照时数估算纬度的表格是更为简便的工具，但这必须配合比较精确的计时，而多数航海人可使用的定时器就只有沙漏而已，由船上的小童负责翻转它。[20] 迟至 15 世纪晚期，对于够老练的船长（除了经验丰富的船长，别人也不敢到外面航行）而言，肉眼仍是最好的观测仪器。[21]

另一项对于海上探险小有贡献的技术革新是航海图。从 13 世纪起，编写航海手册的人就将各家航海的实际经验集思广益，写成的航向指南可以辅助初次航行某些路线的人。现存最古老的一部航海指南的内容是 13 世纪从以色列北部的阿卡到威尼斯之间的航行。大约在 13 世纪中期，《领航罗盘》提供了整个地中海的航行手册，从圣维森特角按顺时针方向到萨菲，将海岸逐港串联起来，这是现存最古老的一部地中海航行指南。航海地图也差不多从这个时期开始制作。最早提到使用航海地图的，是 1270 年法国国王路易率领十字军往突尼斯之前，路易在半途中质问热那亚技工是否已经快到撒丁岛时，对方便展开这种地图给他看。更早以前，1228 年，加泰罗尼亚商人佩雷·马特利向同属马约卡征服者的其他人示范可能走的路线，面前应该就有一张航海图。[22]航海地图对于探险者具有记录、传递新发现、累积信息的功能，可以成为新的行动计划的依据，所以并非毫无用处。但它的用途却也显然是有限的，它不可能帮上15世纪90年代突破性成就的大忙，因为那些都是走向未知的航程。哥伦布带着自己第一次渡大西洋的海图，但图上所画的大西洋是臆测的，而且后来证明错得离谱。[23]也许除了贮水桶之外，没有一项新技术有助于扩大欧洲人航行全世界范围，大西洋沿岸的欧洲人在重要时刻也并不具备比亚洲航海文化更优越的造船及航海技术。[24]

文化的力量

研究者一旦发觉以技术来解释是行不通时，往往会转而臆断原因在于所谓的西欧文化特性。在我们对历史的诠释中，文化是蔚为风行的三板斧——文化、混乱、盲打误撞——之一。不太灵光的三板斧取代了传统的因果推论，可以拿来解释一切，却什么也解释不清。所谓大西洋的突破属于一个巨大现象，这巨大现象便是“西方崛起”，是“欧洲奇迹”——西方社会在世界近代史上登上首要之位。因为传统的势力中心与源头换了位置。以往居中心地位的中国、印度、伊斯兰世界退到外围，原来居于外围的西欧与美洲则变成了中心，于是资本主义、帝国主义、近代科学、工业化、个人主义、民主体制等近代以来塑造世界的所有行动力，都被以各式各样的论点假定为欧洲式社会特有的发明。会形成这种理论，部分原因在于其他地区的作为没有受到应得的重视，还有部分原因在于它的确是事实。因此，我们难免会想把“大西洋突破”以及突破带来的所有后果，都归因于西欧文化的与众不同。

常见的情况是为了解释西欧的兴起便列举他们的文化特征，但其实那些原因并不是欧洲独有的，或者并不特别发生在推动大西洋突破的西欧海岸中部地区，或因为纯属瞎掰，或因为根本时代不对，所以都是无用的空谈。例如，其实东南亚也有国家之间相互竞争的政治文化；其他地区的耆那教、佛教、伊斯兰教、犹太教等也是助长商业的宗教，比起基督教都有过之而无不及（见第十三章）；伊斯兰世界和中国的科学探索与实验方法的传统并不比西欧弱，虽然后来在欧洲和欧洲人殖民的美洲部分地区，的确出现了明显不同于别处的科学文化。[25]

传教热情是一种亦善亦恶的存在。虽然多数历史学家不提，伊斯兰教和佛教都经历过积极扩张与吸收信众的过程，时间上与基督教同时，也就是中世纪与近代早期。[26]帝国主义与扩张侵略不是白人才有的恶行。近代的欧洲帝国，以及欧洲人在殖民地延续的帝国形态，都是在逐渐扩大而充满竞争者的环境之中形成的。

话虽如此，西欧的确在极重要的时期表现了特有的探索冒险文化。就本质而言，这种文化必然是经过长期建构而成的，不可能全部集中在 15 世纪 90 年代，即大西洋突破的时代。但是我相信，这种文化可能是在此时达到顶峰或接近顶峰。中世纪晚期，西方基督教世界的探险者满脑子都是过度浪漫的冒险故事。许多人相信或努力体现贵族崇高的骑士礼仪规范，这套规范左右着西欧统治阶级（或想要跻身统治阶级的人）的一切行事。[27]他们的船只就像披挂花哨的坐骑，他们乘风破浪时就像在策马驰骋。他们的行为楷模是通俗骑士冒险故事（那个时代的“低俗小说”）中浪迹天涯的王子，铤而走险为自己挣来王国。这种故事常有航海的场景，例如，中世纪的“布鲁图斯”在特洛伊城陷落之后到阿尔比恩创建自己的国度；高卢的阿马迪斯王子在与巨人作战后攻打下一座被施了魔咒的岛；图里安王子乘船出航发了财，又在大洋彼端觅得爱侣。[28]哥伦布的人生轨迹非常像骑士海上冒险传奇的情节，他心中也很可能曾以这种人物为榜样。他把第一次渡大西洋时发现陆地的功劳占为己有，也许出于贪念的成分少，要效法先人的意思更多些，因为他的航程虽史无前例，他心中却可能已经有了榜样，那就是西班牙版的亚历山大传奇——传说亚历山大是在航海时发现亚洲的，诗文中还特别强调，是他最先看见陆地，同行的水手都是随后才看见。[29]述及达·伽马的文献虽然少得可怜，我们却可以断定，他十分看重自己身为圣地亚哥骑士团与基督骑士团一员所应尽的本分。卡博托的相关文献更少，更难从中推敲他的心理世界，但是在他起航的布里斯托尔，人们很熟悉当时英国骑士的海上冒险传奇，包括《亚瑟王的功业》，除了列举亚瑟王的各项征伐，还说这位神话人物也征服了格陵兰与北极。英王亨利七世是以精打细算闻名的稳重国君，却也抗拒不了浪漫传奇的感染力，给长子取名亚瑟，寄望他将来能像查理曼或亚历山大那样南征北讨，重振亚瑟王时代的威望。[30]这种与骑士传统联结并期待千年救星再临的情感，充斥在任命哥伦布与达·伽马出航的宫廷里。费尔南多二世愿意被尊为“最后的世界皇帝”，是自 12 世纪起就盛行于阿拉贡宫廷里的一个预言。葡萄牙的曼努埃尔一世也受类似的千年救星之说影响，所以会响应渡过印度洋到耶路撒冷的十字军行动。[31]

指控其他文化敌视或漠视贸易与航海，虽然是不该有的中伤，但崇拜海上扬威的骑士精神在欧洲的确有正面效用，使一些在别处可能是拖累或压抑社会地位的海上活动具有崇高色彩。不读航海冒险传奇的统治阶级，会自以为是地鄙夷航海生涯。例如中国15世纪早期的海上扩张，便是因为以旱鸭子为优先阶级的朝廷官员反对而作罢。在15世纪的马六甲，穆斯林贸易商虽已使用贵族头衔，印度商人使用次于贵族的梵文称谓nina，但是他们都爬不到最高的位阶。[32]亚洲的统治者向来都染指贸易，但没有一位敢像葡萄牙国王那样自封为“商贾及航海之主”。但如果以为滨海亚洲的航海事业受了文化偏见的束缚，或是以为文化缺陷阻碍和限制了这里的远程贸易与帝国扩张潜力，那也是误解。亚洲的许多国家政府是由有企业家作风的苏丹和首领来执掌，而且这个区域内有精彩的商业史与势力扩张史，可以印证其实他们也适合发展帝国或资本主义（见第十三章）。

时机至上

商业动机极少在志得意满的背景中产生。长期竞赛中，由后者迎头赶上反而是最有胜算的。15世纪90年代的大西洋突破，类似如今发展中国家拼命往海洋去钻探资源的作为。我们难以想象印度洋也有这样的突破，正是因为印度洋的贸易太富饶，已经完全占据了可用的运输，也充分报偿了从事船运者的辛苦。若要渡过印度洋南边屏障的暴风带，绕过非洲而行，或是设法渡过太平洋去找别的贸易机会，都将是无益的浪费和冒险。对于经济状况比较贫穷的欧洲而言，花这种功夫却是值得的。这也是为什么达·伽马来到古里国之前，印度、阿拉伯、中国、印度尼西亚的商船却还没“发现”欧洲的原因。其实东方航海人的配备比西欧优良，航海传统也比西欧长。达·伽马走在前面不是因为欧洲人有什么优越之处，反而是因为自己不如人而格外努力——落后的人必须赶上去。这就像是听从了托尔梅斯河上的小拉撒路（一个关于穷人变富的传奇故事主角）的母亲的忠告，比较穷的人要向比较富的人靠近，说不定能得到一些好处。[33]

15 世纪 90 年代的航海者要到以前不曾涉入的遥远大洋和大陆去找机会，毕竟得先筹到资本，故资本可以解释为什么大西洋突破发生在这个时间点。这 10 年累积下来之所以有如此非凡的成就最明确的一个缘由，也是各家公认的一个特点就是，它发生在 15 世纪 80 年代之后。因为前面 10 年中投资大西洋航行的人都赚了大钱。葡萄牙议会的要员在 1481 年到 1482 年间表扬马德拉和圣港岛的经济奇迹，说单单在 1480 年这一年里，就有 20 艘艏楼船与四五十艘其他船只载运以蔗糖为主的货物（其他货物及船只尚且不计算在内）前往上述诸岛，“因在该岛所获取的高价商品既贵重且繁多”。[34] 1482 年，葡萄牙人在本亚河河口附近建立埃尔米纳城堡，以巩固黄金交易，对非洲的贸易则因此集中于里斯本皇宫底下的米纳堡（葡萄牙贸易公司）。西班牙的卡斯蒂利亚在大西洋耗费成本的拓展和加那利群岛的征服，都是在这些地方转而生产蔗糖以后，才开始有了滚滚而来的利润。1484 年完成正式征服，同年，第一所制糖厂在大加那利岛上的加埃特开工，随后又在基亚尔建了第二所，此后制糖业发展迅速，可见经营相当顺利。[35] 此外，卡博托航行的路线，应该也在15世纪80年代使布里斯托尔逐渐因为北大西洋探险而获利。由于丹麦王室曾经禁止人民与冰岛贸易，有一段时间，港口记录中不再有来自北方的货物，布里斯托尔使得猎鲸产品与海象牙的贸易又在15世纪80年代恢复了。1481年的一次探险之航带了大量的盐，可见当时已经发现了产量丰富的渔场，也许布里斯托尔的人在这个时候已经会到纽芬兰海岸捕鱼。[36] 即使15世纪90年代的西欧经济资金紧缩，仍会拿出钱来持续探险航海，因为前10年的获利是莫大的激励。

大西洋突破发生后，为商业与势力扩张带来很大的影响，各界大体上都无异议，但是对于细节部分却有激烈的辩论。就长远而论，它在科学上的重要性可能更大。欧洲人在科学上领先不是突破的原因，而是突破的结果。如果从科学史的角度来看，达·伽马和哥伦布的航行都是大规模的实验，把地理学上的假说变成了知识。哥伦布对前人的文献完全服从，但是每当他凭实际经验可以修改这些文献的谬误，又流露吊诡的欣喜。这显示他既是中世纪宇宙结构学的末代引路人，站在前人肩上举着火把，又是科学革命的第一代灯塔，因为重视实验甚于权威，自内在发出光来。达·伽马之前有一些试探性的实验为先导：巴尔托洛梅乌·迪亚士于1488年绕过了好望角；1487—1490年，葡萄牙人经红海进入印度洋完成情报搜集的任务。此行也与哥伦布、卡博托的情形相同，是由15世纪的人文主义地理学提出的疑问所促成行动的一部分，这些疑问包括：世界有多大？大西洋有多广阔？印度洋确实如古代地理学所认为的那样，是被陆地环绕的吗？探险者在政治经济史上的分量有多重，仍未有定论。但是，他们的发现——公认的世界及资源的地图——却立即而无可否认地成为科学化的世界图像的一部分。以前的文明所认识的世界，是从宇宙观的教条、天启、传统、归纳推理、理论阐释所衍生而来；如今我们的地球知识，大都来自观察者凭经验的实在贡献，这些观察者就是我们所说的探险家。

白纸黑字的大西洋文明：帝国主义时代

15 世纪 90 年代突飞猛进的成就使得濒大西洋的欧洲可以通过征战、殖民、贸易扩展到达大洋的另一边。到了 18 世纪晚期，大西洋上已经形成四大帝国势力：西班牙、葡萄牙、法国、英国。看看如今南北美洲多数族群语言的地图，就知道这四大帝国扎根有多么深了。此外，荷兰人、丹麦人、德国人、瑞典人、苏格兰人、库尔兰人（见第十二章）也发动规模较小的越洋帝国主义。渐渐地，西欧内陆也开始向外殖民了。

这些殖民行动的第一个结果是创造了大洋两岸的单一大西洋文明。北、中、南美洲以及非洲和欧洲渐渐都成为 17 世纪尚不成熟的大西洋文明的范围。北美洲第一个固定下来的大西洋岸殖民地是位于佛罗里达的圣奥古斯丁堡，西班牙人自 1567 年就持续占领，但这是纯军事性的据点，是紧依海岸的要塞，只限于短期服役。此外，圣奥古斯丁堡属于加勒比海世界，占据这里就能阻止法国人闯入西班牙人回母国的航道，这航道从圣多明各或哈瓦那附近，因有北走的佛罗里达洋流，故形成可将墨西哥湾暖流以及西风带衔接起来的航路。等到英国殖民地开始往更北延伸，发展出往返大西洋北边走廊的路线，大西洋文明的架构才算完成。近代早期欧洲人入侵美洲的势力范围之中，西班牙的版图是最大、最可观的，改变环境也是最彻底的，其他国家都望尘莫及。但是，如果要做大西洋文明如何发生的个案研究，有英国殖民地才更具代表性。

“五月花号”如今已是美国的象征，能使每个人忆起英勇的殖民时代。其实英国人建立的第一个固定聚落是在现今美国的弗吉尼亚州，而不是在马萨诸塞州。以宇宙观察者的观点看，1607 年载着第一批殖民者到来的那些船才是最具重要意义的，这一批船有“顺利号”“坚定苏珊号”“发现号”。弗吉尼亚几乎变成大西洋文明如何生成的一个范本：付出高昂的代价去适应新文明的努力，伪善面具之下的残忍无情，不同种族间的脆弱关系——这关系一开始便有问题，后来则演变成血腥与剥削——以及人口灾难与灾难引起的种种坚韧不拔、不择手段且具革命性的回应——这响应包括以新作物和新的农业管理法为基础的经济模式，用的是另一种劳动力。

船只的编制由英国国王核准，然后可以“在弗吉尼亚海岸的任何地方开发最早的种植园，以及最初的居住地”。选择地点的标准并非合适与否，而是考虑会不会有对手来争夺。据 1609 年远征移民的公关代表罗伯特·约翰逊编出来的宣传口号，致命的沼泽地与难以开垦的森林乃是建立新不列颠的可用之材，“新不列颠……在弗吉尼亚垦殖可提供最丰美的果实”。[37] 自欺欺人者营造出诱人的画面：“良田沃土，主若垂爱，将指引我们的同胞前去，将它们赐予我们所有……极为甜美且益于身心，比英格兰温暖得多，十分适合我们的禀性。”[38]

各个方面都宜人，只有人自己可能成为恶源。约翰逊说：

那儿有甜泉水川流而过的山谷和平原，好似天生人体中的血脉；那儿有小丘和大山，其中极可能有宝藏从未被寻出……获利是必然的，但是切勿以牟利为先……但愿贪婪求利的怨忌之根不要种在我们心中，虽有美好梦想，也不可因为结果不如所愿就愤愤不平，就拒绝奉献。[39]

宣传中竭力淡化的各种事实中有一个特别麻烦，那就是这个伊甸园其实已经有了亚当。为了殖民者处理方便，原住民被归类为各式各样理应被剥夺财产的对象，先是把他们形容为正好适合剥削的人种，然后又马上说他们是不配享有人权的禽兽：

这里住着狂暴野蛮的人……像森林里的一群鹿。他们没有法规只凭本性……但是……他们一般非常亲切而温和，确实会热烈款待我们的人……我们无意将这些野蛮人铲除……除非他们像放纵的畜生般自己招惹祸殃。[40]

若不是偏见，不可能把当地人看成无可救药的野蛮人。其实当地人具备了欧洲人认为发展文明必备的基础——建造住房与市镇。可以看得出来他们的结盟社会是一个有主权的政府，与白种人在欧洲的国家一样具有正当性，其统治者显然也有神性护身：

此时的皇帝我们统称为波瓦坦……他的帝国强盛广大源于本身的势力，以及少年时期的雄心，比过往时代任何前辈的疆域都大……他是个相貌不错的老人，尚未老朽，却饱经冬季的风霜，熬过许多窘境与乖舛，才壮大了名氏与家族，据说他快要80岁了……着实令人称奇的是，这么一个未开化又粗野的君主竟能在言语间表现如此的庄重与威仪，经常令我们的人在面见他时既敬畏又惊讶。但（我相信）这是神性的印记，不论这些（以及其他）被真光离弃、不信上帝的人多么不知蒙主赐福的基督徒精神，我却深信有一种特殊的（乃万王之王所赐予的）神圣力量被灌输于那些在世上充当主的直接工具的人。

这位酋长“不论要求什么……子民都奉上给他，哪怕他只略一皱眉，最强的人也会颤抖”。[41]

当时基督教世界的法律与惯例中都找不出向这些人开战的充足理由。英国本国政府给殖民者的建议充满惯用套话，圆滑的措辞却掩盖不住手段之凶狠：

如若方便，合理的做法应是先出其不意除去（土著）诸祭司，将其拘禁为囚，他们陷入邪恶的迷雾与痛苦太深，太恐惧专横的邪恶，被死亡的枷锁与魔鬼捆在一起，只要祭司生活在土著中毒害其心智，尔等的此项光荣大业将永无显著进展，与土著亦永无和平可言。在必要或便宜行事的情况下，我方表示，以严厉手段应对土著并非酷刑或有违人道之举，甚至置之死地亦可。[42]

英国人心里的盘算是显而易见的：他们想以埃尔南·科尔特斯征服墨西哥为榜样。说到印第安人的统治者，英国人给的指示是：“若认为将其押为囚犯并非上策，仍应令之臣属。”但是起初殖民者因能力不足又不熟悉环境，他们不懂垦殖和建筑方面的有用技能，只有依赖印第安人施舍才保住活命。他们承认：“印第安人的确天天拿他们吃不完的……玉米和肉类周济我们。”殖民者这样转述印第安人说的话：“我们可以在任何地方耕种，可是我们知道，你们若是没有了我们的收成和周济就活不成了。”[43]

这个样子是打不成征服战的，长此以往也不可能一直保住殖民地。后来因为英国殖民者与印第安人彼此怨恨，和平政策瓦解，科尔特斯式的作为才在殖民者之中总揽全局，殖民态度变得具侵略性、凶狠无情、毫不妥协。约翰·史密斯船长是美洲殖民的第一个著名恶棍，他是个妄自尊大的暴君，嗜杀、大胆、坚决，如今却被裹上令人倒胃口的迪斯尼式神话糖衣。他自称有迷惑印第安人交出货物和女孩的力量，其实他是用恐怖手段强迫印第安人供给殖民区食物。

与他同时期的殖民者有不少人批评他的作风，其中之一是这么说的：

> 英国下达的命令是一贯不去触怒他们……直到他们不幸惹上了史密斯船长。他毫不犹豫地给了他们苦头吃，有人被到处追捕，有人受鞭刑、拷打、监禁的恐吓……这使他们极度害怕而顺从，只要说起船长的名字就足以使他们惊恐。[44]

史密斯并不讳言与印第安人的关系已恶化至彼此以暴制暴的程度，还在他炫耀自己征服成果的地图的外框边饰上，画出互施暴力的情景。

他对于不服从命令的殖民者也用同样的手腕。他宣告：“既知我掌握全权，我的命令便形同法律：除了伤病不能工作者之外，凡不工作者皆不得食。因为正直、辛勤的三四十人的劳动，不能耗在养活 150 个懒惰无赖上。”[45]

当时的明眼人都认为史密斯船长是个吹牛大王，不切实际，靠信口开河变成名人，写夸大而荒诞的传奇来吹捧自己的冒险，如果读过他自称曾在土耳其苏丹后宫里展现男性雄风的叙述，就会觉得宝嘉康蒂爱上他是胡扯之说。有一系列有关“英勇无比的琼斯船长”的讽刺诗，灵感都是得自史密斯这个人。例如：

> 就像一种男女都侵袭的疾病，
> 他创伤女士，一如创伤绅士：
> 乌有邦女王一见他仪表堂堂，
> 当他是波兰来的高贵理发师，
> 哪知他竟中看却不中用，
> 把她折腾得不上又不下……
> 总归一句话，好坏全看命运打什么牌，
> 虽然结果也和阉猪师傅那一刀差不多。[46]

据说，史密斯在被波瓦坦印第安人俘虏的那一段时间里，“他给土著讲解地球是圆的、月亮与星辰的运行、昼夜的由来、海有多大……那些可怜的家伙听得入迷……当他是传神谕的人”。[47] 这段叙述或许有几分真实，只不过听来很像哥伦布的自述经历。弗吉尼亚的印第安人自从上个世纪初次接触侵入的英国人后，的确对于天文仪器产生极大兴趣。但是，把自己描写为精明的大英雄，智能凌驾敌人之上，乃是文学中的老套，不可全信。这乃是史密斯自己所写或找人写的传奇的部分内容。像他这种人能在第一批殖民弗吉尼亚的英国人之中成为佼佼者，那么这批殖民者的素质如何也就不言而喻了。他之所以能获任议会成员，是因为他曾在奥斯曼领土当过佣兵，是稍有相关经验的少数几个人之一。

后来他因意外而残疾，不得不回英国去，英国殖民者都额手称庆，印第安人也十分欢欣。“蛮族人一旦晓得史密斯走了，就立即造反，竭尽掠夺屠杀之能事。”[48]弗吉尼亚殖民地动荡不安，丧失了劳动力与食物来源。

> 现在我们都感觉需要史密斯船长了。不错，诽谤他最甚的人也因他不在而挫败。现在我们得不到蛮族人给的玉米、补给品、贡品，只得到木棒和弓箭给的致命伤。至于我们的猪、鸡、羊、马或主食，指挥官天天都在消耗。我们（有时候）吃一小部分，直至一切吃光为止。我们把刀剑、箭、任何物品换给蛮族人，他们手上都沾着我们的血，因为他们的残酷、我们总督的不明智以及丧失船只，不过6个月后，500人只剩下60来个最可怜穷困的家伙。我们的惨痛遭遇难以言表。但是这只能怪我们自己欠缺远见、努力和管辖，而不是如一般所想的那样——因为这地方的荒芜贫瘠。

1610年5月从英格兰又来了一批殖民者：

> ……我们看见栅篱倒塌，港口洞开，大门被拆毁，住房

> 空置（住户死亡所致）、坍塌、被烧毁……我们的人如果逾越碉堡界线便立即被印第安人杀死，在碉堡界线内一样会死于饥馑与疫病。[49]

史密斯在的那一段时间只得暂时的权宜。弗吉尼亚殖民地的真正救星是行事有魄力并且烟瘾极重的约翰·罗尔夫。他觉得弗吉尼亚印第安人抽的烟草不好，在1611年想到要把西班牙人的烟草从加勒比海地区移植过来。结果计划成功，1617年的烟草收成有9吨。按1622年的报道："这一整个夏季他们除了维护安全与种植烟草之外没做什么，烟草在这里当作白银通用，几经买卖，有人致富，但许多人变得更穷了。"[50]这一年虽然又爆发与印第安人之战，收成却高达27吨。[51]到1627年，弗吉尼亚的烟草产量已有230吨，1669年更达到6 800吨。

烟草使弗吉尼亚经济独立，但到这儿来的英国人却仍不适应气候：1607—1622年到此的15 000万人，活下来的只有2 000人。印第安人因为与殖民者交战以及欧洲传入的传染病，人口也变得稀疏。就长远的需求而言，必须输入黑奴才可确保劳动力不会短缺。最早被提及的黑奴买卖是1619年一艘荷兰战舰"卖给我们20名黑鬼"的这一批，弗吉尼亚其实在此以前就有黑奴存在。接下来20年里，黑奴也出现在殖民地记录上，和白人仆佣登记在一起或分列，但往往没有名字，也没有抵达日期。不登记名字和日期表示有别于仆人，因为仆人的服役有一定的时间，奴隶则是永不得自由。17世纪60年代以前的黑奴数目一直不多，因为英国来的穷苦移民源源不绝，他们能做黑奴的工作，成本只需黑奴的一半。利用穷苦白人是符合成本效益的，因为各色人种初到新殖民地期间的死亡率都高，投资4名仆人比买2名黑奴更能分散风险。1650—1674年共有45 000万名劳工到来，那时候的黑奴数目可能还不到3 000。此后黑白劳工比例才逆转。[52]

自由黑人不久便开始成为弗吉尼亚社会的一分子，但他们通常是获得自由之身的奴隶，不是服满役期的佣人。“黑人安东尼奥”1621年被卖作奴隶，熬到1650年成为自由之身，改名为安东尼·约翰逊，他带着自由黑人妻子和自家的黑奴成为100公顷土地的主人。弗朗西斯·佩恩用750千克的烟草为自己赎得自由之身。[53]另有些黑人则谢绝白人的自由，逃到森林里去开创“袖珍型非洲社会”。1672年，一小群逃亡黑奴引起了白人的严重恐惧。由于害怕黑人暴动，法律许可并鼓励白人追捕他们，可以见到就杀。1676年，弗吉尼亚发生了一次贫穷农民的暴乱，英国殖民者同时也在担心黑奴会结合荷兰人造反。1691年，一名叫作明戈的黑人游击战士带领一群追随者偷窃了食物和枪支。[54]

奴隶所造就的世界

于是，弗吉尼亚有小块小块的地区不像“新欧洲”，而像“新非洲”。就整个美洲大陆而言，17世纪形成的大西洋文明是真正的、综合的大西洋文明，移植自非洲大西洋沿岸的成分与来自欧洲大西洋沿岸的至少是一样。这不只是欧洲式的文明，而是不折不扣的大西洋文明，因为虽然是用欧洲的船只带过来的，构成它的人——文明的成分——多数来自非洲。

弗吉尼亚以南一直延伸到巴西，是个以黑人为主的世界，在18世纪之初就被视为“另一个几内亚”。[55]弗吉尼亚模式的特征也在大西洋沿岸的美洲多数地方发生，范围从加勒比海诸岛往南到巴西的马尔山脉，例如，有大规模出口的新型作物和大农庄制度，因此到处都仰赖黑人的劳动力，渡大西洋到美洲来的人口中，黑人占了绝大多数。以1580—1820年来计算，乘船来的移民中黑人平均超过70%。[56]借越洋运输发展之便而在这个时期首度移民迁徙者，人数最多的一次就是从非洲被送到美洲。此外，在美洲大西洋沿岸的许多地区，非洲人带来的文化几乎一直保持原状未变，即使受欧洲主人或邻人影响，也只有很轻微的改变，欧洲人没有去管他们的宗教、语言和社会形态。[57]

这个时期美洲的多数奴隶社会无法自然地增加人口，原因至今不明，但必然与奴隶受不人道对待有关。英国圣公会牧师摩根·戈德温有“黑人的辩护者”之称，他曾经痛斥17世纪六七十年代在弗吉尼亚与巴巴多斯亲眼所见的白人恶行：农庄主人把黑奴视同骡马；他们阻止牧师向黑奴传道，因为皈依基督教的奴隶照例得于5年后获自由之身；[58]不给奴隶吃饱，不让女奴给婴儿哺乳而达到屠杀婴儿的目的。主人惩罚奴隶的方式包括鞭笞、割掉耳朵甚至阉割。[59]耶稣会先知兼宫廷教士安东尼奥·德维埃拉的祖母是黑白混血，他把巴西奴隶的苦难与基督被钉上十字架相比，善意地叮嘱黑奴要忍耐，不能求解脱——只在心中获得释放即可：

> 基督受尽一切虐待，你们也一样。你们戴镣铐、坐监牢、受鞭打、受伤害、受辱骂，都是以他为榜样，如此再加上耐

心，你们便能赢得殉道者的奖赏……当你们服侍主人，勿当他们是人受服侍，要当作在服侍上帝。因为这样，你们将不是身为奴隶而服侍，而是自由人了，你们顺从主人也要像儿子一般，不要以奴隶的身份。[60]

1663年制定的蔗糖农庄监工处罚行为不端奴隶的条例中建议：

奴隶应受处罚时勿以棍棒打，勿以石头和砖瓦投击，应当将之绑于拖车上以鞭抽。彻底鞭打完毕后，应用利刃或小刀刺之，再以盐、柠檬汁、尿液抹入伤口，之后应以铁链锁住数日。

17世纪末的一位耶稣会道德家所列举的奴隶主义务算是含蓄地谴责了奴隶实际所受的对待：他们营养不良，工作过度，遭受的性侵害让奴隶主对其拥有“撒旦掌握邪灵般的权柄”，衣着褴褛以至于不能蔽体，经历着过度与不公正的处罚，生病不得就医。[61]这里是众所周知的白人炼狱，但对黑人来说，它却更是地狱。[62]1682年来到巴伊亚的一位意大利籍嘉布遣会修士说：“奴隶熬得过七年，就算是命大了。”[63]1764年写得实实在在的西印度群岛疾病记录令人看了不寒而栗，其中包括对雅司病患者的治疗手段（使用醋酸铜与升汞）与脚踝溃疡在黑人中的暴发事件，患溃疡者都是“逃跑的黑人及恶行重大的偷懒者，或是吃土者——此种错乱病……并不只……发生于女奴身上”。[64]

因此，需有源源不断的新奴隶输入，劳动力才得以维持。到17

世纪结束时，送达美洲的黑奴已有150万人。其实从非洲运出来的人数比150万人还要多些，但穿越大西洋之旅会折损很多。奴隶的来源（因时代不同而有多寡差异）是临大西洋的非洲，从西非洲突出部、刚果地区、安哥拉来的尤其多，绝大多数是通过战争与劫掠被掳的，劫掠地点深入非洲内陆数百千米。虽然有很多地区受到掳掠奴隶的影响，但只要被奴隶贩子锁定为目标的社会必然受到人力流失的冲击。历史学家在这种影响上颇有争论，但是凭常识也可以料到情况应该是很糟的。安哥拉地区显然有一个时期是女性人口大幅多于男性的，有买卖黑奴的国家可能都有人口流失的现象。奴隶市场助长了黑人族群为掳人而互相征伐的情况，也助长了弱肉强食的王国。达荷美王国境内通往王宫的道路就是用人骨铺的。在安哥拉内地，凶悍的女王挑战食人的隆达王国，要较量谁掳的人多。西非有些地方人口灭绝了，大西洋沿岸各地却因奴隶买卖而大量增添出口奴隶的港口。

运输路途如果很长，奴隶死亡将数以百计。由于奴隶买价低卖价高，运输者宁愿把死人抛下海。[65] 1820年，一名往来大西洋的奴隶贩子把黑奴装在大桶子里，以便巡逻奴隶交易的船舰靠近时，方便连人带桶抛进海里。1844年，“肯塔基号”在船上处决叛变的奴隶，为了“节省手铐脚镣”，先把奴隶的小腿砍断。据参与处决的人说，他们“用了各式各样的消遣办这件事”。[66] 1781年，“总号”船将133名生病的黑奴淹毙，因为如果等他们自然病死，所有人的损失并不能得到赔偿，奴隶的情形应该“和生病马匹要抛进海里一样”。[67]

黑奴即便一路折损，到了目的地之后，通常还是占殖民地人口的大多数。根据1700年牙买加的统计，黑人有45 000万人，其他各类人种加起来只有8 000人。根据秘鲁最西班牙化的城市利马1614年的人口统计，总人口25 454人中，10 000以上是黑人。到了17世纪末，在墨西哥与秘鲁沿海的部分地区，以及每一个农庄经济发展起来的地方，黑人所占的人口比例都是最高的。这些地方大多数是靠近大西洋沿岸或就在大西洋沿岸，包括从弗吉尼亚起往南的英属北美洲，西印度群岛、墨西哥、中美洲、委内瑞拉的一些海岸地区，以及圭亚那与巴西的蔗糖种植区。非洲化程度最高的地区是逃奴邦，即逃跑的黑奴所创建的反叛共和国或土匪王国。哥伦比亚的埃斯梅拉达有一个逃奴王国，于1599年与西班牙政府签订和约。苏里南的第一个逃奴社群建于1663年，当时葡裔犹太人为了逃避应缴的人头税，将他们的黑奴赶到边远地区，因此建立。[68]巴西伯南布哥内地的帕尔马雷斯是个实际独立运作的黑人王国，自16世纪和17世纪交替之际起维持到1694年，在全盛时期，国王祖姆比能动员多达5 000人的皇家护卫队。[69]

帕尔马雷斯的文化是混合型的，有非洲成分，也有葡萄牙成分。最令外来造访者印象深刻的是高效的治理与严谨的制度。一位耶稣会教士这样记述：

> 国王拥有一所王宫和他家庭的住房，以及君主照例都有的卫队和官吏。他受到身为国王应得的尊崇，以及统治者应有的礼节荣衔。人们见到他都要双膝下跪以示敬畏崇仰。他们称呼他“陛下”，对他无比恭顺。[70]

帕尔马雷斯的黑人统治阶级很富裕，能买奴隶与很多枪械，在葡萄牙人企图再征服他们的时候打败了葡萄牙人。他们的首都是马卡库斯，以敌人无法攻破而闻名。后来即使祖姆比死亡，帕尔马雷斯王国被击溃，祖姆比这幻影国王仍是非洲精神的一片庇荫，仍能唤起黑人的反抗行动。

多数奴隶社群的文化都具有多元性质，因为这些社群都是由来自非洲各个不同地方的人组成的。不过在农庄或逃奴小区的文化却必然只是非洲的，几乎不受白人的影响。天主教国家的主管当局会命令殖民地向黑奴传播福音，例如在巴西，奴隶应被允许望弥撒，所生子女应当受洗。但实际上奴隶主会规避这些规定，通常都不让相对人道些的神职人员涉入自己的产业。运往巴西的黑奴在登船时会听到这样的叮嘱："记住你们现在是上帝的孩子了。你们要前往葡萄牙人的土地，在那里学得圣教的要义。不要再想你们的故乡，不要吃狗肉、马肉、鼠肉。祝你们幸福。"[71]

这就是最贴近基督教教诲的例子了。黑奴的娱乐是部落音乐与舞蹈，自 1681 年起，按教会规定，巴西的刚果黑奴社群可以在圣母玫瑰节日时选出一名节日的"国王"和"王后"，主持他们自己安排的歌唱和舞蹈。[72] 食物是每个文化的基本要素，他们的食物会按照未渡大西洋以前那样烹调并共享。神谕似的司法审判方式很常见，或者是奴隶主把执行司法的职责移交给黑奴自己的"老大"或选出的"王"，特别是在英国人的殖民地。[73] 个人装饰、婚配习俗、取名字的方式都延续非洲原籍的方式，是"几近纯粹非洲式的文明"。[74] 接受洗礼以及教父教母的身份反而提供了一种架构，让仪式性的亲族关系能在这架构中延续，帮助部落或民族的联系在奴隶的新家乡保存下来。精神慰藉是由灵媒提供的。如今在夜晚时分的里约热内卢或巴伊亚的海滩上，仍可以看见黑人宗教信仰的怪诞混合物，这一刻，观光客散去，鬼灵出现，借用了基督教的形象，但形式却是直接从非洲移植来的伏都教。[75]

在大农庄的范围以外，黑人属于少数族群，他们包括家仆、小妾和从事卑贱工作的自由人，还有一些是在故乡有过采矿等专业经验的技术工人。吊诡的是，他们与其他殖民者和土著的往来关系越少，自己或后代融入白人与混血的上层阶级反倒越容易。至少按西班牙与葡萄牙的国法，自由黑人的后代与白人享有平等的权利。而把这种权利发挥到极致的是恩里克·迪亚斯勋爵与若昂·费尔南德斯·维埃拉勋爵，因为在 1644—1654 年抵抗荷兰人侵略巴西的“神圣自由之战”中有功，两人被封为贵族。不过黑人仍普遍遭受行政上的差别待遇与种族歧视。有身份地位的女士到黑奴拍卖场上看待被卖的人就像被卖的牛羊一样，市场的力量把他们变成商品。

其实奴隶买卖的历史自始至终都在嘲弄经济法则。如果经济法则管用，奴隶买卖根本不会发生。蓄奴制度应该会因为欠缺效率而自行消失，这根本就是前现代经济体制之下不自由劳动力的一环。[76]除了因战争或政治干预造成时间的短缺之外，运送奴隶的从业者是凭运气赚钱的，像玩彩票一样，赚的人少，输的人多。[77]维持这一行也要靠其他相关的运输业：运往非洲的是烈酒、劣质火器、鲜艳布料、粗制大箱子，运往欧洲的是讨好上流社会口味的农庄产品。为了帝国势力扩张，非得有奴隶买卖不可，多数的美洲殖民地没有黑奴就撑不下去，有些地方因为土著劳工被一发不可收拾的传染病害死，除了黑奴根本没有其他工作者。有意自产奴隶的人在美洲进行黑人婴儿养育的专门试验，美国南方的农庄主自行创造条件使一个生产后代的黑奴阶级得以产生，所以不怕禁止奴隶买卖的规定。然而，多数农庄主太过虐待黑奴，以致他们生育不出数量够多的后代，因此多数时候仍得依赖进口黑奴。

奴隶是由专门的奴隶港码头和临时收容所供应的。在边城阿拉莫捐躯的英雄吉姆·鲍伊靠走私黑奴与告发共犯领取赏金发财。伊丽莎白·“妈咪”·斯凯尔顿于19世纪40年代在努涅斯河与庞加斯河的河畔靠种花生发迹，在此以前是专业的奴隶贩子。她的邻居以前是水手，自己的咖啡农庄有五六千名奴隶，以及“装满火药、棕榈油、酒精、黄金的库房”。戈雷岛的德马内神父“以创立圣心修女会为掩护，旗下有本地区姿色最佳的混血姑娘”。贝宁的维达若不是有疟疾与黄热病为害，就要被商人算为“全世界最可口的地方之一”。[78]

最重要的是，奴隶买卖对除了奴隶自己之外的各方都有帮助，所以持续不衰。供应者是非洲一些军阀和靠打仗为生的贵族，他们供给的奴隶就是战俘。达荷美的国王盖莱莱在遭遇废除奴隶行动时对理查德·伯顿爵士说：“如果不准我把战争中掳来的人卖掉，我就只得把他们杀了。英国人当然不会赞成这样的啦。”欧洲顾客也一样涉入共谋，这倒不是因为他们野蛮愚昧——虽然野蛮愚昧者大有人在——而是因为欧洲文明的本质。[79]古典生活的典范渗透了他们的心态，既然古希腊古罗马是用奴隶建造起来的，为什么不能用奴隶建造另一个同样优异的现代世界？建设葡属安哥拉的人相信，充裕的奴隶劳工可以使他超越古希腊古罗马。[80]种族歧视也是奴隶制度能一直持续的原因之一，但不是主要原因，以科学为依据的种族歧视是很晚才发展成形的。道德哲学的多数权威人士都赞同所有人类有共同祖先以及道德平等之说，这样的权威一直持续到废除奴隶制度以后。但也有不赞成的人，如爱德华·朗在他1774年所写的《牙买加史》中认为，黑人不如白人是基于所谓的种族特征，这特征包括“他们像畜生般恶臭的气味”，爱德华·朗还特别强调是他们是“最愚笨的”人种。[81]

只有担心可能会废止奴隶的前提下，奴隶买卖业才稳赚不赔。因为废止奴隶的声浪曾导致需求一阵激增，从而使得在18世纪末的20年里让奴隶贩子大赚一笔。一旦禁奴法令生效，奴隶售价就会暴涨，奴隶贩子如加的斯的佩德罗·布兰科（他被称为“贩奴业的罗斯柴尔德”）在19世纪30年代的经营规模大到雇用了1位律师、5位会计师、2位出纳、10位抄写员，另外他自己还有50名黑奴佳丽组成的后宫。此外，奴隶的处境也在废奴的推行中愈发恶化——行动受限更严，更危险，更可能落入也在贩奴业中分一杯羹的犯罪集团手里。被解放的黑奴处境未必比仍在受奴役的人好，最典型的下场是被丢弃在塞拉利昂境内仅有0.1公顷的土地上，身上只有一片围腰布，和英国政府发的一口锅、一把铲子。另外，有上千海员（多数为英国人）为了成就这个高贵理念而在巡逻中丧生，他们付出的努力只是使奴隶买卖的处境更趋险恶而已。

到了18世纪末，移民美洲的欧洲人已经达到150万，为了替这些人效命，从非洲运至美洲的人数超过600万。大西洋这一边的某些地区在18世纪时看来就像非洲人的聚落。16世纪厄瓜多尔的逃奴社群国王会仿效当地原住民的传统，佩戴金鼻饰以象征权威。17世纪西班牙统治的庄园上，黑人监工管理着印第安人苦力。在18世纪的牙买加，英国官方把管理黑人社会的大权交给长老裁判与会奥比巫术的法师。19 世纪的海地变成了一个模拟白人帝国主义的黑人“帝国”。黑人不论被送到什么地区，或成为白人的伙伴，或沦为受白人迫害者，都是成就大西洋文明必不可少的力量。[82]

可是我们却把这一成员的历史差不多忘掉了，或几乎从记忆中抹除了。19 世纪里以及 20 世纪很大一部分时候，大西洋文明的本质变狭隘了。美洲大陆基于四个原因变成欧洲的对应面与延伸面：废止奴隶买卖；黑奴适应了白人价值居优势的社会文化；大量白人殖民者在 19 世纪移入南北美洲，使黑多于白的人口比例转变成白多于黑；最重要的是，必须通过白人掌控的科技才能够越过组成大西洋文明的环境——大洋。有了这些改变，大西洋文明才会变成“西方文明”，也就是起源于西欧的白人文明。

令人欣慰的是，废止奴隶买卖并不是受经济因素影响，而是道德上的一次胜仗。真诚的慈善家为废除奴隶而奋斗过，但他们之所以成功是由于环境条件变了，不是因为人心变好了。贵格会信徒走在道德运动的最前线，不过其中也不乏继续蓄奴的人。启蒙思潮认为黑人是未受文明污染的善良人，但是“有些商人以为把自己的船命名为‘自由号’‘大革命号’‘卢梭号’就算是对得起良知了。”[83]赞成买卖奴隶的人虽然声称这样做是拯救非洲人脱离故乡更恶劣的暴政，但仍不能把蓄奴的道德问题交代清楚。

主张废奴的文学作品大多数写得软弱无力，没有说服力，一把鼻涕一把泪的。安·伊尔斯利于 1788 年发表的作品算是比较有力的一部。这位自学成才的作家使人们对“公义与人道思想仅适用于一类人种”的理念产生了愧疚。不过，写给英语读者看的有关奴隶制度的小说有很多是淫秽的。号称“第一部美洲小说”的《乔纳森·孔科布》之中描写美貌混血女奴和主人的奸情——“她说：‘老爷如果要夜壶，会把一只手伸到床外来；他如果要我，就伸一条腿。’”黑人自己撰写的作品太少，而且都免不了自怜与宗教大道理。玛丽·普林斯的亲身经历自述是最有说服力的，平铺直叙地描写精神上的挫折，不加修饰地呈现真相，反而更见恐怖。可惜她的作品问世太晚，未能及时影响舆论，她所描述的酷刑也在某次的诽谤官司中被判为不实。詹姆斯·拉姆齐的《牙买加宅子》有太多地方是向奴隶贩子的立场低头，根本无力为解放辩护。《奇异恩典》的作者以前曾经从事奴隶运输业，他的主旨放在奴隶贩子的道德问题上，对奴隶处境着墨不多。[84]

役使奴隶是自古以来几乎每个社会都在做的事，因此不能只假定这是不道德或非理性的行为就草草带过。就历史的角度看，近代人对奴隶制度的强烈反感才是反常的，其中必有缘故。从现存的数据文献可以找出三种解释：第一，解放奴隶运动乃是启蒙进步思想的产物，人道主义者在启蒙运动后才揭发了祖先视而不见的邪恶不公；第二，老朽的奴隶经济被资本主义取而代之，资本主义利用劳工的方法比用奴隶更具生产力；第三，奴隶自己争取了自由，顽抗反叛，迫使白人奴隶主阶级放弃了这个不能永续运作的制度。自由到来乃是缓慢推力长期作用的后果，这些推力包括：奴隶抗暴酿成死伤和疾病导致折损而去利用新的劳动力资源；有些原来由奴隶做的工作工业化了；废奴的威胁引起农庄主恐慌因而大量买进奴隶，反而导致奴隶过多。早期废奴人士究竟为什么反对蓄奴，原因也不甚清楚，因为废奴之后继起的剥削劳力，包括虐待苦力、血汗工厂、役使囚犯，并不比蓄奴好多少。废奴行动使奴隶价格上涨而导致奴隶买卖一时之间变得更猖獗。强制执行解放的后果是经济削弱、社会混乱，一队队被铁链拴在一起的奴隶集体死亡。新的压榨手段继奴隶买卖之后出现，有些奴隶买卖者改行做更有利可图的苦力中介，苦力的悲惨处境又成为帝国主义慈善事业的新焦点。[85]

长远来看，住在南北美洲的白种人更能延续其传统文化，也更能与其原生社会保持联系，这并不奇怪，因为全部是由白人来制定标准并控制社群的。大西洋文明的形成确有不光彩的一面，受害的不只黑人，在过程中还毁了原住民的文化，其中有故意消灭的，有被新到的文明赶出生存环境的，还有因欠缺先天抵抗力而被欧洲传入的疾病扼杀的。但如果换个观点看，大西洋文明也是了不起的成就，把生活方式、思维模式从大洋一端带到另一端，改造新大陆环境，入侵者在这里建城市、养牲口、种植外来作物，把旧有的风貌完全扭曲改变。

当然，越过这么远的大洋而移植社会，必然与原乡社会有严重的中断，引发新的动向，带来彻底的脱离。这些改变有的是企盼从头开始的殖民者所做的选择。他们原本就有意逃离原乡社会里某些不好的事物，通常都是因为不堪宗教迫害或是想要摆脱社会地位低下与生活贫穷的桎梏，竟然也有很多人是为了躲开恶妻。其他蜕变则是环境造成的，因为人只要迁移到陌生之地，就会有“边疆效应”，自动分成中心与外围。[86]这多少也是代沟造成的，因为拓荒先驱始终都是比较年轻的一群。也有部分是为了适应陌生气候环境而调整生活方式或政治习惯造成的结果。封建制度在劳力短缺的地方运转不起来，专制主义在地广人稀交通不便的地方也施展不开。

自然条件严苛的地方，必须凭合作才可能成事。

因此，大西洋文明在新大陆这部分会迅速发展出风貌不同于宗主国的特征，也就不足为奇。新大陆的某些地区政治上更民主、宗教上更多元；某些地区种族更融合、更依赖奴隶制度、更依赖原住民的食物；在宗主政府能够有效制衡地方势力的地区，官僚作风或国家主义比较盛行；在大庄园能有效役使奴工的地区，或是早期殖民者确立专横的王朝和排外的社会阶级的地区，会比宗主国更倾向于贵族统治。[87]

大家都知道北美洲隔着大洋与宗主国形成了政治文化上的分歧，但却少有人注意西班牙属地的南美洲也与宗主国有政治文化的分歧，但两者的情况显著不同。西班牙的殖民地在整个帝国版图中具有一种新式国家地位，凭时空相隔所以可以不听母国的支配，让西班牙国王惶惶不安。在殖民地，世袭的官职非常少，殖民地自己推举的官职分量太轻，司法由国王任命的官僚独揽，神职授予权握在国王手里。西班牙政府想要制约马尼拉与米却肯子民生活的所有大小事，连土著劳工可以背负的重量上限或什么身份的人走在街上可以佩剑都要管。尽管时空距离导致各种控制走样或失灵，海外帝国仍是听命于马德里朝廷的，只有少数例外，如一些有“封建”特性的庄园和一些教会“专有产业”之中的修会实际承包了应属于国王的权柄。结果造成了吊诡的情况。殖民地培养出了本土意识，“克里奥尔爱国精神”重写了美洲历史，使美洲的表现能与欧洲竞争。克里奥尔的有识之士也修订了自己这个半球的博物史，使美洲变成优越的环境，足以出产英才。

殖民者即使有意离开家乡远渡大洋，演化出新的政治文化，拥抱新的自我意识，但跨越大西洋的单一文明仍在近代早期成形。从欧洲被赶出来或拉过来的社群，坚持旧有模式不改的顽强精神很令人称奇。他们用故乡的地名给殖民地命名，以示不忘本。[88]他们的建筑也以故乡的为范本，有时候是用殖民地的建材和工匠来造，结果另有一番风味。菲利普·哈林顿是位出海也不忘带着《不列颠建筑大师》的船长，1764年，他在罗得岛州纽波特市兴建了一座希腊式圣殿，把木建材巧妙地做成和石材一般。[89]他们把家乡的作物带到殖民地来栽种，即便本地的物种耕作更容易、收成也更好，他们仍愿种故乡的。[90]他们重建起自己千辛万苦要离开的那个社会的特征——迫害宗教异己、缺乏社会宽容的排他主义倾向。17世纪马萨诸塞州的加尔文宗基督徒曾经把贵格会信徒和浸信会信徒赶到偏僻的州境去。16世纪西班牙的步兵和海盗在16世纪的安地瓜或圣菲波哥大自封为王爵，在大门上装饰起自家的徽章，规定印第安人纳贡，称这些印第安人是家臣。[91]世俗和宗教人士都努力要把被征服地造就成没有犹太人或没有异端的美洲乌托邦。[92]

他们帮忙建立或传递的文明堪称真正的大西洋文明，最显著的证据就在于，他们打造的都市照例都符合传统认定的各项文明指标。殖民时代的都市体现了市民的自我形象。那些欧洲人势力伸入美洲之初所规划的街道、所建筑的房屋，都以古典希腊和罗马为模板，这些模板正是殖民新大陆时代的西欧最推崇仰慕的。我们看到的这些都市，例如在海拔2 286米的古阿兹特克都城特诺奇蒂特兰遗址上的墨西哥市、在危地马拉高地火山脚下的安地瓜市、在一片荒野中规划出来的费城，都试图结合古典都市规划的原则与博爱精神，怎不教人佩服！

第十七章

大西洋时代之后

西方中心与全球视野

| 从大西洋到太平洋，从太平洋到世界

霍格常讲起他的理论，这是他很在意的。他会说："对于丛林里的野蛮人而言，生命就像买彩票。他一切的努力都是极端冒险的，他的一生其实就是一个连续不断的大赌局。可是时代变了，文明形成了，社会发展了，就在社会发展、文明进步的同时，这种碰运气冒险的成分也逐渐从人类处境中排除了。"说到这里，他会停一下，环顾四周，然后问："有人蠢到会相信这种事吗？"

——

威廉·博伊德（William Boyd），

《犰狳》（*Armadillo*）

橡树是属于末日的树木。

大地崩裂之时它们还在：

东倒西歪，面对面地

依旧木然相视

不慌不忙，就在原处。

——

彼得·盖萨尔特（Peter Ghyssaert），

《宝石浮雕》（*Cameo*）

大西洋文明的危机与革新

大西洋文明在16—18世纪的形成阶段是浅层、孱弱、零散的。即便带来了改变的力量，比起其他素有这些传统的许多地区，越洋贸易与殖民的总数量都差得远。美洲殖民地发展出了自己的主体意识、自己的区域经济、自己的政治偏好，之后便转身背向大洋，要脱离欧洲的伙伴或母国而独立，专心在自己的美洲内地里拓展。从1776年美国宣布独立开始，大西洋文明的存亡就受到一连串类似决裂行动的威胁。

1803年的法国已经撤出了自己的大多数殖民地，或是让别国拿走这些殖民地；巴西于1822年正式脱离葡萄牙而独立；西班牙于1828年同意了多数殖民地的独立。欧洲国家虽仍保有部分殖民地（主要在加勒比海地区），大西洋却再次变成一道鸿沟，隔断两边的居民。

好在几乎立即就有新的政治、社会、经济关系和新的共同价值观取代独立运动所切断的旧关系，大西洋文明并没有终结。危机才过去，打散的碎片就开始重新组合了。殖民地独立以后的两岸经济联系、知识交流、移民运输都比以前还要频繁。

思想观念的互通尤其活跃。在19世纪早期，欧洲人多半认为民主是专属于美国的特有制度，对它存着戒心。时间久了，民主由美国立下榜样，供大西洋另一端的欧洲学习，于是重新确立了西欧与美国的道德统一。欧洲人到美国来仔细观察民主制度的执行及其道德影响，包括模范监狱、讲道义的工厂、体面的学校、开明的疯人院、可自由出入的政府大厅。美国似乎已经看见未来，觉得这些都会成真。1828 年，卡尔·波斯特尔推崇美国是“为共同福祉而团结”的一个榜样。1831 年，托克维尔发现对于自由所导致的自私自利，可以用民主来约束。差不多同时，“民主的发现者”桑多尔·伯勒尼·法尔卡斯回到祖国匈牙利之后，对“这个人权与自由的年轻巨人”则是赞不绝口。同为匈牙利人的革命家拉约什·科苏特在被放逐美洲时发现，“民主乃是我们这个时代的精神”。[1] 欧洲当时尚未有人发扬这种精神，见证民主的美国却已经侵入了旧大陆的政治思想。

浪漫主义——一种把感情置于理性之上的价值标准——是跨过大西洋的另一股越来越强的力量。欧洲人洋溢着对美洲大自然“狂野粗犷之壮丽”的想象，为他们想当然的“未开化民族”的高贵气质所倾倒，他们认为浪漫理念是拜新大陆所赐。个人主义——一种把个人需求权益放在集体（泛指社会、国家，特殊情况下亦可指教会、家庭）利害之上的判断标准——也在历经阻挠之后，成为西欧与美国共同遵守的价值中最鲜明的概念。

说来矛盾的是，同步流传过来的还有社会主义。美国公民自认为生活在自由之地，但社会力量却有赖团结、公德、集体精神与合群意识，这些都比个人主义重要，而且是从美国的历史经验中产生的。美国从来就不是个独行侠的世界，在街上佩枪独行的人与安分守己的合群老百姓之间的比例是一比一千。边疆环境培养的那种公社主义再进一步发展，就成了社会主义。埃蒂耶纳·卡贝、罗伯特·欧文、夏尔·傅立叶的信徒按照社会主义信条建立起偏远蛮荒中的理想国，结果都以失败收场，[2] 如今留下的只是那些理念之城的废墟。马克思预言美国会成为社会主义革命成功的第一块版图，结果似乎并非如此。不过，看到那些荒废的公社，可以想象当时他为什么会那样想，也可以想象美国曾经对社会主义发展有过什么贡献。

美国把发源于欧洲的思想回馈欧洲的情形，几乎在整个 19 世纪持续不断。美国艺术家和作家相继在欧洲闯出名声，却没有任何产自美国本地的文化运动在欧洲扎根发展。招魂术也许是唯一的例外，这是 1842 年在纽约州偏远地区中产阶级的宴客应酬中开始的。不过三五十年间，就在大西洋两边都达到近乎通俗信仰的规模。[3] 不过这期间并没有专属美国式的高雅文化和伟大思想吸引欧洲人的想象。思想进步人士虽然不遗余力地推崇民主，欧洲精英阶级对于民主却持保留或厌恶的态度。不过到了 19 世纪最后 10 年，美国文化的影响力突然对欧洲发挥改头换面的作用，大西洋文明正在重新成形，这一次具有鲜明的白人特征和欧美特征，并具有持久的影响。

这次的影响从政治开始。牛津大学历史学家及法学教授詹姆斯·布赖斯于 1888 年发表了一套“美利坚联邦”的指南。他拟了一份欧洲可以向美国学习的功课清单，按他的看法，男性公民选举权必须由财产条件来约束，因为黑人和穷人不可被赋予投票权；应当避免选出领薪水的政客，因为人有牟利动机和见钱眼开的习性；公民表决虽是正确观念，但用选举方式产生司法系统是不好的。总之，美国政治虽把许多人排除在外，但发展的大方向足以堪称榜样，或至少是不可避免的趋势。布赖斯把美国政治比为但丁之灯，带领“注定要跟随美国脚步的欧洲民族”前进。[4]所以，欧洲在19世纪90年代以及20世纪头10年的早期民主化改革（改革中体现了布赖斯的忠告）都反映出美国作为先行者的影响。大约在同时期规划完成的澳大利亚与新西兰宪法情况也一样。美国的宪法突然从一个值得称许的模式变成大家仿效的榜样。

纯正的美国文化几乎立即开始跨越大西洋而来。曾在美国执掌音乐学院几年的德沃夏克，于1893—1894年以作品《新世界交响曲》和《圣经歌曲集》使全世界开始重视黑人灵歌。但具有特殊美国风格的各种艺术之中，第一个在欧洲带动彻底改变的却是另一种音乐：散拍音乐。德彪西于1906年写下《黑娃娃步态舞》，不过几年，散拍节奏也在萨蒂、欣德米特、斯特拉文斯基的作品中出现。散拍活页乐谱在巴黎和伦敦畅销，风靡一时。[5]一般认为美国式的音乐得以征服欧洲是第一次世界大战带来的后果，爵士乐队的散播、美国音乐喜剧的流行、美国通俗音乐和好莱坞产品的入侵都是证据。歌曲跟着军队长驱直入。其实，从散拍音乐开始，美国音乐就已经被接纳了。

常有人说，美国的视觉艺术即使到了20世纪后半期仍然依赖来自欧洲的启发。[6]这个说法忽略了建筑的重要性，而建筑却是唯一真正大众化的高雅艺术，因为即便是从来不进美术馆的人，也会在上班途中不可避免地看见建筑物。在散拍音乐时期，美国建筑正走上一条新路，以弗兰克·劳埃德·莱特与路易斯·沙利文为代表人物。19世纪80年代在芝加哥首座钢筋摩天大楼成为美国送给世人的一份礼物，美式特色一望即知。伍尔沃斯大厦在第一次世界大战爆发前落成，就此成为地球表面上最醒目的一颗“痘疹”：也许堪称自胡夫金字塔以来最具野心的建筑了。

当美国艺术和音乐在欧洲造成新的冲击时，美国的思想与科学也发挥着影响力。1907年，威廉·詹姆斯发表《实用主义》，在欧洲卖了6万本，亨利·柏格森称它是“未来的哲学”。[7]詹姆斯主张一个命题只要有用便是真的，其实是思虑不周的妄语，按此说法，基督教岂不是仅凭其社会优势就可以被正当化了？不过，至少这确实是美国原创的朴素哲学，构思这套思想的美国哲学家厌恶自己的弟弟（即小说家亨利·詹姆斯）自比为欧洲人，因此他这套思想系统是特地为了美国式生活的熙攘忙碌而作的。[8]

在科学方面，19世纪末的美国已经以新发明改变世界：电报、电话、蜡纸油印术、录音机都是美国人发明的。莱特兄弟造出全世界第一架可由人操作、能飞得起来又比空气重的飞行器，这又为美国的盛名锦上添花。大约同时，美国的人类学领域展开一场方法论上的科学革命。在19世纪晚期这个看重所谓科学事实的年代，西欧被认为是处于最优越进化阶段的社会，整个世界有着井然有序的种族秩序。这个理论在20世纪头10年中被推翻，这主要归功于西方自由派传统的英雄——弗朗茨·博厄斯，虽然他没有受到应有的重视。他是德裔犹太人，后来成为美国人类学界的宗师。他不但戳穿了充满种族歧视观点的颅骨学谬误，而且把“社会可以按思想发展模式划分等级高低”的概念，从全世界声势最大、成长最快、影响力最强的人类学学派中剔除了。他的结论是，人之所以在不同文化之中有不同思维，不是因为某些族群天资较优，而是因为一切思维都来自它所承袭的传统、它周遭的社会和它所接触的环境。[9]

博厄斯年轻时代从事田野调查，年长以后担任博物馆馆长，但对于试图理解的人与事物始终保持关注。他指导的学生以印第安聚落为研究课题，这个聚落只要搭一趟火车就能到达。田野调查的习惯使他不可避免地得出文化相对主义的结论。博厄斯借助比19世纪粗糙的等级论所能取得的更多数据，给相对主义打了一针强心剂。博厄斯的影响力还需要很长的一段时间才会开始往外传播，不过在20世纪头10年已经开始影响到英国的研究方法。当时牛津大学的人类学研究由罗伯特·雷纳夫·马雷特总揽，只看表象的人会误以为他是鄙视田野调查的保守派。他曾经说过，实地研究野蛮民族习性是没必要的，因为在牛津的师生公共休息室就可以观察到。但其实他积极推广田野调查，会邀请从田野返回的人到牛津课堂上演讲，使研究结果能广泛传播。[10] 大约也是在这个时候，艺术家开始发现，以往认定只有民族志研究用途的那些工艺品其实具有艺术价值，“原始风”在欧洲的地位提高。20世纪最初的10年里，布朗库西、毕加索，以及“青骑士”一派的画家都在模仿并推崇那些不再被归为野蛮的艺术作品。博厄斯的观点虽然在法国遭到一阵子的抗拒，终究逐渐注入了欧洲。

欧洲和美国思想可以如此一致，是基于两种长久的发展。第一个是跨越大西洋的科技，第二个是最有影响力的文化变迁媒介——人与金钱的动向。1819年，第一艘由蒸汽推动的轮船“萨凡纳号”从佐治亚州起航，横越大西洋，目的地是利物浦；[11] 到了19世纪40年代，蒸汽动力已经使海上运输不再忧惧风浪；19世纪70年代，电缆越过了大洋；接下来便是1901年的无线电通信。造就大西洋文明的功臣是海运，因为船除了能输送思想也能输送人。19世纪80年代，西欧到美国的移民人口从大约12万暴增到25万以上，在20世纪最初的10年中更增至600万以上。[12] 这时候美国已经实施了移民管制，由自由女神像坐镇，筛选不受欢迎的来客。同时期欧洲的过剩人口也流向美洲的其他地方，其中以移往环境与故乡相似的加拿大、阿根廷、巴西南部的最多，但规模都不如美国。人口流入与资金流入同步进行。欧洲在南、北美洲投资铁路的角色是不可或缺的，铁路也在20世纪早期扩大了越洋运输在美洲的范围。铁路对大西洋的影响模棱两可：一方面，铁路抢走了海洋的运输功能，铁路比海运更稳定也更快捷；另一方面，铁路把大西洋秩序的前沿地带拓展得更远。

20世纪早期有两件大事可以象征大西洋文明的团结。1917年，美国300万军人中的第一批人抵达欧洲，加入第一次世界大战，此后美国便经常干预欧洲的冲突。10年后，查尔斯·林德伯格完成单人驾驶飞机横越大西洋之航，这其实算不上惊天动地的成就，因为双人驾驶飞机跨大西洋的例子已经很多，但报刊却把他说成了一位“征服死亡”的“新基督”。在勒布尔歇，男孩坐在父亲肩头以便一睹这位英雄的风采，更有空前的群众朝他致敬；在克罗伊登，群众甚至为了争睹英雄而发生踩踏事件。这样的歇斯底里虽源自新闻炒作，林德伯格的出现却也象征着大西洋两岸关系更紧密的理想。当时美国的驻法大使说，林德伯格之航维系了密切的结盟，而引领此航的正是曾使美军来欧洲的“那个崇高的命运”。命运与共的意识又从1944年起开始复兴，美国的武装力量成为西欧防御中的要角，美国文化（尤其是大众电影、食品、音乐）也在西欧的品味中生根。[13] 像伯蒂·伍斯特那样的典型英国式小说人物搬到纽约来不会过于突兀，闯荡江湖、纵横四海的美国小子也能在大西洋对岸觅得天造地设的良缘。

这倒不是说大西洋文明在两边都巩固了，也不表示美国与欧洲之间不再会因为对彼此的厌恶而切断关系。第一次世界大战的越洋协定后来被美国的孤立主义和保护主义所损伤，这种立场将美国排斥在 20 世纪二三十年代的世界外交体系之外。美国几乎斩断了长期以来与欧洲人的联结：1913 年渡海而来的欧洲移民有 120 万人；1921 年实施移民新法规以后，人数降至 35.7 万；1924 年再增加新的限制，于是人数又再减半。[14] 20 世纪 20 年代的美国太安稳太富裕了，所以不免会志得意满地关起大门，直等到经济衰退与第二次世界大战，才重新恢复与大西洋各国的联系。

经济策略专家和将军一样必须回顾反省，永远得检讨上一次的危机。1929 年股市崩盘之后，省钱技巧的推广和保守的预算使萧条情况雪上加霜。胡佛总统回头去找罪魁祸首，发现第一次世界大战就是“经济大萧条的首要原因”。其实战争是有利于商业的，问题在战争结束以后才开始出现。美国在战后的经济复原之后有过 7 个丰年，是因为信贷所引起的通货膨胀而肥起来的。汽车变成了消费品，建筑业拼命盖“顶天的大厦”，大企业把小本经营者淘汰出局，少数金融大亨高居金字塔顶，下面有数百万的小股东，大亨们控制股资、操纵表决，就如同欧洲的独裁者接管虚有其名的民主政府。罗斯福总统说，资本家只想“自己掌大权，让国家当奴隶”（他永远无法释怀当年就读哈佛大学时，学生社团交际家投反对票不让他入社）。胡佛是受困的苦行者，不信任有钱人，他预言“投机热”将会在经济萧条时冷却，不过却没人称赞他有先见之明。1929 年，美国自杀事件频传，开始绝望的恶性循环。托拉斯大王詹姆斯·赖尔登跳楼身亡后，他的经纪人跟着崩溃。美国步了大西洋对岸的后尘，陷入战后的神经错乱。弗雷德·阿斯泰尔试图用歌声鼓励他的影迷歌迷：面对困境时，不如跳舞，自己站起来，抖掉身上的泥土。

按神话的说法，是“新政”抖掉了泥土——道德经济带来了经济好转。罗斯福总统在佩枪独行的个人主义盛行的时代里，成功规划了社会大团结。乱发脾气的不法之徒与我行我素的流浪汉都退回了电影故事里。罗斯福宣布：“任何人都不会被遗漏。”不过新政其实没有魔法的威力，只是正好碰上短暂小周期中的成长阶段，于是之后又踉跄跌回衰退阶段。希特勒讥讽美国被贫穷阉割了，[15]这时候，美国的外交政策只能固守孤立主义，陷于无能为力。罗斯福没有其他点子，他说：“哲学思想？我是个基督徒和民主党人，就只有这样。”但是他的确有一贯的目标：新政是为了保障一般人的生活而设计，民主是为了保卫和平，两者都是为了维护“免于恐惧的自由”。[16]

结果，美国人被他们最恐惧的东西——战争——救出了萧条泥淖。1945 年，美国人让盟友欠下债务，让敌国成了抵押品。敌对结束之后，美国“前途远大”，[17]结果产生了“美国世纪”来临的假象。“美国世纪”是《生活》杂志于 1941 年提出的，《生活》是把美国文化推向全世界的功臣。发明这个术语的亨利·卢斯想敦促美国参战，所谓“第一个美国大世纪”的概念旨在激励美国重新负起身为国际社会一员的责任。在他的“20 世纪愿景”中，美国担任着四个塑造世界的角色：“美国是企业家精神不断扩张的活力核心，美国是服务人类的技术人员的训练中心，美国是重新坚信施比受更有福的善心助人者，美国是自由与公义的动力之源。”“美国世纪”一直只是一个想法而已，等到美国参战才落实此想法，而事实是，20世纪只有一半多一点的时间属于美国。

战争带给美国最出人意料的结果是，美国尝到了战争的甜头。一旦发现“民主的火力”可以成为值钱的资产，美国就再也不愿关上大门独善其身了。它维持着狂热的威慑力，浑身都是传统防卫的武装。它不断在世界各地打仗，有时候说那是“维和”与“使命”。按这个时期发生的事看来，我们不免会发现文明史下一个阶段的征兆。下一个阶段就是大西洋文明的全球化，美国热衷于在其中扮演全球性的角色，加上美国流行文化的魅力不断扩增，在全世界都找得到影音受众，这更加预示了大西洋文明全球化时代的来临。

欧洲人指责美国人只向内看，这是不公平的。美国人热爱自己世界强权的地位，虽然抱怨担任“世界警察”的成本高、担子重，却很自负地认为能执行这个重任。他们不让别的国家分担责任，除非它们完全听任美国调遣，这是很聪明的做法。不过，自第二次世界大战起，他们就需要伙伴帮忙维持世界首强的地位。首先，从20世纪40年代晚期到80年代晚期，他们与一个敌对的超级强国进行“冷战”，与一个敌对的社会经济制度进行意识形态之争，敌人起初叫作“国际共产主义”，后来叫“苏维埃帝国”。苏联于20世纪80年代末90年代初逐渐走向解体时，世人才看见它的摇摇欲坠，它已经不再是20世纪40年代到70年代盛期的模样。苏联发展了核武器和太空计划，曾有一段时间在太空竞赛中领先于美国。虽然苏联经历了计划经济带来的“宏观经济挫折”，国营事业效率也不高，共产主义经济学却似乎能发挥功效。20 世纪 60 年代全世界掀起反殖民化运动之际，苏联利用反帝国主义的言论在新兴国家中赢得了不少盟友。当苏联人在东欧实施霸权，扩大结盟范围之后，诱发了西方人的一种叫作“骨牌理论”的恐惧症。按这个理论，全世界的国家终将一个接一个被共产党接管。美国为了要扶住其中一张骨牌，投入了一发不可收拾的越南战争，结果被越南这个小国打败。如果连小国都赢不过，面对大国时可怎么办呢？西方社会有很多批评美国的声音，想切断与美国的关系，甚至脱离西方文明去另起炉灶，试验一种反对西方定义的意识形态的文明，不过这种人永远是少数。冷战政治对于跨越大洋的关系反而有一种强化作用，共同的危机意识也增进了互惠的贸易。

最终，美国实际上是从消费力竞赛的角度胜过了苏联，因为只有资本主义经济体能负担得起“吃好穿好买枪炮”。但是，美国再也无法安心退回独善其身的状态了。西方阵营抵挡共产主义的堡垒是由“大西洋结盟关系”作为支撑的。西欧人虽然不乐意，但为了自己的利益着想，还是接受了担任美国一线防卫的角色——美国在其境内建设军事基地，到处部署美国武器。大西洋文明为了自保而聚拢在大西洋四周。当以后人们回顾这个大西洋大团结的时代，也许会觉得这其实是一种自认不如人的心虚反应吧。

苏联解体之初，团结的大西洋体系并没有弱化，但它的弱化是迟早的事，因为没有共同敌人的威胁之后，欧美就不再有共同的利害。现在美国不再需要联合西欧反共，而是希望欧洲人在全球维和行动中成为美国的伙伴。从 20 世纪最后几年起，美国在世界经济中的分量缩小了，全球维和的成本却上涨了。此后，要防备的是非理性教派从事的恐怖主义，以及不按“常理”出牌的国家（例如萨达姆的伊拉克、米洛舍维奇的塞尔维亚）的行为，世界才能“保证民主平安运作”。舆论也要求更积极地干预违反人权与破坏生态的举动。“正义战争”被合理化到扭曲的地步，唯有如此，大西洋联盟才能理直气壮地说自己是人道主义战士。但这位战士却是用轰炸的手段迫使别人依从一套道德要求：自决、民主制度和不侵略。这些要求自从威尔逊总统带领美国参与世界事务以来，大体上没什么改变。

到20世纪即将结束的时候，欧美的合作表面看来仍然像煞有介事。北大西洋公约组织的轰炸威力强迫东南欧政治发生了两桩剧变：首先，把波黑切成血淋淋的三块，三方势力各分一块；然后是迫使南斯拉夫联盟共和国让出科索沃，交给科索沃的分离主义斗士。这些行动道德上有问题，效用也不明确，却是美国和欧洲盟邦之间没完没了的合作的开始。美国人在这里安置的维和部队可能要无限期地驻守，他们如同野战医院的缝合术，是不能轻易撤走的止血剂。另一方面，这些军事行动处理得太不得当时又会带来很大的反作用，以至于欧洲人和美国人互相提防又互相指责。科索沃的军事行动使战事火上浇油，使屠杀扩大，又让诉诸恐怖手段的人得到好处。结果，北约轰炸塞尔维亚和黑山，让无辜受害者心生怨恨，而且留下一千亿美元的账单。北约的宣传虽然说这是一场“为文明而打的战争”，其实是为了保住颜面：

> 如果北约退下来，就会丧失其自夸的“信誉”。它已经宣布要轰炸，所以不论后果如何都得去做。五角大楼表示反

对……参与巴尔干事务的资深欧洲外交官也是……而他们送回来的答复是："信誉。"[18]

等到大西洋联盟终于解散，西方文明终于因政治分歧而分家，我们再回顾这种轻率的好战行径，会觉得它令大西洋文明陷入困境，暴露了大西洋文明的缺点，也破坏了大西洋文明的文明条件。

西方文明：极限与缺陷

大西洋文明扩展到极限，涵盖了深受西欧和美国影响的其他地方，成为我们所谓的"西方文明"，只凭这一点就可以证明欧洲和美国之间是多么忠实地彼此复制。科技传播了西方文明，西方文明也因吸引模仿者而更快地传播。我们已经讲过，许多文明都能够超越自己发源的环境，西方文明在这点上格外有成就。19 世纪，工业化的威力让西方文明移植到一向难以驾驭的草原地带，武力的优势促使它将一些文化特征和标准强加在全世界几乎每一种可以住人的环境。到了 20 世纪，西方文明的经济成就也促使它在世界上大部分地方撒下其制造的劣等货。散播范围之广，超过以往的任何文明，占领的环境种类之多也不亚于以往的其他文明。西方文明已经变成一种前所未见的跨环境文明，这不仅仅因为它科技精良，也因为西方文明以外的人喜欢它，想要分享它的红利。

然而，也不是所有人都对西方文明的结果同样满意。据说，有人问甘地对于西方文明有何感想，他答道："兴许是个好主意。"有些反映美国文化或反对美国文化的国家，厌恶美国文化在自己国境内的优越气势。有些国家激烈反抗在大西洋文明中壮大起来的文化价值观，例如，担心大西洋文明的个人主义是反社会的，民主是危险的，认为通俗艺术与音乐是颓废的，把两性平等视为扰乱或颠覆自然秩序。工业化是大西洋文明显而易见的伟大成就，传到世界各地以后也有一些负面结果：不合时宜的科技和打乱常态的生活模式——包括流水线式车间、西式的都市化环境、不稳定的核心家庭、大规模征兵招募来的军队——大大侵犯了环境。若不是为了模仿西方，其他地方的环境原可逃过这些劫难。更严重的是，民主政治因为太注重让多数国民享有物质繁荣而对环境造成危害。批评西方文明的人指责西方人快速消耗世界资源，这将使资源无法永续下去。我们这些欣赏西方或喜欢生活在西方的人，必须明白西方文明引起了什么不满，才可能使它存活下去。

不满的原因很多，如果要反驳这些不满，反驳的理由将会相互矛盾。某些批评西方的人士说它太过文明了，也有人指责它不够文明。前者按西方文明对自然世界的冲击来评判其影响。这一派认为，西方改造自然太猛且不留余地，多数城市欠缺规划而丑陋，更有甚者，它还催生或启发了西方以外的地区建造同样丑陋的新城市；供应这些城市需求的工业设备造成污染；大自然被破坏无遗，物种遭灭绝，美景被糟蹋。后者从人类付出的代价出发，指责西方资本主义有道德缺失，贫富不均带来社会和政治的不良后果，穷人受苦将可能危害社会，幸福感难以掌控。照目前或近期的迹象看来，西方文明在世界上其他地区看来不尽如人意，尽管（或者说，也许正是因为）西方文明拥有令人羡慕的物质繁荣程度。离婚率增高，人们选择不婚，家庭价值崩溃。无家可归和疏离社会的人越来越多。个人为了达到自我实现的目标，不再顾及传统群体归属、伙伴关系、公民义务、互助情谊的价值，导致道德沦丧，这些发展都是谴责西方文明的理由。处在西方文明之中的我们觉得这些都有改善空间，但在推崇其他价值体系（如伊斯兰文化或“亚洲模式”）的人眼中，这些问题是不容存在的。

这种不满已有相当悠久的历史，而且是从西方世界内部开始的。19 世纪对于“工作的福音”和“追求进步”的信条持异议的人，在欧洲和美国的呼声已经很大了。他们指责声的大小就可以当成一项指标，用来评断工业化是否带来进步。起初他们的呼声是无人理睬的，被当成与文明为敌，因为一般人认为蒸汽机和工业化城市（以人类改造自然的力量来计算）乃是人类文明有史以来最好的成就。因此，反对人士乃是“卢德派”或“衰退派”，是对于进步的美与必要性漠不关心或怀有敌意的人，而促进工业改良的人都是英雄。英雄不能创造历史，历史却会创造英雄。从一个时代选出的英雄，可以看出这个时代的价值观和趋向。举例来说，18 世纪的英国人把探险家和“高贵的野蛮人”当作偶像来崇拜；19 世纪英国人崇拜的却是工程师、创业家、发明家，“工程师生平”变成大量书籍的主题，一如文艺复兴时代意大利的艺术家事迹或中世纪欧洲的圣徒事迹和君王生平。

按那时候的说法，创造新科技的人“有着……更高层次的品质与优越性”，会操作机械的人变成了“工具史诗”中的英雄。[19] 伊桑巴德·金德姆·布鲁内尔建在塔马河上的宏伟铁桥于 1857 年竣工，他步上典礼平台时，英国皇家海军陆战队军乐队演奏的是《看，得胜的英雄驾临》。[20] 发明阿姆斯特朗炮的阿姆斯特朗男爵是开创家用水力发电的人，功劳大到有资格登上阿尔巴尼亚王位。那些只是在战场上与人奋战的英雄，根本不可能和他们比，因为工程师战胜的是大自然。鼓吹蒸汽动力最热烈的是塞缪尔·斯迈尔斯，他把工业化等同于进步，认为工业成果既能使人们富裕，也能使人们向善。他于1860年写道：

> 早期的发明家把风力和水力用到帆与轮子上……但蒸汽发动机有铁肠火心，只需要煤、水，以及一点点油，就可以夜以继日不眠不休地工作……蒸汽发动机能汲水、转梭子、脱谷皮、印书报、打铁、犁田、锯木、立桩子、推进船只、运作铁道、挖码头——一言以蔽之，对于人类日常所用的材料几乎无所不能驾驭。[21]

工业征服大自然并不至于冒犯浪漫主义的情怀。蒸汽的浪漫史开始于“高贵”、美丽甚至雅致的发动机。透纳把发动机画得仿佛与大自然融为一体。门德尔松在描述他乘轮船离开苏格兰之旅的作品中加上了蒸汽之歌，这趟旅行是当时盛行的休闲嗜好——探索欧洲朦胧且具有神话意味的过去。工业实验充满了冒险、即兴甚至蛊惑的氛围。当时一篇描述工业史大事件——“贝塞麦炼钢法”——的文字，把过程写得不像科学实验，倒像魔法师的招数。伟大的发明家贝塞麦爵士做妥了最后的调整：

> 原始的仪器既已就绪，发动机便在高压之下从底部逼出阵阵空气……司炉工有些困惑地倒入那金属……霎时爆出了前所

未见的火山喷发似的耀眼闪光……转炉法的一步步过程展现在目瞪口呆的围观者眼前……无人敢靠近……尤其奇妙的是，结果产生了钢！[22]

1855年的一份报纸称赞巴塞罗那城外萨瓦德尔各个工厂的许多实业家那种把一切浪漫化的怪异自我形象："这些工厂威严而典雅……足以令其主人和所有人都引以为傲……这些殿堂矗立在那里不是要挑起虚浮与自大，而是要启发对工作的热爱与对成就的尊敬。"[23]

可是，走出这些模范工厂与模范城镇，到那些劳工集中的贫民窟和街道，在"黑暗又凶恶的作坊"之间重建耶路撒冷，会发现结果其实一塌糊涂。托克维尔于1835年赴英格兰各地旅行时说，他所见到的工业化红利是从"臭水沟"掏出的黄金。他说："从这污秽的沟里，人类最大的工业之流涌出去肥沃全世界。"工业革命向外扩张前，到处留下其特有的痕迹。神父兼诗人的杰勒德·曼利·霍普金斯看见的"光秃土地"是"被商业灼伤，被劳役模糊和玷污"的，带着"人的污迹"。到处都可看见良好的意愿却酿成悲惨的后果。衡量工业是否带来进步，可以从几个方面来评估：计算利润与核对产量；评估人口过度拥挤、卫生条件不足的市镇滋生了多少的疾病与骚乱；评估附和"工作至上主义"的人是否创造了财富，并以"开明的利己心"把财富散发出去；评估都市贫民窟里离乡居民的哀鸣。当时的小说、报道、官方文书里都听得见他们的声音。据加斯克尔夫人1848年出版的小说中一个主人翁所说的，伦敦有三分之二的人陷在"邪恶、不公又肮脏的深渊里"。古斯塔夫·多雷于

1842 年“为了寻觅如画的景致”而遍游伦敦，但是目之所及的大都是黑暗、阴郁、凄惨的题材。他不论走到哪儿，总看见伤残的人、无家可归的人、赤贫的人、受剥削的人、生病的人、挨饿的人和受冻的人。即使在画上流社会和兴隆发达的生意人与工匠时，他的线条仍是暗沉而尖锐的。[24]

这是因为，工业化不论发生在什么地方，都是凶狠、粗暴、快速的。因工业化所建起来的城市都粗制滥造，藏污纳垢且隐蔽着暴力与疾病。巴塞罗那的医生豪梅·萨拉里奇在 19 世纪五六十年代所做的统计，以及曼彻斯特的改革运动者埃德温·查德威克在 19 世纪三四十年代所做的统计，都显示纺织厂工人普遍有以下症状：流汗过多、疲倦无力、肠胃不适、呼吸困难、负荷过重、循环不良、精神呆滞、神经衰弱、肺侵蚀和因机油染料引起的中毒。1848 年的伦敦穷人生活在“畜生般的恶臭卑贱”之中，这不是想象出来的，而是摘自主管公共卫生的官员约翰·西蒙所写的报告。从事都市改革的人士强调，工业化造成的环境拥挤除了危害健康之外，还诱发了性道德败坏，马克思声称冷酷的雇主会以性剥削来恐吓工人。旧的市镇景观变成工厂林立的样貌，手艺师傅和行会组织的世界消失，传统社会的结构瓦解。19 世纪早期画家美化推崇的工业都市遭到了改革的呼声，了解实情的良知也异口同声地讨伐。工业都市于是变成“邪恶大毒瘤”，里面滋长着疏离、贫穷、疾病、犯罪和道德堕落。过去 100 年间发生了越来越多的社会改革，但工业都市这种败坏的形象始终挥之不去。多数人认为工业都市是个模棱两可的环境，能承载文明也能颠覆文明，里面既有广场和林荫大道，也有臭水沟和贫民窟，看得见高级艺术，也看得见无家可归的游民。

到了20世纪，排斥西方文明的情况更甚。西方殖民主义的受害者纷纷自白，在“帝国主义撤退”的时代越来越能畅所欲言。更重要的是，西方文明内部乱了阵脚，自命优越的信心瓦解。内部的自我批评并不限于前卫知识分子和一向愤世的左派。虽然“帝国主义的良好形象”主导着大众传媒直到20世纪后半期，[25]但左右翼要求彻底改革的民粹运动一直都在加剧，对于它们所处的文明表达深度的不安。有些大众传媒成为某些思想前卫者的媒介，其中最重要的也许是漫画，这是真正原创于20世纪的体裁。《丁丁历险记》是20世纪里译成最多国语言的漫画，其作者埃尔热就是一位表现不俗的漫画大师，作品流传极广。虽然埃尔热常被误指为帝国主义，甚至被扣上同情法西斯的帽子，其实他从来都是支持弱小、反对强权的。我最喜欢他的《蓝莲花》，故事灵感来自中国东北的“九一八”事变，其中有一段插曲发生在上海，一名自以为了不起的殖民主义者高谈“我们美好西方文明”的优点，同时又殴打了一名“肮脏的中国佬”。

20世纪初期那些支配全世界的白人帝国理直气壮地自称负有“文明教化的使命”，结果却立下不文明的范本，没能把野蛮行径从他们统治的世界剔除。40年代，他们的首次民族自治去殖民化试验失败了，在印度、巴勒斯坦和印度尼西亚“化脓”；50年代，肯尼亚、中南半岛和阿尔及利亚的殖民战争都是“残暴的和平之战”；进入60年代，仅余的白人帝国瓦解，后继的政府在血腥中解体，不满西方文明的情绪大举进入通俗文化，表现在反战抗议歌曲，也表现在出走的言论和转而学习“东方智慧”的行动。这些事情发生以后，西方文明再也恢复不了以前那样受全世界仰望的地位——100年后所留下的，是对这种地位的反感。

世人既然对西方文明反感，也许就该以其他更理想的文明取而代之。可是20世纪的反感是全面的，对所有文明都表示绝望，高呼弃绝一切文明传统。文明变成不值得维护的东西。这是因为20世纪的经验太自相矛盾，那是最好的时代，也是最坏的时代。它在希望中开始，在灾难中发展。就善的发展而言，20世纪产生的创造力、行动力、科技智慧、计划性、自主性都是人类历史上空前的成就。但这也是战争毁灭力最强大、杀戮最惨烈、暴政最凶残、贫富差距最大、环境破坏最严重、废物制造得最多、希望也破灭得最彻底的一个世纪。它曾经许诺了那么多，却背叛了那么多相信它的人。20世纪的大谜团是：文明为什么会垮台？换言之，进步错在哪里？

目前盛行的答案有四。第一，有人说，进步坏在人们忘记了上帝。按这个说法，20世纪的恶中之恶就是不信上帝的运动，这是法西斯犯下的暴行。最邪恶的世纪正是最不信教的世纪，这绝非偶然。宗教道德家说，如果没有令人敬畏的上帝存在，人类自己不可能谨守道德。但这种推理是错的，因为并不是只有虔诚的教徒才是有品德的人。而且，就自古至今的历史看来，凭宗教之名所作的恶，并不比追求其他与宗教无关的目标所作的恶更少。

另有人说，改进从来就是一个假象，根本从未发生过，人性从来不曾向上，一切的进步都会制造出它自己的问题。这种说法不无一些道理，例如，发现新能源的后果往往是使污染加剧。降低婴儿死亡率反而形成人口控制上的问题。妇女解放是家庭价值陷入危机的因素之一。自由主义带来高犯罪率。民主政治兴起是20世纪的一大成就，但是选民可能因为政客邪恶的动机而被操纵。可是，如果就此全盘否定进步的意义，那便是漠视事实之举，会破坏我们对未来的希望。

那么，进步也许是被自身的矛盾性拖垮的。因为它激起绝不可能实现的希望，这对它自己是最不利的。我在荷兰高等研究中心的同事约翰·诺伊鲍尔曾经说，20世纪是“梦想的世纪”。以前的时代误将梦境解读为凶兆，我们则把梦神圣化，使之成为窥见人类行为潜意识源头的窗口。我们把梦当作艺术的起点，甚至以梦取代理性的批判思考。坐在研究中心酒吧里和我一起喝啤酒的诺伊鲍尔说：“梦一旦走样，后果就不妙了。”

当然，进步给人不好的印象也可能是证据搞的鬼，是负面消息占了上风。大众社会是20世纪的特征之一，都市居民是在外谋生的群体，对于新闻很饥渴，却也急着找乐子。因此，重口味的消息就成了报刊的优先报道，坏消息把好消息挤出版面。人们忽视正面结果，因为负面结果才是新闻报道和学术研讨更好用的题材。然而，假象——如果被人们信以为真——往往会改变历史的轨迹。人们相信的谎言可能比真正发生的事实更强有力。所以，即便进步的失败是种迷思，却仍然影响着我们的过去。

20世纪始于过度乐观的有害谬误，为首的就是认为进化使人变得比以前好。事实是，如果我们的美感与善心是进化的产物，那它们和我们的智能一样，在很久以前便已停滞，再没有发展过。人类原有的通情达理已在战争和压力的撕扯、毒品的麻醉与政治家的煽动中消失殆尽了。第二次世界大战期间，数以10万计的欧洲普通老百姓同流合污，参与屠杀自己邻人的行动。越战期间，原本听妈妈的话、吃苹果派的老实美国士兵却变得嗜血、肾上腺素上头，屠杀了美莱小村的妇孺。波尔布特手下的行刑者、东帝汶的暴政者、卢旺达的刽子手、波斯尼亚和科索沃的种族净化分子，其中无疑都有好人，但他们确实也都很残暴。

再者，20 世纪开始时就有至理名言说，历史是有方向的：也许走向普世自由，也许走向世界政府，也许走向社会主义革命与“无阶级社会”，也许走向上帝预定的千禧年。现在看来，历史好像不是那样的。它在偶发的危机之间蹒跚摇晃，没有固定方向或模式，也没有可预见的终点。它是个真正混沌的系统。丧失“注定感”或者即使少了方向感，都使文明难以延续。没有了方向，拉动科技进步的力量也松弛下来。汤因比与肯尼思·克拉克认为文明必须对于未来怀着信心。如今这信心消失了。

人类会对进步深信不疑，是受了“损友”的怂恿。比方说，20 世纪有些时期，科学发展的脚步越来越快，最初的 10 年里就已经造就人类无所不能的姿态，挑起了不切实际的妄想。一旦科学展示了征服全宇宙的威力，人们就开始希望它也能如此改造道德和社会，以为只要做好规划，全世界的人都能健健康康，不公不义可以完全消灭，人人从此过着幸福快乐的日子。事实是，计划到后来就走样了。科学做了邪恶的帮凶，比为善事服务更有效率。“按科学方法”建构的社会，结果却变成极权的恐怖世界。纳粹的伪科学证明，除掉整个民族都是理所当然之事。

甚至正宗科学的成就也不是那么绝对。汽车与避孕药虽然为个人自由带来极大方便，却也对健康形成危害，对道德构成挑战。工业污染有可能使地球窒息，核武器可以拯救世界也能毁灭世界。医药进步带来失衡而无法延续的人口，病菌也会演化出抗药性。医药科技的高昂成本已在世界上的贫富人口之间劈开一道鸿沟。我们的网络信息泛滥，传统知识的学习却不足。食品科学的惊人进步导致了丑恶的悖论：有人暴食过胖，有人饥瘦饿死。在人们以尊重人权自居的20世纪末，堕胎的统计数字超过了20世纪前半期极权暴行所杀害的人数。20世纪结束时，人们已不再相信科学能拯救世界；反之，科学在人们心目中变成不听指挥的怪物：机器人与信息科技的研发已经引起恐惧，宇宙观察带来困惑，基因篡改令人忧心忡忡。

政治令人幻灭的程度比起科学有过之而无不及。20世纪大部分时候，这个世界都是敌对意识形态的战场，为了赢得信徒，各方都不负责任地鼓吹自己的主张，但其实都不见得一定能缔造幸福。资本主义能发挥作用，但是也不够好——它让贪婪无情得到奖励，制造了广泛的下层社会，把市场几乎撑爆，使不稳定性成为制度，还用消费主义堵塞全世界。20世纪90年代初曾经有一阵子乐观主义复苏，因为民主政治被推广出去，全世界突然一致赞同经济自由，可是乐观心情终究烟消云散。20世纪结束时，又出现新的一波无法围堵的通货危机、无法控制的自然灾害和灭族屠杀的战争。

“历史的教训”太少了，即便有，人们也学不会。不过20世纪的经验似乎还是教了我们一件事：如果把文明曲解为进步，必然会使人失望；如果固执地相信古代的理想主义——可以通过操纵社会解放美德——这种信念最终一定会与经验不符；如果把道德看成文明的一部分，这是行不通的；如果想象文明应当是一种可以释放人性善良面的社会，那就是自欺欺人。文明面临的真正挑战来自内部。文明只有一层皮那么薄，抓破了就流出野蛮的血。我们通常都以为文明与野蛮的属性是相互排斥的，其实每个社会都是两种属性的混合。几乎每一个人也都是如此，和气讲理的人受了煽动或欺压，也会屠杀自己的邻人。以为文明就是越来越进步，这是极危险的想法。姑息主义认为德国人既然在艺术和科学上有这么大的贡献，绝不可能倒退做出无理性的野蛮行为。难怪 20 世纪的历史学家都被悲观笼罩。[26] 不过悲观归悲观，常言道，当乐观主义者声称这已是最好的世界，只有悲观主义者会真的相信。

如果世纪性的灰心失望有任何益处可言，那就是教我们在面对未来的时候期望少一点。如此一来，我们会更珍视我们的成功，也会鼓起勇气去重启进步并且延续进步。马丁·吉尔伯特表示他对变革的步伐感到宽心，也重申对通俗智慧的信心，这说出了千百万人的心声。他说，在民主社会里，“最悲观的预测也可以在一天之内反转过来”。[27] 这话听来好像是在说“将就劣境，尽力而为”，但这正是通俗万灵丹的实用性所在。布鲁塞尔天主教大学的雅各布斯·德尔韦德在 1999 年与我谈话的时候预测：“下个世纪会比这个世纪好。当然会，因为我们已经把世界弄得一塌糊涂了，除了向上，也没别的路了。”真是一语道破世纪末的心境。

大西洋之后的下一站

（一）大自然的复仇

西方文明曾经支配近代世界史，但是自从第一次世界大战起就有人预言它要衰落，而且越说越确定。如今西方文明受到威胁，可能被全球文明淹没，或是被太平洋文明取代。如果根据历史来判断，西方文明必然走上以往所有文明走的路，要不就是毁掉，要不就是转型。

因为文明的历史是从废墟中找出来的一条路。没有一个文明是无限期延续的，一个个都被灾难了结：有的是因为被人过度开发利用，有的在战争或革命发生之后倒退回野蛮状态。我们有没有理由假定我们能逃过这样的下场？我们在等待或逃避这个下场的时候，我们生活在其中的这些文明会怎样改变？

如今普遍认定的一大威胁就是生态灾难。我们已经习惯把生物圈想象成赤裸的地球周围包着的一层薄幕，而我们正在磨损和撕扯这层薄幕。严格说来，我们不可能确定地估算我们消耗地球资源是不是比更新资源的速度快。食物资源与可耕种的土地曾因过度利用而耗竭，变成沙漠。我们曾经不懂得按需求去分配食物，导致数以百万计的人挨饿。但是科学化农业的非凡进步已经造成了全球粮食过剩。地球上以及地球以外未被使用的空间依旧非常多，我们正发展日新月异的技术，把尚未充分利用的环境变成可居住的。传统燃料因为我们需索无度而受到严重威胁，但是人们一直在找新的能源，往往也都能找到。关于驾驭取之不尽的太阳能与地球动能，我们的技术尚在婴儿期。地球的大气层显然越来越稀薄了，通过对大众的不断教育，一般人通过想象也能“看见”臭氧层的空洞。诚然，地球能否存活的确要看大气层各成分能否平衡，但能否平衡又受到人类行为的影响。不过，若这一切都是误判，导致大家审慎自律，倒也是桩好事。

我们低估了大自然的力量，以为到了我们这个时代，文明史的主题已经逆转，换成人定胜天，这真是一种奇怪的傲慢。

我已经说过我对于“历史的教训”无甚信心，我们似乎永远料想不到会如何变迁。不过在这里还是要提一下，从过往的经验可以看出，不论我们多么凶猛野蛮地对待环境，它仍旧有能力反扑。我们把生态链中的环节斩断了，自己却仍在这锁链之中。多数物种的灭绝是不管有没有我们存在都会发生的，但有些物种在我们之前就已存在，也许在我们的时代过去后仍会存在。海洋和沙漠、丛林和冰河、雨和风会把我们从大地挖走的东西再收回去。

人类认为自己在地球上是万物之灵。我们当然要这么想，不是吗？按我们最钟爱的神话，亚当被逐出伊甸园的时候就丧失了统领一切被造物的资格，他的子孙可能再度丧失这个资格。如果我们能客观地看这个世界，也许会看出有其他物种要竞争这个最高地位：植物会在我们绝迹之后续存，微生物会引发灭绝人类的瘟疫。为了做到客观，我们可以将立场对调，从非人类的观点看事情。在《101忠狗》的作者多迪·史密斯笔下的公狗庞哥眼中，家里的人都成了它的宠物。斗牛场上的公牛要在至死不屈的对抗中实践它的本性，对于出于善意而主张把它送进有消毒设备的屠宰场以避免使之壮烈死去的人，它嗤之以鼻。圆白菜被收割时也会痛得哀号。比人类更傲慢的生物——如果真有这样的生物——也会认可从前一些文明替人类在天地万物中所安排的更卑微的位置。

谁也不知道人类怎么会自认为比自然界的一切都优越，也不知从什么时候起有了这种想法。早期的文明富于智慧地尊敬比人类高大、强劲、坚韧、敏捷的生物。人们对于自己视为敌人的动物怀着敬畏，对自己当作盟友的动物充满赞叹。在斯卡特霍尔姆的新石器墓葬里，狗是与人平等的社会成员，狗墓中有依照其本领应得的陪葬品，有些狗墓的陪葬装饰甚至比人墓还要尊贵。我家有几个靠垫，靠垫上绣着“腊肠狗也是人”之类的字样，其背后必定有悠久的传统。人类历史的大部分时候，人们不但敬畏而且安抚生态系统中的其他成员，在舞蹈仪式中模仿动物，在制作工艺品和建造房子的时候会以树木禽兽为范本，不但不自认为是按上帝的形象而造的，反而把自己膜拜的神祇塑造成动物的模样。人们如果要装出神祇的至尊架势，就得披上兽皮鸟羽，或是佩上兽角，或是戴上鸟兽头的面具。

在中国、古印度、古希腊或古犹太的文明中，“人是万物之灵”或“人要管理世间万物”之说的起源并不久远，不会比公元前1000年更早。当这种说法确立之后，一开始也没有传遍全世界。古埃及文明依旧膜拜着鳄鱼头人身或狗面人身的神像。美洲古文明崇拜着环境里供人们食用的生物。人与玉米彼此延续的关系，并不意味人是比玉米尊贵的。反之，是人类在慎重而谦卑地侍候着玉米，而玉米因为垂怜崇拜他的人，才选择自我牺牲。神为滋养崇拜者而牺牲自己并不是荒谬的想法，基督信仰中的上帝天天都在做这件事。

世界上多数地方在多数的时代，都盛行类似的心态。人类如果须与大自然的其他成员协力合作，就会把自己看成是地位同等或比较卑下的伙伴；如果在艰困环境中为求生存而奋斗，就会把其他物种当作对等或更胜一筹的竞争者。一直到大约300年前，西欧地区仍认为动物与人类几乎有相等的权益。打劫谷仓的大鼠、肆虐作物的蝗虫、在神龛上排便的燕子、咬人的狗因“罪行”在法庭上受审的时候都有律师代表，而且有时候会被无罪开释。[28] 威尔士和法国有狗被封了圣，朝圣进香者会来瞻仰，这实在是人与动物在道德上平等最有力的证明。[29]如今为动物争取权益的人士，其实都是极端保守的革命者，想要把时钟往回拨几百年。

人类优于一切之说是逐渐兴起的，但背后有极强大的权威在支持。《圣经·创世记》里讲得很清楚，上帝对挪亚说："凡活着的动物都可以作你们的食物，这一切我都赐给你们，如同菜蔬一样。"斯多葛派人士也认为大自然是为了供给人类所需而存在，文艺复兴时期的人文主义——人类集体的自恋——把这个信条变成近代世界的文化遗产。如今我们大多数人也许会认为人类是上帝的最佳造物，或换成非宗教的语言讲，人类是进化的巅峰。英国的解救肉牛运动参与者，也不免怀着拯救可怜畜生的心理。

不过，现在仍有一些文化相信自然界存在有形的天使与魔鬼，将以厉害的威力庇佑或伤害人类。日本人因为相信自然界处处有神，显然比现代西方人更能体现人类整体的思维模式。印度教传统则把人类放在轮回中的最高位置，试探性地肯定人类优越性。人类以外的生物都受到恭敬的对待，接近我们现在"深度生态"的精神。深度生态并不只是保护环境或拒绝不负责任地利用环境，而是把环境视为神圣的。E. M. 福斯特的小说《印度之旅》中，一位传教士不情愿地承认猴子可以"沾旁系亲属的光"，婆罗门便问他："那么昆虫、橘子、水晶、泥土呢？"有些科学家认为生命可能起源于一桩化学物质的意外，他们应该不至于反对把水晶也包括进来吧。

我们如果对于这么普遍存在的想法不以为然，不妨先看一下人类假定的优越性有些什么证据，试一试没有私心地自我批评。一般常引用的证据，大部分是为了替自己占有万物之灵的地盘而打的界桩，其余则是自我定位发生危机时迸发的说法，企图划清人与其他动物之间的界限，不过说服力却不够。亚里士多德认为群居的习惯使人得以提升，但足够客观的人却看得出来，蚂蚁和蜜蜂提供了比人类社会更高级的模板，它们展现了可预测的、协力配合的政治学。人类时常自夸有独一无二的制造工具能力，但要是换一个角度，就整个地球来观察，这也许只是证明了人类体能上独特的缺陷。只有人类会把食物调理之后再吃（此外只有猕猴会把食物洗了再吃），但是如果把这种癖好当作人比其他动物优越的证据，未免小题大做了。人脑体积大是我们津津乐道的事实，这是个不错的检验方法，但依照的只是我们自己的标准。有人喜欢说，人类是唯一据有财产的动物，就算这是事实（其实猴群也会保卫自己的领域，狗也会为争夺骨头而战），以此为由宣称人类的优越性，却是令人不敢恭维的意识形态。

认知能力、高等意识，甚至良知与灵魂，是我们在定义人的时候指派给自己的属性。我们假定只有我们自己具有超越经验的概念，这也和自认为“人类有独一无二的智能”的大多数断言一样，是不懂得与其他物种沟通的结果，就好像自己听不懂别人的语言，却说别人笨。不曾有人教黑猩猩学会很多人类语言，[30]另一方面，再用功不过的研究者也只做到与猩猩进行最初步的交谈。黑猩猩对于实验者所教的抽象概念手语没有反应，很令实验者失望。人类搞不懂猩猩想表达的意思，想必也令猩猩感到泄气。有些细菌在抗生素强力围剿下武装速度之快，仿佛有智能者的反应，这是进化史上任何其他物种都比不上的。我们虽然已经排除细菌有意识的可能性，其他物种却可能会有我们不知道的或我们不知道该怎么衡量的意识。

试图把我们自己与其他动物划分开来，就是一种妄想式的自我抬举。这道界限从来不曾划定得一清二楚。18世纪的蒙博德勋爵在讽刺剧盛行的背景下提出红毛猩猩是人类的理论，着实令读者伤脑筋。[31]托马斯·洛夫·皮科克有一部小说的主角就是一只红毛猩猩，它除了不会说话，理性官能一应俱全，以“深奥审慎思考者”闻名于世，后来获封男爵，还成为下议院的议员，而俾格米人、霍屯督人、澳大利亚原住民却曾被降级为比人类低等的动物。如今我们偏好把人归入动物界，认为人类属于一个包括所有动物在内的连续体中的一个阶级。但是，如果要与其他动物相比，我们仍坚持要占最高等的位置。

有些事实是对我们有利的证据，例如，人类能够存活的环境几乎比任何其他动物能生存的环境都更为多样。我们大概也是集体记忆最强的一个物种：就我们所知，我们能记录信息，所以最具备进步的条件，也最具利用他人经验的优势，虽然我们可能发觉自己滥用这种优势到了有问题的地步。正如历史学家根据发动战争的能耐去比较各种社会，我们消灭其他物种的本领也可以算是优越的条件之一，比我们厉害的只有几种细菌。其他人类引以为傲的条件，大多数很难或根本没有客观标准可言。姑且不论我们的失误和努力，我们始终是听命于自然的。我们没办法控制长远的气候变迁，这些变迁曾经使人类的发展减缓、停滞或逆转。我们很可能掉进突如其来的另一个冰河时代，这将是我们造成全球变暖的后果。全球变暖同时也从其他方面毁坏地球，例如，干旱逐渐加速，宝贵栖居地的边缘变成焦土，海藻与污染物依附洋流，漂进全世界的大洋。摧毁地球是个相当雄心勃勃的目标，而一些怀着善意的环保人士使用这类措辞，与其说是分析，不如说是傲慢的表现。尽管物种会定期灭绝，但生命在地球上的延续似乎确定无疑。

现代医学尽管不断制造“奇迹”，疾病却似乎没被打败，只有自鸣得意或死板的想象才会以为人类已经完成了疾病的征服战。引起疾病的那些微生物往往都能快速进化，正如葡萄球菌已经打败了青霉素，现有的菌种已经具备抗药性，细菌适应环境的速度比医药研究的响应速度快。几年前，医学界普遍认为，全球注射疫苗差不多已经使肺结核绝迹了，但新的 W 型肺结核却能抵抗现有的每一种药品，使半数的罹患者死亡。艾滋病当然不会是最后一个让人类措手不及的传染病，它在治疗方法研发成功之前，就已夺走数以百万计的人命。更大规模的流行病（例如 1917—1918 年的流行性感冒，致死人数比第一次世界大战的死亡人数还多）随时可能暴发。除了微生物之外，病媒害虫也越来越不易控制，最严重的就是疟蚊和急速倍增的都市老鼠。[32] 以下的推断值得严肃看待：医药史上过去 200 年（以及多数其他事物的过去 200 年）的成就是假象，是一段反常的插曲。我们自己一厢情愿地相信，疾病的杀伤力变小是因为我们的卫生、预防和治疗成功了。但可能性同样高的是，我们正好碰上进化史上的一个节点，是疾病的生物特性相对不凶恶的时期，只是我们不知道而已。如果真是这样，我们没有理由假定这安康的时期会无限期地延长下去。

自然保护运动令我们为自然界的耐久力担忧起来，好像如果不受我们宠爱呵护，大自然就撑不下去。事实上，树木、苔藓、野草存在的历史都比人类悠久，我们消失以后它们还会存在，还有更客观的说法吗？本章题词引用的彼得·盖萨尔特的诗中就说，橡树是大自然历史中令人生畏的不衰象征。这首诗接下去写到，橡树后来主宰了世界，人类却消失了。橡树的根有如坚硬的铁爪，伸入土地深处，紧紧扣住大地。我赞成橡树接管世界的心思虽然并无恶意，可是我也忍不住觉得胜利是它所应得的。我们在这儿悔恨或颂扬人类操纵环境的力量的同时，尚未被彻底驯化的自然正在等着复仇。

(二)自作自受

我们也许不必等牧神来制造大破坏，人自己就可以做到。大自然饶过了许多文明，但最后文明可能会毁于自己的手中。过去，大家以为核战争所带来的世界毁灭阴影到20世纪晚期应该消退，因为政治局势改变，世界强国不再用核武器彼此威胁。然而，大部分的武器如今都维持原状。能拥有核武器的国家也越来越多，其中包括一些不可信赖的政权，私人集团也可以制造武器，构成不小的威胁，其中不乏恐怖组织和犯罪集团。因此，未来的重大危险很可能来自“小型地方性核灾难”，而不是前几十年大家担心的“全面大对决”。虽然尚未发生大规模的生物战与化学战，但现在看来发生的可能性越来越高。日本警方于1995年逮捕奥姆真理教成员时，据说嫌犯正在准备大量的“艰难梭菌”孢子，补充他们施放的毒气。甚至和平用途的核能也有危险，若反应炉熔毁，可能导致有毒物质污染大片土地。我们至今仍不确知怎样处置核废料才安全。

有些文明是被入侵者吞没的。如今最显著的全球趋势就是人口总数的悬殊加大，有的地区人口递减，许多地方——其中绝大多数是全世界最贫困的地方——人口却持续大量增加。这种情形使人担心出现有重大影响的人流，因为低度开发区粮食不足，稠密的人口便会流向粮食过剩的富裕地区。结果应该会发生类似古典时代罗马帝国被“野蛮民族”入侵或印度河谷古文明被外来移民消灭的情况。[33]

其实，世界人口发展的长期趋势是越来越让人放心的。除了非洲以外，各地目前的统计数字都显示，有些地区人口虽然并未减少，但增长速度可以控制。虽然持续有人预测某些地区——尤其是中国——会发生人口问题，但没有得到专家的普遍认可。[34]低度开发地区的人口的确有往富裕地区移民的迹象，但是移民既没有敌视其他文明，也不会威胁地主国。其实，移民是文化的媒介，可能丰富既有文化，也可能破坏既有文化。传统人口均衡国家除了维持基本程度的发展之外，正逐渐变成出生率下降、寿命延长的社会。以前年轻人做主的世界将要变成老人至上的世界。对西方社会而言，延长寿命的医疗保健将进一步促成这样的改变；在中国，节育政策也已经带来人口结构的裂隙。大家都在为人口老龄化而担忧，不过这未尝没有正面影响，例如，高龄的人会持续留在职场，年轻却经验不足者的就业机会比较少，老年人的保守极乐社会崇尚的是和平与安定的价值。

这并不能保证其他激烈的全球大决战不会发生。世界上只要存在好战的激进主义教派——无论是伊斯兰教还是基督教——那么发生因意识形态所引起的暴力的可能性就和以往不相上下。过去的革命曾经毁灭文明。在20世纪，欧洲有幸两度躲过被革命颠覆的命运，两次革命都是由对文明生活传统公然表示敌意的独裁者所发动。发展中国家目前有两种社会趋势令人担心，它们可能使政治上的野蛮行径卷土重来。第一个趋势是人口结构改变的负面影响。人口平均年龄上升，身体状态适宜工作的人比例下降，依赖支持的老人与病人渐增，劳动人口承受的压力越来越重，生活成本越来越高。在这样的背景下，世界上现行的福利制度都难以招架。第二，财富鸿沟越来越大，有人担心“下层社会”——贫困且受教育程度低的人——可能因为怨怒不满而形成具有破坏力的革命潮流。

未来城市所遭遇的问题，将与相对富裕与相对贫穷地区之间人口移动的问题以及新的贫困阶级爆发革命的威胁息息相关。1900 年，世界人口中有 5% 居住在人口超过 10 万的都市，现在则有 45% 的人居住在人口超过 10 万以上的都市。更令人担忧的是，世界上许多都市扩充太快，却没有相关的环境管制和社会政策配合，以至于数以百万计的居民连最基本的卫生设备和医疗保健都没有。按联合国最近的统计资料看来，这种情况已有改善，例如，墨西哥市和圣保罗市这两个世界上最大的都市以前的人口都超过 2 000 万，现在分别减为 1 560 万与 1 600 万。可是第三世界人口规模达到 100 万至 1 000 万的都市仍快速成长，问题严重而且持续恶化。[35] 这些都市聚集了离乡背井的人和没有支柱的人，滋生着罪行和疾病，使人疏离丧志。这样快速成长的都市不再像传统的都市那样是文明生活不可或缺的背景，反而可能扼杀文明。

我们若不学习在“多文明的世界”里生活，就得面对发生“文明之战”的未来。[36] 欧洲是这种战争的最佳地点，超越了“东方”与“西方”、伊斯兰教与基督教的划分。墙倒了，但坐在墙顶上的那个一摔就碎的蛋形小人显然保住了命。专门捣乱的“失序之主”更放胆自由地在欧洲到处晃来晃去，登上新筑或重筑的矮墙，宣布意料之外的冲突即将到来。墙倒了之后，战争更难预测，和平也无从担保。墙倒之后的世界就像走到镜子后面的世界，处处是反常，矛盾的事物并存。面对崩解与全球化这两种截然不同的趋势，民族国家存活了下来；现代化带来类似旧式帝国的“大区域”；地缘政治附属在心态结构与自我认同之下，不过血与土地却互相留下不可抹灭的斑痕。结束波斯尼亚战争的代顿协议和科索沃的万人冢，都是血与泥土凝结而成的。

看起来，柏林墙虽然倒了，却在更往东一点的位置重新筑起一连串新的障碍。我们可以理解把土耳其和俄罗斯排除在欧洲体制之外是件理直气壮的事，可是这样做是错的，和平的欧洲应当是多元的欧洲。和平局面若要长久维持，就必须多元到能够纳入穆斯林社会，必须勇敢到能够把人口最稠密的外围地区包括在内，若人们一心相信“文明冲突论”，那么这种预言就会变成事实。俄罗斯与土耳其有其他的身份认同和其他的结盟对象，不论按哪一种合理的标准看，两国都应该算是欧洲国家，但是也不必固守欧洲国家的身份。假如俄罗斯和土耳其决定采取“既然不能加入他们，就得打倒他们”的思路，其他欧洲国家也难辞其咎。而这两个国家很可能把这句口号落实成政策。[37]

即使没有受到战争打击，文明也可能因为衔接不上自己的传统而枯萎。近来言之凿凿的忧虑是，担心传统宗教信仰会被世俗逼得无立足之地，担心传统教育制度被新兴信息渠道失控的影响力推翻，担心传统社群被社会变迁打乱，担心传统道德被遗传基因研究可怕的进步扼杀。信息科技在某些人看来是人类的福音，但也有人担心它可能毁掉传统人际关系；人工智能的研究本来是为了让更有效率的机器人帮人类打理一些琐事，却有人担心以后机器人反过来控制人类。前一代基因工程与人工智能的先驱转眼变成了下一代人眼中自食恶果的狂妄之徒。

了解实际状况的人都不会担忧。因为，福利制度自然会顺应人口结构的改变，或是因为传统家庭观念复兴而被淘汰；信息科技仍会持续原本的解放效果；遗传基因研究也许不会造出我们想要的世界，但越来越能逆转进化，扫除饥饿，打败疾病。其实一般大众之所以对快速变迁下的未来感到焦虑，并不是因为无知，这类焦虑其实能反映出真正的问题，那就是难以承受未来的冲击。[38] 承受不了改变的人，会以为改变将是一发不可收拾的。

这种不知所以然的恐惧比有意识的恐惧更糟糕。对快速变迁感到慌乱不安、对新科技困惑无知的选民，会去支持唯恐天下不乱的人，和宣称不恢复旧秩序就会大祸临头的人。如果社会日趋复杂，例如必须回应越来越多的期望、庞大的集体计划、严重的人口结构失衡和外来的险恶威胁，这时候人们就会把安定与社会统治看得比自由与人权更重要。如果人们认定社会从根基瓦解都是因为道德沦丧、性放纵、下层社会的疏离和日渐增高的犯罪率等造成的，就可能因此助长极权主义与宗教狂热主义。我虽然一方面在等待保守主义所说的极乐世界美梦成真，一方面又挥之不去我在之前的著作《千禧年》结尾时设想的那个景象：法西斯主义横行街头巷尾，像从恐龙主题公园走出来的克隆生物，彼此斗得你死我活。

一般认为新一波的“文化战争”将是自由主义与“道德的多数”之争。自由主义是地球村里的一项求生工具。如果没有这个工具，历史交付给我们的多文化、多元主义的社会就要在血腥之中解体。可是在我看来，自由主义命数已定，注定要自取灭亡，因为不能保持一贯性而显得软弱无力。堕胎与安乐死是生命贱价的表现，鼓吹这两者会使原本不受欢迎的生命的不可侵犯性陷于不保，例如罪犯、社会颠覆分子、遗传条件不良的孩子、过多的穷人和病人，使他们都有理由被贱价清除。自由主义的原则在世俗之手的操作下将为集中营与优生论打头阵。文化相对主义虽是开展丰富多样性的宝贵试金石，却隐含与自由主义同样模棱两可的意义：我们在排斥食人肉、女性割礼和儿童虐待的同时，怎能以文化相对主义为由而容许一夫多妻制、包办婚姻和乱伦？下一代承袭自由主义的人，必须在保卫文化相对主义的同时防止自由主义最负面的影响，想办法防止自由为它自己所害。自由的言论和思想很容易培养出企图毁灭这两者的政党。自由社会因为卸除武装而可能抵御不了恐怖主义。[39]

未来的世界如果抛弃了我们所认定的文明价值，例如不相信人的生命是不可侵犯的、不尊重个人的尊严、不尽心防止强者欺压弱者，我们大多数人会不愿意承认它是文明的。可是我们也应看清一项事实：以往的多数文明并没有崇尚这些价值。文明与专横是可以不冲突的。历史上的大部分时候，这两者都是分不开的。如果没有暴君与大型战争、没有暴政下数以百万人的劳苦与牺牲，文明根本不可能兴起。躲过毁灭或倒退回野蛮的那些文明若存活到未来，情况也会不一样。我们不可能预测未来文明的样貌，但是可以谈谈它们可能发生的地点。

（三）最后的大洋

可能发生的地点是，主宰近代世界的大西洋文明被太平洋文明取而代之。大西洋文明是越洋交流所造就的，但太平洋上的这种交流，进展速度就慢得多。不过我们仍可想象，会有一个把沿太平洋岸所有或部分族群包括在内的“太平洋文明”，这是一个可以与大西洋地区的“西方文明”相抗衡的“东方文明”。

太平洋因为面积太辽阔，又有恒定不变的风向系统，所以过去想乘帆船往返都很困难。太平洋有两个强风系统，分别由全世界最固定的风形成，在赤道上把大洋一分为二。在中纬度地带从西往东航行是容易的，从东往西航行却必须循着偏北与偏南的纬度区航行，而这些偏北与偏南的地区在 19 世纪以前是生产力低下、少有人往来的海岸。波利尼西亚人虽然航海技术熟练，最东也只到达夏威夷与复活节岛。中国或日本的船只即使曾经在古代或中世纪到达美洲，也并未确立往返航路。麦哲伦于 1520—1521 年横渡太平洋，是历史记载的第一次，但是船只没能找到回航路线。往返路线要等到 1565 年才确立，乌达内塔修士创下纪录，以 5 个月又 8 天的时间完成 18 600 余千米的行程，为了从菲律宾回墨西哥，绕行到将近北纬 40 度之处（见第十五章）。

到了 19 世纪后半期，太平洋开始有了大规模交流。这时候因为有了轮船而缩短了航程。但即便是这样，相较于大西洋和印度洋的热闹，太平洋仍算是偏僻地区，要等到工业革命传入以后才有所改观。太平洋在 20 世纪的后半期相当突然地变成了“经济巨人”。到了 20 世纪 90 年代，太平洋地区承担着全世界总货运量的一半以上，载运大部分的世界贸易物品。20 世纪 80 年代，大量的人口迁徙与投资（主要源自东亚）开始把太平洋海岸地区联结成一个商业网络，以日本、中国香港和美国洛杉矶为中心。

太平洋岸的居民隔着“未来之洋”彼此欣赏。20世纪80年代早期，世界进入“太平洋时代”的说法开始流行。西蒙·温切斯特说：“因地理的偶然条件而在大洋海岸聚成一群的各国居民已经开始向内看，看他们自己，不再在乎那些别处的、后面的人怎么看了……他们隔着浩瀚的蓝色水域对望，彼此交融——上海对着圣地亚哥、悉尼对着香港、雅加达对着利马、六本木对着好莱坞，成就了某种太平洋的自我意识。”[40]

“太平洋文明”什么时候才会成熟？当有人问起“温哥华在哪里？”或是“布里斯班在哪里？”时，如果回答的人答复“在太平洋”就像与答复“在加拿大”或“在澳大利亚”一样自然而然，时候就到了。或者，等到大家觉得旧金山或西雅图不在西边而是在东边，等到澳大利亚人将自我定位确认为亚洲人时，等到白种加州人或白种新西兰人觉得自己的利益与日本人、韩国人的利益是一体的，正如荷兰人与意大利北部人、阿尔萨斯人与卢森堡人彼此认同时，文明全球化的脚步即已到来。

数千年来，文明发展的范围越扩越大。大西洋文明从西欧相当小的中心地带发展到包括了世界上很大的地区，就是一个显著的例子。另一个例子是伊斯兰文明，它从狭小的阿拉伯发源地越过沙漠、渡过大海扩展开来。照这个道理推断，以后将会有一个单一文明传遍全世界。有些观察者已经看出全球化的迹象，他们以西方帝国主义对世界其他地区有重大影响为证据，即使从未受西方帝国统御的国家，例如中国、泰国和汤加，也吸收了很多西方文化，西方文化也因为受了对方传来的影响而有了改变。[41]

世界上几乎所有国家必然因为相互联系而“在生活的每一层

面……从文化到司法、从金融到心灵”越来越受彼此的影响，这些生活方面都会随着“全球互动的广度、强度和速度”而转变。[42]现代科技为贸易与通信带来的影响强化了这种趋势。经济学也支持全球化。在全球市场上，人与商品往来的自由胜过以往任何时代。[43]如今全世界只有冻原、冰封地区、沙漠、丛林这些环境最偏僻的角落里，还存在着与外界隔绝的社群，不过正在迅速减少。至于我们这些彼此有联系、不断在交流中互相影响的社会，会觉得大家越来越相似。“全球文化”使得全世界有相差无几的风格和产品。外出旅行的人会发现，世界上大部分地方的机场候机厅是同一个样子，走进去时毫无文化断层的感觉。实时通信把影像送到全世界，也能产生全世界经验与共的感觉。即使没有外在敌人——不论是想象出来的“不明飞行物”还是外层空间遥远处的敌人——我们也逐渐认同全世界是一个共同体，因为我们早已习惯把人类和自然界其他生物划分开来。近代帝国的兴衰带动人口大规模迁徙，这表示很少有文化是被局限在特定区域内的。[44]

相互联系越来越多，相互依赖也就越来越多。在这种情况下，一切的行事架构必须考虑得越来越多，跳脱旧有的国家、集团和文明之分别，将全世界都纳入。[45]“地缘统治”隐约要成形了，明显可见的例子包括要求全世界政府都要重视人权的行动、相互引渡的协定，以及联合国或美国以“世界警察”的角色自居，成为“新世界秩序”的代理者，不过这个角色既可能是威胁，也可能是愿景。[46]

有一种说法把全球化等于美国化，并不只是因为美国文化到处都受欢迎，也不只是因为美国的政治强势与经济成功令人向往。还有一个重要的原因是，全世界最大的企业往往都由美国主导。没有人能控制信息科技，但是投资大部分源于美国，所以美国最有主控之势。大企业需要可施展抱负的世界舞台。[47]全球化的世界将是跨国企业可以到处运营的世界，一个处处是可口可乐商标与麦当劳黄色双拱的世界。世界上大部分的电影、电视剧、流行音乐和无聊八卦产自美国，所以多少会造成全球化“有一种标准语言，或者可以更恰当地称为‘英语化’”。[48]

但是全球化有其限度，在此限度之外，“全球文明”很难到达。只要全球化在人们眼中成为以西方源头为主的运动，是西方文化征服全世界的运动，就会被当作威胁本土传统的力量，遭到激烈抵抗。甚至西方国家内部就有觉得自己并不属于西方文明的社群，他们也对全球化表示厌恶，[49]例如伊斯兰教激进主义、黑人觉醒运动的鼓吹者和许多美洲原住民运动，甚至一些女权运动团体，都自认为不隶属于西方文明的主流。

此外，我们凭经验可知，文化影响力越过历史的边界后，可能被采纳也可能被修改。不同的文化可互相借用，但不会牺牲自己原有的特色。最显著的例子就是日本。西方社会认为日本善于模仿西方，所以富强，算得上是西方世界的荣誉会员。但日本人眼中的自己却不是如此。日本这一池水的水面上虽然映出西方的倒影，深处的日本却保持不变。日本人的民族意识自古以来就是以他们自认为独一无二的信念为基底，他们虽然精通在西方市场上竞争的技巧、穿西式衣着、演奏西方音乐、收藏西方艺术品，却不曾扬弃视为珍宝的传统。日本人打棒球是把棒球当作日本自己的运动在玩，将他们的青少年英雄主义与崇尚纯洁的思想体现在运动中。西装穿在日本人身上，变成表达群体和谐的制服，而群体和谐是日本人心目中企业经营成功的源头。[50]我这样说并没有警告的意思，也无意为某些观察家对日本的疑惧背书，我只是为了要突显全球化的一项事实：从现在的情况看来，自我认同并不只是区别自己与邻邦的不同，自我认同是在对世界趋势做出应对时成形的。[51]

文化全球化很可能是一种违背自己利益的现象。人们只要融入了大的实体，就会往各自地方的、区域的、民族的根里找寻熟悉的慰藉，所以超级大国往往会在形成了一阵子之后便解体，旧有的自我意识也可能在融入大帝国数百年之后仍然不灭。如果真有那么一天，全世界的人都自认为是全球文明的一分子，那么这个全球文明将会是由很多不同成分组成的，而且在各地区表现得都不一样。

文明的历史没有模式可循，文明的未来也将无法预测。过去的文明曾经被划分成阶段，大多数根本不是真的（见导论），因此，现在若谈未来将进入什么阶段，可以说是不成熟的论点。但是我忍不住想把本书最后一卷所讲的内容排成“阶段”。这里讲了三大洋的故事，三大洋分别在长短不一的时间里居于主导地位：印度洋成为统一的空间之后产生了一个伊斯兰之湖，近代西方文明在往来大西洋的航线之中兴起，我们也可以隐约看出，太平洋的发展已经开始把另一群人带上世界舞台的中央。只剩下最后一个大洋了。在世界大洋历史的最后阶段，从潜水艇渡北极与循大圆航线的空运路线也许可以看出端倪。假如全球文明真正诞生了，我可以想象未来的历史学家会说它是如何在这些新路线的四周成形的，正如印度洋文明和大西洋文明在各自的“主场”地盘那样发展起来。也许，北冰洋就是，或即将成为，或将来会被视为世界的主场大洋。

果真如此的话，就是进一步证实了本书提过的一个经验：没有一种环境能幸免于文明的影响。我虽然努力避开各式各样的决定论，但不能否认的是：地理条件塑造了本书谈论的这个世界。我说的地理是指最笼统的意思，地球上明显可见的事实、自然环境的突变、土壤与种子、风与海浪都包括在内。从文明的发源地扩展出去靠的尤其是风力（按本书的论点）。因此我要复习一下我们从一开头就讲到的一些原则：自然环境塑造了人类的自主冲动，但也限制了人类的思维与热情。一切发生的事都显示在粗糙、凡俗的素材上，但却都是从思想与感情开端。至于其他，在本书将要结束之前，我颇有埃德蒙·布伦登（见第十三章）笔下地理学家的感触，他在演讲快要结束的时候告诉听众：

> 这些真理归功于神圣的地理学，
> 是与磁铁及地极一样确定的事，
> 凭这个知识我们就可以驱逐
> 所有的牛鬼蛇神和卑劣谬论……

又念了几行字之后，他停了下来。钟表嘀嗒走着。演讲者抬头一看，听众都走了，他安慰自己说，想必这些人都跑去验证他的理论了，我想自己也难逃这种光景吧。

尾声：德里克·贾曼的花园

这是一本谈论地方的书：寻找仅凭视觉便可领会文明意涵的神

庙、废墟、地貌或海景，而不是探讨概念上的它们。我最迫切地感觉到或渴求这种领会的时候，是在我旅程的最后一站——英吉利海峡旁的邓杰内斯，这是英国最凄凉的地方。

凄凉可能启发灵感：一片无人的沼泽、一个笼罩在雾中的大城、一条有清澈浅滩的海岸线。邓杰内斯却凄凉得令人糊涂、生气、灰心：陆上的地形下陷，就好像被海与盐分榨光了能量；一成不变的平坦，观看的人连眼皮也不用抬；匍匐、怯懦、荒芜的土地好似受了亏待或冷落一般以衰病的面貌蜷缩入海。这是世界末日才会出现的那种平坦，山坡低矮，崎岖处平淡得枯燥。

只有两个建筑物突出地矗立：一个不再发光的灯塔，以及灯塔后面核能发电所的一堆金属骨架。金属的围栏、线圈、管子和凹凸不平的走道，霸占着一块看起来像是已经受过灾难打击的大自然。空气尝起来像钢铁味，闻起来又有海藻味。

从灯塔上往下看，盐渍的草地勉力伸向沙岸。有几间渔人的茅舍散乱在海岸线上，用的是次等建材，涂着质感低劣的颜料。而令人难以置信的是，这里有一家酒馆，每晚都有旅行至此的人聚在这里闲扯喧闹，讥讽他们周遭的这片破败，他们厚颜麻木的态度对邓杰内斯是莫大的羞辱。荒凉应该获得人们的敬畏。

走过沙石地是吃力而蹒跚的，你的脚步轻快不起来，鞋子会撇歪陷下去。这地面上没长多少东西，植物几乎都活不久。可是你正要去一个花园，里面的植物是英国导演德里克·贾曼在石子中种植成功的。

他得了艾滋病，到这儿死去。选中这样一个适当得可怕且残酷的地方，能有一种安慰。这个仿佛已经死了的地方就像普罗米修斯式人物的安息之地——让人拴着等死的岩石——也像死刑犯的单人囚房，或是虔诚圣徒面对上帝的苦修祈祷室。贾曼的小平房是渔人房舍的式样，看来像草草盖起来的暂时居所。庭园在房子四周，没有围栏，吸引人入内，却又令人反感，因为贾曼是为了表露自己的苦楚而造园：这是折磨、腐朽、坏死、痛苦之园。

他不愿意承认这事实。他在死前写了一本谈论自己花园的书，把邓杰内斯设想成有古怪魅力的地方，而他的园艺是一种温和的治疗。他描述自己如何辛苦地清出一块沙石地，填上沃土，栽下对生态友善的当地植物。光鲜的照片把这地方呈现得小巧漂亮，剔除了恐怖。他却几乎不提四散在园中的不成形的漂流杂物——那些乱堆的短桩和阴茎状的晶石，它们在嘲笑人类的雕刻作品。只有两件事暗示了这项工程的象征性：贾曼否认自己策划了一个“白女巫”的园子，以中和附近发电所的有害排放；他还提及，有一个电视外景队到这园子来拍摄制作有关艾滋病的节目，不过贾曼曾说，关于艾滋病是不能做节目的。[52] 但既然他自己做了这个节目，这么说就是典型的口是心非。

小平房前面有一片传统园艺，力图把邓杰内斯调养得乐观而肥沃——有一箱外地运来的土壤和一株不很尽心开着花的玫瑰，这是唯一容许“得体”进驻的地方。在这片各各他，花朵都带着刺。贾曼领地之外的其他地方到处竖着从沉船上抢救回来的断板残块。他把这些东西直立插在沙石圃上：有废船上的圆柱和桅杆、被海水冲碎折断的渔船的木板和龙骨，颜色全都剥落褪尽。它们像死去的血肉被蛆虫啃蚀，或是像受苦刑而垂着的四肢，畸形、消瘦、痛苦地扭曲，膝骨被打断、被钉子刺穿。钉子夸张地穿透暴露出来，所带的锈痕就像沾着血。多数的大石头是从海里拖上来的，没有刮除上面附着的污秽与软体动物，好似恐怖的疱疹疾病生出的肉芽肿。

枯槁的半截桅杆和斜桁东倒西歪地立在碎石圃上，在海中积淀的硬附着物就好像一颗颗肿大的淋巴结。船锚的链条锈在大石头的脖子上，好像古代贵族戴的厚重项链，死人入殓仍自豪地戴着。贾曼在这些大装置之间排了小石阵，似乎是在纪念古文明的巨石阵建造者。走在这些石阵和桅桁之间，脚下的沙石摩擦出吱吱声，这是阴森故事中的石化林，这里的迷人魔法是邪恶的，爱情是堕落的。然而，贾曼所挑选、竖立在这里的一切，属于一种悠久而文明的传统——随手捡来的东西在审美家自己的眼中变成了艺术。这一件件历劫归来的杆桁石块，令人想到古时中国有雅兴的文人在自己的书案上摆设的奇石。[53]

我们预期文明要止于水岸。在邓杰内斯的发电所之下，看来是已经终结了。贾曼在这么可厌的荒凉之中实践园艺，勇敢精神似乎不输给本书中谈到的任何一次与环境抗衡的行为。他为一处被人糟蹋的风景重建了意义，他从生命源头与死亡渊薮的海洋找回了被大自然毁坏的人造物，他让这些东西复活了。他挑了一块绝望之地，再把它变成一个纪念园。贾曼的庭园会引起从恶心厌恶到赞扬吹捧等等各种不同的反应。参观的人可能觉得它毫无意义，或脏兮兮，或杀气腾腾，或充满邪恶。有人觉得那只是海滩拾荒者病态的蹂躏，恋物癖到了狂热的地步，有人当它是个垃圾场而一笑置之。等到贾曼的伴侣不在人世了，很难想象有谁会对这应该保存下来的园地怀着珍惜保存的心意。

也许保存与否是无所谓的事。这花园介于发电所与大海之间，一边是人类污染的象征，另一边是大自然反扑的力量，待在中间的它本来就该消失。不过，正如许多文明化的成果一样，不堪一击也是它之所以成为文明碑铭的因素之一。它对环境表示顽抗，投入了一次强弱悬殊之斗。文明史上纵然败绩累累——野蛮的胜利、愚昧的杀戮、进步力量的倒退、自然的反扑、人类寻求改善的失败——我们除了继续努力维持文明传统的生命，别无他策。即便是在海滩的沙砾地上，仍然“要耕耘自己的园圃”。

注 释

自序

1. J. Mármol, *Amalia*, 2 vols. (Buenos Aires, 1944), vol. 1, p. 39. 我对阿马利娅房间装潢的解读得自比阿特丽斯·帕斯托尔（Beatriz Pastor）一句话的启发。

导论

1. 我所说的“社会”泛指任何自觉属于某一群体的人，这当然不是一种定义，只是本书为了方便所使用的定义。

2. “文明”一词的语源及使用历史，参考 M. Melko and L.R. Scott, *The Boundaries of Civilizations in Space and Time* (Lanham, Md., 1987); F. Braudel, *Grammaire des civilisations* (Paris, 1987), pp. 33-9; J. Huizinga, ‘Geschonden Wereld: Een Beschouwing over de Kansen op Herstel van Onze Beschaving’, in Huizinga, *Verzamelde Werken*, vii (Haarlem, 1950), pp. 479-90. 感谢 H. Wesseling 教授与 W. Hugenholz 博士指点。其他中肯之论有 A. Banuls, ‘Les Mots “culture” et “civilization” en français et allemand’, *Etudes germaniques*, vol. 24 (1969), pp. 171-80; E. Benveniste, *Civilisation: Contribution à l'histoire d'un mot* (Paris, 1954); E. Dampierre, ‘Note on “culture” and “civilization”’, *Comparative Studies in History and Society*, vol. 3(1961), pp. 328-40。

3. H. Fairchild, *The Noble Savage* (London, 1925); H. Lane, *The Wild Boy of Aveyron* (London, 1977); R. Shattuck, *The Forbidden Experiment: The Story of the Wild Boy of Aveyron* (New York, 1980).

4. J.-M.-G. Itard, *The Wild Boy of Aveyron*, ed. and trans. G. and M. Humphrey (New York, 1962), p. 66.

5. A. Danzat, J. Dubois and H. Mitterand, *Nouveau Dictonnaire étymologique et histoirique* (Paris, 1971), p. 170.

6. T. Steel, *The Life and Death of St. Kilda* (Glasgow, 1986), p. 34.

7. 需要说明的是，我并没有把人与自然区分开来：人是自然的一分子。假如我言语中有时候保持人与自然二分的传统观念，那是因为有些社会太看重这样的二分法，以至于好像真有这么回事；换言之，人们认为这种区分已是事实了。参考 P. Coates, *Nature Changing Attitudes Since Ancient Times* (London, 1998); J.-M. Drouin, *Réinventer la nature: L'Ecologie et son histoire* (Paris, 1974), 尤其是 pp. 174-93; 以及 P. Descola and G. Pálsson, eds., *Nature and Society: Anthropological Perspectives* (London & New York, 1996)。感谢 F. Thieuws 教授借给我这部书。

8. J. Goudsblom, *Fire and Civilization* (London, 1992), pp. 2, 6-7, 23.

9. 这两个词的差别可参考 A. L. Kroeber and C. Kluckhohn, *Culture: A Critical Review of Concepts and Definitions, Papers of the Peabody Museum of American Archaeology and Ethnology*, vol. 47 (1952), pp. 15-29; Huizinga, 'Geschonden Wereld', pp.485-86。韦伯用"Hochkulturen"指其他西方语言之中因为"文明"的作用而有特殊外在装饰的那些社会，用"Zivilisation"指这种社会之中所能表现的其他特征，例如具有大规模总揽一切的结构（尤其是政治或宗教的组织，或法律传统，但他又说一般工艺技术或全体一致使用的通信系统也可以算是，或是必须有），以及"理性的"经济秩序。参考 *Kulturgeschichte als Kultursoziologie* (Munich, 1950), pp. 25-27, 428。

10. F. Haskell, *Taste and the Antique* (New Haven and London, 1981), pp. 148-51.

11. K. Clark, *Civilization: A Personal View* (Harmondsworth, 1982), pp. 18, 27.

12. "既然英国及其盟邦自 1914 年起就在为文明而战，我想，谈一下究竟文明是什么应该不算鲁莽了。"见 C. Bell, *Civilization: An Essay* (New York, 1928)。史怀哲也发表了类似的方案，见 *The Decay and Restoration of Civilization* (London, 1932)。A. Sorokin, *Social and Cultural Dynamics* (New York, 1937-1941) 这套四卷本的巨著没说出什么道理，只从意识形态角度表达了意见，但却陷在类似的执念里：一心要解释他自己曾经在其中担任小角色的那场革命是怎么失势的。他企图定义文明，或起码把文明与文化区隔开来，却越说越令人糊涂，见他此作的第四卷 *Basic Problems, Principles and Methods* (1941), pp. 145-96。德国人用"Kultur"与"Zivilisation"这两个名词所指的意思与其他语言中这两个词含义不同，曾经导致无谓的浪费时间以及别国人的大大不以为然，其实文明的概念对于用德语思想者代表的意义，应该与其他人一般无二。参阅注 9，以及 S. Huntington, *The Clash of Civilizations and the Remaking of World Order*（《文明的冲突与世界秩序的重建》）(New, York, 1996), p. 41。

13. O. Spengler, *The Decline of the West*（《西方的没落》）(New York, 1966), vol. 1, pp. 230, 396.

14. 同上，pp. 31, 106。

15. K. R. Popper, *The Open Society and Its Enemies*（《开放社会及其敌人》）(London, 1947), vol. 2, p. 72.

16. V. G. Childe, *Man Makes Himself* (London, 1936), pp. 74, 118.

17. V. G. Childe, *Social Evolution* (London, 1951), p. 26.

18. E. Huntington, *Civilization and Climate* (New Haven, 1922), pp. 335-45.

19. A. J. Toynbee, *A Study of History*（《历史研究》）(London, 1934), vol. 1, pp. 147-8, 189.

20. 同上，p. 192。

21. R. Redfield, *The Primitive World and Its Transformations*, pp. 112-21.

22. P. Valéry, *La Crise de l'esprit* (Oeuvres, ed. J. Hytier, 2 vols. [Paris, 1957], vol. 1, p. 988).

23. J. Monnerot, *Sociologie du communisme* (Paris, 1949), p.492; 转引自 E. Callot, *Civilastion et civilisations: Recherche d'une philosophie de la culture* (Paris, 1954), p. vii。

24. A. Bramwell, *Blood and Soil: Richard Walther Darré and Hitler's Green Party* (Bourne End, 1985).

25. P. Hulten, *Futurism and Futurisms* (New York, 1986); E. Hobsbawm, 'Barbarism: A User's Guide', *New Left Review*, vol. 206, 1994. 我这一段参见拙著 *Millenium: A History of Our Last Thousand Years* (New York, 1995); 以及 *The Times Illustrated History of Europe* (1995)。

26. M. Mead, *Coming of Age in Samoa*（《萨摩亚人的成年》）(New York, 1928).

27. 海尔之作有了新的修订版，见 P. Geyl, 'Toynbee the Prophet', in *Debates with Historians* (London, 1974)。

28. P. Bagby, *Culture and History: Prolegomena to the Camparative Study of Civilizations* (London, 1958), p. 184.

29. W. H. McNeill, *Arnold Toynbee: A Life* (New York, 1989), pp. 251-2. 感谢 Leonard Blussé 与我讨论此书。

30. C. Quigley, *The Evolution of Civilizations: An Introduction to Historical Analysis* (New York, 1961), pp. 66-92; M. Melko, *The Nature of Civilizations* (Boston, 1969), pp. 101-60; C. H. Brough, *The Cycle of Civilization: A Scientific, Deterministic Analysis of Civilization, Its Social Basis, Patterns and Projected Future* (Detroit, 1965); C. Tilly, *As Sociology Meets History* (New York, 1981); *Big Structures, Large Processes, Huge Comparisons* (New York, 1984); S. K. Sanderson, *Social Transformations: A General Theory of Historical Development* (Oxford, 1995), pp. 53-85.

31. 参阅注 11 所引的克拉克的著作第 17 页。戴维·阿滕伯勒（David Attenborough）委托克拉克为英国广播公司做节目，他曾在一次电视访谈中说到缘起：克拉克本来不想试水电视媒体，听到阿滕伯勒说明他构想的系列节目时用到“文明”这个词，他才有了兴趣。

32. N. Elias, *The Civilizing Process*（《文明的进程》）(Oxford, 1994), p. 3.

33. N. Elias, *Power and Civility: The Civilizing Process*, vol. 2 (New York, 1982), p. 52.

34. Huizinga, *Verzamelde Werken*, vii (Haarlem, 1950), p. 481.

35. C. Renfrew, *Before Civilization* (Harmondsworth, 1976) and *The Emergence of Civilization* (London, 1972).

36. 他所属的历史学家“学派”出版的期刊一直把“经济体”“社会”“文明”区别为不同的意思。他自己在后期的作品中偏好以“世界秩序”为恰当的大单元，意思是指一群社会组成的群体，政治世界观相同，或是接受同一个支配一切的政治架构。所以，中国可以算是一个“世界秩序”，因为必须得天命才能治天下。基督教世界因为存留罗马普世帝国观念的印象，也是一种世界秩序。伊斯兰教世界因为相信政治权威传承源自先知，也是另一个世界秩序。这是很有用的一种概念。不过如今政治学界用“世界秩序”指为促进或维护和平而形成的全球性的政治经济关系系统，布罗代尔原来的用意反而不常见了。见 F. Braudel, *Grammaire des civilisations* (Paris, 1987), pp. 33-68。

37. 同上，p. 23。

38. 同上，p. 41。

39. J. Parry, *The Age of Reconnaissance* (London, 1963).

40. J. Needham（李约瑟）et al., *Science and Civilisation in China*（《中国科学技术史》）(Cambridge, 1954-).

41. 同上，vol. 4, part 3 (1971), pp. 540-53。

42. S. Huntington, *The Clash of Civilizations and the Remaking of World Order*, p. 21-9.

43. 例如 E. Wolf, *Europe and the Peoples Without History* (New York, 1983) 之中的阐述。

44. 或“下定义的特征”，见注 42 所引著作 , p. 47。

45. 同上，pp. 26-7, 48, 159。

46. F. Koneczny, *On the Plurality of Civilizations* (London, 1962), p.167.

47. 这类杰出著作包括 W. H. McNeil, *The Rise of the West: A History of the Human Community* (Chicago, 1963); I. Wallerstein, *The Modern World-System* (New York, 1972-); L. S. Stavrianos, *Lifelines from Our Past: A New World History* (New York, 1992); G. Parker, ed., *The Times Atlas of World History*, 5th ed. (London, 1993); D. Landes, *The Wealth and Poverty of Nations* (New York, 1998); A. Gunder Frank, *ReOrient: Global Economy in the Asian Age* (Berkeley and Los Angeles, 1998).

48. *Millenium: A History of Our Last Thousand Years*, p. 20.

49. E. Durkheim and M. Mauss, ‘Note sur la notion de civilisation’, *Année sociologique*, vol. 12, p. 47; 英文译文引自 *Social Research*, vol. 38 (1971), pp. 808-13.

50. A. L. Kroeber, *An Anthropologist Looks at History* (Berkeley & Los Angeles, 1963); *Style and Civilization* (Berkeley and Los Angeles, 1963).

51. O .F. Anderle, *The Problem of Civilizations* (The Hague, 1961), p. 5.

52. *Civilization: A Personal View*, p. 17.

53. *A Study of History*, vol. 1, pp. 63-129.

54. C. Quigley, *The Evolution of Civilizations: An Introduction to Historical Analysis* (New York, 1961), p. 32.

55. 见 *The Clash of Civilizations and the Remaking of World Order*, pp.42-8, cf. 26-7 的清楚概述。M. Melko and L. R. Scott, eds., *The Boundaries of Civilizations in Space and Time* (Lanham, Md., 1987) 收集了各家不同的统计，并做了严肃与反讽兼而有之的剖析。

56. C. Lévi-Strauss, *The Elementary Structures of Kinship* (London, 1971), p. 23.

57. Alfred North Whitehead, *Adventures of Ideas* (New York, 1933), p. 365.

58. J. Ortega y. Gasset, *La rebelión de la masas* (Madrid, 1930), p.114.

59. R. G. Collingwood, *The New Leviathan*, ed. D. Boucher (Oxford, 1992), pp. 283-99.

60. *A Study of History*, vol. 12, p. 279.

61. C. Bell, *Civilizationan: An Essay*, pp. 67, 200-64.

62. "按这个论点，'circularization'应该是指使某物变成圆形的过程；其实'circularization'是指发送广告函件给人，因此这个论点根本就有问题。"见注 59，p. 281。

63. S. Freud, *Civilization and Its Discontents*（《文明及其不满》）(New York, 1961), p.44。

64. S. W. Itzkoff, *The Making of the Civilized Mind* (New York, 1990), pp. 9, 274.

65. 同上，p. 26。

66. 同注 60，p. 279。

67. L. Mumford, *The Transformations of Man* (New York, 1956), pp. 44-5.

68. 同注 43，p. 574。

69. 见 J. Derrida, *De la grammatologie* (Paris, 1967) 提出的论点，我想他至少在这一点上说对了。另见 G. Brotherson, *Book of the Fourth World: Reading the Native Americans through Their Literature* (Cambridge, 1992), 其中有关于原住民制作地图与"图记"的极佳举例。

70. L. R. Scott, 'Qualities of Civilizations', *The Boundaries of Civilizations in Space and Time*, pp. 5-10.

71. P. R. S. Moorey, ed., *The Origins of Civilization* (Oxford, 1979), pp. v-vi.

72. N. Bondt, 'De Gevolgen der Beschaaving en van de Levenswyze der Hedendaagische Beschasfde Volken', *Niew Algenmeen Magazijn van Wetenschap, Konst en Smaack*, vol. 4 (1797), pp. 703-24. 感谢 Peter Rietbergen 介绍我看此文。

73. 同注 29，p. 96。

74. R. J. Puttnam and S. D. Wratten, *Principles of Ecology* (London, 1984), p. 15.

75. E. Huntingtton, *Civilization and Climate,* pp. 45-6 (New York, 1945).

76. 同上，p. 259。

77. 同上，pp. 127-48。

78. N. Elias, *The Symbol Theory*, ed. R. Kilminster (London, 1991), p. 146. 感谢 Johan Goudsblom 教授推介此书。

第一章

1. E. Gruening, ed., *An Alaskan Reader, 1867—1967* (New York, 1967), p. 369.

2. J. Ross, *Narrative of a Second Voyage in Search of a Northwest Passage* (London, 1835), p. 191.

3. F. G. Jackson, *The Great Frozen Land* (London, 1895), p. 17.

4. F. Fernández-Armesto, 'Inglaterra y el atlántico en la baja edad media', in Béthencourty Massieu et al., *Canarias e Inglaterra a través de los siglos* (Las Palmas, 1996), pp. 14-16.

5. H. P. Lovecraft, *At the Mountains of Madness and Other Tales of Terror* (New York, 1971), pp. 45-6.

6. Y. Slezkine, *Arctic Mirrors: Russia and the Small Peoples of the North* (Ithaca, N.Y., 1994), p. 80.

7. K. Donner, *Among the Samoyed in Siberia* (New Haven, 1954), pp. 7-8, 101.

8. 同上，pp. 114-29, 144。

9. 同注 6，pp. 56-7, 115。

10. 同上，pp. 126-7, 133。

11. 同注 3，pp. 57, 62, 75, 77。

12. 转引自 R. Bosi, *The Lapps* (New York, 1960), p. 43。

13. Olaus Magnus, *Description of the Northern Peoples* (1555), ed. P. Foote, vol. 1 (London, 1996), p. 201.

14. 同注 6, pp. 33-5。

15. N.-A. Valkeapää, *Greetings from Lappland: The Sami, Europe's Forgotten People* (London, 1983), p. 9.

16. L. Larsson, 'Big Dog and Poor Man : Mortuary Practices in Mesolithic Societies in Southern Sweden', in T. B. Larsson and H. Lundmark, *Approaches to Swedish Prehistory: A Spectrum of Problems and Perspectives in Contemporary Research* (Oxford, 1989), pp. 211-23.

17. 同注 15，p. 17。

18. J. and K. Imbrie , *Ice Ages: Solving the Mystery* (Short Hills, N.J., 1979); A. Berger, *Milankovitch and Climate* (Dorodrecht, 1986).

19. M. Jochim, ‘Late Pleistocene Refugia in Europe’, in O. Soffer, ed., *The Pleistocene Old World: Regional Perspectives* (New York, 1987), pp. 317-31.

20. B.V. Eriksen, ‘Resource Exploitation, Subsistence Strategies, and Adaptiveness in Late Pleistocene-Early Holocene Northwest Europe’, in L. G. Straus et al., eds, *Humans at the End of the Ice Age: The Archaeology of the Pleistocene-Holocene Transition* (New York, 1996).

21. N. Benecke, ‘Studies on Early Dog Remains from Northern Europe’, *Journal of Archaeological Science*, vol. 14 (1987), pp. 31-49.

22. L. Straus, ‘Les Derniers Chasseurs de rennes du monde pyrénéen’, *Mémoires de la Société Préhistorique Française*, vol. 22 (1995). 当然不可假定驯鹿是唯一捕猎目标，甚至都不是首要目标。见注 20 所引书，p. 115。

23. J. Turi, *Turi's Book of Lappland* (New York, 1910), p. 22.

24. 同注 12，p. 158。

25. 同注 19 ，pp. 333-48。

26. 同注 3 ，p. 71。

27. G. Eriksson, ‘Darwinism and Sami Legislation’ in B. Jahreskog, ed., *The Sami National Minority in Sweden* (Stockholm, 1982), pp. 89-101.

28. 同注 13，p. 54。

29. 同注 12 ，p. 53。

30. L. Forsberg, ‘Economic and Social Change in the Interior of Northern Sweden 6000BC—1000AD’ in T. B. Larsson and H. Lundmark, eds., *Approaches to Swedish Prehistory: A Spectrum of Problems and Perspectives in Contemporary Research* (Oxford, 1989), pp. 75-7.

31. 同注 7，p. 104。

32. A. Spencer, *The Lapps* (New York, 1978), pp. 43-59.

33. P. Hajdø, *The Samoyed Peoples and Languages* (Bloomington, 1963), p. 10.

34. 同上，p. 13。

35. 同注 7，p. 106。

36. 同注 13，p. 63。

37. 同注 13，p. 222。

38. 同注 13，pp. 20, 22, 19, 46-8, 50-3。

39. 同注 13，pp. 18, 194。

40. 同注 33，p. 35。

41. D. B. Quinn et al., eds., *New American World*, 5 vols (London, 1979), vol. 4, pp. 209, 211, 240. 感谢 J. Chaplin 教授推介这篇资料。

42. B. G. Trigger and W. E. Washburn, eds., *The Cambridge History of the Native*

Peoples of the Americas, vol.1, part 1 (Cambridge, 1996), p. 134.

43. D. R. Yesner, 'Human Adaptation at the Pleistocene-Holocene Boundary in Eastern Beringia', in Straus et al., eds., *Humans at the End of the Ice Age*, pp. 255-76.

44. 同注 2，p. 245。

45. M. S. Maxwell, 'Pre-Dorset and Dorset Prehistory of Canada', in D. Damas, ed., *Handbook of North American Indians* (Washington, D. C., 1984), p. 362.

46. R. G. Condon et al., *The Northern Copper Inuit: A History* (Norman, Oklahoma, 1996), p. 64.

47. J. Diamond, *Guns, Germs and Steel: The Fates of Human Societies* (London, 1997), pp. 257-8, 311-13.

48. 同注 2，p. 186。

49. D. E. Dumond, *The Eskimos and Aleuts* (London, 1987), pp. 139-41.

50. J. Bockstoce, *Arctic Passage* (New York, 1991), pp. 18-19, 32.

51. 同上，pp. 41, 47-8。

52. A. Fienup-Riordan, *Boundaries and Passages: Rule and Ritual in Yup'ik Eskimo Oral Tradition* (Norman, Oklahoma, 1994), pp. 266-98.

53. *The Private Journal of G. F. Lyon* (London, 1824), p. 330.

54. 同注 49，p. 142。

55. 同注 2，p. 257。

56. Adam of Bremen, *History of the Archbishops of Hamburg-Bremen* , ed. P. J. Tschan (New York, 1959), p. 218.

57. K. Seaver, *The Frozen Echo: Greenland and the Exploration of North America, c. A.D. 1000—1500* (Stanford, 1996), p. 95.

58. 同上，pp. 21, 48, 50-1。

59. 同上，p. 104。

60. 同上，pp. 190-4。

61. 同上，pp. 174-5。

62. T. McGovern, 'Economics of Extinction in Norse Greenland', in T. M. Wrigley, M. J. Ingram and G. Farmer, eds., *Climate and History: Studies in Past Climates and Their Impact on Man* (Cambridge, 1980), pp. 404-34.

63. R. Vaughan, *The Arctic: A History* (Stroud, 1994), p. 240.

第二章

1. E. Wagner, *Gravity: Stories* (London, 1997), p. 204.

2. 同上，pp. 197-231。

3. R. Venturi, D. Scott Brown and S. Izenour, *Learning from Las Vegas: The Forgotten Symbolism of Architecture Form* (Cambridge, Mass. and London, 1997), pp. 9-72.

4. J. W. Elmore et al., eds., *A Guide to the Architecture of Metro Phoenix* (Phoenix, 1983).

5. V. L. Scarborough, D. R. Wilcox, eds., *The Mesoamerican Ball Game* (Tucson, 1991).

6. B. G. Trigger and W. E. Washburn, eds., *The Cambridge History of the Native Peoples of North America,* vol. 1, part 1 (Cambridge, 1996), pp. 203-33. 另见 S. Lekson et al., *Great Pueblo Architecture of Chaco Canyon, New Mexico* (Albuquerque, 1984)。

7. G. P. Nabhans, *The Desert Smells like Rain: A Naturalist in Papago Indian Country* (San Francisco, 1982); *Enduring Seeds: Native American Agriculture and Wild Plant Conservation* (San Francisco, 1989).

8. G. Bawden, *The Moche* (Oxford, 1996), pp. 44-67.

9. 同上，pp. 110-22。

10. S. G. Pozorski, 'Subsistence System in the Chimú State', in M. E. Moseley and K. C. Days, eds., *Chan Chan* (Alburquerque, 1982), pp. 182-3.

11. M. E. Moseley and E. Deeds, 'The Land in Front of Chan Chan', in M. E. Moseley and K. C. Day, eds, *Chan Chan: Andean Desert City* (Albuguerque, 1982), p. 48.

12. J. Reinhard, *The Nazca Lines: A New Perspective on Their Origin and Meaning* (Lima, 1985); W. J. Conklin and M. E. Moseley, 'The Patterns of Art and Power in the Early Intermediate Period' in R. W. Keatinge, ed., *Peruvian Prehistory: An Overview of Pre-Inca and Inca Society* (Cambridge, 1988), pp. 157-8.

13. Herodotus , *Histories*, IV, c. 183.

14. C. M. Daniels, *The Garamantes of Southern Libya* (Michigan, 1988).

15. J. Wellard, *Lost Worlds of Africa* (New York, 1967), pp. 17-25.

16. 同上，p. 44。

17. M. C. Chamla, *Les Populations anciennes du Sahara et des régions limitrophes* (Paris, 1968). pp. 200-10.

18. J. Nicolaisen, *Economy and Culture of the Pastoral Tuareg* (Copenhagen, 1963), pp. 209-16.

19. M. Brett and E. Fentress, *The Berbers* (Oxford, 1996) , p. 201 中引用。

20. J. Needham, *Science and Civilisation in China* (Cambridge, 1956-), vol. 4. part 1 (1962), pp. 330-2; part 3 (1971), pp. 651-6; part 7(1986), pp. 568-79; W. H. McNeill, *The Pursuit of Power: Technology, Armed Force and Society since AD 1000* (Chicago, 1982), pp. 24-62.

21. H. A. R. Gibb and C. F. Beckingham, eds., *The Travels of Ibn Battuta, A.D. 1325—54* ,vol. 4 (London, 1994), pp. 946-50.

22. R. Latham, ed., *The Travels of Marco Polo* (Harmondsworth, 1972), p. 39.

23. A. Stein, *Ruins of Desert Cathay: Personal Narrative of Explorations in Central Asia and Westernmost China* (London, 1912), vol.2, p. 404.

24. 同上，p. 85。

25. 同上，p. 321。A. von Le Coq, *Buried Treasures of Chinese Turkestan* (New York, 1929), p. 36.

26. M. Ipsiroglu, *Painting and Culture of the Mongols* (London, 1967), pp. 70-81, 102-4.

27. H. Yule, ed., *Cathay and the Way Thither*, 2nd ed., 4 vols (London, 1914-16), vol. 3 (1914), pp. 146-52.

28. 同上，p. 154。

29. J. Grosjean, *Mapamundi: The Catalan Atlas of the Year 1375* (Geneva, 1978).

30. O. Lattimore, *The Desert Road to Turkestan* (Boston, 1929), p. 50.

31. 同上，p. 54; von Le Coq , *Buried Treasures of Chinese Turkestan*, p. 66。

32. Von Le Coq, *Buried Treasures of Chinese Turkestan*, pp. 25-6.

33. 同注 23，vol. 2, p. 23。

34. 同上，p. 172。

35. V. H. Mair, 'Dunhuang as a Funnel for Central Asian Nomads into China', in G. Seaman, ed., *Ecology and Empire: Nomads in the Cultural Evolution of the Old World* (Los Angeles, 1989), pp. 143-63.

36. 同注 30，p. 91。

37. 同注 30，p. 88。

38. 同注 30，p. 183。

39. 同注 30，p. 219。

40. R. Grousset, *The Empire of the Steppes: A History of Central Asia* (New Brunswick, 1970), pp. 538-9; F. Fernández-Armesto, *Millennium: A History of Our Last Thousand Years* (New York, 1995), p. 261.

41. 同注 30，p. 274。

42. 同注 27，vol. 3。

43. L. Mashall, *The !Kung of Nyae Nyae* (Cambridge Mass, 1976), p. 39.

44. E. Lucas Bridges, *Uttermost Part of the Earth* (New York, 1949).

45. R. J. Gordon, *Picturing Bushmen: The Denver Expedition of 1925* (Athens, Ohio, 1997), pp. 16, 29, 84.

46. G. A. Farini, *Through the Kalahari Desert: A Narrative of a Journey with Gun, Camera and Note-Book to Lake N'Gami and Back* (New York, 1886), p. 269.

47. E. N. Wilmsen, *Land Filled with Flies: A Political Economy of the Kalahari* (Chicago, 1989), p.31.

48. L. van der Post, *The Lost World of the Kalahari* (New York, 1958), p.33.

49. 同注 43，p. 13。

50. 同注 48，p. 226。

51. 同注 48，p. 215。

52. 同注 43，p. 19。

53. R. B. Lee and I. De Vore, eds., *Kalahari Hunter-Gatherers* (Cambridge, Mass., 1976), pp. 28-43.

54. 同上，p. 102。

55. 同上，p. 94。

56. 同注 48，p. 240。

57. 同注 48，p. 9。

58. 同注 48，pp. 252-61。

59. 同注 53，pp. 42, 112。

第三章

1. J. Fenimore Cooper, *The Prairie* (New York, n.d.), p. 6.

2. W. Cronon, *Nature's Metropolis: Chicago and the Great West* (New York, 1991). 感谢 Sarah Newman 介绍我看 M. Pollan, *A Place of My Own: The Education of an Amateur Builder* (London, 1997)，才找到这份数据。

3. W. Brandon, *Quivira: Europeans in the Region of the Santa Fe Trail, 1540—1820* (Athens, Ohio, 1990), p. 27.

4. J. Ibañez Cerdá, ed., *Atlas de Joan Martines 1587* (Madrid, 1973).

5. 同注 3，p. 31。

6. G. Parker Winship, ed., *The Journey of Coronado* (Golden, Colo., 1990), p.117.

7. 同上，p. 129。

8. 同上，p. 119。

9. 同注 3，p. 36。

10. 同注 6，pp. 151-2。

11. R. White, 'The Winning of the West: the Expansion of the Western Sioux in the Eighteenth and Nineteenth Centuries', *Journal of American History*, vol. 65 (1978), pp. 319-43.

12. R. B. Hassrick, *The Sioux: Life and Customs of a Warrior Society* (Oklahoma, 1964) , p. 68.

13. E. A. Thompson, *A History of Attila and the Huns* (Oxford, 1948).

14. T. Falkner, *A Description of Patagonia and the Adjoining Parts of South America* (London, 1774), p.103, 121. 感谢 Raúl Mandrini 教授推介此一参考文献。见 R. Mandrini, 'Indios y fronteras en el área pampeana (siglos xvi-xix): Balance y perspectivas', *Anuario del IHES*, vol. 7 (1992), pp. 59-73。福克纳（Falkner）的观点见 R.F. Doublet, 'An Englishman in Rio de la Plata', *Month*, vol. 23 (1960), pp. 216-26; G. Furlong Cárdiff, *La Personalidad de Tomas Falkner* (Buenos Aires, 1929)。

15. J. Pimentel, *La física de la monarquía: Ciencia y política en el pensamiento de Alejandro Malaspina (1754—1810)* (Madrid, 1998), pp. 194-5, 205.

16. S. P. Blier, *The Anatomy of Architecture: Ontology and Metaphor in Batammalibe Architectural Expression* (Cambridge, 1987), p. 2.

17. 同上，pp. 46, 51。

18. S. F. Nadel, *A Black Byzantium: The Kingdom of Nupe in Nigeria* (Oxford, 1942), p. 76.

19. J. Diamond, *Guns, Germs and Steel: The Fates of Human Societies*（《枪炮、病菌与钢铁：人类社会的命运》），pp. 176-91.

20. M. El Fasi, *UNESCO General History of Africa*, vol. 3 (London, 1988), pp. 445-50.

21. 同上，p. 555。

22. J.-L. Bourgeois, *Spectacular Vernacular: The Adobe Tradition* (New York, 1989).

23. S. K. & R. J. McIntosh, *Prehistoric Investigations in the Region of Jenne, Mali: A Study in the Development of Urbanism in the Sahel* (Oxford, 1980); D.T. Niane, ed., *UNESCO General History of Africa*, vol. 4 (London, 1984), p. 118.

24. Niane, ed., *UNESCO General History*, pp. 22-8。

25. H. T. Norris, *Saharan Myth and Legend* (1972), pp. 108-9.

26. N. Levtzion, *Ancient Ghana and Mali* (London, 1973), p. 42.

27. 同注 25，pp. 107-8。

28. Al-Idrisi, *Opus Geographicum*, ed. A. Bombaci et al., vol. 1 (Paris, 1970）, pp. 22-6; 同注 26，pp. 10-34。

29. N. Levtzion and J. F. P. Hopkins, eds, *Corpus of Early Arabic Sources for West African History* (Cambridge, 1981), p. 32.

30. 同上，pp. 58, 276。P. D. Curtin, 'The Lure of Bambuk Gold', *Journal of African History*, vol. 14, (1973), pp. 623-31; R. Mauny, *Tableau géographique de l'ouest africain au moyen âge d'après les sources écrites, la tradition et l'archéologie* (Dakar, 1961).

31. 同注 24，pp. 149-50。

32. H. A. R. Gibb and C. F. Beckingham, eds., *The Travels of Ibn Battuta, A.D.*

1325—54, vol. 4 (London, 1994), p. 968.

33. 同上，pp. 957-66。同注 26，pp. 105-14。

34. 见拙作，*Millennium: A History of the Last Thousand Years* (New York, 1995), pp. 185-224。

35. E. W. R. Bovill, *The Golden Trade of the Moors* (Oxford, 1970), p. 91.

36. M. Hiskett, *The Sword of Truth: The Life and Times of the Shehu Usuman dan Fodio* (New York, 1973), p. 128.

37. 见拙作，'O mundo dos 1490', in D. Curto, ed., *O Tempo de Vasco da Gama* (Lisbon, 1998), pp. 43-67 。

38. L. Kaba, 'Power, Prosperity and Social Inequality in Songhay (1464—1591)', E. P. Scott, ed., *Life Before the Drought* (Boston, 1984), pp.29-48.

39. A. C. Hess, *The Forgotten Frontier: A History of the Sixteenth-century Ibero-African Frontier* (Chicago, 1978), pp. 115-18.

40. C. Hibbert, *Africa Explored: Europeans in the Dark Continent* (New York, 1982), p.188-9.

41. 同注 36，p.58。

42. 同注 36，pp. 41, 120。

43. 同注 36，p.66。

44. H. A. S. Johnston, *The Fulani Empire of Sokoto*(London, 1967), p. 94.

45. 同上，p. 101。

46. 同上，p. 105。

47. 同上，pp. 22-3。

48. 同上，p. 258。

49. 同上，pp. 156-7。

50. M. J. Watt, 'The Demise of the Moral Economy: Food and Famine in a Sudano-Sahelian Region in Historical Perspective'，同注 38，p. 127。

51. 同注 44，p. 240。

第四章

1. P. P. Semonov, *Travels in the Tian'-Shan'*, ed. C. Thomas (London, 1998), pp. 49-51.

2. J. Bisch, *Mongolia: Unknown Land* (New York, 1963), pp. xv, 38-9.

3. E. D. Clark, *Travels in Russia, Tartary and Turkey* (Edinburgh, 1839), p. 47，转引自 D. Christian, *A History of Russia, Central Asia and Mongolia,* vol. I: *Inner Eurasia from Prehistory to the Mongol Empire* (Oxford, 1998), p. 15。

4. G. A. Geyer, *Waiting for Winter to End: An Extraordinary Journey through Soviet Central Asia* (Washington, D.C., 1994), pp. 49-50. 感谢作者送我这本好书。

5. M. Gimbutas, *Bronze-age Cultures in Central and Eastern Europe* (1965); S. Piggot, *The Earliest Wheeled Transport from the Atlantic Coast to the Caspian Sea* (1983).

6. C. C. Lamberg-Karlovsky, 'The Oxus Civilization: the Bronze Age of Central Asia', *Antiquity,* vol. 68 (1994), pp. 398-405.

7. Herodotus, bk.4, sections, pp.13-14.

8. T. Talbot-Rice, *The Scythians* (London, 1958), pp. 92-123; R. Rolle, *Die Welt der Skythen* (Luzern and Frankfurt, 1980), pp. 19-37, 57-77.

9. E. D. Phillips, *The Royal Hordes* (London, 1965); T. Sulimirski, *The Sarmatians* (1970).

10. H. Baudet, *Het Paradijs op Aarde* (Amsterdam, 1959), p. 5.

11. C. Mackerras, ed., *The Uighur Empire According to the T'ang Dynasty Histories: A Study in Sino-Uighur Relations, 744—840* (Columbia, S.C., 1972), pp. 13, 66.

12. R. C. Egan, *The Literary Works of Ou-yang Hsiu (1007—72)*（《欧阳修文学作品集》）(Cambridge, Mass. 1984), p. 14.

13. 同上，p. 15。

14. 同上，p. 38。

15. 同上，p. 113。

16. 同上，p. 34。

17. R. L. Davis（戴仁柱）, *Wind Against the Mountain, The Crisis of Politics and Culture in Thirteenth-Century China*（《十三世纪中国政治与文化危机》）(1996), p. 18.

18. J. T. C. Liu（刘子健）, *Reform in Sung China: Wang An-Shih (1021—86) and New Policies*（《宋代的改革：王安石及其新政》）(1959), pp. 37, 45, 55.

19. 同注 12，p. 10。

20. 同注 18，p. 54。

21. 同注 12，pp. 115-16。

22. 同注 2，p. 33。

23. J. Mirsky, *Chinese Travellers in the Middle Ages* (London, 1968), pp. 34-82.

24. R. Grousset, *The Empire of the Steppes* (New Brunswick, 1970), p. 249.

25. 同注 17，p. 62。

26. 同注 17，p. 101。

27. 同注 17，p. 109。

28. 同注 17，p. 115。

29. 同注 17，p. 118。

30. F. Fernández-Armesto, 'Medieval Ethnography', *Journal of the Anthropological Society of Oxford*, vol.13 (1982), pp. 283-4; G. A. Bezzola, *Die Mongolen in Abendländische Sicht* (Bern, 1974), pp. 134-44.

31. C. D'Ohsson, *Histoire des Mongols depuis Tchinguiz-jhan jusqu'à Timour Bey ou Tamerlan* (The Hague, 1834—5), vol. 1, p. 404; cf. Grousset, *The Empire of the Steppes*, p. 249.

32. P. Jackson, ed., *The Travels of Friar William of Rubruck* (London, 1981), pp. 71, 97-171; E. Phillips, *The Mongols* (London, 1968), p. 101.

33. Jackson, ed., *The Travels of Friar William*, p. 72.

34. 现代蒙古包描述见 N. Z. Shakhanova, 'The Yurt in the Traditional Worldview of Central Asian Nomads', in G. Seaman, ed., *Foundations of Empire: Archaeology and Art of the Eurasian Steppes* (Los Angeles, 1989), pp. 157-83。

35. 同注 33，pp. 72-3。

36. 同注 33，p. 74。

37. 同注 33，p. 75。

38. 同注 33，pp. 75-8。

39. 同注 33，pp. 113-14。

40. R. Latham, ed., *The Travels of Macro Polo* (Harmondsworth, 1972), p. 113.

41. A.-A. Khowaiter, *Baibars the First: His Endeavours and Achievements* (London, 1978), pp. 42-3.

42. 同注 9，pp. 22-5。

43. Amir Khusrau 的话，引自 A. H. Hamadani, *The Frontier Policy of the Delhi Sultans* (Islamabad, 1986), p. 124。

44. 同注 33，pp. 183, 208。

45. M. Rossabi, *Voyager from Xanadu: Rabban Sauma and the First Journey from China to the West* (New York, 1992).

46. F. Fernández-Armesto, *Millennium: A History of Our Last Thousand Years*, p. 306.

47. J. Needham, *Science and Civilisation in China*, vol. 5, part 1, pp. 293-319.

48. J. Evans, ed., *The Flowering of the Middle Ages* (London, 1967), p. 83.

49. C. H. Haskins, *The Renaissance of the Twelfth Century* (Cambridge, Mass., 1927), pp. 310, 332-4.

50. F. Fernández-Armesto, *Truth: A History* (London, 1997), pp. 137-41; J. Needham, *The Grand Titration: Science and Society in East and West* (London, 1969), pp. 86-115. 有关中国与印度古代理性（而不是严格经验主义）传统之讨论，见 J. Goody, *The East in the West* (Cambridge, 1956)。

51. 同注 47，vol. 2, pp. 56-170。

52. H. Maspero（马伯乐）, *China in Antiquity* (1978), p. 22.

53. 同注 47，vol. 4, part 1 (1962), pp. 330-2, part 3 (1971), pp. 651-6; vol. 5, part 7 (1986), pp.568-700。W. H. McNeill, *The Pursuit of Power: Technology, Armed Force and Society since AD 1000* (Chicago, 1982), pp. 24-62.

第五章

1. P. Matarasso, ed., *The Cistercian World: Monastic Writing of the Twelfth Century* (London, 1993), pp. 5-6.

2. Charles Kingsley, *The Roman and the Teuton* (London, 1891), pp. 226-7.

3. R. Fletcher, *The Barbarian Conversion* (New York, 1998), p.45, 206, 213.

4. P. Marrasini ed., *Il Gadla Yemrehane Krestos: Introduzione, testo critico, traduzione* (Naples, 1995), pp. 85-6.

5. M. Letts, ed., *Mandeville's Travels* (London, 1968), p. 156.

6. J. D. Hughes, *Ecology in Ancient Civilizations* (Albuquerque, 1975), p. 33.

7. R. Bernheimer, *The Wild Man in the Middle Ages* (New York, 1967); T. Husband, ed., *The Medieval Wild Man* (New York, 1980), pp. 70-87.

8. H. Soly and J. Van de Wiele, eds., *Carolus: Charles Quint 1500—58* (Ghent, 1999), p. 221.

9. R. Morris, ed., *Sir Gawayne and the Green Knight* (London, 1864), pp. 23-5, 29, 67, 70, 77.

10. B. Hell, *Le Sang noir: Chasse et mythe de sauvage en Europe* (Paris, 1994).

11. R.M. Eaton, *Islam and the Bengal Frontier, 1200—1760* (Cambridge, Mass., 1993).

12. J. Needham, *Science and Civilisation in China* (Cambridge, 1954-), vol. 6 (Cambridge, 1996), chapter 42b, 'Forestry' by N. K. Menzies, pp. 539-689, at p. 635.

13. R. C. Egan, *The Literary Works of Ou-yang Hsiu (1007—72)* (Cambridge, Mass., 1984), p.100.

14. 同注 12，vol. 6，p. 636。

15. Plato, *Critias* , III B.

16. R. Grove, *Green Imperialism: Colonial Expansion, Tropical Island Edens and the Origins of Environmentalism, 1600—1860* (Cambridge, 1995), p. 20.

17. J. Frazer, *The Golden Bough: The Magic Art and the Evolution of Kings*（《金枝》）(New York, 1935), vol. 1, p. 8.

18. 同上，p. 2。

19. 同上，p. 376。

20. 同上，vol. 2, pp. 12-19。

21. J. D. Hughes, 'Early Greek and Roman Environmentalists', in L. J. Bilsky, ed., *Historical Ecology: Essays on Environment and Social Change* (Port Washington, N.Y., 1980), pp. 45-59.

22. 同注 12，p. 631。

23. S. Daniels, 'The Political Iconography of Woodland', in D. Cosgrove and S. Daniels, *The Iconography of Landscape* (Cambridge, 1988), pp. 43-82, at pp. 52-7.

24. S. Schama, *Landscape and Memory* (New York, 1995), p. 61.

25. V. Scully, *Architecture: The Natural and the Manmade* (New York, 1991), pp.65-104.

26. Vitruvius, *De Architectura*, Bk. II, chap. I, lines. 1-3.

27. 同注 24，pp. 230-8。

28. F. Fernández-Armesto, *Barcelona: A Thousand Years of the City's Past* (Oxford, 1992), pp. 203-12.

29. D. Brading, *The First America* (Cambridge, 1991), pp. 428-62; A. Gerbi, *La disputa del nuevo mundo: Historia de una polémica* (Mexico, 1982).

30. 参考 B. Keen, *La imagen azteca en el pensamiento occidental*。下面这本虽是 1792 年之作，仍是迄今说得最好的：A. de León y Gama, *Descripcion historica y cronologica de las dos piedras que con ocasion del nuevo empedrado que se esta formando en la plaza principal de Mexico se hallaron en ella en el ano de 1790*, ed. C. M de Bustamante, 2 vols. (Mexico, 1832), vol. 1, pp. 8-13; vol. 2, pp.73-9。

31. 目前尚无上乘论作发行。J. Cañizares Esguerra 的研究出版之前，可参考 P. Cabello Carro, *Politica investigadora de la época de Carlos Ⅲ en el área maya* (Madrid, 1992)。

32. B. D. Smith, 'The Origins of Agriculture in Eastern North America', *Science*, vol. 246 (1989), pp. 1566-71。

33. B. G. Trigger and Washburn, eds., *The Cambridge History of the Native Peoples of the Americas: North America*, vol. 1 (Cambridge, 1996), p.162; S. Johannesen and L. A. Whalley, 'Floral Analysis', in C. Bentz et al., *Late Woodland Sites in the American Bottom Uplands* (Urbana, 1988), pp. 265-88.

34. N. Lopinot, 'Food Production Reconsidered', T. R. Pauketat and T. E. Emerson, *Cahokia: Domination and Ideology in the Mississippian World* (Lincoln Nebraska, 1997), p. 57; G. J. Armelagos and M. C. Hill, 'An Evaluation of the Biocultural Consequences of the Mississippian Transformation', in D. H. Dye and C. A. Cox, eds., *Towns and Temples Along the Mississippi* (Tuscaloosa, 1990), pp.16-37.

35. 同注 33，p. 284。

36. P. Phillips and J. Brown, *Pre-Colunbian Shell Engravings from the Craig Mound at Spiro, Oklahoma* (Cambridge, 1984) p. 126; D. S. Brose, *Ancient Art of the American Woodland Indians* (New York, 1985), pp. 115 (fig. 19), 182 (pl. 133), 186 (pl. 134).

37. 同上，p. 96。

38. J. E. Kelly, 'Cahokia as a Gateway Center', in T. E. Emerson and R. B. Lewis , eds., *Cahokia and the Hinterlands: Middle Mississippian Cultures of the Midwest* (Urbana, 1991), pp. 61-80.

39. 布拉肯里奇（H. M. Brackenridge）语，引自注 34 书目，p. 11。

40. 同上，p. 121。

41. T. R. Pauketat, *The Ascent of Chiefs: Cahokia and Mississippian Politics in Native North America* (Tuscaloosa, 1994), p. 73.

42. 同注 34，p. 199; 同注 36，pp. 158-9 , pls. 113, 114。

43. G. Sagard, *The Long Journey to the Country of the Hurons*, ed. G. M. Wrong (Toronto, 1939), pp. 52, 91.

44. Baron de Lahontan, *Dialogues curieux entre l'auteur et un sauvage et Mémoire de l'Amérique septentrionale*, ed. G. Chinard (Baltimore, 1931), p. 205.

45. Baron de Lahontan, *Nouveaux Voyages de M. le Baron de Lahontan dans l'Amérique septentrionale* (The Hague, 1703) , vol 1, p. 42.

46. 同上，pp. 153-5。

47. *Le Huron: Comédie* (Paris, 1768), pp. 13, 23, 51-4.

48. H. Hornbeck Tanner, ed., *Atlas of Great Lakes Indian History* (Norman, 1986), p. 5.

49. 同注 43，p. 103。

50. W. N. Fenton, *The False Faces of the Iroquois* (Norman, 1987), p. 383.

51. 同上，p. 27.

52. L. Davies, *The Iron Hand of Mars* (New York, 1992), pp. 220-4.

53. Tacitus, *The Agricola and the Germania*, trans. H. Mattingly and S. A. Handford (London, 1970), pp. 104-5。

54. 同上，pp. 114-15。

55. 同上，p.121。

56. D. J. Herlihy, 'Attitudes Towards Enviromment in Medieval Society', 见注 21 所引书目，pp. 100-16。

57. *Verona in età gotica e langobarda* (Verona, 1982).

58. 同注 12，p. 562。

59. E. Panofsky, *Abbot Suger on the Abbey Church of St. Denis and Its Art Treasures* (1979), p. 67.

60. R. Bechmann, *Les Racines de cathédrales: L'Architecture gothique expression des conditions du milieu* (Paris, 1981) , pp.141-2.

61. G. H. Pertz and R. Köpke, eds., *Herbordi Dialogus de Vita Ottonis Episcopi Babergensis* (Hanover, 1868), pp. 59-60.

62. R. Bartlett, *Gerald of Wales* (Oxford, 1982), p. 165.

63. J. Veillard, *Le Guide du pèlerin* (Mâcon, 1950), pp. 26, 28, 32.

64. G. W. Greenaway, *Arnold of Brescia* (Cambridge, 1931); J. D. Anderson and E. T. Kennan, eds., *The Works of Bernard of Clairvaux,* vol. 13: *Five Books on Consideration: Advice to a Pope* (Kalamazoo, 1976), p. 111.

65. S. A. Zenkovsky, ed., *The Nikonian Chronicle from the Year 1132 to 1240* , vol. 2 (Princeton, 1984), p. 5.

66. M. Tikomirov, *The Towns of Ancient Rus* (Moscow, 1959), pp. 220-2; S. Franklin and J. Shepard, *The Emergence of Rus, 750-1200* (London 1996), pp. 283, 343-5; H. Birnbaum, *Lord Novgorod the Great* (Columbus, 1981), pp. 45, 77; M. W. Thompson, *Novgorod the Great: Excavations in the Medieval City* (1967); S. Franklin, 'Literacy and Documentation in Early Medieval Russia', in *Speculum*, vol. 60 (1985), pp. 1-38.

67. R. Bartlett, *The Making of Europe: Conquest, Colonization and Cultural Change, 950—1350* (Princeton, 1993), p. 133.

68. 同注 1，pp. 287-90。

69. J. Diamond, *Guns, Germs and Steel: The Fates of Human Societies*(《枪炮、病菌与钢铁》), pp. 195-210.

70. 同注 24，p. 96。

第六章

1. L. M. Serpenti, *Cultivators in the Swamps* (Amsterdam, 1977)。

2. 同上，p. 10。

3. 同上，p. 7。

4. 同上，pp. 21-62。

5. W. C. Gallinat, 'Domestication and Diffusion of Maize', in R. I. Ford, ed., *Prehistoric Food Production in North America* (Ann Arbor, 1985), pp. 265-82.

6. L. Schele, 'The Olmec Mountains and Tree of Creation in Mesoamerican Cosmology' , in M.D. Coe et al., *The Olmec World: Ritual and Rulership* (Princeton, 1995), pp. 105-117.

7. N. Hammond, 'Cultura Hermana: Reappraising the Olmec', *Quarterly Review of Archaeology*, vol. 9 (1991), pp. 1-4.

8. E. P. Beson and B. de la Fuente, eds., *Olmec Art of Ancient Mexico* (Washington, D.C., 1996), cat. No.1, pp. 154-5.

9. 同上，cat. no. 42, p. 205, cat. nos. 60-71, pp. 226-9。见注6所引书目，pp. 170-6。P. T. Furst, 'The Olmec Were-Jaguar Motif in the Light of Ethnographic Reality', in E. P. Benson, ed., *Dumbarton Oaks Conference on the Olmec* (Washington, 1968), pp. 143-74.

10. F. K. Reilly, 'Art, Ritual and Rulership in the Olmec World', 见注 6 所引书目，pp. 27-45。

11. 例如 P. T. Furst, 'Shamanism, Transformation and Olmec Art', 见注 6 所引书目，pp. 68-81。

12. W. Ralegh, *The Discovery of the Large, Rich and Beautiful Empire of Guiana with a Relation of the Great and Golden City of Manoa* (London, The Hakluyt, 1848), p.11.

13. J. L. Stephens, *Incidents of Travel in Yucatán* (Norman, 1962), vol. 1, pp. 85-6.

14. G. Coedès, *Angkor: An Introduction* (London, 1963), p. 54.

15. J. Miskic, *Borobudur: Golden Tales of the Buddha* (Boston, 1990), p.17.

16. 有关雨林物产丰富的问题，见 P. W. Richards, *The Tropical Rain Forest: An Ecological Study* (London, 1979)。

17. 见我所编的 *The Times Atlas of World Exploration* (London, 1991), p. 133；A. Rossel and R. Hervé, eds., *Le Mappemonde de Sébastien Cabot* (Paris, 1968)。

18. G. de Carvajal et al., *La adventura del Amazonas*, ed. R. Díaz (Madrid, 1986), pp. 47-67.

19. 味道"比较甜"或含毒量高的"苦味"之间的差别，参考 E. Moran, 'Food, Development and Man in the Tropics', in M. Arnott, ed., *Gastronomy* (The Hague, 1975), p. 173。苦木薯榨制法见 E. Carmichael et al., *The Hidden Peoples of the Amazon* (London, 1985), p. 61。

20. B. J. Meggers, *Amazonia: Man and Culture in a Counterfeit Paradise* (Chicago, 1971), p. 30.

21. D. Lathrap, *The Upper Amazon* (New York, 1970), p. 44.

22. G. Edmundson, ed., *Journal of the Travels and Labours of Father Samuel Fritz in the River of the Amazons between 1686 and 1723* (London, 1922), pp. 50-1. 这一段与下一段的引文翻译都稍有改动。

23. 同上，p. 61。

24. 同注 20，pp. 19-21。

25. W. Balée, 'The Culture of the Amazonian Forest', in D. A. Posey and W. Balée, eds., *Resource Management in Amazonia: Indigenous and Folk Strategies* (New York, 1989), pp. 1-16.

26. L. Schele and M. Miller, *The Blood of Kings: Dynasty and Ritual in Maya Art*

(New York, 1986), pp. 64-5, 157.

27. 同上，pp. 122-5, 175-99。W. Fash, *Scribes, Warriors and Kings: The City of Copán and the Ancient Maya* (London, 1991).

28. K. O. Pope and B. H. Dahlin, 'Ancient Maya Wetland Agriculture: New Insights from Ecological and Remote Sensing Research', *Journal of Field Archaeology*, vol.16 (1989), pp. 87-106.

29. M. D. Coe, *Breaking the Maya Code* (London, 1992), pp. 179-91.

30. J. Marcus, *Mesoamerican Writing Systems: Propaganda, Myth and History in Four Ancient Civilizations* (Princeton, 1992).

31. G. Michel, *The Rulers of Tikal: A Historical Reconstruction and Field Guide to the Stelae* (Guatemala, 1989), pp. 31-8, 77-90.

32. 同上，pp. 53-6, 116-22。

33. E. Manikka, *Angkor War: Time, Space, Kingship* (Honolulu, 1996), p. 159.

34. 同上，p. 23。

35. 同上，p. 51。

36. J. Mirsky, *Chinese Travellers in the Middle Ages* (London, 1968), pp. 203-15.

37. 同注 14，pp. 104-5。

38. 同上，p. 96。

39. 同上，p. 86。

40. Ramacandra Kaulacara, *Silpa Prakasa*, trans. A. boner and S. Rath Sarma (Leiden, 1966), p.xxxiii，转引自注 33 书目，p.8。

41. 同上，p. 42。

42. 同上，p. 46。

43. G. Coedès, *The Indianised States of South-East Asia* (London, 1968), p. 173.

44. A. F. C. Ryder, *Benin and the Europeans, 1485—1897* (New York, 1969), plate 2(a).

45. K. Ezra, *Royal Art of Benin: The Perls Collection in the Metropolitan Museum of Art* (New York, 1992), pp. 9, 117.

46. 同注 44，p. 70。

47. 同注 45，p. 118。

48. G. Connah, *The Archaelolgy of Benin: Excavations and Other Researches in and around Benin City, Nigeria* (Oxford, 1975), p. 105.

49. 同注 44，pp. 12-14, 72。

50. P. J. C. Dark, *An Introduction to Benin Art and Technology* (Oxford, 1973), p. 102 and pl. 56, ill. 19.

51. 同上，p. 100 , pl. 46, ill. 98。

52. 同注 44，pp. 31-3, 37, 84-5, 234-5。
53. 同注 44，pp. 206。
54. 同注 44，pp. 17-18。
55. R. Home, *City of Blood Revisited* (London, 1982), pp. 36, 43-7.
56. 同上，pp. ix-x。

第七章

1. H. Frankfort, *Kingship and the Gods* (Chicago, 1948), p. 274.

2. K. Wittfogel, *Oriental Despotism: A Comparative Study of Total Power* (New Haven, 1957).

3. 就我所知，最先提出这个问题的是 L. R. Binford, 'Post-Pleistocene Adaptations', in S. R. & L. R. Binford, eds., *New Perspectives in Archaeology* (Chicago, 1968), pp. 313-41，以及 M. D. Sahlins, *Stone Age Economics*（《石器时代经济学》）(Chicago, 1972), pp. 1-39，此后响应的论述极多，不胜枚举。

4. 这种观点与 V. G. Childe, *The Neolithic Revolution* (New York, 1925) 脱不了干系；见 J. R. Harlan, J. M. J. de Wet and A. Stemler, *Origins of African Plant Domestication* (The Hague, 1976), pp. 1-5。

5. S. J. Fiedel, *Prehistory of the Americas* (New York, 1987), p. 162.

6. B. M. Fagan, *The Journey from Eden: The Peopling of Our World* (London, 1990), p. 225.

7. W. H. McNeill, *The Human Condition: An Ecological and Historical View* (Princeton, 1980), pp. 19-20.

8. J. L. Angell, 'Health as Crucial Factor in the Changes from Hunting to Developed Farming in the Eastern Mediterranean', in M. N. Cohen and G. J. Armelagos, eds., *Paleopathology at the Origins of Agriculture* (New York, 1984), pp. 51-73; T. Taylor, *The Prehistory of Sex* (London, 1996).

9. T. D. Price and J. A. Brown, 'Aspects of Hunter-Gatherer Complexity', in *Prehistoric Hunter-gatherers* (New York, 1985); L. H. Keeley, *War Before Civilization: The Myth of the Peaceful Savage* (Oxford, 1996); J. Haas, ed., *The Anthropology of War* (Cambridge, 1990).

10. J. R. Harlan, *Crops and Man* (Madison, 1992), p. 27.

11. M. N. Cohen, *The Food Crisis in Prehistory: Overpopulation and the Origins of Agriculture* (New Haven, 1977); E. Boserup, *The Conditions of Agricultural Growth: The Economics of Agrarian Change under Population Pressure* (London, 1965); D. R. Harris, 'Alternative Pathways toward Agriculture', in C. A. Reed, ed., *Origins of Agriculture*

(The Hague, 1977), pp. 179-243. 另见 A. B. Gebauer and T. D. Price, eds., *Transitions to Agriculture in Prehistory* (Madison, 1992), 注意第 2 页的反对理论列表。

12. B. Bronson, 'The Earliest Farming: Demography as Cause and Consequence', in S. Polgar, ed., *Population, Ecology and Social Evolution* (The Hague, 1975).

13. 例如 R. Kuttner, *Everything for Sale: The Virtues and Limitations of Markets* (Chicago, 1999); E. Luttwak, *Turbo Capitalism: Winners and Losers in the Global Economy* (London, 1998)。

14. 同注 10，pp. 35-6。

15. 这方面累积的证据很多，即使观点不尽相同。见 B. Hayden, 'Pathways to Power: Principles for Creating Socioeconomic Inequalities', in T. D. Price and G. M. Feinman, eds., *Foundations of Social Inequality* (New York, 1995), pp. 15-86。

16. A. B. Gebauer and T. D. Price, 'Foragers to Farmers: An Introduction', in *Transitions to Agriculture in Prehistory*, pp. 1-10.

17. A. J. Taylor, ed., *The Standard of Living in Britain in the Industrial Revolution* (London, 1975)，参考其中霍布斯鲍姆与汤普森二位的文章，pp. 58-92, 124-53; F. Fernández-Armesto, *Barcelona: A Thousand Years of the City's Past* (Oxford, 1992), pp. 173-4。

18. F. Fernández-Armesto, *The Times Illustrated History of Europe* (London, 1995), pp. 145-6.

19. B. J. Kemp, *Ancient Egypt: Anatomy of a Civiliztation* (London, 1989), p. 12.

20.《圣经 · 耶利米书》, 12: 5, 49: 19。

21. K. M. Kenyon, *Digging Up Jericho* (London, 1957), p. 29.

22. 同上，pp. 54-5。

23. J. Bartlett, *Jericho* (Grand Rapids, 1982), pp. 16, 42, 44.

24. 同注 21，p. 72。

25. 同注 23，pp. 40-2。

26. J. Mellaart, 'Çatal Hüyük: A Neolithic Town in Anatolia' , in M. Wheeler, ed., *New Aspects of Archaeology* (New York, 1967).

27. I. Hodder, ed., *On the Surface: Çatal Hüyük 1993—95* (Cambridge, 1996).

28. T. F. Lynch, ed., *Guitarrero Cave: Early Man in the Andes* (New York, 1980) ; 比较 B. Smith, 'The Origins of Agriculture in the Americas', *Evolutionary Anthropology*, vol.3 (1995).

29. 同注 10，p. 19。

30. 参考 Gorman, 'Excavations at Spirit Cave, North Thailand: Some Interim Interpretations', *Asia Perspectives*, vol.13 (1970), pp. 197-207; J. C. White, *Discovery of a Lost Bronze Age: Ban Chiang* (Philadelphia, 1982), pp. 13, 52。

31. 同注 18 , pp. 12-13。

32. C. Renfrew, ‘Carbon-14 and the Prehistory of Europe’, *Scientific American* vol. 225, no. 4 (1971), pp. 63-72; *Problems in European Pre-history* (London, 1979); *Before Civilization* (London, 1973) .

33. J. Diamond, *Guns, Germs and Steel: The Fates of Human Societies*, p. 312.

34. W. Meacham, in D. N. Keightley, ed., *The Origins of Chinese Civilization* (Berkeley, 1983), p. 169.

35. J. Needham , *Science and Civilization in China* (Cambridge, 1954-), vol. 4 , part 3 (Cambridge, 1971), pp. 540-53.

36. G. Brotherston, *The Book of the Fourth World: Reading the Native Americas through Their Literatures* (Cambridge, 1992) ; J. Derrida, *De la grammatologie* (Baltimore, 1976), pp. 88-136.

37. J. Hawkes, *The First Great Civilizations: Life in Mesopotamia, the Indus Valley and Egypt* (London, 1973), pp. 11, 21, 264-7, 325-42.

38. J. B. Pritchard, ed., *The Ancient Near East: An Anthology of Texts and Pictures* (Princeton, 1958), p. 244.

39. 同上， p. 68。

40. 同上， p. 251。

41. H. Frankfort, et al., *Before Philosophy: The Intellectual Adventure of Ancient Man* (Harmondsworth, 1963), p. 155.

42. 同上， p. 161。类似的内容也出现于《汉谟拉比法典》。J. B Yritchard, ed., *Ancient Near Eastern Texts Relating to the Old Testment* (Princeton, N. J.1955), p. 164.

43. 同注 38 , p. 69。

44. G. Pettinato, *Ebla: A New Look at History* (Baltimore, 1991), pp. 88, 107; *The Archives of Ebla* (New York, 1981), pp. 156-80.

45. H. Saggs, *The Greatness That Was Babylon* (London, 1988), pp. 124-7.

46. D. J. Wiseman, *Nebuchadnezzar and Babylon* (London, 1985).

47. I. L. Finkel, ‘The Hanging Gardens of Babylon’, in P. Clayton and M. Price, eds., *The Seven Wonders of the Ancient World* (London, 1989), pp. 38-58.

48. M. W. Helms, *Craft and the Kingly Ideal: Art, Trade and Power* (Austin, 1993), pp. 93-170.

49. E. Naville, *The Temple of Deir el Bahari* (London, 1894), plates 47-61.

50. F. Fernández-Armesto, *Columbus* (London, 1996), p. 87.

51. 同注 49， pp. 21-5; M. Liverani, *Prestige and Interest: International Relations in the Near East c. 1600—1100 BC* (Padua, 1990), pp. 240-4。

52. 同注 19， pp. 120-8。

53. 同注 19，pp. 195, 237。

54. J. B. Pritchard, ed., *The Ancient Near East: Supplementary Texts and Pictures Relating to the Old Testament* (Princeton, 1969)，p. 26.

55. 同上，p. 24。

56. 同上，p. 254。

57. 同注 19，p. 195。

58. K.W. Butzner, *Early Hydraulic Civilization in Egypt: A Study in Cultural* (Chicago, 1976), p. 27.

59. 同注 38，p. 229。

60. 同注 38，p. 7。

61. Plato, *Timaeus*, 22E.

62. 同注 19，pp. 218-21。

63. 同注 19，pp. 253-4。

64. H. S. Smith et al., eds., *Ancient Centres of Egyptian Civilization* (Windsor Forest, n.d.), p. 18.

65. 同注 38，p. 259。

66. 同注 58，p. 9。

67. 同注 58，p. 21。

68. 同注 38，p. 409。

69. Herodotus, bk. 2, ch. 35.

70. 同注 39，p. 186；R. Drews, *The End of the Bronze Age: Changes in Warfare and the Catastrophe ca 1200 BC* (Princeton, 1993), pp. 19-21。

71. Herodotus, book 2, line 126.

72. I. E. S. Edwards, *The Great Pyramids of Egypt* (London, 1993), p. 251.

73. P. Hodges, *How the Pyramids Were Built* (Shaftesbury, 1989).

74. 同注 72，pp. 245-92。

75. 这几段呼应 F. Fernández-Armesto, *Truth: A History* (London, 1997), pp. 132-7。

第八章

1. C. Masson, *A Narrative of Various Journeys in Balochista, Afghanistan and the Panjab*, 3 vols (London, 1842), vol. 1, p. 453. 另见 G. Witteridge, *Charles Masson of Afghanistan: Explorer, Archaeologist, Numismatist and Intelligence Agent* (Warminster, 1986)。

2. 有关奢羯罗实地所见，参考 A. B. Bosworth, *A Historical Commentary on Arrian's History of Alexander* (Oxford, 1995), vol. 2, pp. 327, 331。

3. G. L. Posspehl, 'Discovering India's Earliest Cities', in G. L. Posspehl, ed.,

Harappan Civilization: A Contemporary Perspective (Delhi, 1982), pp. 405-13.

4. B. and R. Allchin, *The Rise of Civilization in India and Pakistan* (Cambridge, 1982), p. 166.

5. 同上，pp. 133-8, 167。

6. Vishnu-Mittre and R. Savithri, ‘Food Economy of the Harappans’, 见注 3 所引书目，pp. 205-21。

7. K. A. R. Kennedy, ‘Skulls, Aryans and Flowing Drains: The Interface of Archaeology and Skeletal Biology in the Study of the Harappan Civilization’, 见注 3 所引书目，pp. 289-95。

8. A. Parpola, *Deciphering the Indus Script* (Cambridge, 1994). 这本书代表长期尝试错误转译过程中的一个阶段。帕尔波拉（Parpola）假定哈拉帕人说的是达罗毗荼语（Dravidian），如果尝试失败，并不表示方法是错的。

9. 同注 4，pp. 210-16。

10. 同注 7，p. 291。

11. D. P. Agrawalk and R. K. Sood, ‘Ecological Factors and the Harappan Civilization’, 见注 3 所引书目，pp. 223-9。

12. G. L. Posspehl, ‘Introduction’，见注 3 所引书目，p. 18。

13. 同注 7，p. 292。

14. C. Renfrew, *Archaeology and Language* (London, 1987). 参阅拙作 *The Times Illustrated History of Europe* (London, 1995), pp. 13-14。马洛里（J. P. Mallory）为传统主张辩护的 *In Search of the Indo-Europeans* (London, 1989) 说明没有考古学的证据指向有那么一批说印欧语的人，且这些人曾经迁徙。另见 E. Leach, ‘Aryan Invasions over Four Millennia’, 收录于 E. Ohnuki-Tierney, ed., *Culture Through Time: Anthropological Approaches* (Stanford, 1990), pp. 227-45。

15.《梨俱吠陀》, 6.70。

16. 同上，1. 32。

17. Vishnu-Mittre, ‘The Harappan Civilization and the Need for a New Approach’, 见注 3 所引书 , pp. 31-9。

18. 同注 4，p. 308。

19. M. K. Dhavalikar, ‘Daimabad Bronzes’, 见注 3 所引书目，pp. 361-6。我尚未查证潘德（B. M. Pande）所说同时期印度河铭文的字体。

20. B. P. Sinha, ‘Harappan Fallout in the Mid-Gangetic Valley’, 见注 3 所引书目，pp. 135-9。

21. S. Kemper, *The Presence of the Past: Chronicles, Politics and Culture in Sinhala Life* (Ithaca, 1991), pp. 2-3, 8, 32, 43, 54-9.

22. J. Brow, *Demona and Development: The Struggle for Community in a Sri Lankan*

Village (Tucson, 1996), pp. 33-4.

23. J. Still, *The Jungle Tide* (Edinburgh, 1930), p. 75，转引自 A. J. Toynbee, *A Study of History*, vol. 2 (London, 1934), p. 5。

24. 译文参见 P. H. Lee, ed., *Sourcebook of Korean Civilization*, vol. 1 (New York, 1993), p. 14。

25. H. Maspero（马伯乐）, *China in Antiquity* (1978), pp. 14-15.

26. 同上，p. 17。

27. D. N. Keightley（基德炜）, ed., *The Origins of Chinese Civilization* (Berkeley, 1983), p. 27.

28. K. C. Chang（张光直）, *Shang Civilizatoin* (New Haven & London, 1980), pp. 138-41; A. Waley, *The Book of Songs Translated from the Chinese* (London, 1937), p. 309.

29. Waley, *Book of Songs*, p. 24.

30. 同上，p. 242。

31. Chang, *Shang Civilizatoin*，p. 70.

32. Te-Tzu Chang（张德慈）, 'The Origins and Early Culture of the Cereal Grains and Food Legumes', 见注 27 所引书，pp. 66-8。

33. W. Fogg, 'Swidden Cultivation of Foxtail Millet by Taiwan Aborigines', 见注 27 所引书，pp. 95-115。

34. 见注 29 所引书，pp. 164-7。

35. 同注 32，p. 81。

36. 同注 31，p. 148-9。

37. 同注 25，p. 382。

38. 转引自 M. H. Fried, 'Tribe to State or State to Tribe in Ancient China? ', 见注 27 所引书，pp. 467-93。

39. 同注 31，p. 12。

40. R. Pearson, 'The Ch'ing-lien-kang Culture and the Chinese Neolithic', 见注 27 所引书，pp. 119-45。

41. Needham, *Science and Civilization in China,* vol. 6, part 2, by F. Bray (Cambridge, 1984), p. 491.

42. 何炳棣，《东方的摇篮》(Hong Kong, 1975), p. 362。

43. D. S. Nivison（倪德卫）, 'A Neo-Confucian Visionary: Ou-Yang Hsiu', in D. S. Nivison and A. F. Wright, eds., *Confucianism in Action* (1959), pp. 97-132; F. Fernández-Armesto, *Millennium: A History of Our Last Thousand Years* (New York, 1995), p. 56.

44. 不过这个过程比一般认为的缓慢，也发生得较晚。见 S. T. Leong, *Migration and Ethnicity in Chinese History: Hakka, Pengmin and their Neighbours* (Stanford, 1977)

以及 R. Bin Wong（王国斌），'The Social and Political Construction of Identities in the Qing Empire', *Itinerario*, vol. 25 (2001).

45. K. C. Chang, 'The Late Shang State', 见注 27 所引书，p. 573。

46. K. C. Chang, *Art, Myth and Ritual: The Path to Political Authority in Ancient China* (Cambridge, Mass., 1983), p. 10.

47. B. Karlgren, *The Book of Odes*（《诗经》）(Stockholm, 1974), p. 189，转引自注 46 书目 , p. 18。

48. 同注 31，p. 161。

49. 同注 29，pp. 113-36。

50. 同注 45，pp. 459-64。

51. 同注 31，pp. 185-6。

52. 同注 31，p. 12。

53. Li Chi（李济）, *The Beginnings of Chinese Civilization* (Seattle, 1957), p. 23，转引自注 31 书目，p. 142。

54. 同注 46，p. 45.

55. F. Fernández-Armesto, *The Truth: A History*, pp. 47-64.

56. 同注 46，p. 34。

57. 同注 46，p. 42。

58. 同注 46，pp. 37-8。

59. 同注 31，p. 195。

60. S. N. Eisenstadt, ed., *The Origins and Diversity of Axial Age Civilization* (Albany, 1986).

61. F. Fernández-Armesto, *Millennium: A History of Our Last Thousand Years* (New York, 1995), pp. 49-50, 258-62.

62. V. Purcell, *The Overseas Chinese in South-East Asia* (Oxford, 1980); Yuan-li（吴元黎）and Chun-his Wu（吴春熙）, *Economic Development in South-East Asia: The Chinese Dimension* (Stanford, 1980); L. Pan, *Sons of the Yellow Emperor* (Tokyo, 1990); R. Skeldun, ed., *Reluctant Exiles? Migration from Hong Kong and the New Orleans Chinese* (London, 1994); S. Seagrave, *Lords of the Rim* (London, 1995).

63. C. P. Fitzgerald, *China: a Short Cultural History* (London, 1950), pp. 339-40.

64. Horace, *Odes,* III, xxix, 27.

第九章

1. A. Pagden, ed., *Hernán Cortés: Letters from Mexico* (New York, 1971), p. 55.

2. 同上，pp. 77-8。

3. B. Díaz de Castillo, *Historia verdadera de la conquista de la Nueva España*（《征服新西班牙信史》）, ed. J. Ramírez Cabañas (Mexico, 1968), vol. 1, p. 260.

4. H. R. Trevor-Roper, *The European Witch-Craze of the Sixteenth and Seventeenth Centuries* (Harmondsworth, 1978).

5. J. Vieillard, *Le Livre du pèlerin* (Mâcon, 1950), pp. 26, 28.

6. E. Le Roy Ladurie, *The Beggar and the Professor: a Sixteenth-Century Family Saga* (Chicago, 1997), pp.10, 16-30.

7. *Boswell's Journal of a Tour to the Highlands*, eds., F. A. Pottle and C. H. Bennett (New York, 1936), p. 210; *The Works Samuel Johnson*, 9 vols (London, 1825), vol. 9, pp. 24, 97.

8. D. Lang, *Armenia: Cradle of Civilization* (London, 1980), pp. 30-31.

9. C. I. Beckwith, *The Tibetan Empire in Central Asia: A History of the Struggle for Great Power Among Tibetans, Turks, Arabs and Chinese During the Early Middle Ages* (Princeton, 1987), p. 129.

10. G. Yazdani, ed., *The Early History of the Deccan*, vol. 1 (London, 1960), p. 13.

11. K. C. Day, 'Storage and Labor Service: A Production and Management Design for the Andean Area', in M. E. Moseley and K. C. Day, eds., *Chan Chan: Andean Desert City* (Albuquerque, 1982), pp. 338-49.

12. C. Morris and A. von Hagen, *The Inka Empire and Its Andean Origins* (New York, 1993), p. 54.

13. T. C. Patterson, 'The Huaca La Florida, Rimac Valley, Peru', in C. B. Donnan, ed., *Early Ceremonial Architecture of the Andes* (Washington, D.C., 1985), pp. 59-70.

14. T. Pozorski, 'The Early Horizon Site of Huaca de los Reyes: Societal Implications', *American Antiquity*, vol. 45 (1980), pp. 100-61.

15. R. L. Burger, 'Unity and Heterogeneity within the Chavín Horizon' in R. W. Keatinge, ed., *Peruvian Prehistory: An Overview of Pre-Inca and Inca Society* (Cambridge, 1988), pp. 99-144.

16. 同上，p.161。

17. A. Kolata, 'The Agricultural Foundations of the Tiwanaku State: A View from the Heartland', *American Antiquity*, vol. 51, pp. 748-62; 'The Technology and Organization of Agricultural Production in the Tiwanaku State', *Latin American Antiquity*, vol. 2 (1991), pp. 99-125; D. E. Arnold, *Ecology and Ceramic Production in an Andean Community* (Cambridge, 1993), p. 31.

18. K. Berrin, ed., *Feathered Serpents and Flowering Trees: Reconstructing the Murals of Teotihuacán* (San Francisco, 1988), pp. 141-228.

19. R. E. Blanton, *Monte Albán: Settlement Patterns at the Ancient Zapotec Capital*

(New York, 1978).

20. J. Marcus and K. V. Flannery, *Zapotec Civilization* (London, 1966), p. 197.

21. J. W. Whitecotton, *Zapotec Ethnology: Pictorial Genealogies in Eastern Oaxaca* (Nashville, 1990).

22. R. Spores 'Tututepec: A Post-Classic Mixtec Conquest State', *Ancient Mesoamerica*, vol. 4 (1993), pp. 167-74.

23. R. A. Diehl, *Tula: The Toltec Capital of Ancient Mexico* (London, 1983), pp. 41, 162.

24. M. J. Macri, 'Maya and Other Mesoamerican Scripts', in P. Daniels and W. Bright, eds., *The World's Writing Systems* (Oxford, 1996), pp. 172-82. 有关结绳的辩论，因为一部耶稣会教士的专论再次被提出而无从解决。这部论述以前只在1750年的一部作品中引述过，可用来解释部分印加音节表。见 C. Animato, P. A. Rossi & C. Miccinelli, *Quipu: Il nodo parlante dei misteriosi Incas* (Genoa, 1994), V. & D. Domenici, 'Talking Knots of the Inka', *Archaeology* , November-December 1996, pp. 50-6。亦可参考 M. & R. Ascher, *Code of the Quipu: A Study in Media, Mathematics and Culture* (Ann Arbor, 1981); E. H. Boone and W. D. Mignolo, eds., *Writing Without Words: Alternative Literacies in Mesoamerica and the Andes* (Durham, N.C., 1994), 特别是 pp. 188-219 处 T. Cummins 的一篇对结绳文字的讨论。

25. N. Wachtel, 'The Mitimas of the Cochabamba Valley: The Colonisation Policy of Huayna Capac', in G. A. Collier, R. I. Rosaldo, and J. D. Wirth, eds., *The Inca and Aztec States, 1400—1800* (New York, 1982), pp. 199-235.

26. F. Solís, *Gloria y fama mexica* (Mexico, 1991), pp. 98, 104, 108, 111, 112.

27. Hipólito Unanue, 'Observaciones sobre el clima de Lima y sus influencias en los seres organizados, en especial el hombre', in J. Arias-Schreiber Pezet, ed., *Los ideólogos: Hipólito Unanue*, vol. 8 (Lima, 1974), p. 47. 感谢 Jorge Cañizares Esguerra 教授推荐此参考资料。

28. J. V. Murra, *Formaciones económicas y políticas del mundo andino* (Lima, 1975), pp. 45-57.

29. R. E. Blanton, 'The Basin of Mexico Market System and the Growth of Empire', in F. Berdan et al., *Aztec Imperial Strategies* (Washiongton, D.C., 1996), pp. 47-84; S. Gorenstein and H. Perlstein Pollard, *The Tarascan Civilization: A Late Pre-Hispanic Culture System* (Nashville, 1983), pp. 98-102.

30. M. G. Hodge, 'Political Organization of Central Provinces', in F. Berdan et al., 见注29所引书, p. 29。

31. B. de Sahagún, *Historia general de las cosas de Nueva España*, ed., A. M. Garibay K[itana] (Mexico, 1989), p. 463.

32. M. E. Smith, *The Aztecs* (Oxford, 1997), pp. 69-79.

33. J. R. Parsons, 'The Role of Chinampa Agriculture in the Food Supply of Aztec Tenochtitlán', in C. E. Cleland, ed., *Cultural Change and Continuity: Essays in Honor of James Bennett Griffin* (New York, 1976), pp. 233-57.

34. J. Cooper Clark, ed., *Codex Mendoza*, 3 vols (London, 1931—2), vol. 1, fos. 19-55; F. Berdan and J. de Durand-Forest, eds., *Matrícula de Tributos: Códice de Moctezuma,* Codices Select, vol. 68 (Graz, 1980).

35. C. Morris and D. E. Thompson, *Huánuco Pampa: An Inca City and Its Hinterland* (London, 1985), p. 90.

36. P. Cieza de León, *Crónicas del Perú*, ed. F. Cantú, 3 vols (Lima, 1987), vol. 2, p. 81; 参阅 vol. 3, pp. 226-7。

37. G. W. Conrad and A. A. Demarest, *Religion and Empire: The Dynamics of Aztec and Inca Expansion* (New York, 1984).

38. A. Chavero, ed., *Lienzo de Tlaxcala* (Mexico, 1979), plates 9, 10, 14, 21, etc. 基扎（J. E. Kicza）在即将发表的作品中表示，这项证据不可靠，主要是根据注 3 所引书，vol. 2, pp. 32-49, 54-7，积极参战者除西班牙人以外几乎别无他族。感谢基扎借我阅读他的书稿。

39. S. Lombardo de Ruiz et al., *Atlás histórico de la ciudad de México*, 2 vols (Mexico, 1996-7), vol. 1, pp. 214-85.

第十章

1. L. Trégance, *Adventures in New Guinea: The Narrative of Louis Trégance, a French Sailor*, ed. H. Crocker (London, 1876).

2. J. Diamond, *Guns, Germs and Steel: The Fates of Human Societies* (London, 1997), pp. 146-50, 303.

3. B. Connolly and R. Anderson, *First Contact* (New York, 1987), p. 24.

4. 同上，p. 29。

5. P. Brown, *Highland Peoples of New Guinea* (Cambridge, 1978), pp. 10-11.

6. M. Godelier, 'Social Hierarchies Among the Baruya of New Guinea', in A. Strathern, ed., *Inequality in New Guinea Highlands Societies* (Cambridge, 1982), p. 6.

7. D. K. Feil, *The Evolution of Highland Papua New Guinea Societies* (Cambridge, 1987), p. 16.

8. J. Golson, 'Kuk and the Development of Agriculture in New Guinea: Retrospection and Introspection', in D. E. Yen and J. M. J. Mummery, eds., *Pacific Production Systems: Approaches to Economic History* (Canberra, 1983), pp. 139-47.

9. H. C. Brookfield, 'The Ecology of Highland Settlement: Some Suggestions', in J. B. Watson, ed., *New Guinea: The Central Highlands* (Menasha, Wisconsin, 1964), *American Anthropologist*, vol. 66, special number.

10. 同注 7，pp. 27-30。

11. 同注 3，p. 14。

12. C. R. Hallpike, *Bloodshed and Vengeance in the Papuan Mountains: The Generation of Conflicts in Tauade Society* (Oxford, 1977), pp. 229-31.

13. 同上，p. 235；同注 2，p. 277。

14. R. Rosaldo, *Culture and Truth: The Remaking of Social Analysis* (Boston, 1989), p. 1.

15. M. J. *Harner, The Jívaro* (New York, 1972).

16. J. de Barros, *Asia*, dec. I, bk X, ch. 1.

17. P. S. Garlake, 'Pastoralism and Zimbabwe', *Journal of African History*, vol. 19, pp. 479-93.

18. D. T. Beach, *The Shona and Zimbabwe* (Lonon, 1980).

19. W. G. L. Randles, *The Empire of Monomotapa* (Harare, 1981).

20. J. H. Kramers and G. Wiet, eds., *Configuration de la tere* (Beirut & Paris, 1964), vol. 1, p.56.

21. R. S. Whiteway, ed., *The Portuguese Expedition to Abyssinia in 1541—1543 as Narrated by Castanhoso* (London, 1902), p. 6.

22. D. S. Philippson, 'The Excavations at Aksum', *Antiquaries' Journal*, vol. 75 (1995), pp. 1-41.

23. C. F. Beckingham and G. W. B. Huntingford, eds., *Some Records of Ethiopia* (London, 1954), p. 45.

24. Y. M. Kobishanov, 'Aksum: Political System, Economics and Culture, First to Fourth Century', in G. Mokhtar, ed., *UNESCO General History of Africa*, vol. 2 (Berkeley, 1981).

25. D. W. Philippson, 'Aksum in Africa', *Journal of Ethiopian Studies*, vol. 23 (1990), pp. 55-65.

26. K. Conti-Rossini, ed., *Vitae Sanctorum Antiquorum*, 1, *Corpus Scriptorum Christianorum Orientalium*, vol. 28 (Louvin, 1995), pp. 41, 47-8.

27. B. Turaiez, ed., *Vitae Sanctorum Indigenarum*, vol. 2, *Corpus Scriptorum Christianorum Orientalium*, vol. 31 (Louvain, 1955), p. 120.

28. R. K. P. Pankhurst, ed., *The Ethiopian Royal Chronicles* (Addis Ababa, 1967), pp. 47-8.

29. S. Kur and E. Cerulli, eds., *Actes de Iyasus Mo'a*, *Corpus Scriptorum*

Christianorum Orientalium*, vol. 26 (Louvain, 1965), p. 45.

30. G. W. B. Huntingford, *The Historical Geography of Ethiopia* (Oxford, 1989), p. 54.

31. 同上，p. 56。

32. T. T. Mehouria, 'Christian Aksum', in Mokhtar, ed., 注 24 所引书，p. 406。

33. 同注 30 ，p. 59。

34. P. Marrassini, 'Some Considerations on the Problem of the "Syriac Influences" on Aksumite Ethiopia', *Journal of Ethiopian Studies*, vol. 23 (1990), pp. 35-46.

35. T. Mekouria, 'The Horn of Africa', in I. Hrbek, ed., *UNESCO General History of Africa*, vol. 3 (1992), p. 558.

36. G. W. B. Huntingford, ' "The Wealth of Kings" and the End of the Zagwe Dynasty', *Bulletin of the School of Oriental and African Studies*, vol. 28 (1965), p. 6.

37. 同注 35，p. 566。

38. S. Munro-Hay, 'The Rise and Fall of Aksum: Chronological Considerations', *Journal of Ethiopian Studies*, vol. 33 (1990), pp. 47-53.

39. K. W. Butzer, *Archaeology as Human Ecology: Method and Theory for a Contextual Approach* (Cambridge, 1982), p. 145.

40. 同注 30，p. 70。

41. 同注 26，p. 4。

42. 同注 28，p. 9。

43. T. Tamrat in R. Oliver, ed., *Cambridge History of Africa*, vol. 3 (1997), p. 112.

44. C. W. F. Beckingham and G. W. B. Huntingford, eds., *The Prester John of the Indies*, 2 vols (Cambridge, 1961), vol. 1, pp. 266-307.

45. A. Kammerer, *La Mer rouge, l'Abyssinie et l'Arabie au XVle et XVlle siècles* (Cairo, 1947), vol. 4, p. 174.

46. 同注 28，pp. 91-3; 同注 44，pp. 125-7。

47. W. J. Vogelsang 有精辟但悬而未决的辩论，他认为阿契美尼德帝国是在伊朗东端的游牧文化中发源的。参见 *The Rise and Organization of the Achaemenid Empire: The Eastern Iranian Evidence* (Leiden, 1992)。

48.《圣经・以赛亚书》，41 : 2。

49. R. C. Zaehner, *The Dawn and Twilight of Zoroastrianism* (New York, 1961), 重点参考 pp. 170-2。

50. 同上，p. 40。

51. C. Tuplin, 'The Parks and Gardens of the Achaemenid Empire', in *Achaemenid Studies* (Stuttgart, 1996), pp. 80-131.

52. W. Barthold, *A Historical Geography of Iran* (Princeton, 1984).

53. P. Bishop, *The Myth of Shangri-La* (Berkeley, 1989).

54. D. Snellgrove and H. Richardson, *A Cultural History of Tibet* (Boston, 1986), p. 60.

55. T. V. Wylie, ed., *The Geography of Tibet According to the Dzam-Gling Rgyas-Bshad* (Rome, 1962), p. 54.

56. S. Hedin, *A Conquest of Tibet* (New York, 1961), pp. 104-5.

57. P. Fleming, *Bayonets to Lhasa* (New York, 1961), pp. 102, 113, 121.

58. 同注 54，p. 23。

59. 也可以说是寒冷灌木丛化为美好富裕之地。见 F. W. Thomas, ed., *Tibetan Literary Texts and Documents Concerning Chinese Turkestan* (London, 1935), pp. 59, 69, 261, 275。

60. C. I. Beckwith, *The Tibetan Empire in Central Asia: A History of the Struggle for Great Power Among Tibetans, Turks, Arabs and Chinese During the Early Middle Ages* (Princeton, 1987), p. 100.

61. 同注 54，p. 28。

62. 同注 60，p. 40。

63. 同注 60，pp. 81-3。

64. 同注 54，p. 64。

65. 同注 60，p. 183。

66. 同注 60，pp. 109-10。

67. R. A. Stein, *Tibetan Civilization* (London, 1972), p. 241.

68. R. Grousset, *The Empire of the Steppes* (New Brunswick, 1970), p. 226.

69. O. Lattimore, *Inner Asian Frontiers of China* (New York, 1951), pp. 84-6.

70. W. Heissig, *The Religions of Mongolia* (London, 1980), pp. 24-38; F. Fernández-Armesto, *Millennium: A History of Our Last Thousand Years* (New York, 1995), p. 306.

71. 同注 67，pp. 138-9。

72. S. C. Rijnhart, *With the Tibetans in Tent and Temple* (Chicago, 1901).

73. Z. Ahmad, *Sino-Tibetan Relations in the Seventeenth Century* (Rome, 1970), p. 43; O. & E. Lattimore, *Silks, Spices and Empire* (New York, 1968), p. 141.

74. Z. Ahmad, *Sino-Tibetan Relations*，p. 286。

75. 同注 57，pp. 232-3, 240. C. Bass, *Inside the Treasure-House* (1990) 与 S. Batchelour, *The Tibet Guide* (1987) 里都有极佳的照片。最壮观的风景图片由尼古拉斯·勒里奇（Nicholas Roerich）所摄，收藏于纽约以他为名的博物馆中。

第十一章

1. R. Grove, *Green Imperialism: Colonial Expansion, Tropical Island Edens and the Origins of Environmentalism, 1600—1860* (Cambridge, 1995) , pp. 16-50.

2. F. Braudel, *La Méditerranée et le monde méditerranéen à l'époque de Philippe II* (《菲利普二世时代的地中海和地中海世界》) (Paris, 1966), vol. 1, pp. 137, 139.

3. O. Spate, *The Spanish Lake* (Canberra, 1979), pp. 94-7.

4. 有关此一传统的批评，见 N. Davies, *The Isles* (London, 1999), pp. xxvii-xl。

5. J. Truslow Adams, *Building the British Empire* (New York, 1938), p. ix. 我父亲有一本由奥古斯托·阿西亚（Augusto Assía）所著的 *Los ingleses en su isla* (Madrid, 1947)，也对我的想法有奉献。

6. 重要文本收录于 J. B. Hattendorf, ed., *Tobias Gentleman: England's Way to Win Wealth and to Employ Mariners* (New York, 1992)。

7. R. Jones, 'Why did the Tasnanians Stop Eating Fish?', in R. Gould, ed., *Explorations in Ethnoarchaeology* (Albuquerque, 1978), pp. 11-48.

8. F. Fernández-Armesto, *The Canary Islands after the Conquest* (Oxford, 1982), p. 7.

9. J. McPhee et al., *Masterpieces from the National Gallery of Victoria* (Melbourne, 1996), p. 9; cf. B. Smith, *Australian Painting, 1788—1970* (Melbourne, 1971), pp. 26-7.

10. M. Martin, *A Description of the Western Islands of Scotland, Circa 1695, including A Voyage to St. Kilda*, D. Munro ed. (Edinburgh, 1994), p. 465.

11. T. Steel, *The Life and Death of St Kilda* (Glasgow, 1986), pp. 51, 93.

12. G. P. Stell and M. Harman, *Buildings of St. Kilda* (Edinburgh, 1988), pp. 28-31.

13. 同上，pp. 57, 64-5。

14. John Macculloch, 1819, 引自注 12 书目，pp. 56, 71。

15. E. H. McCormick, *Omai: Pacific Envoy* (Aukland, 1977), pp. 117, 128.

16. E.S. Dodge, *Islands and Empires: Western Impact on the Pacific and East Asia* (Minneapolis, 1976), p. 49.

17. N. A. Rowe, *Somoa under the Sailing Gods* (New York, 1930), p. 19.

18. 同上，p. 16。J. Dunmore, ed., *The Journal of Jean-François de Galaup de la Pérouse, 1785—88* (London, 1994), vol. 1, p. 67, plate opp. p. 55; vol. 2, pp. 394-5.

19. F. Fernández-Armesto, *Millennium: A History of Our Last Thousand Years* (New York, 1995), p. 482.

20. R. Feinberg, *Polynesian Seafaring and Navigation: Ocean Travel in Anutan Society* (Kent, Ohio, 1988), pp. 25, 89.

21. P. Bellwood, *The Polynesians: The History of an Island People* (London, 1978), pp. 39-44; *Man's Conquest of the Pacific: The Prehistory of Southeast Asia and Oceania*

(New York, 1979), pp. 296-303; G. Irwin, *The Prehistoric Exploration and Colonization of the Pacific* (Cambridge, 1992), pp. 7-9, 43-63.

22. P. H. Buck (Te Rangi Hiroa), *Vikings of the Sunrise* (New York, 1938), pp. 268-9.

23. F. Fernández-Armesto, *Truth: A History* (London, 1997), pp. 126-8. 资料来自 D. L. Oliver, *Oceania: The Native Cultures of Australia and the Pacific Islands*, 2 vols (Honululu, 1989), vol. 1, pp. 361-422; B. Finney, *Hokule'a: The Way to Tahiti* (New York, 1979); B. Malinowski, *Argonauts of the Western Pacific: An Account of Native Enterprise and Adventure in the Archipelagoes of Melanesian New Guinea* (London, 1972), pp. 105-48。

24. J. Diamond, *Guns, Germs and Steel: The Fates of Human Societies* (London, 1997), pp. 53-7; M. King, *Moriori* (Aukland, 1989).

25. R. Landon, *The Lost Caravel* (Sydney, 1975).

26. B. Finney, 'Voyaging and Isolation in Rapa Nui History', *Rapa Nui Journal*, vol. 7 (1993), pp. 1-6.

27. J. A. Van Tilburg, *Easter Island: Archaeology, Ecology and Culture* (Washington, D.C., 1994), pp. 59-60.

28. P. V. Kirch, *Feathered Gods and Fishhooks: An Introduction to Hawaiian Archaeology and Prehistory* (Honululu, 1989), p. 215.

29. 同上，pp. 3-30。

30. 同上，pp. 2-11。

31. 同上，pp. 27-30。

32. 同上，p. 154。

33. B. Glanvill Corney, ed., *The Voyage of Captain Don Felipe Gonzalez [sic]... to Easter Island in 1770—1771*（Cambridge, 1908), pp. 48-9.

34. 同注 27，pp. 64-6。

35. 同注 27，p. 72。

36. 同注 27，p. 159。

37. W. Mulloy, 'A Speculative Reconstruction of Techniques of Carving, Transporting, and Erecting Easter Island Statues', *Archaeology and Physical Anthropology in Oceania*, vol. 5 (1970), pp. 1-23.

38. 同注 27，p. 142。

39. 同注 27，pp. 90-1, 103。

40. T. Bank, *Birthplace of the Winds* (New York, 1956), pp. 90-1, 203.

41. 同上，pp. 88-9。

42. 同上，p. 230。

43. 同上，p. 218。

44. T. Heyerdahl, *The Maldive Mystery* (Bethseda, Md., 1986), pp. 263-4.

45. 同上，p. 212。

46. H. A. R. Gibb and C. F. Beckingham, eds., *The Travels of Ibn Battuta, AD 1325—54*, 5 vols (London, 1958—2000), vol. 4 (1994), p. 822.

47. J. D. Evans, *Prehistoric Antiquities of the Maltese Island* (London, 1971).

48. C. Malone et al., 'A House for the Temple-Builders', *Antiquity,* vol. 62 (1988), pp. 290-301.

49. Evans, *Prehistoric Antiquitics*, p.12.

50. J. Houel, *Voyage pittoresque des Îles de Sicilie, de Malte et de Liparie* (Paris, 1787).

51. 同注 19，pp. 357-8。

52. N. Platon, *Zakros: The Discovery of a Lost Palace of Ancient Crete* (New York, 1971), pp. 64-6.

53. 同上，pp. 61, 245。

54. O. Dickinson, *The Aegean Bronze Age* (Cambridge, 1994).

55. J. H. Pryor, *Geography, Technology and War: Studies in the Maritime History of the Mediterranean, 649—1571* (Cambridge, 1988), pp. 25-86.

56. F. Fernández-Armesto, *Before Columbus: Exploration and Colonization from the Mediterranean to the Atlantic, 1229—1492* (Philadelphia, 1987), p. 26; D. Abulafia, *A Mediterranean Emporium* (Cambridge, 1994), pp. 127-8, 168.

57. 转引自 G. Lorzi, *Le chiese e i ponei Andrea Palladio* (Venice, 1967), p. 247。

58. A. J. Toynbee, *A Study of History*（《历史研究》）(London, 1934), vol. 1, p. 271; vol. 2, pp. 1-72.

59. D. Howard, *The Architectural History of Venice* (London, 1987), pp. 15-18; A. Macadam, *Blue Guide: Venice* (London, 1989), pp. 48-9.

60. J. Martineau and A. Robinon, eds., *The Glory of Venice* (New Have & London, 1994), pp. 95, 444.

61. 同注 19，pp. 76-7。

62. F. Fernández-Armesto, 'Naval Warfare after the Viking Age', in M. Keen, ed., *Medieval Warfare: A History* (Oxford, 1999), pp. 230-51.

第十二章

1. C. Pelras, *The Bugis* (Oxford, 1996).

2. J. Zhang, 'Relations between China and the Arabs', *Journal of Oman Studies*, vol. 6, no. 1 (1983), pp. 91-101, at p. 99.

3. W. Grainge White, *The Sea Gypsies of Malaya* (London, 1922), p. 298.

4. 同上，pp. 40-7, 58-60。

5.《伊利亚特》，23. 744。

6. H. Goedicke, ed., *The Report of Wenamun* (Baltimore, 1975).

7.《圣经·以西结书》，27:3。

8. L. W. King, *Bronze Reliefs from the Gates of Shalaneser* (London, 1915), plates 13, 14; 大英博物馆古文物部 A. H. Layard 素描图，翻印于 D. Harden, *The Phoenicians* (London, 1962), plate 50, right-hand section; E. Goubel et al., *Les Phéniciens et le monde méditerranéen* (Luxembourg, 1986), figs. 13, 21。

9. *British Museum Catalogue of Coins: Phoenician* (London, 1910), pls. 18, nos 6, 7; 19, no. 5 (Sidon galley and waves); plate 28, no. 9 (Tyre: dolphin).

10. J. B. Pritchard, *Recovering Sarepta, a Phoenician City* (Princeton, 1978), p. 29.

11.《圣经·以西结书》, 27:4。

12. P. MacKendrick, *The North African Stones Speak* (Chapel Hill, 1980), pp. 8-27.

13. R. I. Page, *Runes* (Berkeley, 1987), p. 8.

14. R. L. Morris, *Runic and the Mediterranean Epigraphy* (Odense, 1988).

15. P. V. Glob, *The Mound People* (1974).

16. P. Foote and D. Wilson, *The Viking Achievement* (London, 1984).

17. G. Jones, *A History of the Vikings* (Oxford, 1968), pp. 192-4.

18. 同上，p. 212。

19. A.V. Berkis, *The History of the Duchy of Courland, 1561—1765* (Towson, Md., 1969), pp. 75-9, 144-57, 191-5.

20. I. Semmingsen, *Norway to America: A History of the Migration* (Minneapolis, 1980), pp. 121-31; A. Schrier, *Ireland and the American Migration* (Minneapolis, 1958).

21. J. Needham, *Science and Civilization in China* (Cambridge, 1954-), vol. 4, pt 1 (Cambridge, 1962), pp. 330-2; pt. 2 (1965), pp. 599-602; pt. 3 (1971), pp. 651-6; vol. 5, pt 7 (1986), pp. 568-79; D. Lach, *Asia in the Making of Europe*, vol. 2 (Chicago, 1977), pp. 395-445, 556-60; J. Goody, *The East in the West* (Cambridge, 1996).

22. *Hamlet*（《哈姆雷特》）, IV, iv, 17-22.

23. R. J. Harrison, *The Beaker Folk: Copper Archaeology in Western Europe* (London, 1980).

24. A. Burl, *Megalithic Brittany* (London, 1985).

25. Julius Caesar, *De Bello Gallico*, III, 8.

26. S. Schama, *The Embarrassment of Riches: An Interpretation of Dutch Culture in the Golden Age* (New York, 1987), p. 263.

27. C. R. Boxer, *The Dutch Seaborne Empire* (New York, 1965), pp. 65-6, 80.

28. W. Kloosters, *The Dutch in the Americas, 1600—1800* (Provindence, 1998), p. 7.
29. 同上，p. 25。
30. Charles Davenant, 转引自注 26 书目，p. 224。
31. 同注 27，p. 4。
32. 同注 28，p. 23。
33. 同注 27，p. 90。
34. 同注 27，p. 96。
35. 同注 27，p. 236。
36. 同注 26，p. 44。
37. 同注 26，p. 38。
38. 同注 27，p. 171。
39. B. de Mandeville, *The Fables of the Bees*, D. Garman ed.(London, 1934), p. 144; 转引自注 26 书目，p. 297。
40. 同上，重点参照 pp. 310-2。
41. Mary W. Helms , *Ulysses' Sail: An Ethnographic Odyssey of Power, Knowledge and Geographical Distance* (Princeton, 1988).
42. C. Renfrew, 'Varna and the Social Context of Early Metallurgy', in C. Renfrew, ed., *Problems in European Prehistory* (London, 1979), pp. 377-84; *Le Premier Or de l'humanité en Bulgarie: V^e millénaire* (Paris, 1989).
43. T. Heyerdahl and A. Skjølsvold, *Archaeological Evidence of Pre-Spanish Visits to the Galápagos Islands* (Oslo, 1990); T. Heyerdahl, *American Indians in the Pacific: The Theory behind the Kon-Tiki Expedition* (London, 1952); C. Jack-Hinton, *The Search for the Islands of Solomon, 1567—1838* (Oxford, 1969), pp. 24-7, 32-4.
44. A. Szaszdy Nagy, *Los guías de Guanahani y la llegada de Pinzón a Puerto Rico* (Valladolid, 1995).
45. J. Perez de Tudela Bueso, *Mirabilis in Altis: Estudio crítico sobre el origen y significado del proyecto descubridor de Cristóbal Colón* (Madrid, 1983).

第十三章

1. E. Blunden, *A Hong Kong House: Poems 1951—61* (London, 1962), p. 34.
2. D. J. Lu, ed., *Japan: A Documentary History* (New York, 1997), p. 19.
3. D. Keene, *Anthology of Japanese Literature* (New York, 1960), p. 29.
4. D. Keene, *Travellers of a Hundred Ages* (New York, 1989), p. 114.
5. 同上，p. 179。
6.《三国志 · 魏书 · 东夷传》，转引自注 2 书目，p. 12。

7. D. M. Brown, ed., *The Cambridge History of Japan,* vol. 1, *Ancient Japan* (Cambridge, 1993), pp. 124, 131, 140-4.

8. 同上，pp. 33, 207。

9. 同上，pp. 312-5。

10. L. Smith, ed., *Ukiyoe: Images of Unknown Japan* (London, 1985), p.39.

11. Muneshige Narazaki, *Hokusai: 'The Thirty-Six Views of Mount Fuji'* (Tokyo, 1968), pp.36-7; 对比这位艺术家较后期的海浪画，见 *One Hundred Views of Mount Fuji*, ed. H. D. Smith II (New York, 1988), pp. 118-9, 205。

12. 同注 4，pp. 21-5。

13. T. J. Harper, 'Bilingualism as Bisexualism', in W. J. Boot, ed., *Literatuur en Teetaligheid* (Leiden, 1990), pp. 247-62. 感谢 Boot 教授推介并惠赠此书。

14. 同注 3，pp. 82-91。参阅 C. von Varschner, *Les Relations officielles du Japon avec la Chine aux VIIIe et IXe siècles* (Geneva, 1985), pp. 40-5。

15. G. R. Tibbetts, *Arab Navigation in the Indian Ocean before the Coming of the Portuguese* (London, 1971).

16. M. Rice, *Search for the Paradise Land: An Introduction to the Archaeology of Bahrain and the Persian Gulf* (London, 1985); *The Archaeology of the Arabian Gulf, c. 5000—323 B.C.* (London, 1994).

17. D. T. Potts, *The Arabian Gulf in Antiquity*, vol. 2 (Oxford, 1990), pls. 1 and 2.

18. 同上，pls. 5, 6 and 7。

19. G. W. B. Huntingford, *The Periplus of Erythraean Sea* (London, 1980), p. 37.

20. G. Hourani, *Arab Seafaring in the Indian Ocean in Ancient and Medieval Times* (Princeton, 1995).

21. P. Crone and M. Cook, *Hagarism: The Making of the Islamic World* (Cambridge, 1977).

22. J. H. Pryor; *Geography, Technology and War: Studies in the Maritime History of the Mediterranean*, 649—1571(Cambridge, 1988).

23. J. B. Harley and D. Woodward, eds., *The History of Cartography* (Chicago, in progress), vol. 2, part 2, *Cartography in the Traditional East and Southeast Asian Societies* (1994).

24. M. Aung-Thwin, *Pagan: The Origins of Modern Burma* (Honolulu, 1985), pp. 104-5, 151.

25. K. R. Hall, *Maritime Trade and State Development in Early Southeast Asia* (Honolulu, 1985), p. 48.

26. J. Mirsky, *The Great Chinese Travellers: An Anthology* (Chicago, 1974).

27. 同上，p. 85。

28. O. W. Wolters, *The Fall of Srivijaya in Malay History* (Ithaca, 1970), p. 39.

29. 同上，p. 10。

30. G. Coedès, *Angkor: An Introduction* (London, 1963), pp. 71-2.

31. John Miksic, *Borobudur: Golden Tales of the Buddha* (Boston, 1990), p. 17.

32. Soekomono, *Chandi Borobudur* (Amsterdam & Paris, 1976), p. 17.

33. 同注 31，pp. 67-9。

34. 同注 31，pp. 88, 91-3。

35. 同注 28，p. 19。

36. O. W. Wolters, *Early Indonesian Commerce: A Study of the Origins of Sri Vijaya* (Ithaca, 1967), p. 251; 同注 25，p. 195。

37. T. Pigeaud, *Java in the Fourteenth Century*, 5 vols. (The Hague, 1960), vol. 3, pp. 9-23, 97, 99; vol. 4, pp. 37, 547.

38. Anthony Reid, *Southeast Asia in the Age of Commerce, 1450—1680*, 2 vols. (Cambridege, 1988—93), vol. 2, pp. 39-45; P. Y. Manguin, 'The Southeast Asian Ship: An Historical Approach', in F. Fernández-Armesto, ed., *The Global Opportunity* (Aldershot & Brookfield, Vt., 1995), pp. 33-43.

39. P. Boomgaard, F. Colomijn, and D. Henley, eds., *Paper Landscapes: Explorations in the Environmental History of Indonesia* (Leiden, 1997).

40. 同注 25 ，p. 183。

41. 同注 22 ，vol. 2, part 1 (1992), pp. 337, 397, plate 30; vol. 2, part 2 (1994), pp. 723-8。

42. E. B. Cowell, ed., *The Jataka or Stories of the Buddha's Former Birth*, 7 vols. (Cambridge, 1895—1913), vol. 1, pp. 10, 19-20; vol. 2, pp. 89-91; vol. 4, pp. 10-12, 86-90 .

43. K. R. Hall, *Trade and Statecraft in the Age of Colas* (New Delhi, 1980), p. 166.

44. 同上，p. 9; B. Stein, *Peasant State and Society in Medieval South India* (Delhi, 1980), p. 322。

45. 同注 43, p. 193。

46. 同注 43，p. 173。

47. B. K. Pandeya, *Temple Economy Under the Colas. (c. 850—1070)* (New Delhi, 1984), p. 38.

48. V. Dehejia, *Art of the Imperial Cholas* (New York, 1990), p. xiv.

49. 同上，pp. 79-80。

50. 同注 42，vol. 3, pp. 123-5; vol. 4, pp. 86-90。

51. B. Chattopadhyaya, *The Making of Early Medieval India* (Delhi, 1997), p. 112.

52. M. Mehta, *Indian Merchants and Entrepreneurs in Historical Perspective* (Dehli,

1991), pp. 16-19; 35-6; V. K. Jain, *Trade and Traders in Western India, AD 100—1300* (New Dehli, 1990), p. 84.

53. A. T. Embree, *Sources of Indian Tradition*, vol. 1 (New York, 1988), p. 74.

54. 同注 52 , pp. 18, 98。

55. J. de Baroe, *Décadas da Asia*, Dec. IV, book 5, ch. 1.

56. F. Fernández-Armesto, 'Naval Warfare after the Viking Age', in M. H. Keen, ed, *Medieval Warfare: A History* (Oxford, 1999).

57. Marco Polo, *The Travels*（《马可·波罗游记》）, ed. R. Latham (Harmondsworth, 1968), p. 290.

58. G. Winius, *Portugal the Pathfinder* (Madison, 1995), p. 119-20.

59. 同注 52，pp. 53-63。

60. H. R. Clark, *Communities, Trade and Networks: Southern Fujian Province from the Third to the Thirteenth Centuries* (Cambridge, 1991), p. 65.

61. 同上，p. 123。

62. E. B. Vermeer, *Chinese Local History: Stone Inscriptions from Fukien in the Sung to Ch'ing Periods* (Boulder, 1991), p.156. 关于桥梁的部分另见 'The Great Granite Bridges of Fukien' in C. R. Boxer, ed., *South China in the Sixteenth Century* (London, 1953), pp. 332-40 和 L. Renchuan, 'Fukien's Private Sea Trade in the 16th and 17th Centries' in E. B. Vermeer, ed,. *Development and Decline of Fukien Province in the 17th and 18th Centuries* (Leiden, 1990), pp. 163-215。感谢包乐史（Leonard Blussé）教授借给我这本有关福建航海历史的重要著作。

63. 同注 60，p. 4。

64. 同注 60，pp. 135-50。

65. J. N. Green, 'The Song Dynasty Shipwreck of Quanzhou, Fujian Province, People's Republic of China', *International Journal of Nautical Archaeology*, vol. 12, (1983), pp. 253-61.

66. C. Pin-tsun, 'Maritime Trade and Local Economy in Late Ming Fukien', 见注 62 所引书，pp. 63-81, at p. 69。

67. J. Duyvendak, 'The True Dates of the Chinese Maritime Expeditions of the Early Fifteenth Century', *T'oung Pao*《通报》, vol. 34 (1938), pp. 399-412.

68. T'ien Ju-k'ang（田汝康）, 'The Chinese Junk Trade: Merchants, Entrepreneurs and Coolies, 1600—1850', in K. Friedland, ed., *Maritime Aspects of Migration* (Cologne, 1989), p. 382. 感谢包乐史教授推荐此书。

69. Renchuan, 'Fukien's Private Sea Trade', pp. 176-7.

70. 同上，p. 180。

71. L. Blussé, 'Mannan-Jen or Cosmopolitan? The Rise of Cheng Chih-lung Alias

Nicolas Iquan', 见注 66 所引书，pp. 244-64。

72. Fernández-Armesto, *Millennnium*，pp. 315-19。Wang Gungwu（王庚武），'Merchants without Empire: The Hokkien Sojourning Communities', in J. D. Tracy, ed., *The Rise of Merchant Empires: Long-Distance Trade in the Early Modern World, 1350—1750* (Cambridge, 1990), pp. 399-421.

73. L. Blussé, 'Chinese Century: The Eighteenth Century in the China Sea Region', *Archipel*, vol. 58 (1999), pp. 107-29.

第十四章

1.Hesiod, *Works and Days*, pp. 392-420, 450-75, 613-705; tr. A.W. Mair (Oxford, 1908), pp. 11, 15-17, 23-5.

2. Plato, *Critias*, Ⅲ B.

3. J. D. Hughes, *Ecology in Ancient Civilizations* (Albuquerque), pp. 53-4.

4. Herodotus, *Histories*, 4.152.

5. J. Boardman, *The Greeks Overseas: Their Early Colonies and Trade* (London, 1980) .

6. C. Morgan, *Athletes and Oracles: The Transformation of Olympia and Delphi in the Eighth Century BC* (Cambridge, 1990), p. 188.

7. 同上，pp. 172-8, 186-90。

8. Aristophanes, *Birds*, 33, tr. B. Bickley Rogers (London, 1924), p. 133.

9. A. Snodgrass, 'The Nature and Standing of the Early Western Colonies', in G. R. Tsetskhladze and F. De Angelis, eds., *The Archaeology of Greek Colonization: Essays Presented to Sir John Boardman* (Oxford, 1994), pp. 1-10.

10. I. Malkin, *Religion and Greek Colonization* (Leiden, 1987) ; 同注 5，p. 163。

11. G. R. Tsetskhladze, ' Greek Penetration of the Black Sea', 见注 9 所引书，p. 117。

12. 同注 5，pp. 119-21。

13. 同注 5，pp. 131-2。

14. M. L. West, *The East Face of Helicon: West Asiatic Elements in Poetry and Myth* (Oxford, 1997) .

15. Aristophanes, *Frogs*, 1462—64; tr. Rogers (London, 1924), p. 431.

16. R. Meiggs, *The Athenian Empire* (Oxford, 1972).

17. Aristotle, *Poetics*, XIII, pp. 5-6, ed. W. Hamilton Fyfe (London, 1932), pp. 46-7.

18. Plato, *Republic*（《理想国》）, ed. D. Lee (Harmondsworth, 1974), p. 444.

19. F. Fernández-Armesto, *Truth: A History* (London, 1997), pp. 102-4.

20. W. K. C. Guthrie, *A History of Greek Philosophy* (Cambridge, 1962-81) , vol. 6 (1981), p. 11.

21. U. Eco, *The Name of the Rose*（《玫瑰的名字》）(San Diego, 1983), p. 473.

22. L. Cottrell, *Wonders of Antiquity* (London, 1960) .

23. 同上，p. 63; P. M. Fraser, *Ptolemaic Alexandria* (Oxford, 1972), vol.1, p. 317。

24. Fraser, *Ptolemaic Alexandria*, p. 61.

25. 同上，pp. 132-72。

26. 同上，pp. 717-63。

27. 同上，p. 774。

28. P. A. Clayton and M. J. Price, *The Seven Wonders of the Ancient World* (London and New York, 1998), pp. 138-57.

29. 摩索拉斯的容貌有钱币肖像可参考，见 *Annual of the British School at Athens*, vols. 53-54, (1958—5), pl. 73; *BM Coins*, Caria, p. 195, no. 11。

30. K. Jeppesen and A. Luttrell, *The Mausolleion at Halikarnassos*, vol. 2 (1986).

31. 同注 28，p. 12。

32. A. Bammer, 'Les Sanctuaires à l'Artemision d'Ephèse' , *Revue archéologique*, (1991) , pp. 63-84; 同注 28 , pp. 78-99。

33. Karousus, *Rhodes* (n. p., n. d., [original Greek ed. 1949]) , p. 30.

34. H. Maryon, 'The Colossus of Rhodes' , *Journal of Hellenic Studies*, vol. 76 (1956), pp. 68-86.

35. H. van Loog, 'Olympie: Politique et culture', in D. Vanhove, ed., *Le Sport dans la Grèce antique* (Brussels, 1992), p. 137.

36. G. M. A. Richter, 'The Pheidian Zeus at Olympia', *Hesperia*, vol. 25 (1966), plates 53 and 54; J. Swaddling, *The Ancient Olympic Games* (London, 1980); A. Gabriel, 'La Construction, l'attitude et l'emplacement du Colosse de Rhodes'), *Bulletin de correspondance hellénique*, vol. 56 (1932), p. 337（重建举着火把的巨神像）。Helios relief: Rhodes' Archaeological Museum, inv no 13612（翻印于 *Clara Rhodos*; 5, (1932), pp. 24-6, plate Ⅱ and fig. 15)。

37. J. C. T. Onians, *Classical Art and the Cultures of Greece and Rome* (New Haven，1999).

38. Horace (to Vergil), *Odes*, I. 3, 9-12.

39. P. Salway, *The Frontier People of Roman Britain* (London, 1965), p. 213.

40. *Satyricon*, ed. W. K. Kelly (London, 1854), p. 219.

41. 同上，p. 231。

42. Horace, *Satires*, II. 8. 301.

43. Horace, *Odes*, I. 31.

44. 同注 19，pp. 107-8。也可参考 M. Gibson, ed., *Boethius: His Life, Thought and Influence* (Oxford, 1981), pp. 73-134。

45. P. Hunter Blair, *The World of Bede* (Cambridge, 1990) .

46. 我在 *The Times Illustrated History of Europe* (London, 1996), p. 98 之中试图以地图表明文艺复兴运动传播的情况。

47. V. Fraser, *The Architecture of Conquest: Building in the Viceroyalty of Peru, 1535—1635* (Cambridge, 1990).

48. R. H. Jenkyns, *The Victorians and Ancient Greece* (London, 1981), pp. 13-16, 171-2.

49. W. F. B. Laurie, ed., 'Lord Macaulay's Great Minute on Education in India', in *Sketches of Some Distinguished Anglo-Indians*, vol. 2 (1888), p. 176.

50. 同注 48 , p. 97。

51. Agatharchides of Cnidos, *On the Erythraean Sea*, ed. S. M. Burstein (London, 1989) , pp. 49, 70, 85, 174; G. W. B. Huntingford, ed., *The Periplus of the Erythraean Sea* (London, 1980).

52. Swami Vivekananda, *Complete Works* (Calcutta, 1992), vol. 4, p. 401; T. Rayachaudhuri, *Europe Reconsidered: Perceptions of the West in Nineteenth-Century Bengal* (Delhi, 1988), pp. 271-3.

53. J. Sarkar, *History of Bengal*, vol. 2 (Calcutta, 1948), p. 498.

54. D. Kopf, *British Orientalism and the Bengali Renaissance* (London, 1969), pp. 273-91.

55. M. K. Haldar, *Renaissance and Reaction in Nineteenth-Century Bengal: Bankim Chandra Chattopadhyay* (Columbia, Mo., 1977), pp. 4-6; A. F. Salahuddin Ahmed, 'Rammohun Roy and His Contemporaries', in V. C. Joshi, ed., *Rammohun Roy and the Process of Modernisation in India* (Delhi, 1975), p. 94.

56. R. K. Ray in Joshi, ed., *Rammohun Roy and the Process of Modernisation in India* (Delhi, 1975), p. 7; A. Poddar, *Renaissance in Bengal: Quest and Confrontations, 1800-60* (Simla, 1970), p. 48.

57. D. Kopf, *The Brahmo Samaj and the Shaping of the Modern Indian Mind* (Princeton, 1979), p. 94.

58. 感谢 Wiliam Radice 提出此一阐释。

59. A. Coates, *Rizal* (London, 1968), p. 149.

第十五章

1. E. A. Alpers, 'Trade, State and Sociey among the Yao in the Nineteenth Century',

Journal of African History, vol. 10 (1970) , pp. 405-20.

2. H. A. R. Gibb, ed., *The Travels of Ibn Battuta A.D. 1325—54*, vol. 2 (Cambridge, 1962), pp. 360-401; vol. 4 (1994), pp. 827-8, 841.

3. 同上，vol. 3 (1971), p. 616。

4. 同上，p. 657。

5. 同上，p. 900。

6. “新欧洲”是克罗斯比（W. Crosby）在 *Ecological Imperialism: The Biological Expansion of Europe, 900—1900* (Cambridge, 1986) 之中发明的用语。

7. H. Hasan, *A History of Persian Navigation*; (London, 1928), p. 1.

8. S. Ratnagar, *Encounters: The Westerly Trade of the Harappa Civilization* (Delhi, 1981).

9. L. Casson, *The Periplus Maris Erythraei* (Princeton, 1989), pp. 7, 21-7, 34-5, 58-61, 69, 74-89; G. W. B. Huntingford, ed., *The Periplus of the Erythraean Sea* (London, 1980), pp. 8-12, 81-6, 106-20.

10. Pliny, *Natural History*, 6, 26, 104.

11. J. Needham, *Science and Civilization in China* (Cambridge, 1956-), vol. 4, part III (1971), pp. 42-4.

12. O. W. Wolters, *Early Indonesian Commerce: A Study of the Origins of Sri Vijiya* (Ithaca, N. Y., 1967), pp. 32-48; M. Tampoe, *Maritime Trade Between China and the West: An Archaeological Study of the Ceramics from Siraf [Persion Gulf], 8th to 15th Centuries AD* (London, 1986), p. 119; K. N. Chaudhuri, *Trade and Civilization in the Indian Ocean: An Economic History from the Rise of Islam to 1750* (Cambridge, 1985).

13. O. H. K. Spate, *The Spanish Lake* (Minneapolis, 1979), pp. 101-6; M. Mitchell, *Friar Andrés de Urdaneta, O. S. A.* (London, 1964), pp. 132-9.

14. R. H. Grove, *Green Imperialism: Colonial Expansion, Tropical Island Edens and the Origins of Environmentalism, 1600—1800* (Cambridge, 1995), pp. 168-263, 374-9, 386-93.

15. Chaudhuri, *Trade and Civilization*, p. 15.

16. K. Nebenzahl, *Atlas of Columbus and the Great Discoveries* (Chicago, 1970), pp. 4-5.

17. 同注 7，pp. 129-30。

18. Al-Masudi, *Les Prairies d'or*, ed. B. Meynard and P. Courteille (Paris, 1861—1914), vol. 3 (1897), p. 6; M. Longsworth Dames, ed., *The Book of Duarte Barbosa* (London, 1898), vol. 1, pt. 4; C. R. Boxer, ed., *The Tragic History of the Sea, 1589—1622* (London, 1959).

19. ‘Narrative of the Journey of Abd-er-Razzak’ in R. H. Major, ed., *India in the*

Fifteenth Century (London, 1857), p. 7.

20. A. Villiers, *Monsoon Seas: The Story of the Indian Ocean* (New York, 1952), pp. 56-7.

21. Buzurg ibn Shahriyar of Ramhormouz, *The Book of the Wonders of India*, ed. G. S. P. Freeman-Grenville (London, 1981), pp. 49ff.

22. Tampoe, *Maritime Trade*, p. 121; J. Zang, 'Relations between China and the Arabs', *Jounal of Oman Studies, vol. 6, Part I* (1983), pp. 99-109, at p. 99; J. C. van Leur, *Indonesian Trade and Society: Essays in Asian Social and Economic History* (The Hague, 1955), pp. 85-6; J. Takakusu, trans., I Tsing（高楠顺次郎）, *A Record of the Buddhist Religion*（《南海寄归内法传》）(Oxford, 1896), pp. xxvii-xxx, xlvi.

23. Ma Huan（马欢）, *The Overall Survey of the Ocean Shores*; ed. J. V. G. Mills (London, 1970), pp. 15-18.

24. 同上，p. 27。

25. C. Buondelmonti, *Descriptio Insule Crete et Liber Insularum, c. Xl: Creta*, ed. M.-A. van Spitael (Herakleion, 1981).

26. J. H. Pryor, *Geography, Technology and War: Studies in the Maritime History of the Mediterranean, 649—1571* (Cambridge, 1988), pp. 1-3, 23, 36, 51, 89-90, 98. 参照 F. Braudel, *La Méditerranée et le monde méditerranéen a l'époque de Philippe II* (Paris, 1966), vol. 1, pp. 331-5。

27. P. Chaunu, *Conquête et exploitation des nouveaux mondes (XVle siècle)* (Paris, 1969), pp. 277-90; *Séville et l'Atlantique* (1504—1650); part I, vol. 6 (Paris, 1956), pp. 178-89, 312-21.

28. G. Parker, *The Grand Strategy of Philip II* (New Haven & London, 1998), p. 50.

29. J. Spencer Trimingham, *Islam in West Africa* (Oxford, 1944), p. 144; J. O. Hunwick, 'Religion and State in the Songhay Empire, 1464—1591', in I. M. Lewis, ed., *Islam in Tropical Africa* (Oxford, 1966), pp. 296-317.

30. A. Smith, *The Wealth of Nations*（《国富论》）, 4(6), b.61 (London, 1937), p. 50.

31. A. Disney, 'Vasco da Gama's Reputation for Violence: The Alleged Atrocities at Calicut in 1502', *Indica*, vol. 32 (1995), pp. 11-28; S. Subrahmanyam, *The Career and Legend of Vasco da Gama* (Cambridge, 1997), pp. 205-10, 318.

32. F. W. Mote（牟复礼）, 'The Cheng-Hua and Hung-Chih Reigns, 1464—1505', in D. Twitchett（杜希德）and K. K. Fairbank（费正清）eds., *The Cambridge History of China* (Cambridge, 1988), pp. 343-402. 我想到的是波士顿美术馆的吴伟所画的《树下高士》。另见 R. M. Burchart et. al., *Painters of the Great Ming: The Imperial Court and the Zhe School* (Dallas, 1993)。

33. B. Stein, *Vijayanagar*, pp. 111-2; G. Michell, *Architecture and Art of South India*

(Cambridge, 1995), pp. 13, 39, pl. 13.

34. F. Fernández-Armesto, 'O mundo dos 1490', in D. Curto, ed., *O Tempo de Vasco da Gama*, pp. 43-58.

35. C. F. Petry, *Protectors or Praetorians: The Last Mamluk Sultans and Egypt's Waning as a Great Power* (Cambridge, Mass., 1994).

36. F. Fernández-Armesto, *Before Columbus: Exploration and Colonisation from the Mediterranean to the Atlantic*, p. 201.

37. P. Brummett, *Ottoman Seapower and Levantine Diplomacy in the Age of Discovery* (New Haven, 1994); A. C. Hess, 'The Evolution of the Ottoman Seaborne Empire in the Age of Oceanic Discoveries, 1453—1525', *American Historical Review* (lxxv, 1970), pp. 1892-919.

38. J. Martin, *Treasure of the Land of Darkness* (Cambridge, 1986), pp. 83, 95; 'Muscovy's Northeast Expansion: The Context and a Cause', *Cahiers du monde russe et soviétique,* 24(4) (1983), pp. 459-70; Y. Semyonov, *Siberia* (London, 1963), p. 23; M. Alef, 'Muscovite Military Reforms in the Second Half of the Fifteenth Century', *Forschungen zur osteuropäischen Geschichte*, vol. 18 (1973), pp. 73-108.

39. S. von Herberstein, *Notes upon Russia*, ed. R. H. Major (London, 1852), vol. 2, p. 42.

40. Van Leur, 注 22 所引书，pp. 122, 268-89。A. H. Lybyer, 'The Ottoman Turks and the Routes of Oriental Trade', *English Historical Review*, vol. 30 (1915), pp. 577-88. A. Disney, ed., *Historiography of Europeans in Africa and Asia, 1450—1800* (Aldershot, 1995), pp. 12-16.

41. G. Winius, 'The Shadow Empire of Goa in the Bay of Bengal', *Itinerario*, vol. 7 (1983), pp. 83-101; S. Subrahmanyam, *Improvising Empire: Portuguese Trade and Settlement in the Bay of Bengal, 1500—1700* (Delhi, 1990).

42. Subrahmanyam，同上书，pp. 145-8。

43. J. de Barros, *Asia*, ed. A. Baiào (Lisbon, 1932), p. 80.

44. *Fernández-Armesto, Millennium*，p. 283.

45. K. C. Chaudhuri, *Asia Before Europe* (Cambridge, 1986), pp. 346-6.

第十六章

1. *Itinerario*, vol. 24, (2000) 出现过一个版本，pp. 111-28。

2. S. E. Morison, *The European Discovery of America: The Southern Voyages* (New York, 1974), pp. 502-17; L. Olschki, 'Ponce de Leon's Fountain of Youth: History of a Geographic Myth', *Hispanic American Historical Review*, vol. 21, (1941), pp. 361-85.

3. *Encyclopaedia of Islam*, new edition, s.v. 'Djuggroffiya'; J. B. Harley and D.

Woodward, eds., *The History of Cartography*, vol. 2, parts I and II (Chicago, 1992).

4. F. Fernández-Armesto, *Before Columbus: Exploration and Colonization from the Mediterranean to the Atlantic, 1229—1492* (Philadelphia, 1987); *Millennium: A History of Our Last Thousand Years* (New York, 1995), pp. 162-3; J. R. S. Phillips, *European Expansion in the Middle Ages* (Oxford, 1988); P. Chaunu, *L'Expansion européenne du xiiie au xve siècles* (Paris, 1969), pp. 93-7.

5. F. Fernández-Armesto, 'Spanish Atlantic Voyages and Conquests Before Columbus' in J. B. Hattendorf, ed., *Maritime History,* vol. I, *The Age of Discovery* (Malabar, Fl., 1996), p. 138.

6. 同上，pp. 137-47。

7. F. Fernández-Armesto, 'Atlantic Exploration Before Cloumbus' in G. R. Winius, ed., *Portugal the Pathfinder* (Madison, 1995), pp. 41-70.

8. F. Fernández-Armesto, *Before Columbus: Exploration and Colonization from the Mediterranean to the Atlantic, 1229—1492*, pp. 245-52.

9. A. Cortes, *História da cartografia portuguesa* (Coimbra, 1968—70), vol. 2, pp.150-2.

10. J. Duyvendak, 'The True Dates of the Chinese Maritime Expeditions in the Early XVth Century', *T'oung Pao*. vol. 34 (1938), pp. 399-412.

11. C. Jack-Hinton, *The Search for the Isles of Solomon* (Oxford, 1965), p. 25; T. Heyerdahl, *American Indians in the Pacific: The Theory behind the Kon-Tiki Expedition* (London, 1952).

12. R. Cormack and D. Glaze, eds., *The Art of Holy Russia: Icons from Moscow, 1400—1660* (London, 1998), pp. 152-5.

13. E. L. Dreyer, *Early Ming China: A Political History, 1355—1435* (Stanford, 1982), pp. 67-120.

14. C. Picard, *L'Océan Atlantique: Musulman au moyen âge* (Paris, 1997), pp. 31-2.

15. 同上，pp. 393-458。

16. E. J. Alagoa, 'Long-Distance Trade and States in Niger Delta', *Journal of African History*, vol. 11 (1970), pp. 319-29; 'The Niger Delta States and Their Neighbors', in J. F. Ade Ajayi and M. Crowder eds., *History of West Africa*, vol. 1 (Harlow, 1976), pp. 331-73; J. G. Campbell, *A Short History of the Ilajes* (London, 1970). 感谢拉各斯大学（University of Lagos）的阿约德·奥卢科朱（Ayodeji Olukoju）介绍此书。

17. R. W. Unger, *The Art of Medieval Technology: Images of Noah the Shipbuilder* (New Brunswick, N.J., 1991).

18. R. W. Unger, 'Portuguese Shipbuilding and the Early Voyages to the Guinea Coast', in F. Fernández-Armesto, ed., *The European Opportunity* (Aldershot and

Brokfield, Vt. 1995), pp. 43-64; F. Fernández-Armesto, 'Naval Warfare after the Viking Age' in M. H. Keen, ed., *Medieval Warfare: A History*, pp. 230-52; P. E. Russell, *Prince Henry 'the Navigator': A Life* (New Haven, 2000), pp. 225-30.

19. R. Barker, 'Shipshape for Discoveries and Return', *Mariner's Mirror*, lxxviii (1992), pp. 433-47.

20. R. Laguarda Trías, *El enigma de las latitude de Colón* (Valladolid, 1974).

21. P. Adam, 'Navigation primitive et navigation astronomique', *Vle Colloque internationale d'histoire maritime* (Paris, 1966), pp. 91-110.

22. T. Campbell, 'Portulan Charts from the Late Thirteenth Century to 1500', in J. B. Harley and D. L. Woodward, eds., *The History of Cartography, vol. I: Cartography in Prehistoric, Ancient and Medieval Europe and the Mediterranean* (Chicago, 1987), pp. 371-463. 同注 8，p. 15。

23. 同注 8，pp. 75-6。

24. F. Fernández-Armesto, ed., *The Global Opportunity* (Aldershot and Brookfield Vt., 1995), pp. 1-93.

25. A. W. Crosby, *The Measure of Reality: Quantification and Western Society, 1250—1600* (Cambridge, 1997); F. Fernández-Armesto, *Truth: A History* (London, 1997), pp. 120-60; J. Goody, *The East in the West* (Cambridge, 1996). 以 R. Collins, *The Sociology of Philosophies* (Cambridge, Mass., 1998) 包罗最广。

26. F. Fernández-Armesto, *Millennium: A History of Our Last Thousand Years* (New York, 1995), pp. 283-308.

27. M. H. Keen, *Chivalry* (New Haven, 1984).

28. F. Fernández-Armesto, 'The Sea and Chivalry in Late Medieval Spain', in J. B. Hattendorf , ed., *Maritime History,* vol. I: *The Age of Discovery* (Malabar, Fl., 1996), pp. 137-48; 'Exploration and Discovery,' in C. Allmand, ed., *The New Cambridge Medieval History*, vol. 7 (Cambridge, 1998), pp. 175-201.

29. F. Fernández-Armesto, 'The Context of Columbus: Myth, Reality and Self-Perception', in A. Disney, ed., *Columbus and the Consequences of 1492* (Melbourne, 1994), pp. 7-19, at p.10.

30. F. Fernández-Armesto, 'Inglaterra y el Atlántico en la baja edad media', in A. Béthencourt Massieu et al., *Canarias e Inglaterra a través de la historia* (La Palmas, 1995), pp. 11-28.

31. A. Milhou, *Colón y su mentalidad mesiánica en el ambiente franciscanista español* (Valladoid, 1983); S. Subrahmanyam, *Improvising Empire: Portuguese Trade and Settlement in the Bay of Bengal, 1500—1700* (Delhi, 1990), pp. 54-7.

32. L. F. R. Thomaz, 'The Economic Policy of the Sultanate of Malacca (XVth-XVIth

Centuries)', *Moyen-orient et Océan Indien*, vol. 7, pp. 1-12.

33. *La vida de Lazarillo de Tormes*, tratado I. A. Valbuena y Prat, ed., *La novela picaresca española* (Madrid, 1968), p. 85.

34. 同注 8，pp. 198-9。

35. F. Fernández-Armesto, *Las Islas Canarias después de la conquista: La creación de una sociedad colonial a principios del siglo XVI* (Las Palmas, 1997), p. 135.

36. D. B. Quinn, *England and the Discovery of America, 1481—1620* (New York, 1974), pp. 5-23.

37. D. B. Quinn, ed., *New American World* (New York, 1978), vol. 5, p. 235.

38. 同上，p. 238。

39. 同上，p. 239。

40. 同上。

41. W. Strachey, *The Historie of Travell into Virginia Britannia* (1612), ed. L. B. Wright and V. Freund (London, 1953), pp. 56-61.

42. 'Instruction to Sir Thos Gates for Government of Virginia', May 1609, in Quinn, *New American World*, vol. 5, p. 213.

43. J. Smith, *The True Travels, Adventures and Observations*, vol. 1, p. 152.

44. Thomas Studley, *The Proceedings of the English Colonie in Virginia*, p. 318.

45. E. Areber, ed., *Travels and Works of Captain John Smith*, 2 vols. (Edinburgh, 1910), vol. 1, p. 155.

46. D. Lloyd, *The Legend of Captain Jones* (London, 1636).

47. 同注 41，p. 315。

48. K. O. Kuppermann, ed., *Captain John Smith* (Chapel Hill, 1988), p. 129.

49. 同注 41 ，pp. 289-90。

50. J. Smith, *The General History of Virginia, New England and the Summer Isles* (Glasgow, 1907), p. 306.

51. M. Henderson, *Tobacco in Clonial Virginia* (Williamsburg, 1957).

52. C. M. Gradie, 'Spanish Jesuits in Virginia: The Mission that Failed', *The Virginia Magazine of History and Biography* (xcix, 1988), pp. 131-56; C. M. Lewis and A. J. Loomie, eds., *The Spanish Jesuit Mission in Virginia, 1570—1572* (Chapel Hill, 1953).

53. R. Blackburn, *The Making of New World Slavery from the Baroque to the Modern, 1492—1800* (London, 1997) , pp. 225-58; M. Sobel, *The World They Made Together* (Princeton, 1987); I. Berlin, *Many Thousands Gone: The First Two Centuries of Slavery in Colonial America* (Cambridge, 1998); P. D. Morgan, *Slave Counterpoint: Black Culture in the Eighteenth-Century Chesapeake and Low Country* (Chapel Hill, 1998).

54. R. Price, *Maroon Societies: Rebel Slave Communities in the Americas* (Garden

City, 1973), p. 152.

55. A. J. Russell-Wood, *The Black Man in Slavery and Freedom in Colonial Brazil* (London, 1982), p. 1.

56. G. Heuman, 'British West Indies', in W. R. Louis et al., eds, *The Oxford History of the British Empire* (Oxford, 1999), vol. 3, p. 472. 最为详尽的数字见D. Eltis, 'Atlantic History in Global Perspective', *Itinerio*, vol. 23, (1999), no. 2, pp. 141-61, at pp. 151-2。

57. J. Thornton, *Africa and the Africans in the Making of the Atlantic World, 1400—1680* (Cambridge, 1992).

58. Durand, of Dauphiné, *A Frenchman in Virginia, Being the Memoirs of a Huguenot Refugee in 1686*, ed. F. Harrison, (n.p., 1923), p. 95.

59. Blackburn，注 53 所引书，p. 259。

60. 注 55 所引书，p. 4 ; K. M. de Queiros Mattoso, *To Be a Slave in Brazil, 1550—1880* (New Brunswick, N.J., 1986), pp. 96-9.

61. J. Benci, *Economia cristiana dos senhores no governo dos escravos,* ed. S. Leite (Porto, 1954), p. 100.

62. C. R. Boxer, *The Golden Age of Brazil* (Berkley & Los Angeles, 1962), p. 1.

63. 同上，p. 174。

64. A. Bewell, ed., *Slavery, Abolition and Emancipation: Writings in the British Romantic Period,* vol. 7, *Medicine and the West Indian Slave Trade* (London, 1999), p. 288.

65. 有关近期的证据可参考 J. Inikori and S. Engerman eds., *The Atlantic Slave Trade: Effects on Economics, Society and Peoples in Africa, the Americas and Europe* (Durham, 1997)。

66. H. Thomas, *The Slave Trade: The History of the Atlantic Slave Trade, 1440—1870* (New York, 1997), p. 719.

67. P. Hogg, *Slavery: The Afro-American Experience* (New York, 1979), pp. 20-30.

68. R. Bastide, *African Civilizations in the New World* (New York, 1971), p. 52.

69. M. L. Conniff and T. J. Davis, eds., *Africans in the Americas: A History of the Black Diaspora* (New York, 1994), p. 98.

70. D. Freitas, *Palmares, a guerra dos escravos* (Rio de Janeiro, 1982), p.103.

71. Queiros Mattoso，注 60 所引书，p. 32。

72. 同上，p. 128。

73. 同注 67，p. 92。

74. 同上，p. 53。

75. A. Metraux, *Haiti: Black Peasants and Their Religion* (London, 1960); Bastide, 注 68 所引书，p. 72。R. Bastide, *The African Religions of Brazil* (Baltimore, 1978).

76. P. Emmer, 'European Expansion and Unfree Labour: An Introduction', *Itinerario*, vol. 21(1997), pp. 9-14.

77. 同注 66，p. 44。按农庄主人的观点，在得不到更好的劳工资源的情况下，役使奴隶是合乎经济原则的，R. W. Fogel and S. Engerman, *Time on the Cross: The Economics of Negro Slavery* (London, 1974) 中举的范例，尤其是第 58-106、158-92 页的，已有了很大改变，仅密西西比河流域的部分例外，两位作者的多数统计数字来自这个地区。

78. 同上，pp. 616, 683。

79. 同上，p. 776。

80. 同上，pp. 72, 113。

81. P. J. Kiston, ed., *Theories of Race* (London, 1999), p. 4.

82. J. Thornton, *Africa and the Africans in the Making of the Atlantic World, 1400—1680* (Cambridge, 1992), esp. pp. 129-205.

83. 同注 66，p. 466。

84. P. J. Kitson, D. Lee et al., eds., *Slavery, Abolition and Emancipation: Writings in the Britsh Romantic Period* (London, 1999), vol. 1, pp. 343-64; vol. 2, pp. 3-36; vol. 4, pp. 126-57; vol. 6, pp. 66-7.

85. D. Northrup, 'Migration: Africa, Asia, the Pacific', 见注 56 所引书，vol. 3, pp. 88-100。

86. J. Green, *Peripheries and Center* (Athens, Ga., 1986), pp. 166-7.

87. D. W. Meinig, *The Shaping of America,* vol. 1, *Atlantic America, 1492—1800* (New Haven, 1986).

88. G. R. Stewart, *Names on the Land: A Historical Account of Place-naming in the United States* (New York, 1945).

89. V. Fraser, *The Architecture of Conquest: Building in the Viceroyalty of Peru, 1535—1635* (Cambridge, 1990).

90. A. W. Crosby, *The Columbian Exchange: Biological and Cultural Consequences of 1492* (Westport, Conn., 1972).

91. J. Lockhart and E. Otte, *Letters and People of the Spanish Indies: Sixteenth Century* (Cambridge, 1976).

92. G. Baudot, *Utopie et histoire an Méxique: Les Premiers Chroniqueurs de la civilisation méxicaine, 1520—1569* (Toulouse, 1977); J. L. Phelan, *The Millennial Kingdom of the Franciscans in the New World: A Study of the Writings of Geronimo de Mendieta* (Berkeley & Los Angeles, 1970).

第十七章

1. M. Pachter and F. Wein eds., *Abroad in America: Visitors to the New Nation* (Reading, Mass. & London, 1976).

2. W. A. Hinds, *American Communities and Co-operative Colonies* (New York, 1908); D. D. Egbert, *Socialism and American Art* (New York, 1967); A. E. Bestor, *Backwoods Utopias: The Sectarian and Owenite Phases of Communitarian Socialism in America, 1663—1829* (Philadelphia, 1950), especially pp. 36, 59, 94-132.

3. T. Hall, *The Spiritualists* (London, 1962).

4. J. Bryce, *The American Commonwealth* (London, 1888), vol. 3, pp. 357-63.

5. J. Hasse, ed., *Ragtime: Its History, Composers and Music* (London, 1985), pp. 29-32, 80-3.

6. M. Kimmelman, 'A Century of Art: Just How American Was it?', *The New York Times* (April 8, 1999). 感谢 Claudio Véliz 教授提供剪报。

7. R. B. Perry, *The Thought and Character of William James* (London, 1948), p. 621.

8. G. Wilson Allen, *William James: A Biography* (London, 1967), p. 417.

9. F. Boas, *The Mind of Primitive Man* (New York, 1913), p. 113.

10. G. Stocking, ed., *The Shaping of American Anthropology, 1883—1911: A Franz Boas Reader* (New York, 1974); E. E. Evans-Prichard, *Theories of Primitive Religion* (Oxford, 1965), p. 35.

11. L. P. Paine, *Ships of the World* (Boston, 1997), pp. 460-1.

12. P. Butel, *Histoire de l'Atlantique de l'antiquité à nos jours* (Paris, 1997), p. 253.

13. F. Fernández-Armesto, *Millennium: A History of Our Last Thousand Years* (New York, 1995), pp. 394-422; M. Eksteins, *Rites of Spring* (London, 1990), pp. 326-63. 感谢 Jim Cochrane 推荐此书。

14. 同注 12 ， p. 280。

15. D. Kennedy, *Freedom from Fear* (New York, 1999), pp. 277-9, 378, 392.

16. 同上，pp. 363-80。

17. 这是 J. Patterson 在 *Grand Expectations* (Oxford, 1998) 一书中所创的名词。

18. M. Glenny, *The Balkans: Nationalism, War and the Great Powers* (London, 1999), p. 657.

19. W. T. Jeans, *The Creators of the Age of Steel* (London, 1884), pp. 10, 214.

20. L. T. C. Rolt, *Isambard Kingdorm Brunel* (1957), pp. 185-6.

21. S. Smiles, *Industrial Biography: Iron-Workers and Tool-Markers* (Boston, 1864), p. 400.

22. 同注 19，p. 38。

23. J. Benet and C. Martí, *Barcelona a mitjan segle XIX* (Barcelona, 1976), vol. 1, p.67.

24. R. Porter, *London: A Social History* (London, 1984); G. Doré and B. Jerrold, *London: A Pilgrimage* (London, 1842); J. Burnett, *A Social History of Housing, 1815—1970* (London, 1978), pp. 142-4.

25. J. M. Mackenzie, 'The Popular Culture of Empire in Britain', in W. R. Louis, ed., *The Oxford History of the British Empire* (Oxford, 1999), vol. 4, pp. 212-31.

26. 这是乐观派著述者或是不由自主陷入悲观者最显著的表现，例如 J. Roberts, *Twentieth Century* (London, 1999), pp. 575-82, 838-9; M. Gilbert, *Challenge to Civilization: A History of the Twentieth Century, 1952—1999* (London, 1999), pp. 908-32。

27. Gilbert, 同注 26 所引书，p. 932。

28. K. Thomas, *Man and the Natural World: Changing Attitudes in England, 1500—1800* (London, 1983).

29. R. Aubert, ed., *Dictionaire d'histoire et de géographie ecclésiastiques* (Paris, 1988).

30. S. Pinker, *The Language Instinct: The New Science of Language and Mind* (London, 1994), pp. 335-42.

31. H. W. Janson, *Apes and Ape Lore in the Middle Ages and Renaissance* (New York, 1952), p. 352.

32. L. Garret, 'The Return of Infectious Disease', *Foreign Affairs*, Jan./Feb. 1996, pp. 66-79; *The Coming Plague: Newly Emerging Diseases in a World Out of Balance* (New York, 1994), pp. 411-56, 618-19.

33. P. Kennedy, *Preparing for the Twenty-first Century* (New York, 1993), p. 44-6; A. Sen, *Food, Economics and Entitlement* (Helsinki, 1987); *Hunger and Public Action* (Oxford, 1989); P. R. & A. E. Ehrlich, *The Population Explosion* (New York, 1991); *The Stork and the Plow: The Equity Answer to the Human Dilemma* (New York, 1995).

34. L. Brown, *Who Will Feed China? Wake-up Call for a Small Planet* (New York, 1995).

35. J. E. Hardoy and D. Satterthwaite, eds., *Small and Intermediate Centers: Their Role in Regional and National Development in the Third World* (Boulder, Co., 1986).

36. S. Huntington, *The Clash of Civilizations and the Remaking of World Order* (《文明的冲突与世界秩序的重建》) (Boulder, Co,. 1986), p. 302.

37. O. Tunander, P. Baev and V. I. Einagel, eds., *Geopolitics in Post-Wall Europe: Security, Territory and Identity* (London, 1997).

38. 这是 A. Tofflex 在 *Future Shock* (London, 1970) 一书中所创的用语。

39. F. Fernández-Armesto, *Religion* (London, 1998), pp. 30-1.

40. S. Winchester, *The Pacific* (London, 1992), p. 446; F. Fernández-Armesto, 注 13 所引书，pp. 631-720。

41. J. M. Roberts, *The Triumph of the West* (London, 1985).

42. D. Held, A. McGrew, D. Goldblatt, J. Perraton, *Global Transformations: Politics, Economics and Culture* (Cambridge, 1999), pp. 2, 15. 本书是当代辩论全球化之本质及进展的必备详尽指南。

43. 同上，pp. 149-235。

44. 同上，pp. 283-326。

45. M. Albrow, *The Global Age* (Cambridge, 1996), p. 85.

46. 同注 43，pp. 124-48。

47. 同注 42，pp. 242-82。

48. S. Roic, 'La Globalisation dans sa poche', *PEN International*, xlix (1999), no. 2, pp. 48-50.

49. M. Geyer and C. Bright, 'World History in a Global Age', *American Historical Review,* vol. 100 (1995); R. Burbach, ed., *Globalization and Its Discontents* (London, 1997).

50. F. Fernández-Armesto, 同注 13 所引书，pp. 603-29。

51. J. Friedmann, 'Global System, Globalization and the Parameters of Modernity', in M. Featherstone, S. Lash and R. Robertson, eds., *Global Modernities* (London, 1995), pp. 69-90. 感谢 Heide Gerstenberger 推荐此书。

52. D. Jarman, *Derek Jarman's Garden*（《德里克 · 贾曼的花园》）(London, 1995).

53. R. D. Moury, *Worlds within Worlds: The Richard Rosenblaum Collection of Chinese Scholars' Rocks* (Cambridge, Mass., 1997).

WILLAMS